STIFTER · WERKE UND BRIEFE

ADALBERT STIFTER
WERKE
UND BRIEFE

HISTORISCH-KRITISCHE
GESAMTAUSGABE

IM AUFTRAG DER KOMMISSION
FÜR NEUERE DEUTSCHE LITERATUR
DER BAYERISCHEN AKADEMIE
DER WISSENSCHAFTEN
HERAUSGEGEBEN
VON ALFRED DOPPLER UND
HARTMUT LAUFHÜTTE

BAND 10,4

VERLAG W. KOHLHAMMER
STUTTGART 2015

Redaktion, Apparat
und Abbildungen:
Johannes John

AMTLICHE SCHRIFTEN ZU SCHULE UND UNIVERSITÄT

APPARAT UND KOMMENTAR

TEIL I

VON WALTER SEIFERT

INHALT

Corrigenda.. 17
Nachträge: Aktenfunde nach Erscheinen von HKG 10,3.......... 19
Einleitung.. 26
Äußerungen Stifters zum Amt bis 1855....................... 56
Editionsbericht – Zu Apparat und Kommentar.................. 64
Liste der diakritischen Zeichen............................. 69

APPARAT UND KOMMENTAR

⟨1.⟩ Gutachten der Vertrauensmänner bezüglich der Errichtung eines provis. Schulrathes für Oberösterreich u Salzburg................................... 71
⟨2.⟩ Begutachtung des Vorschlages in Oberösterreich (Linz oder Salzburg) eine Universität zu gründen...... 85
⟨3.⟩ *Entwurf der Organisation einer vollständigen Realschule zu Linz für Oesterreich ob der Enns (auf den Entwurf der Realschule vom k.k. Ministerium des Kultus und Unterrichtes gegründet)................. 91
⟨3 A.⟩ Gutachten in Hinsicht eines Formulars der Zeugnisse .. 104
⟨4.⟩ Besetzung der Schuldienststelle an der Filialschule Bruck 106
⟨5.⟩ Besetzung des Schul- und Meßnerdienstes zu Pucking .. 107
⟨6.⟩ Remuneration für Sonntagsunterricht................ 109
⟨7.⟩ Zweiter Katechet für die Normalhauptschule Linz..... 110
⟨8.⟩ Besetzung des Schul- und Meßnerdienstes in Heiligenberg...................................... 112

INHALT

⟨9.⟩ Besetzung des Schul- und Meßnerdienstes in
Zell am Moos 114
⟨10.⟩ Äußerung gegen Aufsteigen von drei Gehilfen
mit ihren Schülern 114
⟨11.⟩ Ganztägiger Unterricht und Provisor für Schardenberg . 117
⟨12.⟩ Supplent für den kranken Lehrer Pammer an der
Normalhauptschule Linz 118
⟨13.⟩ *Remuneration für Sonntagsunterricht im Zeichen 120
⟨14.⟩ Äußerung gegen Rossis Gesuch um Erteilung von
italienischem Sprachunterricht an der Realschule Linz . 121
⟨15.⟩ Besetzung des Schul- und Meßnerdienstes in
St. Thomas am Blochensteine 122
⟨16.⟩ *Errichtung einer Mittelschule zu Arnreit............. 123
⟨17.⟩ Ausbildung von Mädchenlehrerinnen bei den
Ursulinerinnen in Linz............................. 125
⟨18.⟩ Votum über die Normalhauptschule nach Errichtung
des Präparandenkurses 1850 132
⟨19.⟩ *Erfolg des Unterrichts für die Lehramtskandidaten
im Schuljahre 1850............................... 134
⟨20.⟩ Besetzung des Schul- und Meßnerdienstes in Ranshofen 134
⟨21.⟩ Antrag auf Ernennung der Gehilfen Stokhammer
und Sattlegger zu Lehrern an der Normalhauptschule .. 135
⟨22.⟩ Besetzung des Schul- und Meßnerdienstes in Atzbach... 137
⟨23.⟩ *Aufstellung eines eigenen Katecheten an der Haupt-
und Unterrealschule in Ried 138
⟨24.⟩ Besetzung des Mittelschuldienstes in Reichraming 140
⟨25.⟩ Verbesserung der ökonomischen Verhältnisse der
Lehrgehilfen und Lehrer........................... 141
⟨26.⟩ Inspektionsreisen vom September 1850 bis März 1851 .. 143
⟨27.⟩ Lehrerkonferenzen 1850........................... 184
⟨28.⟩ Lehrerkonferenzen 1850 in Wels, Steyer und Thalheim. 185
⟨29.⟩ *Konkurs-Prüfung für die Stelle des technischen
Lehrers an der Unterrealschule zu Ried.............. 187

INHALT

⟨30.⟩ *Schulgebäudezustände in Hörsching 188
⟨31.⟩ Besetzung des Schuldienstes in Bruckmühl 189
⟨32.⟩ *Verleihung der Lehrerstelle in Feldkirchen an den
Sohn des verstorbenen Lehrers Kreuzbauer 191
⟨33.⟩ *Schulhauszustände in Niederthalheim 193
⟨34.⟩ #Protokoll einer Lokalkommission über Gebäude
für die Realschule Linz 195
⟨35.⟩ *Schulhauszustände in Rohrbach 198
⟨36.⟩ *Schulhauszustände in Haslach 199
⟨37.⟩ *Schulhauszustände in Helfenberg 201
⟨38.⟩ *Schulhauszustände in St. Oswald 202
⟨39.⟩ #Protokoll einer Lokalkommission über Gebäude
für die Realschule Linz 203
⟨40.⟩ Schulhauszustände der Mathiasvorstadtpfarrschule Linz 204
⟨41.⟩ Lehrkräfte für den Präparandenunterricht 206
⟨42.⟩ *Votum über die Brauchbarkeit von zwei Lehrbüchern
von M. A. Becker und von Th. Vernaleken 209
⟨43.⟩ Äußerung zum Antrag des Georg Fischer von
Rosenberg auf Verwendung im Schulbehördendienst ... 215
⟨44.⟩ *Enthebungsvorschlag bezüglich des Schulmeisters
Schaufler aus Leonfelden 217
⟨45.⟩ Zulassung zum Präparandencurse 218
⟨46.⟩ Antrag auf Remuneration für den Lehrer Oth in
Ried für Zeichnungsunterricht 219
⟨47.⟩ Gutachten über die Verwendbarkeit der Lehrer der
Linzer Normalhauptschule in der Realschule Linz 220
⟨48.⟩ #Protokoll einer Kommission vom 25. August 1851
über Anschaffung notwendiger Möbel und
Gerätschaften für die Realschule Linz 222
⟨49.⟩ Anhang zum Protokoll 223
⟨50.⟩ Besetzung des Schul- und Meßnerdienstes in Weilbach . 224
⟨51.⟩ Besetzung der technischen Lehrerstelle an der
Unterrealschule Ried 225

INHALT

⟨52.⟩ Privatunterricht des Malers Mücke im Zeichnen
und Malen 227
⟨53.⟩ Besetzung der technischen Oberlehrerstelle an der
Unterrealschule Wels 228
⟨54.⟩ Neue Lehrkräfte für die Unterrealschule Wels......... 229
⟨55.⟩ Gesuch um Zulassung Burgstallers zur Lehrerprüfung
für Hauptschulen.................................. 230
⟨56.⟩ Besetzung des Schul- und Meßnerdienstes in Pattigham 231
⟨57.⟩ Besetzungen von Lehrerstellen an der Realschule Linz.. 232
⟨58.⟩ *Besetzung der Lehrerstelle in Feldkirchen 237
⟨59.⟩ Besetzung der Lehrerstelle an der Mittelschule in Laussa 239
⟨60.⟩ Antrag auf einen 2. Katecheten für Realschule Linz 240
⟨61.⟩ *Antrag auf Auszeichnung des Lehrers Anton Weger
zu Vichtwang..................................... 241
⟨62.⟩ *Schulzustände von Friedburg...................... 242
⟨63.⟩ Besetzung der Lehrerstelle in der Mittelschule Arnreith 246
⟨64.⟩ Neubau eines Schulhauses in Hörsching 247
⟨65.⟩ Besetzung der Lehrerstelle an der Mittelschule Laahen . 249
⟨66.⟩ Besetzung des Schul- und Meßnerdienstes in
Vorderstoder...................................... 252
⟨67.⟩ Beförderung oder Ehrung des Lehrers Matosch
in Kirchdorf 253
⟨68.⟩ Lehrer für den Präparandenunterricht................ 254
⟨69.⟩ *Zustand der Schule von Ebelsberg 256
⟨70.⟩ Äußerung zum Antrag des Lehrers Jakob Mayer
auf volle Pension 258
⟨71.⟩ Erweiterungsbau des Schulhauses in Weitersfelden 259
⟨72.⟩ Wiederholungsunterricht für ältere Lehrburschen 261
⟨73.⟩ Stellenbesetzung an der evangelischen Schule
in Efferding 264
⟨74.⟩ Besetzung des Schul- und Meßnerdienstes in Abtstorf .. 266
⟨75.⟩ Auszeichnung für den Lehrer Pannholzer zu St. Johann. 267
⟨76.⟩ Zeichnungsschule zu Freistadt...................... 268

INHALT

⟨76 A.⟩ *Auszug aus der Äusserung des k. k. Herrn
  Schulrathes Stifter vom 2. März 1852. 270
⟨77.⟩ Besetzung des Schul- und Meßnerdienstes zu Obernberg 274
⟨78.⟩ Äußerung zum Plan, getrennte Mädchen- und
  Knabenschulen in Linz zu begründen 276
⟨79.⟩ Einführung von ganztägigem Unterricht in Traun 278
⟨80.⟩ Abendschule für in der Fabrik beschäftigte Kinder
  in Traun 280
⟨81.⟩ *Schulhauszustände von Ansfelden. 282
⟨82.⟩ Gottesdienst für die Realschüler in der
  Kapuzinerkirche oder Aloisius-Kapelle Linz 283
⟨83.⟩ Einschulung von Ortschaften der Pfarren Pöndorf
  und Friedburg zur Mittelschule Hecken 285
⟨84.⟩ Besetzung an der Mädchenschule (Industrieschule)
  in Steyr 288
⟨85.⟩ Gottesdienst für Realschüler statt in der Aloisius-
  Kapelle in der Minoritenkirche Linz 292
⟨86.⟩ Gehaltserhöhung für die Realschullehrer Aprent
  und Netwald..................................... 294
⟨87.⟩ *Auflassung der Hauptschule von Kremsmünster 296
⟨88.⟩ Einschulung des Ortes Breitau in den Pfarrbezirk Raab . 299
⟨89.⟩ Befürwortung des halbtägigen Unterrichts
  zu Reichraming 300
⟨90.⟩ Besetzung des Schul- und Meßnerdienstes zu
  Neukirchen am Walde 302
⟨91.⟩ Besetzung des Schul- und Meßnerdienstes in Auerbach . 303
⟨91 A.⟩ Kleinkinderbewahranstalt in Vöklabruk 304
⟨92.⟩ Gehaltserhöhung für den Direktor der Welser
  Haupt- und Unterrealschule 308
⟨93.⟩ Remuneration für den Katecheten Schauer an der
  Haupt- und Unterrealschule Linz 310
⟨94.⟩ Besetzung des Schul- und Meßnerdienstes
  in Mönchdorf 311

INHALT

⟨95.⟩	*Bericht über den Zustand des Lesens in den Volksschulen von Oberösterreich	312
⟨96.⟩	Auflassung der Notschule Obermühl und Einschulung in die Pfarrschule Kirchberg	314
⟨97.⟩	*Enthebung Karl Ehrlichs vom Lehramt an der Realschule	316
⟨98.⟩	Umgestaltung des Präparanden-Unterrichtes nach Abtrennung der Unterrealschule von der Normal-Hauptschule in Linz	318
⟨99.⟩	Besetzungen der Lehrer- und der Unterlehrerstelle in Wels	332
⟨100.⟩	Begutachtung der Lehrer an der Unterrealschule Linz	333
⟨101.⟩	Entwicklung der neu gegründeten Unterrealschule Linz	336
⟨102.⟩	Umwandlung der Pfarr- in eine Hauptschule und Bau eines neuen Schulhauses in Enns	337
⟨103.⟩	Ausschulung der Ortschaft Außerungenach von Ungenach und Einschulung nach Timelkam	339
⟨104.⟩	Antrag auf definitive Anstellung der Lehrer Netwald und Aprent	340
⟨105.⟩	Bericht über den baulichen Zustand der Schule in Urfahr	342
⟨106.⟩	*Antrag auf Aufstellung eines Gehilfen an die Seite des alten Lehrers in St. Peter bei Linz	343
⟨107.⟩	Qualifikation der Lehrer für die Besetzung der Lehrerstellen an der Linzer Oberrealschule	345
⟨108.⟩	Besetzung an der evangelischen Schule in Efferding	347
⟨109.⟩	Aufstellung eines eigenen Katecheten für Haupt- und Unterrealschule zu Steyer	348
⟨109 A.⟩	Kleinkinderbewahranstalten	351
⟨110.⟩	Ausschulung der Ortschaft Achleithen von Kematen und Einschulung nach Rohr	354
⟨111.⟩	Aufstellung eines eigenen Katecheten für die Haupt- und Unterrealschule zu Steyer	355

INHALT

⟨112.⟩ Ausschulung einiger Häuser zu Kühnham von
Wernstein und Einschulung nach Schardenberg 357
⟨113.⟩ Besetzung des Freihandzeichnens an der
Oberrealschule Linz 359
⟨114.⟩ Besetzung der Schul- und Meßnerdienststelle Arbing... 361
⟨115.⟩ Beschwerde zum Besetzungsverfahren an der
evangelischen Schule zu Efferding 362
⟨116.⟩ Errichtung einer Mittelschule zu Berg 365
⟨117.⟩ Besetzung des Schul- und Meßnerdienstes in St. Ulrich . 366
⟨118.⟩ Ablehnung der Umschulung der Ortschaft Ödt
aus St. Oswald nach Haslach 369
⟨119.⟩ Beschaffung von Lehrgegenständen für die
Realschule durch die Stadt Linz 371
⟨120.⟩ Besetzung der technischen Unterlehrerstelle an der
unvollständigen Unterrealschule Wels. 373
⟨121.⟩ Auszeichnung für den Schullehrer Thomas Reidinger
in Laakirchen 374
⟨122.⟩ Remuneration für den Lehrer Isidor Langer
an der Realschule Linz 376
⟨123.⟩ Auszeichnung für den Lehrer Raimund Resch
zu Waldkirchen 377
⟨124.⟩ Besetzung der Oberlehrerstelle an der Mädchenschule
in Steyr 379
⟨125.⟩ Besetzung der Schul- und Meßnerstelle in Windhag. ... 380
⟨126.⟩ Ablehnung der Bitte des blinden Daniel Haider,
eine Töchterschule für Sehende zu errichten 381
⟨127.⟩ Besetzung des Schul- und Meßnerdienstes
zu Mörschwang 382
⟨128.⟩ Vierjähriger Präparandenunterricht und Seminar
zur Unterbringung der Präparanden 384
⟨129.⟩ *Zum geringen Einfluß der Bezirkshauptmannschaft
Rohrbach auf das Schulwesen im dortigen Bezirke 387

INHALT

⟨130.⟩ *Besetzung von Lehrerstellen für deutsche Sprache und Arithmetik und für italienische Sprache an der Linzer Realschule 387
⟨131.⟩ Taubstummeninstitut in Linz 388
⟨132.⟩ Privatblindeninstitut in Linz 389
⟨133.⟩ Versetzungtausch der Lehrer von Neustift und Heiligenberg. 392
⟨134.⟩ Besetzung der Stellen für deutsche Sprache u Arithmetik und für italienische Sprache an der Realschule Linz 396
⟨135.⟩ *Gutachten zum Lektionsplan der Oberrealschule Linz 1854/55 401
⟨136.⟩ Errichtung von Sonntags- und Abendschulen an der Realschule Linz 402
⟨137⟩ *Zustand des Lehramts-Präparanden-Unterrichtes im Jahre 1852. 404
⟨138.⟩ Bestellung eines Supplenten für den erkrankten Katecheten Georg Schauer 405
⟨139.⟩ Bezug des Zubaus der Realschule Linz und Verteilung der Klassen und Schüler 407
⟨140.⟩ Amtsreise vom 27. August bis 5. September 1853. 410
⟨141.⟩ *Erweiterung des Schulhauses in Weyer bei Gmunden . 415
⟨142.⟩ Pensionierung des erkrankten Georg Pammer und Bestellung eines Supplenten 417
⟨143.⟩ Amtsreise vom 17. bis 19. Oktober 1853. 419
⟨144.⟩ Versetzungtausch der Lehrer von Neustift und Abtstorf . 423
⟨145.⟩ Zulage für den Katecheten Angermayr an der Normalhauptschule Linz 427
⟨146.⟩ Beendigung der Privatschule Kasten und Einschulung der Kinder nach Hollerberg 428
⟨147.⟩ *Aufstellung eines Provisors in Friedburg 431
⟨148.⟩ Amtsreise vom 2. bis 10. November 1853. 433
⟨149.⟩ Besetzung des Schul- und Meßnerdienstes zu Helfenberg 453

INHALT

⟨149 A.⟩ *Äußerung über das [verschollene] Lehrerkonferenzprotokoll N⁰ 1 und zum diesbezüglichen Schreiben
des Direktors Zampieri............................ 454
⟨150.⟩ Schulhausbau der Pfarrschule in Enns................ 457
⟨151.⟩ *Gutachten über die Beschaffenheit der neuen Jahrestabellen zum Zustandsbericht der Volksschulen........ 459
⟨152.⟩ #Protokoll einer Kommissionssitzung über die
Errichtung von Bildungskursen für Lehrer an den
mit Hauptschulen verbundenen Unterrealschulen..... 461
⟨153.⟩ Besetzung der Lehrerstelle der Chemie an der
Oberrealschule................................... 463
⟨154.⟩ Äußerung zum Schlußbericht der Oberrealschule
für das Schuljahr 1852/53......................... 465
⟨155.⟩ Auskunftserstattung zur Eingabe des Lehrers
Netwald gegen den Direktor Zampieri............... 468
⟨156.⟩ Trennung der Geschlechter beim Wiederholungsunterricht am Sonntag............................. 471
⟨157.⟩ Einrichtung des Präparandenkurses.................. 472
⟨158.⟩ Errichtung einer unvollständigen Unterrealschule zu
Freistadt in Verbindung mit der Piaristen-Hauptschule. 476
⟨159.⟩ Errichtung einer Abend- Sonntagsschule für
Gewerbetreibende an der Oberrealschule Linz......... 480
⟨160.⟩ Besetzung des Schul- und Meßnerdienstes
in Christkindl.................................... 483
⟨161.⟩ Äußerung zum Bericht der Realschule über späten
Schluß des 1. Semesters........................... 483
⟨162.⟩ Besetzung des Schul- und Meßnerdienstes in Molln.... 486
⟨163.⟩ Gehaltserhöhung für den Lehrer Grandauer an der
Oberrealschule Linz............................... 487
⟨164.⟩ *Gutachten zur Besetzung der Chemie an der
Realschule Linz................................... 488
⟨165.⟩ Klassenzuteilung an die Lehrer der Haupt- und
Unterrealschule zu Ried........................... 490

INHALT

⟨166.⟩ Antrag auf Lehramtsprüfung nach altem Recht. 493
⟨167.⟩ Lesebuch zur Förderung humaner Bildung in
Realschulen Vorrede 494
⟨168.⟩ *Bericht vom 4. April 1854 über eine Amtsreise. 507
⟨169.⟩ Bestellung eines Supplenten für geometrisches
Zeichnen an Oberrealschule Linz 507
⟨170.⟩ Zum Taubstummeninstitut in Linz 509
⟨171.⟩ Zum Privatblindeninstitut in Linz 509
⟨172.⟩ Antrag des Italienischlehrers Rossi auf Remuneration . . 510
⟨173.⟩ *Verminderung des Deutschunterrichts zugunsten der
Vermehrung der Lehrstunden im Freihandzeichnen. . . . 512
⟨174.⟩ Besetzung des Schul- und Meßnerdienstes
in Baumgartenberg 513
⟨175.⟩ *Antrag auf Allerhöchste Auszeichnung für
Josef Böheim zu Wenig. 514
⟨176.⟩ Supplent für den kranken Isidor Langer an der
Realschule Linz 515
⟨177.⟩ *Aufstellung von zwei Reihen kurzer Bänke in der
Schule zu Gunzkirchen statt einer Reihe langer Bänke. . 516
⟨178.⟩ Selbsteinschätzung der Lehrer für die Erteilung von
Unterricht an der Oberrealschule Linz. 517
⟨179.⟩ *Unterrichtszustände in Niederneukirchen 518
⟨180.⟩ *Gutachten über neu einzurichtende Lehrerstellen
für geometrisch-konstruktives Zeichnen und
Maschinenlehre an der Oberrealschule und für
Freihandzeichnen an der Realschule 521
⟨181.⟩ #Protokoll einer Kommissionssitzung zur Klärung,
ob Prof. Columbus vom Gymnasium Landwirtschafts-
lehre für Lehramtspräparanden geben soll 523

Abbildungen 525
Abkürzungsverzeichnis. 555
Abgekürzt zitierte Literatur 556

CORRIGENDA ZU BAND 10,1

7, #⟨1.⟩; 35,1	*Rautenzeichen ist zu streichen, da das Gutachten von Stifter handschriftlich verfaßt wurde.*
7, ⟨3.⟩	Realschule Linz, *lies:* Realschule zu Linz
14, ⟨131.⟩ und ⟨132.⟩	*Die Rautenzeichen (#) sind zu entfernen, da es sich um von Stifter handschriftlich verfaßte Dokumente handelt (ebenso auf den S. 284f.).*
100,7	der technischen Lehrer Michael Oth und Gebriel von Kaler] *lies:* der 2 technischen Lehrer *Michael Oth und Gabriel von Kaler*
100,9	erteilten] *lies:* ertheilten
132,13	alte] *lies:* alle
188,11	Mag.] *lies:* Maj.
306,9	Zu] *lies:* zu
311,15	*Zeilenzähler 15 erst in der nachfolgenden Zeile* des Schulhauses

NACHTRÄGE: AKTENFUNDE NACH ERSCHEINEN VON HKG 10,3

⟨3 A.⟩ Gutachten zu $\frac{N\,38}{Sch.}$

in Hinsicht eines Formulars der Zeugnisse für die unvollständige
Unterrealschule von zwei Jahrgängen im Kronlande Österreich
ob der Enns. Bezugnehmend auf die Vorschläge des hochw. bischöflichen Consistoriums (Schulenoberaufsicht) u der Schuldirectionen von Linz u Steyer.

1. In Anbetracht, daß der wissenschaftlichen Gepflogenheit u den bisherigen Gesezeseinrichtungen zu Folge Schulzeugnisse Urkunden sind, in denen als Rubriken die Namen der Gegenstände, wie sie der Schulplan aufführt, ohne nähere Bezeichnung der Unterabtheilungen, die vielmehr aus dem Lehrplane u Lehrbuche zu entnehmen sind, vorkommen sollen,
2. in Anbetracht, daß der „Entwurf der Organisation der Realschulen für Österreich" von 1849 nach Verwandlung der vierten Klassen in unvollständige Unterrealschulen für leztere maßgebend geworden ist, u daher der politischen Schulverfassung u den Prüfungsextracten derogirt, wo er mit ihnen nicht im Einklange ist, ferner daß dort, wo eine Bestimmung des Entwurfes der Organisation der Realschulen dunkel ist, der Entwurf der Organisation der Gimnasien als ergänzend betrachtet werden muß, (vide Entwurf der Organisation der Gimnasien u Realschulen in Österreich 1849),

glaubt der Gefertigte auf Beibehaltung des von der Direction der
Normalhauptschule zu Linz vorgeschlagenen Formulares einrathen zu müssen, weil selbes den sub 1 u 2 angeführten Motiven
entspricht, dagegen das von der Schulenoberaufsicht vorgeschlagene in eine Angabe der Unterabtheilungen der Lehrgegenstände eingeht, das von der Direction von Steyer vorgeschlagene aber
Namen von Lehrgegenständen aufführt, mit denen diese Gegenstände in dem Entwurfe der Organisation der Realschulen von
1849 nicht bezeichnet sind.
Linz am 28$^{\underline{t}}$ Juli 1850

Adalbert Stifter
k. k. Schulrath.

⟨91 A.⟩

Der Gefertigte hat im Jahre 1850 im Monate November die
Kleinkinderbewahranstalt in Vöklabruk besucht, u dieselbe von
armen Schulschwestern besorgt gefunden. So erfreulich es ist,
Kinder, die ohne gehörige Obsorge sind, unter eine solche zu
stellen, so nahe liegen auch die Abwege, auf welche solche Anstalten leicht gerathen. Sie bestehen nehmlich darin, daß den
kleinen Kindern geistig u körperlich eine Stellung eingepflanzt
wird, welche auf ihren künftigen Stand nicht paßt. Die Oberleitung u die Regeln einer solchen Anstalt müssen sehr praktischen
Händen anvertraut sein, die nicht blos für religiösen u sittlichen
Sinn sorgen, sondern auch eine Ausbildung für den künftigen
Stand anbahnen. Nach dem dermaligen Zustande der Anstalt,
welche noch nicht förmlich eingerichtet war, da die Localitäten
fehlten, schien sie dem Gefertigten ihren Zwek nicht vollkom-

men zu erreichen. Die meistens armen Kinder, welche durchschnittlich zu harten Arbeiten in ihrem künftigen Leben bestimmt sind, werden durch spielende Handarbeiten (Kreuzchenmachen Flekezupfen etc) durch Aufsagen von Versen, durch Erzählen, Singen u dergleichen, was allerdings zur Einpflanzung von Ordnung u Sittlichkeit gedeihlich ist, doch so leicht verweichlicht, daß ihnen in Zukunft schwerere u anstrengendere Arbeit schwer fällt, u sie leicht dem Müssiggange u seinen Folgen anheim fallen. Dies trit um so mehr hervor, wenn die kleinen Kinder zu viel sizen müssen, u noch dazu in Bänken neben einander gedrängt. Lezteres war bei dem Besuche des Gefertigten in Vöklabruk der Fall, u dürfte es noch in einem gewissen Maße sein, wie aus der Darstellung des hochwürdigen Beichtvaters der Schulschwestern Peter Puderers N° 11 Zahl 5019 hervorgeht. Im November 1850 war gar kein freier Raum für die Kinder vorhanden, jezt haben sie den Hof des Gebäudes. Der Gefertigte ist der Überzeugung, daß wohl die Ausführung der Einrichtung an einer Kleinkinderbewahranstalt in weibliche Hände gelegt werden müsse (u hier däucht es dem Gefertigten am besten in Hände, die mit dem Leben u seinen Anfoderungen bekannt sind), daß aber der Plan zu diesen Einrichtungen von erfahrenen Männern ausgehen muß, u von erfahrenen Männern die Durchführung zu überwachen ist.

Dasselbe hat der Gefertigte auch in Bezug auf Unterricht erfahren. Wo weibliche Direction u weibliche Lehrerinen in einer Schule sind, steht der Unterricht sehr weit unter solchen Schulen, wo beides von Männern besorgt wird. Dies zeigt sich nicht blos in den sogenannten Instituten weiblicher Laien, sondern auch dort, wo Ordensschwestern den Unterricht besorgen. Der Gefertigte müßte daher in jedem Falle abrathen, daß die gesammte Mädchenschule in Zukunft in die Hände der Schulschwestern von Voklabruk gelegt würde, es scheint aber ersprießlich, daß dieselben eine Anstalt zum Unterrichte von Mädchen über 12

Jahren errichten. Als Director von was immer für einer Lehr- u Erziehungsanstalt aber scheint dem Gefertigten der Herr Deficient Sebastian Schwarz nicht zu taugen, da derselbe, wie aus dem vorliegenden Unternehmen actengemäß hervorgeht, so wenig praktischen Sinn hat, daß er das Nächstliegende u Einleuchtendste versäumte, Mittel u Zwek nicht abzuwägen verstand, u in einem stetten Schwanken begriffen war. Ist er Deficient geworden, weil er durch was immer für Hindernisse die Seelsorge nicht mehr pflegen konnte, (was aus den Acten nicht erhellt) so dürften diese Hindernisse auch Bedenken gegen die Leitung einer Lehr- u Erziehungsanstalt von Seite des H. Deficienten erregen. Der Gefertigte weist in dieser Beziehung auf 4727 dieses Actes auf das Gutachten des Herrn Pfarrers von Vöklabruk Josef Peyrschmidt hin, der dem Gefertigten als ein ehrwürdiger alter Mann bekannt ist. Das in besagtem Gutachten ausgesprochene Urtheil über Herrn Schwarz ist dem Gefertigten auch als durchschnittliche Meinung der Bevölkerung von Vöklabruk entgegen gekommen, da er nicht nur im November 1850 sondern auch später wiederholt theils in Schulzweken in Vöklabruk war, theils auf Reisen dort übernachtete.

Linz am 26$^{\underline{ten}}$ Juni 1852

Stifter

⟨109 A.⟩

Der Gefertigte hat in allen Kleinkinderbewahranstalten, die er bisher besucht hat, den ihm sehr erheblich scheinenden Fehler gefunden, daß die Kinder zu sehr mit Aufsagen von Sprüchen mit Singen u leichten oft tändelnden Handarbeiten beschäftigt werden, u die Bewegung in freier Luft mehr Nebensache ist. Nach der Natur solcher Anstalten sollen sie nicht sowohl leichtsinnigen bemittelten Eltern die Aufsicht u Erziehung ihrer Kinder abnehmen, sondern armen arbeitenden Eltern ihre sonst nicht bewachten Kinder bewahren so wie sich der verwahrlosten Kinder annehmen. Alle diese Kinder sind nach dem Laufe der Dinge zu harten Arbeiten bestimmt; es sollte daher eine Hauptaufgabe der Bewahranstalten sein, daß die Kinder sehr abgehärtet u an starke körperliche Bewegung u Anstrengung gewöhnt werden, damit nicht gerade die Bewahranstalt die künftige Arbeitsscheu begründe, u das Übel herbei führe, das sie hintanhalten wollte. Besonders gefährlich scheint dem Gefertigten für das weibliche Geschlecht die einseitige Erlernung sogenannter weiblicher Handarbeit, besonders schönerer Arbeit, weil die Mädchen dann sehr leicht dem Stande der Dienstboten entfremdet, u nicht selten zu unordentlichem Leben verleitet werden. Der Gefertigte ist daher der Meinung, daß die Kleinkinderbewahranstalt allerdings in die Hände der Schulschwestern übergehen darf, aber vorerst nur provisorisch, u daß man darauf sehe, daß man in der Industrieschule, sofern sie mit der Kleinkinderbewahranstalt verbunden ist, in Wahl der Arbeiten auf den künftigen Stand bedacht sei, u daß überhaupt die Anstalt unter einsichtiger u stetter Aufsicht erhalten werde.

Linz am 19ten October 1852

Stifter

*Nr.⟨149 A.⟩

Äußerung über das Lehrerconferenzprotokoll N° 1 von 18$\frac{53}{54}$

In dem Protokolle der betreffenden Conferenz befindet sich die Angabe, der Direktor habe den Schluß des 1^{t} Semesters auf den 8^{t} April bestimmt, was, da keine Gründe vorkamen, den Gefertigten einerseits bestimmte zu beantragen, daß der Direktor aufgefordert werde, Gründe für ein so ungewöhnlich spätes Schließen des 1^{t} Semesters anzugeben, u andererseits zu bitten, daß an das hohe Ministerium für Cultus u öffentlichen Unterricht die Anfrage gerichtet werde, ob laut Seite 205. B. 2. des Org. Entw. auf den sich der Direktor berief, ihm als eine Maßregel der <u>Verwaltung</u> das Recht zustehe, den Schluß des Semesters ohne Einvernehmen mit dem Lehrkörper zu bestimmen, worauf der Erlaß erfolgte, daß er es im Einvernehmen mit dem Lehrkörper thun müsse. [...]
Aus dem vorliegenden Protokolle so wie aus dem dasselbe veranlassenden Vorakte geht hervor, daß Dr Zampieri provisorischer Direktor der k.k. Oberrealschule in Linz in der Einbegleitungsschrift des Lehrerconferenzprotokolles N°1 von 18$\frac{53}{54}$ die Angabe gemacht hat, daß „der Geist des Widerspruches gegen die Ansichten u Verfügungen der Direktion in Folge des seit längerer Zeit wirkenden lokenden Beispieles weniger bereits die meisten Mitglieder des Lehrkörpers ergriffen" habe. Der Gefertigte hat in seiner Äußerung über das Lehrerconferenzprotokoll N°1 von 18$\frac{53}{54}$ u dessen Einbegleitung von Seite des Direktors eine milde Erledigungsform in Bezug auf obige Angabe des Direktors vorgeschlagen, dahin gehend, daß man sich der Überzeugung hingebe, daß aus der Bildung des H. Direktors u des Lehrkörpers der Schluß zu ziehen sei, daß Ursachen zur Erwachung eines solchen Geistes von keiner Seite durch Überschreitung oder inhumanes

Benehmen gegeben werden, u daß, wenn sie vorhanden gewesen wären, sie nicht von großer Bedeutung sein können, u in Kürze verschwinden werden. Der Gefertigte schlug darum diese mildere Erledigungsform des im Einbegleitungsschreiben enthaltenen Sazes vor, weil er einerseits im Protokolle keine Bestättigung der Worte des Einbegleitungsschreibens fand, u nach seiner Kenntniß des Temperamentes u der Ausdruksweise des Direktors voraussezen mußte, daß der Direktor die Worte unter dem Einflusse eines gereizten Gefühles geschrieben habe, u in so ferne über die Grenze der Bedeutung der eigentlichen Sache hinaus gegangen sei, u weil der Gefertigte bei dieser milderen Fassung sich noch der Hoffnung hingab, daß es mit Vermeidung eines dem Ansehen der Schule nachtheiligen streng amtlichen Einschreitens nach der Fortsezung des vor längerer Zeit schon begonnenen persönlichen Einwirkens von Seite Seiner Excellenz des Herrn Statthalters von Oberösterreich so wie der Mitglieder der Landesschulbehörde gelingen dürfte, die Ursachen zu einem unersprießlichen Verhältnisse zwischen der Direktion u dem Lehrkörper der hiesigen Realschule zu beheben.

(nach dem 3. Januar 1854)

Einleitung

Situation der Schulen vor der Revolution von 1848

Alois Fischer, der erste Statthalter in Oberösterreich, schildert in seiner Autobiographie „Aus meinem Amtsleben" die Situation des Schulwesens vor der Revolution von 1848 aus eigener Erfahrung so:

> „Man hat in der frühern Zeit der Regierung den Vorwurf gemacht, daß sie sich fast gar nicht um die niedern Schulen bekümmere. Der Vorwurf war gerecht und in der Verfassung des österreichischen Unterrichtswesens begründet. Die oberste Leitung desselben stand nämlich der Studienhofkommission zu, die ihren Sitz in Wien hatte. In den Provinzen war die Leitung des Schulwesens den bischöflichen Consistorien und den Kreisämtern mit gleichem Rang übertragen. Die Consistorien ernannten Schuldistrikts-Aufseher, meistens die Dechante; für die Hauptschulen bestanden einige Direktoren. Die höchste Schulbehörde in einer jeden Provinz war die Landesstelle. Das Referat bei den Länderstellen hatten Geistliche, doch wurde nicht immer darauf gesehen, ob sie die erforderliche pädagogische Fachkenntniß besaßen und so kam es, daß Mancher für den Platz nicht taugte, den er einnahm. Bei Bestellung der Distriktsaufseher gab die für das Amt nothwendige Fachkenntniß ebenfalls nicht den Ausschlag. Auch ist es eine Thatsache, daß Mancher von diesen Herren das ganze Jahr hindurch in keiner Schule oder etwa nur in der einen oder andern zu sehen war. Noch mehr trat derselbe Uebelstand bei den Vorstehern der Kreisämter hervor.

EINLEITUNG

Dem Zufall blieb überlassen, ob Leitung und Ueberwachung der Schulen in den Ländern und Ortschaften fachkundigen Männern in die Hände kam oder nicht. Die Folge hievon war, daß allmälig aller Geist aus der Leitung verflog, einem todten Mechanismus Platz machte, und daß die Landesstellen sich auf den Einfluß beschränkten, welcher die äußern Verhältnisse der Lehranstalten, besonders die ökonomischen betraf."[1]

Grundl urteilt in gleicher Weise: „Die Studienhofkommission blieb vom allgemeinen modernen Geiste unberührt. Ein unendlich langer Geschäftsgang, dessen oberste Instanz ein Störungen des gewohnten Gleichgewichtes im allgemeinen abgeneigter Obersthofkanzler und ein von zu reichlicher Aufklärung Übles fürchtender, dann ein geistig überhaupt unfähiger Monarch war, hemmte jeden Fortschritt. [...] Geistige Vorarbeit in Entwürfen und Anträgen lieferte wohl das vom aufstrebenden Liberalismus erfaßte Bürgertum in den niederen Behörden zur Genüge, doch fanden sie oben nur wenig Beachtung und keine Realisierung."[2]

Aus Stifters Gutachten Nr. ⟨26.⟩ läßt sich noch über die aktuelle Situation ergänzen: Was die Stände anbelangt, unter welchen mir bisher eine mitunter sehr beklagenswerthe Theilnahmlosigkeit an der Schule ja theilweise Abneigung gegen dieselbe thatsächlich vorgekommen ist, so ist es der Bauernstand, der Stand der Taglöhner u niederen Hülfsarbeiter u der Stand der kleineren ländlichen Gewerbtreibenden. [...] Die geistlichen Ortsschulaufseher erfüllen in der Regel ihre Pflicht, die weltlichen in der Regel nicht. Von Gemeindebehörden habe ich mehr unerfreuliche, als erfreuliche Resultate erfahren. Gewöhnlich mischen sie

---

1 „*Aus meinem Amtsleben. Von Dr. Alois Fischer, pens. kaiserl. königl. Statthalter von Oberösterreich*", Augsburg 1860, S. 59f.
2 *Alfred Grundl, „Anton Krombholz 1790–1869. Ein deutscher Priester und Schulorganisator aus Böhmen*", Prag 1937 (Sudetendeutsches Historisches Archiv, Bd. 3), S. 57.

EINLEITUNG

sich anmaßend u verlangend in die Schulsachen, verschaffen sich hiebei keine Einsicht in die Sachlage, bringen beliebige oft ihnen bewußt unwahre Gründe vor, oder begehren ohne allen beigefügten Grund, daß man ihnen willfahre, u haben fast ohne Ausnahme, wenn man hinter ihre Beweggründe kömmt, eigennüzige auf Geld sich beziehende. Vorzüglich verweigernd sind sie, wenn sie für die Schule u ihre Zweke auch nur die kleinste Auslage machen sollen. [...] / □ Die höheren Stände haben fast ausnahmslos großen Antheil an der Schule, sie sind es auch, welche ihre Kinder noch privatim unterrichten lassen, den Lehrern ihre Achtung u ihren Dank bezeigen, u ihnen ihre schwierige Lage erleichtern (S. 116,22–117,20).

Neuordnung nach der Revolution von 1848. Gründung des Unterrichtsministeriums.

Am 23. März 1848 wurde gleich zu Beginn der Revolution durch ein am 20. März 1848 gebildetes provisorisches Staatsministerium unter dem Vorsitz des Grafen Franz Anton von Kolowrat mit Pillersdorf als Innenminister[3], das zwar nur vom 20. März bis zum 19. April des Jahres 1848 bestand, die Studienhofkommission aufgelöst und durch das neugeschaffene „Ministerium für Unterricht" unter Franz Freiherr von Sommaruga „mit einem weitreichenden selbständigen Aufgabenkreis" ersetzt.[4] Damit waren wichtige Weichen für eine liberale Erneuerung des Staats- und Schulwesens

---

3 Helmut Rumpler, „Eine Chance für Mitteleuropa. Bürgerliche Emanzipation und Staatszerfall in der Habsburgermonarchie". In: „Österreichische Geschichte 1804–1914", hrsg. von Herwig Wolfram, Wien 1997, S. 277.

4 Ernst Mayer, „200 Jahre österreichische Unterrichtsverwaltung". In: Anton Kolbabek (Hrsg.), „Österreichische Unterrichtsverwaltung 1760–1960", Wien 1960, S. 49–66, hier S. 62; Hugo Hantsch, „Die kulturelle Funktion des österreichischen Bildungswesens im Donauraum". In: Kolbabek, S. 13–29, hier S. 19.

EINLEITUNG

gestellt. An einer Studien- und Unterrichtsreform war bereits seit 1845 eine Arbeitsgruppe der Studienhofkommission beschäftigt, an der Franz Freiherr von Sommaruga (1780–1860), Franz Serafin Exner (1802–1853) und Ernst Freiherr von Feuchtersleben (1806–1849) beteiligt waren.[5] Sommaruga war seit dem 30. März 1848 der erste österreichische Unterrichtsminister, doch schon am 18. Juli wurde die Leitung dieses Ministeriums provisorisch dem Minister des Innern, Anton Freiherrn von Doblhoff, mit übertragen, der dieses Amt bis zum 12. Oktober 1848 innehatte. Die Leitung der Unterrichtsangelegenheiten besorgte im Innenministerium, von Doblhoff eingesetzt, seit dem 18. Juli bis zum 23. November 1848 „der als Schriftsteller bekannte Arzt Ernst von Feuchtersleben als Unterstaatssekretär, der sogleich ein großes Reformwerk in Angriff nahm"[6] und auf Stifter einen großen Einfluß hatte. Exner, seit April 1848 wissenschaftlicher Beirat im Unterrichtsministerium, seit September 1848 Ministerialrat, legte als Ministerialrat im Referat für Unterrichtsreform einen in der „Wiener Zeitung" von 18. bis 21. Juli 1848 veröffentlichen „Entwurf der Grundzüge des öffentlichen Unterrichtswesens in Oesterreich" vor, „in dem bereits alles enthalten war, was in den nächsten Jahrzehnten verwirklicht wurde"[7]. Im §. 1. wurde projektiert, die Hoheit über das Schulwesen von der Kirche auf den Staat zu übertragen: „Der Staat erkennt es als sein Recht und als seine heilige Pflicht für den Unterricht der Jugend beiderlei Geschlechtes zu sorgen, und diesen Unterricht [...] selbst durch öffentliche Lehrer zu ertheilen [...]" („Wiener Zeitung" vom 18. Juli 1848, S. 170).

---

5 Rumpler, s. Anm. 3, S. 334.
6 Wilhelm Zenz, „Geschichte der Erziehung und des Unterrichts für österreichische Lehrer- und Lehrerinnenbildungsanstalten", Wien 1912, S. 182; Josef Scheipl / Helmut Seel, „Die Entwicklung des österreichischen Schulwesens von 1750–1938", Graz 1987, S. 40.
7 Rumpler, s. Anm. 3, S. 334.

EINLEITUNG

Nach dem Oktoberaufstand 1848, den er niederschlagen ließ, wurde Felix Fürst zu Schwarzenberg (1800–1852) vom November 1848 bis April 1852 Ministerpräsident. Er strebte eine ‚Revolution von oben' und dabei eine Modernisierung der gesellschaftlichen und wirtschaftlichen Verhältnisse an. In der ‚oktroyierten Märzverfassung' vom 4. März 1849 wurde festgelegt: „Der Staat führt über das Unterrichts- und Erziehungswesen die Oberaufsicht."[8] Schwarzenberg hat das Amt des Innen- und Bildungsministers im November 1848 an Franz Seraph Graf Stadion (1806–1853) verliehen, doch schon am 28. Juli 1849 wurde Alexander von Bach Stadions Nachfolger.

Joseph Alexander von Helfert, zu Beginn der Revolution Reichstagsabgeordneter, den Schwarzenberg gern als Minister im Ministerium für Kultus und Unterricht eingesetzt hätte, hatte die Übernahme eines Ministeramtes verweigert, doch am 23. November 1848 wurde er als Nachfolger von Feuchtersleben zum Unterstaatssekretär für die Volks- und Realschulen im Innenministerium ernannt, was er im folgenden Ministerium für Kultus und Unterricht bis 1861 blieb.[9] „Zur Beruhigung der konservativen Hofpartei um den entmachteten Windisch-Graetz holte" Schwarzenberg am 28. Juli 1849 „den böhmischen Grafen Leo von Thun. Dieser war als Vertreter einer streng konservativen und klerikalen Richtung scheinbar ein politisches Gegengewicht zur liberalen Kabinettsmehrheit, aber in Wirklichkeit in allen Sach- und Verfassungsfragen ein Sympathisant der Liberalen."[10] In den ersten Jahren arbeitete Thun mit seinen liberalen Fachreferenten Exner und Bonitz an einer Modernisierung des Unterrichtswesens, doch gleichzeitig gehörte er zu den Vorbereitern des Konkordats von 1855. Zusammen mit dem Berliner Protestanten Hermann Bonitz (1814–1888), der von Exner

---

8 *Abgedruckt bei Hantsch, s. Anm. 4, S. 20f.*
9 *Rumpler, s. Anm. 3, S. 308.*
10 *Ebd., S. 321.*

EINLEITUNG

nach Wien geholt und am 6. Februar 1849 durch kaiserliche Ernennung Professor für Klassische Philosophie an der Universität Wien wurde, sowie mit Marian Koller (1792–1866), einst Lehrer Stifters in Kremsmünster, der 1849 als für Realschulen zuständiger Sektionsrat ins neuerrichtete Unterrichtsministerium berufen wurde und von 1851 bis 1866 als Ministerialrat mit demselben Aufgabenbereich tätig blieb, arbeitete Exner den „Entwurf der Organisation der Gymnasien und Realschulen in Österreich" (Ministerialerlaß vom 15. September 1849) aus, zu dem Stifter im Mai 1850 seinen „Entwurf der Organisation einer vollständigen Realschule zu Linz" (Nr. ⟨3.⟩) verfaßte. Ministerialrat Exner begann am 5. November 1849 einen Briefwechsel mit Stifter, in welchem es zuerst um die Besetzung einer Schulratsstelle in Wien oder Linz mit Stifter ging, dann aber auch um die Herausgabe einer Gimnasialmonatschrift, *an der auch Bonitz mitzuarbeiten versprach (PRA 18, S. 35), und schließlich am 6. Mai 1850 in Stifters Brief um den* Entwurf für eine vollständige Unter- und Oberrealschule für Oberösterreich, *womit der Statthalter und Stifter das* Verständniß der hiesigen Bevölkerung *für die Errichtung einer Realschule in Linz gewinnen wollten (ebd., S. 50). Auch mit Marian Koller erfolgte ein Briefwechsel Stifters über die „Gewinnung tüchtiger Lehrkräfte" und die Eröffnung der Realschule in Linz (PRA 23, S. 77).*

Am 15. Dezember 1848 war Anton Krombholz (1790–1869) vom Innen- und Bildungsminister Franz Seraph Graf Stadion nach Wien berufen worden. Am 21. Februar 1850 ernannte ihn Thun zum Sektionsrat im Unterrichtsministerium, wo er bei zunehmender Krankheit Exners dessen Aufgaben übernahm. Enzinger urteilt über Krombholz: „[...] um das gesamte niedere Schulwesen hat er sich wahre Verdienste erworben; er hat sich für die Regelung der Volksschule, die Erhöhung der Lehrgehälter eingesetzt, hat die Errichtung von Hauptschulen angebahnt, Lehrerbildungsanstalten eingerichtet und die Umgestaltung der 4. Hauptschulklasse zu Un-

terrealschulen in allen deutschen Kronländern der Monarchie durchgeführt. Um zur Berufserfüllung anzueifern, empfahl er die Abhaltung von Lehrerkonferenzen, die zugleich die Fortbildung fördern sollten [...]".[11] In diesem politischen und administrativen Umfeld und seit Januar 1849 unter dem liberalen Statthalter Alois Fischer bis in die Anfangsjahre des Kultusministers Thun konnte Stifter als Schulrat mit Elan daran gehen, seine liberalen und aufklärerischen Ideen in allen diesen genannten Tätigkeitsfeldern zu verwirklichen. Allerdings verlor Stifter bald aktive und für seine Pläne wichtige Mitstreiter. Seit 1851 wurde Exner durch Krankheit verhindert und durch Krombholz ersetzt, im Mai 1851 wurde Statthalter Alois Fischer entlassen.

Helfert baute seine Machtposition aus, nachdem Graf Leo von Thun-Hohenstein am 28. Juli 1849 zum „Minister für Kultus und Unterricht" berufen worden war. Obwohl Minister Thun eine streng katholische Auffassung hatte und zu den Vätern des Konkordats von 1855 gehörte, kümmerte er sich nach Meinung von Rumpler „nur um die großen politischen Leitlinien", setzte aber in der Schulpolitik fort, „was in den letzten Vormärzjahren und in der Revolution vorbereitet worden war", und überließ „die Organisations- und Lehrplanfragen" den Beamten.[12] Hinzu kam von Seiten des Innenministers Alexander Bach eine auch im Unterrichtswesen vor allem von Helfert durchgesetzte Bürokratisierung, die Stifter bald, vor allem durch formale Kritik an seinen zu Beginn gelobten (Kommentar zu Nr. ⟨26⟩, dort zu 108,20) Inspektionsberichten, zu spüren bekam. Durch die „Bachsche Verwaltungsreform" wurde „die Idee der zentralen Reichsverwaltung in die Praxis" umgesetzt[13], doch neben der bürokratischen Reglementierung

---

11 Moriz Enzinger, „Ein Aufsatz Stifters ‚Über Kopfrechnen'", in: M. E., „Gesammelte Aufsätze zu Adalbert Stifter", Wien 1967, S. 298; vgl. auch Grundl, s. Anm. 2, S. 60–62.
12 Rumpler, s. Anm. 3, S. 334.
13 Ebd., S. 323.

EINLEITUNG

auch „mehr Rechtsstaatlichkeit"[14] erwirkt. Die nach dem Innenminister benannte ‚Ära Bach' gestaltete auch die Schulsituation mit Rechtsvorschriften und Verwaltungsaufgaben um. Mit dem plötzlichen Tod Schwarzenbergs 1852, der im November 1850 an den Grafen Prokesch geschrieben hatte, „daß er ‚weit entfernt' davon sei, ‚dem Absolutismus zu huldigen und ihn wiederherstellen zu wollen'"[15], endete eine kurze Ära, insofern Kaiser Franz Joseph, der sich als Herrscher ‚von Gottes Gnaden' verstand, zum allmächtigen Monarchen wurde und selbständige Ratgeber verdrängte. Damit begann der ‚Neoabsolutismus', in welchem – so Schoenborn – nicht der Kultusminister, Graf Leo Thun, sondern sein Unterstaatssekretär, Joseph Freiherr von Helfert, der Stifter „mit seltener Hartnäckigkeit und mit – fast – allen Mitteln bis über den Tod hinaus bekämpft" hat, zur treibenden Kraft wurde.[16]

Gründung von Landesschulbehörden, später Statthaltereien

Die früheren ‚Landesstellen' wurden durch neue ‚Landesschulbehörden' ersetzt, wodurch bis zum Konkordat von 1855 die Schulaufsicht der Kirche beseitigt und das Elementarschulwesen staatlichen Stellen unterstellt wurde.

Dr. Alois Fischer, geboren am 18. Januar 1796 in Landeck (Tirol), gestorben am 8. April 1883 in Innsbruck, war vom Innen- und Bildungsminister Graf Stadion am 1. Januar 1849 als einziger Bürgerlicher zum Statthalter für Oberösterreich ernannt worden und blieb bis zum 4. Mai 1851 im Amt. Sein Nachfolger war vom 4. Mai 1851 bis zum 22. Mai 1862 Eduard Freiherr von Bach (1814–1884), der Bruder des Ministers Alexander von Bach. In der Zeit vom

---

14 *Ebd., S. 328.*
15 *Zitiert bei Rumpler, s. Anm. 3, S. 321.*
16 *Peter A. Schoenborn, „Adalbert Stifter. Sein Leben und Werk", Bern 1992, S. 396.*

16. August 1854 bis zum 7. Juni 1855 hat Hofrat Franz Sales Kreil den Statthalter Bach vertreten, als dieser während des Krimkrieges als Zivilkommissär für die besetzten Donaufürstentümer Walachei und Moldau abgeordnet worden war.[17] *Nach der Amtszeit von Bach wirkte Anton von Schwabenau vom Mai 1862 bis April 1863 als stellvertretender Leiter der Statthalterei*[18]*, worauf vom 28. April 1863 bis zum 8. Januar 1867 Franz Freiherr von Spiegelfeld als Statthalter in Oberösterreich eingesetzt wurde.*

Einsetzung der Schulräte

Durch die „Kaiserliche Verordnung vom 24. October 1849" wurde „die Einsetzung von provisorischen Schulräthen nach den von Meinem Minister des Cultus und Unterrichts in der Beilage entwickelten Grundsätzen" genehmigt und dieser „zur Ausführung dieser Maßregel" ermächtigt (RGBl 1849, Nr. 432., S. 785). Der Minister des Cultus und Unterrichtes, Leo Graf von Thun, hatte im Vortrag vor dem Kaiser vorgeschlagen, „Schul-Inspectoren" sollten „als Staatsbeamte" bestellt werden (ebd., S. 786). „Als Regel dürfte ferner zu gelten haben, daß diese Männer den betreffenden Länder-Chefs (Statthaltern) als Räthe unmittelbar untergeordnet werden, wo sie dann auch nach Umständen mit denjenigen Referenten derselben, welche für die Besorgung der äußeren Angelegenheiten der Schulen bestimmt sind, zu Collegien unter dem Vorsitze ihrer Länder-Chefs vereinigt werden können. [...] / Um diesen Männern das nothwendige äußere Ansehen und die Stellung zu sichern, wel-

---

17 *Harry Slapnicka, „Eduard Bach (1814–1884). Kaiserlicher Statthalter in der zentralistisch-bürokratischen Ära", in: „Oberösterreicher. Lebensbilder zur Geschichte Oberösterreichs", hrsg. vom OÖLA, Bd. 7, Linz 1991, S. 23.*
18 *Otto Guem, „Hermann von Gilm als Theaterzensor in Linz", in: Mühlviertler Heimatblätter. Zeitschrift der Mühlviertler Künstlergilde im Oö. Volksbildungswerk, 7. Jahrgang 1967, S. 124.*

EINLEITUNG

*che ihrer Aufgabe entspricht, dürfte ihnen der Titel: „k. k. Schulrath"
und die 7. Diätenclasse zuzuerkennen seyn. Die Ernennung derselben dürfte aber einstweilen nur eine provisorische seyn, welche von dem treugehorsamsten Minister Euerer Majestät ausgeht [...]"
(ebd., S. 787).*

Stifter war Schulrat unter den Statthaltern Alois Fischer, Eduard Freiherr von Bach und bis zu seiner Pensionierung 1864 unter Franz Freiherr von Spiegelfeld.

Mit der „Instruktion für die Mitglieder der Landesschulbehörde des Kronlandes Österreich ob der Enns" vom 3. Juni 1850 (OÖLA 5/2165–2167) wurden konkrete Regelungen getroffen. Unter „B. Der Schulrath für die Volksschulen" wurde unter Punkt 1. die Position des Schulrats gegenüber der des „administrativen Referenten" bestimmt, wobei „die Erledigung der die Volksschulen betreffenden kurrenten Geschäfte dem administrativen Referenten verbleibt" – und zwar 1850–1859 bei Johann Ritter von Fritsch und von 1859–1865 bei Friedrich von Strobach –, während der Schulrat – also Stifter – „als berathendes Mitglied ohne exekutiven Wirkungskreis zunächst bei der inneren, dann aber auch den damit zusammenhängenden äußeren Angelegenheiten der Volksschulen zu wirken" hat. Weiter wird ausgeführt:

„*2* Seine Aufgabe ist:

a. Genaue Kenntniß des Zustandes des Volksschulwesens.

b. Auffindung und Belebung aller jener Kräfte, welche das Volksschulwesen im Lande wahrhaft zu fördern vorzugsweise geeignet sind;

c. Anregung alles deßen durch an die Regierung zu erstattende Vorschläge und Anträge, wodurch die Regierung auf Verbesserung des Volksschulwesens im Allgemeinen und im Einzelnen zu wirken vermag.

d. Berathung der pädagogischen Seite der wichtigeren kurrenten Geschäfte, zu welchem Ende ihm Geschäftsstücke, welche eine solche Seite darbiethen, zur Einsicht und Äußerung von dem admini-

strativen Referenten mitzutheilen sind." *[Darauf hat er sein Vidi einzutragen und abzuzeichnen, Anm.]*
[...]
4. Zur Besichtigung der Schulen hat er mit Zustimmung des Statthalters öftere Reisen vorzunehmen, und über jede derselben dem Statthalter einen Bericht abzustatten, und die ihm nöthig scheinenden Maßregeln anzuregen. Auf diesen Reisen wird es seine Aufgabe seyn, mit den Schulaufsehern sich zu besprechen, von ihnen über den Zustand und die Bedürfniße der Schulen Kunde zu erhalten, und ihm nöthig scheinende Winke zu geben. Einzelne Schulen wird er besuchen, dabei den Lehrern mit seinem Rathe an die Hand gehen, und bemüht seyn, die vorzüglichsten aus ihnen kennen zu lernen, um sie für Lehrerbildungsanstalten für die Leitung größerer Schulen benützen, oder bei Abfaßung oder Beurtheilung von Lehrbüchern und Lehrplänen, und bei kommißionellen Berathungen verwenden zu können. Hiebei Anordnungen zu treffen, oder Befehle zu geben, ist er nicht berechtigt.
5. Eine besondere Aufmerksamkeit hat er der Erforschung des Zustandes der Lehrerbildungsanstalten /:Präparandenkurse:/ zuzuwenden. Er hat daher auf seinen Reisen dem Unterrichte derselben beizuwohnen, die Lehrer einer jeden zu einer Besprechung über den Zustand derselben zu versammeln, dabei seinen Rath zu geben, und bei den Prüfungen der Kandidaten soweit die Lokalverhältniße es gestatten, gegenwärtig zu seyn. [...].
6. Von den Lehrerversammlungen hat er genaue Kenntniß zu nehmen, und die Vorschläge zu ihrer Regulirung zu machen. Einstweilen wird er durch persönlichen Einfluß dahin wirken, daß besonders höher gebildete Seelsorger und Lehrer sich an denselben betheiligen. Er wird diesen Versammlungen öfter Fragen vorlegen, welche dazu dienen, um solche, welche selbst eine paßende Wahl des Stoffes ihrer Besprechungen zu treffen minder geschickt sind, zu unterstützen, und um zugleich sich selbst mancherlei wünschenswerthe Aufklärungen zu verschaffen.

EINLEITUNG

*7. Bei der eben vor sich gehenden Umgestaltung der 4. Klaßen in zweijährige Unterrealschulen hat er mitzuwirken; ihm liegt besonders die Ausführung des § 40 des Entwurfes der Organisation der Realschulen ob, und er hat zu diesem Zweke mit den erfahrenen Geschäftsmännern der betreffenden Gegenden sich ins Einvernehmen zu setzen.
[...]*
D. Besondere Bestimmungen
*1. Es ist dafür zu sorgen, daß in den von der Landesschulbehörde an das Ministerium zu erstattenden Berichten und Vorschlägen die persönlichen Ansichten des Schulrathes für die Volksschulen, sowie des begutachtenden Gymnasial-Inspektors stets ersichtlich seyen. Namentlich sind die Reise- und Jahresberichte so wie wichtigere Vorschläge und Anträge, welche, und insoweit sie von diesen Personen ausgehen, mit deren Unterschrift zu versehen sind, von dem Statthalter entweder nach kollegialer Berathung derselben, oder ohne diese dem Ministerium vorzulegen.
2. Wenn über eine zu treffende Verfügung, welche eine vorherrschend innere Angelegenheit der Schulen, oder die Person eines Direktors oder Lehrers betrifft, eine Differenz zwischen der Ansicht des Statthalters und des Schulrathes für die Volksschulen [...] stattfindet, so ist dieselbe in der Regel, ehe die Verfügung getroffen wird, dem Ministerium zur Entscheidung vorzulegen. [...]"*

Stifter als Schulrat konnte das Schulwesen entsprechend seiner aufklärerischen humanistischen Weltanschauung, Pädagogik und Didaktik, die er vor allem in den Nummern ⟨1.⟩ und ⟨18.⟩ darlegte, zu gestalten versuchen, doch er war durch die „Instruktion für die Mitglieder der Landesschulbehörde des Kronlandes Österreich ob der Enns" eingeschränkt und zudem der „Politischen Verfassung der deutschen Schulen in den k.k. deutschen Erbstaaten" (1805/1833) verpflichtet, wobei er allerdings deren fortschrittliche Potentiale, die sie durchaus enthielt, bis 1855 seinen Ideen entsprechend aus-

EINLEITUNG

legen und verwirklichen konnte. Das hat er bei Inspektionsreisen und als geschulter Jurist und juristischer Berater der Statthalterei mit zahlreichen Gutachten engagiert getan.

Stifters Qualifikationen für das Amt des Schulrats

Pädagogisch-didaktische Qualifikationen

Da Stifter von seinem Studium her weder Pädagoge noch Philosoph war, sondern sich in Wien auf die Fächer Jura, Physik und Mathematik konzentriert hatte, bevor er schließlich als Schriftsteller tätig wurde, konnte es in den Kommentaren nicht primär um die Frage gehen, was er als Pädagoge oder Philosoph an neuen Ideen systematisch entwickelt hat. Daß er fundamentale pädagogische und didaktische Kenntnisse für das Amt des Schulrats besaß, hat Kurt Gerhard Fischer in einer Studie belegt, die aus verstreuten Äußerungen Stifters eine „Pädagogik des Menschenmöglichen"[19] systematisierte. Dies unterstreichen nachdrücklich auch die zahlreichen Aufsätze Stifters zu pädagogischen Fragen, die in HKG 8,2 versammelt sind und in HKG 8,3 ausführlich kommentiert werden. In den Kommentaren war vorrangig zu klären, welche fortschrittlichen pädagogischen, didaktischen, fachdidaktischen, philosophischen, juristischen und staatsrechtlichen Theorien Stifter sich angeeignet hat, um die Organisation, Förderung und Kontrolle der Volks- und Realschulen zu bewältigen und das Schulwesen zu modernisieren.

Zu Stifters Vorwissen zählen wesentlich seine Erfahrungen als Privatlehrer, wie er sie seit Beginn seiner Gymnasialzeit und noch im Hause Metternich sammeln konnte, wo er dessen älteren Sohn

---

19 Kurt Gerhard Fischer, „Die Pädagogik des Menschenmöglichen. Adalbert Stifter", Linz 1962.

EINLEITUNG

Richard (1829–1895) unterrichtete. Sie begründeten bei ihm eine Erfahrungs-Pädagogik, zu der auch die Überzeugung zählte, daß Mädchen ein außergewöhnliches Talent für die Bewältigung schwieriger mathematischer Aufgaben entwickeln können. Mit der 'Seelenlehre', also psychologischer Fachliteratur, hat Stifter sich, wie er am 8. Februar 1837 im Brief an Sigmund Freiherrn von Handel schreibt, bereits während seiner Zeit als Privatlehrer intensiv beschäftigt, ja er nahm die Seelenlehre sogar ausdrücklich in sein Programm über meine Schülerinen *auf:* Mit den beiden andern begann ich Seelenlehre, die ich jezt für sie schriftlich verfasse, um sie ihnen als Andenken zu hinterlassen *(PRA 17, S. 66). Als er damit rechnete, seinen Lebensunterhalt auch durch Privatunterricht für Metternichs jüngeren Sohn Paul (1834–1906) zu bestreiten, brach 1848 die Revolution aus: Stifter, von Wien nach Linz übersiedelt und seit 1837 verheiratet, mußte es deshalb nicht zuletzt auch aus ökonomischen Gründen als willkommene Fügung empfinden, mit der amtlichen Tätigkeit eines Schulrats betraut zu werden.*

Zu schulorganisatorischen, aber auch zu fachdidaktischen Fragen wie dem Kopfrechnen hat er mit mehreren Aufsätzen (abgedruckt in HKG 8,2) Stellung genommen. Seine fachdidaktischen Kompetenzen für das Amt des Schulrats hat er, wie Moriz Enzinger dargelegt hat, im Gymnasium mit hervorragenden Leistungen in Mathematik und Physik bei Marian Koller, im Studium bei Andreas Freiherr von Baumgartner für Mathematik, Naturlehre und Physik erworben (s. zu S. 230,5) und im Privatunterricht erprobt.

Hinsichtlich seiner aufklärerischen Bildungsideen und Bildungsziele ist der Einfluß von Herder am besten belegt, dessen Werke Stifter nachweislich gekannt hat. Möglicherweise hat Stifter zu dem Herder-Kreis Kontakte gehabt, den es in den 30er und 40er Jahren in Wien gab und zu dem u. a. Feuchtersleben und Anton Ritter von Spaun gehörten.[20] *Seine Herder-Lektüre erwähnt Stifter in einem*

---

20 *Vgl.* Schoenborn, s. Anm. 16, S. 378–381.

EINLEITUNG

Brief an Gustav Heckenast vom 3. August 1847, worin er die Schriften Spauns als in Herders Art *(PRA 17, S. 245) charakterisierte. Im Nachruf auf den am 26. Juni 1849 in Kremsmünster verstorbenen Spaun schrieb er:* Mir drangen seine Arbeiten, ehe ich ihn selber persönlich kannte, mit der schönen Ruhe Herder'scher Darstellung in das Gemüth *(HKG 8,1, S. 51,16–18).*

Ob Stifter durch Kant-Lektüre direkt beeinflußt war, ist nicht nachweisbar. Doch in seinen amtlichen Schreiben findet man immer wieder Gedanken und Termini von Kant, die er sich im Gymnasium und an der Universität angeeignet hat. In der „Allgemeinen Schulordnung der Kaiserin Maria Theresia" [21] *von 1774 war der Begriff der Aufklärung aufgenommen und erklärt worden, daß „durch wohlgetroffene Erziehungs- und Lehranstalten die Finsterniß der Unwissenheit aufgekläret, und jedem der seinem Stande angemessene Unterricht verschaffet wird." Doch „unmittelbar nach dem Regierungsantritt von Kaiser Franz 1793" waren „die Lehren Kants für Universität und Schule verboten worden".*[22] *Als „im Jahr 1827 die ‚Kritik der reinen Vernunft' von der katholischen Kirche auf den Index gesetzt wurde, wachten Staat und Kirche gemeinsam darüber, daß Kants Philosophie von Schule und Universität ferngehalten wurde".*[23] *Dennoch kann man mit Domandl annehmen, daß zu Stifters Jugendzeit Kant und Goethe „noch die herrschenden Bildungsmächte waren – soweit nicht amtliche Einwirkungen dagegen ankämpften".*[24] *Gedanken und Termini von Kant konnte Stifter bereits während seiner Schulzeit in Kremsmünster in Lehr-*

---

21 *Die allgemeine Schulordnung der Kaiserin Maria Theresia und J. J. Felbigers Foderungen an Schulmeister und Lehrer. Herausgegeben von Anton Weiss, Übungsschullehrer am Wiener Pädagogium, Leipzig 1896, S. 8.*
22 *Sepp Domandl, „Adalbert Stifters Lesebuch und die geistigen Strömungen zur Jahrhundertmitte", Linz 1976 (Schriftenreihe des Adalbert Stifter-Institutes des Landes Oberösterreich, Folge 29), S. 85.*
23 *Ebd., S. 42.*
24 *Ebd., S. 18.*

büchern von Leonhard²⁵, von Likawetz im I. und II. Jahrgang²⁶, vor allem aber von Andreas von Baumgartner²⁷ kennengelernt haben. Im Studium ist Stifter im Natur-, Staats- und Zivilrecht u. a. bei seinem Lehrer Franz von Egger (s. zu 35,11–13) mit Kants Lehre in Kontakt gekommen. Unmittelbar nach der Revolution waren mit Feuchtersleben, Exner und Bonitz Männer tätig, die als Kantianer gelten²⁸ und die auf die Neuordnung des Bildungswesens wie auf Stifter entsprechend eingewirkt haben. Zur Wirkung von Kant und Herder erklärte Feuchtersleben: „<u>Kant</u>, in seinen streng filosofischen Schriften, ist keineswegs unklar, wohl aber unpopulär; [...] <u>Herder</u> in seiner Gegenansicht, ist populärer und doch weniger klar [...]".²⁹

Eine indirekte Vermittlung Kants verlief auch über Pädagogen wie Vincenz Eduard Milde (1877–1814), dessen „Lehrbuch der Erziehungskunde" ausdrücklich „zum Gebrauche der öffentlichen Vorlesungen" verfaßt wurde und „nach einer allerhöchsten Entschließung vom 17. Oktober 1814 an allen k. k. öffentlichen Lehranstalten vorgeschrieben" war.³⁰ Gleiches gilt für die Schriften des Kantianers Johann Friedrich Herbart (1776–1841), der insbesondere von Franz Exner, dem „Vorkämpfer der Herbartschen Philosophie"³¹, nachdrücklich gefördert wurde und in Österreich zur Zeit Stifters als Pädagoge in hohem Ruf stand.

---

25 Moriz Enzinger, „Adalbert Stifters Studienjahre (1818–1830)", Innsbruck 1950, S. 56–59.
26 Ebd., S. 50f., 59–62; vgl. HKG 8,3, S. 316–318.
27 Ebd., S. 51, 70–72.
28 Ebd., S. 89f.
29 Feuchtersleben, KFA III/3, S. 18; vgl. hierzu Gustav Wilhelm, „Herder, Feuchtersleben und Stifter", in: Euphorion XVI (Ergänzungsheft 1923), S. 122–134.
30 Grundl, s. Anm. 2, S. 10.
31 Domandl, s. Anm. 22, S. 57.

Juristische und verwaltungstechnische Qualifikationen

Seine juristischen, physikalischen und mathematischen Qualifikationen prädestinierten Stifter, auch wenn er seine Studien nicht abgeschlossen hat, dazu, die vielfältigen Verwaltungsaufgaben und juristischen Gutachten für die Statthalterei so zu bewältigen, daß sie für Gutachten und Entscheidungen der Statthalterei grundlegend waren.

Stifter hat seine juridischen Prüfungen bis auf eine mit sehr gutem Erfolg abgelegt. Er erreichte im „Natur- und Kriminalrecht" bei Prof. Egger am 23. August 1827 die Note 1. Cl. m. Vorzug. Bei Johann Springer in der „Statistik des österreichischen Kaiserstaates" erhielt er am 30. August 1827, bei Thomas Dollinger in „Römisches Civilrecht" am 28. April 1828 und in „Kirchenrecht" am 4. September 1828, bei Vinzenz August Wagner am 24. März 1829 in „Lehensrecht" und am 22. Juli in „Handels- und Wechselrecht", bei Josef Winiwarter am 13. Oktober 1829 in „Österreichisches Bürgerliches Recht" und bei Joseph Kudler am 30. März 1830 in „Politische Wissenschaften" jeweils die Note 1. Cl.[32] „Wegen angeblichen Versagens bei Prof. Wagner (Geschäftsstil und Gerichtsverfahren) hätte er eine Nachprüfung zu machen gehabt, zu der er aber nicht erschien. So brachte er es zu keinem förmlichen Abschluß seines juridischen Studiums und errang auch keinen akademischen Rang."[33] Offenbar wollte er sich dadurch den Weg in ein Amt verbauen und den Weg der Selbstverwirklichung in der Kunst festlegen. Als er jedoch nach der Revolution von 1848 das Amt eines Schulrats anstrebte, hat er, um seine juristische Kompetenz unter Beweis zu stellen, mehrere Aufsätze zu juristischen Themen – abgedruckt in HKG 8,2 – veröffentlicht.

Ergänzt werden seine hervorragenden juristischen Kenntnisse durch seine Beherrschung der Schulgesetze und der Schulordnung, wie seine juristischen Gutachten für die Statthalterei zeigen. An der

---

32 S. *HKG 8,3*, S. 295.
33 *Enzinger*, s. Anm. 25, S. 89f.

EINLEITUNG

Konzeption der Schulverwaltung hat er mit dem Gutachten der Vertrauensmänner bezüglich der Errichtung eines provis. Schulrathes für Oberösterreich u Salzburg *(Nr. ⟨1.⟩) selbst mitgewirkt.*

Stifters Anstellung als Schulrat

Als Stifter am 5. November 1849 von Franz Exner aus Wien einen Brief mit der Mitteilung erhielt, daß das Unterrichtsministerium ihn, wie Stifter am 9. November an Türck schreibt, auf eine Schulrathsstelle nach Wien mit 2000 fl. Einnahme (PRA 18, S. 20) für Gymnasien verpflichten wolle, war die Situation für Stifter confus, weil gleichzeitig der Landeschef von Oberösterreich in Wien weilte, um Stifter für eine Schulratsstelle in Linz zu gewinnen. Am 9. November schrieb Stifter an Exner, daß im Frühjahre der Herr Landeschef von Oberösterreich Dr. Alois Fischer an mich die Anfrage stellen ließ, ob er mich zu einem Schulrathe für Oberösterreich vorschlagen dürfe, worauf ich bejahend antwortete und ihm in dieser Beziehung meine Mitwirkung zusagte. *Dabei war zwischen Fischer und Stifter für die nächste Zukunft eine bestimmte Wirksamkeit verabredet worden, daß nämlich Stifter vom Frühjahr 1849 an bereits vor einer Verbeamtung und Dotierung als Schulrat Arbeiten für den Statthalter übernehmen sollte (ebd., S. 19). Erst mit dem Dekret vom 3. Juni 1850 (AVA U-Allg., 196/2A, S. 52) hat das Ministerium Adalbert Stifter „mit der Verwendung als Inspektor der Volksschulen zu ernennen befunden. / Mit diesem prov. Dienstposten ist der Titel eines kk. Schulrathes, die Einreihung in die VII^{te} Diätenklasse und der Jahresgehalt von Eintausend-Fünfhundert Gulden CMze verbunden" (Abb. 4 und 5). Zwischen dem Frühjahr 1849 und dem 3. Juni 1850 hat Stifter mehrere Gutachten, im März 1849 zur Errichtung eines provis. Schulrats (Nr. ⟨1.⟩), am 10. April 1849 zum Vorschlag in Linz eine Universität zu gründen (Nr. ⟨2.⟩) und im Mai 1850 zur Organisation einer vollständigen Realschule zu Linz (Nr. ⟨3.⟩) verfaßt.*

EINLEITUNG

Gründung der Realschule

Da die am 26. November 1851 beantragte „Uebertragung der Inspekzion" der Unterrealschule Linz an Stifter (Abb. 3) als „Volks-Schulen-Inspektor" (OÖLA 2/724 r) vom Ministerium erst am 26. Dezember 1851 bewilligt wurde (OÖLA 1/287 r), leistete Stifter auch bei der Gründung der Unterrealschule in Linz vor seiner Ernennung die Hauptarbeit, denn die ganze Sache hat der Statthalter fast einzig in meine Hände gelegt (PRA 18, S. 83), wie es im Brief an Heckenast vom 11. September 1851 heißt. So hat er schon am 10. Juli 1851 in der Kommission über Begutachtung von Lokalitäten für die Unterrealschule (Nr. ⟨34.⟩), am 15. Juli 1851 an der Begutachtung des Schulgebäudes auf der Spitlwiese (Nr. ⟨39.⟩) mitgewirkt, am 25. August 1851 ein Gutachten über die Lehrfähigkeit der an der Linzer-Normalhauptschule in der Unterrealschule beschäftigten Lehrer u über die Möglichkeit der Verwendung in der zu gründenden Realschule von drei Jahrgängen (Nr. ⟨47.⟩) und am 26. August 1851 eines über die Anschaffung notwendiger Möbel und Gerätschaften für die Realschule Linz (Nr. ⟨48.⟩ und ⟨49.⟩) verfaßt. Am 30. Oktober 1851 berichtet der Statthalter dem Ministerium, daß er die Besetzung der Lehrerstellen an der Realschule „unter Beiziehung" des „kk Schulrathes u VolksschulenInspektors Stifter" vornehmen ließ. (s. zu 172,14–17) Die Unterrealschule in Linz ist am 3. Dezember 1851, die Oberrealschule am 6. Dezember 1852 eröffnet worden, wobei Stifter jeweils eine Rede gehalten hat. Stifter hat dieses Amt inne gehabt, bis er nach dem Zampieri-Konflikt mit Erlaß vom 24. September 1856 der Inspektion der Linzer Realschule enthoben wurde (OÖLA 5/2182 r).

EINLEITUNG

Inspektionsreisen

In der „Instruktion für die Mitglieder der Landesschulbehörde des Kronlandes Österreich ob der Enns" vom 3. Juni 1850 (OÖLA 5/2165–2167) wurden für die Inspektionsreisen folgende Regelungen getroffen: „Zur Besichtigung der Schulen hat er mit Zustimmung des Statthalters öftere Reisen vorzunehmen, und über jede derselben dem Statthalter einen Bericht abzustatten, und die ihm nöthig scheinenden Maßregeln anzuregen. Auf diesen Reisen wird es seine Aufgabe seyn, mit den Schulaufsehern sich zu besprechen, von ihnen über den Zustand und die Bedürfniße der Schulen Kunde zu erhalten, und ihm nöthig scheinende Winke zu geben. Einzelne Schulen wird er besuchen, dabei den Lehrern mit seinem Rathe an die Hand gehen, und bemüht seyn, die vorzüglichsten aus ihnen kennen zu lernen, um sie für Lehrerbildungsanstalten für die Leitung größerer Schulen benützen, oder bei Abfaßung oder Beurtheilung von Lehrbüchern und Lehrplänen, und bei kommißionellen Berathungen verwenden zu können. Hiebei Anordnungen zu treffen, oder Befehle zu geben, ist er nicht berechtigt" (5/2166f.)

Stifter hat sich strikt an diese Vorgaben gehalten und in Nr. ⟨26.⟩ dargelegt, wie er sich ein Bild von einzelnen Schulen und ein sistematisches Bild des Zustandes des Schulwesens des Landes verschafft hat. Er hat immer zuerst den Schulbezirksaufseher besucht. [...] / □ Wo in dem Schulbezirke ein Bezirkshauptmann war, besuchte ich auch denselben, u besprach mich mit ihm über die Schulangelegenheiten. *In den einzelnen Schulen besuchte er zuerst* den geistlichen Ortsschulaufseher, u suchte von ihm den Zustand der Ortsschule, in so weit er ihn selber kannte, in Erfahrung zu bringen. *[...]* Hierauf besuchte ich den Director oder Oberlehrer, u besprach mich mit ihm über die in seinen Wirkungskreis einschlagenden Dinge, namentlich über die einheitliche Leitung der Schule, über Verwendbarkeit seines Lehrkörpers, über die Methode, nach welcher die Gegenstände beigebracht würden, u über die sittliche Haltung der Lehrer u Schüler. *[...]* Nach dem Oberlehrer hatte ich ein Gespräch mit dem Bürgermeister oft auch mit Gemeinderäthen u mit dem weltlichen Ortsschulaufseher, um mich über das Verhältniß der Ortsschule u Ortsgemeinde aufzuklären, u das Interesse der Schule u Erziehung bei der Bevölkerung durch Unterredungen u Belehrungen zu erhöhen *(HKG 10,1, S. 110,18 bis 112,17).*

Die Amtsreisen aus der Zeit von 1851 bis 1854, über die Stifter dem Statthalter teils mündlich, teils schriftlich berichtete, hat er in einer ersten Zusammenstellung in Nr. ⟨222.⟩ vom 13. Januar 1855 aufgelistet, als das Ministerium eine solche Aufzeichnung im Zuge der Bürokratisierung und genauen Kontrolle verlangte, doch er konnte in einer zweiten Liste nicht zu jeder Reise einen entsprechenden schriftlichen Bericht ausweisen. Diese nur in der ersten Liste nachgewiesenen mündlichen Berichte wurden nicht wie die anderen als Platzhalter chronologisch in die Reihe der Dokumente aufgenommen, sondern an Ort und Stelle belassen und dort kommentiert, soweit das OÖLA und DAL dazu ergiebige Amtsakten enthält, in denen die entsprechenden Schulhauszustände, Schulprobleme u. a. behandelt werden. Im Zuge der Bürokratisierung wurde die Abfassung von schriftlichen Inspektionsberichten zwingend vorgeschrieben und mit detaillierten Auflagen reglementiert. Diese Berichte wurden direkt an den Statthalter adressiert, woraufhin dieser durch den Referenten Entwürfe für Schreiben an einen Lehrer, einen Bezirksvorsteher, einen Bezirkshauptmann oder an das bischöfliche Konsistorium mit der Aufforderung zu weiterer Klärung des Sachverhaltes oder zur Problembereinigung verfassen ließ. Das Konsistorium holte daraufhin weitere Informationen bei der Schuldistriktsaufsicht oder einer anderen Stelle ein oder veranlaßte Maßnahmen zur Beseitigung von Mängeln, worüber es die LSchBeh informierte. Hat der Schulrat einen Schulhausneubau angeregt, so ergeht der Auftrag, eine Lokalverhandlung zu veranstalten und einen Plan vorzulegen, der dann an das Bauamt zur weiteren Be-

arbeitung ergeht. Wenn eine Ortschaft den Neubau verweigert, so kann der Einspruch über die LSchBeh an das Ministerium oder per Ministerialrekurs über das Ministerium an den Kaiser ergehen. Der Minister hält einen Vortrag vor dem Kaiser, worauf dieser die Entscheidung trifft. In jedem Falle laufen Entscheidungen oder Aufträge des Ministeriums auf dem Dienstweg nach unten über die LSchBeh bzw. Statthalterei an das bischöfliche Konsistorium und die unteren Dienststellen (vgl. die Kommentare zu den Nrn. ⟨98.⟩, ⟨140.⟩, ⟨143.⟩, ⟨148.⟩). Zu allen Schreiben von unteren Stellen direkt oder über das bischöfliche Konsistorium an die LSchBeh bzw. die Statthalterei mußte der Schulrat ein Gutachten anfügen oder mit Vidi gegenzeichnen (vgl. hierzu Abb. 15).

Folgen der Festlegung der allgemeinen Schulpflicht: lange Schulwege, Mittelpunktschulen

1774 verordnete in Österreich während der Regierungszeit Maria Theresias eine Studienhofkommission die allgemeine Schulpflicht. Das Hauptproblem dieser allgemeinen Schulpflicht war bis in die Dienstzeit Adalbert Stifters, daß die Kinder in den zersiedelten Gegenden Oberösterreichs überaus lange Schulwege bis zu 2 Stunden bewältigen mußten und daß nur äußerst schwierig die benötigten Schulgebäude und Lehrer für diese Kinder bereitgestellt werden konnten. Nicht überall war die Gründung von ‚Mittelschulen' (Mittelpunktschulen) oder die Erhaltung von bereits bestehenden möglich, obwohl sie vom Gesetz vorgeschrieben waren, da der Widerstand der Bevölkerung und Lokalbehörden stärker war als die Macht der Statthalterei und des Ministeriums. Dieser Widerstand, der von Statthalter Bach noch überwunden werden konnte, nahm nach dem Konkordat von 1855 deutlich zu, so daß Stifter am Ende seiner Dienstzeit mit seinen Wünschen und Vorschlägen auf hartnäckige Gegenwehr stieß und seine Bemühungen um die Neu-

EINLEITUNG

gründung oder den Erhalt bestimmter Schulen mehrfach ohne Erfolg blieb.

Schulbauprogramme während Stifters Amtszeit

Schulhäuser, oft noch Holzbauten, waren um 1850 teilweise in einem überaus desolaten Zustand, und oft waren die Schulzimmer für die vorhandene Schülerzahl viel zu klein. Ein besonders drastisches Beispiel für desolate Schulhauszustände schildert Stifter in seinem Rückblick Die Volksschule in Oberösterreich in den Jahren 1850– 1865. (Aus meinem Amtsleben)*: In Niederthalheim bei Schwanenstadt in einer sehr fruchtbaren Gegend fand ich ein hölzernes Schulhaus. Die Wände hatten durch u durch Löcher wie ein Kopf. Die Lehrersfrau stopfte sie mit Werg zu. […] Bei jedem stärkeren Regen mußten die Kinder Bücher u Papiere unter die Bank halten, daß sie nicht naß würden. Das Wasser rann auf dem Boden des Schulzimmers dahin (HKG 8,2; S. 315,30–316,8) Weitere gravierende Beispiele bildeten die Schulhäuser in Altschwendt (Nr. ⟨88.⟩) Taiskirchen (Nr. ⟨148.⟩, S. 325,27–33), St. Veit (ebd., S. 331,20), Moosbach (ebd., S. 331,28–29) oder Auerbach (ebd., S. 333,15–29).*

Ein zusätzliches Problem waren die langen Schulwege der Kinder. Da nach amtlicher Vorgabe ein Schulweg nicht länger als 1 Stunde dauern sollte, viele Kinder jedoch viel längere Schulwege hatten, mußten ‚Mittelschulen' (Mittelpunktschulen) gebaut werden, wobei Stifter vor allem für die Ermittlung der Schulwegdauer und der Schulsprengel verantwortlich war.

Das Schulbauprogramm war Chefsache des Statthalters Bach. Zwar schrieb Stifter das Hauptverdienst an den Schulhausprojekten und -programmen der Initiative des Statthalters zu, doch hatte auch er einen großen Anteil an diesen Reformbestrebungen, da er auf seinen Inspektionsreisen Mängel an und in den Schulgebäuden wie etwa zu kleine Lehrzimmer und zu wenig Wohnraum für den Leh-

rer, dessen Familie und dessen Gehilfen feststellen und den Statthalter davon in Kenntnis setzen konnte, woraufhin dieser oft unverzüglich die entsprechenden Maßnahmen einleitete und so für Abhilfe sorgte.

Am 17. Januar 1854 ließ der Statthalter Bach in der „Linzer Zeitung" „ein actengemäßes Verzeichniß der Schulbaulichkeiten in Oberösterreich aus den Jahren 1851, 1852 u 1853" veröffentlichen, um so einen Überblick über durchgeführte oder geplante Neubauten bzw. Erweiterungen, Renovierungen und Adaptierungen von Schulgebäuden zu dokumentieren (s. Abb. Nr. 1 und 2, dort auch eine Transkription des ‚Verzeichnisses'). Dieses „Verzeichniß" ist eine wichtige Grundlage für die Einschätzung der Leistungen Stifters für die Überwindung der desolaten Schulhauszustände. Es kann jeweils als Wegweiser dienen, um den Überblick über die in Stifters Dokumenten und in den Kommentaren angesprochenen Schulbau- und Renovierungsprojekte zu gewinnen.

Staat und Kirche

Obwohl mit der oktroyierten Märzverfassung vom 4. März 1849 die Oberhoheit über das Schulwesen von der Kirche auf den Staat übertragen wurde, blieben die Verwaltungsinstitutionen der Kirche, insbesondere das bischöfliche Konsistorium, erhalten. Über das Konsistorium und das bischöfliche Ordinariat hat der Bischof weiterhin Einfluß auf das Schulwesen, wie er auch durch schriftliche Stellungnahmen einwirken kann. Die „Instruktion für die Mitglieder der Landesschulbehörde des Kronlandes Österreich ob der Enns" vom 3. Juni 1850 verpflichtete die staatlichen und kirchlichen Stellen zur Kooperation. Im § 3 a wurde verordnet, „daß wegen der überwiegenden Wichtigkeit der religiösen Bildung die Volksschule in innigem Zusammenhange mit der Kirche stehen, und als eine gemeinsame Angelegenheit des Staates und der Kirche behandelt werden muß, daher das Gedeihen dieser Schule vor Allem darauf beruht, daß von den Schulbehörden des Staates und der Kirche, und von deren Organen nie anders als im Einvernehmen gehandelt, und aufrichtig darnach gestrebt werde, sich gegenseitig zu unterstützen". Im Konfliktfall mußte ein Sachverhalt dem Ministerium zur Entscheidung vorgelegt werden.

Zwischen Stifter, unterstützt vom Referenten, und dem bischöflichen Konsistorium gab es durchaus Kontroversen, die heftigsten über die Besetzung von Lehrerstellen, insofern das Konsistorium konsequent das Anciennitätsprinzip vertrat, um weniger qualifizierten älteren Lehrern eine bessere soziale Altersposition zu ermöglichen, während Stifter und der Referent Fritsch mit dem Leistungsprinzip und der Bevorzugung besser ausgebildeter Bewerber die Unterrichtsqualität verbessern wollten. In diesen Fällen entschied die LSchBeh in der Regel gegen das bischöfliche Konsistorium.

Während die staatlichen Stellen mit Bischof Gregor Thomas Ziegler (1770–1852), der von 1827 bis 1852 amtierte, gut zusammenarbeiteten, verschärften sich die Konflikte unter Bischof Franz Joseph Rudigier (1811–1884, Bischof von 1853–1884), der für die Vorherrschaft der Kirche und für das Konkordat kämpfte. Als Minister Thun dem Bischof Ziegler zwei Lehrbücher von Becker und Vernaleken zur Begutachtung vorlegte (s. Nr. ⟨42.⟩ und den zugehörigen Kommentar) und dieser die LSchBeh, diese wiederum Stifter zur Begutachtung einbezog, lehnten nach gründlicher Prüfung sowohl die staatlichen Stellen wie Bischof Ziegler diese Schulbücher wegen ihrer geringen pädagogischen und didaktischen Qualität ab.

Ein heftiger Konflikt entstand über die Dauer der Lehrerausbildung, als Rudigier Bischof wurde. Während unter Bischof Ziegler das bischöfliche Konsistorium noch eine eigene Präparanden-Schule und eine vierjährige Präparandenausbildung unterstützten und damit zu Beginn über Stifter hinausgingen, kämpfte Bischof Rudigier für eine Rückbildung der Präparandenausbildung, um den

Wissensstand der Lehrer und damit die Gefahr der Aufklärung einzudämmen (s. Kommentar zu Nr. ⟨98.⟩, dort zu S. 227,4–16, vor allem den Kommentar zu Nr. ⟨316.⟩).

Rechtszustand und Entwicklung der evangelischen Schulen

Über die Situation der protestantischen Bewohnerinnen und Bewohner seines Kronlandes schreibt Statthalter Alois Fischer 1860 in seiner Autobiographie „Aus meinem Amtsleben": „Die <u>evangelischen Einwohner augsburger Confession</u> zählen [in Oberösterreich, Anm.] nach einer authentischen Quelle bloß 15,723 Seelen, und da im ganzen Kaiserstaat dieser Confession ungefähr 4 Millionen angehören, so bilden die in Oberösterreich lebenden Protestanten nur einen kleinen Bruchtheil der Gesammtsumme. Uebrigens haben sie sich seit 30 Jahren um einen Drittheil vermehrt. Sie wohnen größtentheils im Hausruck- und Traunviertel."[34] Und fügt zu deren Status an: „Was den politischen Rechtszustand <u>der evangelischen Kirche</u> vor dem Jahre 1848 betrifft, beruhte derselbe auf dem vom Kaiser Joseph II. unterm 13. Oktober 1781 veröffentlichen Toleranzpatent, demzufolge den Akatholiken lediglich die Privatübung ihrer Religion gestattet wurde; sie konnten also nur Bethäuser, keine Kirchen mit Thürmen und Glocken haben."[35]. Das „Toleranzpatent" erlaubt

„Erstens: denen accatholischen Unterthanen, wo hundert Familien existiren, wenn sie auch nicht im Orte des Betthauses, oder Seelsorgers, sondern ein Theil derselben auch einige Stunden entfernet wohnen, ein eigenes Betthaus nebst einer Schule erbauen zu dürfen [...]. [...]

---

34 „Aus meinem Amtsleben", s. Anm. 1, S. 42.
35 Ebd., S. 48.

EINLEITUNG

Zweytens: Bleibet denselben unbenommen, ihre eigenen Schulmeister, welche von den Gemeinden zu erhalten sind, zu bestellen, über welche jedoch Unsere hierländige Schul-Direction, was die Lehrmethode und Ordnung betrift, die Einsicht zu nehmen hat."
[...][36] Zwischen 1781 und 1785 entstanden 48 Toleranzgemeinden in Österreich.

Im Traunkreis bildeten sich drei Pastorate „zu Neukematen, Goisern, und in der Gosau. Zu Hallstatt befindet sich eine Filiale von Goisern".[37] Eine evangelische Schule des Pastorats Goisern bestand „seit 1785 mit 189 Kindern neben dem Bethhause in Goisern, die zweyte seit 1787 zu St. Agatha mit 198 Kindern".[38]

Im Hausruckkreis entstanden sieben Pastorate „zu Scharten, Thening, Efferding, Wallern, Wels, Ruetzenmoos und Attersee".[39] Der mit Unterstützung Josefs II. im November 1782 berufene Pastor Johann Gottlieb Tritschler begründete 1783 das Pastorat in Rutzenmoos, wo am 18. Oktober 1784 „der Unterricht im ebenerdigen Schullokal des neuen Pastorats neben der Lehrerwohnung" begann.[40] Die evangelische Gemeinde Wallern stellte am 2. Mai 1783 ihren ersten Schullehrer ein und legte am 4. Juni 1783 „den Grundstein zur Prediger- und Schullehrer-Wohnung [...]".[41] Das Pastorat zu Attersee bestand seit 1789; die zugehörige Schule hatte seit demselben

---

36 Zit. nach: http://www.jku.at/kanonistik/content/e95782/e95785/e95786/e95794/e104403/e104407/e98355/ToleranzpatentfuerNichtkatholiken.pdf (letztmals aufgerufen am 8. November 2015).
37 *Benedikt Pillwein, „Geschichte, Geografie und Statistik des Erzherzogthums Oesterreich ob der Enns und des Herzogthums Salzburg. Zweyter Theil: Der Traunkreis",* Linz 1828, S. 172.
38 *Ebd., S. 467f.*
39 *Benedikt Pillwein, „Geschichte, Geografie und Statistik des Erzherzogthums Oesterreich ob der Enns und des Herzogthums Salzburg. Dritter Theil: Der Hausruckkreis",* Linz 1830, S. 158.
40 *„Rutzenmooser Chronik". Niedergeschrieben von Steffen Meier-Schomburg et al.,* Rutzenmoos 2009, S. 27.
41 *Pillwein, s. Anm. 39, S. 319.*

EINLEITUNG

Jahr „ihr Lokale zu Zell in der Pfarre Nußdorf [...]".[42] In Scharten wurde am 9. Juni 1782 unter dem ersten Superintendenten von Oberösterreich, Johann Christian Thielisch (1749–1827), die evangelische Pfarrgemeinde gegründet.[43] Eine erste ‚Toleranzschule' wurde 1782 privat untergebracht, doch sie konnte „am 28. September 1783 in ein ebenerdiges Zimmer im neuerbauten Pfarrhause" einziehen. Wegen der schwierigen Raumverhältnisse entstanden außerdem zusätzliche Schulen in Roitham und Jebenstein.[44] Für Wels wird bei Pillwein „1 Pastorat nebst akatholischer Schule" erwähnt.[45] In Efferding wurde eine evangelische Gemeinde 1783 gegründet und sogleich in einem gekauften Gebäude ein Bethaus eingerichtet. Doch erst 1830 bis 1833 konnten eine ‚Toleranzkirche' und ein Schulhaus gebaut werden (s. zu 191,22). Für Thening bewilligte die Landeshauptmannschaft am 28. April 1783 „die Errichtung eines Bethauses" und die „Anstellung eines Pastors und Schullehrers".[46] Im selben Jahr wurde eine erste evangelische Schule „im Weismeierhäusl" rechts neben dem neu gebauten Bethaus errichtet. 1861 entstand durch Umbau des alten Bethauses eine neue evangelische Schule mit Schullehrerwohnung, die bis zum Bau eines neuen Schulhauses 1907 benutzt wurde.[47] Thening wurde ein Hauptort der evangelischen Christen Oberösterreichs, da hier der Sitz der Superintendantur und des Seniors war. Ende 1785 hatten sich bereits über 107.000 Personen als Evangelische im damaligen Cisleithanien ‚registriert'.

---

42 *Ebd, S. 288.*
43 *„Evangelisches Leben in und um Scharten. Geschichte und Leben in der evangelischen Pfarrgemeinde Scharten. Eine Festschrift anläßlich der Gesamtrenovierung unserer Toleranzkirche. 1517 * 1782 * 1819 * 1900 * 1996. Dargestellt von Mag. Helga Hochhauser", Scharten 1996, S. 15.*
44 *Ebd., S. 48f.*
45 *Pillwein, s. Anm. 39, S. 414.*
46 *Andreas Meißner / Andreas Hagmüller, „Von Teno bis Thening. Ein gemeindegeschichtlicher Entwurf", Thening 1983, S. 47.*
47 *Ebd., S. 48f.*

EINLEITUNG

„Mit dem Jahr 1848 trat eine wesentliche Aenderung des politischen Rechtszustandes der evangelischen Kirche in Oberösterreich ein. Indessen wurde derselbe erst durch Erlaß des Ministeriums des Innern vom 30. Jänner 1849 gesetzmäßig, jedoch bloß provisorisch geregelt. Diesem Erlasse zufolge soll die Benennung ‚Akatholiken' wegfallen, und die Protestanten sollen ‚Evangelische Augsburger und helvetischer Confession' genannt werden. [...] Die Protestanten erhielten das Recht, Kirchen mit Thürmen und Glocken zu bauen, wie überhaupt die Befugniß öffentlicher Religionsübung."[48] *In Linz hatte bereits 1846 nach dem Bau des evangelischen Bethauses (1844) ein provisorischer evangelischer Schulbetrieb begonnen, für den 1850 ein eigenes Gebäude errichtet wurde. Für die bald nach 1781 gegründete evangelische Schulgemeinde Traun (s. zu 202,2–3) beantragte die Superintendentur von Thening am 17. Dezember 1850 bei der LSchBeh eine evangelische Schule für 18 Kinder aus den Ortschaften Traun, Edt, Dionysen, St. Martin und Unterheidt, und zwar „wegen der Entfernung der betreffenden Ortschaften sowohl von der Schule Thening als auch von der evangelischen Schule in Linz von 1½ bis 2 Stunden". Auf Antrag des Superintendenten sollte es sich dabei „nicht bloß um eine Filial-Schule der Gemeinde Thening, sondern um eine Mittel-Schule handeln, weil solche auch von einigen Kindern der evangelischen Kirchengemeinde Linz, besucht werden sollte". Die LSchBeh akzeptierte am 24. April 1851 die „Ausscheidung aus dem Schulbezirke Thening" und bewilligte die „Errichtung einer evangelischen Schulgemeinde und Mittelschule zu Traun". Am 7. Juli 1851 wurde der erste evangelische Lehrer in einem behelfsmäßig eingerichteten Schulzimmer eingestellt und am 26. Dezember 1851 ein neues Schulhaus eingeweiht (s. zu 202,9) So entwickelte sich im 19. Jahrhundert ein evangelisches Schulwesen. Doch erst am 8. April 1861 wurde durch Kaiser Franz Joseph das ‚Protestantenpatent'*

---

48 „Aus meinem Amtsleben", s. Anm. 1, S. 49.

erlassen, wodurch die evangelische Kirche erstmals eine relative rechtliche Gleichstellung erhielt.

Stifter wirkte an Stellenbesetzungen in den evangelischen Schulen mit, wobei Schwierigkeiten entstanden, weil keine in Oberösterreich ausgebildeten Lehrer zur Verfügung standen und sich Probleme bei der Besetzung mit Lehrern, die außerhalb Österreichs ausgebildet worden waren, ergaben, so etwa im Falle der Nachbesetzung einer Schulprovisorenstelle in Efferding (Nrn. ⟨108.⟩ und ⟨115.⟩). In seinem Bericht über eine Amtsreise vom 27. August bis 5. September 1853 *(Nr. ⟨140.⟩) werden auch Visiten in Goisern und in St. Agatha verzeichnet (S. 310,6–13).*

Zur weiteren Entwicklung vgl. in HKG 10,2 die Nrn. ⟨190.⟩, ⟨222.⟩, dort S. 203,17, ⟨277.⟩ und in HKG 10,3 die Nrn. ⟨371.⟩, ⟨417.⟩, ⟨467.⟩, ⟨471.⟩, ⟨482.⟩, ⟨483.⟩, ⟨496.⟩, ⟨575.⟩ und ⟨595.⟩.

Äußerungen Stifters zum Amt bis 1855

Stifter hat nicht nur in seinen Werken das Verhältnis zwischen (künstlerischer) Selbstverwirklichung und Verpflichtungen in einem Amt dargestellt[49], sondern auch in seinen Briefen sein Verhältnis zu seiner schriftstellerischen Tätigkeit und zum Amt reflektiert.

Stifter an Gustav Heckenast, 26. Juni 1848
Ich habe in freien Stunden eine Reihe Aufsäze über das gesammte Unterrichtswesen begonnen, wollen Sie dieselben für Ihre Zeitung? [...] so wie ich jezt, so feurig ich mich sehne, meinem Vaterlande zu dienen, doch noch warten muß, bis die Zeit für jene Fächer gekommen ist, in denen ich mich einigermaßen stark fühle. Hieher gehört namentlich das Unterrichtswesen.
(PRA 17, S. 289)

Stifter an Gustav Heckenast, 6. März 1849
Das Ideal der Freiheit ist auf lange Zeit vernichtet, wer sittlich frei ist, kann es staatlich sein, ja ist es immer; den andern können alle Mächte der Erde nicht dazu machen. Es gibt nur eine Macht die es kann: Bildung. Darum erzeugte sich in mir eine ordentlich krankhafte Sehnsucht, die da sagt: ‚Lasset die Kleinen zu mir kommen'; denn durch die, wenn der Staat ihre Erziehung und Menschwerdung in erleuchtete Hände nimmt, kann allein die Vernunft, d. i. Freiheit, gegründet werden, sonst ewig nie.
(PRA 17, S. 321)

---

49 Vgl. hierzu Walter Seifert, „Schulrat und Poet – Stifter zwischen Amt und Poesie", in: „Stifter und Stifterforschung im 21. Jahrhundert. Biographie – Wissenschaft – Poetik", hrsg. von Alfred Doppler, Johannes John, Johann Lachinger und Hartmut Laufhütte, Tübingen 2007, S. 37–63.

Stifter an Gustav Heckenast, 4. September 1849
Ich bin jezt in Linz, beziehe einen kleinen Gehalt, der eben ausreicht, das Nöthigste zu bestreiten, und man hat vor, mich im Unterrichtswesen zu verwenden. Ob es geschieht, weiß ich nicht, ich komme Thun nicht entgegen, weil er mir etwas antragen muß, wenn er von mir Hoffnungen hegt.
(PRA 18, S. 12)

Stifter an Dr. Franz Exner, 9. November 1849
Ich habe mit lebhafter Freude aus Ihrem Geehrten vom 5. d. M. gesehen, daß das Unterrichtsministerium bei der Neugestaltung unseres Unterrichts- und Erziehungswesens auf meine bescheidenen Kräfte Anspruch macht. Indem ich das ehrende Vertrauen tief empfinde, und indem ich einem alten Wunsche nachgebe, bei der Veredlung unsers Volkes werkthätig mit zu wirken, folge ich dem Rufe recht gerne; nur muß ich bemerken, daß im Frühjahre der Herr Landeschef von Oberösterreich Dr. Alois Fischer an mich die Anfrage stellen ließ, ob er mich zu einem Schulrathe für Oberösterreich vorschlagen dürfe, worauf ich bejahend antwortete, und ihm in dieser Beziehung meine Mitwirkung zusagte.
(PRA 18, S. 19)

Stifter an Joseph Türck, 9. November 1849
Eben ist man im Begriffe meine Besoldung auf einen anderen Dienst umzulegen, sie ist noch nicht flüßig, unser Landeschef ist in Wien, er sollte täglich kommen, und die Anweisung geben – da kömmt vom Unterrichtsministerium ein Brief an mich mit dem Antrage einer Schulrathstelle nach Wien mit 2000 fl. Einnahme – ich bin völlig confus.
(PRA 18, S. 20)

Stifter an Joseph Axmann, 22. November 1849
Das Unterrichtsministerium hat mir die Gimnasialschulrathstelle für Wien angetragen im Range und Gehalte eines Regierungsrathes, und ich habe die Stelle angenommen.
(PRA 18, S. 24f.)

Stifter an Gustav Heckenast, 25. Dezember 1849
Ich kann Ihnen nur in einigen Zeilen melden, daß ich von dem Herrn Minister des öffentlichen Unterrichts den Antrag erhalten habe, die Schulrathstelle für die Gimnasien für Wien und Unterösterreich zu übernehmen. Ich zöge Oberösterreich vor, und werde dahin wirken. [...] Ich erbitte mir auch darum Oberösterreich von dem Minister, weil ich dort einen kleineren Wirkungskreis und also mehr Zeit zu meinen literarischen Arbeiten habe. Das Amt dekt mich reichlich für alle Zukunft, ich wählte daher (nebst andern entscheidenden Gründen) ebenfalls Oberösterreich, weil dort mein Wirkungskreis keinen Schwankungen ausgesetzt ist.
(PRA 18, S. 26f.)

Stifter an Joseph Türck, 25. Januar 1850
Gestern erhielt ich von Exner einen Brief, worin er mir die alsbaldige Einführung der Landesschulbehörden anzeigt. So steht die Sache, also bin ich noch immer ein designirtes aber noch nicht wirkliches Mitglied dieser Behörde.
(PRA 18, S. 36)

Am 22. April 1950 schreibt Stifter an Heckenast, daß er nun sechs Monate auf die Gehaltanweisung und das Decret warte *(PRA 18, S. 47).*

Stifter an Gustav Heckenast, 23. Mai 1850
Die beispiellose Verzögerung meiner Amtswirksamkeit hat mir sehr geschadet. Ich hätte hier eine leichte Beschäftigung mit 100 fl. C. M. für den Monat fortsezen können, aber ich mußte sie bei dem Rufe nach Wien aufgeben, und der hiesige Statthalter braucht in dem Augenblike noch einen Mann für diese Stellung (Ausarbeitung künftiger Vorlagen für den Landtag, Einrichtungen für das Land etc ..) aber er trug mir den Posten nie an, weil wir täglich mein Dekret erwarteten, und ich sagte natürlich auch nichts darüber, obwohl ich viele dieser Arbeiten nun doch unentgeltlich mache, z. B. einen Realschulplan von 81 Folioseiten. So steht die Sache der Erwartung.
(PRA 18, S. 52)

Stifter an Gustav Heckenast, 23. Mai 1850
Drei Tage nach Ihrem Briefe erhielt ich mein Dekret.
(PRA 18, S. 61)

Mit Dekret vom 3. Juni 1850 (AVA U-Allg., 196/2A, S. 52) wurde Stifter zum Inspektor der Volksschulen mit dem „Titel eines k k. Schulrathes" ernannt. Am 26. Dezember 1851 wurde vom Ministerium zusätzlich „die Uebertragung der Inspekzion" der Unterrealschule Linz an Stifter als „Volks-Schulen-Inspektor" bewilligt (1/287 r und 2/724 r, Abb. 3).

Stifter an Joseph Türck, 1. Juni 1851
Mein Amt freut mich, aber den Umgang der Freunde zu entbehren, jeden Kunstgenuß zu entbehren wird mir täglich schwerer.
(PRA 18, S. 79

Stifter an Gustav Heckenast, Brief vom 16. Juli 1851
Ich arbeite jezt wieder mit leichterem reinerem Herzen (denn wilde menschliche Dinge der jüngsten Vergangenheit haben

mich sehr getrübt gehabt) und unser jeziger Statthalter muntert mich dazu sehr auf. Täglich arbeite ich in den Morgenstunden vor dem Amte, auch wenn ich auf Reisen bin. Die erste Zeit meines Amtes hatte ich wenig Muße, jezt aber ist der Gang geregelter und was die Hauptsache ist, das Gemüth beruhigter.
(PRA 18, S. 81)

Stifter an Joseph Türck, 3. August 1851
[...] nur so viel, daß ich keinen Augenblick Zeit habe, da <u>täglich</u> schon durch 4 Wochen und noch ferner durch 2 Sonn- und Werktags-Prüfungen sind.
(PRA 18, S. 82)

Stifter an Gustav Heckenast, 11. September 1851
[...] es wird hier eine Realschule gegründet *[...]* und die ganze Sache hat der Statthalter fast einzig in meine Hände gelegt *[...]*; *[...]*die hiesige Arbeit (Bauleute Tischler Schlosser Zimmerleute Instrumente Naturaliensammlungen Lehrerconcurse etc ..) ist ungemein und was die Hauptsache ist, sehr zerstreuend und gedankenverwirrend. *[...]* Der Herr Statthalter läßt es geschehen, daß ich die Morgenstunden zu Hause der Muse weihe, da <u>er</u> selber ein großer Freund meiner unbedeutenden Dichtungen ist, und mich selbst sehr aufgemuntert hat, fortzufahren, daher ich erst gegen Mittag ins Amt kommen muß – freilich in Zeiten, wenn keine Realschule zu gründen ist.
(PRA 18, S. 83 und 86)

Stifter an J. Mörner, 26. September 1851
Im Sommer 1849 berief mich der Unterrichtsminister auf eine Stelle in Wien, die ich aber als mir zu schwierig ablehnte, und dafür um Leitung des Volksschulwesens in Linz bath, was mir zugesagt wurde.
(PRA 18, S. 87)

Stifter berichtet am 8. November 1851 an Joseph Türck, daß ein Manuskript nicht rechtzeitig fertig geworden sei:
[...] nun, da habe ich wohl selber einen Fehler gemacht, daß ich die Ameisen, welche das Amt oft in dem Kopfe anhäuft, und dafür die Singvögel in selbem nicht aufkommen läßt, zu gering anschlug, und nur die freie Zeit berechnete [...]. Wäre nicht manche Amtsfreude, ich müßte endlich in diesem Kunst und Wissenschafts-losen Böotien verzweifeln.
(PRA 18, S. 92)

Stifter an Georg Wigand, 5. Oktober 1851
[...] ungeheure Amtsgeschäfte (Besezungsvorschlag der Profeßoren der Oberrealschule) *[...] (PRA 18, S. 130)*

Stifter an Antonie von Arneth, 22. Januar 1853
Ich bin mit meinem Amte nicht unzufrieden; denn ich liebe die Kinder und die Menschenbildung, aber es kömmt soviel Niedriges und Rohes vor, was mir weh thut, und das Schöne bleibt doch das Schöne und das Beglükende – oder ich müßte einen größeren Wirkungskreis haben, um das, was ich mit Bescheidenheit zu sagen besser verstehe, durchführen zu können.
(PRA 18, S. 147)

Stifter an Gustav Heckenast, 22. März 1853
[...] – – aber was muß ich jezt thun? Dort trinkt ein Schulmeister Branntwein, hier zerfällt ein Schulgehilfe mit der Pfarrerköchin, dort wollen die Bauern die Sammlung nicht geben ... u. s. w. u. s. w.– – und ich muß diese Dinge bearbeiten. –
(PRA 18, S. 158)

Stifter an Gustav Heckenast, 9. Juni 1853
Mein Gehalt 1500 fl. wäre für Hausbakenheit vollkommen hinreichend, wenn höchstes Streben Haushaltungsseeligkeit wäre,

und man sich mit der Gattin hinsezte, und vertheilte, wie man es diesen Monat einrichten werde, und sich freute, wenn es an der Schnur mit Essen Trinken Kleidern geht, wie vorberechnet. Das ist bei mir nicht. Das Amt macht Ehrenanforderungen (ich bin als der Schule angehörig der schlechtest besoldete Rath), die ich wie die andern Räthe, ja oft um nicht einen hindernden Stachel in der Brust zu haben, freigebiger erfülle, so ist es namentlich mit allen Wohlthätigkeitsfoderungen, welche jezt weit mehr an mich kommen, und bei welchen mein Herz mich öfter bethört.
(PRA 18, S. 170f.)

Stifter an Gustav Heckenast, 14. Oktober 1853
Ich muß mir einen Fond für meine Geschäftsreisen von mehr als 500 fl vorrichten, weil mich sonst plözlich ausbrechende Amtsreisen in Verlegenheit bringen könnten.
(PRA 18, S. 185)

Stifter an Gustav Heckenast, 27. Dezember 1853
<u>So sehr ist meine Natur vorwiegend künstlerisch, daß, sobald ich nur eine Rente von 1000 fl habe, ich bestimmt dem Amte entsage und nur der Kunst lebe.</u> *[...]* Ist es denn nicht schmählich, der dummen Materie willen an Kleinerem kleben zu müssen, und gezwungen sein, das Größere liegen zu lassen.
(PRA 18, S. 193)

Stifter an Gustav Heckenast, 6. April 1854
Ich arbeite sehr fleißig, sehne mich aber unaussprechlich nach der Zeit, wo mir eine gesicherte Rente möglich machen wird, ohne Amt zu sein; denn es zerreißt mir fast das Herz, wenn ich in eben dieses Herz zu den lieben schönen hohen Dingen, die sich nach und nach in dasselbe finden, das Heu Stroh und den Häkerling des Amtes laden, und die Götter dadurch beschmuzen muß,

und es ist nicht anders, und ich kann mir leider für jetzt nicht helfen.
(PRA 18, S. 219f.)

Stifter an Gustav Heckenast, 13. Mai 1854
Durch das Heu den Häkerling die Schuhnägel die Glasscherben das Sohlenleder die Korkstöpsel und Besenstiele, die in meinem Kopfe sind, arbeitet sich oft ein leuchtender Strahl durch, der all das Wüste wegdrängen und einen klaren Tempel machen will, in welchem ruhige große Götter stehen; aber wenn ich dann in meine Amtsstube trete, stehen wieder Körbe voll von jenen Dingen für mich bereitet, die ich mir in das Haupt laden muß. Dies ist das Elend, nicht die wirkliche Zeit, die mir das Amt nimmt. *[...]* Ihnen kann ich es sagen – manchmal ist mir, ich könnte Meisterhaftes machen, was für alle Zeiten dauert und neben dem Größten bestehen kann, es ist ein tiefer heiliger Drang in mir, dazu zu gehn – – aber da ist äußerlich nicht die Ruhe, die <u>kleinen</u> Dinge schreien drein, ihnen muß von Amtswegen und auf Befehl der Menschen, die sie für wichtig halten, obgewartet werden, und das Große ist dahin. Glücklich die Menschen, die diesen Schmerz nicht kennen! und doch auch unglüklich, sie kennen das Höchste des Lebens nicht. Ich gebe den Schmerz nicht her, weil ich sonst auch das Göttliche hergeben müßte.
(PRA 18, S. 223f.)

Walter Seifert

Editionsbericht – Zu Apparat und Kommentar

Für die Erstellung des Kommentars wurden dem Herausgeber und dem Redaktor der „Historisch-Kritischen Ausgabe der Werke und Briefe Adalbert Stifters" sämtliche im Kommentar zitierten Dokumente in digitalisierter Form zugänglich gemacht, wofür dem „Oberösterreichischen Landesarchiv" (OÖLA) in Linz, seinem Direktor Dr. Gerhard Marckhgott sowie dessen Mitarbeiterinnen und Mitarbeitern an dieser Stelle ganz herzlich gedankt sei. Dieser Dank gilt auch dem Linzer Diözesanarchiv für die Bereitstellung digitalisierter Aktenbestände.

Hinsichtlich der Akten aus dem OÖLA mußte für die Zitatbelege eine Regelung getroffen werden, weil diese Akten teils in Statthalterei-Schachteln, teils in davon separierten, für Sicherheitszwecke extra angelegten Stifter-Schachteln archiviert sind. Alle Stifter-Dokumente, sei es aus Statthalterei-Schachteln oder aus Stifter-Schachteln, werden zu Beginn der jeweiligen Nummern unter der Sigle H durch die Signatur belegt. Nach der Signatur folgt in Klammer die Angabe, ob das Stifter-Dokument in einer Statthalterei-Schachtel oder einer Stifter-Schachtel aufbewahrt wird.

Stammen die zu einem Stifterdokument gehörigen Akten aus einer Stifter-Schachtel, worin sie durchnumeriert sind, so genügt für den Zitatbeleg die Nennung der Stifter-Schachtel sowie die jeweilige Nummer, also z. B. OÖLA 11/5949.

Stammen sie aus einer Statthalterei-Schachtel („Allgemeine Reihe'), wo sie nicht durchnumeriert sind, so genügt die Schachtelangabe, wenn die Aktenzahl (Z.) mit der in der Signatur zu Beginn übereinstimmt, z. B. OÖLA Scha 11. Stimmt die Aktenzahl nicht mit der in der Signatur überein, so ist sie anzugeben, also OÖLA Scha 11, Z. 1791. Wo in der Signatur ein Bruchstrich steht, ist die

Zahl im Zähler die Stammzahl, die Zahl im Nenner die aktuelle Aktenzahl, welche anzugeben ist. Da in einem Faszikel zu einem Verwaltungsvorgang mehrere Akten dieselbe Aktenzahl tragen, werden in den Kommentaren und Stellenkommentaren zu allen verwendeten Akten die Entstehungsdaten angegeben, weil nur diese eine Akte eindeutig dokumentieren.

Für die genaue Kennzeichnung einer bestimmten Seite in einer Akte von mehr als einem Doppelbogen herrscht in der Statthalterei die Konvention, die benutzten Bogen ineinander oder hintereinander zu fügen und sie auf der 1. Seite jedes Bogens oben links zu beziffern. Zur genauen Kennzeichnung der Zitatstelle wird die Zahl des Doppelbogens (Bog. 1 bis x) und die Seite (S. 1 bis x) angegeben.

Durch diese Angaben zu Aufbewahrungsort und Aktenzeichen sind die Dokumente exakt identifizierbar. Auf weitergehende editorische Angaben, wie sie etwa bei dichterischen Manuskripten unerlässlich sind (Format, Papier, Tinte etc.) wurde – wie schon bei Stifters amtlichen Dokumenten in HKG 8,5 (vgl. dort S. 102f.) – verzichtet, da diese keine signifikanten weiteren Rückschlüsse zum Schreibprozess vermitteln, vor allem aber durch mehrere Hände gingen und neben Einträgen von verschiedener Hand auch zahlreiche Gebrauchsspuren enthalten, wobei die Urheberschaft diverser Markierungen durch Unter- und Anstreichungen nicht mehr zweifelsfrei zu rekonstruieren ist. Der Abbildungsteil soll davon exemplarisch einen Eindruck vermitteln.

Hinsichtlich der Textkonstitution der nicht von Stifter verfaßten amtlichen Dokumente wurde analog zu den Bänden HKG 10,1–10,3 verfahren: diese „werden – den strengen Prinzipien der ‚Historisch-Kritischen Ausgabe' folgend – zeichengetreu wiedergegeben, in Orthographie und Interpunktion wurde an keiner Stelle eingegriffen, wobei gerade letzteres nicht immer leicht zu entscheiden war, da vor allem in der Zeichensetzung Punkte und Kommata gelegentlich von Papierverunreinigungen und schriftlichen Zusätzen der durch viele Hände gegangenen Schriftstücke nicht oder nur schwer

zu unterscheiden sind" (HKG 10,1, S. .30). Bezüglich der Auflösung der Geminationsstriche und Suspensionsschleifen wie auch der Beibehaltung von Abkürzungen (vor allem „u" für „und") gelten die in HKG 10,1 festgelegten Editionsrichtlinien (S. 32f.).
Auch wurde die unterschiedliche Schreibweise von Eigennamen – gelegentlich in ein und demselben Dokument – nicht vereinheitlicht und auf Emendationen oder [sic]-Verweise verzichtet. Offensichtliche Versehen („*bestellt werden*" in 102,3; „*denn sonn- und festtägigen*" in 203,13–14) oder Fehler hinsichtlich Genus und Numerus („*den Kinder immer*" in 115,14–25; „*an ein Unterricht*" in 237,20–26; „*durch seine vielfachen wenn auch mangelhaften schriftstellerischen Leistung*" oder „*Lehrvorträge Rossi*", beide in 300,6–301,2) bleiben deshalb unkorrigiert (vgl. hierzu HKG 8,5, S. 104).

In Apparat und Kommentar steht Autortext in gerader Schrift, Herausgebertext sowie alle nicht von Stifter stammenden Zitate werden kursiv gesetzt. Bezugstext ist der in HKG 10,1 edierte Text, es wird ein Lemma mit Seiten- und Zeilenzahl angegeben. Lemmata von bis zu drei Wörtern Umfang werden vollständig gesetzt, Lemmata ab vier Wörtern werden durch ein kursiv gesetztes „bis" abgekürzt. Verweise auf Seiten- bzw. Seiten- und Zeilenangaben ohne zusätzlichen Hinweis auf den jeweiligen Band der HKG beziehen sich ausschließlich auf den Textband HKG 10,1.
Der Nachweis der zitierten Literatur erfolgt im Kommentar an Ort und Stelle; eine Ausnahme bilden mehrfach zitierte Werke, die mit einer im Abkürzungsverzeichnis aufgeschlüsselten Sigle zitiert werden. Wo immer möglich, wurde auch außerhalb direkter Zitate die originale Schreibweise beibehalten: so wird etwa in den Paragraphen der „Politischen Schulverfassung" von 1833 die ursprüngliche Interpunktion – also „§. 1." statt „§ 1" – beibehalten.

Durch ihren Charakter als offizielle Dokumente unterscheiden sich die handschriftlichen Zeugnisse von Stifters amtlicher Tätigkeit *kategorial von den Manuskripten seiner schriftstellerischen Arbeit, deren spezifisches Merkmal in den meisten Fällen eine intensive Be- und Überarbeitung des Textmaterials bildet, sei es in Revision und Korrektur einer Grundschicht in einer Handschrift, der Abfassung separater, mehr oder minder varianter Entwürfe, den sogenannten ‚abgelegten Blättern' oder diverser Vorstufen in Form von Anmerkungen und Entwürfen (vgl. hierzu die Apparatbände HKG 4,4 und 4,5 zum* Nachsommer *und HKG 5,4 und 5,5 zu* Witiko*).*

Demgegenüber weisen Stifters amtliche Schriftstücke nur wenige Eingriffe auf: „In der Regel beschränken sie sich auf gelegentliche Einfügungen oder Korrekturen offensichtlicher Fehler oder Versehen" (HKG 10,1, S. 31). Wo dies der Fall ist, werden sie im Apparat dokumentiert. Der besseren Übersichtlichkeit halber werden dabei in der 10. Abteilung Apparat und Kommentar nicht getrennt, sondern unter der Nummer des jeweiligen Dokuments zusammen präsentiert. Die im Apparat benutzten diakritischen Zeichen listet ein Verzeichnis am Ende dieses Berichts auf.

Für die mit einem Stern (*) versehenen indirekt überlieferten, wie die von fremder Hand verfaßten, in Inhaltsverzeichnis und Überschrift durch eine Raute (#) gekennzeichneten Dokumente wurde kein Apparat erstellt. Dies gilt ebenso für Korrekturen und Revisionen in den im Kommentar zitierten, nicht von Stifter stammenden Amtsakten.

Ausgaben von Stifters ‚Schulakten' wurden 1955 von Kurt Vancsa sowie nachfolgend 1961 in zwei Bänden von Kurt Gerhard Fischer veranstaltet; der Apparat der vorliegenden Edition verweist unter der Sigle „D" auf die jeweiligen Erstdrucke, verzichtet aber darauf, abweichende Lesungen zu verzeichnen. Dies betrifft ebenso dort vorgenommene Normalisierungen und Modernisierungen.

An einigen wenigen Stellen wurde emendierend in Stifters Texte eingegriffen. Dies geschah, wie in HKG 10,1 ausgeführt, nur dort, wo Schreibversehen – etwa bei der Interpunktion oder einer Inkongruenz in Numerus, Genus oder Kasus – bei der Lektüre zu Irri-

tationen führen können. Die in HKG 10,1 vorgenommenen insgesamt zwölf Emendationen werden unter den jeweiligen Nummern der Dokumente im Anschluß an den Apparat aufgeführt und erläutert.

Johannes John

DIAKRITISCHE ZEICHEN

Es werden folgende diakritische Zeichen verwendet

]	*Lemma, normalerweise bei bis zu drei Wörtern Umfang vollständig; längere Lemmata sind durch ein kursives „bis" abgekürzt. Lemmata werden immer dann gesetzt, wenn sich H vom edierten Text unterscheidet*
+	*Emendation durch den Herausgeber*
⟨...⟩	*Einschübe und Textergänzungen durch den Herausgeber, z. B. bei Zählung und Titelgebung der Texte*
[...]	*Streichung durch den Autor*
[xxx]	*Nicht entzifferbare Streichung des Autors*
⸍	*Sofortkorrektur*
⌈...⌉	*Einfügung des Autors*
[abc]⟨def	*Tilgung durch Überschreibung*
_abc	*Hinweis auf fehlende Satzzeichen*
|abc|	*Unsichere Lesung*
/	*Zeilenende bzw. Absatz*
□	*Einzug*
H	*Handschrift*
D	*Druck*

Wie in HKG 10,1 erläutert (S. 28 und 32), werden indirekt überlieferte Dokumente Stifters in Inhaltsverzeichnis und Titelzeile mit einem vorangestellten Stern (*), von fremder Hand verfaßte Texte mit einem Rautenzeichen (#) gekennzeichnet.

 In den Dokumenten in lateinischen Buchstaben geschriebener Text wird wie auch in anderen Bänden der HKG in Frutiger *ausgezeichnet.*

⟨1.⟩

⟨1.⟩ Gutachten der Vertrauensmänner bezüglich der Errichtung eines provis. Schulrathes für Oberösterreich u Salzburg

Überlieferung

H   *Österreichisches Staatsarchiv Wien, AVA, U-Allg., 196/2A, 5 Blatt, halbseitig beschrieben, Untergliederungen* (Beilage, Note, *Numerierungen in der linken, freien Spalte). Die Unterschriften eigenhändig, auf dem letzten Blatt nochmals die Überschrift ohne Unterstreichung des* Schulrathes.

D   *Unvollständiger Abdruck in PRA 25, S. 189–192; vollständig sind dort die Passagen S. 35,1–37,18 und S. 39,9–39,24 wiedergegeben; dazwischen erfolgte eine Zusammenfassung.*

Apparat

36,20   sondern [es] ⌈sie⌉ ist
37,4   obliegt, d[ie]⟨a
38,8   des p. Schulrathes *(p. möglicherweise nachträglich eingefügt, ebenso das* pr *in 39,3)*
39,14   § [1]3, b *(vor* abgegangen *großer Freiraum,* b *also möglicherweise nachträglich eingefügt)*

⟨1.⟩

Kommentar

Das von Stifter eigenhändig – die Raute wurde in HKG 10,1 (s. Corrigenda) fälschlicherweise angebracht – als Protokoll verfaßte Gutachten der Vertrauensmänner bezüglich der Errichtung eines provis. Schulrathes für Oberösterreich u Salzburg, *auf dem kein Datum steht, befindet sich mit den zugehörigen Akten im AVA U-Allg., 196/2A, S. 35–39. Terminus post quem ist der 18. März 1849, das Datum von Franz Schierfeneders Schreiben, auf das sich der letzte Teil des Protokolls bezieht, terminus ante quem der 22. März 1849, das Datum des Schreibens, in welchem der Statthalter zum Protokoll Stellung bezieht. Das Protokoll beginnt mit allgemeinen* Betrachtungen *(36,25)* Stifters.

Mit Ministerialerlaß vom 26. Februar 1849 war ein „Entwurf zur Organisierung der Landesschulräthe" mit dem Auftrag an Alois Fischer (1796–1883), der am 5. Dezember 1848 „Landeschef" der neuen Landesstelle geworden war, geschickt worden, hierzu ein Gutachten zu verfassen. Die Gründung der österreichischen Statthaltereien erfolgte am 4. März 1849 durch kaiserliches Patent. Am 8. Dezember 1849 wurde Alois Fischer Statthalter und verblieb in dieser Funktion bis zum 4. Mai 1851. „Da ich im Unterrichtswesen mir selbst die zureichende Erfahrung nicht zutraue", antwortete er am 22. März 1849 dem Minister des Inneren und des öffentlichen Unterrichtes, Franz Graf von Stadion, „so habe ich zur Uiberprüfung und Begutachtung des [...] Entwurfes zur Organisirung der Landesschulräthe mehre Vertrauensmänner versammelt [...]" (AVA U-Allg., 196/2A, S. 25). Über diese Versammlung schrieb Stifter als Protokoll das vorliegende Gutachten. *Der Statthalter selbst hat in seiner detaillierten Stellungnahme zu allen Paragraphen des ministeriellen Entwurfs mehrfach eine gegenteilige Auffassung zu den Vertrauensmännern hinzugefügt (zu Alois Fischer vgl. Nr. ⟨67.⟩ in HKG 8,2 und den Kommentar in HKG 8,3, S. 300–308).*

⟨1.⟩

Stellenkommentar

35,11–36,25 Ursache *bis* Betrachtungen] *Die zentralen Gedanken dieser* Betrachtungen *Stifters vom 19./20. März 1849 stehen auch in dessen Zeitungsaufsätzen* Reformen im Unterrichtswesen *vom 14. Januar 1849 (HKG 8,2, Nr. ⟨16.⟩),* Die octroirte Verfassung *vom 10. März 1849 (ebd., Nr. ⟨17.⟩) und* Wirkungen der Schule *vom 22. Juli und 1. August 1849 (ebd., Nr. ⟨40.⟩). Ein Vergleich der* Betrachtungen *mit dem Manuskript* Die Volksschule in Oberösterreich in den Jahren 1850–1865. (Aus meinem Amtsleben) *von 1865 (ebd., Nr. ⟨88.⟩) zeigt, daß vom Anfang bis zum Ende von Stifters Dienstzeit in Wortlaut und Gedankengang die Staats- und Bildungstheorie der Aufklärung maßgebend ist*:

HKG 10,1, Nr. ⟨1.⟩	HKG 8,2, Nr. ⟨88.⟩
Vernunftfähigkeit des Menschen *(35,11–12)*	Wesen, die sich vernünftig nennen *(313,22)*
fortlaufende Vernunftentwicklung *(35,22)*	auf dem Wege zur Vernünftigkeit *(313,7–8)*
Zwek des Menschen auf der Erde *(35,23–24)*	Bestimmung der Menschheit auf dieser Erde *(312,24–25)*
freiwillige Achtung des Gesezes u Anerkenntniß der vernünftigen Allmacht desselben *(36,11–13)*	unerschütterlich das unantastbarste Gesez der Vernunft, das Rechtsgesez befolgten *(313,12–14)*
planmäßige Herbeiführung der Momente der Vernunftentwicklung *(36,17–18)*	Plan für Entwiklung der Menschheit *(313,25)*

⟨1.⟩

HKG 10,1, Nr. ⟨1.⟩	HKG 8,2, Nr. ⟨88.⟩
Erziehung des menschlichen Geschlechtes *(36,19)*	Volkserziehung *(313,28)*
größter Zwek *[...]* auch das höchste Mittel *(36,20)*	die Zweke und die Mittel *(313,33)*

35,11–13 Ursache *bis* fortschreiten] *Stifter begründet die Entstehung des Staates mit Begriffen aus dem Allgemeinen Staatsrecht. In „Natur- und Kriminalrecht", das er im ersten Semester bei Franz von Egger (1765–1835) studierte, erhielt er in der Prüfung am 23. August 1827 die Note 1. Cl. M. Vorzug (s. hierzu HKG 8,3, S. 294–297, zu Nr. ⟨64.⟩). Egger fußte mit seinem Buch „Das natürliche öffentliche Recht, nach den Lehrsätzen des seligen Freyherrn C. A. von Martini vom Staatsrechte, mit beständiger Rücksicht auf das natürliche Privat-Recht des k. k. Hofrathes Franz Edlen von Zeiller" (2 Bde., 1809/10) auf den Grundlagen von Wolff und Kant (vgl. Enzinger, S. 82ff.). Zeiller (1751–1828), der Lehrer Franz von Eggers und von 1803 bis 1807 Rektor der Universität Wien, war neben seinem Lehrer Karl Anton von Martini (1726–1800) der bedeutendste Vertreter des Vernunftrechts in Österreich. Er vertrat in seinem Werk „Das natürliche Privat-Recht" (3., verbesserte Aufl. Wien 1819) nach Kant die Auffassung, daß der Mensch als „ein <u>vernünftiges</u> Wesen [...] unter dem Gesetze der Vernunft" (S. 6) steht und daß sich die „Vernunft allmählich entwickelt" (S. 5). Woraus er folgert: „Die Vernunft des Menschen aber kann nur erst in einem fortdauernden Zustande der Geselligkeit, also nur im Staate ausgebildet werden" (S. 18). Schon Karl Ignaz Wedekind (1769–1837) verlangte in seinem Buch „Kurze Systematische Darstellung des Allgemeinen Staatsrechtes zu Vorlesungen bestimmt" (Frankfurt und Leipzig 1794), daß „der Regent es darauf anlege, daß alle Glieder im Staate zu einer vollendeten Vernunf⟨t⟩thätigkeit emporstrebten,*

⟨1.⟩

folglich eine vollkommene Freyheit, und Vernunftmäßigkeit in ihr Verhalten gebracht werde [...]" (S. 11). Denn „eine unendliche Annäherung zu einer vollendeten Vernunftmäßigkeit, ist unsere Bestimmung" (S. 26).

Außer durch die Staatsrechtsphilosophie ist Stifter auch durch Herders „Ideen zur Philosophie der Geschichte der Menschheit" („Erster Theil", 1784) beeinflußt: „Unsre Vernunftfähigkeit soll zur Vernunft [...] gebildet werden" (Herder, SW 13, S. 189), wobei Humanität „der Zweck der Menschen-Natur" ist, wie es im „Dritten Theil" heißt (Herder, SW 14, S. 207). „Ich wünschte, daß ich in das Wort <u>Humanität</u> *alles fassen könnte, was ich bisher über des Menschen edle Bildung zur Vernunft und Freiheit [...] gesagt habe: denn der Mensch hat kein edleres Wort für seine Bestimmung als Er selbst ist [...] (Herder, SW 13, S. 154). In diesem Sinne entspricht Herders Begriff „Humanität" Stifters Begriff Menschlichkeit.*

35,14–16 *Ordnung [...]* (Rechtssicherheit) *[...]* (Wohlfahrt)] *Diese drei Grundbegriffe des Staatsrechts der Aufklärung, die Stifter in seinem Jurastudium kennenlernte, werden von Robert Schelp in „Das Allgemeine Staatsrecht – Staatsrecht der Aufklärung" (Berlin 2001) eingehend erklärt, und zwar „Ordnung", „Rechtssicherheit" (ebd., S. 252ff.) und „Wohlfahrt" (ebd., S. 254ff.) als „Staatszweck" (ebd., S. 162ff.). Schon in Herders „Ideen" konnte Stifter erfahren, daß es Aufgabe der Staatskunst sei, für „Wohlfahrt" zu sorgen: Leistet das Ganze keine Wohlfahrt, büßen es zuerst die Armen, „zuletzt aber büßet es der Staat und sie [die Regenten, Anm.] mit desto gefährlicherm Sturze" (Herder, SW 14, S. 248). Für den österreichischen Rechtslehrer und Staatsmann Karl Anton Freiherr von Martini (1726–1800) war „die Wohlfart der Gesellschaft (*<u>salus societatis</u>*)" der „ungestörte Fortschritt zur Erlangung des Endzweckes; das gemeine Beste (*<u>bonum commune</u>*) aber ist der Endzweck selbst [...]". Er fährt fort, „daß der Endzweck der Gesellschaft der Grundsaz sei, aus*

⟨1.⟩

welchen die gesellschaftlichen Rechte, und Verbindlichkeiten erkannt werden können, und daß alle gesellschaftlichen Geseze in diesem Hauptsaze enthalten seien: Leben dem <u>Endzwecke</u> der Gesellschaft gemäß" („Des Freyherrn von Martini Lehrbegriff des Natur- Staats- und Völkerrechts. Aus dem Lateinischen. Enthält zwei Bände, hier: Zweyter Band, welcher den praktischen Theil des Naturrechts enthält." Wien 1784, S. 171). Stifters Lehrer Egger (s. o. zu 35,11–13) vertrat entgegen dem „Naturzustand", der von ihm „zwar nicht mit <u>Hobbes</u> als ein Stand des Krieges aller gegen alle", aber doch so eingeschätzt wurde, daß „in demselben die Rechte einzelner Menschen und Familien allerdings nicht hinlänglich gesichert seyn würden", die Notwendigkeit der „Rechtssicherheit" (ebd., S. 1). Folglich erfordere ein „Staatsvertrag" (S. 35 u. ö.) die „Sicherheit der Rechte als Staatszweck" (ebd., S. 15). Die drei Begriffe sind bei ihm hierarchisch aufeinander bezogen, indem man „dem Ausdrucke: Staatszweck oder Rechtssicherheit die Ausdrücke Staatsbestes oder Staatswohlfahrt substituiren" könne (ebd., S. 36). Der Begriff ‚Ordnung' kommt zwar bei ihm nicht direkt, aber indirekt vor, denn der Regent bzw. die Regierung soll „nach allen Kräften auf Erhaltung und Vervollkommnung des Staates" hinarbeiten und der „Verpflichtung" nachkommen, „alle Hindernisse der Erhaltung und Vervollkommnung des Staates von außen und innen zu entfernen" (ebd., S. 291) Der erste Statthalter von 1849 bis 1851 in Oberösterreich, Alois Fischer, bestimmte in seiner Autobiographie „Aus meinem Amtsleben" (Augsburg 1860) in gleicher Weise seine Position als Statthalter so, daß er „vom Regenten zum Wächter und Hort der öffentlichen Ruhe und Ordnung" und „zum Pfleger der Wohlfahrt des ihm anvertrauten Volkes berufen" sei (S. 217) und daß es seine „Berufs-Aufgabe" (S. 223) sei, sich selbst „gewissenhaft an die Gesetze" zu halten (S. 142) sowie <u>„die heilsamen und nachtheiligen Wirkungen der bestehenden Gesetze und Einrichtungen aufmerksam zu beobachten,</u>

⟨1.⟩

Abänderungen oder Erleichterungen zu beantragen, oder von der gründlich und vorsichtig mit eigenen Augen untersuchten Lage der Dinge geforderte neue Normen und Maßregeln zu erwirken [...]" (S. 223), *was der ‚Rechtssicherheit' entspricht.*

35,17–21 Thier *bis* Vernunftcoexistenz] *In der Anthropologie der Aufklärung ist die Bestimmung des Menschen im Vergleich mit dem Tier ein fester Topos, wobei die Menschen nach Herder „schwach auf die Welt kommen, um* Vernunft zu lernen*"; dem Menschen können „*Vernunft, Humanität, menschliche Lebensweise, *die kein Thier hat und lernet", im Laufe seiner Entwicklung „angebildet" werden (Herder, SW 13, S. 144). Nach Kants Vorlesung „Über Pädagogik" ist das Tier „schon alles durch seinen Instinkt", denn eine „fremde Vernunft hat* bereits *alles für dasselbe besorgt. [...] Der Mensch aber braucht eigene Vernunft" (Kant, Werke 10, S. 697). Auch in der Staatstheorie Martinis („Lehrbegriff des Natur- Staats- und Völkerrechts." s. zu S. 35, 14–16, hier „Erster Band." Wien 1783) werden dem Menschen wie dem Tier die gleichen „*niederen*" Kräfte zugesprochen, die „höheren" (ebd., S. 9) Kräfte „der* Vernunft, *und des* Urtheils*" (ebd., S. 10) aber nur dem Menschen, woraus die Staatstheorie abgeleitet wird. Auf dieser Unterscheidung basiert auch das für Preußen verfaßte „Methodenbuch für Volksschullehrer von Carl Christoph Gottlieb Zerrenner" („Vierte sehr vermehrte und verbesserte Auflage", Magdeburg 1829), indem dieser als „Hauptvermögen des Geistes [...] das* Erkenntnißvermögen, *das* Gefühlsvermögen, *das* Begehrungsvermögen*" bezeichnet und fortfährt: „Jedes dieser Vermögen wird in das* untere *und* obere *getheilt. Das* untere *heißt es, in so weit es auch die Thiere haben, das* obere, *insofern es allein dem menschlichen Geiste eigen ist" (S. 5). In Österreich hingegen, wo das Volksschulwesen bis zur Revolution von 1848 der Kirche unterstand und dementsprechend Kant und damit die Aufklärung verboten war (siehe Einleitung S. 40f.), wird im geltenden „Methodenbuch oder Anleitung zur zweck-*

⟨1.⟩

mäßigen Führung des Lehramtes für Lehrer in Trivial- und Hauptschulen" (Wien 1848) die „christliche Erziehung" vorgeschrieben, nämlich „aus den Menschen vernünftige und wahrhaft fromme Wesen zu bilden, welche religiös denken, fühlen und handeln" (S. 7). Da Gott „dem Menschen seine Bestimmung angewiesen" habe, „daß er vernünftig, heilig und selig werde", müsse er „für Religion und Tugend tauglich, und für das practische Leben nach Maßgabe der höchsten Bestimmung verwendbar gemacht werden" (S. 5).

35,19 keine *bis* Thieres] *Diese Formulierung findet sich bereits in Stifters Aufsatz* Wirkungen der Schule *(HKG 8,2, S. 131,23–24).*

35,19–20 Thiere *bis* Vernichtung] *Bereits im Brief vom 6. März 1849 schreibt Stifter an Heckenast:* Das Thier kennt nicht Vergleichung mit dem Gegner, sondern nur dessen Vernichtung *(PRA 17, S. 322). Auch in seinem Aufsatz* Eigenschaften des Rechtes *vom 9. Februar 1850 kommt derselbe Gedanke vor:* Die Thiere haben daher keine Rechte unter sich, sondern zwischen ihnen besteht nur das Verhältniß des Kampfes *(HKG 8,2, S. 246,10–12). In der Staatstheorie von Wedekind, Martini und Egger kommt diese Auffassung so nicht vor, doch es wird von Egger (s. zu S. 35,11–13, S. 1) auf Thomas Hobbes (1588–1679) verwiesen, der allerdings im „Leviathan" im 14. Kapitel des 1. Teils nicht die Verhaltensweise von Tieren, sondern den Naturzustand der Menschen als „Krieg aller gegen alle" (Thomas Hobbes, „Leviathan. Erster und zweiter Teil", übersetzt von J. P. Mayer, Stuttgart 1976, S. 115) einschätzte und aus diesem Zustand die Notwendigkeit von Gesetzen, Verträgen und der Staatsgründung ableitete. Martini argumentierte gegen Hobbes, „daß der Krieg nie ein fortwährender, ordentlicher, natürlicher Zustand, sondern immer vorübergehend, und eine Art von Ausnahme ist." Dagegen, daß „Hobbes seinen Satz durch das Beispiel der Thiere und Staaten zu gründen" sucht, vertritt er die Auffassung: „aber auch Thiere und Staaten leben nicht in immerwäh-*

⟨1.⟩

renden Feindseligkeiten, Anfälle und Vertheidigungen sind immer Ausnahmen" (*"Erklärung der Lehrsätze über das allgemeine Staats- und Völkerrecht des Freyherrn von Martini." Erster Theil. Neudruck der Auflage Wien 1791, Aalen 1969, S. 8).*

35,26 Abhaltung der Hinderniße (Rechtsverletzungen)] *Die Termini sind u. a. der Staatstheorie Eggers entnommen. Rechtssicherheit gewährleistet nach Egger die Justiz-Gewalt, indem sie "die Rechtsverletzungen mit Uebeln" bedroht, "die sie im Verletzungsfalle zufügt"* (*Egger, s. zu S. 35,11–13, S. 117). Mittels Polizey-Gewalt wird "die Rechtssicherheit mittelbar (durch Herbeyschaffung der entfernten Mittel und Wegschaffung der entfernten Hindernisse derselben) befördert"* (*ebd., S. 207).*

36,2–12 Freiheit *bis* Gesezes] *Im Aufsatz* Wie wird die Freiheit eingeführt? *hatte Stifter am 23. Mai 1849 in Anlehnung an Feuchtersleben im "Wiener Boten" geschrieben:* In den freiesten Staaten, die wir bisher kennen, ist immer die Achtung vor dem Gesetze am allergrößten gewesen, *wobei er als Beispiel England nennt (HKG 8,2, S. 73,26–28). Zum Einfluß von Ernst Wilhelm Freiherr von Feuchtersleben vgl. den Kommentar in HKG 8,3, bes. zu Nr.* ⟨24.⟩ *und* ⟨27.⟩*. In seinem im Juli 1848 erschienenen Artikel "Eine Stimme aus dem Volke. Zum Verständniß für Viele" hatte Feuchtersleben England als Vorbild empfohlen, weil dort in Zeiten des "Ueberganges" das "Gesetz* vor *dem Gesetze" herrschte (Feuchtersleben, KFA III/3, S. 41). Bereits Herder hat der "*Freiheit *im Menschengebilde" die Fähigkeit, sich "freiwillig" zu binden, zugeschrieben, so daß die Menschen "ihrem eignen Willen entsagten und* Gesetze *über sie herrschen lassen wollten" (Herder, SW 13, S. 149). Im Jurastudium konnte Stifter von Zeiller lernen, "daß wir unsere Pflichten nicht aus Zwang, oder aus* eigennützigen *Bewegungsgründen, sondern aus Achtung für das Gesetz, aus reinem guten Willen erfüllen sollen" (Zeiller, s. zu S. 35,11–13, §. 8, S. 15, in anderen Ausgaben S. 14), und von seinem Lehrer Egger in Zivilrecht: "Denn freye Befolgung des*

⟨1.⟩

Sittengesetzes ist Bedingung der Erreichung der Bestimmung des Menschen" („*Das natürliche Privat-Recht nach dem Lehrbuche des k. k. Hofrathes F. Edlen von Zeiller über dasselbe von D. Franz Egger [...]*", *Wien und Triest 1815, S. 53). Wie diese Freiheit im Erziehungsprozeß gemeint ist, hat Stifter im Nachsommer demonstriert:* Selbst Gustav erschien völlig frei. Das Gesez, welches seine Arbeiten regelte, war nur einmal gegeben, es war sehr einfach, der Jüngling hatte es zu dem seinigen gemacht, er hatte es dazu machen müssen, weil er verständig war, und so lebte er darnach *(HKG 4,1, S. 218,16–20).*

36,5–8 Affectes *bis* Vernunft] *Bereits im März 1849 schrieb Stifter in seinem Aufsatz* Die octroirte Verfassung, *daß die* Affecte durch *die Vernunft in dem Menschen (HKG 8,2, S. 58,16–19) beherrscht werden müssen:* Je mehr der Mensch noch seinen Affecten hingegeben und je weniger er vernünftig entwickelt ist, desto nöthiger ist der Staat *[...] (ebd., S. 59,20–22). Nach § 70 in Kants „Anthropologie" bedeutet es,* „*Affekten und Leidenschaften unterworfen zu sein", daß „beides die Herrschaft der Vernunft ausschließt" (Kant, Werke 10, S. 580). Entsprechend hat Vincenz Eduard Milde (1777–1853) in seinem „Lehrbuch der allgemeinen Erziehungskunde" (1. Aufl.: 1. Theil, Wien 1811; 2. Theil, Wien 1813) den Affekt als ein Gefühl definiert, welches „das Übergewicht über den Verstand erhält" (Milde, s. Abkürzungen, S. 409). Milde verlangte wie Stifter eine „Unterordnung aller Gefühle unter die Herrschaft der Vernunft" (ebd., S. 416).*

36,13–14 Erziehung] *Bereits in Kants Vorlesung „Über Pädagogik" (1803) heißt es:* „*Der Mensch kann nur Mensch werden durch Erziehung. Er ist nichts, als was die Erziehung aus ihm macht" (Kant, Werke 10, S. 699).*

36,14 Erfahrungserziehung] *In dem Aufsatz* Die Schule des Lebens *vom 3. August 1849 schreibt Stifter, daß zwar* die Schule des Lebens *[...]* den Menschen am innigsten zu Erfahrungen und Wissen hinführt, *daß es aber* Dinge gibt, zu deren Selbst-

⟨1.⟩

erfindung man Jahrhunderte brauchen würde, z. B. *Schreiben und Lesen:* Es sind also noch mannigfache andere Schulen für den Menschen nöthig [...] *(HKG 8,2, S. 138,18–139,2).* Entsprechend findet man bei Johann Friedrich Herbart (1776–1841), einem der einflußreichsten Pädagogen im deutschen Sprachraum des 19. Jahrhunderts, vor allem auch in Österreich, die Auffassung, *„dass jede Erfahrungssphäre ohne ein Princip* a priori *nicht nur von absoluter Vollständigkeit nie reden dürfe, sondern auch nie nur ungefähr den Grad ihrer Annäherung an diese Vollständigkeit angeben könne. [...] Nirgends ist philosophische Umsicht durch allgemeine Ideen so nöthig, als hier, wo das tägliche Treiben und die sich so vielfach einprägende individuelle Erfahrung so mächtig den Gesichtskreis in die Enge zieht"* *(„Zwei Vorlesungen über Pädagogik"(1802), in: Herbart, SW 1, S. 285).* Entsprechend ist Herbart überzeugt: *„[...] selbst im Handeln [z. B. als Lehrer, Anm.] lernt die Kunst nur* der, *welcher vorher im Denken die Wissenschaft gelernt, sie sich zu eigen gemacht, sich durch sie gestimmt, – und die künftigen Eindrücke, welche die Erfahrung auf ihn machen sollte, vorbestimmt hatte"* *(ebd., S. 287).*

36,14–16 Erfahrungserziehung *bis* (Frankreich)] *Worauf sich Stifter in Frankreich bezieht, konnte nicht geklärt werden.*

36,17–18 sistematischen *bis* Herbeiführung] *Stifter bezieht sich hier generell auf die Erziehung des menschlichen Geschlechtes (36,19). In Nr. ⟨98.⟩ wird er davon zum einen mit Bezug auf die Ausbildung der Lehrer (S. 222,9), zum andern auf die Unterrichtsorganisation (ebd., S. 223,7) zu sprechen kommen.*

36,19 Erziehung *bis* Geschlechtes] *Ein zu Ende des 18. Jahrhunderts gebräuchlicher Topos, so in Gotthold Ephraim Lessings Aufsatz „Die Erziehung des Menschengeschlechts" (1780), in Herders „Ideen zur Philosophie der Geschichte der Menschheit" von 1784 (Herder, SW 13, S. 345) oder in Kants „Anthropologie" von 1798 (Kant, Werke 10, S. 683).*

⟨1.⟩

36,20–22 Zwek *bis* Mittel] *Bereits in Herders „Auch eine Philosophie der Geschichte zur Bildung der Menschheit" (1774) findet man diese Mittel-Zweck-Relation: „Aber kein Ding im ganzen Reiche Gottes [...] ist* allein *Mittel – alles* Mittel *und* Zweck *zugleich [...]" (Herder, SW 5, S. 527). Wie Herder hat Feuchtersleben 1849 in der V. „Vorlesung zur Anthropologie" diese Mittel-Zweck-Relation in Verbindung mit der „Erziehung des Menschengeschlechts" (Feuchtersleben, KFA III/3, S. 252, ebenso S. 255f.) reflektiert: Würde man zur Vereinigung der Menschen „über die ganze Erde" nur „Einen Staat" machen, so würde eine „so ungeheure Institution [...] nicht zu verwalten sein. Sie würde sich wohl in mehrere kleinere" mit verschiedenen Interessen „theilen. [...] Das Mittel also, welches die Menschen künstlich vereint, trennt sie auch zugleich wieder" (ebd., S. 254). Und wenig später heißt es: „Wenn es denn also gewiß ist, daß die Menschen nur durch Trennung in Vereinigung zu erhalten sind, – so erscheint die blos künstliche Verbindung durch Staaten nicht als Zweck, sondern nur als Mittel zum Zwecke jener vollkommenen Einheit des Menschengeschlechts, welche wir als die Bestimmung desselben vorauszusetzen gelernt haben" (ebd., S. 255).*

36,31 bessere Dotation] *Ernst Wilhelm Freiherr von Feuchtersleben (1806–1849), vom 18. Juli bis zum 23. November 1848 Unterstaatssekretär im Unterrichtsministerium, vertrat bereits 1848 die Meinung, „daß für die in regelmäßiger Wiederkehr erforderlichen Mittel, namentlich also für die Lehrer-*besoldungen *am besten der Staat sorgen, – dasjenige dagegen, was für außerordentliche Bedürfniße, z. B. Schulbau u. dgl. nöthig wird, die Gemeinde darbieten könnte" (Feuchtersleben, KFA III/3, S. 193). Der aus dem Bürgerstand stammende Statthalter Alois Fischer unterstützte im Begleitschreiben vom 22. März 1849 zu Stifters Protokoll diese Auffassung mit einer aus der Revolution von 1848 geborenen Zukunftsvision vom freien Staatsbürger: „Soll der Lehrerstand in den Landgemeinden der Gegenwart nicht ganz*

⟨1.⟩

verkümmern, und die Bildung künftiger freier Staatsbürger auch auf dem Lande erzielt werden, so ist es eine nicht zu umgehende Nothwendigkeit der Zeit, daß die Verbesserung des Unterhaltes des Volksschullehrerpersonales aus Reichs- oder Landesmitteln erzielt sohin im Abgange eines genügenden Schulfondes oder anderer verfügbarer Mittel im Wege der Besteuerung gedeckt werde" (AVA U-Allg., 196/2A, S. 46).

36,33 Ausbleiben der Schulgelder] Die *„Wiener Zeitung"* berichtete am 10. Dezember 1848 unter der Überschrift *„Böhmen"*, *„daß von Seite der Gemeinden die Verabreichung des Schulgeldes und der schuldigen Natural-Abgaben an die Schullehrer mit Berufung auf die bevorstehende Regulirung des Volksschulwesens [...] verweigert werde, wodurch die Lehrer, deren Einkommen beinahe ausschließend auf solche Bezüge angewiesen ist, dem gänzlichen Nothstande ausgesetzt werden"* (S. 1311). Feuchtersleben hat entsprechend auf *„den Nothstand der Volksschullehrer"* hingewiesen: *„Allein der unglückselige Irrthum der Landbewohner, daß mit der Aufhebung des Zehents auch ihre Verpflichtungen an die Lehrer ihrer Kinder aufgehoben seien, hat die ohnehin bedrängten Lehrer in eine Lage versetzt, welche den achtbarsten Stand der Menschheit dem Proletariate einzuverleiben droht. Das Ministerium hat diesen Nothschrei vernommen"* (Feuchtersleben, KFA III/3, S. 92). Am 19. November 1848 hat ein Erlaß des Unterrichtsministeriums klargestellt: *„So lange die neue Gesetzgebung über die künftige Einrichtung des Volksschulwesens, welche nur von den gesetzgebenden Staatsgewalten ausgehen kann, nicht erfolgt ist, bleiben die bestehenden Vorschriften in ihrer Wirksamkeit, und sonach auch die Verpflichtung der zahlungsfähigen Aeltern schulpflichtiger Kinder zur Entrichtung des Schulgeldes, so wie jene der Schulgemeinden zur Verabfolgung der dem Lehrer nach Fassion und Herkommen gebührenden Natural-Abgaben aufrecht, indem widrigenfalls die Schullehrer subsistenzlos würden, und die zum Wohle der*

⟨1.⟩

Gemeinden selbst bestehenden Schulanstalten sich auflösen würden." Die Behörden erhielten den Auftrag, „in Absicht auf die Eintreibung des Schulgeldes in vorkommenden Fällen der Verweigerung der Schulgeldentrichtung die Bestimmungen des §. 205 der pol. Schulverfassung mit Nachdruck in Anwendung zu bringen" („Wiener Zeitung" vom 10. Dezember 1848, S. 1311).

37,22 in jeder Diöcese] Der § 2 des vom Ministerium an die LSchBeh gesandten Entwurfes bestimmte, wie auf der 2. Seite des Schreibens von Statthalter Fischer vom 22. März 1849 an das Ministerium zu lesen ist, einen „Schulrath vereint für Oesterreich ob der Enns und Salzburg". Statthalter Fischer vertritt im Sinne des § 2 gegen den Vorschlag Rieders die „Meinung, daß eine solche Sonderung erst dann Statt finden soll, wenn Salzburg seine eigene Regierung haben und die Administration von der des Landes ob der Enns geschieden sein wird. Bis dahin bleibe auch das Unterrichtswesen unter derselben Leitung vereinigt" (AVA U.-Allg., 196/2A).

38,14–15 Schierfeneder] Franz Schierfeneder (1811–1852), 1836 zum Priester geweiht, Weltpriester, war 1842–1844 Katechet an der Normalhauptschule in Linz, dann dort bis 1852 Direktor und damit auch Direktor der Linzer Präparandenausbildung.

38,16–25 Salzburg bis werde] 1824 wurde das Erzbistum Salzburg, nachdem es durch Napoleon an Bayern angegliedert worden war, wieder als rein geistliche Organisationseinheit errichtet; doch erst die ‚Oktroyierte Märzverfassung' vom 4. März 1849 regelte im § 1, daß das Herzogtum Salzburg eigenes Kronland wird. Nach § 92 ernennt der Kaiser für die einzelnen Kronländer Statthalter. Mit dem 1. Januar 1850 wurde Salzburg verwaltungsmäßig selbständig und erhielt als ersten Statthalter von 1850 bis 1852 Friedrich Graf Herberstein (1810–1861). Schulrat für die Gymnasien in Salzburg und Linz wurde mit Ministerialerlaß vom 3. Juni 1850 der „Schulrath u. salzburgische Volksschulen-Inspektor, damals Dr. Ludwig Ritter v. Köchel" und nach ihm mit

⟨2.⟩

Erlaß vom 4. März 1853 Johann Kurz (11/5949 l). Zur ‚Oktroyierten Märzverfassung' vgl. den Kommentar zu Nr. ⟨17.⟩ in HKG 8,3, S. 171–176.

39,9–16 Geschäfte *bis* Stifter] *Mit diesem Antrag sorgt Stifter auch dafür, daß er selbst als prov. Schulrat eingestellt werden kann.*

⟨2.⟩ Begutachtung des Vorschlages in Oberösterreich (Linz oder Salzburg) eine Universität zu gründen

Überlieferung

H   *Adalbert-Stifter-Institut, Linz: OÖ Literaturarchiv, Inv. Nr. 1468 mit dem Datum 13. Juli 1960.*
    Stifters Universitäts-Gutachten vom 10. April 1849 steht auf den Seiten 3–11 auf drei ineinander gelegten Bogen, die mit Zwirn geheftet sind, jeweils in der rechten Spalte. Die Kopfzeile erstreckt sich über die ganze Seitenbreite. Auf der ersten Seite steht nochmals Gutachten über den Vorschlag in Oberösterreich eine Universität zu gründen *von Adalbert Stifter und in der rechten oberen Ecke in Tinte der Aktenverweis: ad 8275. 849, auf der 12. Seite mit Bleistift: ad 4516.*
D   *PRA 25, S. 193–200.*

Apparat

41,17   Enns [sind] ⌈ist⌉ daher
44,1–2 entwikelt, d[as]⌈er⌉ namentlich
44,18   u [Er]⌊ schrankenlose Erweiterung

⟨2.⟩

44,21–22 Kunde ha[t]⟨[ben] erlangen
44,24   in Staatsdingen [zu] verlang[en]⟨[ten]
46,4   Bauer[n]
46,4–6   Universität. *bis* Aus] Universität. [Technische (etc.)
         Schulen mit den nöthigen humanistischen Elementen.]
         Aus
46,15   Anstalt [entzogen] verwendet,

Kommentar

Zur Geschichte der Handschrift teilt Leonhard Franz („Stifter und der Linzer Universitäts-Plan", in: VASILO 8 (1959), Folge 3/4, S. 78–86) mit, daß das handschriftliche Original offenbar bei der Skartierung von Akten von einem Beamten gerettet und 1939 von „Edmund Theodor von Sellner samt Briefen Stifters erworben" (S. 78) worden sei. Diese Dokumente haben den Bombenkrieg überstanden und sind nach dem Krieg mit der Familie Sellner nach New York gelangt. 1960 wurde das Gutachten vom Adalbert-Stifter-Institut Linz angekauft und befindet sich heute im dortigen oberösterreichischen Literaturarchiv, wo es in der Inventarliste unter der Inv.Nr. 1468 und dem Datum 13. Juli 1960 verzeichnet ist.

Stellenkommentar

40,2 Linz oder Salzburg] *Das Gutachten zur Universitätsgründung stammt vom 10. April 1849, als Salzburg noch Linz unterstand. Alois Fischer, der seit 4. Oktober 1828 eine Advocatur in Salzburg („Aloys Fischer. Lebens- und Charakterbild mit einem Anhange seiner Aufsätze und Aufzeichnungen von Frh. v. Helfert",*

⟨2.⟩

Innsbruck 1885, S. 19) inne hatte, wo er die „provinciale Selbständigkeit" (ebd., S. 35) Salzburgs förderte, erhielt im Mai 1849 als Statthalter in Linz den Auftrag des Ministeriums, über den Plan einer Universitätsgründung in Linz Bericht zu erstatten. Nach Aussage Fischers wünschten sich im „Jahre 1848 und noch tief hinein in das Jahr 1849" sowohl die Linzer wie auch die Salzburger eine Universität, „und auch in Innsbruck petitionirte man zu der bereits bestehenden juridischen Fakultät noch um die medicinische" (Fischer, „Amtsleben", s. zu S. 35,14–16, S. 50). Er holte von Stifter, den er als Schulrat zu gewinnen trachtete, das Gutachten ein. Obwohl dieses am 10. April 1849 vorlag, wurde es erst ans Ministerium geschickt, nachdem im Juni 1849 von dort eine erneute Aufforderung eingegangen war: „... denn das ‚Unterrichts-Protokoll' des damaligen k. k. Ministeriums für Cultus und Unterricht verzeichnete im Jahre 1849 (S. 189) unter dem Eingangsdatum 22. 6 und der Aktenzahl 4518, also einer der beiden Zahlen, die auf Stifters Gutachten stehen, einen Antrag des Virgilianischen Stiftungsfonds in Salzburg, ‚daß die Verhandlung wegen Errichtung einer Universität in Linz oder Salzburg bis zur nahe bevorstehenden Einrichtung der Landesvertretungen zu vertagen sey', wobei als Aktenbeilage ‚ein Aufsatz des Literaten Adalbert Stifter über diese Angelegenheit' ausdrücklich erwähnt ist. / □ Auch die Aktenzahl 8275 auf Stifters Schriftstück findet sich in dem erwähnten Protokoll. Dort ist auf S. 346 als am 17. 11. eingegangen eine ‚Politische Fondsbuchhaltungsäußerung in Betreff der Errichtung einer Universität in Linz und Salzburg' gebucht, als Beilage „1 Bericht von Adalbert Stifter und 1 Convolut"' (Franz, s. o. zur Entstehung, S. 84).

40,22–23 juridischen bis Studien.] *Feuchtersleben hatte zwar in dem Aufsatz „Zur Reform des medizinischen Studienwesens" vom 26. August 1848 angekündigt, das Ministerium werde „an mehreren der kleineren Universitäten den vollkommenen medicinisch-chirurgischen Unterricht einführen" (Feuchtersleben,*

⟨2.⟩

KFA III/3, S. 57), doch dabei ging es ihm nicht um Universitätsgründungen. In dem Aufsatz „Das Ministerium des öffentlichen Unterrichtes in Oesterreich. (Geschichtliche Skizze.)" (ebd., S. 89) sowie in der „Rede zum Restaurationsfeste und fünfzigjährigen Aufgebotsjubiläum der Wiener Hochschule am 20. April 1847" (ebd., S. 119–134) bezog er sich nur auf Wien. Stifter konnte sich mit seiner Ablehnung einer Universitätsgründung und Befürwortung einer Realschule in Linz dadurch bestärkt finden, daß Feuchtersleben in seinem Vortrag „Über die Frage von Humanismus und Realismus als Bildungsprincipe", gehalten am 7. März 1849 in der Akademie der Wissenschaften, die Gründung von Realschulen favorisierte: „Die Realschule, als solche, behalte im Secundärunterrichte das Principat [...]" (ebd., S. 103). Über die Einstellung des Statthalters Fischer zur Gründung von Realschulen schreibt Stifter im Brief vom 6. Mai 1850 an Franz Exner, daß er sich die Sache sehr angelegen sein *(PRA 22, S. 214) lasse.*

40,25 Vernunft *bis* Vermögens)] *Eine Verbindung von Vernunft und Sittlichkeit findet man bei Karl Ignaz Wedekind („Kurze Systematische Darstellung des Allgemeinen Staatsrechtes zu Vorlesungen bestimmt", s. zu S. 35,11–13): „Sittlichkeit oder persönliche Veredlung durch vernünftige Selbstthätigkeit" seien sowohl „der höchste Zweck des Menschen" (S. 18) wie auch „der höchste Zweck des Staates"(S. 20). Folglich sei es eine „unnachläßliche Pflicht [...], dieses Vermögen auf alle mögliche Weise zu cultiviren" (S. 18). Auch für Zeiller („Das natürliche Privat-Recht", s. zu S. 35,11–13) ist Sittlichkeit „der thätige gute Wille, die Vorschriften der Vernunft zu befolgen" (S. 18).*

40,28–29 Vernunft *bis* veranlassen] *Entsprechend betrachtet Herbart 1806 als „Erziehung* durch *Unterricht" dasjenige, „was irgend man dem Zögling zum Gegenstande der* Betrachtung *macht"(„Allgemeine Pädagogik aus dem Zweck der Erziehung abgeleitet", in: SW 2, S. 11). Dabei postuliert er als „Zweck der*

⟨2.⟩

Erziehung", die „Individualität des Zöglings [...] so unversehrt als möglich zu lassen" (ebd., S.30f.). An die Präsentation des Gegenstandes schließt auch er in dem Aufsatz „Ueber die ästhetische Darstellung der Welt, als das Hauptgeschäfft der Erziehung" das Prinzip der Selbsttätigkeit an: „Machen, dass der Zögling sich selbst finde [...]: dies, oder Nichts, ist Charakterbildung! Diese Erhebung zur selbst bewussten Persönlichkeit, soll ohne Zweifel im Gemüth des Zöglings selbst vorgehen, und durch dessen eigne Thätigkeit vollzogen werden [...]" (Herbart, SW 1, S. 261f.).

42,10 Humbold] *Daß es sich hierbei um den Naturforscher Alexander von Humboldt (1769–1859) handelt, ergibt sich aus dem unmittelbaren Kontext, der Erwähnung von Johannes Kepler (1571–1630). Bestätigt wird das dadurch, daß Stifter in seinem 1867 veröffentlichten Aufsatz* Über Beziehung des Theaters zum Volke *(HKG 8,1, S. 120,4) Humbolds Einleitung zum Kosmos erwähnt. Im* Nachsommer *liest Heinrich Drendorf in Humboldt's* Reisen *(HKG 4,1, S. 78,8–9).*

44,9 männlichen] *Im Sinne von ‚dem Mann angemessen' ist dieses Adjektiv durch die Verbindung mit* Mäßigung *(44,10) hier positiv konnotiert. In Nr. ⟨26.⟩ findet man dagegen negative Konnotationen (S. 129,1–2 und 139,23–24).*

44,32 Proletariat] *Bereits Feuchtersleben war in in seinem Vortrag „Über die Frage von Humanismus und Realismus als Bildungsprincipe" (s. auch zu 40,22–23) der Auffassung, die Gründung von Realschulen „würde vielleicht auch noch den Vortheil bieten, den bei uns mehrfach beklagten Andrang zu den höhern Studien (jedermann glaubt, seine Söhne ‚studiren' lassen zu müssen) etwas abzuleiten. Der Staat würde in die erfreuliche Lage kommen, wenigere Proletarier der Universitäten, die nirgends eine nützliche Unterkunft finden, ernähren zu müssen, vielmehr anstatt ihrer eine größere Anzahl und gebildetere Bürger für den ihm so wichtigen Betrieb der Industrie, die ihn selbst ernährt, zu ge-*

⟨2.⟩

winnen" (Feuchtersleben, KFA III/3, S. 108). *Auch Statthalter Alois Fischer vertrat, wie er in seiner Autobiographie schreibt, die Ansicht, daß "man, wenn man in einer jeden Provizialhauptstadt die Rechte studiren könnte, allerdings eine größere Zahl von Juristen bekommen" würde, "absolvirte und erstickte, also daß man selbst die Gemeindeschreiberdienste durch Rechtsmänner besetzen könnte." Er meinte, "daß die bisherigen Studienanstalten zugereicht haben, die erforderliche Anzahl Juristen zu liefern und daß, wenn man über das Bedürfniß hinausschreitet, jenes ganz oder halb intelligente Proletariat geschaffen wird, welches weit gefährlicher ist, als das in den Fabriken"* (Fischer, *"Amtsleben", s. zu S. 35,14–16, S. 50f.). Stifters Hinweis auf die Gefährlichkeit des* literarischen Proletariats *geht also auf Feuchtersleben und/oder Alois Fischer zurück. Wo er mit diesem Pro-letariat die Gefahr von* Revolutionen *(44,29) verbindet, ist in der Handschrift am Rand von anderer Hand ein senkrechter Strich angebracht.*

45,9–10 Gutachten *bis* Onderka] *Bereits 1841 "stand M. D. Josef Onderka, k. k. Regierungsrath und Protomedicus in Oberösterreich und Salzburg an der Spitze der Medicinal-Angelegenheiten" (Kurzgefasste Geschichte der Heilanstalten und des Medicinalwesens in Linz von M. Dr. Anton Knörlein. [...] Linz, den 6. März 1855, S. 35). Noch in "Der Oberösterreicher" (1857) wird er als "Vorsteher" in der "Ständige[n] Landes-Medizinal-Kommission" (S. 165) geführt. Onderka hat 1848 in seiner Denkschrift "Ueber Medicinalreform in Oesterreich ob der Enns und Salzburg" darauf hingewiesen, daß viele Ärzte und Chirurgen "ein kummervolles Los" haben und "(ohne Recht zur Niederlassung) einen Hungerkampf" (S. 8) kämpfen, so daß er den Rat gab: "Vom Jahre 1849 an, sollten keine neuen Chirurgen-Schüler mehr aufgenommen werden. [...] /* □ *Es ist ein Uebervorrath von Aerzten und Cirurgen für 20 Jahre – da" (ebd., S. 20). Auch Knörlein (s. o.) überliefert, Onderka zitierend, "dass der durch die*

⟨3.⟩

übergrosse Concurrenz hervorgerufene Nothstand der Medicinal-Personen den brennenden Punkt" darstelle, und eine „Lösung dieser Brotfrage" nötig mache (S. 37). Knörlein belegt, daß es der Stadt Linz zwischen 1849 und 1855 trotz größter Anstrengungen nicht gelungen war, über die „Vorarbeiten zur Errichtung eines allgemeinen Krankenhauses" (S. 28) für 200 Personen hinauszukommen, obwohl „zumal bei herrschenden Krankheiten viele Wochen hindurch die Aufnahms-Gesuche die Zahl der verfügbaren Betten an sämmtlichen Instituten weit überschreiten", so „dass dem zufolge gar viele Kranke abgewiesen werden müssen, oder erst nach mehreren Tagen Verweilens unter den ungünstigsten häuslichen Verhältnissen in verschlimmertem, ja oft hoffnungslos gewordenen Zustande aufgenommen werden können" (S. 39). Diese Darstellung zeigt, daß Infrastruktur und finanzielle Mittel der Stadt Linz für die Errichtung einer Universität mit juridischen u ärztlichen Studien (43,31) kaum verfügbar waren.

⟨3.⟩ * Entwurf der Organisation einer vollständigen Realschule zu Linz für Oesterreich ob der Enns. (Auf den Entwurf der Realschule vom k. k. Ministerium des Kultus und Unterrichtes gegründet.)

Überlieferung

H   Unbekannt
D   Vancsa, S. 269–303.

⟨3.⟩

Kommentar

Das Original von Stifters Entwurf der Organisation einer vollständigen Realschule zu Linz für Oesterreich ob der Enns *vom Mai 1850 war im OÖLA nicht auffindbar und mußte deshalb nach Kurt Vancsas Publikation „Die Schulakten Adalbert Stifters" (Graz/ Wien 1955, S. 269–303) ediert werden, der 1955 anmerkte, der Entwurf liege „den Schulakten des oberösterreichischen Landesarchivs in einem sonst kaum bekannten Rohdruck bei" (S. 269). Ein vollständiger Nachdruck nach Vancsa findet sich auch in: „Adalbert Stifter, Pädagogische Schriften. Besorgt von Theodor Rutt", Paderborn 1960, S. 136–167.*

Stellenkommentar

47,*11–12* Entwurf bis gegründet] *Stifter bezieht sich auf den „Entwurf der Organisation der Gymnasien und Realschulen in Oesterreich. Vom Ministerium des Cultus und Unterrichts", Wien 1849, und dort auf „II. Plan der Realschulen" (S. 217–258), der zur Begutachtung an den Statthalter Fischer geschickt worden war. Dieser ‚Organisationsentwurf' von 1849 ist die gesetzliche Umsetzung eines Großteils des 1848 von Ministerialrat Franz Serafin Exner (1802–1853) in enger Zusammenarbeit mit Hermann Bonitz (1814–1888) erarbeiteten programmatischen „Entwurf[es] der Grundzüge des öffentlichen Unterrichtswesens in Oesterreich", veröffentlicht in der „Wiener Zeitung" vom 18. bis zum 21. Juli 1848. Die Entwürfe im Rahmen der Neuordnung des Unterrichtswesens wurden zuerst unter Feuchtersleben, dann im Referat von Josef Alexander Freiherr von Helfert unter Leo Graf von Thun-Hohenstein (1811–1888) erstellt, der nach seiner Ernennung am 28. Juli am 22. August 1849 das Amt des Ministers für Cultus und Unterricht antrat, das er bis zum 20. Oktober 1860*

⟨3.⟩

innehatte. Im Dezember 1848 war Anton Krombholz (1790–1869) zu den „Beratungen über die Organisierung des Volksschulwesens" (Grundl, S. 52) nach Wien berufen worden, am 21. Februar 1850 erfolgte „mit allerhöchster Entschließung die Ernennung Krombholzens zum Sektionsrate" (ebd., S. 55) im Unterrichtsministerium, um das Volksschulwesen und die Realschule zu organisieren. In dieser Position hat er die Umgestaltung der vorhandenen 4. Hauptschulklassen zu „unselbständigen Unterrealschulen" (ebd., S. 62) durchgeführt. Außerdem war Marian Koller (1792–1866), einst Lehrer Stifters in Kremsmünster, seit 1849 als Sectionsrath im neuerrichteten Ministerium für Kultus und Unterricht u. a. mit dem Referat über die Realschulen und von 1851 bis 1866 als Ministerialrath in demselben Referat tätig.

Bereits die „Politische Verfassung der deutschen Schulen in den k., auch k. k. deutschen Erbstaaten" (zit. als pol.Sch.Verf.) ordnete in der 1. Auflage, Wien 1805, an, daß Realschulen „einstweilen nur in Wien, Prag und Krakau, Statt haben" (S. 13) werden, und regelte die Ausbildung für die Stellung „der Lehrer an den Realschulen"(S. 48); in der 7. Auflage (Wien 1833) wurde im §. 26. projektiert: „Derley Realschulen werden einstweilen nur in einigen Haupt- oder Handelsstädten Statt haben; in der Folge wird aber auch noch an andern Orten, wo der Handelsstand etwas zahlreicher ist, und schon ein Gymnasium besteht, ein solcher Unterricht [...] eingeführt werden können [...]" (S. 11). Nach einem entsprechenden Gründungsauftrag des Ministeriums vom 9. Oktober 1849 konnte das bischöfliche Konsistorium in Linz am 23. November 1849 an die LSchBeh berichten, daß „die in dieser Diöcese befindlichen 4. Klassen der Volksschulen zu Linz, Ried und Steyer [...] mit dem Beginn dieses Monates in Unter-Realschulen von 2 Jahrgängen umgestaltet worden" seien (Scha 11; Z. 1791).

Stifter erarbeitet seinen Entwurf von 1850 *für das „Komité zur Verfassung des Organisations-Entwurfes für die Realschule in Linz" (1/224), dessen Berichterstatter der Direktor der Normal-*

⟨3.⟩

hauptschule Linz, Franz Schierfeneder, ist. Stifters Entwurf ist, wie er am 6. Mai 1850 an Exner schreibt, gänzlich auf den mir vortrefflich erscheinenden k. k. ministeriellen Entwurf gegründet, nur in der Motivirung, Erleuchtendmachung und Erklärung dessen, was man in einer solchen Schule lernt, ist er weitläufiger und zum Verständniß der hiesigen Bevölkerung berechnet; denn der Herr Statthalter, auf dessen Veranlassung ich den Entwurf machte, beabsichtigt, ihn einer Auswahl von Männern des Bürgerstandes vorzulegen, daß sie ihn einsehen, daß sie von der Natur der Lehrfächer Kenntniß bekommen, allfalsige Wünsche des Landes in spezieller Richtung kund geben, und daß auch andere im Lande von der Sache richtige Vorstellungen bekommen, und ihr geneigt werden *(PRA 22, S. 214). Ziel der folgenden Stellenkommentare wird es sein, durch Vergleiche der beiden Entwürfe – demjenigen Stifters und dem des Ministeriums – Umformulierungen und Ergänzungen Stifters aufzuzeigen und zu kommentieren. Vor allem Passagen im* Entwurf, *die mit* Note *eingeleitet sind, stammen von Stifter selbst.*

47,24–25 allgemeiner *bis* Bildung).] *Diese Wendung stammt von Stifter; im ministeriellen ‚Organisationsentwurf' von 1849 steht: „... rein und ausschliesslich dem Zwecke der allgemein humanen Ausbildung gewidmet" (Organisationsentwurf, S. 219); an späterer Stelle wird dort „die moderne Literatur" als „Trägerin echt humaner Bildung" bezeichnet (ebd., S. 222).*

48,25 Stufen der Bildung] *Auch dies steht nicht im „Organisationsentwurf". Bildungsstufen wurden von den Bildungstheoretikern sowohl in der Entwicklung der Menschheit wie in der Entwicklung des einzelnen Menschen als notwendige Wege zur Bildung oder Humanität angesehen. Bereits Comenius vertrat in seiner „Didactica magna" („Große Didaktik". verfaßt zwischen 1627–1638, erstmals veröffentlicht Amsterdam 1657; 1632 in böhmischer Sprache, 1657 in Latein erschienen) im 17. Kapitel – „Grundsätze zu leichtem Lehren und Lernen" – den „Grund-*

⟨3.⟩

satz", im Unterricht wie die Natur "vom Leichteren zum Schwereren" vorzuschreiten (Comenius, Nr. 25, S. 102). Das Prinzip der Kindgemäßheit mit der Struktur der Unterrichtsgegenstände verknüpfend, forderte Johann Heinrich Pestalozzi (1746–1827) in "Wie Gertrud ihre Kinder lehrt" (1801), "die Bestandtheile alles Unterrichtes nach dem Grade der steigenden Kräfte der Kinder zu sondern, und in allen drey Fächern mit der grösten Genauigkeit zu bestimmen, was von diesen Bestandtheilen für jedes Alter des Kindes passe, um ihm einerseits nichts von dem vorzuenthalten, wozu es ganz fähig, anderseits es mit nichts zu beladen, und mit nichts zu verwirren, wozu es nicht ganz fähig ist" (Pestalozzi, SW 13, S. 197). Die Unterrichtsgegenstände soll der "Grundsatz" strukturieren, "beym Leichtesten anzufangen, und dieses, ehe man weiter geht, zur Vollkommenheit zu bringen, dann durch stufenweise Fortschritte immer nur etwas Weniges zu dem schon vollkommen Gelernten hinzuzusetzen [...]" (ebd., S. 222). Intendiert war dabei psychologisch eine "Stuffenfolge der Erkenntniß" (ebd., S. 247). In gleicher Weise forderte Milde 1811 in § 312 eine "Ordnung und Stufenfolge des Unterrichtes in jedem einzelnen Gegenstande": "Der Lehrer muß von dem <u>Einfachen</u> zu dem <u>Zusammengesetzten</u>, von dem <u>Einzelnen</u> zum <u>Allgemeinen</u>, von <u>Anschauungen</u> zum <u>Abstrakten</u>, von den <u>Beispielen</u> zur <u>Regel</u>, von dem <u>Leichtern</u> zum <u>Schwerern</u>, von dem <u>Näherliegenden, Bekannten</u> und <u>Interessanten</u> zu dem <u>Entfernteren, Unbekannten</u> und <u>weniger Interessanten</u> übergehen, wenn er den Schülern den Fortgang erleichtern und den Zweck seines Unterrichtes erreichen will" (Milde, s. zu S. 36,5–8, S. 349). Entsprechend forderte das "Methodenbuch" für Österreich von 1848, "den Schülern einen geeigneten Stoff zur Übung ihrer Gedächtnißkraft" zu reichen: "Diese Übung beginne frühzeitig, und werde unter Beobachtung einer stufenweisen Steigerung stets fortgesetzt„ (Methodenbuch, s. zu S. 35,17–21, S. 25). Auch Goethe vertritt in seinem "Lehrbrief" zu Ende des 9. Kapitels des 7. Bu-

⟨3.⟩

ches in „Wilhelm Meisters Lehrjahre" didaktische Prinzipien wie „Der echte Schüler lernt aus dem Bekannten das Unbekannte entwickeln, und nähert sich dem Meister", ebenso daß „Stufen" der Bildung nötig seien, während man mehr auf das Ziel schaut als auf den Weg: „Die Höhe reizt uns, nicht die Stufen [...]". So bleiben sie in der „Ebene" (Goethe, MA 5, S. 497f.). Entsprechend hat Goethe in seinem Plan eines „Lyrischen Volksbuches" bei der Textauswahl außer dem Unteren und Mittleren auch „ein Oberstes" aufgenommen, damit die Menschen über die unteren Stufen „auf die höhern Stufen der Kultur herangelockt würden" (MA 9, S. 616; s. zu S. 384,15).

52,15 Schönschreiben] Dieser Vorschlag war im ministeriellen ‚Organisationsentwurf' 1849 noch nicht enthalten, ist aber im ministeriellen „Lehrplan für Realschulen" von 1851 als Nr. 12. der Unterrichtsgegenstände auf S. 4 und unter § 22 auf S. 12 aufgenommen worden (1/165 und 169).

53,18 Anfang bis Bildung] Im ‚Organisationsentwurf' von 1849 stand „Anfänge zur Bildung des Geschmackes durch Memoriren und Vortrag von Gedichten und prosaischen Aufsätzen [...]" (S. 226).

56,13–14 Satzlehre bis Zeitwortes] Lateinische grammatikalische Ausdrücke des ‚Organisationsentwurfs' wie „Interpunktion", „Flexion des Verbum", „Construction der Verben" usw. (Organisationsentwurf, S. 226f.) hat Stifter fast alle durch deutsche ersetzt – eine Praxis, die er bereits in der Überarbeitung der Journalfassungen für die Buchausgabe seiner Studien vorgenommen hatte (vgl. HKG 1,9, S. 109, zu 12,8). Ein Plädoyer für deutschsprachige Ausdrücke findet man bereits bei Wolfgang Ratke (auch: Ratichius, 1571–1635): „Denn die Allgemeine Sprachlehr wird [...] in der Muttersprach vorgegeben, auf daß sie durch Exempel derselben Sprach desto leichter gelehret und gelernet werden könne" („Kleine pädagogische Schriften von Wolfgang Ratke (Ratichius)", hrsg. von Karl Seiler, Bad Heilbrunn

⟨3.⟩

1967, S. 43). Der „Lehrplan für Realschulen" von 1851 jedoch verwendet wiederum überwiegend lateinische Ausdrücke wie „Orthographie und Interpunction", aber auch deutsche wie „Zeichensetzung" und „Rechtschreibung" (S. 6).

56,18 Verständniß des Inhalts] *Das fehlt im ‚Organisationsentwurf' von 1849. Wie Stifter setzte sich Herder 1796 in der ‚Schulrede' „Von der Ausbildung der Rede und Sprache in Kindern und Jünglingen" für „ein* Lesen *mit Verstande und Herz" ein (Herder, SW 30, S. 219).*

56,18–19 Erweiterung *bis* Gedankenkreises] *Im ‚Organisationsentwurf' von 1849 stand im § 11: „Erweiterung und Belebung des Gedankenkreises der Schüler durch den vom Lehrer zu erklärenden Inhalt der Lesestücke" (S. 119 und S. 227). Stifter hat die Lehrertätigkeit gestrichen. Der Begriff „Gedankenkreis", ein Zentralbegriff bei Herbart (Herbart, SW 2, S. 11, 16 u. ö.; auf S. 58f. ist vom „Erfahrungs- und Umgangs-Kreis" sowie vom „Gesichtskreise" die Rede), kommt in den Amtsakten Stifters nicht vor. Herbart hat zwar die Lehrertätigkeit berücksichtigt, indem er als „Erziehung* durch *Unterricht" dasjenige betrachtet, „was irgend man dem Zögling zum Gegenstande der* Betrachtung *macht" („Allgemeine Pädagogik [...]", s. zu S. 40,28–29, in: SW 2, S. 11), doch er schließt im Rückgriff auf Rousseau an diese Präsentation des Gegenstandes durch den Lehrer das Prinzip der Selbsttätigkeit und Selbsterkenntnis der Schüler an: „*Machen, dass der Zögling sich selbst finde *[...]" (Herbart, SW 1, S. 261f.) Verglichen damit wird im ‚Organisationsentwurf' von 1849 und dann im „Lehrplan für Realschulen" von 1851, wo wieder „Erweiterung des Gedankenkreises durch den vom Lehrer zu erklärenden Inhalt der Lesestücke" (S. 6) steht, die Lehrertätigkeit geradezu absolut gesetzt.*

56,27–29 Note *bis* wird] *Der Gemeinderat von Linz hat sich mit Schreiben vom 28. August 1851 für die Einführung der italienischen Sprache als zweite Fremdsprache ausgesprochen (2/755 r).*

⟨3.⟩

58,1 Freies Handzeichnen] *Für das Zeichnen, speziell das Freihandzeichnen, werden mit Ministerialerlaß vom 15. Januar 1854 (1/406f.) die Lerninhalte neu bestimmt und auf Kosten des Faches Deutsch mehr Stunden vorgeschrieben, nachdem Stifter in Nr.* *⟨173.⟩ *zugestimmt hat.*

58,16–18 Abänderung *bis* Rechtschreiben] *Im ‚Organisationsentwurf' hieß es: „Declination des Nomen, nebst Rection der Präpositionen" sowie „Orthographie" (Organisationsentwurf, S. 227). Im „Lehrplan" von 1851 werden auch deutsche Ausdrücke gebraucht: „Satzverhältnisse und Glieder"; „Regieren der Zeit- und Vorwörter" (1/166 r).*

59,25–26 Wassererscheinungen im Luftkreise] *Stifter ersetzt damit die Formulierung „Bildung der Wassermeteore" im ‚Organisationsentwurf' (S. 36 und 232). Hier konnte Stifter auf sein Wissen zurückgreifen, das er in Kremsmünster bei Marian Koller (Enzinger, S. 51) im Lehrbuch von Baumgartner über „Wassermeteore" („Die Naturlehre nach ihrem gegenwärtigen Zustande, mit Rücksicht auf mathematische Begründung. Dargestellt von D^r. Andreas Baumgartner [...]", Vierte, umgearbeitete und vermehrte Aufl. Wien 1832, S. 777) und über „die* Gestalt *der Wolken" (ebd., S. 783) erworben und während seines Studiums in Wien bei Baumgartner selbst vertieft hatte: „Die in der Luft enthaltenen Dünste suchen sich wie jede andere ausdehnsame Flüssigkeit ins Gleichgewicht zu setzen und bilden eine eigene Dunstatmosphäre um die Erde" (ebd., S. 778), wobei es um „Veränderungen der hygrometrischen Verhältnisse" geht (ebd., S. 779). Im „Lehrplan" von 1851 ist dieser Unterrichtsgegenstand gestrichen.*

60,12–18 Note *bis* bedürfen] *Entgegen den üblichen starren Vorschriften vertritt Stifter mit dieser Einfügung das* Ermessen des Lehrers.

61,12–13 drei Aggregatformen] *Im ‚Organisationsentwurf' von 1849 steht: „... der festen, tropfbar und ausdehnbar flüssigen Körper"*

⟨3.⟩

(*Organisationsentwurf*, *S. 232*). *Im „Lehrplan" von 1851 ist das Fach „Naturgeschichte" in der 3. Klasse gestrichen.*

63,1–2 Grund-Aufriß-Durchschnitt] *Im ‚Organisationsentwurf' von 1849 steht: „Einfache Situations- und Baupläne, letztere in Grund- und Aufriss und im Durchschnitt" (Organisationsentwurf, S. 233).*

63,10–16 Note *bis* austritt] *Stifter hat in seinem Lehrplanentwurf das Aufbauschema der „Uebersicht der Lerngegenstände" (Organisationsentwurf, S. 237) geändert: Während im ministeriellen ‚Organisationsentwurf' von 1849 unter den einzelnen Unterrichtsfächern deren Anteil in den Schulklassen aufgeführt wurde, hat Stifter unter den einzelnen Schulklassen die in jeder Klasse zu unterrichtenden Fächer aufgeführt. Im „Lehrplan für Realschulen" von 1851 wird das Aufbauprinzip des ministeriellen „Entwurfs" beibehalten.*

68,21–25 Kopfrechnens *bis* sollte] *Das Kopfrechnen wird auch im „Lehrplan für Realschulen" von 1851 nicht genannt. Wie wichtig für Stifter das Kopfrechnen war, geht daraus hervor, daß er in der Erzählung* Der Waldgänger *das Kopfrechnen besonders erwähnt:* Gerechnet wurde meistens im Kopfe, und immer im Gehen, manchmal aber auch doch mit dem Griffel auf der Tafel *(HKG 3,1, S. 132,27–29). Als Schulrat hat er einen Aufsatz* Über Kopfrechnen, *1854 erschienen in „Österreichischer Schulbote" (HKG 8,2, Nr. ⟨78.⟩, S. 276–290), veröffentlicht und ein umfangreiches Gutachten über das Kopf- und Tafelrechnen (HKG 10,2, Nr. ⟨275.⟩, S. 282–310) verfaßt.*

69,1 Schönschreiben] *Im ‚Organisationsentwurf' von 1849 steht „Kalligraphie" (S. 237 und andernorts), im „Lehrplan" von 1851 „Schönschreiben" (S. 12, § 22.).*

72,14–15 sachlicher *bis* Erklärung] *Einfügung von Stifter. Im ‚Organisationsentwurf' stand in § 42 wieder „mit sachlicher und literarischer Erklärung durch den Lehrer" (Organisationsentwurf, S. 245). Im § 24 des „Lehrplans" von 1851 für die Oberre-*

⟨3.⟩

alschule wird mit der Passiv-Konstruktion nicht eindeutig festgelegt, ob die Erklärung durch den Lehrer oder durch die Schüler erfolgen soll: „An den gelesenen und ihrem Inhalte nach erklärten Dichtungen wird das Hauptsächlichste von den Formen und Arten der poetischen Literatur, sowie auch der deutschen Verskunst erläutert" (S. 15).

77,1–27 Note bis werden] In den §§ 31 und 32 hat Stifter seine Verbesserungsvorschläge für den Realschullehrplan formuliert.

77,19–20 Vorträge bis Stegreife] Stifter spricht sich für eine größere Selbständigkeit und Selbsttätigkeit der Schüler aus als der ‚Organisationsentwurf' und der § 24 des „Lehrplans" von 1851 für die Oberrealschule, vor allem aber als der § 14 des „Lehrplans" von 1851 für die Unterrealschule, wo es heißt: „Lectüre. Lesen, erklären, einlernen (memoriren), vortragen", womit das „Vortragen eingelernter Lesestücke" (1/166 l) gemeint ist.

77,23–24 seine bis vorzutragen] Diese Forderung ist in den amtlichen Lehrplänen nirgends zu finden. Der Begriff Meinung kommt zwar auch bei Herbart nicht vor, dafür aber „Urtheile" und „ästhetische Urtheile" in „Ueber die ästhetische Darstellung der Welt [...]" (s. zu S. 40,28–29, in: Herbart, SW 1, S. 264f.). In der „Allgemeinen Pädagogik [...]" (s. zu S. 40,28–29) ist von „der doppelten Disciplin, des theoretischen und des praktischen Urtheils" die Rede (Herbart, SW 2, S. 86).

81,16–83,5 Nutzen bis abzulegen] Der § 45 enthält Stifters Konzept der Realschule.

81,20 Nutzen bis formeller] Auch in seiner Rede anläßlich der Eröffnung der Oberrealschule Linz am 6. Dezember 1852 betont Stifter, wie die „Linzer Zeitung" vom 7. Dezember 1852 referiert, daß die Schüler „nicht nur in der Sache vorwärts schreiten, sondern sich auch, wie man sich ausdrückt, formell bilden" sollen (HKG 8,3, S. 328)." In Nr. ⟨98.⟩ vom 1. September 1852 verwendet Stifter für die Präparandenausbildung hingegen den Begriff Formale Bildung (S. 221,21–22). Ein Blick in die bildungstheoretische

⟨3.⟩

Diskussion seiner Zeit zeigt, daß ein Begriffswechsel stattfindet, der sich bei Stifter abbildet. Bereits Trapp forderte 1780 für die Lehrerbildung: „Das Formelle der Erziehungskunst müßte also, wenn auch das Materielle des Schulunterrichts gut wäre, doch noch nachher besonders gelehrt werden. Weil aber das Materielle bisher auch noch sehr mangelhaft ist: so muß Anweisung zu beiden sein" („Versuch einer Pädagogik von Ernst Christian Trapp", Berlin 1780, § 95, S. 451). Rochow unterschied in seinem Aufsatz zur „[...] Einrichtung eines Landschullehrer-Seminariums in Halberstadt" (1789): „I. Materieller Unterricht, welcher die den Seminaristen mitzuteilenden nötigsten Kenntnisse umfaßt. [...] II. Formeller Unterricht, wodurch gesorgt wird, daß der Seminarist die Mittel in seine Gewalt bekommt, teils sich selbst zu vervollkommnen, teils seine Kenntnisse gehörig mitzuteilen. [...] III. Bildung des sittlichen Charakters" (Rochow, S. 31–33). Auch Milde unterschied 1811 noch „die _formelle_ und die _materielle_ Bildung. Die _formelle_ beziehet sich auf die innere Bildung der Geisteskräfte, die _materielle_ auf die Erwerbung einzelner Kenntnisse" (Milde, s. zu S. 36,5–8, S. 148). Friedrich Adolph Diesterweg (1790–1866) führte statt dessen die Begriffe der „materialen" und „formalen Bildung" unter dem Oberbegriff der „intellectuellen Bildung" (Diesterweg, Erster Band, S. 145f.) ein. Das „Methodenbuch" von 1848 (s. zu S. 35,17–21) unterschied zwei „Zwecke, wovon der eine der materielle, und der andere der formelle heißt. Jener besteht in der eigentlichen Erlernung des Unterrichtsgegenstandes, dieser in dem Gewinn an Kraft, Gewandtheit und Bildung der Kräfte" (Methodenbuch, S. 12). Aloys Karl Ohler wechselt noch 1861 in seinem „Lehrbuch der Erziehung und des Unterrichtes" wie Stifter die Begriffe, indem er sich zunächst gegen eine einseitige „formale" oder „materielle" Verstandesbildung wendet, die das „Prinzip der sogenannten Aufklärung" gewesen seien" (Ohler, S. 54), um später zu schreiben: „Die rechte Methode beruht in der innigen Verbindung des ma-

⟨3.⟩

*terialen mit dem formalen Zwecke, <u>des Wissens mit dem Können</u>"
(ebd., S. 154).*

82,24 geistigen Kräfte] *„Geisteskräfte" ist ein zentraler Begriff bei Milde (s. zu S. 36,5–8, S. 148, 149, 350). Diesterweg (s. zu S. 81,20) verlangte 1838, „daß die geweckten Geisteskräfte und die ihm angeeigneten Fertigkeiten in den Dienst des Guten treten" (Diesterweg, Erster Band, S. 145f.). Das „Methodenbuch" für Österreich von 1848 (s. zu S. 35,17–21) geht von der „angestrebten stätigen Erhebung der Geisteskräfte der Schüler" (Methodenbuch, S. 21) aus.*

82,28 Beurtheilung menschlicher Verhältnisse] *Bereits in der pol. Sch.Verf. (s. zu S. 47,11–12) von 1805 (S. 22–24) und dann auch 1833 im §. 44. wurde für die 3. und 4. Klasse der Hauptschulen vorgeschrieben, daß nicht „vorzugsweise das Gedächtniß bearbeitet, sondern eben so geschickt und fleißig der Verstand [...] entwickelt, und die Beurtheilungskraft geübt werde; indem ohne diese Übung weder eine richtige Anwendung der moralischen Grundsätze, noch die gewünschte Brauchbarkeit in den Standes- oder Berufsgeschäften erzielet werden kann" (pol.Sch.Verf., S. 21). Nach §. 45. „erhebt sich" diese Methode in den Realschulen „über die in den untern Classen vorgeschriebene, wie sich die Fassungskraft und das Bedürfniß dieser Schüler über jene der untern Classen erheben" (ebd., S. 21). Im ‚Organisationsentwurf' von 1849 kommen Begriffe wie ‚Beurtheilung' oder ‚Urtheil' als Fähigkeit der Schüler ebenso wenig vor wie im „Lehrplan" von 1851.*

Nachdem die Mitglieder des „Komités zur Verfassung des Organisations-Entwurfes für die Realschule in Linz" „den zur Grundlage dieser Berathungen angenommenen Entwurf der Organisation einer vollständigen Realschule in Linz von Herrn Adalbert Stifter genau durchgegangen" („Protokoll aufgenommen zu Linz am 5. September 1850 über die Beschlüsse der Gefertigten in Betreff der Organisirung der zu Linz zu errichtenden Realschule", 1/224 l) und akzeptiert haben, wird am 2. August

⟨3.⟩

1850, unterschrieben von F. Schierfeneder als Berichterstatter des Komités, ein gedruckter „Bericht über die Berathungen wegen Errichtung einer vollständigen Unter- und Oberrealschule zu Linz" veröffentlicht. Die LSchBeh schickt die Verhandlungsergebnisse am 25. Juli 1851 mit der dringenden Bitte an das Ministerium, „ehestens den Lehrplan herab gelangen zu lassen, u. das Nothwendige zur Besetzung der erforderlichen Lehrerstellen baldigst zu veranlassen" (1/202 l). Minister Thun erstattet „S. Majestät" die Anzeige „über die Organisirung des gewerblichen Unterrichtes überhaupt, und Errichtung von Realschulen insbesondere", woraufhin durch „A. H. E⟨nt⟩schließung" des Kaisers Franz Joseph vom 2. März 1851 „diese Anträge genehmiget" werden (1/245 r). Mit Ministerialerlaß vom 12. August 1851 (1/162 l) erfolgt die Abtrennung der unvollständigen Realschule von der Normalhauptschule und die Bewilligung der vollständigen Unter-Realschule in Linz sowie die Übersendung des 26 Seiten umfassenden „Lehrplans für Realschulen" (1/162–176). Ein überarbeiteter, ebenfalls 26seitiger „Lehrplan für Realschulen" erscheint dann 1854 (1/362–376). Am 3. Dezember 1851 wird die selbständige Unterrealschule eröffnet und am 26. Dezember 1851 mit Ministerialerlaß „die Oberleitung der vollständigen Realschule in Linz dem Volkschulen-Inspektor [Adalbert Stifter, Anm.], der auch die unvollständigen mit den Hauptschulen vereinigten Unterrealschulen zu inspiziren hat", übertragen (1/287).

⟨3 A.⟩

⟨3 A.⟩ Gutachten in Hinsicht eines Formulars der Zeugnisse

Überlieferung

H   *214. Schul X $\frac{B}{I}$ (OÖLA Scha 11)*
Stifters Gutachten vom 28. Juli 1850, abgedruckt unter den Nachträgen in diesem Band auf S. 19f., steht auf den beiden ersten Seiten eines Bogens.

Apparat

19,15–16 „Entwurf *bis* Österreich"] *Anführungszeichen wahrscheinlich nachträglich eingefügt*
19,19 in[n]⟨'m Einklange

Stellenkommentar

19,6–8 Vorschläge *bis* Steyer] *Da das Ende des Semesters in der neu gegründeten Unterrealschule bevorstand und noch keine Zeugnisformulare vorgeschrieben waren, hatte die Direction der Kreishaupt- und Unterrealschule Steyer am 11. Juli 1850 an das bischöfliche Konsistorium einen Zeugnisentwurf (Abb. 10) geschickt und eine Entscheidung erbeten, um denselben „frühzeitig genug in Druck geben zu können" (Scha 11). Vom bischöflichen Konsistorium um eine Stellungnahme aufgefordert, reichte der Normalschuldirektor Schierfeneder am 17. Juli 1850, einzelne Formulierungen dieses Entwurfs kritisierend, da sie nicht mit dem Ministerial-Entwurfe übereinstimmten, sein eigenes Formular (Abb. 11) ein, das er „nach dem damahls im Gymnasium üblichen entworfen" hatte und drucken ließ, „welches allerdings*

⟨3 A.⟩

alle Rubriken und Bedingungen des vom hohen k. k. Ministerium des Unterrichtes herausgegebenen Entwurfes der Organisation der Gymnasien und Realschulen ja sogar die des Formulars für die 4. Klasse nach der pol.Sch.V. enthält" (ebd.). *Das bischöfliche Konsistorium machte am 19. Juli 1850 den Vorschlag (Abb. 12), „daß für ein Zeugniß die Lehrgegenstände der I. oder II. Klasse näher und bestimmter sollten angegeben werden, z. B. bei der Geographie und Geschichte im Zeugnisse für die I. Classe nach §. 34 ‚Abriß der Erdbeschreibung mit historischen u. ethnographischen Bemerkungen'; im Zeugnisse für die II. Classe aber ‚specielle Geographie Österreichs'. Das bischöfliche Consistorium glaubte auf eine specielle Angabe der Lehrgegenstände deßwegen für Zeugnisse einrathen zu sollen, weil Ältern, Erzieher und Vormünder in genauere Kenntniß kommen sollen, was die Schüler einer Realschule lernen". Werde dieses Formular nicht angenommen, „so dürfte für beide Classen Ein Formular, welches die Lehrgegenstände* **ad** *§. 31 des Lehrplanes enthielte, genügen"* (ebd.).

19,19 derogirt] Die Derogation hebt einen früheren Rechtssatz teilweise auf und ersetzt ihn durch einen späteren.

20,1–3 Beibehaltung *bis* einrathen] Da das auslaufende gegenwärtige Schuljahr eine *„für sich augenblickliche Lösung"* fordere und nicht erlaube, *„die Entscheidung des h. Ministeriums abzuwarten",* berichtet der Statthalter am 1. August 1850 an das Ministerium, daß er im Sinne der *„Gründe, welche den Schulrath Stifter bestimmten, für das Formular der Linzer Normal- u. Unter-Real-Schule sich zu erklären"* (Scha 11) die Verwendung dieses Formulars für Linz, aber auch für Steyr und Ried, provisorisch verfügt habe und für die Zukunft eine Entscheidung des Ministeriums erwarte. Das Ministerium, gez. Helfert, erklärt am 5. August 1850, daß das Formular der Linzer Normalhauptschule *„zeitweilig gebraucht werden"* könne, bis *„sämmtliche 4te Klaßen in Unterrealschulen"* umgestaltet sind und für alle gleiche Zeugnisse vorgeschrieben werden können. *„Doch*

⟨4.⟩

läßt die Rubrik ‚deutsche Sprache' darüber im Zweifel, ob hiemit auch die Fertigkeit im mündlichen und schriftlichen Gedankenausdruke insbesondere in einigen Geschäftsaufsätzen bezeichnet werde; es wird daher zur richtigen Bezeichnung des Erlernten zwekmäßig seyn, für diese eine besondere Rubrik zu eröffnen, oder wenigstens in der Rubrik ‚deutsche Sprache' beizufügen ‚und Aufsatz'. Das sittliche Betragen, die Sittlichkeit der Schüler ist nicht allein <u>nach der Beobachtung der Schulvorschriften</u>, sondern nach allen Rüksichten, die bei der sittlichen Erziehung in Betrachtung kommen müßen, zu beurtheilen. Es bildet dieses einen wesentlichen Unterschied zwischen den Volksschulen, und überhaupt der unteren Unterrichtsstufen gegen die höheren, als bei welchen letztern allerdings es sich nur um die Bescheinigung des legalen Verhaltens handeln kann, während bei der Volksschule das pädagogische Moment sich keineswegs bloß auf das den <u>Schul</u>vorschriften entsprechende Verhalten des Schülers sich zu beschränken hat. Demgemäß ist die bezügliche Stelle in den Zeugnißformularien entsprechend abzuändern" (Scha 11).

⟨4.⟩ Besetzung der Schuldienststelle an der Filialschule

Überlieferung

H   128 Schul 1850 X $\frac{B}{30}$ Bruk (ÖOLA 6/2246 l)
D   Fischer, Nr. 3

⟨5.⟩

Kommentar

Das Gutachten Stifters vom 23. August 1850 in der rechten Spalte der 4. Seite eines Bogens bezieht sich auf ein Schreiben der LSchBeh auf den ersten drei Seiten, worin die Vorschläge der Competententabelle und des bischöflichen Konsistoriums zusammengefaßt sind. In der linken Spalte der 4. Seite wird in Entwürfen Fritschs vom 24. März 1850 für Dekrete an das bischöfliche Konsistorium und an die k. k. Bezirkshauptmannschaft Scheerding die Verleihung der Lehrstelle an den Lehrer Franz Perr bekannt gegeben.

⟨5.⟩ Besetzung des Schul- und Meßnerdienstes zu Pucking

Überlieferung

H	114 Schul 1850 X $\frac{B}{30}$ Puking (OÖLA 6/2240–2242)
	Stifters Gutachten vom 28. August 1850 steht auf 4 Seiten eines Bogens in der rechten Spalte, die Kopfzeile oben in der linken Spalte der 1. Seite.
D	Fischer, Nr. 4

Apparat

92,29–30	datirt *bis* Linz] *(1)* [von] Linz datirt k.k. Normal-Hauptschule
	(2) datirt k.k. Normal-Hauptschule Linz (Linz *aus Stufe (1) mit einem Verweiszeichen an die entsprechende Stelle in Stufe (2) verschoben)*
93,2	1822 [nur] sechsmal

⟨5.⟩

93,27   Pis[s]ek
93,28   hat [zwar] eine

Stellenkommentar

92,4–19 Leitungsgrundsaz *bis* Vorzug] *Stifters intensive Begründung des* oberste*[n]* Leitungsgrundsaz*[es] für Besetzungen geht darauf zurück, daß das bischöfliche Konsistorium in seinem Besetzungsvorschlag vom 25. Juli 1850 vorrangig das Anciennitätsprinzip vertreten hat: „Der Hauptgrundsatz, nach welchem bei Besetzungs-Vorschlägen vorzugehen ist, bleibt, daß die im Dienste ältesten und zugleich verdientesten Lehrer zu befördern seyen" (6/2239 r). Da Stifter dem Leistungsprinzip den Vorrang gibt, entstehen in zahlreichen Besetzungsverfahren immer wieder Konflikte: z. B. Nr.* ⟨*26.*⟩ *(127,14),* ⟨*124.*⟩*,* ⟨*203.*⟩*,* ⟨*238.*⟩*,* ⟨*240.*⟩*,* ⟨*287.*⟩*,* ⟨*315.*⟩*,* ⟨*346.*⟩*,* ⟨*384.*⟩*,* ⟨*561.*⟩*, wobei die Referenten der LSchBeh bzw. Statthalterei, Fritsch und Strobach, auf Stifters Seite stehen.*

92,20–26 Überzeugung *bis* Waldek] *Das bischöfliche Konsistorium hat nach seinem „Hauptgrundsatz", wonach „die im Dienste ältesten und zugleich verdientesten Lehrer zu befördern seyen" (s. vorangegangenes Lemma), die Reihenfolge der von der „Schulbezirks-Aufsicht Enns zu Niederneukirchen" eingereichten Tabelle, in welcher Hardinger* primo loco *und Waldeck* secundo loco *gesetzt worden war, umgedreht und Hardinger* primo loco *gesetzt. Waldeck wird zwar als ein „ausgezeichneter Lehrer mit den besten Zeugnissen" eingeschätzt, „da ihn aber Leopold Hardinger an Dienstesjahren um 6 übertrifft und über die bei Waldeck genannten Zeugnisse auch noch ein Belobungs-Decret hat, so kann Joseph Waldeck nur $2^{\underline{do}}$* loco *gesetzt werden" (6/2242 r). Die LSchBeh betont demgegenüber wie Stifter vor allem das Leistungsprinzip: Es „erscheint Waldecks Lehrfähigkeit u. Ver-*

⟨6.⟩

dienstlichkeit viel bedeutender als jene Hardingers, u. diese müssen um des Schulzweckes willen nicht bloß bei der Gleichheit, sondern auch bei einer nicht allzu großen Verschiedenheit in der Dienstdauer der Bewerber entscheiden. [...] Außerdem sprechen für Waldeck noch Billigkeitgründe, denn er dient auf einem der beschwerlichsten, wenn nicht dem beschwerlichsten Posten des Landes, u. versieht, ungeachtet der vielen gesundheitgefährdenden Anstrengungen u. der höchst stürmischen Lage seines Dienstortes, ungeachtet des kargen Diensteinkommnens, sein Amt mit Eifer u. Unermüdlichkeit. □ / *Diese Erwägungen mußten für Waldeck entscheiden"* (6/2243 r). Im Gegensatz zum Consistorialvorschlag wird die Lehrerstelle in Pucking mit Dekret der LSchBeh an Joseph Waldeck verliehen (6/2244 l).

⟨6.⟩ Remuneration für Sonntagsunterricht

Überlieferung

H 216 Sch. 850. X$\frac{B}{12}$ Ried (OÖLA 6/2421 l)
   Stifters Äußerung vom 29. August 1850 steht in der rechten Spalte der 4. Seite eines Bogens unterhalb von Anschrift und Kurzinhalt sowie unter dem Auftrag vom 21. August 1850 „um Aeußerung"; auf der 1. Seite befindet sich ein Schreiben der Schulen-Bezirks-Aufsicht des Dekanats Ried zu Waldzell vom 15. August 1850 an die LSchBeh.
D Fischer, Nr. 5

⟨7.⟩

Stellenkommentar

95,2–7 Hinsicht *bis* 1850] *Stifter hat sich in seiner Äußerung von den Argumenten des Dechanten leiten lassen, welcher bescheinigt hatte, „daß die beyden Lehrer mit besonderer Geschicklichkeit, Fleiß und gutem Erfolge den Zeichnungsunterricht ertheilen", und der beide Lehrer „bestens empfohlen" hatte.*

95,7–10 Lehrern *bis* ertheilen] *Die LSchBeh allerdings fordert am 9. Oktober 1850 „noch nachträglich genauest" Bericht, „ob die Bittsteller den fraglichen Unterricht nur an Sonntagen oder auch an Werktagen, dann durch wie viel Stunden jedesmal, folglich wie oft während des abgelaufenen Schuljahres sie ihn ein jeder u an wie viele Handswerker-Lehrlinge gegeben haben."*

Fortgang des Vorgangs in den Nrn. ⟨13.⟩ *und* ⟨46.⟩

⟨7.⟩ Zweiter Katechet für die Normalhauptschule Linz

Überlieferung

H 720 Sch 1850 X $\frac{4}{4}$ *(OÖLA Scha 11)*
Stifters Äußerung vom 29. August 1850 befindet sich in der rechten Spalte eines Blattes, auf dessen Rückseite die Aufschrift steht: „Äußerung zu 164/Sch betreffend die Sistemisirung einer zweiten Katechetenstelle an der Linzer Normal-Hauptschule". Dieses Blatt ist mit dem linken Rand auf der 4. Seite eines Bogens aufgeklebt, auf dessen beiden ersten Seiten ein Schreiben des Ministeriums vom 30. Oktober 1851 steht. Auf der 4. Seite beginnen

⟨7.⟩

Dekrete der LSchBeh vom 18. Dezember 1850, die sich auf der 3. Seite fortsetzen.

Apparat

95,18   das [bischöfliche] Consistorium

Emendation

96,1   ⁺könne] köne

Stellenkommentar

95,17–18 Eingabe der Normalhauptschuldirection] *Direktor Schierfeneder hatte am 10. Juni 1850 (Scha 11) nachgewiesen, daß die zwei angestellten Katecheten in Normalhauptschule, Unter-Realschule, im Pädagogischem Kurs, sowie in Katechetik und Methodik im 4. Jahre der Theologie in „Summa wöchentlich 33 Stunden" zu geben haben, dazu 2 Stunden für Exhorten. „In Wien an der k. k. Normal-Hauptschule zu St. Anna" seien „mit Rücksicht auf die große Anstrengung in katechetischen Lehrstunden 3 Katecheten angestellt, deren jeder wöchentlich nur 11 Stunden zu halten hat".*
95,24–96,1 allein bis ⁺könne] *Bereits die Staatsbuchhaltung hatte am 26. Juli 1850 die „Nothwendigkeit einer zweiten Katechetenstelle mit einem höheren Bezuge" eingeräumt, jedoch angesichts der bevorstehenden „Ausscheidung der Realschule von der Normalschule" auf eine „Minderung der Lehrstunden" hingewiesen und deshalb eine spätere „Würdigung dieses Gegenstandes" vorgeschlagen. Das Ministerium, gez. Thun, findet es am 30. Oktober 1851 (Scha 11) „in Erwägung der hinsichtlich der Orga-*

⟨8.⟩

nisirung der Realschulen in Linz schwebenden Verhandlung noch nicht an der Zeit, auf die förmliche Sistemisirung einer zweiten Katechetenstelle an der gedachten Normalhauptschule einzugehen".

96,4–5 Remuneration bis Katecheten] In Anerkennung der hohen Belastung bewilligt das Ministerium für den Katecheten Angermayr „einstweilen für das Schuljahr $18\frac{50}{51}$" eine Zulage von 100 Gulden „aus dem Religionsfonde, wornach sein Bezug auf Vierhundert Gulden CMze erhöht wird".

Fortgang des Vorgangs in Nr. ⟨60.⟩.

⟨8.⟩ Besetzung des Schul- und Meßnerdienstes in Heiligenberg

Überlieferung

H 231 1850 X $\frac{B}{30}$ Zell (OÖLA 6/2258 r)
  Nach 2 hintereinander gelegten Bogen mit der Wiedergabe der Besetzungsvorschläge für Heiligenberg und Zell am Moos durch die LSchBeh beginnt der 3. Bogen mit Fritschs Auftrag vom 12. September 1850 an Stifter, „sich hierüber begutachtend zu äußern, und das Gutachten <u>hierunten</u> gleich unmittelbar folgenzulassen". Entsprechend folgen Stifters Vorschläge hintereinander, der zu Heiligenberg (Nr. ⟨8.⟩) auf der 1. Seite, der zu Zell am Moos (Nr. ⟨9.⟩) auf der 2. und der halben 3. Seite, jeweils in der rechten Spalte. Danach beginnt das Dekret der LSchBeh vom 21. September 1850, welches sich auf zwei weiteren Seiten eines 4. Bogens fortsetzt.

D Fischer, Nr. 6

⟨8.⟩

Apparat

96,20   ist, [sich] dahin

Stellenkommentar

96,12–17 Consistorium *bis* wäre] *Da das bischöfliche Konsistorium in einem ersten Vorschlag den Lehrer Wick für Zell am Moos auf den ersten Platz gesetzt hatte, dann aber in einem Ergänzungsvorschlag für Heiligenberg bemerkte, daß man Wick, wäre er nicht schon für Zell am Moos vergeben, für die bessere Lehrerstelle in Heiligenberg in Vorschlag bringen würde, für Heiligenberg jedoch bereits den Lehrer Anton Ueberlackner vor Janoch und Hofbauer an erster Stelle vorgeschlagen hatte, gab die LSchBeh am 12. September 1850 an Stifter den Auftrag: „Da sich nun das Consistorium selbst in dieser Art äußert, und Heiligenberg ein viel besserer Posten als der von Zell am Moos, und dieser letztere noch nicht an Fr Wick vergeben ist; so erachte ich auf denselben bei Erledigung des Vorschlages für die Verleihung des Dienstplatzes reflektiren, und daher gegenwärtig beide Vorschläge unter Einem in Erörterung nehmen zu sollen"* (6/2256 l).

96,21–22 Franz *bis* möge] *Die LSchBeh verleiht gemäß Stifters Vorschlag die Stelle in Heiligenberg „dem würdigsten Bewerber", und zwar „dem Franz Wick."*

⟨9.⟩ ⟨10.⟩

⟨9.⟩ Besetzung des Schul- und Meßnerdienstes in Zell am Moos

Überlieferung

H   231 Sch 1850 X $\frac{B}{30}$ Zell (OÖLA 6/2259)
    Die Dokumentbeschreibung erfolgte unter Nr. ⟨8.⟩.
D   Fischer, Nr. 7

Apparat

97,4   Wi[c]k *(nachträglich eingefügt, da in 97,6 als* Wick*)*

Stellenkommentar

97,12–13 Lepschi *bis* verleihen] *Sich der Argumentation Stifters anschließend, verleiht die LSchBeh den Schul- und Meßnerdienst von Zell am Moos an Mathias Lepschi (6/2260 r).*

⟨10.⟩ Äußerung gegen Aufsteigen von drei Gehilfen mit ihren Schülern

Überlieferung

H   311 Schul 1850 X $\frac{B}{12}$ Linz (OÖLA 6/2422r)
    Unter zahlreichen Kanzleizeichen steht in der linken Spalte eines Blattes die Betreffzeile auf das „Gesuch der 3 Lehrgehilfen", in der rechten Spalte Stifters Äußerung vom 28. September 1850. Unter Stifters Äußerung beginnt

⟨10.⟩

D
das Dekret der LSchBeh, Entwurf Fritsch, vom 7. Oktober 1850 an das bischöfliche Konsistorium, das sich auf der ganzen Rückseite fortsetzt.
Fischer, Nr. 8

Stellenkommentar

97,23 das Principielle] *Anders als Stifter geht das Dekret der LSch-Beh auf das Prinzipielle ein: „So zweckmäßig es auch sich darstellt, daß der Lehrer, welcher dem Kinde den ersten Unterricht bei dessen Eintritte in die Schule ertheilt, dasselbe zur Erhaltung der Gleichmäßigkeit in Lehrart u. Behandlung bis zu dessen Austritte aus derselben fortführe, also mit dem Kinde bis in die oberste Klasse als dessen Lehrer aufsteige; so ist dieß doch nur bedingt richtig, u. seiner Ausführbarkeit nach von mannigfachen Verhältnissen der einzelnen Lehrer sowohl als des Ortes u. der einzelnen Schulen abhängig.*

Diese lassen sich unter keine feste Regel fassen; es läßt sich daher auch keine feste Norm aufstellen, ob u. wo dieses Aufsteigen Statt finden dürfe oder müsse, u. wo nicht?

Aus diesem Grunde ohne Zweifel umgeht die Volksschulen-Verfassung, deren verschiedene Anordnungen sich oft bis in die verschiedensten Einzelnheiten einlassen, eine solche Norm mit Stillschweigen.

Nur der Direktor oder sonstige Leiter einer Schule ist in der Lage, zu erkennen u. sicher zu beurtheilen, ob an derselben das Aufsteigen oder das Wechseln der Lehrer nach den obwaltenden Verhältnissen zweckmäßiger ist: ihm, der über das Gedeihen der Schule zunächst zu wachen u. dafür zu haften hat, muß daher die Zustimmung darüber anheim gestellt bleiben" (6/2422f.); vgl. hierzu auch Nr. ⟨165.⟩, S. 381,30–382,7.

⟨10.⟩

97,26 Äußerung der Normalschuldirektion] *Direktor Schierfeneder hatte am 25. August 1850 (6/2423–2425) gegutachtet: „Wenn jedes Lehrindividuum auf der entsprechenden Stufe der Kenntnisse, der rationalen Lehrmethode und Erziehungskunst stünde, und hiermit sich der nöthige Eifer verbände, so könnte es nur von sehr großem Nutzen für die Kinder sein, wenn sie durch mehrere Jahre ja durch die ganze Schulzeit denselben Lehrer beibehielten", denn das würde die Kontinuität des Lehrstoffes und der Methode bewirken, da der Lehrer direkt an das bereits Bekannte „anbinden, es erweitern, vervollständigen und das Neue daran anschließen" könnte, was auch für die Erziehung gelten würde. Obwohl auch er selbst „im Prinzipe" für das Aufsteigen sei und „es in den untern Klassen der Anstalt selbst eingeführt" habe, so sehe er „doch in der Durchführung Schwierigkeiten und Hindernisse, die diesen Turnus oft ganz unräthlich erscheinen lassen." So sei an der hiesigen Anstalt nur Sattlegger dazu befähigt, während es von den beiden andern „dem Einen an Geistesfähigkeit und Regsamkeit, dem andern an gleichmäßig ausdauerndem Fleiße und Charakter" fehle, „daher auch der Eine jährlich in den Prüfungsberichten als nicht entsprechend, der andere nur als genügend und auch schon als nicht genügend bezeichnet" worden sei.*

98,1–2 abschlägig *bis* müssen] *Die LSchBeh geht auf das Gesuch der drey Lehrgehilfen nicht ein, sondern stellt es am Ende des Schreibens vom 7. Oktober 1850 an das bischöfliche Konsistorium „zur Bescheidung der Bittsteller zurück."*

⟨11.⟩

⟨11.⟩ Ganztägiger Unterricht und Provisor für Schardenberg

Überlieferung

H   *385 Sch 1850 X $\frac{B}{37}$ Schardenberg (OÖLA 6/2454f.)*
    Stifters Äußerung vom 19. Oktober 1850 steht auf den beiden ersten Seiten eines Bogens. Beginnend auf Seite 3 und fortgesetzt auf Seite 4 folgt das Dekret von Fritsch an das bischöfliche Konsistorium vom 28. Oktober 1850.
D   *Fischer, Nr. 9*

Apparat

98,25   [I]⟨ʲin Anbetracht
99,3   Pfarre⌈r⌉s
99,5   passen ⌈würden⌉,
99,13   d[en]⟨ʲ⌈ie⌉ bittstellende[n]

Emendation

99,2   ⁺u] u u *(versehentliche Verdopplung infolge Seitenwechsels)*

Stellenkommentar

98,15–18 Z. 65. 87. bis lassen] Stifter übernimmt hier, was die Gemeindevorstände von Schardenberg am 24. Januar 1850, Z. 65, im Schreiben an das bischöfliche Konsistorium gegen Schachtner vorgebracht haben: „Seit seinem Hierseyn im Jahre 1837 hat er nicht nur für die Schule nichts gethan, sondern sich darum nicht

⟨12.⟩

einmal viel bekümmert, da er dieselbe ganz dem Gehülfen überläßt" (DAL Schu-A/3, Scha 37, Fasz. 22/9); was sie dann am 9. Februar 1850, Z.87, wiederholt haben, daß nämlich "Schachtner seit 1837, der Zeit seines Hierseyns, also beinahe durch 13 Jahre, sich um die Schule so zu sagen gar nicht angenommen" habe; vgl. hierzu den Fortgang in Nr. ⟨218⟩.

99,9–12 Aufstellung *bis* seien] *Die LSchBeh erklärt am 28. Oktober 1850, daß das bischöfliche Konsistorium "nicht ohne wichtige Gründe die Einführung des ganztägigen Unterrichts" angeordnet habe, zumal ganztägiger Schulunterricht "die vom Gesetze vorgeschriebene Regel" sei (Entwurf OÖLA 6/2456 l; Reinschrift DAL Schu-A/3, Scha 37, Fasz. 22/9).*

99,14 Besuche des Schulrathes] *Die LSchBeh informiert am 28. Oktober 1850 das bischöfliche Konsistorium, es werde "Veranstaltung getroffen", daß der Schulrat Stifter "bei seinen Schulbereisungen und dem Besuche der Gegend von Schartenberg sich genau von dem Zustand der dortigen Schule, dann der Lokal-Verhältnisse der Schulgemeinde sorgfältig unterrichte. Von dessen Befund wird es dann abhängen, in wiefern später die Ausnahme des halbtägigen Unterrichtes daselbst zulässig u. in wiefern ein Bedürfniß der Schulgemeinde seyn möchte" (6/2455 r); vgl. hierzu den Fortgang in Nr. ⟨291.⟩(HKG 10,2).*

⟨12.⟩ Supplent für den kranken Lehrer Pammer
an der Normalhauptschule Linz

Überlieferung

H   *684 Schule 1850 X $\frac{B}{12}$ Linz (OÖLA 6/2499 l)*
      Auf einem Bogen, auf dessen beiden ersten Seiten die Stel-

⟨12.⟩

lungnahme des bischöflichen Konsistoriums vom 27. Oktober 1850 steht und auf dessen vierter Seite, linke Spalte, die Staatsbuchhaltung nach einer Aufforderung Fritschs vom 2. Dezember 1850 sich am 8. Dezember 1850 zur Dotierung Loitzenbauers äußert, folgt auf der 4. Seite in der rechten Spalte unterhalb der Anschrift und des Kurzinhalts des Konsistorialschreibens Stifters kurze Stellungnahme vom 21. November 1850.

D   Fischer, Nr. 10

Apparat

100,1   von *(möglicherweise nachträglich eingefügt)*

Stellenkommentar

99,25–29 Nothwendigkeit *bis* <u>Loitzenbauer</u>] *Nachdem die Direktion der Normalhauptschule wegen Pammers Augenleiden „in der Person des Alois Loitzenbauer provisorisch einen Supplenten bestellt" und das bischöfliche Konsistorium am 27. Oktober 1850 diese Supplierung für „ein unabweisbares Bedürfniß" erklärt hatte, da die vierte Klasse der Normalhauptschule, d. h. die erste Klasse der Unter-Realschule, „122 Schüler zählt" (6/2496 r), wurde gemäß Stifters Vorschlag mit Dekret vom 23. Dezember 1850 die Bestellung Loitzenbauers als Supplent bewilligt. Laut Nr. ⟨47.⟩ werden 1851 Loitzenbauer neben Stokhammer alle technischen Fächer [...] übertragen (S. 158,4–6).*

⟨13.⟩

⟨13.⟩ *Remuneration für Sonntagsunterricht im Zeichnen

Überlieferung

H   787 Sch. 1850 X $\frac{B}{12}$ Ried (OÖLA Scha 12)
Das Gutachten Stifters vom 4. Dezember 1850 ist im Betreff des Schreibens der LSchBeh vom 6. Dezember 1850 belegt; vgl. hierzu die Corrigenda auf S. 17.

Kommentar

Der Auftrag an Stifter war am 28. November 1850 in der rechten Spalte der letzten Seite des Berichts der Schulenbezirksaufsicht vom 3. November 1850 ergangen, worin die im Dekret vom 9. Oktober 1850 (s. Nr. ⟨6.⟩, zu 95,7–10) geforderten genauen Details über den von diesen Lehrern erteilten Unterricht vorgetragen wurden. In der linken Spalte hatte die Staatsbuchhaltung am 22. November 1850 (Scha 12) die „Ertheilung einer Remunerazion" abgelehnt und lediglich eine „belobende Anerkennung" befürwortet. „Sollte sich jedoch die Landes Schulbehörde in besonderer Würdigung der von dem Dekanate angerührten Verdienste der beiden Bittsteller ungeachtet der kurzen Zeit ihrer Verwendung zur Ertheilung einer Remunerazion aus dem Normalschulfonde für den fraglichen Zweck, nämlich für Ertheilung eines Zeichen Unterrichtes an Gewerbe Lehrlinge geneigt finden, so dürfte hiezu jedenfalls vorerst noch die Bewilligung des h. Unterrichts Ministeriums nachgesucht werden [...]". Unter dem Auftrag hat Stifter bestätigt: Die Begutachtung liegt bei. *Wie er geurteilt hat, ist unklar. Im Schreiben der LSchBeh vom 6. Dezember 1850 wird keine Entscheidung getroffen, sondern lediglich die weitere Klärung vorbereitet. Der weitere Fortgang in Nr. ⟨46.⟩.*

⟨14.⟩

⟨14.⟩ Äußerung gegen Rossis Gesuch um Erteilung
von italienischem Sprachunterricht an der Realschule Linz

Überlieferung

H   *789 Sch 1850 X $\frac{D}{3}$ (OÖLA 6/2477f.)*
Stifters Äußerung vom 24. Dezember 1850 beginnt auf einem Blatt in der Mitte der rechten Spalte unterhalb des Auftrags vom 16. Dezember 1850 „zur gefälligen Äußerungsabgabe" und setzt sich auf Rückseite in der linken Spalte fort, während auf der 1. Seite in der linken Spalte oben die Betreffzeilen „bezüglich der Ertheilung des italienischen und französischen Sprachunterricht durch den Herrn Rossi an der kk. Normalhauptschule" stehen und darunter das Dekret der LSchBeh vom 15. Januar 1851 an Rossi beginnt und sich in der rechten Spalte der Rückseite fortsetzt.

D   Fischer, Nr. 11

Apparat

100,23–24 Vertrauen [gibt] ⌈erwekt⌉
100,24–25 in ⌈der⌉ Lehre

Stellenkommentar

101,7–9 Gesuch *bis* willfahren] Direktor Schierfeneder, vom bischöflichen Kosistorium zu einer Stellungnahme zu Rossis Antrag aufgefordert, hatte im Schreiben vom 15. November 1850 für Stifter die Argumente detailliert vorgegeben. Die Qualität Rossis schätzte er negativ ein, da dieser seiner Bewerbung „gar keine

⟨15.⟩

*Documente über Lehrfähigkeit, frühere Verwendung u. dgl."
beigelegt habe (6/2477 l). "Sollte übrigens doch dem Bewerber
sein Gesuch bewilliget werden, so wären keine anderen Stunden
zulässig als die an Ferialtagen oder nach den ordentlichen Unterrichtsstunden; auch wäre sonst kein Locale frei" (6/2478 r).
Da auch das bischöfliche Konsistorium sich am 19. November
1850 für eine "Abweisung des Antrages" aussprach, wurde Rossis Gesuch von der LSchBeh abgelehnt.*

⟨15.⟩ Besetzung des Schul- und Meßnerdienstes
in St. Thomas am Blochensteine

Überlieferung

H   981. 1850 X B 30 (OÖLA Scha 12)
*Stifters Äußerung vom 4. Januar 1851 befindet sich auf
einem Bogen in der rechten Spalte der 4. Seite unterhalb
von Fritschs Auftrag vom 31. Dezember 1850 "zur gefälligen Beurtheilung u. sofortigen unmittelbaren Beirückung des dießfallsigen Gutachtens". Davor hatte die
LSchBeh auf den ersten drei Seiten und auf 12 Zeilen der
4. Seite jeweils in der linken Spalte den Besetzungsvorschlag des bischöflichen Konsistoriums vom 17. Dezember
1850 mit I. Anton Uiberlackner, II. Franz Tohedl und
III. Wolfgang Ganglbauer zusammengefaßt.*

Apparat

101,17   u aus (u *wahrscheinlich nachträglich eingefügt*)

⟨16.⟩

Stellenkommentar

101,17 Dienstjahre] *Das bischöfliche Konsistorium berief sich in seinem Schreiben vom 17. Dezember 1850 (Scha 12) auf seinen „schon oft" ausgesprochenen „Grundsatz", daß „die mehreren Dienstjahre [...] vorzüglich zu berücksichtigen sind, wenn anders Geschicklichkeit, Fleiß u. gute Sitten entsprechen", und setzte deshalb „I.^{mo} loco den Schulprovisor zu Pergkirchen Anton Überlackner. Er ist an physischen, wie an Dienst-Jahren der älteste unter seinen Mitbewerbern". Während Stifter den Hinweis auf die Dienstjahre aufnimmt, geht die LSchBeh darauf nicht ein, sondern hebt nur die fachliche Qualifikation hervor, als sie mit Dekret vom 15. Januar 1851, Entwurf Fritsch, Anton Überlackner die erledigte Schullehrerstelle verleiht.*

⟨16.⟩ *Errichtung einer Mittelschule zu Arnreit

Überlieferung

H 900. 1850. X B 37 Anreith (OÖLA Scha 12)
Der Hinweis auf ein „eingeholtes Gutachten des Schulrathes Stifter" vom 1. Februar 1851 „über das Einschreiten der beiden Steuer-Gemeinden Arnreuth u. Untergalleiten um Errichtung einer Mittelschule zu Arnreit" befindet sich auf der 1. Seite im Betreff des Dekrets der LSchBeh vom 3. Februar 1851 an die BezHauptmannschaft Rohrbach (VI, 6165 r).

⟨16.⟩

Stellenkommentar

102,3 Mittelschule zu Arnreit] *„In ihrem Gesuche" vom 28. März 1850 hatten, laut Schreiben der LSchBeh vom 3. Februar 1851 (Scha 12, Z. 900), die beiden Gemeinden versprochen, „auf ihre Kosten ein zweckmäßiges Schulgebäude herzustellen, als Provisorium einstweilen das Separat-Stöckel N^{ro} 1 der Maria Wöß zu Arnreit zu miethen, u. dem bestellt werden Schullehrer eine Wohnung nebst dem nöthigen Brennholz-Bedarfe unentgeltlich einzuräumen" sowie einen „standgemäßen u. selbständigen" Unterhalt zu sichern. Auf dieses „Gesuch" folgten am 26. August 1850 eine Zustimmung durch die Bezirkshauptmannschaft Rohrbach und am 30. November 1850 durch das bischöfliche Konsistorium. Begründet wurde die „Nothwendigkeit der Errichtung dieser Mittelschule" durch „die große Entfernung dieser Ortschaften von ihren Pfarrschulen Altenfelden u. Rohrbach, welche 1 – 1½ Stunde u. meist das 2, 3, selbst 4 bis 5fache ihrer Entfernung von Arnreit beträgt", sowie durch „die Zahl von* circa *90 schulfähigen Kindern" in diesen beiden und den „dazu gehörigen 14 Ortschaften". Zu diesem „Gesuch" entstand Stifters Äußerung vom 1. Februar 1851.*

Die „Errichtung einer Mittelschule zu Arnreith" wird mit Erlaß vom 4. Mai 1851 „bewilliget" (Scha 12, Z. 833, Bog. 2, S. 1). Vorerst soll die Schule in dem Separat-Stöckel der Maria Wöß untergebracht bleiben, doch die LSchBeh verlangt am 13. August 1851, „daß die Gemeinde sich verpflichtet, innerhalb fünf Jahren ein eigenes Schulhaus zu erbauen" und „<u>spätestens</u> in 3 Jahren den Plan für das zu erbauende Schulhaus" zu überreichen (Scha 12, Z. 1224). Laut Statthaltereischreiben vom 27. April 1857 (Scha 80; Z. 5482) wird von der Schulgemeinde am 30. April 1854 zwar ein „Bauprojekt" vorgelegt (Bog. 1, S. 2), dem die Statthalterei auch nach der Überarbeitung durch das Kreisbauamt und die Landesbaudirektion am 3. Oktober 1856 „die Zustimmung

⟨17.⟩

ertheilt (Bog. 2, S. 3)", doch die Fertigstellung des neuen Schulgebäudes läßt auf sich warten.

Zum weiteren Fortgang die Nr. ⟨317.⟩ (S. 377,17) und ⟨318.⟩ in HKG 10,2.

⟨17.⟩ Ausbildung von Mädchenlehrerinnen
bei den Ursulinerinnen in Linz

Überlieferung

H 322 1850 X $\frac{B}{15}$ 2995 (OÖLA 6/2435 r – 2436 r und 2439 r)
Auf einem Bogen, auf dessen 1. Seite in der linken Spalte oben der Bezug auf ein Schreiben der „St. Buchhaltung N 8060 u. Baudirektion dt° $\frac{17}{18}$ d. J. N° 2660 durch jene ad 14,672 über die materiellen Erfordernisse zur Errichtung einer Lehranstalt zur Bildung von Mädchenlehrerinnen, u. über die Deckung der Kosten" hergestellt wird und darunter in der rechten Spalte der Auftrag „zur Begutachtung" vom 28. November 1850 an Stifter steht, folgt in der rechten Spalte Stifters dreiseitiges Gutachten vom 4. Februar 1851. Auf der 4. Seite (6/2440 l) beginnt in der rechten Spalte das Dekret vom 10. Februar 1851 an das bischöfliche Konsistorium, das sich auf einem eingelegten Bogen und Blatt fortsetzt.

D Fischer, Nr. 12

⟨17.⟩

Apparat

102,23–24 Volksschulunterrichtes[,] ∤ an;
103,3 eine Schule *(versehentlich zusammengeschrieben, nachträglich getrennt)*
103,15 besondere Einrichtungen *(nach* besondere *Einfügung „neue" mit schwächerer Tinte, möglicherweise von fremder Hand)*

Emendation

102,17 ⁺Oberösterreich] Öberösterreich

Kommentar

Seit Kaiserin Maria Theresia im Rahmen der Schulreform in der „Allgemeinen Schulordnung für die deutschen Normal- Haupt- und Trivialschulen in sämmtlichen Kaiserl. Königl. Erbländern" von 1774 „die Erziehung der Jugend, beyderley Geschlechts, als die wichtigste Grundlage der wahren Glückseligkeit der Nationen" (in: „Die allgemeine Schulordnung der Kaiserin Maria Theresia und J. J. Felbigers Foderungen an Schulmeister und Lehrer. Herausgegeben von Anton Weiss, Übungsschullehrer am Wiener Pädagogium", Leipzig 1896, S. 7) bezeichnet und damit gleichrangig auch eine Förderung der Mädchenbildung postuliert hatte, stellte sich zugleich die Frage nach der Ausbildung von Lehrerinnen für Mädchenschulen. Da die Einrichtung von Mädchenschulen große Schwierigkeiten bereitete, bestimmte der §. 18. der pol.Sch.Verf. von 1833, daß es „auf dem Lande bey der bisherigen Gewohnheit, die Kinder beyderley Geschlechtes in einem Lehrzimmer zugleich unterrichten zu lassen, ferner zu verbleiben hat" (pol.Sch.Verf., S. 8). Doch wo es möglich ist, sollten „die Knabenschulen von den Mäd-

⟨17.⟩

chenschulen" (ebd., S. 8) getrennt werden. Nach §. 20. haben „nebst diesen" Trivial-Mädchenschulen „auch noch einige <u>Mädchenschulen für gebildetere Stände</u> *zu bestehen" (ebd., S. 9), in denen nach §. 51. „in den Lehrgegenständen und in den weiblichen Handarbeiten in zwey Lehrzimmern zwey Lehrerinnen und eine Gehülfinn" (ebd., S. 23f.) unterweisen sollen, was jedoch kaum realisierbar war, weil es in den staatlichen Schulen keine Präparandenkurse für die Ausbildung von Lehrerinnen gab. Die pol.Sch.Verf. war sich bereits 1805 des Problems der Ausbildung von Lehrerinnen durchaus bewußt: „Da für sie kein öffentlicher Unterricht in der Lehrart ertheilet wird; so müssen sie sich, wie es bisher geschehen ist, durch einen Lehrer oder durch eine Lehrerinn von vorzüglicher Geschicklichkeit darin unterweisen lassen" (1805, S. 53; 1833 im §. 124., S. 54). Geprüft werden konnten sie nur in der Mädchenschule der Ursulinerinnen in Wien, wo im November 1840 „ein ‚pädagogischer Lehrkurs zur Bildung weiblicher Lehrindividuen' im Anschluß an ihre Mädchen-Hauptschule bewilligt" worden war (Barth-Scalmani, S. 362).*

Stellenkommentar

102,10–11 Präparandenschule von Lehramtscandidatinen] *Am 27. Oktober 1849 richtete Minister Thun eine Anfrage an die Landesregierung, ob in Oberösterreich ein Lehrerinnenseminar eingerichtet werden könne. Das bischöfliche Konsistorium antwortete am 9. November 1849: „Eine förmliche Anstalt zur Bildung von Mädchenlehrerinnen besteht in dieser Diöcese nicht, weil bisher kein Bedürfniß vorhanden war". Obwohl also keine „Nothwendigkeit" bestand, schlug das Konsistorium vor, es sei „in Linz bei den Ursulinerinnen ein zweijähriger Präparanden-Kurs für Mädchenlehrerinnen mit dem Beginn des Schuljahres 1850 zu eröffnen" (6/2430f.). Daraufhin hat Minister Thun mit*

⟨17.⟩

Erlaß vom 12. Dezember 1849 dem Statthalter gegenüber die Erwartung ausgesprochen, „daß es Euerer Wohlgeboren gemeinschaftlich mit dem bischöflichen Konsistorium gelingen werde, diese Anstalt in einer den Zeit- und Landesverhältnissen entsprechenden Vollkommenheit herzustellen, und mit dem nächsten Schuljahre 185⁰⁄₁ zu eröffnen" (6/2428 r). Am 23. April 1850 (DAL Schu-A/3, Scha 14, Fasz. 4/7) reichte das bischöfliche Konsistorium in Anlehnung an „die Einrichtung der Bildungsanstalt für Mädchen-Lehrerinnen, welche seit dem Jahre 1841 in Wien besteht", einen detaillierten Antrag mit einem Kostenanschlag ein.

102,12–13 Ursulinerinnen] *Die Ursulinerinnen, deren Orden 1535 gegründet worden war, um sich der Erziehung der weiblichen Jugend zu widmen, kamen 1679 nach Linz und erreichten mit dem Versprechen, die Bürgertöchter unentgeltlich zu unterrichten, daß ihnen die Stadträte ein Grundstück an der Harrachstraße zum Bau eines neuen Klosters mit Internat und Schule überließen. Sie errichteten 1680 eine ‚innere Schule' (Internat) für Töchter des Adels und Bürgertums, um ihnen neben den elementaren Fertigkeiten des Lesens, Schreibens und Rechnens auch Kenntnisse in Fremdsprachen, Literatur, Geschichte, Geographie, Musik, Zeichnen und feinen Handarbeiten beizubringen und um einige als Lehrerinnen oder Erzieherinnen auszubilden. 1681 entstand eine ‚äußere' Schule (Externat), um Mädchen aus ärmeren Familien elementare Fertigkeiten und einfache weibliche Handarbeiten beizubringen; vgl. hierzu Rudolf Ardelt, „Geschichte des Ursulinenklosters zu Linz", in: „Historisches Jahrbuch der Stadt Linz", Linz 1975/1976, S. 219–306, hier bes. S. 272f.*

102,13–14 Steyer bis Lehrerinen] *Nach Steyr kamen im Jahr 1646 Cölestinerinnen und bauten hier 1670 ein Kloster (Franz Xaver Pritz: „Beschreibung und Geschichte der Stadt Steyr und ihrer nächsten Umgebung [...]", 1837, 2. unveränderter Nachdruck, Steyr 1993, S. 24). Als am 12. Januar 1782 Kaiser Josef II. das*

⟨17.⟩

Klosteraufhebungspatent erließ, schrieb, um das Kloster zu retten, bereits am 3. Februar die Priorin Maria Aloysia einen Brief an den Landeshauptmann, der ihn an den Hof weiterleitete, daß das Kloster „entschlossen" sei, „den Unterricht der Mägdlen nach der vorgeschriebenen Normalart auf unsere Kosten zu übernehmen [...]". Unter dieser Bedingung wurde das Kloster mit a. h. „Entscheidung" vom 8. März 1782 erhalten, zugleich aber verfügt, daß die Cölestinerinnen „den Ursulinerinnenorden vollkommen annehmen" müßten. Widrigenfalls sollten sie „ohneweiters aufgehoben werden" (Rudolf Hittmair, „Der Josefinische Klostersturm im Land ob der Enns", Freiburg i. B. 1907, S. 76f.). Die Cölestinerinnen nahmen die Ordensregeln der Ursulinerinnen an und bauten ein Schulhaus in der Berggasse. „Am 4. November [1782, Anm.] wurde die zweiklassige Mädchenschule eröffnet [...]" (ebd., S. 95). Da jedoch „für die Aufnahme neuer Lehrerinnen [...] das Vermögen des Klosters nicht hinreichend" war, wurde es am 1. Juni 1784 „wegen unzulänglichen Vermögens" (ebd., S. 145) aufgehoben. „Die Schule wurde dann weltlichen Lehrern unter Leitung eines Oberlehrers übergeben und den Mädchen zugleich Unterricht im Nähen und Stricken erteilt" (Pritz, s. o., S. 350).

Mit Ministerialerlaß, gez. Thun, vom 15. Oktober 1851 (Scha 12, Z. 2482 Steyr) wurde der Status so geklärt: „Die Mädchenschule in der Stadt Steyer wurde nicht kraft einer in dem aufgehobenen Cölestinerkloster bestandenen Stiftung, sondern durch eine freie a. h. Entschließung vom 22. Septbr 1784 ins Leben gerufen, und durch eine zweite a. h. Entschließung vom 13 Jänner 1810 durch Gehaltszulagen für das angestellte Lehrpersonal begünstigt; ihr Bestand beruht daher bloß auf a. h. Gnadenakten." Daraus ergebe sich, „daß die Mädchenschule in Steyr in die Kathegorie der Trivialschulen gehört [...]".

102,13 Wels] *Die Mädchenschule entstand, nachdem Felix von Froschauer (1744–1810), seit 1804 als Schulbezirksaufseher des*

⟨17.⟩

Dekanates Wels, in der 1783 im Schloß Polheim für beide Geschlechter gegründeten Hauptschule im Jahre 1810 eine Trennung von Mädchen und Knaben vorgenommen hatte. „Im Jahre 1806 waren an der Schule neben Direktor Felix Wolf ein Katechet, 2 Lehrer und 2 Gehilfen tätig" (Wolfgang Handlbauer, „Felix von Froschauer und das Welser Schulwesen", in: „16. Jahrbuch des Musealvereines Wels 1969/70", Wels 1970, S. 120–144, hier S. 123). Zu Ostern 1811 wurde wegen der wachsenden Zahl an Schülerinnen in der Pfarrgasse 25 eine Mädchenhauptschule (Industrialschule) für 231 Mädchen mit einer Strickmeisterin und einer Lehrerin für Nähen eröffnet (ebd., S. 139–141). Die Hauptschule zog 1825 in ein neues Gebäude am Stadtplatz 39 ein.

102,20 könnten. Für] *Zwischen „könnten" und „Für" steht eine Einfügungsmarke und dazu am Rand folgende Passage von Referent Fritsch: „Uebrigens werde⟨n⟩ dieselben vielmehr für den Zweck der Erziehung denn für den Unterricht aufgenommen, u. ihre Zöglinge erhalten den Unterricht meistens von Lehrern."*

102,20 Privatlehranstalten] *Bei Stifter kommen in Nr. ⟨26.⟩ die Privatlehranstalt [...] des Fräuleins Griesmayer in Linz, die Stifter ungefähr als höhere Töchterschule (S.132,3–5) einschätzt, und in Nr. ⟨192.⟩ die Mädchenlehranstalt der Fräulein Anna u Agnes Greil (HKG 10,2, S. 142,25) vor. Erst seit der pol.Sch.Verf. von 1833 ist laut §. 125. für die Errichtung einer „Lehr- oder Erziehungsanstalt" die „Bewilligung der Landesstelle" (pol.Sch. Verf., S. 55) erforderlich. §. 129. bestimmt auf Grund von Regelungen von 1815 und 1830: „Weibliche Lehr- und Erziehungsanstalten dürfen nur Frauenzimmern anvertraut werden" (ebd., S. 57). Frauen, „welche eine Lehr- und Erziehungsanstalt für Mädchen unternehmen wollen", müssen „das Zeugniß besitzen, daß sie in den öffentlichen, für die weibliche Jugend bestehenden Erziehungsanstalten den Unterricht über die Methodik aller*

⟨17.⟩

Lehrgegenstände und ins besondere der Religions-Lehre erhalten haben [...]" (ebd., S. 57f.).
103,12–16 Mittelweg *bis* dürfen] *Auf Stifters Gutachten gestützt, lehnt die LSchBeh mit Schreiben vom 10. Februar 1851 (Entwurf OÖLA 6/2440 und 2438f.; Reinschrift DAL Schu-A/3, Scha 14, Fasz. 4/7) an das bischöfliche Konsistorium die Gründung einer Lehranstalt für Mädchenlehrerinnen ab, denn sie sei „durchaus kein dringendes, ja vielleicht gegenwärtig noch gar kein Bedürfniß, u. höchstens nur erwünschlich. (6/2437 l) [...] In so fern dennoch ein oder das andere weibliche Individuum öffentlichen Unterricht zur Ausbildung für das Lehrfach in Mädchenschulen, öffentlichen oder Privat-Schulen, – suchet; so dürfte der Unterricht, welcher in dem Ursulinerinnen-Kloster (6/2438 l) einzelnen Schwestern dieses Instituts zur Heranbildung für das Lehramt der dortigen Mädchenschule ertheilt wird", Stifters Vorschlag entsprechend, „das einfachste, mit keinem besonderen Kostenaufwande verbundene Mittel zur Befriedigung eines solchen Wunsches darbieten. [...] Das hochwürdige Konsistorium wird daher eingeladen, in diesem Sinne sich mit der Frau Oberinn des genannten Klosters zu benehmen, u. zu bewirken, daß etwaigen weltlichen Kandidatinnen für das Lehramt gestattet werde, an dem dießfallsigen Unterrichte im Kloster Theil zu nehmen" (6/2438f.).*

Der weitere Fortgang in den Nrn. ⟨553.⟩*,* ⟨569.⟩ *und* ⟨583.⟩ *in HKG 10,3.*

⟨18.⟩

⟨18.⟩ Votum über die Normalhauptschule nach Errichtung
des Präparandenkurses 1850

Überlieferung

H   380 $\frac{1850}{1851}$ X $\frac{B}{15}$ *(OÖLA 6/2452)*
*Stifters Gutachten vom 6. Februar 1851, in der rechten
Spalte der 4. Seite eines Bogens unterhalb von Anschrift
und Kurzinhalt des Konsistorialschreibens und unter dem
Auftrag Fritschs vom 8. Januar 1851 stehend, bezieht sich
auf das Schreiben des bischöflichen Konsistoriums vom
21. September 1850 auf den beiden ersten Seiten über die
Tauglichkeit der Lehrer der Normalhauptschule für den
Präparandenunterricht.*
D   Fischer, Nr. 13

Stellenkommentar

103,27 Prüfungen der Lehrcandidaten] *Die am 6. Dezember 1774
von Maria Theresia erlassene „Allgemeine Schulordnung" (s.
Kommentar zu Nr.⟨17.⟩) hatte die Lehrerbildung im § 2 durch
die Gründung der Normalschule geregelt: „In derselben müssen
die Lehrer für andere deutsche Schulen gebildet, in allen nöthigen
Dingen wohl unterwiesen, oder wenigstens die anderwerts gebildeten genau geprüfet werden, wenn sie irgendwo in der Provinz
wollen angestellt werden [...]" (S. 9). In Linz erfolgte die Gründung der Normalschule 1775 (hierzu Barth-Scalmani, S. 350).*
    *Die pol.Sch.Verf. von 1833 legte im §. 115. fest: „Für Lehrer der
Hauptschulen zu sorgen, wird an der Normal- oder Musterhauptschule des Landes ein ordentlicher pädagogischer Curs gehalten,
der wenigstens 6 Monathe zu dauern hat" (pol.Sch.Verf., S. 50;*

⟨18.⟩

so schon 1805, S. 47). In §. 117. wurde geregelt, daß für die Lehrer der Trivialschulen "an einer Hauptschule jeden Kreises [...] ein Curs von drey Monathen" (pol.Sch.Verf. 1833, S. 51; so schon 1805, S. 49) gehalten werden soll.

"1830 dauerte der Präparandenkurs in Wien und einigen anderen Erbländern bereits ein Jahr" (Barth-Scalmani, S. 358). *Ein Ministerial-Erlaß vom 17. September 1848 bestimmt, "daß der Lehrkurs, welcher spätestens mit Anfang des nächsten November beginnen soll, ein volles Schuljahr dauert"* (1. b.). *Es sollen "nur solche Kandidaten aufgenommen werden, welche das sechzehnte Lebensjahr zurückgelegt, und die beiden Jahrgänge der vierten Klasse der Hauptschule oder die ersten vier Klassen des Gymnasiums mit im Ganzen genügendem Erfolge zurückgelegt"* (1. a.) *haben* (AVA Normalien Z. 6111). *Mit Ministerial-Erlaß vom 13. Juli 1849 wird verordnet, daß "im nächsten Schuljahre 1849/50 ein zweiter Jahrescurs zu eröffnen"* (1.) *ist, der "sich vorherrschend praktisch zu gestalten"* (3.) *hat* (AVA Normalien Z. 4829; dgl. im RGBl ErgBd 1849, Nr. 324, S. 523). *Als die beiden Jahrgänge der vierten Klasse in eine mit der Hauptschule verbundene unselbständige Unterrealschule umgestaltet werden, sind dem Präparandenkurs 2 Jahre Unterrealschule vorgeschaltet. Vgl. den Kommentar zu Nr.* ⟨3.⟩, *hier zu 47,11–12.*

103,28–29 Berichte des Direktorates] *Schierfeneder berichtete dem bischöflichen Consistorium am 1. September 1850: "Zu Folge Anordnungen des hohen k. k. Ministeriums des öffentlichen Unterrichtes wurde im Schuljahr 1850 bereits ein zweijähriger Präparanden-Unterrichts-Curs eröffnet. In den 2. Jahrgang sind 12 Candidaten aufgestiegen, für den 1. Jahrgang haben sich mit Anfang des Curses 14 gemeldet"* (6/2445 r).

104,4 Jakob Mayr] *Bezüglich des Lehrers Jakob Mayr hatte bereits Schierfeneder bemängelt, daß ihm "die Lehrgabe und die Fertigkeit in der Sprache fehlen"* (6/2448 r). *Infolge dieser Mängel beantragte das bischöfliche Konsistorium, daß der bereits 75 Jah-*

⟨19.⟩ ⟨20.⟩

re alte Jakob Mayer „mit vollem Gehalte in den Ruhestand versetzt werde" (6/2444 r). Diese Versetzung ist laut Ministerialerlaß, gez. Thun, vom 23. Februar 1851 zwischen der LSchBeh und dem bischöflichen Konsistorium „zu verhandeln" (6/2442 l).

Der weitere Fortgang in Nr. ⟨70.⟩.

⟨19.⟩ *Erfolg des Unterrichts für die Lehramtskandidaten im Schuljahre 1850

Überlieferung

Die Nr. ⟨19.⟩, auf welche im Schreiben der LSchBeh vom 11. Februar 1851 (OÖLA Scha 12, Z. 443) an das Ministerium hingewiesen wird, ist identisch mit Nr. ⟨18.⟩.

⟨20.⟩ Besetzung des Schul- und Meßnerdienstes in Ranshofen

Überlieferung

H 228. 1851 X B. 30. Ranshofen (OÖLA 6/2613)
Auf 2 hintereinander gelegten Bogen steht in beiden Spalten von 5 Seiten und in 10 Zeilen in der rechten Spalte der 6. Seite die Stellungnahme der LSchBeh zur Vorschlagsliste des Konsistoriums, worauf in der linken Spalte der Auftrag Fritschs vom 23. Februar 1851 an Stifter, „sich gefällig über den gegenwärtigen Vorschlag zu äußern, u.

⟨21.⟩

das dießfallsige Gutachten gleich unmittelbar hier beizufügen" folgt, was Stifter in der unteren Hälfte der linken Spalte getan hat. Auf den beiden letzten Seiten folgt das Dekret vom 28. Februar 1851, mit welchem Leopold Hardinger die Stelle verliehen wird.

Apparat

104,24 de[s]⟨r Schulbezirksaufsicht
104,24 de[s]⟨r hochw.

⟨21.⟩ Antrag auf Ernennung der Gehilfen Stokhammer und Sattlegger zu Lehrern an der Normalhauptschule

H 531 ad $\frac{1850}{1851}$ X $\frac{4}{7}$ *(OÖLA Scha 11)*
Stifters Äußerung vom 4. März 1851 beginnend auf der 4. Seite eines Bogens in der rechten Spalte unterhalb von Anschrift und Kurzinhalt sowie unter dem Auftrag „zur gefälligen Begutachtung des inenthaltenen Antrages" und fortgesetzt in der linken Spalte, bezieht sich auf das Schreiben des bischöflichen Konsistoriums vom 8. Dezember 1850 auf den beiden ersten Seiten.

Stellenkommentar

105,6–7 Direction *bis* Vergleichung] *Schierfeneder hatte laut LSchBeh vom 4. März 1851 in seiner Äußerung gezeigt, „in welchem grellen Mißverhältnisse die Zahl der Lehrer zu der Zahl der Gehilfen an der hiesigen Normal-Hauptschule im Vergleiche*

⟨21.⟩

zu anderen Hauptschulen stehet, u. daß, während sie bei St. Anna in Wien, zu Steyr u. Ried 6 mal, zu Salzburg mehr als 2 Mal, zu Wels 3 Mal so groß als die Zahl der Gehilfen ist, hier in Linz nicht das doppelte der letzteren, nämlich nur 7 gegen 4 beträgt, wogegen die Schülerzahl hier so vielfach größer sey, als zu Salzburg, besonders aber zu Ried, Steyr u. Wels" (Scha 11).

105,16–18 bevorwortet *bis* Normalhauptschule] *Obwohl der Direktor, das bischöfliche Konsistorium, Stifter und am 4. März 1851 die LSchBeh sich für die Ernennung der Gehilfen Stockhammer und Sattlegger zu wirklichen Lehrern einsetzten, wird diese Ernennung vom Ministerium mit Erlaß vom 15. März 1851* (Scha 11), *gez. Thun, abgelehnt, da diese Unterlehrer „sich um erledigte Lehrerstellen an andern Haupt- und Musterhauptschulen" bewerben können, „da die Unterlehrer an der Linzer Musterhauptschule bei einer sehr erträglichen Lage die beste Gelegenheit finden, sich in Lehrfache vollständig auszubilden, und für Lehrerstellen an andern Hauptschulen, die sich nicht in gleichgünstigen Verhältnissen befinden, vollkommen zu befähigen, da ferner bei der oftgedachten Hauptschule 7 wirkliche Lehrer angestellt sind, und somit jede Hauptschulklasse ihren Lehrer hat, und die Anstellung von 4 Unterlehrern besonders dadurch veranlaßt wurde, daß einzelne Klassen wegen Überfüllung mit Schülern in zwei Lehrzimmer abgetheilt werden mußten [...]"*.

Der weitere Fortgang in Nr. ⟨47.⟩.

⟨22.⟩

⟨22.⟩ Besetzung des Schul- und Meßnerdienstes in Atzbach

Überlieferung

H 230 1851 X B 30 Atzbach (OÖLA 6/2545f.)
Auf 3 hintereinander gelegten Bogen steht auf den ersten 7½ Seiten in der linken Spalte der Überblick der LSchBeh vom 27. Februar 1851 über die Ternavorschläge. Danach folgt in der rechten Spalte die „Einladung zur Prüfung u. Vergutachtung des vorliegenden Vorschlages" und darunter in der halben 7. und folgenden 8. Seite sowie auf der 9. Seite in der linken Spalte bis zur Mitte Stifters Gutachten. Daran schließt sich in der rechten Spalte bis zur 12. Seite das Dekret der LSchBeh vom 7. März 1851 an, mit welchem Ignaz Feichtinger die Stelle in Atzbach verliehen wird.

D Fischer, Nr. 15

Apparat

106,5 ersterer] *Über dem nicht gestrichenen* ers *Einfügung* „letz", *diese wahrscheinlich von fremder Hand, da Stifter üblicherweise* „lezterer" *schreibt, vgl. etwa* entsezt *in 106,7; hierzu auch der Stellenkommentar zu 106,5.*

Stellenkommentar

106,5 ersterer] *Vgl. hierzu den Apparat; die Einfügung* „letz" *ist nicht zutreffend, weil* ersterer *sich auf den ersten der beiden abgelehnten Bewerber, nämlich auf Josef Ertl beziehen soll, von*

⟨23.⟩

dem es auch in Nr. ⟨90.⟩ heißt, daß er mit einer Dienstmakel (S. 213,20) behaftet sei.

106,15–16 Vorschlag *bis* Atzbach] *Aus dem Überblick der LSchBeh geht hervor, daß die Distriktsschulenaufsicht Atzbach und das Consistorium „differirende Vorschläge" eingereicht hatten. Während das „Dechanat Atzbach" auf „Wunsch der Gemeinde", welcher „vorzüglich in der Pietät" für den verstorbenen Vater, der in Atzbach 40 Jahre den Schuldienst versehen hatte, begründet ist, den Schulprovisor zu Atzbach, Johann Denk, an erste, Anton Eglauer an zweite und Leopold Hardinger an dritte Stelle gesetzt hatte, wich das Consistorium „von diesem Vorschlage ganz ab" und setzte, wie dann auch Stifter, Ignaz Feichtinger an erste Stelle.*

⟨23.⟩ *Aufstellung eines eigenen Katecheten an der Haupt- und Unterrealschule in Ried

H 982. 1850. X B. 12 (OÖLA Scha 12).
   Das Gutachten Stifters wird im Betreff des Schreibens der LSchBeh, Entwurf Fritsch, vom 14. März 1851 ans Ministerium ohne Datumsangabe aufgeführt.

Stellenkommentar

107,12–13 Aufstellung *bis* Katecheten] *„Die Errichtung einer vierten Klasse mit 2 Abtheilungen an der kk Hauptschule zu Ried" im Innkreis war laut Schreiben der LSchBeh vom 14. März 1851 an das Ministerium „mit a. h. Entschließung vom 14. April 1846" bewilligt worden. Bereits am 11. Juni 1846 brachte das bischöf-*

⟨23.⟩

liche Konsistorium „im Einverständnisse mit dem Ortspfarrer und der Schulenbezirks-Aufsicht die Anstellung eines eigenen Katecheten mit einem Gehalte von 400 f in Antrag, aber die damalige kk. obderens. Regierung erklärte [...] den erwähnten Antrag für unannehmbar, u. wies das Konsistorium an, für Aufstellung eines dritten Kooperators zu sorgen", was jedoch nicht geschah. Am 10. September 1850 beantragten die „Direkzion dieser Hauptschule", die „Schulenbezirks-Inspekzion" und das bischöfliche Konsistorium erneut die Anstellung eines Katecheten mit der Begründung, „daß, weil die Kooperatoren hautpsächlich um der Seelsorge willen angestellt seyen, u. weil keiner von dem kargen Gehalte von 200 f subsistiren, folglich keiner derselben, ohne durch Betheiligung an der Seelsorge sein Einkommen bis zum nothwendigsten Bedarfe zu erhöhen, u. sich wenigstens bei dem Ortspfarrer für diese Mitwirkung die nothwendige Verpflegung zu verschaffen, den Relig Unterricht nicht ausschließlich besorgen könne, die vielfältigsten Kollisionen zwischen Seelsorge u. Relig Unterricht, u. zwar immer zum Nachtheile des letzteren eintreten" werde. Der Pfarrer von Ried unterstützte den Antrag mit dem Argument, „daß die Zahl der Schüler an der fraglichen Schule vom J. 1828 bis inclus *1846 sich von 356 bis auf 423 also um 67, u. von da, d. h. seit Errichtung der IV. Klasse bis Ende des Schuljahres 1850 bis auf 465, also zusammen um 109 vermehrt" habe. Dazu äußert sich Stifter.*

Die LSchBeh sieht eine Lösung „nur" darin, „daß entweder ein eigener Katechet mit 400 f (dem Minimum *für die jetzige Theuerung aller Lebensbedürfnisse:) angestellt, oder dem zur Ertheilung des Relig.Unterrichtes mit Entbindung von aller Seelsorge bestimmten Kooperator eine* einstweilige *Zulage von 200 f aus dem Religionsfonde bewilliget wird" (Bog. 2, S. 3). Der Brief war bis hierher bereits abgeschlossen, als am nächsten Tag darüber hinausgehend für nötig erachtet wird, „daß bei der großen seelsorglichen Aufgabe der über 4000 Seelen starken u. im steten*

⟨24.⟩

Anwachsen begriffenen Pfarre Ried zu deren Lösung allein schon 3 Kooperatoren erforderlich seyen, u. daß es daher zur vollständigen u. unverkürzten Ertheilung des Religions Unterrichtes an der dortigen Haupt- u. Unter-Real-Schule außer diesen u. dem Pfarrer noch eines besonderen Priesters bedürfe" (Bog. 4, S. 1), der „nicht bloß von der Theilnahme an der Seelsorge zu entbinden, sondern dem dieselbe ausdrücklich zu untersagen wäre, damit er seinem Lehramte ungehemmt leben könne" (Bog. 4, S. 4). Nach dem 21. April 1851 ist Stifter zu einer Inspektion in Ried (HKG 10,2, Nr. ⟨222.⟩, Nr. 7, S. 201,13–14). Die Entscheidung des Ministeriums ist nicht bekannt, da der entsprechende Ministerialerlaß nicht beiliegt; sie läßt sich aber daraus ablesen, daß „Der Oberösterreicher 1857" für Ried sowohl einen eigenen Katecheten als auch 3 Kooperatoren nennt.

⟨24.⟩ Besetzung des Mittelschuldienstes in Reichraming

Überlieferung

H   *229 Sch 1851 X$\frac{B}{30}$ Reichraming (OÖLA 6/2255 l)*
    Nach einer fast 4seitigen Übersicht der LSchBeh über die Aufstellung in der Bezirksaufsichtstabelle beginnt Stifters Äußerung vom 1. April 1851 auf der 4. Seite des Bogens im unteren Drittel der rechten Spalte unterhalb des Auftrags vom 21. März 1851 – „Der Herr Schulrath Stifter wollen hierunten gleich Ihr Gutachten gefällig beifügen." – und setzt sich daneben in der linken Spalte fort.

D   *Fischer, Nr. 16*

⟨25.⟩

Stellenkommentar

107,17–19 Würdigung *bis* Bezirksaufsichtstabelle] *Karl Karl von Laussa, obwohl der älteste unter den Bewerbern, wurde in der Tabelle der Schuldistriktsaufsicht vom 14. Januar1851 ausgeschieden, weil er „die dermalige Mißstimmung zwischen ihn und der Gemeinde zum Theile selbst provocirt hat und zu besorgen steht, daß bey der schwierigen Gemeinde Reichraming ähnliche Mißhelligkeiten, welche man beseitigt wissen möchte, hervortretten dürften" (6/2252 r). Im Verfahren der Nr. ⟨50.⟩ bekommt Karl Karl eine Stelle in Weilbach.*

107,20–21 Consistoriums *bis* Denk] *Während in der Bezirksaufsichtstabelle die Reihenfolge I. Adalbert Bayer, II. Josef Frosch, III. Franz Tahedl lautete, hat das bischöfliche Konsistorium am 29. Januar1851 den Lehrer Joseph Denk wegen seiner „Tüchtigkeit und Würdigkeit", und weil er „unter seinen Mitbewerbern der älteste an Dienstjahren" ist, an die erste Stelle gesetzt (6/2248f.). Mit Dekret vom 1. April 1851 wird Joseph Denk diese Stelle verliehen.*

⟨25.⟩ Verbesserung der ökonomischen Verhältnisse
der Lehrgehilfen und Lehrer

Überlieferung

H   1136 1851 X$\frac{B}{28}$ (OÖLA 4/1754)
    Stifters kurze Äußerung vom 3. April 1851, womit er zum „Jahresbericht über den Zustand der Volksschulen in der Diözese Linz für das Schuljahr 1850" Stellung bezieht, steht auf der letzten Seite des achtseitigen Berichts des

⟨25.⟩

D
bischöflichen Konsistoriums vom 10. Januar 1851 unterhalb der Adresse und der Aufforderung Fritschs vom 10. März 1851 um „Einsichtnahme u. Aeußerung".
Fischer, Nr. 17

Apparat

108,9   [4]⟨3

Kommentar

Der Jahresbericht zählte neuralgische Problemfelder auf, welche Stifter in den folgenden Jahren beschäftigen werden: Zwangsmittel gegen Unterlaufen des Schulbesuchs; Qualität der Lehrer; Mangel an Lehrgehilfen; Rückgang der Zahl der Industrielehrerinnen; schlechter Bauzustand vieler Schulhäuser. Stifter bezieht sich nur auf den letzten Passus, „daß den ökonomischen Verhältnissen der Lehrgehilfen überhaupt, wie so vieler Lehrer auf Mittel- und kleineren Pfarrschulen bald abgeholfen werden wolle" (4/1753 l). Der Ministerialerlaß, gez. Thun, vom 29. Mai 1851 bemerkt dazu: „Die mißliche ökonomische Lage vieler Unterlehrer, auch einzelner Lehrer an Gemeinde- oder Mittelschulen kann durch Lokalmittel verbessert werden; und wo diese vorhanden sind, muß auch mit allem Nachdrucke auf diese Verbesserung gedrungen und nicht abgewartet werden, bis die Gemeinde dieselbe aus eigenen Entschlusse vollzieht" (4/1749f.).

⟨26.⟩

⟨26.⟩ Inspektionsreisen vom September 1850 bis März 1851

Überlieferung

H   *2916 1851 X $\frac{B}{28}$ (OÖLA 5/1960–1978)*
    Stifters Inspektionsbericht vom 4. April 1851 beginnt auf der 3. Seite und füllt ganzseitig 35 Seiten von 10 ineinander gelegten und mit Bindfaden gehefteten Bogen, während auf der 1. Seite Anschrift und Kurzinhalt stehen.
D   *Vancsa, S. 15–39 (danach auch in PRA 25, S. 207–240)*

Apparat

110,27   Anfrage [theils] durch
115,8–9 Versendungen] Versendung[en]
115,10   sehr leicht,] sehr leicht [auf],
116,4–5 397 Gemeinden *(97 deutlich größer und mit etwas dunklerer Tinte, möglicherweise nachträglich eingefügt)*
116,20–21 [u] [oder] bereiten
116,25   Bauernstand, [u] der
118,31–32 Schulmänner [unseres Landes] über
121,25   Angesicht [sehe], so *(Einfügung wahrscheinlich von fremder Hand wie auch andernorts; vgl. hierzu den Stellenkommentar zu S. 134,1)*
124,19   Bezirkshauptmannschaften [an den Lehrer] mit
124,26   wenn er] wenn [sie]⸗ er
125,10   Wels [von] 390
127,9   ersten [xxxxxxxxx] Erfahrungen
129,10   uns [das] [dieses] Beispiele
130,21   [u] ich muß
132,3   Privatlehranstalt [ist] für
132,4   die [des] Fräulein[s]

143

⟨26.⟩

132,20   mir [als] besonders
139,26   Empfindungskreise[n]⟨[s]

Kommentar

Im Begleitschreiben, Entwurf Fritsch, vom 6. Juni 1851 zu Stifters 1. Inspektionsbericht begründet die LSchBeh, warum sie diesen Bericht an das Ministerium sendet: "Das Gesetz über die Organisirung der Landes-Schulbehörden u. die denselben ertheilten Instrukzionen schreiben zwar so wenig, wie ihnen nachgefolgte Verordnungen vor, daß die Berichte der mit der Inspekzion der Volksschulen betrauten Schulräthe, welche sie gemäß der ihnen ertheilten Instrukzion an die Landes-Schulbehörde, respektive den Statthalter des Landes zu erstatten haben, dem hohen kk Unterrichts-Ministerium vorzulegen seyen; aber es scheint, daß mit jenen derartigen Berichten, welche in Umfassung eines längeren Jahresabschnittes u. mehrerer ausgedehnter Reisen eine Art Gesammtüberblick über den Zustand des Volksschulwesens eines Landes geben, eine Ausnahme durch die Natur der Sache selbst geboten sey" (4/1735f.); zu den "Instrukzionen" vgl. "Instruktion für die Mitglieder der Landesschulbehörde des Kronlandes Österreich ob der Enns" vom 3. Juni 1850 (5/2165 r – 5/2167 r). Der Ministerialerlaß, gez. Thun, vom 17. Dezember 1851 bemerkt zu Stifters Inspektionsbericht: "Mit voller Befriedigung nimmt das Ministerium die erfolgreichen Bemühungen der Landes-Schulbehörde zur Hebung und Beförderung des Volksschulwesens wahr, die auch in der vorliegenden unterm 6. Juni d. J. Z. 639 gefertigten Einbegleitung des im Anschlusse zurückfolgenden Inspektionsberichtes des kk Schulrathes Stifter auf eine sehr erfreuliche Weise hervortreten" (4/1781 r). Erst in der **"Verordnung des Ministers für Cultus und Unterricht vom 28. August 1854"** *über die "Functionen der Schulräthe" heißt es unter §. 5. a.: "Die Reise, sowie die nach jedem Schuljahre zu*

⟨26.⟩

erstattenden Hauptberichte sind dem Landeschef und durch diesen dem Unterrichts-Minister mit den sich ergebenden der Berathung der Landesstelle zu unterziehenden Bemerkungen und Anträgen vorzulegen [...]" (11/6011 l). In der gedruckten „Instruction über die Amtswirksamkeit der Schulräthe" vom 24. Juni 1855 erfolgt im §. 18 eine Verschärfung: „Binnen längstens 14 Tagen nach vollbrachter Bereisung hat der betreffende Schulrath einen umständlichen Reisebericht an den Landes-Chef zu erstatten. Dieser Bericht ist von der Landesstelle mit ihren Bemerkungen dem Ministerium vorzulegen" (11/6017 r). Vgl. den Ministerialerlaß vom 7. Dezember 1855 zu Nr. ⟨222.⟩ (HKG 10,5).

Stellenkommentar

109,4 Präparanden-Unterrichtsanstalt] *Gemeint ist die herkömmliche Präparandenausbildung an der Normalhauptschule Linz.*
110,26 Schulbezirksaufseher] *Nachdem 1848 die Grundobrigkeiten aufgehoben und mit Kaiserlichem Patent vom 4. März 1849 „über die, durch die constitutionelle Staatsform gewährleisteten politischen Rechte" mit § 4. dem Staate die Oberaufsicht „über das Unterrichts- und Erziehungswesen" (RGBl 1849, Nr. 151, S. 166) übertragen worden war, mußte auch die Organisation der politischen Behörden neu geregelt werden. Seit der pol.Sch.Verf. von 1805 unterstand der Schulunterricht der Kirche: „Die nächste unmittelbare Aufsicht über jede Trivialschule, und auf dem Lande auch über jede Hauptschule ist dem Ortsseelsorger anvertraut" (pol.Sch.Verf. 1805, vgl. zu den Jahreszahlen das Abkürzungsverzeichnis, S. 561). Die Dechanten als die „unmittelbar höheren Aufseher" sollten vom „Ordinariate, jedoch mit Rücksichtnehmung auf die für das Schulfach erforderlichen Eigenschaften ernennet, aber von der Landesstelle alle Mahl bestätiget werden" (ebd., S. 4f.) Sie hatten neben ihren kirchlichen zugleich „in der*

⟨26.⟩

Eigenschaft eines Schul-Districts-Aufsehers" Aufgaben in den Haupt- und Trivial-Schulen, und zwar
„a) den Seelsorger in Absicht auf den Religions- und Schulunterricht und auf die Beförderung des Schulwesens, den Schullehrer aber in Absicht auf den Fleiß und die genaue Befolgung der Unterrichtsvorschriften, dann in Absicht auf den moralischen Lebenswandel,
b) die Gemeinde in Absicht auf das Schicken der Kinder in die Schule zur gesetzmäßigen Zeit, in Absicht auf die Leistung der Gebühren an den Schullehrer,
c) die Ortsobrigkeit in Absicht auf ihre Thätigkeit im Verhalten der Kinder zur Schule, und in Absicht auf ihr Benehmen gegen den Lehrer zu controliren,
d) endlich über die Schulbaulichkeiten das gehörige obsichtige Auge zu tragen" (ebd., S. 5f.; 1833 in §. 6., S. 3). Der „Schul-Districts-Aufseher" hatte im Rahmen dieser Obliegenheiten dem Consistorium Bericht zu erstatten sowie „alle Haupt- und Trivialschulen seines Bezirkes jährlich einmahl zu visitiren" (pol.Sch. Verf. 1833, §. 399., S. 182). Der Dechant der Hauptstadt, „und zwar ein Geistlicher", sollte der „Oberaufseher und Referent der deutschen Schulen von der ganzen Diöcese bey dem Consistorio seyn, welches ohne Kenntniß und Beystimmung desselben nichts beschließen und verfügen" durfte „und daher jeden Fall, wo sie verschiedener Meinung sind, der Landesstelle zur Entscheidung anzeigen" mußte (ebd., §. 12., S. 5f.).
 Um die Oberaufsicht des Staates über das Schulwesen zu gewährleisten, wurden mit dem Kaiserlichen Patent vom 4. März 1849, „womit ein provisorisches Gemeinde-Gesetz erlassen" (RGBl 1849, Nr. 170, S. 203) wurde, außer den neu eingerichteten Statthaltereien und Schulräten die staatlichen Kreis-, Bezirks- und Gemeindeämter neu organisiert, ohne daß die kirchlich besetzten Behörden aufgehoben worden wären.
 Die Schulverwaltung auf der Ebene der Bezirke wurde der

⟨26.⟩

Schulbezirksaufsicht bzw. dem Schulbezirksaufseher übertragen, d. h. weiterhin dem bereits in dieser Position bestellten Dechanten (z. B. Würmer in Pischelsdorf zu Uttendorf, Fiedler in Freistadt, Zach in Weyer) oder Pfarrer (z. B. Wurzinger in Schörfling). Mit den Schulbezirksaufsehern hat Stifter in der Regel bei seinen Inspektionen Rüksprache *(Nr. ⟨50.⟩, S. 164,14) genommen, auch gemeinsam die Inspektion durchgeführt wie mit Dechant Zweithurm in Steyr (HKG 10,2, Nr. ⟨328.⟩). Zu Anträgen, Besetzungsvorschlägen und Gutachten der Schulbezirksaufseher zu Schulzuständen, Nothschulen oder Umschulungen hat Stifter mit Äußerungen Stellung genommen. Trotz der Umstellung kommt die Bezeichnung* Schuldistriktsaufsicht, Schuldistriktsaufseher *später noch mehrfach vor, z. B. in Nr. ⟨4.⟩ vom 23. August 1850 (S. 91,13–14), Nr. ⟨459.⟩ vom 8. April 1860 (HKG 10,3, S. 216,22–23), Nr. ⟨577.⟩ vom 1. August 1863 (ebd., S. 348,3). In Nr. ⟨24.⟩ schreibt Stifter* Bezirksaufsichtstabelle *(S. 107,19) und bezieht sich dabei auf eine „Kompetententabelle" der „Schuldistriktsaufsicht" (6/2252 l); auch in Nr. ⟨418.⟩ wird der Begriff* Schulbezirksaufseher *mit* Distriktsschulaufsicht *(HKG 10,3, S. 168,11 und 15–16) synonym gebraucht.*

111,28 Bezirkshauptmann] *„Bezirkshauptmannschaften" (RGBl 1849, Nr. 354, S. 626) waren im Rahmen der „Organisirung der politischen Verwaltungsbehörden" (ebd., S. 624) mit Erlaß des Ministeriums des Innern vom 9. August 1849 als Verwaltungseinheiten zwischen Kreis und Gemeinde in den zwölf neuen Bezirken Linz, Grein, Freistadt, Rohrbach, Wels, Vöklabruck, Gmunden, Kirchdorf, Steyer, Ried, Braunau, Schärding und in dem noch zu Österreich ob der Enns gehörigen Salzburg eingerichtet worden (ebd., S. 626). Zu politischen Bezirken wurden dabei mehrere Gerichtsbezirke zusammengefaßt. Mit einer „Verordnung der Minister des Innern, der Justiz und der Finanzen vom 19. Jänner 1853" wird im Rahmen einer Umstrukturierung der Behörden durch §. 4 der ‚Bezirkshauptmann' durch den „Be-*

⟨26.⟩

zirksvorsteher" ersetzt (RGBl 1853, Nr. 10, S. 68). Allerdings kommt der Begriff in späteren Akten Stifters z. B. in Nr. ⟨198.⟩ vom 19. Oktober 1854 (HKG 10,2, S. 150,26–27) und Nr. ⟨214.⟩ vom 17. Dezember 1854 neben dem des ‚Bezirksvorstehers' weiterhin vor. Seit 1864 wurde eine erneute Umorganisation der Behörden vorgenommen, und mit dem Gesetz vom 19. Mai 1868 (RGBl Nr. 44, S. 78) wurden „an Stelle der bisher bestandenen 46 Bezirksämter nun 12 Bezirkshauptmannschaften errichtet" (Otto Wutzel und Herbert Grabherr, „Oberösterreich", in: Johannes Gründler (Hrsg.), „100 Jahre Bezirkshauptmannschaft in Österreich", Wien 1970, S. 57).

111,33 geistlicher Ortsschulaufseher] *In der pol.Sch.Verf. von 1833 steht diese Bezeichnung nicht. Statt dessen heißt es dort in §. 220. entsprechend der Oberhoheit der Kirche über die Haupt- und Trivialschulen, daß der Lehrer die „Erinnerungen und Rathschläge seiner Vorgesetzten, besonders seines Seelsorgers [...] willig annehmen, und zu benutzen trachten" soll (pol.Sch.Verf., S. 68; hierbei handelt es sich um einen Druckfehler, richtig ist die Seitenangabe 98). Und in §. 259. steht: „Als unmittelbarer Vorsteher und Aufseher des Schullehrers und der Schule muß der Orts-Seelsorger die vorgeschriebenen Lehrgegenstände, das zweckmäßige Verfahren bey dem Unterrichte und die in Schulsachen ergangenen Verordnungen so gründlich und genau kennen, daß er den Schullehrer und dessen Gehülfen richtig zu beurtheilen, zu belehren, zurecht zu weisen und zu leiten im Stande ist. Zu dem Ende soll er sich mit dem Schullehrer und dessen Gehülfen öfter in eine Unterredung einlassen, um das Maß der Kenntnisse, die sie besitzen, genau kennen zu lernen. Findet er ihre Kenntnisse mangelhaft, so soll er sie theils mündlich belehren, theils ihnen die zweckdienlichsten Bücher zur Belehrung mittheilen. Er soll die Schule nicht allein, wenn er den Religions-Unterricht ertheilt, sondern außer dieser Zeit öfter und unvermuthet besuchen, dem Unterrichte des Lehrers beywohnen, und*

⟨26.⟩

dessen Verfahren beobachten, die Jugend durch seine Gegenwart zum fleißigen Schulbesuche, zur Aufmerksamkeit, zum Eifer im Lernen ermuntern" (ebd., S. 113f.). Bis 1819 wurde er vom Schul-Distrikts-Aufseher als Visitator kontrolliert. Nach der Neuordnung 1849 gehen die Aufgaben des Schulseelsorgers auf den Schulrat über und Stifter als Schulrat kooperiert mit dem geistlichen Ortsschulaufseher hinsichtlich der Schulzustände und wird vom Pfarrer bei Inspektionen häufig in die Schule begleitet.

112,8 Methode] *Sie wurde durch die pol.Sch.Verf. 1833 im §. 42. vorgeschrieben: „Da sich aber bey den meisten Schullehrern der Trivialschulen die auszeichnenden Fähigkeiten nicht erwarten lassen, welche zu einem vernünftig geführten, entwickelnden Gespräche nothwendig sind; so werden sie sich aller weiteren Entwicklungen, als die in dem Schul- und Methodenbuche genau vorgezeichnet werden, strenge zu enthalten haben, und alle Mahl nur dahin trachten, daß das auswendig zu Lernende fest behalten, und auf einzelne Beyspiele angewendet werden könne" (pol.Sch. Verf., S. 19f.). Hinsichtlich der „Methode" in der 3. und 4. Klasse der Hauptschule und der Realschule wurden in den §§. 44. und 45. dieselben Vorschriften gemacht, nur daß den „entwickelten Seelenkräften mehr Selbstthätigkeit zugemuthet, und ein größerer Spielraum, sich zu äußern" (ebd., §. 44., S. 20), eingeräumt wurde. Es gab Methodenbücher, nach denen sich die Lehrer zu richten hatten. Daran änderte sich auch 1848 nichts, wie Feuchtersleben in seinem Aufsatz „Das Ministerium des öffentlichen Unterrichtes in Oesterreich" (1848) schreibt: „Eine provisorische Verfügung vom 2. September ordnete die vorläufige Methode des Volksschulunterrichtes an, welche den Geist des Fortschrittes und der Verbesserung athmet. Der Unterricht in der Muttersprache, der Vorzug lebendiger Uebungen im Anschauen, Denken und Sprechen vor dem Auswendiglernen, die Organisation von Lehrerversammlungen bilden ihren wesentlichen Inhalt" (Feuchtersleben, KFA III/3, S. 87). In der „Wiener Zeitung" informiert*

⟨26.⟩

er am 9. September 1848 die Öffentlichkeit: „Neue, verbesserte Methoden werden für die Lehrer eingeführt, die ihrer mächtig sind. Nahmentlich werden sie aufmerksam gemacht auf die Anwendung der Lautir-Methode neben der des Buchstabirens, auf die Verbindung des Lese- und Schreib-Unterrichtes, des Kopf- und Ziffer-Rechnens, auf die verbesserten Methoden in der Sprachlehre und auf die lebendigen Uebungen im Anschauen, Denken und Sprechen" (ebd., S. 69).

112,13–14 weltlichen Ortsschulaufseher] *Die pol.Sch.Verf. 1833 bestimmte im §. 153.: „Für jede Trivialschule ist ein <u>Ortsschulaufseher</u>, der im Nahmen der Gemeinde die Aufsicht führe, zu bestellen. Er wird von dem Ortsgerichte einverständlich mit dem Ortsseelsorger, der das Recht jemanden auszuschließen hat, der Ortsobrigkeit in Vorschlag gebracht" (pol.Sch.Verf., S. 72). Dieser „weltliche Schulaufseher" soll nach §. 155. „nicht der Vorgesetzte, sondern der Beobachter der Schule und des Schullehrers, wie auch deren Vertreter bey dem Ortsgerichte und bey der Gemeinde in allen Vorfällen seyn. Der Zustand des Schulgebäudes, Lehrzimmers, Schulgeräthes und der Armenbücher, die Beobachtung der vorgeschriebenen Schulzeit und Stundenabtheilung, die Behandlung und Aufführung der Schuljugend, der öffentliche gesetzmäßige Wandel des Schullehrers und seines Gehülfen, die Beschreibung der Schulfähigen und die Bestimmung der Armen, die Beförderung des Schulbesuches und die unverkürzte Entrichtung der dem Lehrer schuldigen Gebühren sind die Hauptgegenstände seiner Aufsicht [...]" (S. 73). Weiter unten äußerst sich Stifter negativ über die weltlichen Ortsschulaufseher, daß sie ihre Pflicht in der Regel [...] nicht erfüllen (S. 116,32). Dennoch berichtet er später über produktive Kooperation (z. B. in Nr. ⟨140.⟩) und über deren aktiven Einsatz in den und für die Schulen.*

112,28–33 Elemente *bis* Gegenständen] *Stifter geht von einem Stufenkonzept der Bildung vom Einfachen zum Komplexen aus. Vor*

⟨26.⟩

allem auf Lesen und Rechnen als Elemente der Bildung *legt er weiter unten größten Wert. Das Konzept, Unterricht aus Elementen zu konstituieren, hat auch bei Herbart einen hohen Stellenwert: „Der synthetische Unterricht hat zweyerley zu besorgen; er muss die Elemente geben, und ihre Verbindung veranstalten. Veranstalten, nicht eben durchaus vollziehen. Denn das Vollziehen ist endlos [...]. Der gebildete Mann arbeitet noch unaufhörlich an seinem Gedankengebäude". Die „Jugendbildung [...] muss also, nächst den Elementen, die Art und Weise und die Fertigkeit geben, jene zu gebrauchen" (in: „Allgemeine Pädagogik [...]", s. zu S. 40,28–29, in: Herbart, SW 2, S. 62). Dabei ist das „Schwerste vielleicht" für den Lehrer, „das völlig Einzelne zu finden; sich selbst seine Gedanken elementarisch zu zerlegen" (ebd., S. 52).*

113,9–10 Afterbildung] Schein-, Pseudobildung. Den Begriff verwendet auch Eduard Beneke („Archiv für die pragmatische Psychologie oder die Seelenlehre in der Anwendung auf das Leben", Berlin 1851, S. 39).

113,25 alle Kinder] Entsprechende Forderungen hat die pol.Sch. Verf. 1833 an den „Schul-Districts-Aufseher", als dieser noch Visitator war, gerichtet, und zwar im §. 411.: Er „rufet entweder die Schüler, und zwar gute, mittelmäßige und schwache selbst auf, oder er gibt den Aufgerufenen Zwischenfragen und Beyspiele auf" (pol.Sch.Verf., S. 188); und in §. 413. heißt es: „Er bemerket, ob sie [Lehrer oder Gehilfe, Anm.] den Unterricht auf alle vorgeschriebenen Gegenstände und auf alle Schüler verbreitet, und zu welcher Fertigkeit sie es bey den meisten gebracht haben" (ebd., S. 188f.).

114,1–2 Namen *bis* öffentlich *und 114,15–19* belobte *bis* empfänglich] Entsprechend forderte §. 414. der pol.Sch.Verf. vom Schul-Distrikts-Aufseher: „Am Ende der Prüfung lieset er die Nahmen der 6 fleißigsten und sittsamsten Schüler oder Schülerinnen jeder Abtheilung öffentlich ab, belobet sie wegen ihres Fleißes, wegen ihrer guten Aufführung und bezeigten Geschicklichkeit, muntert

⟨26.⟩

sie zur Fortsetzung und alle übrigen Schüler zur Nachahmung auf" *(pol.Sch.Verf., S. 189).*

115,9–10 Nuzen *bis* materiellen] *Materieller Nutzen als Nutzen an materiellen Gütern unterscheidet sich von der ‚materiellen' bzw. ‚materialen' Bildung (s. zu S. 81,20), kann aber auch wie in Nr. ⟨3.⟩ (HKG 10,1, S. 81,21–82,22) die Kenntnisse und Fähigkeiten meinen, die zum Gewinn von materiellen Gütern führen.*

115,14–25 geistigen *bis* vermitteln] *Dieses Problem stellt sich vor allem bei der Gründung von Mittelschulen (Mittelpunktschulen), wie u. a. die Problemfälle Rokersberg (HKG 10,3, Nr. ⟨577.⟩) und Harrachsthal (ebd., Nrn. ⟨418.⟩ und ⟨574.⟩) besonders deutlich zeigen. Dennoch kann die LSchBeh im Begleitschreiben vom 6. Juni 1851 an das Ministerium auf eine steigende Zahl der Mittel- oder Filial-Schulen auch in Oberösterreich verweisen: „Zwey neue Schulgemeinden", nämlich Schöneben und Arnreith, „deren Ortschaften von ihren Pfarrschulen sehr weit entlegen, u. wegen zu übersteigender Berge, austretender Bäche, hauptsächlich aber wegen mächtiger Schneeverwehungen in dem langen Winter des rauhen, hohen u bergigen Mühlviertels den Kinder immer schwer, oft aber gar nicht zugängig sind, haben sich gebildet, u. ungeachtet der großen Armuth der einen, u. des geringen Wohlstandes der andern die Unterkunft der Schule u. des Lehrers beide ganz aus eigenen Mitteln, u. die erstere die Dotazion des Lehrers fast ganz, die andere aber vollständig u. über die Congrua hinaus auf eigene Kosten sicher gestellt" (4/1747 l). Eine dritte Mittelschule werde derzeit in Altenhof (ebd.) und eine protestantische Mittelschule in Traun (4/1736 r) gegründet; vgl. Nr. ⟨80.⟩ und HKG 10,2, Nr. ⟨277.⟩.*

116,12–13 ersten *bis* Klasse] *Laut Konsistorialschreiben vom 23. November 1849 (Scha 11, Z. 1791; s. zu S. 47,11–12) wurden die „4. Klassen der Volksschulen zu Linz, Ried und Steyer [...] mit dem Beginn dieses Monates in Unter-Realschulen von 2 Jahrgängen umgestaltet".*

⟨26.⟩

117,11 Klagen über Rükstände] *S. zu S. 36,33.*
117,21–118,33 Schulbesuches *bis* berichten] *Die LSchBeh berichtet dem Ministerium am 6. Juni 1851, welche Maßnahmen bereits getroffen wurden und welche „Vorschläge zur Abänderung der bisherigen gesetzlichen Bestimmungen, betreffend die Strafen gegen Schulversäumungen u. das dießfallsige Strafverfahren" bereits eingegangen sind. Es werde „eine weitere berathende Verhandlung mit Sachverständigen u. dem Volksschulen-Inspektor hierorts geführt, u. entweder von hieraus nach Maaßgabe des hieramtlichen Wirkenskreises das Angemessene verfügt, oder der geeignete Antrag an das hohe kk. Ministerium gebracht werden [...]. /* □ *Bei dieser Berathung wird Schulrath u Volksschulen Inspektor Stifter Gelegenheit haben, seine gesammelten Erfahrungen u Vorschläge, wovon er in seinem vorliegenden Bericht am Endes des Punktes 3. Erwähnung macht, zur Sprache zu bringen" (4/1737f.).*
119,10 Lehrerconferenzen] *Lehrerkonferenzen (Versammlungen) waren in der pol.Sch.Verf. 1805 und 1833 nicht vorgeschrieben. Um die Weiterbildung der Lehrer zu fördern, hatte Exner mit Ministerialerlaß vom 2. September 1848 (AVA Normalien Z. 5692 l) Schullehrer-Versammlungen angeordnet (vgl. Grundl, S. 60), und Feuchtersleben setzte sich am 9. September 1848 in dem Artikel zur Reorganisierung der Volksschulen in der „Wiener Zeitung" dafür ein: „Da die Verbesserung der Schulen besonders durch die Einsicht und Thätigkeit der Lehrer bedingt ist, diese aber anerkanntermaßen durch Lehrer-Versammlungen zumeist gefördert werden, so werden solche Versammlungen durch die Schulbehörden allsogleich eingeleitet. /* □ *Der Zweck derselben ist wechselseitige Belehrung der Mitglieder über Lehrfächer der Volksschule, Methoden des Unterrichts, Disciplin der Schüler; Berathungen über Beischaffung von Lehrbehelfen, Büchern, pädagogischen Zeitschriften, gemeinsame Lectüre, und freie gegenseitige Besprechung aller Volksschul-Interessen. Die untersten Schulbehörden haben demnach die Volksschullehrer,*

⟨26.⟩

mit Einschluß der Religionslehrer wie der sogenannten Gehilfen zu berufen, um sich über die Organisirung der künftigen Versammlungen zu einigen. In den letzteren hat sodann jede aus ihrer Mitte einen Vorstand zu wählen, der ihre Geschäfte leiten wird" (Feuchtersleben, KFA III/3, S. 69f.). *Durch die am 3. Juni 1850 verabschiedete „Instruktion" wurde der „Schulrath für die Volksschulen"* (5/2165) *unter Nr. 6 verpflichtet: „Von den Lehrerversammlungen hat er genaue Kenntniß zu nehmen, und die Vorschläge zu ihrer Regulirung zu machen. Einstweilen wird er durch persönlichen Einfluß dahin wirken, daß besonders höher gebildete Seelsorger und Lehrer sich an denselben betheiligen. Er wird diesen Versammlungen öfter Fragen vorlegen, welche dazu dienen, um solche, welche selbst eine paßende Wahl des Stoffes ihrer Besprechungen zu treffen minder geschickt sind, zu unterstützen, und um zugleich sich selbst mancherlei wünschenswerthe Aufklärungen zu verschaffen"* (5/2167 r).

Mit der „Verordnung des Ministeriums für Cultus und Unterricht vom 26. Mai 1851" (Nr. 146) *wird die „Abhaltung der Schullehrer-Versammlungen" dahingehend geregelt, daß diese „unter der Leitung des Schuldistricts-Aufsehers"* (RGBl 1851, S. 428), *und zwar nach § 3 „wo möglich wenigstens alle Vierteljahre"* (ebd., S. 429) *stattfinden sollen. Nach § 5 steht es den Landesschulbehörden zu, „den Lehrerversamlungen Fragen zur Berathung vorzulegen"* (ebd., S. 429).

Die nachfolgenden Paragraphen regeln:

„6. Die bei den Landesschulbehörden für das Volksschulwesen angestellten Schulräthe haben von den Lehrer-Conferenzen angelegentlich Kenntniß zu nehmen, und in soweit es ihre anderwärtigen Geschäfte gestatten, auch denselben beizuwohnen. [...]

7. Ueber jede Versammlung ist ein Protokoll aufzunehmen, welches nebst den Namen der Anwesenden die Gegenstände der Verhandlung und die Ergebnisse derselben in Kürze anzugeben hat. [...]

⟨26.⟩

8. *Ueber den Fortgang und die Wirkung der Lehrerversammlungen ist von jedem Bezirksaufseher jährlich ein Bericht an die Schulenoberaufsicht zu erstatten, welche denselben sofort an die Landesschulbehörde zu leiten hat. Diese hat über alle einen Hauptbericht an das Ministerium zu erstatten"* (ebd., S. 429).

In der "Instruction über die Amtswirksamkeit der Schulräthe" vom 24. Juni 1855 wird in §. 25. noch hinzugefügt, daß die vom Schulrat auszuarbeitenden Fragen "diesen Versammlungen im Wege der Landesstelle zur Erörterung zuzusenden sind" (11/6018); vgl. Nr. ⟨28.⟩ sowie in HKG 10,3 die Nrn. ⟨392.⟩ und ⟨582.⟩.

120,1–20 Meßnerdienst bis Vertreter] *Die pol.Sch.Verf. von 1833 verordnete im §. 220., daß "der Schul- und Meßnerdienst überall, wo es immer thunlich ist, verbunden seyn muß; so muß auch jeder Schullehrer so viel Fertigkeit im Orgelspiele besitzen, daß er die üblichen Melodien der gesetzlich eingeführten Kirchenlieder nach den Regeln der Kunst fehlerfrey zu spielen im Stande sey"* (pol.Sch.Verf., S. 99). *Der §. 223. bestimmte, daß der Lehrer "außer der Schulzeit [...] selbst schuldig"* sei, *"den Meßnerdienst pünctlich und mit Anstand zu verrichten, das ihm anvertraute Kirchengeräth mit der größten Sorgfalt zu verwahren, dasselbe reinlich und in gutem Stande zu erhalten"* (ebd., S. 100). *Laut §. 264. war es "nicht gestattet" den "Lehrer während der Schulzeit zu Meßnerdiensten zu gebrauchen"* (ebd., S. 115).

Stifters Problemdarstellung und Vorschläge aufgreifend, ersucht die LSchBeh am 6. Juni 1851 das bischöfliche Ordinariat unter Bischof Ziegler (1770–1852), zu bewirken, daß "die erwähnten kirchlichen Funkzionen, welche [...] durch keine kirchliche Satzung an gewisse Stunden gebunden sind, in jenen Pfarreyen, deren Meßner zugleich Lehrer sind, in der Regel nicht während der gesetzlichen Schulstunden [...] abgehalten werden" (4/1744 l). *Das Ministerium, gez. Thun, antwortet am 17. Dezember 1851, das "von der Landes-Schulbehörde an das bischöf-*

⟨26.⟩

liche Ordinariat gerichtete "Ansuch⟨en⟩" könne "nur gebilliget werden. — Die Gemeinden werden ihrerseits sich fügen müssen, weil sie im entgegengesezten Falle einen eigenen Meßner bezahlen müßten" (4/1782). *Da das bischöfliche Ordinariat auf das Schreiben vom 6. Juni 1851 nicht reagiert, wird es von der LSch-Beh am 19. Januar 1852 über den Ministerialerlaß informiert und daran erinnert, daß es "bereits um die entsprechende Vorkehrung angegangen worden"* sei *(4/1787). Eine Antwort liegt den Akten nicht bei. Zur Kollision zwischen Schul- und Meßnerdienst vgl. den Stellenkommentar in Nr.* ⟨62.⟩ *zu S. 399,24–27.*

120,22–24 Nebenbeschäftigung *bis* Gemeindeschreiber] *Die LSch-Beh unterstützt am 6. Juni 1851 im Schreiben ans Ministerium Stifters Verbotsvorschlag: "Niemand kann zweyen Herren dienen, u. gewiß auch niemand zugleich der Schule [...] u. zugleich der Gemeinde dienen, gegen deren Glieder, wenn sie säumig in der Verhaltung ihrer Kinder zum Schulbesuche, oder in der Leistung ihrer Gebühren für die Schule nachlässig sind, der Schullehrer beschwerend u klagend auftreten soll. Auf jeden Fall wird ein solcher Doppeldiener entweder ein schlechter Lehrer, oder ein schlechter Gemeindebeamter seyn. [...] Es sprechen daher wichtige Gründe für ein Verbot solcher heterogenen Ämtervereinigung"* (4/1738f.). *Das Ministerium erklärt dazu am 17. Dezember 1851: "Ein jeder Lehrer welcher eine Bedienstung bei der Gemeinde übernimmt, soll gehalten sein, dem Schuldistriktsaufseher hievon Anzeige zu machen. — Dieser soll den Lehrer, wenn er den Schuldienst ausser Acht läßt, im Einvernehmen mit dem Bezirkshauptmann zur Niederlegung der bei der Gemeinde übernommenen Stelle veranlassen"* (4/1782 r).

121,13–126,5 finanzielle *bis* Verbesserung] *Im Begleitschreiben vom 6. Juni 1851 unterstreicht die LSchBeh, daß "Schulrath Stifter den wahrhaft faulen Fleck unseres Volksschulwesens" berühre. "Hier muß zuerst geholfen werden, u. wird hier geholfen, so wird es leicht seyn, in den übrigen Forderungen u. Bedingungen*

⟨26.⟩

einer guten Volksschule in kürzester Zeit befriedigend nachzuhelfen." Ohne Besoldungsverbesserung sei „zu besorgen, daß zuletzt der Nachwuchs an Lehramts-Kandidaten u. Lehrgehilfen ausgehe, wenn die Hilfe sich nicht wenigstens von der Ferne zeigt. / □ Hierlandes wird der Mangel an Lehrgehilfen von Monat zu Monate fühlbarer [...]" (4/1739f.). Das Ministerium, gez. Thun, bezeichnet am 17. Dezember 1851 die „Verbesserung des Einkommens der Schullehrer" als nächsten „Gegenstand der einwirkenden Fürsorge der Landes-Schulbehörde" und schlägt vor, „für jetzt dahin zu wirken, daß die den Lehrern zustehenden Giebigkeiten ungeschmählert auf eine anständige den bestehenden Vorschriften entsprechende Weise verabreicht, und Gehaltsaufbesserungen da, wo sie dringend nothwendig sind, bewirkt werden" (4/1782 l). Zur neuen Besoldung vgl. den Kommentar zu Nr. ⟨200⟩.

125,23–25 Erhöhung *bis* Schulfond] *Bezogen auf den § 694 des ABGB, der grundsätzlich Beiträge von Erblassern „zur Unterstützung [...] des öffentlichen Unterrichtes" (ABGB, S. 136) festschreibt, regelte ein Hofdecret vom 1. Dezember 1788: „In allen deutschen Erbländern [...] soll von jeder Verlassenschaft, wenn das reine Vermögen 300 fl., oder darüber beträgt, eine bestimmte Abgabe für den Normal-Schulfond, und zwar von dem Prälaten- und Herrenstande bey jedem Sterbfalle eines Familienhauptes, worunter auch die Ehegattinnen und Witwen zu rechnen sind, vier Gulden, von dem Ritterstande, den Honoratioren, und dem Handelsstande zwey Gulden, von den Professionisten, Bürgern und Bauern Ein Gulden durch die Abhandlungs-Instanzen richtig abgenommen werden" („Handbuch der Justiz- und politischen Gesetze und Verordnungen, welche sich auf das in den Deutschen Provinzen der Oesterreichischen Monarchie geltende allgemeine bürgerliche Gesetzbuch beziehen. Zweyter Band, welcher die Zusätze und Erläuterungen zu der ersten Abtheilung des zweyten Theiles des Gesetzbuches enthält. Von D. Joseph*

⟨26.⟩

Winiwarter [...]. Zweyte vermehrte Auflage", Wien 1835, S. 253f.). Diese Regelung wurde mit Hofkanzley-Decret vom 26. Mai 1808 dahingehend erweitert, daß bei gleichen Bedingungen „von der Generalität mit vier Gulden, von den Stabsofficieren mit Einschluß der Obersten mit zwey Gulden, und von den Officieren, vom Hauptmann oder Rittmeister abwärts, mit Einem Gulden abzuziehen" sei (ebd., S. 255). Ein Hofdecret vom 10. August 1810 bestimmte: „Künftig ist von jeder Verlassenschaft, selbst in dem Falle, wenn der Erblasser einem besonderen Schulfonde etwas vermacht hat, dessen ungeachtet zum allgemeinen Schulfonde der gesetzliche Beytrag zu leisten, und geistliche Personen, die keine Prälaten sind, wie auch die Witwen von Gutsbesitzern als Honoratioren, sind dießfalls zu einem Beytrage von zwey Gulden zum allgemeinen Schulfonde verbunden" (ebd., S. 255f.).

Die Aufgaben des Schulfonds sind in der pol.Sch.Verf. 1833 geregelt:

§. 164. gewährt Schullehrern „einen Beytrag für den Gehülfen aus dem Schul-Fonde" (pol.Sch.Verf., S. 77);

§. 203. ermöglicht es, „die Zulage von 30 fl. den bedürftigen und verdienten Schullehrern von Fall zu Fall zu bewilligen" (S. 92);

§. 369. regelt in Bezug auf Hauptschulbaulichkeiten, daß „alle Normalschulen, wenn sie nicht die Stelle einer Pfarrschule vertreten", und alle Kreishauptschulen „hinsichtlich der Material- und Professionistenkosten, so wie der Hand- und Zugarbeiten dem allgemeinen oder Landesschulfonde zur Last fallen sollen. [...] Wenn aber die Normal- oder Kreishauptschule zugleich die Stelle der Pfarrschule vertritt, so habe der Landesschulfond bey einer Hauptschule von 3 Classen mit einem Drittheile der Material- und Professionistenkosten [...] bey einer Hauptschule von 4 Classen [...] mit zwey Viertheilen [...] zu concurriren" (S. 166).

⟨26.⟩

§. 388. unterstützt mittellose Gemeinden: „Diejenigen Gemeinden, welche allenfalls an den Schulbaukosten zwey Drittheile zu leisten haben, sollen, wenn bey einer genauen kreisämtlichen Untersuchung ihre Mittel nicht hinreichend befunden werden, aus dem Schul- und Religions-Fonde eine Unterstützung erhalten" (S. 173f.).
§. 395. regelt: Wenn „im Orte der Hauptschule auch noch eine Trivialschule" besteht, „geht die Beyschaffung des Brennstoffes dem Schul-Fonde ganz zur Last" (S. 177).
§. 414. bewilligt für „Normal- und Kreishauptschulen auf Kosten des Schulfondes nach einem dazu bestimmten Pauschalbetrage Prämien" sowie „Zeichnungs-Prämien" (S. 189).
126,26–33 Schulgebäude bis anführen] *Was den desolaten Zustand vieler Schulgebäude betrifft, so war neben Stifter vor allem der Statthalter Eduard Bach, vom 4. Mai 1851 bis 22. Mai 1862 im Amt, intensiv tätig, durch Bereisungen den Zustand der Gebäude zu ermitteln und diese mit einer kurzen Notiz in der linken oberen Spalte eines Blattes sogleich zu beschreiben sowie Neubauten oder Renovierungen in die Wege zu leiten. Da Stifter dem Statthalter nach seinen Inspektionsreisen in den ersten Jahren mündlich auch über den Zustand der Schulgebäude berichtet und dadurch Bereisungen des Statthalters oder sofortige Maßnahmen ausgelöst hat, läßt sich nicht immer genau feststellen, von wem der erste Anstoß ausging, vom Statthalter Bach oder vom Schulrat Stifter. So weit möglich, soll das in den Kommentaren eruiert werden. Vgl. dazu das „Verzeichniß von Schulbaulichkeiten der Volksschule in Oberösterreich in den Jahren 1851, 1852 u 1853" („Linzer Zeitung", Nr. 14 vom 17. Januar 1854, Abb. 1 und 2).*
Als nach den Niederlagen bei Magenta und Solferino im Juni 1859 infolge des erstarkenden Liberalismus Alexander Bach vom Posten des Innenministers enthoben wurde, erhob sich, wie bei Slapnicka nachzulesen ist, in Oberösterreich eine Opposition ge-

⟨26.⟩

gen dessen Bruder, den Statthalter Eduard Bach: „Der Wortführer der Kritiker, der Besitzer der Herrschaft Haag am Hausruck Franz Seyrl, warf Bach vor, er habe unbekümmert um die Stimmung des Volks dieses mit Lasten überbürdet, um seine Eitelkeit zu befriedigen. In einem dem nunmehrigen Innenminister Goluchowski übermittelten Memorandum und einer 1861 in Wels veröffentlichten Broschüre ‚Der oberösterreichische Landesfond und die Bachsche Verwaltung' spricht Seyrl dem Statthalter ‚Detailkenntnisse der Verwaltungsmaschine' ab, bezweifelt seine Menschenkenntnis" und wirft ihm vor allem „Verschwendung bei den Schulbauten" vor, indem er „von der Errichtung von ‚Schulpalästen'" spricht, „für die weder Lehrer noch Schüler vorhanden seien" (Helmut Slapnicka, „Eduard Bach (1814–1884). Kaiserlicher Statthalter in der zentralistisch-bürokratischen Ära", in: „Oberösterreicher. Lebensbilder zur Geschichte Oberösterreichs", hrsg. vom OÖLA, Bd. 7, Linz 1991, S. 26). Stifter hat in seinem unveröffentlichten Rückblick Die Volksschule in Oberösterreich in den Jahren 1850–1865 (Aus meinem Amtsleben) *diese Vorwürfe wegen Verschwendung bei den Schulbauten widerlegt:* Der damalige Statthalter in Oberösterreich, Eduard Freiherr von Bach, hat das Hauptverdienst. Er nahm sich der Schule mit größter Wärme an. Nicht nur, daß kein einziger meiner Anträge auf Untersuchung u Abhilfe von Übelständen unberüksichtigt blieb, so besuchte er auf seiner häufigen Reise jede Schule in allen ihren Winkeln, u besah sie der Baulichkeiten willen, u untersuchte ihre Unterrichtsweise. Schnell entstanden nun neue Schulhäuser, oder es wurden Zubauten u Verbesserungen angebracht. Wäre es nur noch mehrere Jahre in dieser Weise fort gegangen, so wäre kein einziges unzulängliches Schulgebäude mehr in Oberösterreich gewesen. Man hat ihm den Vorwurf gemacht, er habe die Leidenschaft, Schulhäuser zu bauen. Solchen Thatsachen gegenüber, wie ich sie oben angeführt habe, muß in jedem ernsten Menschen der

⟨26.⟩

Wunsch entstehen, zu helfen. Dazu bedarf er nicht eigens einer Leidenschaft. Er hat nicht willkürlich gebaut. Jedem Baue ging eine Commission voraus, die ihn beantragte [...] (HKG 8,2, S. 316,17–33). Seyrl forderte bei jeder Gelegenheit die Abberufung des Statthalters Bach (Slapnicka, s. o., S. 27). „Am 22. Mai 1862 erging das kaiserliche Handschreiben, mit dem Bach ‚über seine Bitte' in Gnaden enthoben und ‚in Anerkennung der geleisteten treuen und eifrigen Dienste' in Disponibilität versetzt wurde" (ebd., S. 28). Das erklärt, warum in den letzten Jahren von Stifters Amtszeit so scharfer Widerstand der Gemeinden gegen Sanierungen und Neubauten von Schulgebäuden auftrat.

127,14 Normal-Hauptschule] Der Schultyp „Normalschule" wurde von Johann Ignaz Felbiger, den Maria Theresia mit Zustimmung Friedrichs des Großen aus Sagan nach Wien geholt hatte, 1774 in der „Allgemeinen Schulordnung für die deutschen Normal- Haupt- und Trivialschulen" (S. 5ff.; s. Kommentar zu Nr.⟨17.⟩) gesetzlich vorgeschrieben. Im § 2. heißt es: „Normalschulen heißen nur diejenigen Schulen, welche die Richtschnur aller übrigen Schulen in der Provinz sind. Daher soll in jeglicher Provinz eine einzige Normalschule, und zwar an dem Orte, wo die Schulcommission ist, angeleget werden, nach welcher sich alle übrige Schulen des Landes zu richten haben; In derselben müssen die Lehrer für andere deutsche Schulen gebildet, in allen nöthigen Dingen wohl unterwiesen" werden. (S. 9) Als Lehrer durfte laut § 3. nur angestellt werden, wer „in der Normalschule bey der hierüber mit ihm angestellten Prüfung tüchtig ist befunden worden" (S. 10). In der pol.Sch.Verf. 1833 wird die Bezeichnung für die „Hauptschule von vier Classen" (§. 23.) im §. 24. geändert in: „Normal- oder Muster-Hauptschulen sind in den Hauptstädten die bisherigen Normalschulen, die den übrigen zum Muster dienen sollen" (pol.Sch.Verf., S. 10).

„Kaum hatte Abt Felbinger seine neue Schulmethode eingeführt, so begann hier [in Linz, Anm.] 1775 bereits die Normal-

⟨26.⟩

Hauptschule. [...] Am 22. Sept. 1820 wurde der pädagogische Lehrkurs für die Schulpräparanden von wenigstens 6 Monaten angeordnet; derselbe begann hier im September 1822 [...]" (Pillwein 1837, S. 120f.).
Das Ministerium, gez. Thun, stellt am 17. Dezember 1851 zur Qualifikation der Lehrer fest: „Der Volksschulinspektor hat mit Recht der Linzer kk. Normalhauptschule eine vorzügliche Aufmerksamkeit zugewendet, indem sie als Lehrerbildungsanstalt von doppelter Wichtigkeit ist. – Nach den vorliegenden Berichte entspricht sie nicht allseitig ihrer doppelten Bestimmung, Musterschule des Landes und Lehrerbildungsanstalt zu sein [...]. – An den Musterhauptschulen des Landes sollen nur erprobte Schulmänner angestellt werden, sie mögen übrigens ihre vorzügliche Befähigung an Trivial- oder Hauptschulen bewiesen haben" (4/1782 r). Entsprechend wird das bischöfliche Konsistorium am 19. Januar 1852 von der LSchBeh „angewiesen, bei eintretenden Erledigungen von Lehrer- u. Gehilfen-Stellen an der hiesigen Normal-Hauptschule sich" diese Aufforderung „genau gegenwärtig zu halten [...]" (4/1787 l). Trotz dieser eindeutigen Weisung des Ministeriums treten bei Besetzungen nicht nur von Lehrerstellen an anderen Orten, sondern auch an der Normalhauptschule Linz (Nr. ⟨203.⟩) Konflikte auf, weil Stifter und die LSchBeh bzw. Statthalterei vorrangig das Leistungsprinzip, das Konsistorium aber das Anciennitätsprinzip anwendet. Vgl. den Kommentar zu Nr. ⟨5.⟩.
128,26–129,1 psichologische bis entwikeln] *Entsprechend fordert Stifter am 1. September 1852 in Nr. ⟨98.⟩ (S. 223,29–30) bei ganz* kleinen Kindern das Eingehen in ihre unentwikelte Seele. *Auch in der Rede bei der Eröffnung des Lehrerseminars am 11. Juni 1854 vertritt er die Meinung, der Lehrer solle* die Natur der verschiedensten Kinder [...] erkennen, um sie dieser Natur gemäß behandeln zu können, er soll seinem Herzen jene Entwickelung zu erringen suchen, sich in die Herzen der Kinder

⟨26.⟩

versenken, um sie von diesem Herzen aus erziehen zu können *(HKG 8,2, S. 294,25–295,6). Dafür sollen die Präparanden sich Kenntnisse der menschlichen Seele in Seelenlehre (ebd., S. 295,11–12) aneignen. Bei Stifter findet man demnach die Forderung einer intuitiv-emotiven Erfassung der Seele bzw. der Herzen der Kinder (*Instinkt, verschmelzen, sich versenken, Eingehen*), aber auch ein kognitives, auf psychologischer Basis beruhendes Erkennen der Natur der Kinder mit Hilfe der Seelenlehre, in der Rede auch eine Verbindung beider.*

Erziehung und Unterricht vom Kinde aus war eine zeitbedingte und zeitgemäße Forderung. Pestalozzi (1746–1827) betonte in „Pestalozzi's Brief an einen Freund über seinen Aufenthalt in Stanz" Rolle und Gewicht der Intuition: *„Schulunterricht ohne Umfassung des ganzen Geistes, den die Menschenerziehung bedarf, und ohne auf das ganze Leben der häuslichen Verhältnisse gebaut, führt in meinen Augen nicht weiter, als zu einer künstlichen Verschrumpfungsmethode unsers Geschlechts. / ▢ Jede gute Menschenerziehung fordert, daß das Mutteraug in der Wohnstube täglich und stündlich jede Veränderung des Seelenzustandes ihres Kindes mit Sicherheit in seinem Auge, auf seinem Munde und seiner Stirne lese"* (Pestalozzi, SW 13, S. 7f.). Salzmann (1744–1811) *gab, um die Kinder kennenzulernen, den Ratschlag, mit den Kindern zu spielen, um dabei „in das Innerste eurer Kleinen zu sehen, da sie bey dem Spiele weit offner und freyer handeln, als in andern Lagen, und sich mit allen ihren Fehlern, Schwachheiten, Einfällen, Anlagen, Neigungen zeigen, wie sie wirklich sind."* (Christian Gotthilf Salzmann, „Ameisenbüchlein, oder Anweisung zu einer vernünftigen Erziehung der Erzieher", Schnepfenthal 1806, S. 237). Nach Herbart versteht es *„sich aber, dass Erzieher, um wahrzunehmen, was sich in den Kinderseelen regt, selbst diejenige Bildung besitzen müssen, deren feinste Spuren sie hier zu beobachten haben"* (in: „Allgemeine Pädagogik [...]", s. zu S. 40,28–29, in: Herbart SW 2, S. 51).

⟨26.⟩

Mit Seelenlehre, *d. h. psychologischer Fachliteratur, hat Stifter sich, wie er am 8. Februar im Brief an Sigmund Freiherrn von Handel schreibt, bereits intensiv beschäftigt, als er sich als Privatlehrer für den Unterricht vorbereitete, ja er nahm die Seelenlehre sogar in sein* Programm über meine Schülerinen *auf:* Mit den beiden andern begann ich Seelenlehre, die ich jezt für sie schriftlich verfasse, um sie ihnen als Andenken zu hinterlassen *(PRA 17, S. 66).*

Während Stifter noch jetzt, am 4. April 1851, und in Nr. ⟨98.⟩ *am 1. September 1852 (S. 229,2–3 und 229,25) auf das Studium der* Seelenlehre *vertraut, um jenen* psichologische[n] Instinkt *zu entwickeln, der eine Versenkung in die* unentwikelte Seele *(S. 223,30) der Kinder ermöglichen solle, um* Verstand *[...]* Gefühl u Herz *(S. 129,11–13) zu bilden sowie eine* harmonische Bildung aller Kräfte *(S. 129,6–7) in die Wege zu leiten, findet man bereits in der Journalfassung von* Brigitta *von 1844 auch „Skepsis gegenüber der Psychologie" (Kurt Gerhard Fischer, „Die Pädagogik des Menschenmöglichen. Adalbert Stifter", Linz 1962, S. 51):* Wenn wir in einem jener Bücher lesen, in denen die menschliche Seele beschrieben wird, so ist alles klar, die Kräfte sind gesondert, die Verrichtungen fertig, und die Seele liegt vor uns; seh'n wir dann aber in die Seele selber, so ist es wieder dunkel, magische Dinge geschehen, als stünde in jenem Buche noch nicht das Rechte, wir ahnen endlose Gebiete *[...] (HKG 1,2, S. 211,2–7). Entsprechend war der Psychologe Trapp 1780 zwar der Meinung:* „Denn man muß die menschliche Natur erst kennen, ehe man Menschen erziehen kann. Kennt man sie nicht, so ist man in Gefahr, bei der Erziehung Alles verkehrt zu machen." Aber *„das Studium der menschlichen Natur ist zur Zeit noch das schwerste unter allen, theils wegen der Beschaffenheit derselben; theils weil noch so wenig darin vorgearbeitet ist; und theils weil aus Mangel einer Experimentalpsychologie so wenig darin gethan werden kann" (Trapp, s. zu S. 81,20, § 6,*

⟨26.⟩

S. 11f.). Auch Jean Paul war in „Levana oder Erziehlehre" (1807) skeptisch, erhoffte sich jedoch wie Stifter eine Bildung von „Kopf und Herz" (Erstes Bändchen, 2. Bruchstück, § 31, in: Jean Paul, HKA 1,12, S. 114) und das „harmonische Maximum aller individuellen Anlagen zusammengenommen" (ebd., S. 115) in Verbindung mit Intuition: Um jedoch den „Kindes-Charakter" zu finden, würden nach Jean Paul „bei der unendlichen Mannigfaltigkeit Bücher, nicht ein Buch gehören, und zu den Büchern müßte wieder die seltene Gabe kommen, Traum- und Zeichendeuter der kindlich eingehüllten Charaktere zu sein, welche am Kinde, das nicht wie der Erwachsene alles gereift, sondern nur knospend vorzeigt, so schwer auszugliedern sind" (ebd., S. 114).

Das Problem war, daß es noch keine Entwicklungspsychologie als Wissenschaft gab, mit welcher die Psyche des Kindes in dessen Entwicklungsphasen erfaßt werden konnte. Stifter hat in seinen frühen Erzählungen entwicklungspsychologische in Verbindung mit pädagogischen Konzepten auf dem Wege der Selbstanalyse gewonnen und dargestellt, wobei er sich durch Rousseaus „Emile", Jean Pauls „Levana oder Erziehlehre" und wohl auch durch Pestalozzis „Wie Gertrud ihre Kinder lehrt" beeinflussen ließ. Das Problem der systematisch zergliedernden Seelenlehren von Jacob Friedrich von Abel („Einleitung in die Seelenlehre", 1786), Karl Hermann Scheidler („Ueber das Studium der Psychologie", Jena 1827), Ludwig Heinrich Jakob („Grundriß der Erfahrungs-Seelenlehre". Dritte verbesserte Ausgabe. Halle 1800, zuerst 1791), Christian Heinrich Zeller („Kurze Seelenlehre, gegründet auf Schrift und Erfahrung, für Eltern, Erzieher und Lehrer, zum häuslichen und Schulgebrauche, 1846), Gustav Scheve („Die vergleichende Seelenlehre", 1845), Ernst Adolf Eduard Calinich („Seelenlehre für Lehrer und Erzieher, so wie für jeden Gebildeten", 1841) war, daß sie lediglich ein kategoriales System der Psyche des Menschen zur Verfügung stellten; sie enthielten weder eine Beziehung zu Erziehung und Unterricht noch An-

⟨26.⟩

wendungsvorschläge für den Lehrer und Erzieher, um Schüler besser einzuschätzen und ihr Verhalten zu verstehen. Bei Herbart findet man zwar keine der von Stifter verwendeten Vokabeln für intuitive Versenkung wie den psichologische[n] Instinkt, *dafür aber einen rational geleiteten „psychologischen Blick" in das Individuum: Hinsichtlich der Verwendung der Psychologie für die Pädagogik meinte er, daß die „Construktion des Zöglings a priori" ein „schiefer Ausdruck, und für jetzt ein leerer Begriff" sei. „Niemals" würde die Wissenschaft „die Beobachtung des Zöglings vertreten können; das Individuum kann nur gefunden, nicht deducirt werden." Doch dabei brauche der Erzieher einen „psychologischen Blick" und ein Repertoire „wie eine Landkarte", um „menschliche Gemüther zu durchschauen." Das ist wie bei Stifter eine Verbindung von rationaler Erkenntnis mit Intuition, wenn er meint, daß das Individuum nur „gefunden" werden könne („Allgemeine Pädagogik [...]", s. zu S. 40,28–29, in: Herbart, SW 2, S. 9f.).*

129,1 männlichen] ‚*Zum Erwachsenen gehörig', der seine Kenntnisse in das Gedächtnis der Kinder* stopft, *was hier negativ konnotiert ist; in Nr. ⟨2.⟩ findet man eine positive Konnotation des Wortes ‚männlich' (S. 44,9).*

129,6 harmonische Bildung] *Die Idee der harmonischen Bildung findet man bei vielen Pädagogen der Zeit. Nach dem 5. Kapitel, Nr. 15, in der „Großen Didaktik" des Comenius ist der „Mensch selbst [...] nichts als Harmonie, im Hinblick sowohl auf den Körper als auch auf die Seele", wobei er den Menschen als „Uhrwerk" beschreibt (Comenius, S. 42). Für Herder ist in den „Ideen zur Philosophie der Geschichte der Menschheit" der Mensch „eine zahllose Harmonie, ein lebendiges Selbst ist er, auf welches die Harmonie aller ihn umgebenden Kräfte wirket" (Herder, SW 13, S. 253). Milde spricht sich 1811 für eine „harmonische Bildung" durch „Verbindung der Geisteskräfte" (Milde, s. zu 36,5–8, S. 233) aus: „Wenn der Mensch ferner dem Zwecke seines Daseins*

⟨26.⟩

entsprechen soll, so müssen die Anlagen in dem <u>der Natur gemäßen Verhältnisse</u> und <u>harmonisch</u> gebildet werden" (ebd., S. 24). Und wie Stifter spricht sich Milde zugleich gegen „<u>Einseitigkeit der Bildung</u>" aus, denn „<u>Widerspruch mit sich selbst, Disharmonie in sich selbst</u> ist der unglücklichste Zustand des Menschen" (ebd., S. 25). Feuchtersleben schreibt in seiner Rezension des Buches von Leopold Enk von der Burg „Über Bildung und Selbstbildung" (1842): „Jede wahre Bildung muss, wie die Anlagen <u>des</u> Menschen, eine harmonische sein" (Feuchtersleben, KFA III/3, S. 19).

129,10–11 Beispiele in Deutschland] *Welche Beispiele gemeint sind, konnte nicht geklärt werden.*

129,11–13 <u>Verstand</u> bis Herz] *Stifter verwendet als Maßstab für seine Kritik an der Lehrerbildung in Deutschland eine Dreiheit, die an Pestalozzis „Kopf, Herz und Hand" erinnert (Pestalozzi, SW 17A, S. 167). Er ersetzt jedoch „Hand" durch* Gefühl, *verwendet aber* Gefühl *und* Herz *nicht synonym, sondern versteht unter* Herz *sittliche, religiöse und ästhetische Kräfte. In diesem Sinne schreibt er in Nr.* ⟨131.⟩ *von der* Möglichkeit eine religiöse und geistige Bildung in ihr *[der Schüler, Anm.]* Herz zu bringen *(S. 284,20–21), und in Nr.* ⟨263.⟩, *daß für das Fach Literatur* ein tieferer Blik u ein reicheres Herz gehört, um die Jugend für das Große Schöne u Einfache der Menschheit, so weit es in der Litteratur liegt, empfänglich zu machen [...] *(HKG 10,2. S. 265,3–6).*

Selbst die pol.Sch.Verf. 1833 hatte im §. 39., wo es zwar primär darum geht, „das Gedächtniß" zu „bilden", den Lehrern aufgetragen, „auch nach Bedürfniß der Umstände den Verstand und das Herz bilden", um „die übereinstimmende Bildung aller Seelenkräfte zu bewirken [...]" (S. 18). Stifter läßt im Nachsommer *den Protagonisten Heinrich am Rosenhof Teil eines Bildungsgefüges werden, welches* das Herz den Verstand und das ganze Wesen eines jungen Mannes so zu bilden geeignet ist *(HKG 4,2, S. 119,1–3).*

⟨26.⟩

130,8–13 Schulgebäude *bis* Erscheinung] *Die LSchBeh bestätigt am 6. Juni 1851, daß die „erwähnten Gebrechen am Schulgebäude" der Normalschule „allerdings zu einigen Theilen" bestehen: „aber durch die nahe bevorstehen⟨de⟩ Abtrennung der bisherigen Unter-Real-Schule werden bessere Räume für die Normal-Schule verfügbar wer⟨den.⟩ Der Zugang zum Hause ist nur von einer Seite beschwerlich u. im Winter bei Eis etwas gefährlich, aber nicht auf der anderen" (4/1740f.).*

130,15–18 Pfarrschule *bis* entsprechend] *Die Pfarrschule wurde auch Dom- und Stadtpfarr-Schule sowie Wagschule (Waagschule) genannt, da sie am Tummelplatz hinter der Stadtwaage lag. Sie wurde 1590 erstmals erwähnt und hatte 1832 bereits vier Lehrzimmer (Pillwein 1837, S. 121). Obwohl Stifter das Gebäude nicht entsprechend findet, glaubt die LSchBeh am 6. Juni 1851 wegen des Baus der St. Josephs Vorstadtschule und wegen der Finanzlage der Stadt nicht an die baldige „Herstellung eines angemessenen Gebäudes für die Wagschule" (4/1741). Doch da Baupläne der Stadtverwaltung vorgelegt werden, ordnet die LSchBeh am 14. Mai 1854 (Scha 135, Z. 1285 Linz) eine kommissionelle Verhandlung zwecks „Erbauung eines neuen Schulhauses an Stelle des alten" an und erteilt Stifter den Auftrag, an dieser kommissionellen Verhandlung teilzunehmen. Am 14. Juni 1854 erhält die Stadtgemeinde Linz laut Schreiben vom 23. Juni 1854 (Scha 135, Z. 9817) die „baupolizeiliche Bewilligung zum Baue eines neuen Schulgebäudes". 1855 kann die Schule feierlich eröffnet werden.*

130,23 St. Josephs Vorstadt Schule] *Sie bestand „bis 1785 nur als eine Privatanstalt der Bürgerspitalsstiftung, und zwar aus einem einzigen Lehrzimmer zu ebener Erde. Später verlegte man sie in den zweiten Stock mit 2 Zimmern; 1806 kam das dritte dazu; [...] 1827 zählte man 216", 1837 „über 400 Schüler" (Pillwein 1837, S. 122). Nach einem Schreiben des 1848–1854 im Amt befindlichen Bürgermeisters Reinhold Körner vom 23. September 1850 (Scha 12; Z. 437) waren seit 1830 „Verhandlungen anhängig,*

⟨26.⟩

welche zum Zwecke hatten, für die St. Josefspfarr-Schule ein anderes geeigneteres Lokale auszumitteln, weil die Beschränktheit und Baufälligkeit des dermaligen Lokales schon damals zu mancherlei Unzukömlichkeiten Anlaß gab". Da sich „mit der Steigerung der Einwohnerzahl" auch die „Anzahl der die Schule besuchenden Kinder" vermehrte, wurde der „Übelstand [...] von Jahr zu Jahr fühlbarer", so daß sich der Gemeinde-Ausschuß entschloß, ein neues Schullokal „in der ehemaligen k. k. Polizeiwach-Kaserne auf der Spitelwiese" zu beziehen. Der weitere Fortgang in Nr. ⟨39.⟩.

131,3 St. Mathias Vorstadtschule] *Sie wurde anfänglich „in einem nahen Bauernhofe gehalten, kam 1781 in das Haus 836 am Bergl, und erhielt 1786 ihr eigenthümliches Gebäude neben der Mathias-Pfarrkirche" (Pillwein 1837, S. 122) in der Kapuzinerstraße 36. Der weitere Fortgang in Nr. ⟨40.⟩.*

131,3–8 Musterlehrers *bis* müssen] *Anton Mayr ist laut Schreiben vom 28. August 1854 (DAL Schu-A/3, Scha 14, Fasz. 4/5) am 27. August 1854 gestorben, worauf Paul Amböck als Provisor aufgestellt wird; s. hierzu Nr. ⟨238.⟩.*

131,10 Filiale *bis* Schullerberge] *Die „ St. Mathias-Pfarre" war „mit dem Schullerberge und der Gemeinde Waldegg" verbunden (Pillwein 1837, S. 54).*

131,23 Taubstummen-Institut] *Nachdem es dem französischen Priester Abbé de l'Eppeé gelungen war, 1770 in Paris eine erste Taubstummenschule zu gründen, folgte ihm 1779 Kaiser Josef II. mit einer ersten österreichischen Gründung in Wien. Im Kapuzinerkloster in Linz entstand 1812 durch Michael Reitter eine zweite österreichische Taubstummenschule, die „1824 zu einem öffentlichen Institut erhoben" wurde. „In diesem Jahre baute <u>Bühringer</u> [Michael Bühringer, gestorben 1834, folgte Reitter als Direktor, Anm.] an der Stelle des ehemaligen Lazarethgebäudes der Kapuziner" (Pillwein 1837, S. 141) ein neues Schulgebäude. 1835 hatte das Institut 72 Zöglinge.*

⟨26.⟩

131,28–29 Privat-Blinden-Institut] *Es wurde durch den Beichtvater der Ursulinerinnen, Joseph Engelmann, 1823 mit 4 blinden Kindern im Ursulinerinnenkloster begonnen. 1824 wurde diese Schule zu einer privaten Blindenanstalt erklärt (vgl. hierzu die website „Gehörlosen- und Blindenbildung in Linz", http://michaelreitter.eduhi.at/index.php?id=399, aufgerufen am 21. Juli 2015). „Die Anstalt verpflegte 1836 unentgeldlich 19 Zöglinge, und einen Zahlenden" (Pillwein 1837, S. 143).*

132,3–4 Privatlehranstalt *bis* Griesmayer] *Die Errichtung einer „Lehr- oder Erziehungsanstalt" setzt nach §. 125. der pol.Sch. Verf „die Bewilligung der Landesstelle" (pol.Sch.Verf., S. 55) voraus. Andernfalls würde er/sie nach §. 128. als „ein Winkellehrer abgeschafft und bestrafet" (ebd., S. 56).*

132,13 alte] *Lies: alle (s. Corrigenda).*

132,28–32 rechnen *bis* Rechenbuch] *Im „Handbuch der mathematischen Literatur vom Anfange der Buchdruckerkunst bis zum Schlusse des Jahrs 1830", bearbeitet von J. Rogg, Tübingen 1830, ist von J[oseph] Scheibert der „Versuch einer stufenweisen Anleitung zum Kopfrechnen", Linz (in Comm. Leipzig) 1822 (S. 28) verzeichnet.*

133,6–8 Schulgebäude *bis* klein] *Die „Verhandlungen zur Erweiterung u Vermehrung der Lehrzimmer in der Schule im Markt Urfar" wegen der „Unzulänglichkeit der drey Lehrzimmer" gehen laut Schreiben der LSchBeh vom 29. Mai 1852 (Scha 56, Z. 1171) bis ins Jahr 1834 zurück. Aus einem Schreiben der Regierung vom 31. Mai 1847 (Scha 56, Z. 1847) an die Studienhofcommission geht hervor, daß 1839 wegen der „Überfüllung der Lehrzimmer" in Urfahr „die Nothwendigkeit eines 4^t Lehrzimmers" und die „Haltung eines 3^t Lehrgehilfen" ohne Erfolg beantragt worden war und daß eine „kreisamtliche Commission" in ihrem Protokoll vom 3. März 1846 folgende Mängel feststellte: „Das Lehrzimmer für die Vorbereitungs- u 1te Klaße hat nur den gesetzlichen Raum für 90 Kinder, während dermal laut Ver-*

⟨26.⟩

zeichniß 196 Schulbesuchende sind. [...] / Das Lehrzimmer der 2te Klaße 1 Abtheilung hat den gesetzlichen Raum für 80 Kinder, während die Zahl der Schulbesuchenden 118 ist. / Die Fußböden liegen mit dem äußern Erdhorizonte bey nahe im gleichen Niveau. / Sämtliche Lokalitäten sind deshalb feucht. / Die Fenster gehen auf Gärten, u es werden durch die vor den Fenstern stehenden Bäume die Zimmer verdunkelt. / Der Schullehrer mit 2 Gehilfen wohnt in einem abgesonderten 1stökigen Wohngebäude, u zwar die Schulgehilfen zu ebener Erde in 2 sehr kleinen, sehr feuchten Zimmern. [...] / Es erscheint hienach die Eröffnung eines 4te Lehrzimmers u Aufstellung eines 3te Gehilfen ein Bedürfniß. Aber auch dadurch würde dem Bedürfniße noch nicht vollkommen entsprochen werden, weil auch die übrigen Lehrzimmer noch zu klein sind, u die Feuchtigkeit der Zimmer nicht behoben wird. / Ein fernerer Übelstand ist noch, daß sich die Retiraden für die Schule außerhalb des Hauses auf einer Entfernung von 13 Klafter [lt. RGBl 1872, S. 30, ca. 24,6 m, Anm.] von demselben befinden, was im Winter bey Koth u Schnee unbequem, u durch die abseitige Lage für die Sittlichkeit gefährlich ist". Da sich die Dominien, die Gemeinde und das Kreisamt, vor allem wegen der Kostenfrage, gegen einen beantragten Neubau wandten und die Regierung mit Erlaß vom 1. Dezember 1846 nur einige Verbesserungen zugestand, war dagegen am 4. November 1847 der Rekurs des Schuldistrikts-Aufsehers und des Pfarramtes Urfahr erfolgt, doch am 10. Juni 1848 schickte Unterrichts- und Justizminister Franz Freiherr von Sommaruga den ablehnenden Bescheid, „Seine k. k. Majestät" habe „in Gemäßheit Allerhöchster Entschließung vom 2. d. Mts. dem Hofrekurse [...] keine Folge zu geben befunden" (Scha 56, Z. 1848). Das Verfahren wird, wie aus einem Dekret der LSchBeh vom 6. Juni 1851 hervorgeht, durch Stifters Bericht vom 4. April 1851 neu in die Wege geleitet (4/1745 l). Am 29. Mai 1852 (Scha 56, Z. 1171) schickt die LSchBeh ein von der Landesbaudirektion übermitteltes „neues

⟨26.⟩

*Projekt zu einem neuen Schulhause im Markte Urfar bei Linz"
an das Ministerium, und erhält am 11. August 1852, gez. Thun,
mit Änderungsauflagen die „Genehmigung des vorliegenden
Bau- beziehweise Adaptirungsprojektes". Der weitere Fortgang
in Nr. ⟨105.⟩.*
133,23–134,17 Hauptschule *bis* unzureichend] *Die Kreishauptschule zu Steyr war, wie die Statthalterei am 9. Juni 1857 (Scha 12;
Z. 2477) feststellt, auf Grund einer „Allerhöchsten Resolution"
vom 25. Februar 1775 als „Muster- u zugleich Vorbereitungsschule für die Gymnasial-Studien" und für die Lehrerbildung
gegründet worden. Sie wurde laut Schreiben der Statthalterei
vom 13. April 1856 (ebd., Z. 3200) „bis zum Jahre 1826 in dem
früher zu den Gymnasial Studien der Jesuiten verwendeten u
später sogenannten* alten Schulhaus *u in dem anstoßenden sogenannten* Direktorstökl *untergebracht". 1826 wurde sie in den
2. Stock des „jenen Gebäuden gegenüber stehenden" Exjesuitengebäudes „übersetzt", worauf „das Hauptschulgebäude u das
Direktorstökl einzeln veräußert" wurden, und zwar das alte
Schulhaus an die Steibl'schen Erben. „Auf diese Weise war die
Kreishauptschule sehr gut untergebracht", doch 1849 mußte sie
anläßlich der neuen Gerichtsorganisation weichen, da das Bezirksgericht in das Exjesuitengebäude einzog. Die Kreishauptschule und die seit November 1849 damit verbundene 2klassige Unterrealschule verloren laut Statthaltereischreiben vom
14. Oktober 1854 (ebd., Z. 16216) ihre „sehr gute Unterkunft" „in
dem vormaligen Jesuiten-Kollegium in der Vorstadt Steyrdorf
ganz nahe der Brücke über den Fluß Steyr" und wurden in zwei
weit voneinander entfernte Gebäude verteilt:*
*Die ersten 3 Klassen wurden laut Statthaltereischreiben vom
17. November (ebd., Z. 19059) wieder „in dem dermalen den
Steibl'schen Erben gehörigen sogenannten alten Schulhause" in
der Vorstadt Steyrdorf am Michaelerplatze „höchst mangelhaft
untergebracht"; vgl. auch den „Mieth-Vertrag" vom 23. März*

⟨26.⟩

1851 „zur theilweisen provisorischen Unterbringung der drei Klassen der kk. Kreishauptschule" in dem Steiblischen Haus (Scha 12, Z. 1187), obwohl der Direktor dieser Hauptschule laut Statthaltereischreiben vom 13. April 1856 (ebd., Z. 3200, Bog. 1, S. 4 – Bog. 2, S. 1) diese Unterkunft „nicht geeignet" fand: „Es fehlt an den wesentlichen Bedingungen, nämlich an Licht, Trokenheit u Geräumigkeit. / [...] Die Lehrzimmer liegen ungewöhnlich tief u. sind daher sehr feucht u ungesund. Der größte Übelstand aber ist der große Mangel an Raum. Die Schülerzahl hat seit dem Jahre 1841, wo nur 204 Wochenschüler waren, sich fortwährend Jahr für Jahr vermehrt u im Jahre 1850 schon die Zahl 408 erreicht."

Die „beiden Abtheilungen der 4.ten Klasse der k. k. Kreis-Hauptschule" in Verbindung mit der 1849 gegründeten, mit der Hauptschule verbundenen zweiklassigen Unterrealschule zogen laut Miethvertrag vom 26. März 1850 (ebd. Z. 562) in das entfernte, „in der Berggasse der Stadt gelegenen Exzölestinner-Gebäude", wo bereits das Bezirksgericht untergebracht war. Die Folge war, „daß es für den Direktor eine schwere mit seinen Obliegenheiten als Klassenlehrer u. Leiter der Hauptschule kaum vereinbare Aufgabe" war, „in beyden Schullokalitäten die nöthige Aufsicht zu führen" (ebd., Z. 3200).

133,28–134,9 Schullocalitäten *bis* Unterrealschule] *Da der Statthalter bei seiner Bereisung in Steyer die „bekannt gegebenen Uebelstände in der Unterkunft der Haupt- u. Unter-Real-Schule durch eigene Anschauung nicht bloß bestätigt, sondern darunter sogar den argen Mißstand gefunden, daß die Lehrzimmer der letzteren" sich mit dem Bezirksgerichts Steyr „in einem u. demselben Hause" befinden, was zur wechselseitigen „Belästigung" führt, ordnet er mit Schreiben vom 7. Juni 1851 an den Bezirkshauptmann (Scha 54, Z. 1131 Enns) an, dafür zu sorgen, daß gemäß seiner Absprache mit dem Bürgermeister „in dem Gemeinde- oder Rathhause die dort verwendbaren Räume nach*

⟨26.⟩

deren vorläufiger Adaptirung zu Schulzimmern gleichzeitig eingeräumt werden" und *"die Uebersiedlung der Real-Schule in das Rathhaus bewirkt werde". 1852 wird die Unterrealschule im Rathaus untergebracht. Da dies nur eine Notlösung ist, beantragt die Statthalterei am 13. April 1856 beim Ministerium "die Unterbringung der Haupt u RealSchule in einem anderen gemeinschaftlichen Hause"* bzw. *"die Erbauung eines angemeßenen Schulhauses" (Scha 12, Z. 3200 Steyer, Bog. 2, S. 3). Wegen der großen Schwierigkeit, einen angemessenen Bauplatz zu finden, erstrecken sich die immer neuen Verhandlungen über verschiedene vorgeschlagene Bauplätze nachweislich bis ins Jahr 1861 ohne Erfolg. Der weitere Fortgang in den Nrn. ⟨111.⟩ und ⟨328.⟩.*

134,1 Religionsfondes] *Über Religions steht von anderer Hand "Studien"; vgl. hierzu auch den Apparat zu S. 125,25. Entsprechend erwähnt die Statthalterei am 13. April 1856 (Scha 12, Z. 3200 Steyer) das "dem Studienfonde eigenthümlich gehörige Exjesuitengebäude".*

134,24 Lautier- u Schreib-Lese-Methode] *Feuchtersleben hatte am 9. September 1848 in der "Wiener Zeitung" (Nr. 245) angekündigt, daß die Lehrer auf "die Anwendung der Lautir-Methode neben der des Buchstabirens, auf die Verbindung des Lese- und Schreib-Unterrichtes" aufmerksam gemacht werden (Feuchtersleben, KFA III/3, S. 69). Exner hatte bereits im Ministerialerlaß vom 2. September 1848, Z. 5692 "die Verwendung der Lautiermethode, des Schreib-Lese- und des Anschauungsunterrichtes verlangt. Krombholz blieb es vorbehalten, auf die Beherrschung der verbesserten Methoden durch die Lehrer zu achten" (Grundl, S. 62). Dem entsprechend setzt sich Stifter intensiv dafür ein, an Stelle der Buchstabiermethode die Lautiermethode einzuführen und die Lehrer über deren Handhabung zu belehren; vgl. Nr. ⟨148.⟩ (S. 322,29–323,33). Allerdings wird noch im §. 4 der Verordnung vom 23. Mai 1855 vorgeschrieben: Der "Unterricht beginnt in der I. Klasse mit dem Lautieren oder Buchstabieren" (7/3174 l).*

⟨26.⟩

Die Buchstabiermethode war 1774 durch § 5. der „Allgemeinen Schulordnung" der Maria Theresia vorgeschrieben worden (Allgemeine Schulordnung, S. 13, s. Kommentar zu Nr. ⟨17.⟩). Mit einem „Methodenbuche" wurden im § 7. „Anweisungen" (ebd., S. 16) für Lehrgegenstände und Unterrichtsmethoden festgelegt, die strikt einzuhalten waren. Vorgeschrieben war in Felbigers „Foderungen an Schullehrer und Lehrer der Trivialschulen" die Einführung der Buchstaben mit Hilfe von „Buchstabentäflein" (ebd., S. 52), einer „Buchstabiertafel" (ebd., S. 53, auf S. 54 als „Buchstabirtafel") und „Tabellen" (ebd., S. 57), wobei die Schüler am Beginn des Lehrgangs die Namen der Buchstaben (be, ef, ka, zet) zu lernen und die Buchstabenzeichen zu benennen, sowie fortschreitend zuerst einsilbige Wörter, dann zweisilbige Wörter zu buchstabieren hatten (ebd., S. 53). Vgl. Nr. ⟨320.⟩, wo Stifter auf Buchstabiertabellen (HKG 10,2, S. 390,14) eingeht. Bei Aloys Karl Ohler (s. zu S. 81,20) heißt es im 2. Teil „Spezielle Unterrichtskunde" seines „Lehrbuchs der Erziehung und des Unterrichtes" (1861) im Abschnitt „Der Schreibleseunterricht": „In der <u>Buchstabirmethode</u> erhielt das Kind zuerst die Namen aller Buchstaben nach der Reihenfolge des Alphabets, ohne zu wissen, wie dieselben lauten, und es mußte bei dieser alleinigen Kenntniß der Namen Silben und Wörter sprechen und lernen, ohne sich Rechenschaft geben zu können, warum z. B. be − a = ba und nicht bea; vau − a = va und nicht vaua lautet. Es blieb sonach Alles bloße Gedächtnißsache. Daher dauerte es so lange, bis die Kinder lesen lernten [...]" (S. 239). Dabei wurden die Buchstaben und Silben vom Lehrer vor- und von den Kindern nachgesprochen.

In der Erzählung Der Waldgänger *von 1847 gestaltete Stifter noch einen Leselehrgang mit der Buchstabiermethode, wie er ihn bei seinem Lehrer Josef Jenne in der Schule von Oberplan kennengelernt haben muß („Adalbert Stifter. Sein Leben und seine Werke. Von Alois Raimund Hein. Mit bisher ungedruckten Briefen und Handschriften, einem faksimilierten Stammbuchblatte,*

⟨26.⟩

7 Heliogravüren, 3 Kupferradierungen, 2 Photolithographien und 114 Textbildern", Prag 1904, S. 27ff.): [...] der Waldgänger kaufte ein Papptäfelchen, das mit Papier überzogen war, und auf dem schwarze und rothe Buchstaben standen, *und er* sagte alle Laute, welche die Zeichen, die auf dem Papiere eingeprägt sind, bedeuten, und der Knabe sagte sie nach *(HKG 3,1, S. 127,19–29). Daß es sich dabei um die Buchstabiermethode handelt, wird durch die Aussage des Knaben gesichert:* Ich weiß es schon, Vetter, der dritte rothe heißt ce *(ebd., S. 128,16–17), insofern mit* ce *der Name des Buchstaben genannt wird. Dazu paßt, daß die Mutter ihn abends* um seine Buchstaben *ausfragt,* die sie kannte *(ebd., S. 129,13–14).* Zum Schreiben brachte der Waldgänger aus seinen Sachen ein Papierschiefertäfelchen hervor und einen Griffel, den er mit einem Schnürchen an die Tafel anhing. Er schrieb dem Knaben zuerst mit dem Griffel die gedruckten Buchstaben auf dem schwarzen Schiefer vor, und zeigte ihm, wie er sie nachbilde; dann die geschriebenen *(ebd., S. 128,18–23). Danach wird der Übergang vom Schreiben mit Griffel auf der Tafel zum Schreiben mit Tinte auf Papier ausgeführt (ebd., S. 132);* nicht erwähnt wird, wie der Leselehrgang vom Buchstabieren zum Lesen von Wörtern fortschreitet und ob dabei das Syllabieren eine Rolle spielt.

    Das „Methodenbuch" von 1848 für Österreich legte noch die Buchstabiermethode zu Grunde, „weil sie sich / 1. durch ihr lautes Vorgehen, und den dabey angewendeten Rhythmus ganz besonders für den Gesammtunterricht einer öffentlichen Schule eignet, sie / 2. dem Schüler durch ihr langsames Fortschreiten ein treues, unverwischbares Bild der bekanntesten Wörter gibt; und daß er sich dieses erwirbt, ist für die Rechtschreibung sehr fördernd" (S. 64). Allerdings bedient man sich, wie dem Verfasser bekannt ist, „um die Schüler zum Lesen zu führen, heut zu Tage dreyer synthetischer Lehrweisen, nämlich der Buchstabir-, Lautir- und Schreiblesemethode" (ebd., S. 63).

⟨26.⟩

Angesichts der Mängel der Buchstabiermethode wurde die Lautiermethode auf Grund einer grammatikalischen Theorie, welche Laute, Buchstabenzeichen und Buchstabennamen unterschied, von Valentin Ickelsamer (um 1500–1547), Schulmeister in Bayern, in seinem Buch „Die rechte weis auffs kürtzist lesen zu lernen" (wohl 1527, ²1533) konzipiert. Heinrich Stephani (1761–1850), ebenfalls in Bayern tätig, der den Leselehrgang mit dem Erlernen der Aussprache der Laute beginnt, hat mit seinem Buch „Ausführliche Beschreibung meiner einfachen Lese-Methode" (1814) „vorzüglich der Lautirmethode Eingang in die Elementarschulen zu verschaffen gesucht und gewußt" (Diesterweg, s. zu S. 81,20, S. 254).

Während die Buchstabiermethode einseitig vom Buchstaben und die Lautiermethode vom Laut ausgegangen war, entwickelte man laut Ohler die „Schreiblesemethode, d. i. die Methode, schreibend lesen und lesend schreiben zu lernen [...] Die Schreiblesemethode gibt dem Kinde Alles methodisch richtig und vollständig; es erhält nämlich zuerst den Laut; dann sieht es das Zeichen vor seinen Augen entstehen und stellt es selbst dar (schreibt). Zuletzt wird es noch mit dem Namen des Buchstabens bekannt gemacht" (Ohler, s. zu S. 81,20, S. 239f.). Nach Diesterweg gebührt Johann Baptist Graser (1766–1841) mit seinem Lehrgang „Die Elementarschule für's Leben in ihrer Grundlage" (1817, ³1821; nachfolgend 1828 „Die Elementarschule in der Steigerung als zweiter Theil der Elementarschule fürs Leben [...]" sowie 1841 „Die Elementarschule für's Leben in ihrer Vollendung") „das Hauptverdienst, auf die naturgemäße Verbindung des ersten Lese- und Schreibunterrichts aufmerksam gemacht und einen bestimmten Lehrgang dafür aufgestellt zu haben" (Diesterweg, s. zu S. 81,20, S. 241).

134,27 Vorstadtschule Ennsdorf] *Um die Probleme der Schulen in der engen Stadt Steyr zu lösen, befürwortete laut Schreiben der LSchBeh vom 6. Mai 1852 (Scha 81, Z. 562) eine kommissionelle*

⟨26.⟩

Verhandlung am 6. Februar 1852 eine Zusammenlegung der Ennsdorfer Schule mit der Bergschule sowie den Bau eines gemeinschaftlichen Schulhauses. Auch Stifter hat am 3. Dezember 1852 während einer Inspektion in Gegenwart des Dechants Plersch, des Bürgermeisters *[Anton Haller, Anm.]* und einiger Gemeinderäthe von der Nützlichkeit des Zusammenlegens der Pfarrschule, und der Ennsdorfer-Schule gesprochen *(HKG 10,2, S. 434,19–21). Dieses Projekt scheitert aber an der vergeblichen Ermittlung eines geeigneten Bauplatzes und schließlich deshalb, weil der Bürgermeister sich laut Schreiben der Statthalterei vom 16. Mai 1855 nach einer Beratung mit dem Stadtpfarrer am 16. März 1854 „im Gegensatze zu seiner im Kommissionsprotokolle vom 10 November 1852 ausgesprochenen Zustimmung" (Scha 81, Z. 6987, Bog. 2, S. 3) jetzt gegen die Vereinigung der beiden Schulen erklärt. In der „kommissionellen Lokal-Verhandlung" wird daraufhin am 26. März 1854 beschlossen, auf dem erweiterten Platz des bisherigen Schulhauses an der Haratzmüllerstraße 29 „ein neues Schulgebäude auf Kosten der Schulbau-Konkurrenz herzustellen" (ebd., Bog. 3, S. 2). Am 3. September 1856 (Scha 81, Z. 16044 Ennsdorf) erfolgt die „Anzeige" der Kreisbehörde Steyr, „daß das neuerbaute Schulhaus zu Ennsdorf bereits vollendet ist". Am 1. Oktober 1856 wurde es bezogen (Manfred Brandl, „Neue Geschichte von Steyr. Vom Biedermeier bis Heute", Steyr 1980, S. 53). Der weitere Fortgang in Nr. ⟨475.⟩*

135,19–20 Losenstein *bis* befriedigend] *Im Gegensatz zu Stifter hat Statthalter Bach laut Schreiben vom 2. August 1852 (Scha 82, Z. 1974) an den Bezirkshauptmann in Steyr „jüngst bei Bereisung Ihres Amtsbezirkes die Unterkunft der Schule zu Losenstein höchst unzureichend gefunden", insofern in den 2 Lehrzimmern 266 schulbesuchende Kinder „zusammen gepreßt" sind. „Nach meiner Beobachtung kann die unabweisliche Abhilfe, welche 3 Lehrzimmer bedingt, nur durch die Erbauung eines neuen Schul-*

⟨26.⟩

hauses erreicht werden". Nach Verhandlungen und der Ausarbeitung von Projekten wird in der Ratssitzung vom 3. September 1856 beschlossen, statt eines Neubaus einen Anbau an das Schulhaus vorzunehmen, woraufhin das Erdgeschoß 1 Lehrzimmer und die Wohnung des Lehrers, der 1. Stock 2 Lehrzimmer und 2 Gehilfenzimmer erhält. Die Baumaßnahmen mit Gesamtkosten von 8478 fl 16 kr sind laut Schreiben der Landesbaudirektion vom 8. November 1859 „im Allgemeinen gut und zweckentsprechend vollführt" worden.

135,21–23 Reichraming *bis* bauen] *Stifter war im September 1850 (Nr. ⟨222.⟩, 1. Liste, Nr. 1; HKG 10,2, S. 200,28) dort, worüber er dem Statthalter mündlich berichtet hat. Am 20. Dezember 1850 verfügte die LSchBeh „die zur Behebung der großen Baugebrechen an der Mittelschule zu Reichraming nöthigen Bauführungen" (4/1741 r). In der kommissionellen Verhandlung vom 11. Januar1851 entschieden sich die Vertreter der Gemeinde für den Bau eines neuen Schulhauses und statt des bisherigen halbtägigen für den ganztägigen Unterricht (6/2251 l), worauf sich Stifter bezieht. Im Schreiben der LSchBeh vom 6. Juni 1851 an das Ministerium heißt es zwar, daß die Bauführungen seit Dezember 1850 „in Ausführung gekommen" sind (4/1741 r), doch nach Verzögerungen muß am 16. Juni 1852 (Scha 15, Z. 1313 Reichraming) die „Beschleunigung" des Schulhausneubaus angemahnt werden, „weil das dermalige Schulhaus als Brandstätte seit 1846 u. nur mit einem Nothdache versehen in sehr schlechtem Baustand ist, u. da es nur* ein *Lehrzimmer enthält, dem Bedarfe an Raum lang nicht genüget." Der weitere Fortgang in Nr. ⟨89.⟩.*

135,28 Gaflenz] *Stifter war im September 1850 in* Gaflenz *(Nr. ⟨222.⟩, HKG 10,2, S. 200,28–29), worüber er dem Statthalter mündlich berichtet hat. Ohne in seinem Schreiben vom 31. Januar 1853 (Scha 81, Z. 188, Bog. 1, S. 3) auf Stifters Hinweis vom 4. April 1851 einzugehen, dafür aber referierend, daß gravieren-*

⟨26.⟩

de Mängel am Schulhaus bereits 1823 vom Traunkreis-Ingenieur, 1827 vom Kreis-Ingenieur und 1847 von einem Vogteibeamten festgestellt worden waren, ohne daß etwas geschah, beruft sich der Statthalter darauf, daß er selbst im Juli 1852 „den schlechten Zustand" des Schulgebäudes „bei einer Bereisung des polit. Bezirkes Steyr vorgefunden" und am 3. August 1852 den Bezirkshauptmann „zur Vornahme der erforderlichen kommissionellen Untersuchung u. Lokal-Verhandlung angewiesen" habe. Laut Schreiben der LSchBeh vom 10. Februar 1853 (Scha 81, Z. 3484) war das Schulhaus „ein bloß aus einem Erdgeschoße bestehendes nur 4¾ Kl. breites Haus auf ganz nassem Grunde, mit seinem Fußboden auf 2 Seiten unter der umgebenden äußern Flur gelegen, u. [...] mit nur 1½ − 2 kleinen, [...] ganz feuchten Schulzimmern, von denen das kleinere [...] nicht mehr als höchstens 23, das größere [...] bloß 72 Schülern Raum gewähret, während für 148 − 150 Schüler bei ganztägigem Unterrichte eines derselben Raum für die größere Hälfte, also mindestens für 80, u. das 2^t für die kleinere Hälfte, also mindestens für 70 darbieten sollte, eine enge überfeuchte Lehrerswohnung aus einem kleinen Zimmer, einer noch kleineren Kammer u. einer Küche nebst Speisgemach bestehend, endlich eine feuergefährliche, kalte Unterkunft für den Lehrgehilfen in einer unheizbaren Bodenkammer" (ebd., Bog. 1, S. 3). Da wegen des „sumpfigen Standortes" auf dem Schulhaus kein „festes Stockwerk" mit 2 geräumigen Lehrzimmern errichtet werden kann, so könne „nur ein Neubau zur Beseitigung aller vorhandenen [...] großen Gebrechen des dermaligen Schulhauses" führen, und zwar auf einem anderen Bauplatz, nämlich dem in der Nähe des Marktes liegenden Straßgarten. Der Vertrag vom 29. April 1854 legt unter „5^{tens}" fest, daß die Gemeinde den Bau ausführe und daß der Neubau „verläßlich bis Ende Juli" 1856 „vollendet sey". Am 25. November 1857 (Scha 81, Z. 3471) schreibt das Kreisbauamt Steyr im Prüfungsbericht, daß das „Schulhaus ganz vollendet ist".

⟨26.⟩

135,31–136,15 Garsten *bis* Gesundheit] *Im Bericht vom 6. Juni 1851 (4/1741f.) an das Ministerium erklärt die LSchBeh gegen Stifters Darstellung: „Hr Schulrath Stifter hat die der dortigen Schule bei der Umwandlung des ehemaligen Klostergebäudes Garsten in ein Strafhaus u. der damit verbundenen Kassirung der früheren Schulzimmer zugedachten Räume, wie die 1te Seite seines Berichtes entnehmen läßt, zwischen dem 16. u 26. Septber 1850 also zu einer Zeit gesehen, wo die kommissionellen Anträge darüber u. zu den nothwendigen Umstaltungen zwar gefaßt u. dem h. Ministerium des Inneren wohl bereits vorgelegt, zur Ausführung der dießfalls vorgetragenen Arbeiten aber noch nicht geschritten war. / □ Zu den ursprünglichen Anträgen sind seitdem noch verbessernde unter Mitwirkung u. Zustimmung des Herrn Sekzions-Rathes Sprenger zur Gewinnung größeren Raumes u. ausgibigeren Lichtes für die fraglichen Lokalitäten gestellt u. von dem h. Ministerium des Inneren mit Erlasse vom 7. Oktober v.J. Z. 21060 genehmigt worden. / □ Seit der Ausführung aller dieser Anträge stellen die der Schule gewidmeten Räume des Klostergebäudes 2 große, das Raumbedürfniß mit Ueberschuß befriedigende, mit ihrem Fußboden die äußere Flur des Gebäudes u. Hofraumes bedeutend überragende, trockene u. lichte, folglich ganz geeignete Schulzimmer dar wie sich der gef. Statthalter selbst überzeugte und es ist bereits die Beziehung der neuen Schullokalitäten eingeleitet"* (4/1741f.). *Der weitere Fortgang in Nr. ⟨328.⟩* (HKG 10,2, S. 423,25–32).

136,20–21 Enns *bis* Schulgebäude] *Stifters Bericht über das seit 1824 bis 1857 bestehende Schulgebäude auf dem Kirchenplatz Nr. 2 vom 4. April 1851 hat offenbar den Statthalter zu einer Amtsreise nach Enns angeregt. Im Schreiben vom 6. Juni 1851 berichtet dieser dem Ministerium: „Betreffend den schlechten Zustand der Unterkunft der Schule zu Enns hat der unterzeichnete Statthalter vor einigen Tagen [...] in Enns, bei seiner persönlichen Anwesenheit daselbst bereits mündlich Vorkehrungen zur*

⟨26.⟩

Behebung des Uebelstandes getroffen, denen so eben noch schriftliche Weisungen nachgesendet werden" (4/1742 l). Am 7. Juni 1851 (Scha 54, Z. 1131 Enns) wird der Bezirkshauptmann zu Steyr angewiesen, mit dem Bürgermeister für eine Beseitigung der schlechten Zustände zu sorgen, denn „die in dem Schulhause zu Ens der Schule selbst gewidmeten Lokalitäten gewähren nicht den nothwendigen Raum und es kann wegen Mangels an Raum der Unterricht nur halbtägig abgehalten werden. Eine Ausdehnung u. Vermehrung derselben ist dringend nothwendig." Das Ministerium „geruhte" mit Erlaß vom 17. Dezember 1851, wie im Schreiben der Statthalterei vom 21. April 1858 (Scha 54, Z. 20028 Enns) erinnert wird, „aus Anlaß des von der ehemaligen Landesschulbehörde vorgelegten Inspektionsberichtes des Schulrathes Stifter darauf hinzuweisen, daß es wünschenswerth scheine in der Stadt Ens eine <u>Hauptschule</u> von drei Klassen zu errichten." Der weitere Fortgang in den Nrn. ⟨102.⟩, ⟨150.⟩, ⟨217.⟩ und ⟨366.⟩.

137,18 Schulzimmer so schlecht] *„Die Erbauung eines neuen Schulhauses zu Hörsching" wurde laut Bericht des Bezirkshauptmanns Wels vom 24. März 1850 (Scha 14, Z. 13816 Hörsching) bereits am 8. Juni 1848 in einem kreisämtlichen Kommissionsprotokoll „als dringendes Bedürfniß" bezeichnet. Am 11. Juni 1850 (Scha 14, Z. 13816 Hörsching) schrieb die LSchBeh, „daß das in dem der Kirche gehörigen alten Schulhause befindliche Schulzimmer selbst bei dem gegenwärtig bestehenden halbtägigen Unterricht bei weitem zu wenig Raum hat, und auch wegen der geringen Höhe desselben gesundheitschädlich ist". Die LSchBeh hatte zwar den Bau eines neuen Schulhauses bewilligt, doch wegen des Streits der Gemeinderepräsentanten mit der Herrschaft Erlakloster wegen der Kostenbestreitung wurde am 20. November 1850 der Neubau „bis zur definitiven Regelung der Patronatsverhältniße sistirt" (6/2489 r). Wegen der von Stifter bekanntgegebenen Schulzustände wird in Folge eines Erlas-*

⟨26.⟩

ses vom 30. Mai 1851 die Schule „miethweise" in einem anderen Lokal „zeitweilig untergebracht" (6/2490 l). Der weitere Fortgang in Nr. ⟨64.⟩.

138,4–13 Stadler bis zulegen] Die LSchBeh berichtet am 6. Juni 1851 an das Ministerium, daß „die verdienstliche Handlung des Hrn Schulenbezirks-Aufsehers Stadler [...] durch die LandesZeitung als Beispiel zur Nachahmung öffentlich bekannt gemacht werde" (4/1742 r).

138,23–26 Traunkirchen bis Lehrzimmer] Der 1847 nach Traunkirchen berufene Lehrer Frank Vockner war laut Schreiben der Schulaufsicht vom 1. Juli 1849 (DAL Schu-A/3, Scha 29, Fasz. 17/20) bald schwer krank und „bettliegerich" geworden. Da ein bestellter Lehrgehilfe nicht erschienen war, mußte der Cooperator Sagger aushilfsweise supplieren, was „nicht alle Tage" möglich war. Nach dem Ableben Vockners wurde laut Schreiben des bischöflichen Konsistoriums vom 21. November 1850 zunächst der Lehrgehilfe Raimund Gayer als Schulprovisor angestellt, bis mit Schreiben des bischöflichen Konsistoriums vom 4. Juni 1851 Joseph Janoch das Anstellungs-Dekret für den Schul-, Organisten- und Meßnerdienst in Traunkirchen erhält, den er bis zu seinem Tode im Jahr 1856 inne hat. Stifters Vorschlag, ein zweites Lehrzimmer zu eröffnen, ist nicht realisiert worden, denn im „Lehrerschematismus" 1856 und 1864 wird nur ein Oberlehrer ohne Gehilfen ausgewiesen.

139,1–2 Herzog bis sittlicher Beziehung] Die LSchBeh schreibt dazu am 6. Juni 1851 an das Ministerium: Die dem Lehrer Herzog in Vöcklabruck „angeschuldigte Unsittlichkeit in Beziehung auf Umgang mit dem weiblichen Geschlechte ist bereits früher von Seite des Bezirkshauptmannes daselbst hieramts zur Sprache gebracht, u. da die Anzeige nicht mit Beweisen belegt, sondern auf Gerüchte gestützt war, darüber vor Kurzem der Schulendist. Aufsicht u. dem Bezirkshauptmanne die Erhebung aufgetragen worden, nach deren Ergebnisse das Gesetzliche verfügt werden

wird" (4/1743 l). *Da Herzog noch im "Lehrerschematismus 1864" (S. 43) als Lehrer in Vöcklabruck genannt wird, waren die Erhebungen offenbar unerheblich oder ergebnislos.*
139,16 Regelwesen] *Die LSchBeh schreibt dazu am 6. Juni 1851 an das Ministerium:* „Bezüglich des übermäßigen Regelnlehrens u. Regelnlernens in der deutschen Sprachlehre – was allerdings in den meisten Schulen selbst den kleinsten Dorfpfarreyen übertrieben wird, u. ein Steckenpferd der meisten Lehrer ohne dessen Verwendung zu einem nützlichen Ritte geworden ist, – so wird nach dem Einlangen des besonderen Antrages, den Hr Schulrath Stifter in seinem Berichte sich vorbehalten hat, u. zu dessen baldiger Erstattung er so eben eingeladen wird, durch das bischöfliche Konsistorium die angemessene Belehrung an die Schullehrer des Landes u. die Direktoren der Hauptschulen erlassen werden" (4/1743 l).

⟨27.⟩ Lehrerkonferenzen 1850

Überlieferung

H 232 1850 X $\frac{C}{22}$ *(OÖLA 6/2462 l)*
Die beiden Äußerungen Stifters Nrn. ⟨27.⟩ *und* ⟨28.⟩, *beide am 7. April 1851 datiert, stehen jede auf der 4. Seite eines eigenen Bogens, auf dessen ersten drei Seiten sich der Bericht des bischöflichen Konsistoriums vom 13. August 1850 bzw. vom 8. November 1850 an die LSchBeh über die Lehrerkonferenzen 1850 befindet. Stifter hat zunächst* dieses Actenstük *des bischöflichen Konsistoriums vom 13. August 1850, wie er schreibt, absichtlich auf das zweite derselben Art vom 6. November 1850* warten

⟨28.⟩

	lassen, *um am 6. November 1850 sein Gutachten zu beiden Berichten zu schreiben.*
D	Fischer, Nr. 19

Apparat

140,6   mit [dem über] 709

⟨28.⟩ Lehrerkonferenzen 1850 in Wels, Steyer und Thalheim

Überlieferung

H	232 1850 X $\frac{C}{22}$ (OÖLA 6/2460 l)
	Stifters Äußerung zum Schreiben des bischöflichen Konsistoriums vom 8. November 1850, das sich auf den ersten drei Seiten eines Bogens befindet, beginnt auf der 4. Seite in der rechten Spalte unterhalb von Anschrift und Kurzinhalt sowie dem Auftrag Fritschs vom 18. Dezember 1850 „zur Einsichtnahme u. geeigneten Begutachtung" und setzt sich in der linken Spalte fort.
D	Fischer, Nr. 19

Apparat

140,17–18   man [die Versicherung gebe] das
140,19   Beachtung [zu] ziehen
141,13–14   Abhandlungen [u] Vollständigkeit
141,16   Protokolle [B]⸌u Betheiligung

⟨28.⟩

Stellenkommentar

140,10–26 Lehrerconferenzen *bis* Sprechenden] *Vgl. den Kommentar zu Nr. ⟨26.⟩, S. 119,10. Bereits Krombholz hatte 1848 mit der mangelnden Qualität der Lehrerversammlungen zu kämpfen (Grundl, S. 60f.). Während Stifter meinte, daß sie* im Allgemeinen in unserem Kronlande gut abgehalten werden *(S. 140,15–16), aber auch Vorschläge für die Verbesserung der Protokolle macht, beurteilte das bischöfliche Konsistorium am 13. August 1850 die mangelnde Qualität der Lehrerkonferenzen und der Protokolle: „Aus der Durchsicht dieser Berichte ergibt sich, daß, wo die Herrn Katecheten und Ortsseelsorger der Lehrer-Versammlungen sich annehmen, und damit betheiligen, sie auch mit sichtbarem Nutzen gehalten werden" (6/2460 r). Am 8. November 1850 schlägt das bischöfliche Konsistorium vor, „über diese Berichte und Protokolle eine ins Detail eingehende Erledigung zu erlassen" (6/2459 r). Die LSchBeh übernimmt am 5. Mai 1851 Lob und Tadel des bischöflichen Konsistoriums und bemerkt, daß die Versammlungen „in jenen Schulenbezirken am ämsigsten besucht, am zweckmäßigsten u sorgfältigsten gehalten werden, wo die Herrn Katecheten u. der hochwürdige Klerus selbst mit Liebe u. Eifer sich daran betheiliget, oder sonst sie fördert." Um die Qualität der Protokolle zu verbessern, wird entsprechend Stifters Vorschlag festgelegt, daß sie „vollständiger u. inhaltreicher abgefaßt werden müssen, als es bei den meisten der vorliegenden der Fall ist [...]" (6/2458 l). „*Insbesondere* *müssen sie / a. die Dauer der Verhandlung, b. die Anwesenden (:was durch deren Unterschriften u Standesangabe geschieht:), / c., die einzelnen Gegenstände der Verhandlung, / d, die darüber zur Sprache gebrachten Anträge, / e., die darüber gefaßten – also die Ansicht der Mehrzahl der Anwesenden aussprechenden – Beschlüße ersichtlich machen, u. / f., die gehaltenen Vorträge nach deren Gegenstand u. mit Nennung des bezüglichen Sprechers anführen" (6/2462 r).*

⟨29.⟩

141,3–4 Conferenzen *bis* Belobungen] *Entsprechend schreibt die LSchBeh am 5. Mai 1851 an das bischöfliche Konsistorium: „Am hervorragendsten u. ausgezeichnetsten durch Vollständigkeit der Darstellung sind die Protokolle u. zugleich am reichhaltigsten u. gründlichsten in Umfang des Stoffes u. dessen Verarbeitung, so wie in Besuche sind die Versammlungen zu Wels, zu Steyr u. zu Thalheim, beziehweise Kremsmünster, was denselben unter Beifügung hieramtlicher beifälliger Anerkennung eröffnet werden wolle" (6/2463 l).*

141,20–22 Schulrath *bis* beiwohnen] *Entsprechend informiert die LSchBeh am 5. Mai 1851 das bischöfliche Konsistorium: „So wie der Hr Schulrath Stifter bereits Versammlungen zu Wels u Steyr angewohnt hat, so wird er bemüht seyn, nach u. nach auch einzelnen Versammlungen der übrigen Dekanats-Bezirke beizuwohnen" (6/2463 l). Belegt sind Besuche von Lehrerversammlungen in Nr. ⟨26.⟩ (S. 109,20; 109,30–31; 135,7–13; 136,25–27); in Nr. ⟨222.⟩ (HKG 10,2, S. 201,30–31; 202,1–2; 203,23; 204,9); in Nr. ⟨275.⟩ (ebd., S. 298,9–10); in Nr. ⟨276.⟩ (ebd., S. 315,13–26); in Nr. ⟨392.⟩ (HKG 10,3, S. 110,26–112,2). Erhalten sind umfangreiche Äußerungen Stifters zu Lehrerkonferenzen von 1856 in Nr. ⟨539.⟩ und von 1860 in Nr. ⟨582.⟩.*

⟨29.⟩ *Konkurs-Prüfung für die Stelle des technischen Lehrers an der Unterrealschule zu Ried

Überlieferung

H   876 $\frac{1851}{1852}$ X $\frac{D}{2}$ Ried; (OÖLA Scha 14, Z. 876)
Der Hinweis auf Stifters Äußerung vom 22. Mai 1851 befindet sich im Schreiben der LSchBeh vom 27. Mai 1851.

⟨30.⟩

Stellenkommentar

141,26–27 Stelle *bis* Ried] *Um die Stelle des technischen Lehrers an der Unterrealschule in Ried zu besetzen, war vom Polytechnischen Institut in Wien eine Konkursprüfung mit dem Bewerber Simon Rieppl durchgeführt worden. Wie Stifter sich dazu geäußert hat, geht aus dem Schreiben der LSchBeh hervor: „Dem Abrathen des Schulrathes Stifter gegen die Verleihung der fraglichen Stelle an den Bewerber Simon Rieppl muß ich aus den, darin entwickelten Gründen, vollständig beitreten. Ich muß dessen Urtheil über Rieppls Beantwortung der letzten Frage: ‚Angabe des für die Schüler einer Unter-Real-Schule (n. b. Oberösterreichs) Wissenswerthesten vom Kronlande Oberösterreich' — sogar noch mild nennen, u. hätte in der Antwort noch mehr Unrichtigkeiten zu rügen, noch mehr Mängel an solchem Wissenswürdigstem anzuführen." Fritsch ist „daher der Ansicht, daß ihm die Stelle nicht zu verleihen, sondern da Rieppl der einzige Bewerber dafür war, eine neue Konkurs-Prüfung in allen Kronländern mit deutschen Normal-Haupt- u. beziehweise Unter-Real-Schulen um so mehr auszuschreiben sey, als der erste Konkurs nur in Linz, Wien, Graz u Salzburg ausgeschrieben worden war." Zum weiteren Fortgang Nr. ⟨51.⟩.*

⟨30.⟩ *Schulgebäudezustände in Hörsching

Überlieferung

H $\frac{1850}{1851}$ X B/40 Hörsching
Stifters Bericht vom 28. Mai 1851 über die Schulgebäudezustände in Hörsching, der in Nr. ⟨222.⟩ (HKG 10,2,

⟨31.⟩

S. 210,18–19) belegt wird, folgt auf seinen Inspektionsbericht Nr. ⟨26.⟩ vom 4. April 1851, nach welchem er in Hörsching das einzige Schulzimmer so schlecht gefunden hat, daß ich kaum ein schlechteres gesehen habe (S.137,18–19). Zum weiteren Fortgang Nr. ⟨64.⟩.

⟨31.⟩ Besetzung des Schuldienstes in Bruckmühl

Überlieferung

H *907 1851 X $\frac{B}{30}$ Brukmühl (OÖLA 6/2555–2556)*
Auf den 4 Seiten eines äußeren sowie auf 2¼ Seiten eines eingelegten Bogens steht die Zusammenfassung des konsistorialen Ternavorschlags durch die LSchBeh in der rechten Spalte. In der linken Spalte folgt im unteren Viertel die „Einladung" vom 29. Mai 1851 an Stifter, „sein Gutachten über diesen Vorschlag hier unten folgen zu laßen", was Stifter tut, indem er darunter mit einer Zeile beginnt und in der ganzen linken Spalte der nächsten Seite fortfährt. Mit dem im unteren Viertel der rechten Spalte beginnenden und auf einem eingelegten Blatt in der rechten Spalte fortgesetzten Dekret der LSchBeh vom 3. Juni 1851 wird Michael Mayr die Stelle verliehen.
D Fischer, Nr. 20

Stellenkommentar

142,21–22 Ehrschwendters] *Dieser wurde in der Competenten-Tabelle der Schulendistriktsaufsicht Atzbach trotz guter Zeug-*

⟨31.⟩

nisse wegen Beanstandung seiner „Sitten" auf den letzten Platz gesetzt. „Da nun aber <u>ein exemplarischer Wandel</u> die Haupteigenschaft eines Lehrers ist, und in dieser Beziehung die sämmtl. Zeugniße sehr ungünstig lauten, eine radikale Besserung aber bei einem alten Gewohnheits-Sünder, wenn nicht ein außerordentlicher Strahl der göttl. Gnade die Eisrinde seines Herzens bricht, kaum eintreten dürfte, zumalen, da sich auf einer von der Pfarre entlegenen Filial-Station nur zu viele Gelegenheit zu Dienstausschreitung, Trunkenheit u. Schwelgerei darbietet", so könne man „nicht wagen, diesen schon einmal wegen moral. Gebrechen abgesetzten Lehrer in Vorschlag zu bringen [...]" (6/2562 r). Außerdem wolle man auf keinen Fall einen neuen Problemfall an der Schule entstehen lassen, denn es sind „die verübten **Excesse** *und unmoralischen Handlungen des einstmaligen Lehrers zu Bruckmühl, Michael Oberwanger, welcher gegenwärtig dort noch im Aufenthalte ist, bei der gesammten Pfarrgemeinde noch immer im frischen und höchst betrübenden Andenken [...]" (6/2563 r). Die LSchBeh schränkte in der Zusammenfassung des Ternavorschlags zwar dieses abwertende Votum ein: „Ehrenschwendtner ist wohl im Jahre 1842 von seinem Lehrposten in Gilgenberg, wegen unterlaufener sittlicher Gebrechen als Trunkenheit entfernt, jedoch späterhin wieder als Gehilfe aufgenommen worden. Die Zeugniße, die derselbe über seinen Lebenswandel nach diesem Ereigniße beibringt, lauten auch keineswegs bedenklich; indem sich nämlich dieselben, ausgestellt von seinen geistlichen Vorgesetzten, besonders jene der letzten Zeit, nicht nur über seine Verwendung sondern auch über seine Moralität belobend aussprechen" (6/2555 r). Stifter greift diese Einschränkung jedoch nicht auf, sondern orientiert sich am abwertenden Urteil der Schulbezirksaufsicht.*

⟨32.⟩

⟨32.⟩ *Verleihung der Lehrerstelle in Feldkirchen an den Sohn des verstorbenen Lehrers Kreuzbauer

Überlieferung

H   1883 $\frac{1850}{1851}$ X $\frac{B}{30}$ *Feldkirchen (Scha 12)*
Daß Stifter nach dem 15. Mai 1851, dem Konsistorialbericht, und vor dem 10. Juni 1851, der Erledigung der LSchBeh, eine Äußerung zum Gesuch der Lehrerswitwe, Katharina Kreuzbauer, eingereicht hat (Z. 1883, Bog. 3, S. 3), geht aus dem Rückblick im Bericht der LSchBeh vom 17. November 1851 an das Ministerium hervor.

Stellenkommentar

143,2–3 Gesuch *bis* Kreuzbauer] *Mit Schreiben der LSchBeh vom 17. November 1851 wird das Ministerium rückblickend informiert, daß Anton Kreuzbauer, der seine Lehrerstelle seinerzeit durch Abtretung von seinem Vater erhalten hatte, am 9. März 1850 gestorben war. Daraufhin hatte der Schulenbezirks-Aufseher von Pischelsdorf zu Mauerkirchen, Dechant Simon Kreuzbauer, seinen Neffen Karl Kreuzbauer als Provisor aufgestellt. Da auch der Pfarrer und die Gemeinde Feldkirchen im Innkreis sich für die Witwe Katharina Kreuzbauer „bittlich verwendet" hatten, hatte die LSchBeh aus sozialen Gründen, „wegen der großen Zahl von 10 hinterlassenen u. eines 11$^{\underline{ten}}$ von der schwangeren Witwe noch zu gewärtigenden Kindes des Verstorbenen zur Linderung des für letztere u. die Kinder aus dem Ableben des Gatten u. beziehweise des Vaters entsprungenen Noth" mit Erlaß vom 15. April 1850 „nach dem Einrathen" des bischöflichen Konsistoriums „gestattet, daß die Witwe unter der Provisur*

⟨32.⟩

ihres Sohnes Karl im Nutzgenuß des Schuldienstes auf ein Jahr belassen" und „dem Provisor ein tüchtiger Lehrgehilfe beigegeben" werde. Als im Mai 1851 die Schulenbezirksaufsicht dem bischöflichen Konsistorium ein Gesuch der Gemeinde Feldkirchen um weitere Verlängerung der Provisur überreichte, erklärte sich das bischöfliche Konsistorium am 15. Mai 1851 „unter Widerlegung der von den Bittstellern aufgestellten Gründe" (Scha 12, Z. 1883, Bog. 3, S. 2–4) *dagegen.*

143,3 Verleihung] Gemeint ist Abtretung. Die „Abtretung" war durch §. 286. der pol.Sch.Verf. 1833 „gestattet" worden, „um das Beste der Schule mit der Sorge für einen solchen untüchtig gewordenen Schullehrer zu vereinbaren" (pol.Sch.Verf., S. 124). Im §. 288. wurde geregelt: „Damit die alten schwachen Lehrer *gern abtreten, und dadurch der Nachwachs junger tüchtiger Schulmänner befördert werde; so soll die Abtretung zur Begünstigung und Versorgung ihrer Kinder, vorzüglich geschickter, fleißiger und wohlgesitteter Söhne nicht verwehret seyn"* (ebd., S. 125). Dem gegenüber verkündete Feuchtersleben am 2. September 1848 in der „Wiener Zeitung": „*In der Ueberzeugung, daß das Lehramt als eine Bildungs- nicht als Versorgungs-Anstalt für Schullehrer-Söhne zu betrachten sei, daß durch Beibehaltung einer solchen gewerbsmäßigen Einrichtung die Hebung des Volksschulwesens unmöglich gemacht, und den ohnehin künftig gestellten Gehilfen der verdiente Weg zur Vorrückung gesperrt würde, – hat das Ministerium des öffentlichen Unterrichtes sich veranlaßt gefühlt, durch Erlaß an die Länderstellen vom 28. August 1848 ungesäumt anzuordnen, daß es von derlei Schuldienst-Abtretungen sogleich abzukommen habe"* (Feuchtersleben, KFA III/3, S. 60). Auf diese „*Verordnung des h. Unterrichts-Ministeriums vom 28. August 1848 Z 5555 wodurch die so vielfältig mißbrauchte Erlaubniß zur Abtretung der Schuldienste an Söhne oder sonstige Verwandte von Schullehrern untersagt wurde"* (Scha 12, Z. 1883, Bog. 5,

⟨33.⟩

S. 2), beruft sich die LSchBeh im Schreiben vom 17. November 1851.

143,2–5 Äußerung bis Feldkirchen] „Mit der auf der Rückseite" des Konsistorialberichts vom 15. Mai 1851 „ersichtlichen Erledigung vom 10. Juny 1851 Z. 1099 wurde von der L.Sch.Beh." laut ihrem Rückblick vom 17. November1851 „aus den darin geltend gemachten Gründen u. in Uebereinstimmung mit dem eben daselbst enthaltenen Gutachten des kk Hrn Schulrathes u. VolksschulenInspektors Stifter das Gesuch der Gemeinde abgeschlagen, und das Konsistorium verpflichtet [Z. 1883, Bog. 3, S. 4], den Konkurs für die Wiederbesetzung der Lehrerstelle zu Feldkirchen auszuschreiben." Der weitere Fortgang in Nr. ⟨58.⟩.

⟨33.⟩ *Schulhauszustände in Niederthalheim

Überlieferung

H   1177 1851 X $\frac{B}{40}$ Niederthalheim (OÖLA Scha 56) Stifters Bericht vom 17. Juni 1851, belegt in Nr. ⟨222.⟩, 2. Liste, Nr. 3 (HKG 10,2, S. 210,20–21) beruht auf der als Nr. 11 in der 1. Liste eingetragenen Inspektionsreise zwischen dem 10. und 13. Juni 1851 (ebd., S. 201,21). Anders als Stifter datiert die LSchBeh den Bericht auf den 16. Juni 1851. Der Platzhalter wurde um die Schilderung der Schulhauszustände aus Stifters Rückblick Die Volksschule in Oberösterreich in den Jahren 1850–1865. (Aus meinem Amtsleben) (HKG 8,2, S. 315,30–316,9) ergänzt.

Stellenkommentar

143,8–9 Schulhauszustände in Niederthalheim] *Im Dekret der LSchBeh vom 16. Juni 1851 an die Bezirkshauptmannschaft Vöcklabruck heißt es: „Der hier beiliegende Bericht des Hrn Schulrathes u Volksschulen Inspektors Adalb Stifter enthält die Anzeige von dem" – wie im Betreff zu Beginn der linken Spalte ausgeführt – „höchst baufälligen Zustand des Schulhauses zu Niederthalheim, so wie er auch der bereits im J 1848 erfolgten Bewilligung zur Erbauung eines neuen Schulhauses erwähnt". Daraufhin werden in der Registratur frühere Akten gefunden, welche belegen, daß Verhandlungen über einen Schulneubau bereits 1843 „ihren Anfang genommen haben", daß am 29. Februar 1844 ein Bauplan verfaßt und daß ein Neubau mit Regierungserlaß vom 14. September 1848 bewilligt worden war. Der Neubau wurde damals jedoch durch Verzögerungstaktiken verhindert. Jetzt ergeht an die Bezirkshauptmannschaft der Auftrag, „die Vornahme des Baues sogleich zu veranlassen". Wenn es möglich ist, „so muß, da derselbe auf der Baustelle des alten Schulhauses aufzurichten ist, sogleich eine einstweilige Unterbringung der Schule u. des Lehrers in anderen Häusern auf dem Wege der Einmiethung ermittelt u. bewirkt werden. / ▢ Sollte aber auch die Bauführung gegenwärtig Bedenken unterliegen, so wird nach der schreckenerregenden Schilderung vom Zustand dieses Hauses" in Stifters Bericht sowie „nach den Notizen in den Regierungs-Akten über dessen große Baufälligkeit" vorerst „die schnelle Räumung des Hauses wegen Lebensgefahr für dessen Bewohner u. die Schulkinder oder doch wegen der darin herrschenden, der Gesundheit gefährlichen Feuchtigkeit vom polizeylichen Gesichtspunkte aus wahrscheinlich nothwendig seyn" (Z. 1177, Bog. 2, S. 1). Am 1. September 1851 berichtet der Bezirkshauptmann in Vöcklabruck, daß „wegen Unterbringung der Schule während des Neubaues in einem andern Hause [...] bereits Vorsorge getroffen" und „die Unterkunft des*

⟨34.⟩

Lehrers während dieser Zeit" geregelt sei (Scha 56, Z. 1810). Laut Schreiben der LSchBeh vom 23. Oktober 1859 wird der Neubau „im Frühjahre 1852" begonnen und „im Herbste desselben Jahres" vollendet (Scha 56, Z. 15726).

⟨34.⟩ #Protokoll einer Lokalkommission über Gebäude für die Realschule Linz

Überlieferung

H   *1444 1851 X $\frac{4}{8}$ (OÖLA 1/196 r – 198 l)*
Das Kommissionsprotokoll vom 10. Juli 1851, auch von Stifter unterschrieben, steht ganzseitig auf den 4 Seiten eines Bogens; ein zweiter durch Bindfaden hinter dem ersten angefügter Bogen, von dem ein Teil abgeschnitten ist, enthält als Fortgang der Unterschriften die des Gemeinderates. Auf dem Kommissionsprotokoll steht keine Registraturzahl; deshalb wurde die Zahl des Begleitschreibens der LSchBeh vom 25. Juli 1851 übernommen.

Kommentar

Fortgang von Nr. ⟨3.⟩.

Stellenkommentar

144,18–20 Minister *bis* Bedarfe] *Am 9. April 1851 hatte der Minister Thun den Statthalter beauftragt, die „Gewinnung der erforder-*

⟨34.⟩

lichen Lokalitäten" für die Realschule „sicherzustellen" (1/245 r). Entsprechend erwirkte die LSchBeh am 29. April die „Mitwirkung" des Gemeinderates, um „vielleicht im Gebäude des Industrie-Vereines die erforderlichen Lokalitäten im Einvernehmen mit dem Vereinigten Landes-Collegium als Disponenten über dieses ständische Gebäude durch dessen [1/247 l] etwaige Erweiterung u. Erhöhung zu gewinnen", was erreicht wird. Am 19. August 1851 kann die LSchBeh dem Ministerium berichten, daß das Haus „in der Steinlgasse dahier zur Unterbringung der Real-Schule" (1/176 r) überlassen wurde und daß „unter Anhoffung der a. h. Genehmigung" die „Adapatirung u Erweiterung des Gebäudes" sogleich begonnen werde, so daß „die Möglichkeit gegeben ist, dieselbe mit Anfang des nächsten Schuljahres ins Leben treten zu lassen" (1/177 l). Das Ministerium, gez. Helfert, schreibt dazu, daß die Antwort „nur dahin lauten könne, daß der unverweilte Beginn dieser Bauführung im Interesse der Realschule wünschenwerth und nothwendig erscheine, um bis zum Beginne des Schuljahres $18\frac{52}{53}$ beendet werden zu können" (2/744 r).

145,9 Gypspossirer] *Gipsbildhauer, Stuckateur.*

145,10 7 Schuh] *Sie entsprechen ~ 2,24 m; im RGBl 1872, Nr. 16, S. 30, wurde für 1 Fuß (Schuh) ~ 0,32 m („0,316081 Meter") festgelegt.*

145,17–18 aus 3 Hörsälen] *Der aktuelle Bedarf an 3 Hörsälen erklärt sich daher, daß in Linz bereits 1849 eine unselbständige, mit der Hauptschule verbundene Unterrealschule errichtet worden war, so daß am 1. Oktober 1851 mit der Gründung einer selbständigen Unterrealschule Räume für die neu eingeschulte 1. Klasse und für die aus der bisherigen unselbständigen Unterrealschule aufgestiegene 2. und 3. Klasse benötigt werden. Im Schreiben der LSchBeh vom 15. September 1851 wird das damit verbundene Problem angesprochen, daß jene Kinder, welche an der bisherigen unvollständigen mit der hiesigen Normal-Haupt-*

⟨34.⟩

schule vereinigten Unter-Realschule „bereits den zweyten Jahrgang zurück gelegt haben, sofern diese geneigt sind, in die 3. Klasse einer vollständigen Unter-Real-Schule einzutreten, auf die Entscheidung" warten, „ob sie noch in diesem Herbste hier in Linz die Gelegenheit dazu finden oder genöthigt seyn werden, sich anderwärts wohin zu begeben" (1/117). Die Oberrealschule wird am 3. Dezember 1852 eröffnet, so daß Stifter am 30. Januar 1854 in Nr. ⟨154.⟩ von drei Klassen der Unterrealschule und von der im vergangenen Schuljahre eröffneten ersten Klasse der Oberrealschule *ausgehen kann (S. 348,18–19).*

145,30 15 bis 18 □Kft] *Quadratklafter; sie entsprechen ~ 54 m² bzw. 64,7 m²; im RGBl 1872, Nr. 16, S. 31 wurden für 1 Quadratklafter ~ 3,597 m² festgelegt.*

146,6 3 □Schuh] *Sie entsprechen ~ 0,3 m²; im RGBl 1872, Nr. 16, S. 31 wurden für 1 Quadratfuß „0,099907 □Meter" festgelegt.*

146,12 30 □Kft] *Entspricht ~ 108 m² (s. zu S. 145,30).*

146,32–147,1 Lokalitäten *bis* ausgemittelt] *Die Adaptierung des Gebäudes in der Steinlgasse verzögert sich, weil die Stadtverwaltung erst am 26. August 1851 für den im Gebäude eingemieteten Industrieverein ein anderes Gebäude findet, damit dieser ausziehen kann (1/138 r). Am 7. September 1851 kann die LSchBeh an das Ministerium berichten, die Adaptirungen seien „auch beinahe gänzlich zu Stande gebracht" (1/128 r). Da das Gebäude für den Beginn der selbständigen Unterrealschule nicht rechtzeitig fertig zu werden droht, eröffnet ein Ministerialerlaß, gez. Helfert, am 27. September 1851, „daß, wenn auch die wirkliche Eröffnung der neuen Lehranstalt um eine geringe Zeit später als am 1. Oktober d. J. stattfinden sollte, die Unterrealschule darum nicht minder als für das ganze Schuljahr 185$\frac{1}{2}$ in Wirksamkeit bestehend, anzusehen sein wird, und daher die bisherige IV Klasse mit Beginn dieses Schuljahres zu bestehen aufzuhören hat" (2/740 r). Der weitere Fortgang in Nr. ⟨47.⟩.*

⟨35.⟩

147,19–30 mp] *manu propria = eigenhändig unterschrieben, vom Kopisten übernommen.*
147,21 Md. Dr.] *Medicinae Doctor.*
147,24 Landh. Insp.] *Landhausinspektion, war verantwortlich für die wirtschaftlichen Angelegenheiten der Landesgebäude (Landhaus, Theater usw.) in Linz.*
147,27 V.B.] *Die Abkürzung steht für Verwaltungsbeamter. G. Jungwirth war Gemeinderat in Linz.*

⟨35.⟩ *Schulhauszustände in Rohrbach

Überlieferung

Stifter hat Rohrbach Ende Juni 1851 inspiziert (HKG 10,2, Nr. ⟨222.⟩), S. 201,24; 1. Liste, Nr. 12) und am 11. Juli 1851 den Bericht geschrieben (ebd., S. 210,22–23; 2. Liste, Nr. 4).

Stellenkommentar

148,2–3 Schulhauszustände in Rohrbach] *Im Schreiben der Schulendistriktsaufsicht zu Rohrbach vom 29. August 1851 (DAL Schu-A/3, Scha 20, Fasz. 10/19) wird indirekt auf Stifters Antrag verwiesen, daß die „Statthalterey sich bey einer in der Schule zu Rohrbach vorgenommenen Visitation überzeugte, daß für 596 Kinder, welche als schulfähig verzeichnet sind, die 3 bereits in Verwendung stehenden Lehrzimmer nicht genügen", worauf angesichts dessen, daß in der Schule ein 4. Lehrzimmer vorhanden ist, dem Bezirkshauptmann mit Erlaß vom 30. Juli 1851 „zur Pflicht gemacht" wird, „sogleich für Her- und Einrichtung des*

⟨36.⟩

vierten Lehrzimmers zu sorgen und die Dotation für einen dritten Gehilfen zu ermitteln". Während das bischöfliche Konsistorium am 4. September 1851 angibt, daß „kein disponibler Lehrgehilfe" verfügbar sei, gelingt es der Schulendistriktsaufsicht, einen solchen anzustellen. Aus dem Schreiben der LSchBeh, gez. Kreil „für den Statthalter", vom 3. Mai 1852 geht hervor, daß der Unterricht im 4. Lehrzimmer seit dem 1. Januar 1852 „im Gange ist".

⟨36.⟩ *Schulhauszustände in Haslach

Überlieferung

H   1355 1851 X $\frac{B}{40}$ Haslach
Stifters Bericht vom 11. Juli 1851 über die Schulhauszustände in Haslach, der in Nr. ⟨222.⟩ (HKG 10,2, S. 210, 24–25; 2. Liste, Nr. 5) belegt ist, entstand nach der am 3. Juli 1851 von ihm abgeschlossenen elftägigen Inspektionsreise (HKG 10,2, S. 201,24; 1. Liste, Nr. 12).

Stellenkommentar

148,7–10 nach bis nothwendig] Statthalter Bach hatte auf einem Blatt (Scha 55, Z. 1355) in der linken Spalte oben ohne Datumangabe notiert (s. Abb. 6): „die Schule zu Haslach mit 2 Zimmern, viel zu klein, 1 Zimmer mehr dringend nöthig, durch Anbau möglich wodurch 2 Zimmer (1 im Erdgeschoß, 1 im 1. Stocke) gewonnen würden – Stift Schlegel ist Patron"; darunter wurde von Fritsch als Betreff notiert: „Schulrath Stifter über die Unzu-

⟨36.⟩

länglichkeit des Schulhauses zu Haslach". Demnach war der Statthalter zuerst, vor dem 3. Juli 1851, in Haslach, worauf er Stifter den Auftrag zur Besichtigung gab; Stifter inspizierte Haslach am 3. Juli 1851 und verfaßte am 11. Juli 1851 eine „Relazion", einen Bericht über die Erledigung des Auftrags.

Mit einem am 13. Juli 1851 datierten Entwurf hat Fritsch in der rechten Spalte die Notiz des Statthalters in ein Schreiben an den Bezirkshauptmann in Rohrbach umgesetzt: „Nach der Wahrnehmung, welche ich bei der Bereisung des politischen Bezirkes Rohrbach u. dem Besuche des Schulhauses zu Haslach gemacht habe, sowie nach einer Relazion des Hrn Schulrathes Stifter, enthält dieses für 304 Kinder zu wenig Lehrzimmer, u. es sind diese viel zu klein. Ein Lehrzimmer mehr für die bedeutende Schülerzahl ist also durchaus nothwendig", wobei die Passage: „sowie nach einer Relazion des Hrn Schulrathes Stifter" aus Stifters bereits am 11. Juli 1851 verfaßten Bericht nachträglich in der linken Spalte eingefügt wurde. Nachdem im 2. Absatz der Vorschlag auf Vergrößerung des Schulhauses „durch Aufsetzung eines 2ten Stockwerkes oder durch Anbau eines nach Süden ziehenden Flügels an den östlichen Theil des Hauses" gemacht worden ist, erfolgt im 3. Absatz wiederum eine Ergänzung aus Stifters Bericht: „Ich erneuere daher die dem Hrn Bezirkshauptmanne damals mündlich gemachte Aufforderung, sogleich die nothwendigen Verhandlungen nach dieser Richtung einzuleiten", worauf in der linken Spalte hinzugefügt ist: „hier mit dem Bemerken, daß nach Versicherung des Hrn Schulrathes die Gemeindevertretung diesem Projekte beistimmt u. sich zur Bauführung geneigt zeigte".

Am 18. März 1852 hat der Statthalter laut Schreiben der LSch-Beh vom 17. May 1852 (Scha 55, Z. 1191) die Baugenehmigung erteilt. 1853 ist, wie im Dekret vom 29. Juli 1853 (Scha 55, Z. 2013) dargestellt, zwar der Erweiterungsbau vollendet, doch der Statthalter macht anläßlich seiner „letzten Bereisung" in der linken

⟨37.⟩

Spalte dieses Schreibens mit eigenhändig eingefügtem Entwurf den Bezirkshauptmann "darauf aufmerksam, daß [...] der Zubau vom Schulhause in Haslach ein <u>Schieferdach</u> hat, der größere ältere Theil des Hauses mit einem noch dazu schadhaften <u>Schindel</u>dache versehen ist", und ordnet an, "zur Aufhebung dieser Ungleichheit die ich als einen <u>Übelstand</u> begreifen muß, auch den ältern Theil des Daches mit Schiefer zu deken, weil nur dadurch bei einem Feuer das neue Schieferdach als gesichert angesehen werden kann." Außerdem sei statt der "<u>hölzernen</u> Scheidewand" zwischen den Aborten der Knaben und Mädchen "eine Scheidemauer aus Ziegeln" zu errichten". Stifter hat Haslach im September 1854 (HKG 10,2, S. 204,15–16) erneut inspiziert.

⟨37.⟩ *Schulhauszustände in Helfenberg

Kommentar

Der Bericht vom 11. Juli 1851 über die Schulhauszustände in Helfenberg ist in Nr. ⟨222.⟩, 2. Liste, Nr. 6 (HKG 10,2, S. 210,26–27) belegt. In der "Linzer Zeitung" vom 17. Januar 1854 (Abb. 1) kommt Helfenberg in der Rubrik der in amtlicher Verhandlung stehenden größeren Um- und Zubauten vor. Im OÖLA konnten in keiner Schachtel diesbezügliche Akten zu Helfenberg gefunden werden.

⟨38.⟩

⟨38.⟩ *Schulhauszustände in St. Oswald

Überlieferung

H $1190 \frac{1850}{1851} \times \frac{B}{40}$ *Oswald*
       *Dieses Dokument wird in Nr. ⟨222.⟩ (HKG 10,2, S. 210,28–
       29) in der 2. Liste, Nr. 7, belegt.*

Kommentar

*Stifters Bericht vom 11. Juli 1851 über die Schulhauszustände in
St. Oswald bei Haslach entstand nach der Inspektionsreise vom
23. Juni bis 3. Juli 1851 (HKG 10,2, Nr. ⟨222.⟩, S. 201,23–25; 1. Liste,
Nr. 12). Ob bereits vorher in der LSchBeh über die Schulhauszu-
stände verhandelt worden war oder ob Stifter den Anstoß dazu ge-
geben hat, läßt sich aus den erhaltenen Akten nicht entnehmen. Der
Bezirkshauptmann von Rohrbach berichtet am 16. März 1852
(Scha 15, Z. 1190), daß er mit Erlaß vom 18. Juli 1851, also sieben
Tage nach Stifters Bericht, beauftragt wurde, eine kommissionelle
Verhandlung einzuberufen, die am 17. September 1851 stattfand.
Dabei sprach sich die Schulgemeinde laut Schreiben der Landesbaudirektion vom 11. Mai 1852 (Scha 15, Z. 1190) „für die Aufsetzung eines Stokwerkes" aus. Nach dem in demselben Schreiben
vorgelegten neuen Bauprojekt wird „in dem Erdgeschoße das dermalige Schulzimmer in eine Küche und eine Speiskamer umgestaltet, die Lehrerswohnung, bestehend aus 2 beschränkten Zimmern,
gegen Süden erweitert, und an der Kirchhofseite eine Stiege nebst
zwey Retiraden neu erbaut, dagegen die alte hölzerne Bodenstiege
abgetragen, da dieselbe zur Beibehaltung nicht geeignet ist. / □ Das
erste Stokwerk ist an der Stelle des gegenwärtigen Holzaufbaues
aus Mauerwerk neu herzustellen, und wird zwey Lehrzimmer u*

ein Gehilfenzimmer nebst einem Vorhause enthalten [...]". Mit Erlaß vom 18. Mai 1852 wird das Bauprojekt genehmigt. Aus einem Schreiben der Gemeindevorstehung vom 5. Mai 1865 (Scha 15, Z. 8752) geht hervor, daß der Erweiterungsbau im Jahre 1853 fertiggestellt wurde.

⟨39.⟩ #Protokoll einer Lokalkommission über Gebäude für die Realschule Linz

Überlieferung

H   *640 1851 X $\frac{B}{24}$ (OÖLA Scha 12)*
Das Protokoll vom 15. Juli 1851, welches Stifters Unterschrift trägt, nimmt die 1. Seite eines Bogens ein.

Kommentar

Fortgang von Nr.⟨26.⟩ (s. zu S. 130,23).

Stellenkommentar

149,9 Comission angeordnet] *Nachdem der Bürgermeister Körner am 4. Juli 1851 (Scha 12, Z. 1314) berichtet hatte, daß das neue Schulgebäude für die St. Josephspfarrschule „wohl noch nicht ganz, jedoch schon in so weit fertig" sei, „daß dasselbe mit Beginn des nächsten Schuljahrs 1851 in Benützung kommen kann, und daß die Lokalitäten schon jetzt in Betreff ihrer Eignung zur Schule untersucht werden können", daß dagegen „die Wohnungen für den Schullehrer und für die Gehilfen schon ganz fertig" sind*

⟨40.⟩

und gleich bezogen werden können, setzte die LSchBeh eine Verhandlung für den 15. Juli 1851 an. Dem Schulrat Stifter wird durch die LSchBeh am 10. Juli 1851 aufgetragen, „sich zu der oben erwähnten Verhandlung einzufinden u. im Einvernehmen mit dem Hrn Diözes.Schulen-Oberaufseher dabei vorzugehen", an das „hochwürdige Konsistorium" ergeht „die Einladung, den Hrn Schulen-Oberaufseher mit dem Bedeuten abzuordnen, daß er dabei im Einvernehmen mit dem Hrn Schulrathe Stifter vorzugehen habe [...]". In der „Linzer Zeitung" vom 17. Jänner 1854 wird berichtet, daß der „treffliche Bau der St. Joseph-Schule" die „Summe von 14000 fl. in Anspruch genommen" habe.
149,16–17 Gebäude *bis* tauglich] *Nach einer Bauverzögerung kann der Bürgermeister Körner am 20. Oktober 1851 (Scha 52, Z. 2296) berichten, daß „das neue Schullokale auf der Spitlwiese bereits seit einiger Zeit benützt wird, so wie auch die Wohnung für den Herrn Schullehrer von demselben bezogen wurde [...]".*

⟨40.⟩ Schulhauszustände der Mathiasvorstadtpfarrschule Linz

Überlieferung

H   2001 1851 X $\frac{B}{24}$ *(OÖLA 6/2521 r)*
       Stifters „Anzeige" (6/2522 l) vom 18. Juli 1851 steht auf der Vorderseite eines Blattes, auf dessen Rückseite das Schreiben der LSchBeh vom 20. Juli 1851 an die Baudirektion folgt.
D   *Fischer, Nr. 21*

⟨40.⟩

Apparat

150,24 [d]⸌*⸍ [u] den

Stellenkommentar

150,15–17 Statthalter *bis* bemerkte] *In Nr.* ⟨*26.*⟩ *vom 4. April 1851 fand Stifter hingegen das Gebäude der Mathias Vorstadtschule in ziemlich befriedigendem Zustande (S. 131,8–9).*

150,16–17 Übelstände *bis* Schullokalen] *Die Landesbau Direktion, der von der LSchBeh „diese Anzeige des Herrn Schulrathes Stifter mit der Aufforderung zugestellt" (6/2522 l) wurde, hat „im Benehmen mit dem dortigen Hr. Schullehrer die Lokalerhebung gepflogen" und am 30. August 1851 detaillierter als Stifter dargestellt, „daß vornehmlich die Vergrößerung der Schulzimmer der Anfangsklasse durch Einbeziehung der Nebenkammer ausführbar ist, daß jedoch außer diesem Objekte und der Beseitigung des nassen Verputzes an der gegen die Kirchenseite gekehrten Mauer auch noch andere dringend nöthige Herstellungen unerläßlich vorgenommen werden müßen, wie namentlich die neue Herstellung der ganz von der Fäulniß ergriffenen Abtrittsschläuche, worüber schon vor einigen Jahren ein Kostenanschlag vorgelegt wurden. / Diese Arbeit ist besonders von dringender Art, weil die scharffe ausgetrettene Feuchtigkeit auch die Mauer schon angegriffen hat, wie dieß von Außen die unreinen Fleken schon ersichtlich machen" (6/2512f.). Mit einigen „Bauherstellungen", die einem Maurermeister übertragen werden, „wird jedoch nur das Nothwendigste hergestellt, und ein weiteres Gebrechen, nemlich die Uiberfüllung der Lehrzimmer mit Schülern unberührt belaßen. / ▫ Zu dieser Musterschule gehören dermahlen 515 schulfähige Kinder, es sind daher nach der bestehenden Vorschrift 5. Lehrzimmer, mithin ein Zubau an das Schulhaus erforderlich, wozu sich hinreichender Raum darbiethet"* (6/2522 r). *Als die Reparaturarbeiten „in Ausführung" gebracht wurden (6/2514), ist nach Auskunft des Musterlehrers Anton Mayer ein neues Problem entstanden. Es wurde nämlich „das Lehrzimmer der ersten Unterrichts Klasse zu ebener Erde dadurch vergrößert, daß die Mauer, welche das Wohnzimmer der Lehrgehülfen und diese Klasse schied, eingerissen"; in Folge dessen haben „gegenwärtig die Lehrgehülfen der Filialschule St. Martin, welche das Zimmer bewohnten, keine Wohnung"* (6/2519 r). *Ergebnislose Kommissionen, Verhandlungen und Projekte bis 1862 drehen sich um die Frage, ob Reparaturen, ein Zu- oder gänzlicher Neubau vorgenommen werden sollen, wobei die letzte erhaltene Akte der Statthalterei vom 26. August 1862 (Scha 52, Z. 14100) „Repparaturen" genehmigt. In der Festschrift „200 Jahre Pfarre St. Matthias (1785–1985)" erfährt man, daß die St. Matthias-Vorstadtpfarrschule 1871 aufgelöst wurde und die Schüler „in die neuerrichtete ‚Kronprinz-Rudolf-Schule'"* (Linz 1985, S. 127f.) *übersiedelten.*

⟨41.⟩ Lehrkräfte für den Präparandenunterricht

Überlieferung

H   *1641 1851 X $\frac{4}{8}$ (OÖLA 1/0187 l)*
Stifters Äußerung vom 18. Juli 1851, die in der rechten Spalte der 4. Seite eines Bogens unterhalb von Anschrift und Kurzinhalt des Konsistorialschreibens sowie unter dem Auftrag Fritschs vom 8. Juli 1851 beginnt und sich in der ganzen linken Spalte fortsetzt, bezieht sich auf das auf den beiden ersten Seiten stehende Schreiben des bi-

⟨41.⟩

D schöflichen Konsistoriums vom 27. Mai 1851 über die nöthigen Lehrkräfte für den Präparandenunterricht. Vancsa II, S. 39f.

Apparat

151,8 Lehrpersonale [der Candidaten]

Kommentar

Fortgang von Nr. ⟨18.⟩

Stellenkommentar

151,5–7 Unterricht *bis* Erziehung] Stifters Vorschlag, der bereits im Gutachten Schierfeneders vom 16. Mai 1851 steht (1/183 r), entspricht der Verlautbarung „Zur höheren Ausbildung der Lehrerschaft" Feuchterslebens vom 23. September 1848 in der „Wiener Zeitung" (dort ohne Überschrift), daß zur „Verbesserung des Schulwesens [...] von nun an ein verbesserter Präparanden-Curs eingerichtet" wird (Feuchtersleben, KFA III/3, S. 70).

151,16 eigenen technischen Lehrers] Bereits Schierfeneder, der die Idee einer eigenen „Präparanden-Anstalt" vertrat, hatte es am 16. Mai 1851 für die „geeignetste" Weise gehalten, wenn „ein eigener technischer Lehrer an der Präparanden-Anstalt angestellt" würde, um so eine einheitliche Bildung und die „Berufspläne der Candidaten und der zukünftigen Schüler" zu fördern (1/183 r). Das bischöfliche Konsistorium unterstützte am 27. Mai 1851 diesen Vorschlag und meinte, daß die „Anstellung eines tüchtigen technischen Lehrers" an der Normalhauptschule „genügen" dürfte (1/181f.).

⟨41.⟩

151,8–21 Lehrpersonale *bis* zuwendete] *Stifters zwiespältige Einstellung findet sich auch im Bericht der LSchBeh vom 19. Juli 1851 an das Ministerium: Einerseits sprechen „die Gründe des Zweckes, der Einheitlichkeit der Mittel, des harmonischen Zusammenwirkens u. der besseren Leistung" für eine selbständige Anstalt, andrerseits müsse sie sich aus Kostengründen für den technischen Lehrer aus der Realschule „mit Unterordnung unter den Normal-Schul-Direktor" einsetzen (1/216 l). Es handelt sich um ein Problem, das bereits Feuchtersleben am 23. September 1848 im Zeitungsartikel „Zur höheren Ausbildung der Lehrerschaft" (s. zu S. 151,5–7) vorausgesehen hat: „Zunächst läge die Pflicht, diesen Unterricht zu übernehmen, dem Director und Lehrkörper der Normalhaupt- oder Hauptschule ob"; es werde jedoch „hie und da zweckmäßig sein, auch aus andern Schulen [...] tüchtige Männer [...] für einzelne Lehrgegenstände zu gewinnen" (Feuchtersleben, KFA III/3, S. 73). Auf die entsprechende „Anfrage" der LSchBeh, in welcher Weise zu verfahren sei, antwortet das Ministerium, gez. Thun, am 6. August 1851, es könne „für jetzt noch kein bestimmter Entschluß gefaßt werden; es ist vielmehr vorerst die Regelung der Realschule abzuwarten, und sodann mit Beachtung aller Umstände jener Antrag, welcher in Absicht auf den Präparandenunterricht als der zuträglichste erscheint, einzubringen, und in der Art zu begründen, daß er der allerhöchsten Genehmigung vorgelegt werden kann" (1/187 r). Der weitere Fortgang in Nr. ⟨68.⟩.*

151,28 Mayr *bis* Nikolini] *Obwohl auch die LSchBeh am 19. Juli 1851 urteilt, daß die beiden Lehrer, die „zur Anstellung an der künftigen erweiterten Unter-Real-Schule durchaus nicht empfohlen, eben darum aber auch zu Lehrern für die Präparanden nicht mehr verwendet werden können, folglich mit ihren Pensionen dem Schulfonds zur Last fallen" sollten (1/215 r), werden Niccolini, Merkh und Kilian als Lehrer im Präparandenkurs eingesetzt (S. 186,16–25). Der weitere Fortgang in Nr. ⟨68.⟩.*

⟨42.⟩

⟨42.⟩ *Votum über die Brauchbarkeit von zwei Lehrbüchern
von M. A. Becker und von Th. Vernaleken

Überlieferung

H $\frac{ad744}{1037}$ *1851 X $\frac{B}{25}$ (OÖLA 6/2534 r)*
*Stifters „Äußerung" vom 23./24. Juli 1851 über die „2
Lehrbücher" wird im Dekret der LSchBeh vom 26. Juli
1851 indirekt überliefert. Folgende Passagen wurden von
dort übernommen: S. 152,11–23 aus 6/2535 und 2537 r;
S. 152,25–S. 153,7 aus 6/2537f.; S. 153,9–27 aus 6/2538 l und
6/2535 r.*

Stellenkommentar

152,9 Lehrbücher] *Mit Erlaß vom 16. April 1851 hatte Minister
Thun zwei neue Schulbücher an die LSchBeh zur Begutachtung
geschickt: Die „Fibel" von Moritz Alois Becker sollte die „bisherigen Namenbüchlein für Land und Stadtschulen", Theodor
Vernalekens „Erstes Sprach- und Lesebuch. Für die erste Klasse
der österreichischen Volksschulen" (Wien 1851) sollte „sowohl
die bisherigen kleinen Erzählungen für Land und für Stadtschulen, als auch, theilweise die bisherige Sprachlehre für Schüler der
ersten und zweiten Klaße ersetzen", weil die bisherigen Bücher
„am wenigsten paßend waren" (6/2523 r). Die neuen Schulbücher seien „das Ergebniß vielfältiger gewissenhafter Prüfung.
Erst nachdem ich dieselben nach der Begutachtung durch ein
engeres* Comité *im Allgemeinen für gut anerkannte, ließ ich dieselben durch eine nach Wien berufene Versammlung aller damals ernannten und in Amt stehenden Volksschulinspektoren einer
nochmaligen genauen Prüfung unterziehen, nach welcher sie*

⟨42.⟩

nocheinmal umgearbeitet und wieder als Manuscript gedruckt wurden. / Auch jetzt noch will ich sie nicht einführen, ohne das Gutachten der römisch katholischen Bischöfe des lateinischen Ritus, für deren Schulen sie zunächst bestimmt sind, gehört und darnach die noch etwa nöthigen Abänderungen veranlaßt zu haben" (6/2524 l). Die LSchBeh soll dem Bischof die neuen Bücher zur Begutachtung weiterreichen: „Sollte Er in religiöser Beziehung dagegen Einsprache zu erheben sich veranlaßt sehen, so müßte ich eine genaue Bezeichnung der anstößigen Stellen wünschen, indem ich kein Schulbuch in dem Sprengel eines Bischofes einführen werde, deßen Einführung in religiöser Beziehung von ihm mißbilliget würde" (6/2524 l). Es liege nicht in der Absicht des Ministeriums, „daß im ganzen Umfange der österr. Monarchie überall nur dieselben Schulbücher gebraucht werden sollen. Es wird mir vielmehr sehr erwünscht sein, wenn allmählich für einzelne Länder oder selbst Landestheile Schulbücher bearbeitet werden, deren Inhalt auf die Eigenthümlichkeiten der Heimath besondere Rücksicht nimmt" (6/2523 r). Gemäß dem Auftrag des Ministeriums ersuchte die LSchBeh am 19. April 1851 Bischof Thomas Ziegler um seine „geschätzte Aeußerung" zu den beiden Schulbüchern (6/2541 l). Eine Äußerung des Schulrats Stifter wurde von der LSchBeh „darum eingeholt, weil laut des h. Erlasses die Lds. Schulbeh die Aeußerung des Hrn Bischofs mit ihrem eigenen Gutachten zu begleiten hat" (6/2534f.).

152,9 M. A. Becker] *Moritz Alois Becker, geb. 1812 in Mährisch Altstadt, gest. 1887 in Lienz, studierte 1828–1832 in Wien Philosophie und Pädagogik und war bis 1840 Hauslehrer beim Fürsten Liechtenstein. Seit 1850 war er Schulrat in Niederösterreich und gab ab 1851 mit Anton Krombholz die Zeitschrift „Der österreichische Schulbote" heraus. 1864 wurde er Lehrer des Kronprinzen Rudolf.*

⟨42.⟩

152,10 Vernaleken] *Theodor Vernaleken, geb. 1812 in Volkmarsen (Hessen), gest. 1907 in Graz, war in Winterthur und Zürich im Sinne Pestalozzis tätig. 1848 wurde er von Exner nach Wien geholt, wo er als Mitorganisator der Realschulen und als Herausgeber von Lesebüchern für Volks- und Realschulen tätig wurde. Er war „vor der Berufung nach Wien vom Calvinismus zum katholischen Glauben übergetreten, aber nach seiner Pensionierung wieder zum Calvinismus zurückgekehrt". Als Konvertit wurde er von Thun noch im Amt gehalten, als Exner und Bonitz entlassen wurden. Allerdings wurde ihm nach Einführung des Konkordats 1855 „die Redaktion seiner weitverbreiteten Lesebücher abgenommen", und diese „wurden dann nach den Grundsätzen des Konkordats weitergeführt" (Domandl 1976, S. 20f.).*

152,11–16 Ordinariat *bis* ablehnend] *Im Schreiben der LSchBeh vom 27. Juni 1851 wird referiert: „Vom religiösen Standpunkte aus hat das bischöfliche Ordinariat nichts die Glaubens- u Sittenlehre etwa Verletzendes in den beiden Büchelchen zu tadeln, u. nur die, der Rücksicht auf die Gründlichkeit so wie der Kindlichkeit nicht ganz angemessene Form einiger das religiöse Moment behandelnden Aufsätze u Erzählungen zu rügen gefunden. / Es vermißt aber in religiöser Beziehung noch die Außerachtlassung dessen, was neues u. altes Testament an Erzählungen, Gleichnissen u Sprüchen Treffliches darbieten." Allerdings werden die beiden „Werkchen" hinsichtlich ihrer pädagogischen und didaktischen Qualität von den zwei Musterlehrern und auch vom bischöflichen Ordinariat abgelehnt (6/2535 l).*

152,17–22 Stifter *bis* gemacht] *Das Gutachten Schierfeneders „enthält beinahe dieselben Rügen jedoch mit schärferer Begründung derselben; aber es erklärt sich gegen die beiden Büchelchen zugleich von einem mehr prinzipiellen Standpunkte. / Eine der beherzigenswerthesten Rügen ist wohl die über das Vorwalten einer übertriebenen Empfindeley u. gehaltlosen Tändeley in den gebrachten Erzählungen u. Märchen, so wie über den Mangel*

⟨42.⟩

wahren Inhalts u. gründlicher, demnach aber auch Kindern faßlicher Belehrung, ferner über Unkenntniß der Kinderbegriffe u. kindlicher Anschauung in der zerstreuten vereinsamten Bevölkerung namentlich unseres Landes, endlich über Unsicherheit u. daher Inkonsequenz in dem eingeschlagenen Gange" (6/2538 l).

152,26–27 Stufengang *bis* Schwereren] *Zu diesem Unterrichtsprinzip vgl. den Kommentar zu Nr. ⟨3.⟩, dort zu S. 48,25.*

152,28 Gesichts- *bis* Kinder] *Gerügt wird hier der Verstoß gegen das Prinzip der Kindgemäßheit, das besonders von Comenius im 16. Kapitel der „Didactica magna" vertreten wurde: „Aller Lehrstoff muß den Altersstufen gemäß so verteilt werden, daß nichts zu lernen aufgegeben wird, was das jeweilige Fassungsvermögen übersteigt" (Comenius, Nr. 10, S. 88). Auch Rousseau warnte im 3. Buch des „Emile" vor Verfrühung: „Hüten wir uns aber davor, in der Erziehung auf Dinge vorzugreifen, die einen reiferen Geist verlangen" (Jean-Jacques Rousseau, „Emile oder über die Erziehung", Stuttgart 1970, S. 426).*

153,5 Inkonsequenz ihrer Orthographie] *Stifters Vorwurf der Inkonsequenz könnte sich auf die Schreibung der s-ß-ss-Laute beziehen, wozu Vernaleken allerdings am Ende von „Erstes Sprach- und Lesebuch" eigene Rechtschreibregeln (S. 155–159) aufgestellt hat, die im Unterricht gelehrt und in den Lesestücken angewandt wurden. Seine Regel lautet: „ß steht nur nach der Dehnung und einem zusammengesetzten Selbstlaute, aber ss (am Schlusse des Wortes ss) nach der Schärfung. / □ Also: Fließen – geflossen – flüssig – der Fluss" (Theodor Vernaleken, „Erstes Sprach- und Lesebuch. Für die erste Klasse der österreichischen Volksschulen. Wien 1851, S. 159); ‚ss' steht bei ihm auch vor ‚t', z. B. vergisst, misst (ebd., S. 158). Vgl. hierzu den Abdruck der Seiten 158 und 159 aus seinem Lehrbuch im Abbildungsteil (Abb. 7 und 8). Das entspricht den Regelvorschlägen von Heyse (Johann Christian August Heyse, „Theoretisch-praktische deutsche Grammatik oder Lehrbuch zum reinen und richtigen Sprechen, Lesen und Schreiben*

⟨42.⟩

der deutschen Sprache, nebst einer kurzen Geschichte und Verslehre derselben", zuerst Hannover 1814; ⁴1827; *"Fünfte, völlig umgearbeitete und sehr vermehrte Ausgabe"* von K.[arl] W.[ilhelm] L.[udwig] Heyse unter dem Titel *"D*ʳ *J. C. A. Heyse's ausführliches Lehrbuch der deutschen Sprache. Neu bearbeitet von D*ʳ *K. W. L. Heyse"* in 2 Bänden Hannover 1838–1849. Hier Bd. 1, S. 253). Stifter hingegen präferierte die historische Grammatik von Grimm. Die von Stifter gerügte Inkonsequenz besteht also darin, daß Vernaleken sich an Heyse und nicht an die historische Grammatik Grimms anlehnt, und im Detail allenfalls darin, daß Vernaleken für ein einziges Wort, abweichend von seiner Regel, ß nach Schärfung vorsieht, und zwar für: *"Müßen (besser als müssen), er muß, er mußte"* (Vernaleken, s. o., S. 158), was auch von Heyses Vorschlägen *(müssen, ich muss, gemusst)* abweicht (Heyse, s. o., S. 256). Stifter spricht sich zwar in Nr. ⟨167.⟩ (S. 385,32–386,2) für die Verwendung der historischen Grammatik aus, doch in seinen Amtsakten findet man müssen *(282mal)* neben müßen *(14mal)*. Vernalekens Vorschläge für die Vorsilbe mis- *(misfallen, misverstehen)* und die Endsilbe -nis *(Finsternis)* (S. 158) weichen ebenfalls von Heyse ab, der miss- *(misshandeln)* und -niss *(Kenntniss)* festgelegte. Bei Stifter kommt in den Amtsakten nirgends ‚ss' am Wortende oder vor ‚t' vor, dafür aber -nis *(Kenntnis 2mal)* neben -niß *(Kenntniß 96mal)*. Vgl. den Kommentar zu Nr. ⟨167.⟩, dort zu S. 385,32–386,1.

153,27 Schulmänner *bis* unterstützt] Die LSchBeh erklärt am 27. Juni 1851, sie könne *"eben so wenig als das bischöfliche Ordinariat für die Einführung der beiden Lehrbüchelchen, ja nicht ein Mal für deren bloße Umarbeitung unter Beibehaltung ihrer Grundlagen stimmen. / Die Einführung derselben könnte dem Lehr- u. Schulzwecke nur höchst nachtheilig seyn, denn mit ihnen würde Unklarheit u. Unsicherheit in die Lehrmethode, dadurch aber auch Verwirrung u. Dunkelheit in die zarten Seelen der Kinder gebracht, u. der Unterricht, statt leichter u. fruchtbarer,*

⟨42.⟩

nur schwerer u. untragbarer gemacht werden. / Derley Lehrbücher können zweckmäßig nur von solchen Schulmännern entworfen u. verfaßt werden, denen neben der Gabe richtiger psychologischer Anschauung, neben dem Besitze einer gründlichen Kenntniß der deutschen Sprache, so wie des nöthigsten Wissens aus dem Gebiete der Natur- u. Landeskunde, neben richtiger christlich religiöser und sittlicher Erkenntniß auch eine vieljährige in der <u>Volksschule</u> selbst gesammelte Erfahrung u. eine einfache, der Fassung des jugendlichsten Alters angemessene u. korrekte Sprache zu Gebote steht". Schließlich bemerkt die LSchBeh, sie müsse sich „dem hierauf gerichteten Antrage des Schulrathes Stifter u. auch schon des bischöflichen Ordinariats [...] anschließen, daß es überhaupt am Sachdienlichsten seyn möchte, jedem Lande die Verfassung u. den Besitz eigener Volksschul-Bücher, jedoch mit deren vorläufiger ministerieller Billigung anheim zu geben, was in dem bezogenen h. Erlasse vom 16. April d. J. auch bereits anerkannt wird" (6/2536 r).

Das Ministerium, gez. Thun, bezieht sich im Erlaß vom 14. November 1851 ausschließlich auf religiös-kirchliche Einwände. Die von der LSchBeh vorgebrachte entschiedene Kritik und Ablehnung wird mit keinem Wort erwähnt und damit abgewiesen, wie auch der Schlußsatz belegt, daß der Bericht der LSchBeh „seine Erledigung" (6/2533 r) gefunden habe. Es teilt lediglich mit, es habe die neuen Volksschulbücher „auf Grundlage sämmtlicher von den römisch-katholischen Bischöfen darüber abgegebenen Gutachten einer genauen und sorgfältigen Prüfung unterzogen, und es sind diese Bücher, nachdem sie die letzte Feile erhalten haben, nunmehr in verbesserter Gestalt im Verschleiß der kk. Schulbücher-Verschleiß-Administration bei St. Anna in Wien erschienen" (6/2530 r). „Da jedoch vom Bischofe von Linz keine Äußerung vorliegt, und die vom Hrn Domscholastikus im Auftrage des Hrn Bischofes am 16. Mai d. J. abgegebene Äußerung so unbestimmt ist, daß sich daraus mit Sicherheit nicht ent-

⟨43.⟩

nehmen läßt, ob das Ordinariat dafür oder dawider sei, so wolle die kk. Landesschulbehörde das bischöfliche Ordinariat unter Mittheilung der neuen Bücher und des vollen Inhaltes dieses Dekretes um seine bestimmte Äußerung angehen, ob es die Einführung dieser Bücher in seiner Diözese vom religiösen Standpunkte aus zulasse oder nicht [...]" (6/2531 ff.). Von der LSchBeh, Entwurf Fritsch, am 24. November 1851 im Detail über den Ministerialerlaß informiert, gibt das bischöfliche Ordinariat seine Zustimmung zu den neuen Lehrbüchern. Daraufhin verfügt das Ministerium, gez. Thun, am 20. Dezember 1851: Die LSchBeh habe nun „alle Einleitungen und Vorbereitungen zu treffen, damit diese Bücher in den Volksschulen der Linzer Diözese nunmehr vorgeschrieben, und eingeführt werden" (6/2524 r). Ein entsprechender Erlaß der LSchBeh vom 26. Januar 1852 wird im Landesgesetzblatt verbreitet.

⟨43.⟩ Äußerung zum Antrag des Georg Fischer von Rosenberg auf Verwendung im Schulbehördendienst

Überlieferung

H $\quad \frac{34}{2039} \frac{1850}{1851}$ X $\frac{C}{17}$ *(OÖLA 6/2466)*
Stifters Äußerung vom 13. August 1851, beginnend auf der 4. Seite eines Bogens in der rechten Spalte unterhalb von Anschrift und Absender und dem Auftrag Fritschs vom 5. August 1851, und fortgesetzt in der ganzen linken Spalte, bezieht sich auf das auf den beiden ersten Seiten stehende Schreiben des Georg Fischer von Rosenberg vom 15. Juni 1851 an die LSchBeh.

D $\quad$ *Fischer, Nr. 23*

⟨43.⟩

Stellenkommentar

154,9 Bittsteller] *Fischer von Rosenberg hatte sich bereits am 6. April 1850 „erboten, im Bereiche des Schulwesens bei meiner gebesserten Sehkraft unter dem Fortbezuge meiner Pension eine geeignete Dienstesleistung übernehmen zu wollen", woraufhin „von dem hohen Ministerium schon eine Weisung erlassen worden sei. Da mir jedoch hierüber noch keine Erledigung oder Rückschluß meiner Beilagen zugekommen, so finde ich mich bei dem gegenwärtigen Eintritt eines neuen Herrn Statthalters veranlaßt, jenes Anerbiethen" zu erneuern (6/2464f.).*

154,18–19 Landesschulbehörde *bis* können] *Kreil „für den Statthalter" schließt sich der Ablehnung Stifters „ganz an", weil auch er „keine dem Wunsche Fischers entsprechende Gelegenheit zu deßen Beschäftigung sehe, zumal sie so wenig als nur möglich mit Schreibarbeiten verbunden sein soll" (6/2466f.). Auf der letzten Seite des Antrags von Rosenberg hat das Ministerium am 22. September 1851 notiert: „Der kk. ob der Ennsischen Landesschulbehörde zur abweislichen Bescheidung des pensionirten Regierungs Konzipisten Fischer v Rosenberg nach dem Antrage" (6/2469 l).*

154,20–21 Verein *bis* Kinder] *Bezüglich des „Anerbietens desselben zur Errichtung eines Vereines für Ausspendung von Prämien an fleißige und ausgezeichnete, so wie von Unterstützungen für arme solche Schulkinder" ist der Statthalter „gleich dem Schulrathe Stifter der Ansicht, daß Fischer v. Rosenberg diese Angelegenheit abgesondert und im vorgeschriebenen Wege mit Beachtung der gesetzlichen (6/2467 l) Vorschriften, und mit entsprechender Vollständigkeit des Planes und Statuten Entwurfes anhängig zu machen habe", was auch am 1. Oktober 1851 an Fischer von Rosenberg eröffnet wird.*

⟨44.⟩

⟨44.⟩ *Enthebungsvorschlag bezüglich des Schulmeisters
Schaufler aus Leonfelden

Überlieferung

Stifters Enthebungsvorschlag vom 15. August 1851, nach seiner Inspektion der Schule Ende Juni 1851 entstanden, ist in Nr. ⟨222.⟩ (HKG 10,2, S. 212,10–11) belegt.

Kommentar

Wie aus dem Konsistorialschreiben vom 8. August 1852 (DAL Schu-A/3, Scha 19, Fasz. 9/12) hervorgeht, wurden Klagen gegen Schaufler bereits im Jahre 1846 erhoben. Wegen „eingewurzelter Trunkenheit" war er am 7. Mai 1849 bereits „verwarnt, und über sein Versprechen sich zu bessern, damals nicht [...] bestraft worden", obwohl „der Magistrat Leonfelden unter 4 März 1849 N. 30 geradezu dessen Entsetzung vom Schuldienste beschloß". Auf Grund einer erneuten Klage des Bürgermeisters vom 17. Februar 1851 und einer kommissionellen Untersuchung am 27. März 1851 wird vom bischöflichen Konsistorium am 18. Juli 1851 festgestellt, „daß 1. der Schullehrer Bernh. Schaufler seit mehreren Jahren in wachsendem Grade der Trunkenheit ergeben sey 2. daß derselbe obwohl ermahnt u. bedroht seinen Fehler nicht einmahl erkennen u. sohin in selben nur mehr versinken 3. daß er der Schuljugend, den ihm unterstehenden drey Lehrgehilfen u. der ganzen Gemeinde zum Ärgernißse gereiche 4. daß er dieses Fehlers wegen, seine ökonomischen, wie familiären Verhältnißse in eine üble Lage gebracht u daß er endlich 5. in seinem trunkenem Zustande durch unsittliche Reden u. Handlungen sich zum Gegenstand der Mißachtung von der ganzen Gemeinde gemacht habe." Zur Forderung des bischöflichen Kon-

⟨45.⟩

sistoriums, „nach § 281 der polit. SchulV. die Entlaßung vom Schuldienste über ihn" auszusprechen, verfaßte Stifter seinen Enthebungsvorschlag vom 15. August 1851. Entsprechend fordert die LSchBeh, gez. Bach, am 17. August 1851 das bischöfliche Konsistorium auf, „Schauflers Entlaßung zu vollziehen, und zu sorgen, daß deßen Schuldienst mit einem tauglichen, der Wiederemporbringung der durch Schauflers Fehler so sehr herabgekommenen Schule ganz gewachsenen Schulmann besetzt, einstweilen aber durch einen tüchtigen Provisor besorgt werde". Am 8. August 1852 berichtet das bischöfliche Konsistorium, daß am 8. August 1851 „der Lehrgehilfe Joh. Jedlitschka als Provisor der Schule Leonfelden bestellt" und am 21. Mai 1852 als Schullehrer angestellt wurde.

⟨45.⟩ Zulassung zum Präparandencurse

Überlieferung

H   1541 1851 X $\frac{B}{16}$ *(OÖLA Scha 52)*
Stifters Äußerung vom 20. August 1851, die mit zwei Zeilen auf der Rückseite eines Blattes in der rechten Spalte unterhalb der Anschrift und des Kurzinhalts sowie unter dem Auftrag vom 5. August 1851 „um Äußerung" beginnt und sich in der linken Spalte fortsetzt, bezieht sich auf das Schreiben des bischöflichen Konsistoriums vom 27. Juli 1851 auf der Vorderseite. Unterhalb von Stifters Äußerung beginnt das auf der Vorderseite fortgeführte Dekret der LSchBeh vom 28. August 1851 an das bischöfliche Konsistorium, womit Gloning wegen seiner „Verstandesreife" zum Eintritt in den Präparanden-Kurs „für befähigt erklärt" wird.

⟨46.⟩

⟨46.⟩ Antrag auf Remuneration für den Lehrer Oth in Ried für Zeichnungsunterricht

Überlieferung

H   92 $\frac{1851}{1852}$ X $\frac{B}{12}$ *Ried (OÖLA Scha 52)*
Auf der 4. Seite eines Bogens, dessen erste 2½ Seiten das Schreiben des Lehrers Michael Oth vom 13. August 1851 einnimmt, befinden sich in der rechten Spalte Anschrift und Kurzinhalt dieses Schreibens und darunter der undatierte Auftrag Fritschs sowie in der linken Spalte Stifters ebenfalls undatierte Äußerung. Da das Schreiben Oths mit einem Begleitschreiben der Schulen-Bezirks-Aufsicht des Dekanates Ried vom 20. August 1851 an die LSchBeh weitergeleitet wurde, ergibt sich für Stifters Äußerung als terminus post quem der 20. August 1851. Da das Schreiben der LSchBeh an das Ministerium nicht beiliegt, kann der Terminus ante quem nicht ermittelt werden.

Kommentar

Fortgang von Nr. ⟨6.⟩ und ⟨13.⟩.

Stellenkommentar

156,5–7 bevorwortet *bis* Remuneration] *Trotz der Befürwortung des Gesuches des Lehrers Oth „um eine Remuneration für ertheilten sonntäglichen Gewerbe-Zeichnungsunterricht an der k. k. Haupt- und Unter-Realschule zu Ried" durch die Schulenbezirksaufsicht des Dekanates Ried vom 20. August 1851 und durch*

⟨47.⟩

den Schulrat Stifter wird die Remuneration vom Ministerium, gez. Thun, am 9. Januar 1852 (Scha 52) nicht bewilligt, „weil kein gesetzlicher Anhaltspunkt für die Zugestehung einer derartigen Geldbelohnung vorhanden ist, und der Lehrer Oth durch die Ertheilung eines solchen Unterrichtes sich nur einer pflichtgemäßen Leistung unterzogen hat, wie es bei vielen der bestehenden Unterrealschulen, ohne daß ein Anspruch auf eine Remuneration hiefür erhoben wird, der Fall ist. Dagegen könnte es nur sehr gebilligt werden, wenn es der Landesschulbehörde gelingen würde, aus örtlichen Quellen dem genannten Lehrer eine angemessene Entlohnung seines ersprießlichen Wirkens in der Gemeinde auszumitteln", woraufhin die LSchBeh am 20. März 1852 diesen Vorschlag an den Bezirkshauptmann zu Ried weiterleitet.

⟨47.⟩ Gutachten über die Verwendbarkeit der Lehrer der Linzer Normalhauptschule in der Realschule Linz

Überlieferung

H $1991\frac{1850}{1851} X \frac{4}{8}$ *(OÖLA 2/757 r – 759 l)*
     Stifters Äußerung vom 25. August 1851 steht auf den 4 Seiten eines Bogens in der rechten Spalte, während sich die Kopfzeile über zwei Spalten erstreckt.
D   *Vancsa III, S. 40–42*

Apparat

156,24 [J]⟨jezt

⟨47.⟩

Stellenkommentar

156,11–12 Lehrfähigkeit *bis* Lehrer] *Am 12. August 1851 hatte der Minister den Auftrag erteilt, der Statthalter wolle das „an den beiden Jahrgängen der vierten Klasse in Linz vorhandene Lehrpersonale würdigen, und mir, bezüglich jedes einzelnen Lehrers, den Grad seiner Verwendbarkeit an der neu zu organisirenden Unterrealschule mit Anführung der Lehrfächer, die er übernehmen kann, nahmhaft machen" und „die noch fehlenden Lehrkräfte" feststellen (1/162 l).*

156,13–14 Realschule *bis* Jahrgängen] *Am 27. September 1851 erklärt das Ministerium, gez. Helfert, „daß, wenn auch die wirkliche Eröffnung der neuen Lehranstalt um eine geringe Zeit später als am 1. Oktober d. J. stattfinden sollte, die Unterrealschule darum nicht minder als für das ganze Schuljahr* $185\frac{1}{2}$ *in Wirksamkeit bestehend, anzusehen sein wird, und daher die bisherige IV Klasse mit Beginn dieses Schuljahres zu bestehen aufzuhören hat" (2/740 r).*

157,3 Jakob Mayer] *Bereits mit „Erlaß vom 23. Februar" 1850 hatte das Ministerium laut Ministerialerlaß vom 17. September 1851, gez. Helfert, Verhandlungen behufs der Pensionirung des Lehrers Jakob Mayer angeordnet (2/759 r). Am 21. September 1851 erinnert die LSchBeh das bischöfliche Konsistorium, daß die Pensionierung des Lehrers Mayer „bei dessen gänzlicher Unfähigkeit nur um so nothwendiger wird" (2/748 r). Der weitere Fortgang in Nr. ⟨70.⟩.*

157,25 Gustav Stokhammer] *Die LSchBeh berichtet dem Ministerium am 26. August 1851 im Einklang mit Schierfeneder und Stifter, „daß aus allen Lehrern der IV Kl., außer dem für die Lehrkanzel des Relig Unterrichtes vollkommen u. vorzugsweise tüchtigen Katecheten Schauer der ganzen Normal-Hauptschule nur der Unterlehrer, Gustav Stockhammer, zur Verwendung an der neuen Unter-Real-Schule, hier aber auch vorzugsweise*

⟨48.⟩

geeignet u. zu empfehlen ist" (1/150 r), *woraufhin dieser mit Ministerialerlaß, gez. Helfert, vom 17. September 1851 "zum Lehrer an der neu zu organisirenden Unterrealschule in Linz" ernannt wird (2/746f.).*
Nachdem das für die selbständige Unterrealschule taugliche Personal ermittelt ist, bestimmt der Statthalter am 22. November 1851 den 3. Dezember 1851 "zum Anfange der Wirksamkeit" der neuen Realschule (2/685f.). Nach einem Gottesdienst in der Minoritenkirche soll in der Steinelgasse "im Zeichnungsaale die feyerliche Eröffnung Statt finden" (2/688 r). *Stifter hat nach* Aufforderung des Herrn Statthalters *(HKG 8,2, S. 261,3–4), der vorher schon, wie Stifter am 11. September 1851 an Heckenast schrieb, die ganze Sache [der Realschulgründung, Anm.] fast einzig in meine Hände gelegt (PRA 18, S. 83; dgl. S. 87 im Brief an J. Mörner) hatte, nun auch die* Ansprache bei Eröffnung der Unterrealschule in Linz *(HKG 8,2, S. 261–264) gehalten.*

⟨48.⟩ #Protokoll einer Kommission vom 25. August 1851
über Anschaffung notwendiger Möbel und Gerätschaften
für die Realschule Linz

Überlieferung

H   1717 1851 X $\frac{4}{8}$ *(OÖLA 1/141 r – 142 r)*
Das Protokoll vom 25. August 1851 über die Geräte für die neu zu gründende Realschule Linz, u. a. von Stifter unterzeichnet, steht auf 2½ Seiten eines Bogens, welcher mit anderen Akten eingelegt ist in den Bogen mit dem „Anhang zu dem Protokolle" (Nr. ⟨49.⟩ vom 26. August 1851).

D   Fischer, Nr. 24

⟨49.⟩

Stellenkommentar

158,27 Ermittlung *bis* Geräthschaften] *Das Ministerium, gez. Thun, hatte am 9. April 1851 den Auftrag zur „Beischaffung der nöthigen Lehrmittel" erteilt (1/245 r) und am 1. Juni 1851 eine Liste der erforderlichen technischen Apparate mit eingetragenen Preisen an die LSchBeh geschickt (1/208–213). Den Bericht über den „Stand der Lehrmittelsammlungen für die Realschule" hatte das Ministerium am 12. August 1851 angefordert (1/180f.).*

161,13 Mt Trowofsky] *Der Linzer Gemeinderat Mathias Trowofsky wurde am 29. April 1804 als Sohn eines Flachshändlers in Linz geboren und übernahm das väterliche Geschäft für Flachs- und Federnhandel. Dem Linzer Gemeinderat gehörte er von 1848 bis zu seinem Tod am 30. September 1860 an.*

⟨49.⟩ Anhang zum Protokoll

Überlieferung

H   *1717 1851 X $\frac{4}{8}$ (OÖLA 1/137 r – 138 l)*
       Der u. a. von „Stifter Schulrath" unterzeichnete „Anhang zum Protokoll" vom 26. August 1851 steht auf 2 Seiten eines Bogens (vgl. den Kommentar zu Nr. ⟨48.⟩).
D   *Fischer, Nr. 25*

Apparat

161,26–27 1' [erg]⁄ breit
162,22   2" [L]⟨Breite
162,24   Kleiderrechen [auf] [für] 300

⟨50.⟩

Kommentar

Nr. ⟨49.⟩ gehört zum Protokoll Nr. ⟨48.⟩.

⟨50.⟩ Besetzung des Schul- und Meßnerdienstes in Weilbach

Überlieferung

H 1343 1851 X $\frac{B}{30}$ Weilbach (OÖLA 6/2623–2624)
Auf den 4 Seiten eines äußeren Bogens beginnt die Aufstellung der LSchBeh zu den drei Bewerbern und setzt sich auf der 1. Seite eines eingelegten Bogens in der rechten Spalte fort. In der linken Spalte im unteren Viertel erfolgt der Auftrag von Fritsch: „Hr Schulrath Stifter wollen hierunter gefällig Ihr Gutachten beifügen", worauf Stifter noch auf dieser Seite in der rechten Spalte sein Gutachten mit drei Zeilen beginnt und auf den beiden folgenden Seiten fortsetzt. Auf der 4. Seite des eingelegten Bogens steht der Entwurf des Dekrets vom 3. September 1851, mit welchem Karl Karl die Stelle an der Trivialschule in Weilbach verliehen wird.

D Fischer, Nr. 27

Apparat

164,12   Irrsinnes [an der jezigen Schule] durch
164,15   überzeug[|en|]⟨'⟩t hat

⟨51.⟩

Stellenkommentar

164,10–12 Fermüller *bis* Irrsinnes] *Bereits das bischöfliche Konsistorium bemerkte am 27. Juni 1851, daß Thomas Fermüller einen Gehilfen habe, „weil er seit mehren Jahren mehr oder weniger geisteskrank ist" (6/2635 l).*

⟨51.⟩ Besetzung der technischen Lehrerstelle
an der Unterrealschule Ried

Überlieferung

H $1504\frac{1850}{1851} X \frac{D}{2}$ Ried *(OÖLA 6/2474–2475 und 2470) Auf den beiden ersten Seiten und auf $\frac{2}{3}$ der 3. Seite eines Bogens steht der Vortrag des Referenten über die eingegangenen Konkurs-Elaborate jeweils in der linken Spalte. Der Auftrag Fritschs vom 3. September 1851 an Stifter erfolgte auf der 3. Seite im unteren Drittel in der rechten Spalte: „Diese Stücke samt ihren Beilagen werden dem kk Herrn Schulrathe Stifter zur Prüfung der darunter befindlichen Konkurs-Arbeiten der Bewerber u. zur Begutachtung, welchem derselben die erledigte Lehrerstelle zu verleihen sey, zugemittelt." Stifters Gutachten vom 6. September 1851 beginnt in der linken Spalte daneben unterhalb des Referentenvortrags (6/2474 r) und setzt sich mit den Tabellen A und B auf der ganzen 4. Seite sowie auf der 2. Seite in der rechten Spalte mit der Tabelle C und dem restlichen Text fort.*

D Fischer, Nr. 28

⟨51.⟩

Stellenkommentar

164,21–23 Concurselaborate *bis* unterworfen] *Um die Stelle nach dem ersten erfolglosen Konkurs (Nr. ⟨29.⟩) zu besetzen, wurde mit Schreiben der LSchBeh vom 27. May 1851 (Scha 14, Z. 876, Bog. 1,4-2,1, Ried) festgelegt, daß eine erneute „Konkurs-Prüfung an den Normal-Hauptschulen zu Linz, Wien, Prag, Brünn, Troppau, Graz, Laibach, Klagenfurt, Innsbruck u. Salzburg am 17. July 1851 abgehalten werden" soll. „Die Bewerber um dieselbe haben ihre Gesuche spätestens drey Tage vor der Prüfung bei der Schulen-Oberaufsicht jener dieser Hauptschulen, an welcher sie den Konkurs sich unterziehen wollen, zu überreichen […]". Dem Kandidaten Simon Rieppl, der bei der ersten Konkurs-Prüfung durchgefallen ist, wird eingeräumt, „daß es ihm frey stehe, sich der neuen Konkurs-Prüfung zu unterziehen". Diese Möglichkeit hat Rieppl nicht ergriffen, doch er hat bald darauf an dem Konkurs-Verfahren für die Besetzung der Stelle an der Unterrealschule in Wels (Nr. ⟨53.⟩) teilgenommen.*

166,2–5 Gregor *bis* vorzuschlagen] *Mit Dekret vom 11. September 1851 wird die Stelle in Ried an Gregor Magnus verliehen und verfügt: „Mit dieser Stelle ist nicht nur der Unterricht im Zeichnen, sondern auch jener in den technischen Fächern, nämlich der Baukunst, der Geometrie, der Stereometrie, der Mechanik, der Naturlehre u. Naturgeschichte, der Arithmetik, so wie in Geographie u. Geschichte verbunden […]" (6/2470f.).*

⟨52.⟩

⟨52.⟩ Privatunterricht des Malers Mücke im Zeichnen
und Malen

Überlieferung

H   *1913 1851 X $\frac{C}{28}$ (OÖLA 6/2685 l)*
Auf der 4. Seite eines Bogens, auf dessen 1. Seite das
Schreiben des Linzer Malers Joh. F. Mücke vom 14. September 1851 steht, beginnt Stifters Äußerung vom 19. September 1851 in der rechten Spalte unterhalb von Adresse,
Absender und Kurzinhalt und nach dem Auftrag vom
18. September 1851 „zu baldigster Aeußerung" und setzt
sich in der halben linken Spalte fort.
D   Fischer, Nr. 29

Apparat

167,7   sich [hier] nicht

Stellenkommentar

167,14–16   Erlaubniß *bis* dürfen] *Der Maler Mücke hatte um „die
gnädige Erlaubniß" gebeten, „in seiner Wohnung Schüler aufzunehmen, welche in der Landschafts und Historienmalerei sowie im Zeichnen genanter Fächer unterrichtet werden sollen"
(6/2682). Entsprechend Stifters Vorschlag schreibt die LSchBeh
am 19. September 1851 an den Maler Mücke, daß seiner Absicht
„in öffentlicher Beziehung nichts entgegen" stehe (6/2683).*

⟨53.⟩

⟨53.⟩ Besetzung der technischen Oberlehrerstelle
an der Unterrealschule Wels

Überlieferung

H 1846 $\frac{1850}{1851}$ X $\frac{B}{43}$ *Wels (OÖLA Scha 13)*
*Stifters Äußerung vom 30. September 1851 erstreckt sich
über die 4 Seiten eines Bogens*

Apparat

169,25 Vortrages [fehlt, u daher] nicht
169,26 ge[b]⟨geben

Stellenkommentar

167,20–21 Begutachtung *bis* Arbeiten] *Nach Eingang der Konkurs-
Elaborate von den Landesschulbehörden aus Niederösterreich
und Böhmen erging laut Schreiben der LSchBeh vom 29. September 1851 der Auftrag an Stifter: „Der Hr Schulrath Stifter wollen
die hier beiliegenden drey Konkurs Elaborate des Simon* **Rippl**,
des Aloys **Setzer** *u. des Wenzel* **Albel** *einer genauen Prüfung unterziehen u. sich sofort hiernach so wie nach deren Gesuchsbelegen über ihre Tauglichkeit zu den zu besetzenden 2 Stellen hier
unten äußern, in Ihre Aeußerung aber auch das Gutachten über
die einfachen Gesuche des Joseph* **Zraly** *so wie des Aloys* **Dohnal**
einbeziehen".
168 Tumelbaum] *Ziehschwengel, Göpelschwengel.*
169,30–170,1 Bittsteller *bis* Rieppl] *Entgegen dem Auftrag hat Stifter einen Vorschlag nur für eine Stelle, für die* technische Oberlehrerstelle *(S. 167,22) vorgelegt. Mit Dekret vom 30. September*

⟨54.⟩

1851 (Scha 13, Z. 1846, Wels) wird diese Oberlehrerstelle dem Wenzel Albel aus Prag verliehen, so daß „für die Stelle des Unterlehrers die anderen zwey Kompetenten" übrig bleiben. Da aber keiner derselben um eine Unterlehrerstelle gebeten hat und am 1. Oktober 1851 schon das Schuljahr 1852 beginnt, verfällt die LSchBeh „zur Zeitersparung" auf den Ausweg, für die beiden aus Wien stammenden Kompetenten Setzer und Rieppl je ein Anstellungsdekret für die Unterlehrerstelle auszufertigen und an die LSchBeh in Wien angesichts der Zeitknappheit mit der Auflage zu senden, daß nur die Stelle eines Unterlehrers für einen der beiden Lehrer zur Verfügung stehe und daß beiden nacheinander die „technische Unterlehrerstelle" angeboten und von ihnen eine schriftliche Zustimmung eingeholt werden möge; bei Zustimmung solle dem betreffenden Bewerber das mitgeschickte Anstellungsdekret ausgehändigt werden. Setzer hat die Unterlehrerstelle angenommen. Der weitere Fortgang in Nr. ⟨99.⟩.

⟨54.⟩ Neue Lehrkräfte für die Unterrealschule Wels

Überlieferung

H $\quad$ 2086 $\frac{1850}{1851}$ X $\frac{B}{43}$ Wels (OÖLA 6/2418 l)
Stifters Äußerung vom 4. Oktober 1851 ist auf der 4. Seite eines Bogens, auf dessen beiden ersten Seiten sich das Schreiben der Schulbezirksaufsicht Wels vom 30. September 1851 an die LSchBeh befindet, in der rechten Spalte unterhalb von Adresse und Absender sowie dem darunter befindlichen Auftrag Fritschs vom 3. Oktober 1851 „zu gefällig baldigster Aeußerung" untergebracht. In der linken Spalte daneben steht das Schreiben der LSchBeh

⟨55.⟩

	vom 4. Oktober 1851 an die Schulenbezirksaufsicht zu Wels, womit die Eröffnung der Unterrealschule in Wels mit dem 1. Oktober 1851 genehmigt wird.
D	Fischer, Nr. 30

Stellenkommentar

170,17–18 provisorische *bis* genehmigen] *Der Schulbezirksaufsicht war mit Erlaß vom 26. September 1851 bekannt gegeben worden, daß „aus Mangel der noch nicht ernannten Lehrer" die bewilligte Unterrealschule „noch nicht in Wirksamkeit treten" könne. Da jedoch „zu Folge früherer Bekanntgebung bereits schon fremde Zöglinge wie auch hiesige, an der Zahl 38 zum Besuche der Unter-Realschule eingeschrieben" waren, wurde vom Director Schimon, den Lehrern Schöppl und Schopf sowie dem Katecheten „ein Provisorium der Art getroffen", daß dieses Lehrpersonal „nebst seinen ihm obliegenden Lehrstunden auch die der Unter-Realschule" (6/2414f.) zu übernehmen bereit sei, so daß die Eröffnung am 1. Oktober stattfinden konnte. Der weitere Fortgang in Nr. ⟨92.⟩.*

⟨55.⟩ Gesuch um Zulassung Burgstallers zur Lehrerprüfung
für Hauptschulen

Überlieferung

H	1896 1851 X $\frac{B}{16}$ *(OÖLA Scha 52)* *Auf der 4. Seite eines Bogens, auf dessen 1. Seite das bischöfliche Konsistorium am 8. September 1851 Burgstal-*

⟨56.⟩

lers Gesuch unterstützt, ist Stifters Äußerung vom 14. Oktober 1851 in der rechten Spalte unterhalb von Anschrift und Kurzinhalt sowie unter dem Auftrag Fritschs vom 14. September 1851 angefügt. Daneben in der linken Spalte steht das Dekret der LSchBeh vom 18. Oktober 1851, mit welchem die Zulassung zur Lehrerprüfung zugestanden wird.

⟨56.⟩ Besetzung des Schul- und Meßnerdienstes in Pattigham

Überlieferung

H   *1554 1851 X$\frac{B}{30}$ Pattingham (OÖLA 6/2606–2607)*
Die Akte besteht aus zwei ineinander gelegten Bogen. Auf dem Umschlagsbogen referiert die LSchBeh die vom Konsistorium vorgelegte Vorschlagsliste. Auf dem eingelegten Bogen steht auf den beiden ersten Seiten Stifters Gutachten vom 18. Oktober 1851, auf den beiden folgenden Seiten das Dekret der LSchBeh vom 19. Oktober 1851, womit die Stelle entsprechend dem „einstimmigen Vorschlage" an Johann Janutschka verliehen wird.
D   Fischer, Nr. 31

Apparat

171,11   Stadt[haupt]schulen

⟨57.⟩

Stellenkommentar

171,18 Thomas Fermüller] *Fermüller wurde bereits in Nr.* ⟨*50.*⟩ *wegen "zeitweiligen Irrsinnes" nicht berücksichtigt.*

172,3–5 Gemeinderepräsentanz *bis* Lösch] *Die Gemeindevorstehung Pattigham hatte die Bitte ausgesprochen, dem Schulgehilfen Joseph Lösch, da er "die volle Zufriedenheit des Schulendistriktsaufsehers und der Gemeinde bei der Prüfung erworben" habe und "wegen der großen Zuneigung der Schuljugend"* (6/2605 r) *die Stelle zu verleihen. Dazu beauftragt der Statthalter das bischöfliche Konsistorium, der Gemeindevertretung "eröffnen zu lassen, daß ich ohne Benachtheiligung viel verdienterer Mitbewerber ihr Gesuch nicht berücksichtigen könnte"* (6/2608 l).

⟨57.⟩ Besetzungen von Lehrerstellen an der Realschule Linz

Überlieferung

H   2283 1851 X $\frac{4}{8}$ (OÖLA 2/733 r – 735 l)
Stifters Äußerung vom 27. Oktober 1851, die sich über 4 Seiten eines Bogens erstreckt, bezieht sich auf den im Betreff der linken Spalte der 1. Seite genannten Besetzungsvorschlag Zampieris (der den Akten nicht beiliegt) und beginnt in der rechten Spalte unterhalb von Fritschs „Einladung" vom 21. Oktober 1851 „sich über den Vorschlag des Dr Zampieri *u. über die Würdigkeit der beachtenswerthen Bewerber unter Beifügung Ihrer Anträge hier unten gutächtig zu äußern."*

D   *Vancsa IV, S. 42–45*

⟨57.⟩

Apparat

173,15   Ge[s]⟨genstand
173,22   Gesuche [Reitzenbeks] an
174,18   dieselben [etwa] zur
174,18–19 Benüzung [der]⸜ in der
174,31   Folge [von] Berathung
175,2   Miner[a]logie
175,22–23 etwa [des] [auch] Schönschreiben[s]

Kommentar

Fortgang von Nr. ⟨47.⟩

Stellenkommentar

172,14–17 Durchlesung *bis* Linz] *Dr. Josef Zampieri, vorher Privatdozent am polytechnischen Institut in Wien, war am 17. September 1851 vom Ministerium, gez. Helfert, zum Lehrer und provisorischen Direktor an der Realschule ernannt worden (2/746 r), da die LSchBeh keinen geeigneten Kandidaten aus Linz benennen konnte. Laut Auftrag des Ministeriums sind für die Besetzung der Stellen an der selbständigen Unterrealschule zunächst die tauglichen Lehrer der bisherigen unselbständigen Unterrealschule „in Anspruch zu nehmen", worauf „für die dann sich noch herausstellenden nicht vertretenen Lehrfächer" die Kompetenz auszuschreiben ist (2/651f.). Dabei ergab sich das Problem, daß außer dem Katecheten, Stockhammer und Schierfeneder die Lehrer Jakob Mayer, Martin Merkh und Kilian für die Anstellung an der neuen Unterrealschule eigentlich nicht geeignet waren (vgl. Nr. ⟨49.⟩). Dennoch werden angesichts des*

⟨57.⟩

Sparzwangs die beiden Lehrer Merkh für das freie Handzeichnen und Kilian für das Schönschreiben weiter in die Planung einbezogen. Die Ausschreibung von drei Lehrerstellen erfolgte am 26. September 1851, „u. a. für das Fach der italienischen Sprache". Mit Erlaß vom 14. Oktober 1851 wurden im Rahmen des Konkursverfahrens 53 Gesuche an Direktor Zampieri zur Herstellung einer Vorschlagsliste gesandt. Am 16. Oktober 1851 folgte noch eine Nachnominierung Joseph Netwalds, dessen Gesuch mit drei anderen später eingegangen war.

    Stifter, vom Ministerium am 3. Juni 1850 als Schulrat und Volksschuleninspektor ernannt, gutachtet hier am 27. Oktober 1851 über die Bewerber für die Unterrealschule, obwohl seine Ernennung als Inspektor der zu gründenden Realschule in Linz noch aussteht. Am 30. Oktober 1851 berichtet der Statthalter dem Ministerium, daß er die Besetzung der Lehrerstellen an der Realschule „unter Beiziehung" des „kk Schulrathes u VolksschulenInspektors Stifter" (2/652 l) vornehmen ließ. Stifter hatte ja auch schon in der Kommission über Begutachtung von Lokalitäten für die Unterrealschule (Nr. ⟨34.⟩ vom 10. Juli 1851), an der Begutachtung des Schulgebäudes auf der Spitlwiese (Nr. ⟨39.⟩ vom 15. Juli 1851), an der Begutachtung der Lehrfähigkeit der Lehrer der Normalhauptschule für die Realschule (Nr. ⟨47.⟩ vom 25. August 1851) sowie an der Begutachtung der Geräte für die Unterrealschule (Nr. ⟨49.⟩ vom 26. August 1851) mitgewirkt. Den förmlichen Antrag, die „Inspekzion über die hiesige Unter-RealSchule dem Hrn Schulrathe u Volksschulen-Inspektor, Adalb. Stifter, zu übertragen", stellt der Statthalter am 26. November 1851 (2/726 l), worauf am 26. Dezember 1851 (1/287 r) die Bestätigung durch das Ministerium, gez. Thun, erfolgt.

174,33 deutsche Sprache] *Angesichts der späteren intensiven Zusammenarbeit Stifters mit Aprent, mit dem er sein Lesebuch herausgeben wird, fällt auf, daß Stifter für deutsche Sprache Reitzenbek vorschlägt und Aprent in diesem Gutachten überhaupt*

⟨57.⟩

nicht erwähnt. Das Ministerium jedoch ersetzt am 13. November 1851 (AVA U- U-Allg., 4130/16) Reitzenbeck durch Aprent, da Reitzenbeck „auch für die Realschule in Salzburg competirt und dort sehr benöthigt wird". Aus einem Brief Marian Kollers vom 17. November 1851 an Stifter geht hervor, daß Koller, Stifters Lehrer in Kremsmünster und seit 1851 mit dem Referat über die Realschulen betraut, es war, der die Besetzung mit Aprent bewirkt hat. Er dankt Stifter „für die gütigen Mittheilungen bezüglich der Gewinnung tüchtiger Lehrkräfte für die Linzer Realschule. Ich habe selbe möglichst beachtet und hoffe, nachdem die Besetzung bereits erfolgt ist, für diese Schule gut gesorgt zu haben." Dann empfiehlt er Aprent Stifters „besonderer Aufmerksamkeit. Aprent hat gute Sprachstudien gemacht; er ist ein sprachlich und technisch gleich gebildeter Mann und überdieß als Privatlehrer bezüglich seiner Methode sehr gelobt, ein Mann von Ehre und großem Pflichtgefühl" (PRA 23, S. 77).

Mit Ministerialerlaß vom 13. November 1851, gez. Thun, werden Netwald, Ehrlich und Aprent „zu provisorischen Lehrern" ernannt, und zwar „mit der Verpflichtung, sich nach Ablauf eines Jahres der vorgeschriebenen Lehramtskandidatenprüfung zu unterziehen. / [...] jedem der drei provisorischen Lehrer wird eine Substitutionsgebühr von jährlichen **Vierhundert** *Gulden angewiesen." Anton Stranik wird zum ordentlichen Lehrer für das freie Handzeichnen ernannt und „tritt demzu Folge in den sistemisirten Gehalt von jährlichen* **Sechshundert** */: 600 f /: Gulden, und die Vorrückung in 800 f und 1000 f CMze nach zehn- und zwanzigjähriger Dienstleistung in dieser Anstellung [...]"* (2/691 r).

175,1 Italienische Sprache] *Nach Anfrage des Ministeriums vom 19. August 1851 hatte sich der Gemeinderat von Linz am 28. August 1851 für die Einführung der italienischen Sprache als zweite Fremdsprache ausgesprochen (2/755 r). Während Stifter Netwald vorschlägt, wird in anderen Akten Rossi genannt, dessen*

⟨57.⟩

früheres Gesuch Stifter mit Nr. ⟨14.⟩ abgelehnt hatte. Laut Schreiben der LSchBeh vom 30. Oktober 1861 ist Rossi jedoch "nur für das Lehrfach der italienischen Sprache geeignet", und da es Bewerber gibt, die außer der italienischen Sprache "zugleich andere Gegenstände auf fruchtbringende Weise vortragen können", wird Rossi nicht berücksichtigt, zumal "die Nothwendigkeit nicht besteht, dieses Fach nur durch einen Nebenlehrer zu besorgen […]" (2/654f.). Der weitere Fortgang in Nr. ⟨134.⟩

175,24 jubilirt] *Ein Jubiläum feiern, z. B. zum Jahrestag des Dienst-Endes.*

175,32 Vielguth] *Hermann Vielguth, absolvirter Hörer der Medizin, Dr. der Chemie und Magister der Pharmazie, hatte in einem Schreiben vom 8. September 1851 an die LSchBeh die Bitte geäußert, "zu dem Lehrprobejahre in der Chemie, bei den zu errichtenden Unterrealschulen zugelassen zu werden" (1/132 l). Da Stifter ebenso wie Zampieri dazu kein Gutachten abgeben kann, versucht die LSchBeh am 30. Oktober 1851 mit einem Analogieschluß Klarheit zu bekommen: "Nach dem provisorischen Gesetze vom 23. Aug 1849 über die Prüfung der Gymnas. Lehramts-Kandidaten […] ist das Probejahr nur nach Ablegung der Prüfungen zulässig, u. in analoger Anwendung desselben auf Real-Schulen müßte daher Vielguths Bitte zurück gewiesen werden" (2/664f.). Per Ministerialerlaß wird bestätigt, "daß praktische Probejahre nur nach in der Lehramtskandidatenprüfung erfolgten Nachweisung der erforderlichen theoretischen Kenntniße zuläßig sein können" (2/692 l). In Nr. ⟨153.⟩ wird Vielgut* als supplirender Lehrer der Naturgeschichte am hiesigen Gimnasium *(S. 347,21–22) bezeichnet.*

⟨58.⟩ *Besetzung der Lehrerstelle in Feldkirchen

Überlieferung

H $1883 \frac{1850}{1851}$ X $\frac{B}{30}$ *Feldkirchen (OÖLA Scha 12)*
Dieses Gutachten ist von Stifter laut Schreiben der LSchBeh vom 17. November 1851 am 10. November 1851 eingereicht worden. Der Auftrag dazu erging am 3. November 1851.

Kommentar

Fortgang von Nr. ⟨32.⟩.
Obwohl Karl Kreuzbauer und seine Mutter, die Witwe Katharina Kreuzbauer, laut Schreiben der LSchBeh vom 17. November 1851 „alle Hebel in Bewegung gesetzt, u. Eingaben u. Bitten an alle Organe und Authoritäten des Schulwesens", ja sogar an das Ministerium und schließlich an den Kaiser gerichtet haben, „um diese Dienstesstelle für sich zu erlangen" (Scha 12, Z. 1883, Bog. 4, S. 1), wurde die Stelle in Feldkirchen im Innkreis ausgeschrieben und im Besetzungsverfahren Karl Kreuzbauer weder von der Schulenbezirks-Aufsicht noch vom bischöflichen Konsistorium in den Ternavorschlag aufgenommen. Das Konsistorium schlug I. Mathäus Mugrauer, II. Cajetan Gloning, III. Michael Wagner vor.

Am 17. November 1851 schreibt der Statthalter, „besonders noch aus dem Gutachten des Schulrathes Stifter wolle das h. Ministerium geneigtest die Gründe entnehmen, aus denen ich nach Gesetz, Gerechtigkeit, Pflicht und Gewissen u. im Interesse des Schulwesens überhaupt mich ganz entschieden gegen die Verleihung der fraglichen Lehrerstelle an den 23jährigen Karl Kreuzbauer, ja selbst

⟨58.⟩

[ebd., Bog. 5, S. 1] schon gegen die bloße Verlängerung der gegenwärtigen Provisur auszusprechen mich bestimmt finde. Ein gegentheiliges Einrathen würde gegen die so heilsame Verordnung des h. Unterrichts-Ministeriums vom 28. August 1848 Z 5555 wodurch die so vielfältig mißbrauchte Erlaubniß zur Abtretung der Schuldienste an Söhne oder sonstige Verwandte von Schullehrern untersagt wurde, u. gegen § 300 der Pol.Sch.Verf. verstoßen, u. namentlich die Lehrerstelle in Feldkirchen in der Familie Kreuzbauer durch drey Generazionen u. vielleicht noch auf länger hinaus zum Erbgute machen; u. es würde gar manchen unter den Bewerbern befindlichen verdienten Schulmann, namentlich die in der Terna begriffenen drey ausgezeichneten Schullehrer, deren vorzügliche Fähigkeiten durch lange Dienstleistung faktisch erwiesen sind, deren Dienstzeit 8–9 Mal mehr Jahre als jene Kreuzbauers zählt, u. von denen der I° loco stehende Mugrauer mit großer Kinderzahl auf einem kärglichen Posten ungeachtet seiner ganz vorzüglichen Verdienste darbt, auf [ebd., Bog. 5, S. 2] das Empfindlichste kränken, daneben aber das Vertrauen des Lehrerstandes in die Gerechtigkeit u Partheylosigkeit der Schulbehörden auf das Tiefste erschüttern, u. ihn mit Muthlosigkeit erfüllen. / ▢ Wäre auch die Lage der Familie Kreuzbauer noch so beklagenswerth, so darf ihr die Hilfe nicht um solchen Preis, nicht auf Kosten verdienter, der Beförderung lange entgegen harrender Schullehrer gewährt werden. Wo die Gnade nur zum Schaden Anderer, nur mit Verletzung der Gerechtigkeit geübt werden kann, ist ihre Stelle nicht. / ▢ Die Lage der Familie Kreuzbauer hat dem Gesetze nach zuerst die Schulgemeinde zu verbessern; der § 297 der P. Schulen-Verf. verpflichtet sie dazu. / ▢ Diese Lage ist aber keineswegs so schlimm, als es im ersten Augenblick schien, u. als es von der Witwe, damit der Sohn die Lehrerstelle erlange, u. von der Gemeinde, damit sie von der Obliegenheit, die Witwe u. deren Kinder bis ans 16. Lebensjahr zu unterstützen, entbunden [ebd., Bog. 5, S. 3] werde, vorgestellt wird. / ▢ Schulrath Stifter setzt dieß in seinem Gutachten recht gut aus-

⟨59.⟩

einander" [ebd., Bog. 5, S. 4]. Die Stelle in Feldkirchen hat am 14. März 1852 Mathäus Mugrauer angetreten (Scha 80, B/30 Auerbach). Der weitere Fortgang in Nr. ⟨460.⟩

⟨59.⟩ Besetzung der Lehrerstelle an der Mittelschule
in Laussa

Überlieferung

H   2650 1851 X $\frac{B}{30}$ Laussa (OÖLA 6/2591)
Stifters Äußerung vom 5. Dezember 1851 beginnt auf der 4. Seite eines Bogens, auf dessen ersten 3 Seiten die LSchBeh den Besetzungsvorschlag des Konsistoriums referiert, in der rechten Spalte unterhalb von Fritschs „Einladung, hier unmittelbar das Gutachten über den fraglichen Besetzungsvorschlag beizufügen", und setzt sich in der linken Spalte fort.

D   Fischer, Nr. 33

Apparat

177,13   Jahr [kürzer] ⌈weniger⌉

Stellenkommentar

176,22–177,6   Peßl *bis* gelöset] Der „durch Beförderung des Lehrers Karl **Karl** als erledigt ausgeschriebene Mittelschuldienst Laussa" (6/2588 r) wird mit Dekret vom 5. Dezember 1851 an Franz Peßl

⟨60.⟩

verliehen, der vorher laut Scheiben der Schuldistriktsaufsicht Steyer vom 24. März 1851 (DAL Schu-A/3, Scha 32, Fasz. 20/16) nach (Maria) Neustift „beordert" worden war, um als Provisor auf Kosten des versagenden Lehrers Watzl ab dem 12. März 1851 für kurze Zeit den dortigen Schulunterricht zu übernehmen; vgl. Nr. ⟨133.⟩.

⟨60.⟩ Antrag auf einen 2. Katecheten für Realschule Linz

Überlieferung

H   755 $\frac{1850}{1851}$ X $\frac{4}{4}$ *(Scha 11)*
Stifters Äußerung vom 22. Dezember 1851, beginnend auf der 4. Seite eines Bogens in der Mitte der rechten Spalte unterhalb von Anschrift und Kurzinhalt des Konsistorialschreibens sowie unter Fritschs Auftrag vom 9. Dezember 1851 und fortgesetzt in der linken Spalte, bezieht sich auf das Schreiben des bischöflichen Konsistoriums vom 27. November 1851 auf den ersten 3 Seiten.

Stellenkommentar

178,25–27 Angermayr bis empfohlen] *Wie bereits am 23. Juni 1850 (s. Kommentar zu Nr. ⟨7.⟩) beantragte das bischöfliche Konsistorium am 27. November 1851 (Scha 11) erneut die Sistemisierung eines zweiten Katecheten, da jetzt die vollständige Unterrealschule organisiert sei, und schlug vor, „daß der bisherige katechetische Supplent Josef Angermayr als sistemisirter Katechet angestellt, und ihm mit Einschluß des Quartiergeldes ein Jahresgehalt von*

⟨61.⟩

600 fr **CM** *angewiesen werde". Obwohl Stifter den Antrag des Konsistoriums diesmal unterstützt, schließt sich die LSchBeh am 10. Februar 1852 (Scha 11; Z. 2714, Bog. 2, S. 2) wegen der bevorstehenden „Erweiterung der neuen Unter-Real- in eine Ober-Real-Schule" nicht an, sondern schlägt, indem sie die Belastung Angermayers hervorhebt und vor allem darauf hinweist, daß er „gegenwärtig während der dreymonatlichen Beurlaubung des von langer Krankheit ganz entkräfteten u. dermalen dienstunfähigen Normal-Schul-Direktors Schierfeneder nicht bloß die Direkzions-Geschäfte, sondern seit Oktober v. J. auch in der Präparanden-Lehranstalt einige Lehrfächer des Direktors versieht", nur eine Erhöhung der Remuneration auf 200 Gulden vor. Mit Erlaß vom 15. März 1852 (Scha 11, Z. 755) lehnt das Ministerium die vom bischöflichen Konsistorium beantragte Anstellung eines zweiten Katecheten ab, bewilligt aber für Angermayer eine Erhöhung der Zulage auf 200 Gulden.*

⟨61.⟩ *Antrag auf Auszeichnung des Lehrers Anton Weger zu Vichtwang

Überlieferung

Stifters Antrag vom 2. Januar 1852 ist in Nr. ⟨222.⟩, 2. Liste, Nr. 8 (HKG 10,2, S. 210,30–32) belegt.

Kommentar

Anton Weger ist, wie aus dem Schreiben des bischöflichen Konsistoriums vom 5. November 1859 (DAL Schu-A/3, Scha 30,

⟨62.⟩

Fasz. 18/21) an die Statthalterei hervorgeht, „in Anerkennung seiner treu erfüllten Pflichten von Sr Majestät mit dem silbernen Verdienstkreuze sammt Krone im Jahre 852 ausgezeichnet worden".

⟨62.⟩ *Schulzustände von Friedburg

Überlieferung

Stifters Antrag auf Untersuchung der Schulzustände in Friedburg vom 3. Januar 1852 (Nr. ⟨222.⟩, 2. Liste, Nr. 9) wurde in HKG 10,1 mit Platzhalter eingeordnet. Nach Erscheinen des Bandes wurden im DAL, Schu-A/3, Scha 42, Fasz. 28/7, das Original sowie ein „Auszug aus der Äusserung des k.k. Herrn Schulrathes Stifter vom 2. März 1852" zu einer Beschwerde des Pfarrers gefunden, die miteinander und mit anderen hier verwendeten zugehörigen Akten durch Bindfaden zusammengebunden sind. Beide wurden in HKG 10,3 mit den Nummern ⟨62.⟩ (S. 399f.) und ⟨76 A.⟩ (S. 401) als „Nachträge" ediert.

Apparat

399,13	de[n]⟨′r
399,23	die [ich]⁄ befragt
400,5–6	264 [der pol.Sch.V.] ausdrüklich
400,11	trä[x]⟨′[g]t
400,15	Erforschung [einzuse]⁄ im

⟨62.⟩

Stellenkommentar

399,12–16 Bauzustande *bis* gepreßt] *Angesichts des schlechten Bauzustands des Schulhauses, der von der Schulenbezirksaufsicht am 19. Januar 1852 so geschildert wird, daß „bei Abhaltung der Schulprüfung durch die ganz durchmorschten hölzernen Wände von einem der Zimmer in's Freye geschaut werden" konnte, schlägt das bischöfliche Konsistorium am 24. Januar 1852 den Bau eines neuen Schulhauses vor. Darauf antwortet die LSchBeh am 20. Mai 1852, daß „die k.k. Bezirkshauptmannschaft Braunau schon aus Anlaß der Eingangs erwähnten Relation des Herrn Schulrathes Stifter mit Erlaß vom 4. Jänner d. J. Z. 21 aufgefordert worden" sei, „die kommissionelle Erhebung über den Zustand des Friedburger Schulgebäudes, und die zur Herstellung eines guten Zustandes erforderlichen Mittel zu pflegen. / ▢ Diese Verhandlung hat auch bereits statt gefunden [...]". Der weitere Fortgang in Nr.* ⟨148.⟩ *(S. 333,30–334,2).*

399,21 Nagelschmied] *Laut Schreiben der LSchBeh vom 20. Mai 1852 „ergibt sich aus den Erhebungen, daß Waldek das Nagelschmiedgewerbe, daß er für seinen Sohn erkauft hat, nicht selbst betreibt, sondern es durch einen Werkführer unter seiner zeitweiligen Aufsicht ausüben läßt, und daß daraus keine nachtheilige Rückwirkung auf sein Lehramt hervorgeht" .*

399,24–27 Meßnerdienst *bis* halten] *Sich auf Stifters „Relation über den Besuch der Schule zu Friedburg" vom 3. Januar 1852 sowie auf die Gutachten des Schulenbezirksaufsehers vom 24. Januar 1852 und des bischöflichen Konsistoriums vom 24. Januar 1852 beziehend, erklärt die LSchBeh am 20. Mai 1852 hinsichtlich der Kollision in Friedburg zwischen Schul- und Meßnerdienst, daß nach § 168 der Volksschulen-Verfassung „die Vereinigung von Meßner- Organisten- und Chorregenten-Stellen mit dem Volksschuldienste nur dann statt finden darf, wenn sie ohne Nachtheil des letzteren bestehen kann, und der Lehrer karg dotirt ist". Au-*

⟨62.⟩

ßerdem bestimme der § 49, daß „der dienstfähige Schullehrer, ‚weil ihm der Schuldienst in Ansehung seiner persönlichen Geschicklichkeit verliehen war', den Unterricht selbst ertheilen [müsse, Anm.] und sich keinen Gehilfen, damit dieser an seiner Statt denselben versehe, halten darf. / Aus diesem Grunde ist das hochwürdige Ordinariat mit hierämtlicher Zuschrift vom 6. Juni v. J. Z. 639 eingeladen worden, den unterstehenden Herrn Seelsorgern die Verpflichtung aufzulegen, die an Schultagen vorfallenden Leichenbegängnisse, Trauungen und andere Funktionen, bei denen der Schullehrer als Meßner betheiliget ist [...] dafern er keinen Substituten dafür hat, auf solche Stunden zu verlegen, an welchen kein Schulunterricht stattfindet. / [...] Der Lehrer Waldek ist um der Schule willen angestellt, und das Amt des Organisten ist ihm nur zur Verbeserung des Einkommens mit verliehen worden, die Pflichten des Lehramtes gehen jenen des Organisten vor [...]". Wenn er als Meßner in Lengau unabkömmlich und der dortige Organistendienst nicht verschiebbar ist, dann könnte ein zweiter Lehrgehilfe angestellt werden, doch diesen müßte der Lehrer „auf seine Kosten halten". Der weitere Fortgang in Nr. ⟨147.⟩.

399,27–400,1 wohnt bis vermiethet] *Dazu befindet die LSchBeh am 20. Mai 1852: Da der Lehrer „seiner vielen Kinder wegen keinen Platz in der engen Lehrerwohnung im Schulhause findet, so kann nichts dagegen eingewendet werden, wenn er anderwärts wohnt, und seine dortige Wohnung vermiethet. Aber es muß der Gehilfe darin eine genügende Unterkunft haben, und wenn dieser in dem ihm gewidmeten Zimmer seines **Fortepiano's** wegen nicht Raum findet, und sich deßhalb auf eigene Kosten ein größeres Zimmer miethet, so muß ihm dieses von dem Lehrer wenigstens miethweise im Schulhause eingeräumt werden, da das Haus und die Schuljugend beim Ab- und Zugange nicht ohne Aufsicht eines Individuums vom dortigen Lehrpersonale bleiben darf". Das bischöfliche Konsistorium beauftragt am 4. Juni 1852*

⟨62.⟩

die Schuldistriktsaufsicht, eine entsprechende „Verfügung zu treffen".

400,3–5 zwei bis Lehrindividuen] *Da eine Verteilung des Unterrichts auf die zwei Lehrzimmer Schwierigkeiten bereitet, weil eine entsprechende Regelung mit der Organistentätigkeit des Lehrers in Lengau kollidiert, entscheidet der Statthalter nach mehreren Vorschlägen am 18. Oktober 1852: „Statt, daß des Schullehrers und des Unterlehrers Klassen jede in eine obere und eine untere Abtheilung mit vormittägigem Unterrichte für die eine, und nachmittägigem Unterrichte für die andere Abtheilung getrennt werden, wie es bis jetzt der Fall ist, stellt es sich daher als weit zweckmäßiger dar, die Schüler nur nach 2 Klasen ohne Untertheilung zu scheiden, die eine Klasse Vormittags, die andere aber Nachmittags zu unterrichten, und nachdem die kirchlichen Funktionen, welche den Schullehrer als Meßner und Organisten so oft am Schulehalten hindern, nur an Vormittägen eintreten, die Einrichtung zu treffen, daß die Klasse des Lehrgehilfen Vor- jene des Lehrers aber Nachmittags unterrichtet werde." Statt dessen wird, wie das bischöfliche Konsistorium am 9. Dezember 1852 an die LSchBeh mitteilt, eine modifizierte Version eingeführt: „Man theilte die Schüler der Schule Friedburg in 2 Klassen, aber die erste Klasse wieder in 2 Abtheilungen. / Die 2te Klasse wird vom Lehrgehilfen vormittag u. die 1ste Abtheilung der 1^{t} Klasse aber nachmittag unterrichtet; die 2^{t} Abtheilung der ersten Klasse unterrichtet der Lehrer Engelbert Waldeck nachmittag. Auf diese Weise ist der Lehrer Waldeck vormittag frey u. der Lehrgehilfe vor- u. nachmittag beschäftigt."*

400,10 Gobernauserwaldes] *Der Kobernaußerwald zwischen Munderfing und Frankenburg am Hausruck bildet einen Teil der natürlichen Grenze zwischen dem Inn- und dem Hausruckviertel.*

400,11 ganztägiger Unterricht] *Der sei, so das bischöfliche Konsistorium am 24. Januar 1852, in „Friedburg nicht einführbar".*

⟨63.⟩

Demgemäß wird von der LSchBeh am 20. Mai 1852 „auf dessen Einführung gegenwärtig nicht gedrungen, und es noch bei dem halbtägigen Unterrichte belassen. / Nur muß, sobald ein zweiter Lehrgehilfe eintritt, ein Lehr-Individuum immer Eine Klasse ganz unterrichten, und mit ihr aufsteigen". Der weitere Fortgang in den Nrn. ⟨76A.⟩ und ⟨147.⟩

⟨63.⟩ Besetzung der Lehrerstelle in der Mittelschule Arnreith

Überlieferung

H 2847 1851 X$\frac{B}{30}$ Arnreith (OÖLA 6/2552 l und 2547 r)
   Auf einem Bogen, auf dessen 4 Seiten jeweils in der linken Spalte die Besetzungsliste der LSchBeh vorgegeben ist, beginnt Stifters Gutachten vom 7. Januar 1852 mit 4 Zeilen auf der letzten Seite in der rechten Spalte unterhalb von Fritschs Auftrag vom 5. Juni 1852 „zur Begutachtung des vorstehenden Vorschlages, u. unmittelbarer Anfügung des Gutachtens hier unten" und setzt sich in der rechten Spalte auf der 1. Seite fort. Am 7. Januar 1851 wird dem Lehrer Joseph Pelikan die Stelle an der Mittelschule Arnreit verliehen.

D Fischer, Nr. 34

Kommentar

Fortgang von Nr. ⟨16.⟩.

⟨64.⟩

⟨64.⟩ Neubau eines Schulhauses in Hörsching

Überlieferung

H   70 $\frac{1851}{1852}$ X $\frac{B}{40}$ *Hörsching (OÖLA 6/2496)*
Auf 2 ineinander gelegten, mit Bindfaden verbundenen Bogen, auf denen das Schreiben des Bezirkshauptmanns in Wels vom 2. Januar 1852 die ersten 4 Seiten einnimmt, beginnt Stifters Äußerung vom 21. Januar 1852 mit 2 Zeilen in der rechten Spalte der 8. Seite unter Anschrift und Kurzinhalt sowie unter dem Auftrag Fritschs vom 10. Januar 1851 „zur Aeußerung über die – bei den mehrmaligen Besuchen der Schule Hörsching – gemachten Wahrnehmungen über die Nothwendigkeit oder Verschieblichkeit der Erbauung eines neuen Schulhauses in Hösching", und setzt sich in der ganzen linken Spalte fort.

D   Fischer, Nr. 35

Apparat

180,19 ha[ben]⟨'⟩t

Kommentar

Fortgang von Nr. ⟨26.⟩ (137,18) und Nr. ⟨30.⟩.

Stellenkommentar

180,20–21 Nothwendigkeit *bis* Schullokales] *Gemäß dem Auftrag der LSchBeh vom 2. Juli 1851 hatte der Bezirkshauptmann zwar*

⟨64.⟩

„die Patronatsherrschaft Erlakloster dahin gebracht, daß dieselbe den bereits in der kommissionellen Verhandlung vom 22 Oktober 1850 zugesicherten Patronatsbeitrag von 1000 fl Cmz: zu dem Baue eines neuen Schulhauses in Hörsching gegen dem leistet, daß die Gemeinde Hörsching die ausdrückliche Erklärung abgibt, daß sie sich mit diesem Pauschalbetrag von 1000 f Cmz: für dem vorhabenden Schulhausbaue begnüge und keine wie immer geartete weitere Anforderungen an den Patron mehr mache" (6/2490 l), doch die Gemeinde lehnte am 13. Oktober 1851 diese „ominöse Erklärung der Patronatsherrschaft" strikt ab. Daraufhin blieb nach Meinung des Bezirkshauptmanns „bei der Halsstörigkeit der Gemeinde Hörsching nichts anderes übrig, als derselben im Sinne des h. Erlaßes des Hrn Statthalters vom 9 August 1851 Z. 1589 auch die vorschußweise Bestreitung der Patronatskosten, sowie den Beginn des Neubaues der Schule im Frühjahr 1852 mit dem Erlaße vom 22 Novbr 1851 Z. 9761 (6/2490 r) aufzutragen", woraufhin die Gemeindevertretung am 16. Dezember 1851 den Rekurs einreichte. In seiner Äußerung dazu vom 21. Januar 1852 betont Stifter nur die Notwendigkeit des Schulhausneubaus. Von der LSchBeh wird am 9. Februar 1852 der Rekurs der Gemeinde Hörsching zurückgewiesen (6/2491 r) und laut Schreiben der LSchBeh vom 6. Mai 1852 durch den Bezirkshauptmann „die Weisung an den Hörschinger Gemeindevorstand" erlassen, „mit dem Baue bis 20. April 1852 zu beginnen". (Scha 14, Z. 907, Bog 3, S. 1f.) Auch ein Ministerialrekurs der Gemeinde Hörsching vom 8. März 1852 hat keinen Erfolg. Zwar versucht die Ortsgemeinde Hörsching am 12. Mai 1852 (Scha 14) durch den Antrag auf Verlegung des Bauplatzes den Bau hinauszuschieben, doch weder dieser Antrag noch ein Brandunglück, welchem mehrere Privathäuser und das gemietete zweite Lehrzimmer zum Opfer fallen, verhindern jetzt noch die Baumaßnahmen, sondern es werden laut Schreiben der LSchBeh vom 28. Juni 1852 lediglich Terminverschiebungen zugestanden. Am

⟨65.⟩

2. September 1853 (Scha 14, Z. 2445) kann der Bezirkshauptmann berichten, daß das neue Schulhaus in Hörsching „breits beendet" ist und daß der Schulunterricht „daselbst ertheilt" wird.

⟨65.⟩ Besetzung der Lehrerstelle an der Mittelschule Laahen

Überlieferung

H 1277 1851 X $\frac{B}{30}$ Laahen (OÖLA 6/2580 r)
   Stifters Gutachten vom 15. Januar 1852 beginnt auf der 1. Seite eines Bogens unterhalb von Fritschs „Einladung" vom 13. September 1851, „hierneben Ihr Gutachten über die Besetzung dieser Schulstelle beizufügen", in der rechten Spalte und setzt sich in der ganzen linken Spalte fort. Auf den folgenden 3 Seiten folgt der Erlaß der LSchBeh vom 26. August 1852.
D Fischer, Nr. 36

Apparat

182,29	1849 [verschaft] worin
183,5	Betrag [zu] bringen
183,8	auf[zu]heben
183,8	Wels [zu] vereinigen
183,11	möglichen [Aussicht]⧸ Auflösung

⟨65.⟩

Stellenkommentar

181,19–20 Schuldienst zu Laahen] *Die Besetzung der Lehrerstelle in Laahen war nötig geworden, weil, wie der Bezirkshauptmann am 13. März 1852 (Scha 80, Z. 714, Laahen) berichtet, „diese Schule vorzüglich durch den unsittlichen Lebenswandel des daselbst gewesenen Schullehrers Dürringer [...] in schlechten Kredit gekommen ist. / Dürringer ist nemlich wegen Nothzucht, die er gegen seine Schulkinder ausübte, bei dem k. k.* **Bezirks Collegial-Gerichte Wels** *in Untersuchung gekommen, und sodann vom Schuldienste entlassen worden, worauf er bei dem hiesigen Notar* **Hörner** *als Tagschreiber eingetreten ist. / Nach Dürringer ist der Lehrer Hofkunst in Laahen angestellt worden, der sich noch daselbst befindet". Weitere „Übelstände dieser Schule" resultierten daraus, „daß vorzüglich die Weigerung der akatholischen [evangelischen, Anm.] Grundbesitzer der Gemeinde Puchberg zu einem Beitrage für die Schule Laahen das Fortbestehen dieser Schule auf alleinige Kosten der katholischen Besitzer, die noch eine Schullehrers Witwe bereits zu versorgen haben, fast unmöglich machen; denn diese sind nicht im Stande, einen Lehrer und das Schulgebäude allein ordentlich zu halten, da die vermöglicheren Besitzer der Gemeinde Puchberg zu der akatholischen Religion sich bekennen, und ihre Kinder in ihre eigene Schule nach Wels schicken". Die in die Mittelschule Laahen eingeschulte Ortsgemeinde Puchberg hatte deshalb laut Schreiben der LSch-Beh vom 26. August 1852 (Scha 80, Z. 1445, Laahen) „ein Gesuch um Auflassung dieser Schule u. Einverleibung ihres Bezirkes in jenen der Welser Schulen eingebracht".*

182,4–23 Hofkunst *bis* Consistorium] *Bereits das bischöfliche Konsistorium hatte am 4. Juli 1851 Hofkunst, der von der Schulen-Distrikts-Aufsicht tertio loco gesetzt worden war, als „nicht competenzfähig" (6/2586 l) eingestuft. Die LSchBeh entscheidet am 26. August 1852, daß „auf die Verwendung der Schul-Gemeinde*

⟨65.⟩

*zu Gunsten des gegenwärtigen Schul-Provisors Ant. Hofkunst"
(6/2581 l) keine Rücksicht genommen werden könne, "weil er in
zwey abgelegten Lehrprüfungen das Zeugniß der vollständigen
Befähigung sich nicht zu erwerben wußte" (6/2587 r). Dabei
bezieht sie sich auch auf Stifters Inspektionsreise vom 7.–12. August 1852 (Nr. ⟨222.⟩, 1. Liste, Nr. 37) nach Laahen, über welche
Stifter nur mündlich berichtet hatte, und schreibt, daß "die Schule zu Laahen jüngsthin in sehr ungünstigem Zustande von dem
Hrn Volksschulen-Inspektor getroffen worden ist, folglich ein
tüchtiger Lehrer Noth thut, Janoch als solcher geschildert wird",
mit ihm also die Stelle besetzt werden müsse.*
182,32–33 Bezüge *bis* ermitteln] *Das Problem in Laahen hängt auch
damit zusammen, daß dort seit 1796 eine Mittelschule bestand
(Handlbauer, s. zu S. 102,13, S. 136), ohne daß die Finanzierung
geklärt worden war. Wegen der Finanzierungsprobleme war es
dem Schuldistriktsaufseher nach seiner Anzeige vom 1. Januar
1851 nicht möglich, "ein entbehrliches oder taugliches Lehr-Individuum" als Provisor "aufzufinden". Das liege auch daran, daß
"noch obendrein in Frage steht, ob die der Schule Laahen eingeschulten Ortschaften, als: Oberhaid, Niederthan, Kirchham, Aichberg, Puchberg, Höllwiesen, Hoiserl, Nöham, Roithen und Unter
der Leithen, welche Ortschaften gegenwärtig die neue Gemeinde
Puchberg bilden, zur Leistung der Schulkosten für Laahen als
der außer ihrer Gemeinde, und zwar in der Gemeinde Lichtenegg
gelegenen Schule sich herbeilassen werden" (6/2265 r).*
183,7–8 Schule aufzuheben] *Am 1. Juni 1852 (Scha 80, Z. 1445)
berichtet der Bezirkshauptmann, daß in einer Lokalkommission
"der einhellige Beschluß für das Fortbestehen der Laachener
Schule gefaßt wurde" und daß "die Gmeinde Lichtenegg und
Puchberg [...] die nothwendigen Reparaturen dieser Schule innerhalb zwei Jahren im Akkordwege bewirken, und auch den
dortigen Lehrer so stellen" wolle, "daß er sein Auskommen zu
finden in der Lage ist". Daraufhin wird mit Erlaß vom 26. Au-*

gust 1852 die Lehrerstelle in Laahen mit Adalbert Janoch besetzt (6/2581 l).

⟨66.⟩ Besetzung des Schul- und Meßnerdienstes in Vorderstoder

Überlieferung

H   *2325 1851 X $\frac{B}{30}$ Vorderstoder (OÖLA 6/2621 l)*
        Stifters Gutachten vom 23. Januar 1852, beginnend in der rechten Spalte der 4. Seite eines Bogens unterhalb des Auftrags vom 8. Dezember 1851 „um gefällige Beifügung des Gutachtens über den vorstehenden Vorschlag" und fortgesetzt in der linken Spalte, bezieht sich auf eine Übersicht der LSchBeh über die Kandidatenliste des Konsistoriums auf den ersten drei Seiten, welche bis in die linke Spalte der 4. Seite reicht. Wegen der übereinstimmenden Gutachten wird die Stelle am 22. Januar 1852 an Georg Wessely verliehen.
D   *Fischer, Nr. 37*

Apparat

183,27 pol.Sch.Verf. [Ge|n|]⸗ durch
184,14–15 gesezten [meh]⸗ troz

Stellenkommentar

184,13 Rubrum] *Betreffzeile*

⟨67.⟩

⟨67.⟩ Beförderung oder Ehrung des Lehrers Matosch
in Kirchdorf

Überlieferung

H   *2329 1851 X C/17 Matosch (OÖLA 6/2680 l)*
An einen Bogen, auf dessen 3½ Seiten das Schreiben des bischöflichen Konsistoriums vom 24. Oktober 1851 steht, ist mit Bindfaden ein Blatt angehängt, auf dessen Rückseite in der rechten Spalte unterhalb von Anschrift und Kurzinhalt des Konsistorialschreibens und unter dem Auftrag „zur Begutachtung" mit 3 Zeilen Stifters Gutachten vom 23. Januar 1852 beginnt, das sich in der ganzen linken Spalte fortsetzt.
D   *Fischer, Nr. 38*

Stellenkommentar

185,3–7 Ansicht *bis* scheidet] Die vom Bezirkshauptmann geäußerte Bitte, den Schullehrer Matosch „zum Musterlehrer zu ernennen, und ihm als solchen [...] zur Ausstellung von Schulzeugnißen gleich jenen an Hauptschulen zu berechtigen" (6/2677 r), wurde vom bischöflichen Konsistorium als nicht durchführbar bezeichnet, weil bereits ein Musterlehrer im Bezirk vorhanden sei. „Sollte jedoch die h. k. k. Schulbehörde den Sinn des §. 270 dahin deuten können, daß in Einem Bezirke mehrere Lehrer können ernannt werden, so ist das bischöfliche Consistorium bereit, auf Grund der Empfehlung der k. k. Bezirks-Hauptmannschaft u. der Schul-Districts-Aufsicht dem Lehrer **Matosch** das Decret als Musterlehrer auszufertigen" (6/2678). Die LSchBeh schließt sich am 23. Januar 1852 nicht der Argumentation Stifters

⟨68.⟩

an, sondern erklärt, daß „das Befugniß, einem Schullehrer den Titel u Rang eines Musterlehrers beizulegen [...] gesetzlich dem bischöflichen Konsistorium" (6/2674 r) *zustehe. Was den § 270 der Schulverfassung betrifft, so wird vertreten, „daß übrigens mehr das Maaß der Vorzüglichkeit eines Lehrers, als bloß die Zahl der Musterlehrer den Titel zu einer solchen Ernennung zu geben scheine"* (6/2675 l). *In Nr.* ⟨223.⟩ *wird Alois Matosch als* Musterlehrer in Kirchdorf *(HKG 10,2, S. 213,26) bezeichnet.*

185,30 Belobungsdekret] *Das bischöfliche Konsistorium hatte die beantragte Auszeichnung abgelehnt. Das von Stifter vorgeschlagene Belobungsdekret muß nach der Erklärung der LSchBeh „von dem Befunde abhängen, zu welchem dem kk. Schulrathe u. Volksschulen-Inspektor dieses Landes die Untersuchung der Schule Kirchdorf bei seinen Schulbereisungen der dortigen Gegend die Gelegenheit darbieten wird"* (6/2681 l). *In Nr.* ⟨223.⟩ *erkennt* Stifter unter den vorgeschlagenen *belobenswerthen einige Lehrer als die hervorragendsten, darunter* Alois Matosch, *an (HKG 10,2, S. 213,17–26).*

⟨68.⟩ Lehrer für den Präparandenunterricht

Überlieferung

H 2352 1851 X $\frac{4}{4}$ *(OÖLA 2/732 l)*
   Stifters Äußerung vom 7. Februar 1852, beginnend in der rechten Spalte der Rückseite eines Blattes, unterhalb von Anschrift und Kurzinhalt sowie unter dem Auftrag Fritschs vom 28. Januar 1852 „zur Aeßerung unter Rücksichtnahme auf das beiliegende Stück N 2352 1851" und fortgesetzt in der ganzen linken Spalte, bezieht sich auf

⟨68.⟩

D   das Konsistorialschreiben vom 30. Dezember 1851 auf der Vorderseite und auf das vom 23. Oktober 1851. Vancsa V, S. 46f.

Stellenkommentar

186,3–4 Besezungen bis Präparandenschule] Am 18. Oktober 1851 von der LSchBeh aufgefordert (s. Nr. ⟨41.⟩), hatte das bischöfliche Konsistorium am 23. Oktober 1851 dargestellt, wie der Präparanden-Unterricht im laufenden Schuljahr durch Verteilung auf die Lehrer Georg Schauer, Florian Sattlegger, Josef Nicolini, Johann Kilian, Alois Obermayr, Johann August Dürnberger, Schierfeneder „geordnet" (2/0727 r) wurde, wobei wegen des Mangels an Lehrern der Direktor Schierfeneder selbst „mehr als die doppelte" Stundenzahl und außerdem „die besondere Methodik der meisten Gegenstände selbst gelehrt" hat, „da nicht alle Lehrer der Anstalt dazu verwendbar sind" (2/728f.).

187,3 eigener Lehrstand] War bereits im Zusammenhang mit Nr. ⟨41.⟩ die Idee einer eigenen Präparanden-Anstalt nicht von Stifter, sondern von Direktor Schierfeneder eingebracht und vom bischöflichen Konsistorium unterstützt worden (s. zu S. 151,5–7), so greift Stifter jetzt den Vorschlag des Konsistoriums eher zaghaft auf, indem ihm ein eigener Lehrstand für die Präp. Schule lediglich wünschenswert erscheint, während das Konsistorium am 23. Oktober 1851, noch unter Bischof Ziegler, der 1852 gestorben ist, sich auf die „oft ausgesprochene Gesinnung des Staates, wie der Kirche" beruft und es für „unumgänglich nothwendig" erklärt, „daß der Präparanden Unterricht und ihre Erziehung zu Lehrern als ein abgeschlossenes für sich bestehendes Ganze behandelt werde, daß sohin ein vierjähriger Pädagogischer Curs, der mit dem Austritte aus der 3. Klasse der Normalhauptschule anfängt, eröffnet, und mit den nöthigen Lehrern versehen werde"

⟨69.⟩

(2/729 r). Unter Bischof Zieglers Nachfolger Rudigier, der seit 1853 Bischof ist, wird ein vierjähriger Präparandenkurs illusorisch, da Rudigier vielmehr für eine Rückbildung der Präparandenausbildung kämpft. Dennoch fordert Stifter in der Folgezeit intensiv <u>wenigstens vier Jahre</u> (S. 227,4) für den Präparandenkurs, während das Konsistorium bereits am 24. April 1852 seine Auffassung geändert hat; vgl. Nr. ⟨98.⟩ und dort den Kommentar zu S. 227,4.

⟨69.⟩ *Zustand der Schule von Ebelsberg

Überlieferung

Stifters Bericht vom 10. Februar 1852, nach einer am 4. Februar 1852 unternommenen Amtsreise (Nr. ⟨222.⟩, 1. Liste, Nr. 20; HKG 10,2, S. 202,7) nach Ebelsberg verfaßt, ist in der 2. Liste, Nr. 10 (ebd., S. 211,3–4) belegt.

Stellenkommentar

187,27–28 Zustand *bis* Ebelsberg] „Die Baulichkeiten beim Schulhause und die Wohnlokalitäten des Lehrpersonale zu Ebelsberg" sind laut Dekret der LSchBeh vom 14. Oktober 1852 (Scha 81, Z. 2850), die auf die Informationen Stifters zurückgreift, sanierungsbedürftig, weil „als ein vorhandenes, wesentliches Gebrechen die Feuchtigkeit [...], die sowohl in dem ebenerdigen Lehrzimmer, als auch in 2 Wohnzimmern des Lehrers dann in dem des Lehrgehilfen, welche sich gleichfalls |sämmtlich| im Erdgeschoße befinden, vorherrscht". Am 7. Dezember 1853 (ebd.,

⟨69.⟩

Z. 3129) verordnet die LSchBeh 1. einen neuen Ofen; „2., die Entfernung des sämtlichen sowohl inneren als äußeren Mörtelanwurfes von den durchnäßten Theilen der Mauern der genannten Wohnbestandtheile des Lehrers u. des Gehilfen, zolltiefes Auskratzen des Mörtels aus sämtlichen Fugen der durchnäßten Mauerstellen, u. nach gehöriger Austrocknung der letzteren, Bekleidung derselben mit einem Mörtelanwurfe aus hydraulischen Kalke; / 3. Herstellung eines 3 Fuß breiten gepflasterten, mit seiner Sohle mindestens 1 Fuß tiefer als der Fußboden der fraglichen Wohnung liegenden Grabens an den beiden Hauptumfangsmauern des Gebäudes".

Was die Personalsituation betrifft, so ist laut Schreiben der Schulendistriktsaufsicht Enns zu Niederneukirchen vom 21. Januar 1852 (DAL Schu-A/3, Scha 36, Fasz. 21/5) am 19. Januar 1852 der „alte Schullehrer" Elias Martetschläger gestorben, der „seit einigen Jahren seiner Kränklichkeit wegen eine Schulklasse selbst zu unterrichten nicht mehr im Stande war", so daß für ihn „ein zweiter ihn stellvertrettender Lehrgehülfe", Franz Sommersberger, angestellt worden war. Dieser wird nach Martetschlägers Tod „zum Schulprovisor aufgestellet". Laut Konsistorialschreiben vom 13. März 1852 wird am 20. Februar 1852 „auf die gesetzmäßige Präsentation" des Stifts Florian als Patron der Lehrer Matthäus Arnleitner als Schullehrer zu Ebelsberg angestellt (ebd., Fasz. 21/5, Z. 181), der laut „Lehrerschematismus" noch 1864 dort tätig ist. Der weitere Fortgang in Nr. ⟨256.⟩.

⟨70.⟩ Äußerung zum Antrag des Lehrers Jakob Mayer
auf volle Pension

Überlieferung

H   1275 1852 $\frac{B}{12}$ Linz (OÖLA Scha 52)
*Stifters Äußerung vom 21. Februar 1852, beginnend mit
4 Zeilen in der rechten Spalte der 4. Seite eines Bogens
unterhalb von Anschrift und Kurzinhalt sowie unter
Fritschs Auftrag vom 23. Januar 1852 und fortgesetzt in
der ganzen linken Spalte, bezieht sich auf das Schreiben
des bischöflichen Konsistoriums vom 18. Oktober 1851 auf
den beiden ersten Seiten.*

Stellenkommentar

188,3 Studien.H.C.D.] *Studienhofkommissionsdekret.*
188,5 Rzeszow] *Hauptstadt der Woiwodschaft Karpatenvorland im Südosten Polens.*
188,11 Mag.] *Statt Mag. muß es Maj. (Majestät) heißen (s. auch „Corrigenda").*
188,29–130,2 Übertritte *bis* beibehalten] *Statthalter Bach übernimmt im Schreiben vom 24. Februar 1852 (Scha 52, Z. 2298, Bog. 2, S. 3) die angeführten „Gründe, welche mir es zur Pflicht machen, den Antrag des bischöflichen Konsistoriums u. des kk Schulrathes Stifter, dem Lehrer Jak. Mayer den ganzen Gehalt als Pension zuzuerkennen, dem h. kk. Unterrichts Ministerium zu geneigter Vertretung bei S^r kk. apostol Majestät ehrerbietigst zu empfehlen". Das Ministerium verkündet am 18. Mai 1852 (Scha 52, Z. 1275): „Seine k k. apostolische Majestät haben mit a. h. Entschließung vom 16. Mai 1852 aus Gnade dem Normal-*

⟨71.⟩

hauptschullehrer zu Linz, **Jakob Mayer,** *die Nachsicht von der, zur vollen Dienstesdauer von 40 Jahren noch fehlenden Zeit von einem Jahre und eilf Monaten allergnädigst zu bewilligen und zu gestatten geruht, daß ihm der volle zuletzt bezogene Aktivitätsgehalt jährlicher* **Fünfhundert Gulden** *als Pension angewiesen werde".*

⟨71.⟩ Erweiterungsbau des Schulhauses in Weitersfelden

Überlieferung

H   *2443 1851 X $\frac{B}{40}$ Weidersfelden (OÖLA 6/2724 l) Stifters Gutachten vom 23. Februar 1852, beginnend auf der 4. Seite eines Bogens in der rechten Spalte unter der „Aufforderung" Fritschs vom 5. Februar 1852, „sich ehestens über die entscheidende Frage der Nothwendigkeit oder Entbehrlichkeit des ganztägigen Unterrichtes in der Schule zu Weitersfelden zu äußern", und weitergeführt in der linken Spalte, bezieht sich auf ein Schreiben der Landesbaudirektion Linz vom 20. Januar 1852 auf den ersten drei Seiten.*

D   *Fischer, Nr. 40*

Stellenkommentar

189,7 örtliche *bis* Erhebung] *Bevor Stifter im Februar 1852 Weitersfelden inspizierte (HKG 10,2, Nr. ⟨222.⟩, S. 202,9), hatte der Statthalter Bach bereits Ende Juni 1851 bei seiner „Bereisung des Bezirkes Freystadt" festgestellt, daß im dortigen Schulhaus*

⟨71.⟩

„*für 178 schulbesuchende Kinder nur ein einziges, dazu kleines u. außerdem überaus niedriges Schulzimmer*" *besteht, und am 3. Juli 1851 (Scha 56, Z. 1299) den Bezirkshauptmann beauftragt, entsprechend den bereits mündlich gegebenen* „*angemessenen Weisungen*" *die* „*erforderlichen gesetzlichen Verhandlungen*" *für den Bau eines neuen Schulhauses durchzuführen, da* „*das Bedürfniß eines 2ten Lehrzimmer [...] augenfällig*" *sei.*

189,29–190,2 Weitersfelden *bis* vorzuziehen] Stifters Entscheidung für den halbtägigen Unterricht hängt auch mit der von ihm hier nicht erörterten Frage zusammen, ob das alte Schulhaus mit dem einen Lehrzimmer nur erweitert oder ob ein neues Schulhaus gebaut werden soll. Die Landesbaudirektion hatte am 21. Januar 1852 die Alternative so vorgetragen, daß bei ganztägigem Unterricht zwei Lehrzimmer und damit ein Neubau des Schulhauses, bei halbtägigem jedoch nur ein Lehrzimmer nötig sei, so daß in diesem Fall eine Erweiterung des alten Schulhauses hinreiche (6/2722 r). Da sich die Widerstände gegen den ganztägigen Unterricht ebenso wie gegen den Schulhausneubau richten, zieht die LSchBeh am 21. Februar 1852 aus diesen und Stifters Argumenten den Schluß, „*daß der ganztägige Schulunterricht, so wünschenswerth er an sich ist, hier kein strenges Bedürfniß u. überhaupt nicht durch zuführen ist [...]*" *(6/2731 r). Und so wie es in Königswiesen* „*mit der hieramtlichen Entscheidung vom 26. v. M. Z. 2299 bei dem halbtägigen Unterrichte belaßen wurde; so muß es auch in Weitersfelden vorläufig dabei bewenden*" *(7/2732 l).* Eine neue Situation entsteht, als am 10. Juni 1853 das alte Schulhaus durch eine Feuersbrunst zerstört wird. Jetzt soll gemäß Schreiben der LSchBeh vom 29. Juli 1853 (Scha 56, Z. 1974, Bog. 2, S. 1) das neue Schulhaus „*im I Stockwerke aber 2 Lehrzimmer, das eine für 95, das andere für 80 Schüler enthalten, u. wird also, da die Zahl der Werktagschüler gegenwärtig 143 beträgt, für eine Schule von 2 Klassen mit ganztägigem Unterrichte auf längere Jahre hinaus hinreichenden Raum*" *dar-*

⟨72.⟩

bieten. Nach Nr. ⟨*320.*⟩ *vom 16. Januar 1857 ist in Weitersfelden weiterhin halbtägiger Unterricht, obwohl* das treffliche neue Schulgebäude *[...]* mit seinen zwei geräumigen Lehrzimmern auf ganztägigen Unterricht berechnet *ist (HKG 10,2, S. 396,16–18).*

⟨72.⟩ Wiederholungsunterricht für ältere Lehrburschen

Überlieferung

H   *186 1852 X $\frac{B}{1}$ (OÖLA 7/2737 l)*
      Stifters Gutachten vom 23. Februar 1852, beginnend in der rechten Spalte der 4. Seite eines Bogens unterhalb der Adresse sowie der Aufforderung Fritschs vom 22. Januar 1852 und fortgesetzt in der ganzen rechten Spalte, bezieht sich auf das Schreiben des bischöflichen Konsistoriums vom 18. Januar 1852 auf dessen beiden ersten Seiten.
D   *Fischer, Nr. 41*

Apparat

190,17 u [d|e|]⌇⌈daß er⌉ erst
191,9–10 eine [Sonnta]⌇ Wiederholungsschule

Stellenkommentar

190,8–9 Wiederholungsunterricht] *Auch Sonntagsschule genannt. In der pol.Sch.Verf. von 1805 gibt es noch keinen „Wiederholungs-*

⟨72.⟩

unterricht". Erst in der Ausgabe 1833 steht in §. 311., indem zugleich die „gesetzliche Einführung" begründet wird: „Da aber zur wahren und zweckmäßigen Bildung der Kinder auf dem Lande die vorgeschriebenen Schuljahre allerdings nicht hinreichen, indem ohne fortgesetzte Übung die in den Schuljahren erlangte Fertigkeit im Lesen, Schreiben, Rechnen u. s. w. verloren geht; so wird den Seelsorgern und Schullehrern zur Pflicht gemacht, daß die Jugend, welche der Schule schon entwachsen ist, an Sonn- und Feyertagen einen Wiederhohlungsunterricht erhalte. Der nachmittägige Gottesdienst und die Christenlehre dürfen aber deßwegen nicht unterbleiben.

Die allgemeine gesetzliche Einführung dieses Unterrichtes ist durch folgende Vorschriften befohlen und geregelt: Seine Majestät haben nach Inhalt eines k. k. Studien-Hof-Commissions-Decrets vom 27. September 1816 am 16. des nähmlichen Monaths zu entschließen geruhet, daß überall, wo ein ordentlicher Schulunterricht in den Gegenständen der deutschen Schulen gegeben wird, auch ein Wiederhohlungsunterricht für Knaben sowohl, als auch für Mädchen, welche der Elementar-Schule entwachsen sind, nämlich von dem Anfange des dreyzehnten bis zur Vollendung des fünfzehnten Jahres allgemein eingeführt werden soll. – Es wird der Jugend während der ganzen Dauer dieses Alters zur Pflicht gemacht, dem Wiederhohlungsunterrichte beyzuwohnen. [...]

Der Wiederhohlungsunterricht soll nicht in einer bloßen Wiederhohlung des bereits Erlernten bestehen, sondern auch eine verhältnißmäßige Fortbildung gewähren. Zu diesem Zwecke wird das von Seiner Majestät genehmigte, bereits zum Drucke beförderte neue Lesebuch, eine Anleitung, schriftliche Aufsätze, wie sie in dem bürgerlichen Leben vorkommen, zu verfassen, das Berechnen der Haus- und Landwirthsschaftskosten u. dgl. dienen.

⟨72.⟩

Der Wiederhohlungsunterricht wird den Seelsorgern Gelegenheit verschaffen, die Grundsätze der Religion auf die bürgerlichen Verhältnisse, und auf die Beschäftigungen in dem menschlichen Leben anzuwenden, und dadurch in dem Herzen der zur Selbstständigkeit heranwachsenden Jugend eine wahre und thätige Religiosität zu begründen" (pol.Sch.Verf. 1833, S. 138–140).
191,2–6 Prüfung *bis* können] Das bischöfliche Konsistorium hatte am 18. Januar 1852 den Antrag gestellt, „*daß eine bestimmte Verordnung erlassen werde, daß Individuen, die erst nach vollendeter Sontagsschulpflichtigkeit, d. i. mit dem 16. Lebensjahre oder noch später in eine Lehre treten, vom Besuche der Sonntagsschule in dem Falle loszuzahlen seyen, wenn sie dieselbe früher durch drei Jahre fleißig besucht haben [...]"*. *Es forderte jedoch anders als Stifter, der sich allerdings unbestimmt (*vielleicht*) ausdrückt, daß sie der Christenlehre „in jedem Falle bis zum 18. Lebensjahre fleißig beizuwohnen, und in der Kirche an einem Platze sich einzufinden"* haben, *„wo der Katechet sich von ihrer Anwesenheit leicht überzeugen kann"* (7/2732f.). Die LSchBeh entscheidet am 24. Februar 1852, ohne auf Stifters Vorschlag, eine Prüfung in beiden Richtungen *zu verlangen, einzugehen, „daß der Lehrbursche, welcher schon vor dem Eintritte in die Handwerkslehre seiner damaligen Pflicht zum fleißigen Besuche der Sonntagschule ins 15te u der Christenlehre ins 18. Lebensjahr Genüge geleistet hat, bloß wegen des Eintritts in diese Lehre nicht aufs Neue u. über das gesetzliche Lebensjahr hinaus zu diesem Besuche verpflichtet werden kann.* / □ *Ein solcher Jüngling hat dem Gesetze Genüge geleistet, u. es entfällt der Grund zu einer nachmaligen Verpflichtung, sobald er den Beweis darüber beibringt"* (7/2735 l).

⟨73.⟩

⟨73.⟩ Stellenbesetzung an der evangelischen Schule in Efferding

Überlieferung

H $\frac{1110}{163}\frac{1851}{1853}$ XI $\frac{B}{7}$ *(OÖLA Scha 57)*
Stifters Äußerung vom 24. Februar 1852 steht in der linken Spalte der 8. Seite zweier ineinandergelegter Bogen, auf deren ersten 7 Seiten das Schreiben der evangelischen Schuldistrikts-Aufsicht und in der rechten Spalte der 8. Seite deren Anschrift und Kurzinhalt stehen.

Apparat

192,9 gewesene [Schulgehilfe] Johann

Stellenkommentar

191,22 evangelischen Schule] *Nach dem Toleranzpatent vom 13. Oktober 1781 wurden „in Oberösterreich von den beiden Zentren Scharten und Goisern sieben Toleranzgemeinden gegründet (Eferding, Thening, Wallern, Wels, Neukematen, Rutzenmoos und Gosau)" (Andreas Hochmeir, „Geheimprostestantismus in Eferding", in: „Evangelische Toleranzgemeinde Eferding. Festschrift anlässlich der Jubiläen 225 Jahre Evangelische Toleranzgemeinde 1783–2008. 175 Jahre Evangelische Toleranzkirche 1833–2008", Redaktion und Zusammenstellung Helga Hochhauser / Hans Hubner, Eferding 2008, S. 29). In Eferding wurde die evangelische Gemeinde 1783 gegründet und sogleich in einem gekauften Gebäude ein Bethaus eingerichtet (Helga Hochhauser,*

⟨73.⟩

"Die Toleranzzeit", ebd., S. 31). Unter Pfarrer Friedrich Traugott Kotschy (1818–1856) wurde ab 1830 der "Bau eines ansehnlichen Bethauses sowie eines neuen Pfarr- und Schulhauses" (ebd., S. 35) erreicht. 1862–1877 ist Ferdinand Carl Kühne, geboren am 20. Oktober 1810 in Grünefeld in Preußen, Senior in Eferding (Helga Hochhauser, "Nach dem Protestantenpatent", ebd., S. 37). Vgl. den Kommentar zu Nr. ⟨575.⟩.
191,23–25 Nothwendigkeit bis überzeugte] *Die Notwendigkeit eines 2. Lehrgehilfen wurde vom 1. Lehrgehilfen Samuel Schenner mit Schreiben vom 17. Mai 1851 (Scha 57; Z. 982) begündet, daß der 73jährige Lehrer Andreas Steinzer "wegen seines langjährigen Brustübels [...] nicht mehr im Stande" sei, "unterrichten zu können", so daß er allein den Unterricht von circa 130 bis 150 Schüler in 2 Lehrzimmern durchführen müsse. Zwar hatte sich vor 2 Jahren ein jüngerer Schulgehilfe Johann Wimmer bereit erklärt, den Lehrer Steinzer "in seinem Amte zu* **substituiren**"*, doch da weder der Gemeindevorstand noch der Schullehrer bereit waren, "genanntem Herrn Wimmer für seine zu leistenden Dienste Besoldung oder Kost zu geben, ja, nicht einmahl, ihm ein Anstellungs-Dekret auszuwirken", legte dieser, nachdem er "Ein volles Jahr u. 7 Monathe* unentgeldlich *die Schule versehen hatte", diesen "undankbaren Posten" nieder. Nachdem Schenner über 6 Monate lang die Schule allein versorgt hatte, ohne daß seine Anträge auf einen 2. Gehilfen beim Ortsgeistlichen und dem Gemeindevorstande den geringsten Erfolg hatten, konnte er Stifter, als dieser in Eferding war, "seine Noth" klagen. Als Stifter daraufhin "die dringende Mahnung an den Ortsgeistlichen" richtete, "es möchte doch in kürzester Zeit ein 2tes Lehr-Individuum angestellt werden", faßten statt dessen "die Frau des Pastors sowie die Tochter des Schullehrers den Entschluß den Unterricht der I. Classe abwechselungsweise zu übernehmen, was auch wirklich seit 8 Tagen geschah." Von dem Lehrgehilfen Schenner und von Stifter mündlich über die Zustände in Effer-*

⟨74.⟩

ding unterrichtet, forderte die LSchBeh am 17. Mai 1851 (Scha 57; Z. 982) den Bezirkshauptmann zu Wels auf, „die Wahrheit dieser Umstände [...] verläßlich zu erheben".
192,4–11 provisorischen *bis* erklären] *Die Schuldistriktsaufsicht Goisern konnte laut Bericht vom 17. Januar 1852 (Scha 57; Z. 163, S. 4) im Ausland keinen Gehilfen finden, aber auf Grund eines Vorschlags des Schulvorstandes mit Bedenken den früheren Lehrgehilfen Johann Schiffmann benennen, „(der früher in mehreren Schulen zur Zufriedenheit gewirkt hatte) – seit 6 Jahren dem Schulfache ferne steht, während dieser Zeit ein Handwerk getrieben hat, und mit den Zeitforderungen keineswegs fortgeschritten seyn dürfte". Schiffmann erhielt von der Schuldistriktsaufsicht eine „einstweilige Anstellung" als provisorischer zweiter Gehilfe und soll „nur in der I. Klasse und zwar unter Leitung des ersten Gehilfen Sam. Schenner" (ebd., S. 6) wirken. Der weitere Fortgang in Nr. ⟨108.⟩.*

⟨74.⟩ Besetzung des Schul- und Meßnerdienstes in Abtstorf

Überlieferung

H   187 1852 X $\frac{B}{30}$ *Abtstorf (OÖLA 7/2896 l)*
Nach der auf einem Bogen von der 1. bis in die linke Spalte der 4. Seite reichenden Zusammenfassung der LSchBeh über den Ternavorschlag des bischöflichen Konsistoriums, in welchem I. Michael Stöttinger, II. Johann Kleeberger, III. Joseph Scheibert vorschlagen wurden, beginnt unter dem Auftrag Fritschs vom 5. Februar 1852 „zu baldiger Würdigung des fraglichen Vorschlages, u. unmittelbarer Beifügung Ihres Gutachtens" Stifters Gut-

⟨75.⟩

	achten vom 27. Februar 1852 in der unteren Hälfte der rechten Spalte und setzt sich daneben in der linken Spalte fort.
D	Fischer, Nr. 42

Apparat

192,28   mittelmäßig ⌈auf⌉, welch

Kommentar

Mit Dekret vom 28. Februar 1852 wird die Stelle zu Abtstorf im Dekanate Schörfling an Stöttinger verliehen (7/2892 r).

⟨75.⟩ Auszeichnung für den Lehrer Pannholzer zu St. Johann

Überlieferung

H	2180 $\frac{1851}{1852}$ X $\frac{B}{17}$ Pannholzer (OÖLA 6/2512 l) Auf einem Bogen mit dem Schreiben des bischöflichen Konsistoriums vom 11. Dezember 1851 auf den beiden ersten Seiten hat Stifter auf der 4. Seite seine Äußerung dazu vom 28. Februar 1852 unterhalb von Adresse und Kurzinhalt sowie unter dem Auftrag Fritschs vom 22. Januar 1852 mit 6 Zeilen in der rechten Spalte begonnen und in der ganzen linken Spalte fortgesetzt.
D	Fischer, Nr. 43

⟨76.⟩

Stellenkommentar

194,12–15 Erwirkung *bis* stellen] *Am 9. August 1852 teilt das Ministerium mit, „Seine kk. apostolische Majestät haben mit Allerhöchster Entschließung dtt*$\underline{o}$ *Klausenburg den 3. August 1852, den Schullehrer zu S. Johann, Kaspar* **Pannholzer** *in Besehung seiner treuen und ersprießlichen 53jährigen Dienstleistung in der Schule, das silberne Verdienstkreuz mit der Krone Allergnädigst zu verleihen geruht" (6/2506 r).*

⟨76.⟩ Zeichnungsschule zu Freistadt

Überlieferung

H $\quad \frac{1851}{329} \frac{1590}{1852}$ X $\frac{D}{3}$ *(OÖLA 6/2688 l)*
Stifters Äußerung vom 28. Februar 1852, beginnend auf der 4. Seite eines Bogens in der rechten Spalte unter der Anschrift und unter dem Auftrag von Fritsch vom 8. Februar 1852 und weitergeführt in der linken Spalte, bezieht sich auf das Schreiben des bischöflichen Konsistoriums vom 30. Januar 1852 auf den beiden ersten Seiten.
D $\quad$ *Fischer, Nr. 44*

Stellenkommentar

194,28–29 Aufmunterung *bis* Vergnügungszeichnungen] *Entsprechend streng im Sinne eines Lehrgangs ist Eustache im* Nachsommer *als Lehrmeister von Gustav: Er hatte bisher noch immer nicht zugegeben, daß sein Zögling den Gebrauch der*

⟨76.⟩

Farben anfange, weil er von dem Grundsaze ausging, daß zuvor eine sehr sichere und behende Zeichnung vorhanden sein müsse. Die Spielerei aber mit dem Schreine – denn es war nichts weiter als eine Spielerei – ließ er als ein Ausnahme geschehen (*HKG 4,2, S. 22,3–9*).

195,10 Porndorfer] *Die Gründung der Zeichnungsschule erfolgte laut Schreiben des bischöflichen Konsistoriums vom 30. Januar 1852 im Jahr 1851 durch „Franz* **Porndorfer**, *Bau-***Eleve** *bei der k.k. Bezirkshauptmannschaft Freistadt", der diese Schule auch finanziert und den Unterricht unentgeldlich gehalten hat (6/2685 r). Indem das vom bischöflichen Konsistorium „zur Kenntniß der k. k. Landes-Schulbehörde gebracht wird, ersucht man sich davon in der Person des Herrn k. k. Volksschulen-Inspektors Adalbert Stifter überzeugen, und sodann dem Gründer dieser Anstalt, dem Herrn Bau-***Eleven** *Franz* **Porndorfer** *jene Anerkennung und Unterstützung ertheilen zu wollen, die er, wie die Sache selbst verdient" (6/2686 l). Die LSchBeh antwortet am 20. April 1852 dem bischöflichen Konsistorium, Stifter zitierend, daß „am Schluße des Schuljahres nach dem Einlangen des von dem Hrn Bezirkshauptmann zu erstattenden oben erwähnten Berichtes [...], wenn die Anstalt so gedeihlich fortwirkt, die Sache zur Kenntniß des h. Unterrichts Ministeriums gebracht, u. bei demselben auf belobende Anerkennung der Aufopferung des Bau-Eleven Porndorfer angetragen, aber auch den beiden Lehrgehilfen Kreuzer u Schmid eine belobende Anerkennung von hieraus zuerkannt werden" wird (6/2687 l). Eine Entscheidung des Ministeriums liegt nicht bei.*

195,14–15 Freistadt eine Realschule] *Das bischöfliche Konsistorium hatte am 30. Januar 1852 darauf verwiesen, daß der „Umstand, daß in Freistadt keine Realschule besteht", die Gründung der Zeichnungsschule veranlaßt habe, was um so wichtiger war, „als dort sehr viele Gewerbsleute sich befinden, und Freistadt überhaupt als der Zentralpunkt des oberen und unteren Mühlviertels*

⟨76 A.⟩

gilt" (6/2685 r). Zu Versuchen, in Freistadt eine Unterrealschule zu errichten, vgl. die Nrn. ⟨*158.*⟩, ⟨*278.*⟩, ⟨*387.*⟩.

⟨76 A.⟩ *Auszug aus der Äusserung des k. k. Herrn Schulrathes Stifter vom 2. März 1852

Überlieferung

Der „Auszug aus der Äusserung des kk. Herrn Schulrath Stifter vom 2. März 1852", von anderer Hand auf einem Blatt abgeschrieben, von Stifter unterschrieben, befindet sich mit den zugehörigen Akten im DAL (Schu-A/3, Scha 42, Fasz. 28/27). Der Text wurde unter „Nachträge" in HKG 10,3, S. 401, ediert.

Stellenkommentar

401,22–28 Pfarrhof *bis* somit] *In Folge von Stifters Antrag vom 2. Januar 1852 (Nr. ⟨62.⟩) war laut Protokoll vom 17. Jänner 1852 von der LSchBeh am 4. Januar 1852 der Schulenbezirks-Aufsicht der Auftrag erteilt worden, „bezüglich mehrerer von dem Herrn k:k: Schulrathe Stifter bei der Schule Friedburg getroffenen und bei der hohen LandesSchul-Behörde zur Anzeige gebrachten Übelstände unter Vernehmung des Herrn Orts-Seelsorgers, der beiden Herrn Lehrer, des Gemeinde-Vorstandes und Orts-Schulaufsehers commissionelle Erhebungen zu pflegen". Da der Pfarrer, Ludwig Diernacher, an der Kommissionssitzung am 17. Januar 1852 nicht teilnehmen konnte, hat er die Beantwortung der von der LSchBeh gestellten Fragen am 17. Januar 1852 schriftlich eingereicht und dabei seine Entrüstung über das Verhalten des*

⟨76 A.⟩

Schulrats Stifter zum Ausdruck gebracht. Auf die V. Frage: „Warum wohnt Herr W. nicht im Schulhause? u/ welche Leute sind die dermahligen Bewohner?", antwortet er mit provokativen Gegenfragen: „Hat denn der kk. Herr Schulrath seine in der Schule Friedburg in seine Brieftasche niedergeschriebene Notaten nicht mehr? er hat dabey selbt aufgezeichnet, ‚daß Herr Waldek 11 Kinder habe'; werden diese mit ihren Ältern in den 2 im Schulhause sich befindenden Zimmern wohnen können?" (Protokoll, Bog. 5, S. 3f.)

„Zum Schluße erlaubt sich" der Pfarrer „nachstehende Bemerkung niederzuschreiben. / Hätte der kk. Herr Schulrath von Linz bey seiner Anwesenheit hierorts die übliche Sitte beachtet: den Vorstand der Pfarre zu besuchen, und durch ihn sich in die Schule einführen zu lassen, – was um so näher gelegen hätte, da d. Herr Schulrath zum I. Mahle uns hier mit seiner Anwesenheit beglückte, – so würde der Herr Schulrath ganz einfach, und ohne Jemand Ungelegenheit zu bereiten, bessere, und genauere Kenntniß über die hiesige Schule sich verschaffen haben können; besonders würde d. Herr Schulrath inne geworden seyn, daß bey seiner Anwesenheit hierorts in dem kleineren Schulzimmer nicht 2 Klassen, sondern 2 Abtheilungen sich befanden; – wie es immer geschieht, wenn kirchliche Verrichtungen [den Lehrer Engelbert, Anm.] Waldeck nach Lengau rufen. –

Ferner würde der Herr Schulrath durch Rücksprachnahme mit dem Gefertigten, der die hiesige Anwesenheit des Herrn Schulrathes durch den Kutscher desselben zu erfahren die Ehre hatte, sich über die örtlichen Verhältnisse der Pfarre, die im früheren Innkreise eine der beschwerlichsten seyn dürften, eine bestimmtere Ansicht erworben und dadurch ein richtigeres Urtheil über die hiesige Schule sich gebildet haben.

Übrigens lebt der Gefertigte der frohen Überzeugung, daß der kk. Herr Schulrath, wenn er nach längerer Amtsführung die Verhältnisse der Landschulen, weil sie dann besser kennend, richtig

⟨76 A.⟩

erfaßt haben wird, auch der armen Schule zu Friedburg seine Gnade künftighin schenken dürfte; denn – ohne die Bescheidenheit zu verletzen, – ist im Anbetracht des hier herrschenden rauhen Klimas, und der weiten Entfernung der Ortschaften von der Schule Friedburg weder der Schulbesuch schlecht, noch wird ungeachtet der kirchlichen Verrichtungen in Lengau, also ungeachtet der Abwesenheit des Herrn Waldeck's – der Unterricht versäumt" (Protokoll, Bog. 5, S. 3ff.).

Im Schreiben des bischöflichen Konsistoriums vom 24. Januar 1852 (DAL Schu-A/3, Scha 42, Fasz. 28/27, Z. 79) wurde, „die Schlußbemerkung des Herrn Pfarrers Diernacher betreffend", wobei nachträglich am Rand eingefügt wird: „deren Ton gemißbilligt wird", die LSchBeh ersucht, „daß der Herr k. k. Schulrath Stifter bey seinen Visitationsreisen sich durch die Pfarrer in die Schulen einführen laßen wolle, da die h. k. k. Regierung mit diesen Visitationen gewiß keine Überraschung beabsichtigt u. von Seite der Schuldistriktsaufsichten, wie der Pfarrer diese Visitationen als eine Maßregel des Mißtrauens angesehen werden könnten, welcher unrichtigen Meinung kein Vorschub geleistet werden soll. Überdieß sind ja die Pfarrer berufen u. auch im Stande über ihre Schulen die nöthigen Aufschlüße zu erteilen".

Dazu äußert sich Stifter am 2. März 1852 mit Nr. ⟨76 A.⟩.

Die LSchBeh, gez. Kreil, schreibt am 20. Mai 1852 (DAL Schu-A/3, Scha 42, Fasz. 28/27, Z. 414) an das bischöfliche Konsistorium: „Übrigens muß es höchlich bedauert werden, daß der Pfarrer zu Friedburg, Ludwig Dirnacher, bei der Angabe seiner eigenhändig in das Protokoll vom 17. Jänner angeschriebenen Äusserung in einem, durch gar nichts begründeten, seiner priesterlichen Stellung wenig angemessenen Ton von Gereizheit und Bitterkeit gegen den Herrn Schulrath und Volksschulen-Inspektor mit Ausserachtlassung der diesem gebührenden Achtung verfallen ist, und dabei sogar das, was der Herr Schulrath in seiner obigen Relation selbst zugestanden, z. B. daß Lehrer Wal-

⟨76 A.⟩

dek 11 Kinder besitze, daß vielleicht die Örtlichkeit von Friedburg ein Hinderniß des ganztägigen Unterrichtes sei, – ganz übersehen, dagegen einfache Anführungen gefundener Thatsachen als Vorwürfe behandelt, und entgegen die Aufklärung vergessen hat, welche ihm von dem Herrn Schulrathe darüber gemacht worden ist, daß er nicht vor dem Besuche der Schule zu dem Herrn Pfarrer hat gehen können. / Das hochwürdige Konsistorium wird die Pflicht nicht verkennen, dem Pfarrer Dirnacher über dieses ungeziemliche Benehmen den verdienten Verweis zu ertheilen, wozu es hiemit eingeladen wird [...] Was den am Schluße dieses Berichtes ausgesprochenen Wunsch des bischöflichen Konsistoriums betrifft, ‚daß der Herr k. k. Schulrath Stifter bei seinen Visitationsreisen sich durch die Pfarrer in die Schulen einführen lassen wolle', so wird hierneben im Auszug aus der von dem Herrn Schulrathe über die fragliche Angelegenheit unterm 2. März d. J. abgegebenen Äusserung zum Belege beigefügt, daß derselbe diese Rücksicht da, wo es die Umstände nicht gerade verhindern, immer beobachtet, und es sonach keiner besonderen Weisung dazu bedarf".

Im Anschluß an das Schreiben der LSchBeh vom 20. Mai 1852 notiert am 4. Juni 1852 das bischöfliche Konsistorium: „Ist dem Herrn Pfarrer Ludw. Dirnacher zu Friedburg auf das ernsteste zu bedeuten, daß er in Zukunft in ämtlichen Äußerungen eines Stiles sich befleiße, der jeden Ausdruck vermeidet, der eine ämtliche Person, oder ein öffentliches Amt verletzen könnte. Anzüglichkeiten, Persiflagen, Rohheiten geziemen sich für einen gebildeten Christen nie u. nirgends, am wenigsten für einen Seelsorger u. es wird daher die Schlußbemerkung des Herrn Pfarrers im Protokolle v. 17 Jänner l. J. demselben strenge verwiesen. Was verletzen muß kann nicht fördern".

Der weitere Fortgang in Nr. ⟨147.⟩.

⟨77.⟩

⟨77.⟩ Besetzung des Schul- und Meßnerdienstes zu Obernberg

Überlieferung

H $284\frac{1851}{1852}X\frac{B}{30}$ Obernberg (OÖLA 6/2602 r – 2604 l)
       Während Fritsch auf 2 Bogen in der linken Spalte eine Zusammenfassung des konsistorialen Besetzungsvorschlags gegeben und in der rechten Spalte der 8. Seite mit 1 Zeile die „Einladung" vom 15. Februar 1852 an Stifter, „diesen Vorschlag zu würdigen, u. die Begutachtung hier beizufügen", begonnen und in der rechten Spalte eines 3. Bogens fortgesetzt hat, beginnt Stifter darunter sein Gutachten vom 6. März 1852 und setzt es bis zur 4. Seite fort, um es dann auf der 1. Seite des 3. Bogens in der linken Spalte abzuschließen.
D   Fischer, Nr. 45

Apparat

196,28–29 derselben [vor]∤ zur
197,29–30 Psichologie. [Sehr fleißig.] ⌈„Mit größtem Eifer."⌉
198,7 H. [P|rä|p] Pfarrers

Stellenkommentar

196,7–8 Vorschlage *bis* Consistoriums] *Das Konsistorium hatte I. Philipp Zitterl (6/2595f.), II. Franz Pollack (6/2605f.), III. Johann Schiller vorgeschlagen.*
198,20–33 Zitterl *bis* <u>vorzuschlagen</u>] *Sich auf die Argumente Stifters direkt berufend, hält die LSchBeh gegen den Konsistorial-*

274

⟨77.⟩

vorschlag „dafür, daß Pollak den Vorzug vor Zitterl verdiene" (6/2598 r), und ergänzt Stifters Kritik an Zitterl mit dem Hinweis, daß dieser „bei der letzten Semestral-Prüfung in der Stadtpfarr-Schule am 10 oder 11. d. M. zwar vieles, aber kein geregeltes Wissen entwickelt, u. eine Lehr-Methode verrathen hat, welche mit Vernachlässigung des Praktischen ihre ganze Stärke u. Wirksamkeit auf leeres Regelwerk richtet, u. die Früchte außer Acht läßt, welche aus den Regeln für das Praktische gewonnen werden sollen" (6/2599 l). Der Schul- und Meßnerdienst zu Obernberg wird am 23. Januar 1852 an Franz Pollak verliehen.

199,6–7 Dienstzeit gerechnet] *Zur Anrechnung der Militärdienstzeit Zitterls meint Fritsch in seinem Entwurf: „Sind Militär-Dienstjahre beim Uebertritt in Zivil-Dienste den bestehenden Vorschriften gemäß überhaupt schon mit in Anrechnung zu bringen u. zu berücksichtigen, so muß dieß bei dem Lehrer Pollak um so mehr geschehen, als er während derselben als* Leiter *der Kompagnie-*Schulen *immer mit dem Lehrfache beschäftiget gewesen ist" (6/2598 r). Dieser Würdigung der Militärdienstzeit ist jedoch Hofrat Kreil, Statthalter-Stellvertreter, am 3. Februar 1852 auf einem extra Bogen mit „Bemerkungen" entgegengetreten, indem er sich dem Antrage des bischöflichen Consistoriums anschließt, „den Schul- und Meßnerdienst in Obernberg an Philipp Zitterl zu verleihen [...]". Er sei zwar „weit davon entfernt", Pollak „jene Militär-Dienstleistung nicht zum Verdienste anzurechnen, vorzüglich nachdem er sie auf eine so ausgezeichnete Art zurükgelegt hat", doch „allein aus dem Umstande", daß Pollak „die Leitung der Compagnie-Schreibschulen anvertraut war", könne er „nicht folgern, daß seine ganze Militär-Dienstleistung als im Lehrfache zugebracht anzusehen sey, weil der Unterricht in Compagnie-Schreibschulen, u an Volksschulen doch sehr verschieden ist". Wird jedoch die Militärdienstzeit Pollaks nicht gerechnet, so könne Zitterl eine entsprechend längere Dienstzeit nachweisen. Außerdem habe Zitterl seine Zeugnisse*

„von öffentlichen Lehranstalten" für „in wirklicher Anstellung zurückgelegte Dienstleistung", Pollak jedoch „größtentheils nur von Privaten" erhalten, und „die ersteren verdienen also mehr Glauben als die letzteren" (6/2600f.). Durchgesetzt hat sich Kreil damit nicht.

⟨78.⟩ Äußerung zum Plan, getrennte Mädchen- und Knabenschulen in Linz zu begründen

Überlieferung

H 2601 $\frac{1851}{1852}$ X $\frac{4}{4}$ (OÖLA 6/2489 l)
   Stifters Äußerung vom 13. März 1852, beginnend auf der 4. Seite eines Bogens in der rechten Spalte unterhalb von Anschrift und Kurzinhalt sowie unter dem Auftrag Fritschs vom 29. Januar 1852 und fortgesetzt in der ganzen linken Spalte, bezieht sich das Schreiben des bischöflichen Konsistoriums auf den ersten 3 Seiten.
D Fischer, Nr. 46

Apparat

199,15   fü[h]*h*r ausführbar
199,27   Directorat [h]*h* u

Stellenkommentar

199,13–17 Plan bis verwandle] Das Ministerium, gez. Thun, hatte am 7. Oktober 1851 (Scha 52; Z. 2195) an den Statthalter geschrie-

⟨78.⟩

ben: „Zu der Verbesserung des Volksschulwesens in der Stadt Linz gehört unstreitig auch die Absonderung der Mädchen von den Knaben, und die Errichtung eigener Mädchenschulen; ich nehme es daher mit besonderem Vergnügen zur Kenntniß, daß Euere Wohlgeboren nach Kräften dahin einzuwirken entschlossen sind, damit nach und nach geeignete Mädchenschulen in der Landes-Hauptstadt in's Leben gerufen werden". Am 21. Oktober 1851 (Scha 52; Z. 2195) beauftragte die LSchBeh dementsprechend das bischöfliche Konsistorium und dieses den Bürgermeister der Stadt Linz, Vorschläge zur Errichtung je einer reinen Mädchen- und reinen Knabenschule aus den ‚Koedukationsschulen' Stadtpfarr- und St. Josefs-Pfarrschule zu machen. Im Schreiben des Bürgermeisters vom 12. November 1851, womit dieser dem bischöflichen Konsistorium die Meinung des Gemeinderats bekannt gab, wurden alle Argumente, die auch bei Stifter vorkommen, gegen eine solche Umorganisation der Schulen vorgebracht, da „zu einer solchen Verbeßerung gegenwärtig alle Mittel fehlen" und außerdem dann die Lage schlechter sein würde als bisher, „indem hiernach die eine Pfarre ohne Mädchen- die andere aber ohne Knaben-Pfarrschule seyn würde" (6/2486 r). Das bischöfliche Konsistorium fügte am 20. November 1851 den Argumenten noch hinzu, es fehle „der Stadt ohnehin nicht an eigenen Mädchenschulen; es ist eine solche im Stadtpfarrbezirke, nähmlich die Privatlehranstalt der Lehrerinn Griesmayr und im St. Joseph-Pfarrbezirke die innere und äußere Mädchenschule der im Kloster der Ursulinerinen" (6/2484 l). Die LSchBeh schreibt am 16. April 1852 im Sinne Stifters an das bischöfliche Konsistorium und den Bürgermeister, es erübrige „daher nichts, als die Errichtung besonderer Mädchenschulen [...] bis auf jenen Zeitpunkt auszusetzen, wo die Vermögenskräfte der kk Landes-Hauptstadt Linz es gestatten werden, zu deren Ausführung zu schreiten" (6/2485).

⟨79.⟩

200,12–21 Befähigung *bis* biethen] *Das bischöfliche Konsistorium hatte am 20. November 1851 darauf hingewiesen, daß das Ministerium auf Grund der Befähigung der Musterlehrer „zu Folge Erlasses vom 26. September 1849 Z. 6117 die genannten drei Musterschulen der Hauptstadt ermächtiget, giltige Zeugniße zum Uibertritte in höhere Lehranstalten ausstellen zu dürfen, und sie in dieser Beziehung den Hauptschulen von drei Klassen gleich gestellt" habe (6/2488 r).*

⟨79.⟩ Einführung von ganztägigem Unterricht in Traun

Überlieferung

H 1683 $\frac{1850}{1851}$ X $\frac{B}{40}$ *Traun (OÖLA Scha 15)*
Stifters Äußerung vom 23. März 1852, beginnend auf der 4. Seite eines Bogens in der rechten Spalte unterhalb von Anschrift und Kurzinhalt sowie unter dem Auftrag Frischs vom 19. März 1852 „um baldige Aeußerung über die Frage des ganz- oder halbtägigen Unterrichtes dann des Bedürfnisses von Lehrzimmern" und fortgesetzt in der linken Spalte, bezieht sich auf das Schreiben des bischöflichen Konsistoriums auf den beiden ersten Seiten.

Stellenkommentar

201,16–17 ganztägigen *bis* antragen] *Während Stifters Äußerung sich laut Auftrag ausschließlich auf die Frage konzentriert, ob in Traun ganz- oder halbtägiger Unterricht stattfinden soll, ging*

⟨79.⟩

es tatsächlich um einen Schulhausbau. Der Bezirkshauptmann hatte am 28. Februar 1852 (Scha 15, Z. 1683) berichtet, daß in einer Lokalkommission fast alle Kommissionsglieder sich für halbtägigen Schulunterricht ausgesprochen hatten, weil bei halbtägigem Unterricht „die Herstellung eines 2ten Lehrzimmers" und die Anstellung eines Gehilfen überflüssig erschien. Im Gegensatz dazu äußerte sich das bischöfliche Konsistorium am 16. März 1852, daß „in jedem Falle bei dem Neubaue eines Schulhauses in Traun auf zwei Lehrzimmer, und sohin auch auf ein Lehrgehilfen-Zimmer angetragen werden soll", weil die Pfarre Traun „gegenwärtig schon eine Bevölkerung über 1200 Seelen, und eine Wochenschüler-Zahl an 150" habe und weil diese Zahlen sich „in dem nächsten **Decennium**" *bedeutend vermehren dürften. Zwar lasse sich „nicht läugnen, daß für Traun in Berücksichtigung, daß eine große Anzahl der schulpflichtigen Kinder zugleich zu Arbeiten in den dortigen Fabriken verwendet werden, der halbtägige Unterricht vorzuziehen" sei, doch es bleibe „die Einführung des ganztägigen Unterrichtes Norm, die auch für die Schule Traun durchführbar werden kann". Entsprechend Stifters Antrag auf ganztägigen Unterricht fordert die LSchBeh am 23. März 1852 die Landesbaudirektion auf, von ganztägigem Unterricht ausgehend, einen Bauplan auszuarbeiten, worauf diese am 8. Juli 1852 einen Plan mit Kostenrechnung vorlegt. Am 9. Juli 1852 (Scha 15, Z. 1683) wird der Bezirkshauptmann aufgefordert, „sogleich das gesetzlich Erforderliche zu baldigster Führung dieses auf 7207 f 8 kr CM. berechneten Baues" zu verfügen. Am 24. Oktober 1852 (Scha 15, Z. 261) berichtet der Bürgermeister von Traun, daß der Schulhausbau „vollkommen unter Dach gebracht" sei.*

⟨80.⟩

⟨80.⟩ Abendschule für in der Fabrik beschäftigte Kinder in Traun

Überlieferung

H   532 1852 X $\frac{B}{37}$ Traun (OÖLA 7/3027 l)
Stifters Äußerung vom 26. März 1852, welche 2 Tage nach einem Inspektionsbesuch in Traun (Nr. ⟨222.⟩, 1. Liste, Nr. 25; HKG 10,2, S. 202,14) geschrieben wurde, beginnt mit 5 Zeilen in der rechten Spalte eines Bogens unterhalb der Anschrift sowie unter dem Auftrag vom 2. März 1852 und setzt sich in der ganzen linken Spalte der 4. Seite fort; sie bezieht sich auf das Schreiben des bischöflichen Konsistoriums vom 26. Februar 1852 auf den beiden ersten Seiten.

D   Fischer, Nr. 47

Apparat

202,23–24 in [ihrer] Hinsicht

Stellenkommentar

202,2–3 Enderlin *bis* Abendschule] *Nachdem das Toleranzpatent Josefs II. 1781 den evangelischen Christen Glaubensfreiheit gestattet hatte, übernahmen in Traun die aus der Schweiz stammenden evangelischen Gebrüder Enderlin nach der Gründung der Firma Enderlin und Toricelli die stillgelegte Zeugdruckerei von Johann Hudetz, der 1846 in Konkurs gegangen war. Sie holten aus den Kantonen Glarus und St. Gallen „ein gutes Dutzend"*

⟨80.⟩

evangelische Facharbeiter mit Familie, vor allem Handdrucker, nach Traun. „Peter Prummer, der Besitzer der Grießlermühle, hatte die Betriebsansiedlung nach Kräften unterstützt", da er selbst evangelisch war und „einen Zuzug von Evangelischen in größerer Zahl erhoffte, was dann auch zutraf" („Evangelische Pfarrgemeinde A. B. Traun, Festschrift anläßlich des 75jährigen Kirchweihfestes", Traun 1988, S. 21). Das bischöfliche Konsistorium, welches am 26. Februar 1852 ebenso wie der „Schul-Districts-Aufseher, Orts-Pfarrer, Schullehrer und Orts-Schulaufseher" diese Abendschule ablehnte, vermutete, daß es „überhaupt mehr auf Umgehung des ordentlichen Schulbesuches abgesehen zu sein" scheint (7/3023f.).

202,9 Wochenschule] *Peter Prummer gelang es, eine Schulgemeinde zu gründen, „welche die Ortschaften Traun, St. Dionysen, St. Martin, Doppl, Wagram und Edt (Oedt) umfaßte". Für den Schulhausbau stellte er „den Baugrund unentgeltlich zur Verfügung und gestattete, um eine Wand zu sparen, den Anbau des Schulgebäudes an sein dreigeschoßiges Wohnhaus (heute Bahnhofstraße 41). Er hatte es gegenüber der Firma Enderlin zur Unterbringung von Arbeitern dieses Betriebes errichten lassen. [...] Am 7. Juli 1851 nahm der erste evangelische Lehrer, Martin Ecker, in einem behelfsmäßig als Schulzimmer eingerichteten Raum der Grießlermühle den Unterricht mit 33 Kindern auf. Am 26. Dezember 1851 konnte das neue Schulhaus (heute Bahnhofstraße 43) eingeweiht werden" („Evangelische Pfarrgemeinde A. B. Traun", s. zu 202,2–3, S. 24f.); vgl. Nr. ⟨277.⟩.*

202,25–30 Wollen *bis* hätten] *Mit Erlaß vom 16. April 1852 beruft sich die LSchBeh auf Stifters Urteil über die ungenaue Abfassung des Antrags der Fabrikanten und beauftragt den Bezirkshauptmann zu Linz, er solle „die nöthigen Erhebungen pflegen, damit man in Kenntnis gelange, welcher der hier erwähnten Fälle in Traun besteht, u. worauf die Absicht der Bittsteller eigentlich gerichtet ist" (7/3024f.). Akten über den Fortgang liegen nicht bei.*

⟨81.⟩

⟨81.⟩ *Schulhauszustände von Ansfelden

Überlieferung

H 10 $\frac{B}{40}$ Ansfelden
Stifters Antrag vom 7. April 1852 (Nr. ⟨222.⟩, 2. Liste,
Nr. 11; HKG 10,2 S. 211,5–6) ist einen Tag nach seiner
Inspektion in Ansfelden (1. Liste, Nr. 26; ebd., S. 202,15)
entstanden. Akten dazu liegen in Scha 81.

Kommentar

Da die „Pfarr u. Schulgemeinde Ansfelden das Bedürfniß des ganztägigen Unterrichtes erkannt" hatte, war, wie die LSchBeh am 18. März 1853 (Scha 81, Z. 400) schreibt, „zur Einführung desselben auch im J 1850 ein Zimmer gemiethet" worden, „worin Unterricht gegeben worden ist. Dieser hat jedoch, weil das gemiethete Zimmer eine andere Verwendung erhalten hat, wieder aufgehört [...]". Daraufhin war „von den Gemeindevertretern der Wunsch ausgesprochen worden", das vorhandene „Schulhaus so zu erweitern, daß ein zweytes Lehrzimmer darin hergestellt werden kann. / □ Aber auch abgesehen von der Einführung des ganztägigen Unterrichtes muß das Ansfeldener Schulhaus selbst für den Fall der Beibehaltung des halbtägigen Unterrichts mit einem zweyten Lehrzimmer versehen werden", weil das vorhandene nach „der Aeußerung des leitenden Baubezirksbeamten vom 2. Febr 1852 höchstens 70 Kinder faßet, folglich zu klein ist" für die nach der „Ausschulung der nunmehr der Mittelschule Berg zugewiesenen Ortschaften" immer noch 165–170 betragende Anzahl von Schulkindern. „Dazu kommt, daß dieses Zimmer nach dem Befunde des Hrn Volksschulen Inspektors u Schulrathe Stifter feucht u zu niedrig ist, folglich auch in dieser

⟨82.⟩

Beziehung seiner Bestimmung nicht zusaget [...]". Da sich durch einen Erweiterungsbau die Feuchtigkeit beheben läßt, da nach dem Gesetz angesichts der Schülerzahl ein zweites Lehrzimmer hier auch schon für halbtägigen Unterricht vorgeschrieben ist und da die „Schulgemeinde Ansfelden das Bedürfniß des ganztägigen Unterrichtes erkannt" (s. o.) hat, ordnet die LSchBeh am 18. März 1853 den Bau eines zweiten Lehrzimmers nach dem am 5. Dezember 1852 von der Landes-Bau-Direktion „verbesserten, beziehweise neu verfertigten Plane" an. Die Bauausführung, über die keine Akten beiliegen, muß nach 1853 stattgefunden haben, denn in Nr. ⟨392.⟩ vom 29. November 1858 berichtet Stifter, daß in Ansfelden ganztägiger Unterricht in zwei Lehrzimmern (HKG 10,3, S. 108,17–18) stattfindet.

⟨82.⟩ Gottesdienst für die Realschüler in der Kapuzinerkirche oder Aloisius-Kapelle Linz

Überlieferung

H   *883 1852 X $\frac{4}{8}$ (OÖLA 1/0286)*
    Auf einem Blatt und einem daran angehängten, durch Bindfaden verbundenen Bogen steht auf den ersten drei Seiten Zampieris Schreiben vom 6. April 1852, worauf auf der 6. Seite in der rechten Spalte unterhalb von Anschrift und Kurzinhalt der Auftrag Fritschs vom 14. April 1852 an Stifter und in der linken Spalte Stifters Äußerung folgt.
D   *Vancsa VI, S. 47*

⟨82.⟩

Apparat

203,13   [w]⟨Wochengottesdienste

Stellenkommentar

203,8 Wagschule] *Auch Stadtpfarrschule, gelegen am Tummelplatz hinter der Stadtwaage (s. zu S. 130,15–18).*

203,13–14 Kapuzinerkirche *bis* zwekmäßigste] *Schwierigkeiten mit dem Kirchenbesuch entstanden deshalb, weil Zampieri laut Schreiben vom 29. November 1851 „zur Förderung des religiösen Sinnes der Jugend" bewirken wollte, „daß die Schüler zum täglichen Kirchenbesuch angehalten werden, wie dies auch am Gymnasium Sitte ist". Es war ihm jedoch „trotz aller Bemühungen nicht möglich eine und dieselbe Kirche, wie es wünschenswerth gewesen wäre, sowohl für denn sonn- und festtägigen, als auch für den werktägigen Gottesdienst den Bedürfnissen und der Ordnung der Schule entsprechend zu requiriren". Seinen Vorschlag, „daß die Realschüler den werktägigen Gottesdienst gemeinschaftlich mit den Schülern des pädagogischen Curses in der hiesigen ehemaligen Minoriten-Kirche um* $7\frac{1}{4}$ *Uhr haben könnten" (1/280f.), lehnte die LSchBeh am 7. Januar 1852 ab, „da der Zeitpunkt des werktägigen Kirchenbesuches – nämlich ¼ nach 7 Uhr – für Kinder von so frühem Alter, wie jene der 1. u. 2. Klasse meistens sind, zumal für solche die weiter entfernt wohnen, während der rauhen Jahreszeit des Winters bei den kurzen Tagen ein höchst beschwerlicher ist, da die denselben dieses Kirchenbesuches wegen aufgelegte nothwendige Verpflichtung, schon um 7 Uhr zur Schule zu kommen, selbst ihrer Gesundheit nachtheilig, außerdem aber für die meisten Haushaltungen sehr lästig ist, u. daher schon mehrfältige Klagen hervorgerufen hat" (1/277 r). Schließlich fand sich, wie Zampieri am 6. April 1852*

⟨83.⟩

berichtete, der Kapuzinerpfarrer „bereit einzuwilligen daß für die Realschüler der werktägige Gottesdienst in der dem Realschulgebäude nächste und sehr nahe Kapuzinerkirche um halb acht Uhr Morgens abgehalten werde. [...] Was nun den festtägigen Gottesdienst betrifft, so können die Realschüler einstweilen die Kirche der Ursulinerinnen wie bisher im Wintersemester besuchen. Da aber späterhin diese Kirche nicht wird benützt (1/278f.) werden können", will Zampieri das „bischöfliche Consistorium um die Abtretung der Kapelle des heil. Aloysius in der hiesigen Domkirche ersuchen [...]" (1/284 r). Angesichts der Zustimmung Stifters zu den Vorschlägen Zampieris werden mit Dekret vom 21. April 1852 auch von der LSchBeh „die erwähnten Vorkehrungen des Direktors für zweckmäßig erkannt" (1/286). Der weitere Fortgang in Nr. ⟨85.⟩.

⟨83.⟩ Einschulung von Ortschaften der Pfarren Pöndorf
und Friedburg zur Mittelschule Hecken

Überlieferung

H   569 $\frac{1851}{1852}$ X $\frac{B}{37}$ Hecken (OÖLA 6/2651 r – 2653 l)
    Stifters Gutachten vom 30. April 1852 steht auf $3^{1}/_{3}$ Seiten eines Bogens alternierend in der linken, rechten, linken, rechten Spalte; die Kopfzeile erstreckt sich über zwei Spalten.
D   Fischer, Nr. 49

⟨83.⟩

Apparat

204,6   der [Reg.] Sizung
204,18 Pfarrschule [zu] beschwerlich

Emendation

205,23–24 ⁺Nach St.H.C.D.] Nach. St.H.C.D.

Stellenkommentar

204,3–4 Einschulung bis Heken] Den Antrag auf die Einschulungen nach Heken hatte am 21. Oktober 1851 eine von der LSchBeh am 12. Juni 1851 angeordnete kommissionelle Verhandlung gestellt. Diese hielt es laut Schreiben der Bezirkshauptmannschaft Braunau vom 26. Oktober 1851 „vor Allem für ihre Pflicht, das wesentlichste Moment einer Einschulung, nemlich die Distanzen mit der allergrösten Genauigkeit zu untersuchen." Dabei falle „jedoch auch das von der Pfarre Pöndorf und der Schuldistrikts Aufsicht Frankenmarkt geltend gemachte moralische Moment der leichteren und besseren Beaufsichtigung der Schule im Pfarrorte im Vergleiche mit der entfernteren Mittelschule allerdings schwer in die Wagschale [...]" (6/2645f.). Im Gegensatz dazu verdient nach dem Bezirkshauptmann Vöklabruck „der moralische Vorzug der Pfarr-Schule Pöndorf vor der Mittelschule **Hecken** *große Beachtung, und spricht allein betrachtet gegen jede Ausschulung derselben". Hier wurde in der LSchBeh mit Bleistift hinzugefügt: „also auch gegen alle Mittelschulen" (6/2649 r). Das Pfarramt Frankenmarkt verschärfte den Prioritätenstreit am 16. Februar 1852 mit der „Meinung daß die moralischen Momente für die Schule Pöndorf bey weitem vorwiegen"*

⟨83.⟩

(6/2654f.). „Die Distanzen von der Schule" seien hingegen „überhaupt nicht von solchen Gewichte" (6/2656 r). Eine weitere Verschärfung bewirkte das Schreiben des bischöflichen Konsistoriums vom 26. Februar 1852 an die LSchBeh mit der Behauptung, daß „Ortschaften, die einer Schule außer ihrem Pfarrbezirke eingeschult sind, [...] sich immer in einem sogenannten Ausnamszustande" befinden, „den die Eltern schulpflichtiger Kinder, wie der Lehrer benützen; die Eltern, daß sie die Kinder nachlässiger schicken, der Lehrer, daß er nachsichtiger gegen selbe ist." Entsprechend sei „sehr zu fürchten, daß die Schule Hecken von dem Katecheten nicht sehr fleißig besucht wird". Es sei „auch nicht abzusehen, daß in Hecken, dieser so armen Mittelschule, recht tüchtige Lehrer sich anstellen lassen, oder längere Zeit bleiben werden" (6/2654 l).

Während Stifter diese Kritikpunkte des bischöflichen Konsistoriums übergeht, ohne sich auf einen Konflikt einzulassen, und sich strikt auf die Rechtsposition bezieht, reagiert die LSchBeh mit einer scharfen Entgegnung gegen die „vorgebrachten Einwendungen": Diese „verlieren ihr ganzes Gewicht gegenüber den Bestimmungen der § 341 u 343 der Volksschulen-Verfassung, welche anordnen, daß die schulfähigen Kinder, wenn es die Umstände erlauben, immer zur näheren Schule geschrieben werden [...] so wie gegenüber dem Umstande, daß diese Einwendungen sich gegen alle Mittelschulen anwenden lassen, folglich nothwendig zu deren Aufhebung führen würden. / □ Das Besorgniß des bischöflichen Konsistoriums, daß ‚die Schule zu Hecken von den Katecheten nicht sehr fleißig besucht werde', [...] geht ebenfalls zu weit, u. müßte zur Aufhebung dieser Mittelschule führen. Außerdem ist es Amts- u. Gewissenspflicht des Pfarrers zu Friedburg, eifrig u. nachhaltig zu sorgen, u. des Hrn Schulenbezirks-Aufsehers des Dekanats Pischelsdorf, sorgfältig darüber zu wachen, daß der Religions Unterricht in der Mittelschule Hecken in gesetzlichem Umfange u gewissenhaft ertheilt werde. Es muß als sich selbst verstehend vorausgesetzt werden, daß diese beiden Priester ihre Pflicht volkommen kennen, u. sie erfüllen" (6/2647f.).

205,32–206,2 Pöndorfs bis eingeschult] *Stifters Vorschlag steht konträr zu dem des bischöflichen Konsistoriums vom 26. Februar 1852, „daß die schulpflichtigen Kinder von Hoheneck, Preinröth und Geretseck ihre Pfarrschule Pöndorf besuchen sollen" (6/2658 r). Die LSchBeh entscheidet am 4. Mai 1852, daß die von Stifter genannten Ortschaften von Friedburg und Pöndorf ausgeschult und in die „Mittelschule Hecken im Pfarrbezirke Friedburg" eingeschult werden (6/2646 r). Nur hinsichtlich der Ortschaft Schachen wird von Stifters Vorschlag abgewichen und diese mit dem Argument „bei der Pfarrschule Pöndorf belassen", weil die Insassen mit schulpflichtigen Kindern „bei obiger Verhandlung sich gegen die Einschulung nach Hecken u für das Verbleiben bei Pöndorf erklärt haben" (6/2647 r).*

⟨84.⟩ Besetzung an der Mädchenschule (Industrieschule) in Steyr

Überlieferung

H 831 1852 X $\frac{B}{14}$ *(OÖLA 6/2500–2502)*
Auf einem Bogen, in dessen linker Spalte oben die Seiten- und Aktenzahl „2 zu $\frac{831}{1852}$" auf das Konsistorialschreiben vom 29. März 1852 verweist, erteilt Fritsch am 23. April 1852 den Auftrag „an Hrn Schulrath Stifter zur Prüfung u. Begutachtung der angelangten Gesuche u. des vorstehenden Vorschlages". Darunter folgt auf 3¼ Seiten Stifters Gutachten und auf der 4. Seite das Dekret der

⟨84.⟩

        LSchBeh vom 21. Mai 1852, das auf einem weiteren eingelegten Bogen fortgesetzt wird.
D   *Fischer, Nr. 50*

Apparat

206,21–22 ist) [das Bedenken entsteht, daß] die
208,1   noch [Josepha Hellenbauer] [Karoline Halbma] ein

Stellenkommentar

207,2 Tröger als Nählehrerin] *Entgegen dem Votum des bischöflichen Konsistoriums vom 29. März 1852, das den Vorschlag der Schuldistriktsaufsicht übernommen hat, verleiht die LSchBeh am 21. Mai 1852, gez. Kreil, gemäß Stifters Vorschlag Maria Tröger die Stelle an der Mädchenschule in Steyr „auf so lange, als sie die Stelle zur Zufriedenheit versieht, also auf Widerruf und ohne Pensionsanspruch gegen eine Remunerazion von jährlich 200 f (:zwey hundert Gulden:)* CMZ *aus dem Schul- und beziehweise Religionsfonde" […] (DAL Schu-A/3, Scha 35, Fasz. 20/34, Z. 412). Der weitere Fortgang in Nr. ⟨389.⟩.*

207,29–33 Umstand *bis* sein] *Dazu steht von anderer Hand in Klammern der Zusatz: „(im Gegentheile ein Bedenken gegen sie)".*

208,3–4 Industrieschule *bis* Wien] *Stifter benutzt in den Nrn. ⟨84.⟩ und ⟨465.⟩ die Begriffe ‚Industrieschule' und ‚Arbeitsschule' synonym.*

    Als Begründer der Industrieschulen gilt Ferdinand Kindermann, geb. 1740 im nordböhmischen Königswalde, der als Pfarrer in seiner Patronatspfarrei in Kaplitz mit Johann Ignaz von Felbiger, den die Kaiserin Maria Theresia mit der Leitung des

⟨84.⟩

deutschen Schulwesens in Österreich betraut hatte (s. zu S. 127,14), in Verbindung trat und in Kaplitz 1773, ein Jahr vor der Einführung der allgemeinen Schulpflicht, eine erste Industrieschule einrichtete. Im Jahre 1790 wurde er Bischof von Leitmeritz (Ulrike Maus, „Ferdinand Kindermann und die Industrieschulbewegung", in: Georg Rothe, „Die Gewerbeschule des Großherzogtums Baden als frühes Modell einer Teilzeitschule im dual-alternierenden System", Karlruhe 2011, S. 22). Schon in Kaplitz erstrebte Kindermann eine engere Verbindung der Schule mit dem praktischen Leben. Dabei „unterzog" er sich „der Aufgabe, die Kinder der Bauern und Häusler im Ackerbau, im Spinnen, Klöppeln, Stricken, in der Gartenarbeit und im Anpflanzen von Küchengewächsen zu unterrichten" (Adelbert Schiel, „Ignaz von Felbiger und Ferdinand Kindermann. Ihr Leben und ihre Schriften", Teil I und II, hier Teil I, Halle 1902, S. 57). Dieser Schultyp „verbreitete sich nunmehr seit acht Jahren an sehr vielen Orten", und „man kann dermalen in Böhmen mit Gewißheit bis 200 solche Schulen angeben" (ebd., S. 59). Das ursprüngliche Konzept Kindermanns wurde dadurch auf die allgemeine Mädchenbildung erweitert, daß die „Allgemeine Schulordnung" von 1774 im § 12. vorschrieb: „Wo es die Gelegenheit erlaubet, eigene Schulen für die Mägdlein zu haben, da besuchen sie solche, und sind daselbst, wenn es füglich angeht, auch im Nähen, Stricken, und in andern ihrem Geschlechte angemessenen Dingen zu unterweisen; Wo aber eigene Mädchenschulen nicht sind, müssen sie in die gemeine Schule gehen, jedoch nicht unter den Knaben, sondern auf eigenen Bänken von denselben abgesöndert sitzen, und werden übrigens mit den Knaben in einerley Klasse unterwiesen, mit welchen sie zugleich alles lernen, was sich für ihr Geschlecht schicket" [...]" (Allgemeine Schulordnung, S. 19). In Preußen hat, wie Rochow in seinem Aufsatz „Geschichte meiner Schulen" (1795) schreibt, seine „Frau schon seit vielen Jahren eine Art Industrieschule gestiftet" (In: Rochow, s. zu S. 81,20, S. 51).

⟨84.⟩

In der pol.Sch.Verf. 1805 gab es Industrieschulen noch nicht. Die pol.Sch.Verf. 1833, wo der Begriff ‚Industrie-Schule' „zum Unterrichte in den weiblichen Handarbeiten" im §. 129. verwendet wird, gestattet, die „Zöglinge auch in der Verfertigung weiblicher Kleidungsstücke" zu unterrichten; diese Kleidungsstücke dürfen die Lehrerinnen jedoch nicht verkaufen, „noch weniger ihre Industrie-Schulen in förmliche Werkstätten" umgestalten (S. 57). Der §. 308. regelt, daß in ‚Arbeitsschulen' „zur Unterweisung in weiblichen Handarbeiten [...] nur solche Kinder aufgenommen werden, welche entweder eine öffentliche Schule besuchen oder von einem geprüften Lehrer Privat-Unterricht erhalten" (S. 137). Häufig ist die Industrieschule in eine Hauptschule integriert.

Nach 1848 versuchte das Ministerium in Oberösterreich die Mädchenbildung auch durch Industrieschulen zu fördern. Ein Verzeichnis des bischöflichen Konsistoriums vom 30. Juli 1854 für das Jahr 1853 belegt, daß im „Schuldistrikte <u>Atzbach</u>" die erste Industrieschule an der städtischen Schule zu Vöcklabruck am 9. September 1841 (3/1535 r), die zweite „im Jahre $\frac{1852}{53}$ von den ehrwürdigen Schulschwestern zu Vöcklabruck errichtet" (3/1536 l) worden war. „Im <u>Stadtbezirke Linz</u> befinden sich weibliche Industrieschulen, und zwar bei jeder der drei Stadtpfarrschulen je Eine, in der zur St. Mathias-Pfarrschule gehörigen Filialschule Schulerberg gleichfalls Eine, bei der Schule der Ursulinerinen Eine, dann bei der Griesmayr'schen Privat-Mädchen Lehranstalt auf dem Hauptplatze abermals Eine. / Uiberdieß besteht auch noch in der Privat-Lehranstalt der Schwestern Greil im Dierzer'schen Haus auf der Promenade eine solche Schule, dann auch in der Taubstummen- und Blinden-Lehranstalt [...]" (3/1534 r). Ferner bestehen Industrieschulen in Urfahr (s. Nr. ⟨465.⟩); im Schuldistrikte Altheim im Stifte Eichersberg; im Schuldistrikte Azbach 2 zu Vöcklabruck, eine an der städtischen Schule, eine bei den ehrwürdigen Schulschwestern;

⟨85.⟩

im Schuldistrikte Freistadt 3 zu Freystadt, 1 zu Kefermarkt, 2 zu Leopoldschlag, 1 zu Neumarkt [im Mühlkreis, Anm.]; im Schuldistrikte Gaspoltshofen in der Stadt Grieskirchen; im Schuldistrikte Pabneukirchen in Baumgartenberg und Grein je eine Zeichnungsschule, zu Perg eine Arbeitsschule; im Schuldistrikte Peuerbach Arbeitsschulen zu Alkoven, Aschach, Eferding und Hilkering; im Schuldistrikte Pischelsdorf zu St. Georgen, Mattighofen und Uttendorf; im Schuldistrikte Ranshofen zu Handenberg und Neukirchen; im Schuldistrikte Sarleinsbach zu Altenfelden und Putzleinstorf; im Schuldistrikte Steyr je eine in Steyr selbst und in der Vorstadt Aichet; im Schuldistrikte Wels zu Dörnbach, Holzhausen, Hörsching, Pichl, Stadt- und Vorstadtpfarre Wels. „Im Ganzen bestehen also in dieser Diözese 45 Arbeitsschulen [...]. / Die Gesammtzahl der Schülerinen erstreckt sich auf circa *2180"* (3/1538 r). *In Ried im Innkreis wird 1859 eine Arbeitsschule der armen Schulschwestern errichtet. Siehe Kommentar zu Nr.* ⟨587.⟩, *dort zu S. 395,26.*

⟨85.⟩ Gottesdienst für Realschüler statt in der Aloisius-Kapelle in der Minoritenkirche Linz

Überlieferung

H $1162 \frac{1859}{1852} \times \frac{4}{8}$ *(OÖLA 1/0256)*
      Stifters Stellungnahme vom 22. Mai 1852, beginnend auf der 4. Seite eines Bogens in der rechten Spalte unterhalb von Anschrift und Kurzinhalt des Konsistorialschreibens sowie unter dem Auftrag Fritschs vom 7. März 1852 und fortgesetzt in der ganzen linken Spalte, bezieht sich auf

⟨85.⟩

D
das Schreiben des bischöflichen Konsistoriums vom 6. Mai 1852 auf den ersten 3 Seiten.
Vancsa VII, S. 48f.

Apparat

209,7   mußten[,][.] [d]⟨Die Messe

Kommentar

Fortgang von Nr. ⟨82.⟩.

Stellenkommentar

208,13–27 Besichtigung *bis* thut] *Das bischöfliche Konsistorium war am 6. Mai 1852 zwar nicht grundsätzlich gegen eine „Überlassung der St. Aloisius-Kapelle in der hies. Domkirche zum Gebrauche des sonn- und festtäg. Gottesdienstes", wies jedoch auf einige „Übelstände" hin, die von Stifter aufgegriffen werden. Zudem wurden folgende Bedingungen gestellt: „Es wäre sohin für die Säuberung der Stiegen, wie der Kapelle, ferners für Anschaffung der nöthigen Schämel oder Stühle, für die Sicherheit der genannten Kästen und Oratorien, endlich für alles das zu sorgen, was zur Feier eines eigenen Gottesdienstes, als Beleuchtung, Opfergaben, Paramente und Meßnerbedienung erforderlich ist" (1/253f.). Die LSchBeh bezieht sich am 24. Mai 1852 wie Stifter auf die vom bischöflichen Konsistorium aufgeführten „Bedenklichkeiten u Schwierigkeiten" und äußert sich, daß die gestellten Bedingungen „schwer zu erfüllen sind" (1/254 r).*

⟨86.⟩

208,19 Paramenten] *Liturgische Gewänder und sonstige im katholischen Gottesdienst verwendete Textilien wie Kanzel- und Altarbehänge.*
208,28 biethet bis Minoritenkirche] *Im Schreiben vom 24. Mai 1852 an das Direktorat der Realschule favorisiert auch die LSch-Beh mit den von Stifter übernommenen Argumenten die Minoritenkirche. Zampieri wird „zur Richtschnur" gemacht, „daß dieser Gottesdienst in der Minoriten-Kirche um halb acht Uhr Morgens Statt zu finden hat, u. bis 8¼ Uhr, folglich in $\frac{5}{4}$ Stunden beendigt seyn muß, aber auch früher endigen kann" (1/255 l).*
209,4 Exhorte] *Längerer Vortrag über ein geistliches Thema.*

⟨86.⟩ Gehaltserhöhung für die Realschullehrer Aprent und Netwald

Überlieferung

H   1568 1852 X $\frac{D}{2}$ *(ÖOLA 7/3119–3118)*
         Auf den 6 Seiten, die sich durch einen Bogen und ein eingelegtes, durch Bindfaden mit dem Bogen verbundenes Blatt ergeben, steht Zampieris Schreiben vom 11. Mai 1852 auf den ersten 5 Seiten in der rechten Spalte, worauf auf der 6. Seite in der rechten Spalte Anschrift und Kurzinhalt des Zampieri-Schreibens folgen und in der linken Spalte unterhalb von Fritschs Auftrag Stifters Äußerung vom 11. Juni 1852 beginnt und sich in der ganzen linken Spalte der 5. Seite fortsetzt.
D   *Fischer, Nr. 52*

⟨86.⟩

Apparat

210,7   Bescheidenheit, [um] seiner
210,18–19 Schülern [so] nahe
211,7   könn[e]⟨ten
211,8   Jahr [auf] für

Kommentar

Fortgang von Nr. ⟨57.⟩.

Stellenkommentar

210,5–9 Direktor *bis* habe] Zampieri unterstützte am 11. Mai 1852 die Anträge der Lehrer Aprent und Netwald vom 21. April 1852 „um Aufbesserung" (7/3116 r) ihrer „auf 400 Gulden bemessenen Substitutionsgebühr" (7/3112 r), welche direkt an das Ministerium gerichtet und von diesem am 28. April 1852 dem „Statthalter von Oberösterreich zur gutächtlichen Äußerung" (7/3114 l) zugeleitet worden waren, und befürwortete, „ihnen die Substitutionsgebühr durch eine dem systemisirten Gehalte eines definitiv angestellten Lehrers entsprechende Remuneration aufzubessern" (7/3118 r). Nach Zampieris Urteil zeigte sich Aprent „bisher nicht nur in Ansehung seiner Kenntnisse seiner Aufgabe gewachsen, sondern entfaltete bei der Einfachheit und Klarheit im Lehren auch noch die nicht häufige Lehrergabe den Schülern das Lernen zu einer angenehmen Beschäftigung zu machen". Auch Netwald löste in Chemie und Italienisch „die ihm anvertraute Aufgabe bisher auf ganz entsprechende Weise und erzielte ebenfalls, bisher mit allem Eifer, sehr ersprießliche Resultate" (7/3116f.). Wie Stifter verweist auch der Statthalter

⟨87.⟩

am 12. Juni 1852 (AVA U-Allg., 4130/16) auf das zurückhaltende Urteil Zampieris: „Was der provisorische Direktor über die beiden Bittsteller anführt, bestätigt nicht bloß Schulrath Stifter, sondern er [Stifter, Anm.] verstärkt es auf Grund seiner mehrfältigen Beobachtungen durch die ehrenvollste Schilderung der vortrefflichen Lehr-Methode und des außerordentlich erfolgreichen Einflußes dieser zwei Lehrer auf den Fleiß, den Eifer und die Lust der Schüler für die von beiden gelehrten Gegenstände, so wie die seltenen Fortschritte, welche in Folge dessen die Schüler darin machen. / □ Ich selbst habe unmittelbare Uiberzeugung hievon gewonnen."

211,8 zweihundert Gulden Zulage] *Stifters Vorschlag wird vom Statthalter Bach am 12. Juni 1852 befürwortend an das Ministerium weitergeleitet, von diesem aber am 18. Juni 1852 nur mit gemindertem Betrag positiv beschieden: Jedem der beiden provisorischen Lehrer wird „für das laufenden Schuljahr $18\frac{51}{52}$ eine Remuneration von Einhundertfünfzig Gulden* C. M *hiemit bewilligt"; künftig wolle der Statthalter „für diese beiden Lehrer nach Maßgabe ihrer Verwendung und der erzielten Erfolge im Unterrichte, von Semester zu Semester Remunerationsanträge hieher stellen" (7/3111 r). Der weitere Fortgang in Nr. ⟨104.⟩.*

⟨87.⟩ *Auflassung der Hauptschule von Kremsmünster

Überlieferung

H 853 $\frac{1850}{1852}$ X $\frac{4}{8}$ *(OÖLA Scha 11)*

⟨87.⟩

Kommentar

Die Äußerung Stifters vom 12. Juni 1852 wird im Schreiben der LSchBeh vom 15. Juni 1852 belegt.

Stellenkommentar

211,17–18 Gesuch bis Pfarrschule] *In Kremsmünster bestand laut Schreiben der LSchBeh vom 15. Juni 1852 (Scha 11) von 1589 bis 1776 eine einfache Pfarrschule in einem „aus dem Nachlaß des Zacharias Müller erworbenen Hause [...]". Als infolge des „untern 6. Dezember 1774 erlassenen Generale" der Kaiserin Maria Theresia „auch in Oberösterreich die deutschen Normal- u Hauptschulen eingeführt werden sollten", gründete der damalige Stiftsabt in Kremsmünster eine „Hauptschule mit der Eintheilung in eine vorbereitende u. in drey eigentliche Klassen, mit drey Lehrern, einem Lehrgehilfen u. dem Katecheten. Die Kosten derselben, bestehend in der Erhaltung des Katecheten, der Besoldung des übrigen Lehr-Personals, in Bestreitung des Aufwandes für Beheizung, Schuleinrichtung" wurden „von dem Stifte bestritten". Nachdem das Stift infolge der „Wirkungen des Jahres 1848" eine große „Schmälerung seiner früheren hauptsächlichsten Einkünfte" (Bog. 1, S. 3) erlitten hatte, stellte es am 16. April 1850 das Gesuch „um Auflassung der dortigen Haupt- u. Umwandlung derselben in eine bloße Pfarrschule". Dabei war „wegen der Baufälligkeit des Hauses [...] auch die Nothwendigkeit zur Herstellung eines anderen ganz entsprechenden Schulgebäudes zur Sprache gekommen" (Bog. 1, S. 1).*

Am 4. Juni 1851 (Nr. ⟨222.⟩, 1. Liste, Nr. 10; HKG 10,2, S. 201, 18–19) war Stifter zur Inspektion in Kremsmünster. Am 7. Juni 1851 (Scha 54, Z. 1131, Enns) gab der Statthalter nach einer „Bereisung, bei welcher er das „Jahrhunderte alte Haus [...] in sehr

⟨87.⟩

schlechtem, ja wie es scheint auch baufälligem Zustande" fand und „die Nothwendigkeit zur Errichtung oder Erbauung einer anderen Unterkunft" erkannte, dem Bezirkshauptmann zu Steyr den Auftrag, eine Untersuchung „zu veranlassen" (ebd., Bog. 2, S. 1). Ohne die „B. m. eingeholte Aeußerung des kk. Schulrathes Stifter vom 12. d. M." (6/6059 r) direkt zu zitieren, lehnt der Statthalter am 15. Juni 1851 „im Interesse des Stiftes selbst u. aus schuldiger Beachtung seines altbegründeten guten Rufes" (Scha 54, Z. 1131, Bog. 2, S. 2) dessen Gesuch um Auflassung mit dem Hinweis ab, daß es „mit dem stets bethätigten, u. allseitig, selbst a. h. Orts gern anerkannten Sinne des jetzigen Hrn Stiftsabtes Thomas für Gemeinnützigkeit u. Volksbildung nicht zu vereinen" sei, „wenn das Stift um dieses zwar beachtenswerthen, aber seinen [ebd., Bog. 2, S. 1] Vermögenskräften auch jetzt noch nicht zu fühlbaren Betrages willen auf seinem fraglichen Begehren, u. zwar eben jetzt beharren wollte, da das hohe Ministerium für K. u. Unterricht bei jeder Gelegenheit die Nothwendigkeit ausspricht, den Volksunterricht auf eine höhere Stufe zu erheben [...]" (ebd., Bog. 2, S. 2). Da der Statthalter die „Nothwendigkeit eines anderen ganz angemessenen Lokals" (ebd., Bog. 3, S. 1) vorschlägt, wird schließlich „von dem Vertreter des Stifts der ganze erste Stock des Kloster-Trakts über der sogenannten Zimmerhütte der Schulgemeinde zur Errichtung von 4 Schulzimmern, einem Lehrer-Konferenz-Zimmer u. der sonstigen Erfordernisse unter der Bedingung angeboten", daß „die Adaptirung von der Gemeinde auf deren eigene Kosten mit Freylassung des Stifts von jedem Beitrage" (ebd., Bog. 3, S. 2) bewirkt werde. Die Baumaßnahmen werden zügig durchgeführt, und am 1. Dezember 1852 können die neuen Schullokalitäten laut Bericht des Abtes Thomas vom 28. Januar 1854 bezogen werden.

⟨88.⟩ Einschulung des Ortes Breitau in den Pfarrbezirk Raab

Überlieferung

H   *1246 1852 X $\frac{B}{37}$ Breitau (OÖLA 7/2984 l)*
      Stifters Gutachten vom 15. Juni 1852, beginnend in der rechten Spalte der 4. Seite eines Bogens unterhalb von Anschrift und Kurzinhalt sowie unter dem Auftrag Fritschs vom 20. Mai 1852 und fortgesetzt in der halben linken Spalte, bezieht sich auf das Schreiben des bischöflichen Konsistoriums vom 6. Mai 1852 auf den ersten beiden Seiten.
D   *Fischer, Nr. 53*

Apparat

212,10   (1) Bis[h]⸗   (2) Bis ⟨[dahin]

Stellenkommentar

212,3   Peuerbach] *Der Neubau in Peuerbach ist laut Nr. ⟨148.⟩ (S. 324,9–11) 1853 fertig.*
212,3   Altschwendt] *Laut Schreiben der LSchBeh vom 9. März 1853 (Scha 81, Z. 207) war die Schule in Altschwendt bei Raab bisher mietweise untergebracht in einem Haus, „ganz von Holz, mit Stroh gedeckt, in hohem Grade feuergefährlich, u. das Lehrzimmer darin zu niedrig, dunkel, feucht u. für die vorhandene Schülerzahl zu klein. / □ Es taugt also nicht zum Schulhause u. läßt sich [...] auch durch Bauführungen nicht dazu geeignet machen". Nachdem die Miete „von dem Eigenthümer" gekündigt worden war, wurde*

⟨89.⟩

"von der Gemeinde selbst auf Erbauung eines eigenen Schulhauses für jenen Ort angetragen". Benötigt wurde ein "Schulzimmer für eine Zahl von 77 bereits schulbesuchenden Kindern" (ebd., Bog. 1, S. 4), welche sich nach "Zuschulung" von Kindern aus Breitau auf 100 Kinder vermehren würde. "Auch muß auf die Einführung des ganztägigen Schulunterrichts, zu dem es in nicht ferner Zeit höchst wahrscheinlich in allen Schulen kommen wird, Bedacht genommen u. daher für ein zweytes Lehrzimmer [...] Vorsorge getroffen werden" (ebd., Bog. 2, S. 1). Deshalb sei es erforderlich, "durch Verstärkung der Mauern" die spätere "Gewinnung eines zweyten Lehrzimmers vorzubereiten" und "das Haus nach Länge u. Breite so zu beantragen, daß im I Stockwerk der Raum für 2 Lehrzimmer gewonnen, u. für das 2te jetzt noch entbehrliche die Haupt- u. Scheidemauern aufgeführt werden, die innere Einrichtung aber der Zukunft beim Eintritte des wirklichen Bedarfes vorgehalten wird" (ebd., Bog. 2, S. 2). 1854 ist das Schulhaus in Altschwendt laut Schulvogtei vom 22. Februar 1854 fertig.
212,9–10 Breitau *bis* einschulen] *Die LSchBeh stimmt am 22. Juli 1852 dem Konsistorium und Stifter zu, daß über die "dermalige Bitte" Breitaus erst nach Fertigstellung der Schulbauten entschieden werden solle (7/2983 l). Über den Fortgang liegen keine weiteren Akten bei.*

⟨89.⟩ Befürwortung des halbtägigen Unterrichts zu Reichraming

Überlieferung

H   2233 $\frac{1850}{1852}$ X $\frac{B}{40}$ Reichraming (OÖLA Scha 15)
Stifters Gutachten vom 15. Juni 1852, beginnend im unte-

⟨89.⟩

ren Drittel der linken Spalte auf der 4. Seite eines Bogens unterhalb von Anschrift und Kurzinhalt sowie unter dem Auftrag Fritschs vom 27. Mai 1852 und fortgesetzt in der rechten Spalte, bezieht sich auf das Schreiben des bischöflichen Konsistoriums auf den beiden ersten Seiten.

Kommentar

Fortgang von Nr. ⟨26.⟩ (S. 135,21–23).

Stellenkommentar

212,19–20 halbtägigem Unterrichte] *Stifters Gutachten war nötig geworden, weil laut Schreiben der LSchBeh vom 16. Juni 1852 (Scha 15, Z. 1313) gegen das Verhandlungsergebnis vom 11. Januar 1851, in Reichraming ein Schulhaus mit 3 Lehrzimmern herzustellen, ganztägigen Unterricht einzuführen und einen zweiten Lehrgehilfen einzusetzen, in der Kommissionsverhandlung vom 23. April 1852 die Bitte vorgebracht wurde, „daß von der Errichtung eines dritten Lehrzimmers und hiedurch bedingten Aufstellung eines zweiten Lehrgehilfen abgegangen werden soll", was vom bischöflichen Konsistorium am 13. Mai 1852 unterstützt wurde. Daraufhin und entsprechend Stifters Votum gestattet die LSchBeh mit Schreiben vom 16. Juni 1852 an den Bezirkshauptmann zu Steyr „den Fortbestand des bisherigen halbtägigen Unterrichtes [...]". Da infolge dessen nur 2 Lehrzimmer notwendig sind, läßt die LSchBeh, wie die Landesbaudirektion am 24. August 1852 (Scha 15, Z. 2233) schreibt, einen neuen Bauplan in der Art verfassen, daß nach dem mündlich „ausgedrückten Wunsche des Herrn Statthalters das Gebäude in der Folge für die Aufsetzung eines 2ten Stockes geeignet ist". Da*

„*die günstige Bauzeit jetzt schon zu weit vorgerückt ist*", soll 1852 „*nur mehr der Rohbau dieses Gebäudes und das andere erst mit dem nächst künftigen Frühjahre zur gänzlichen Ausführung gebracht werden [...]*". In der „Linzer Zeitung" vom 17. Januar 1854 steht Reichraming in der Sparte der vollendeten neuen Schulhäuser (Abb. 1).

212,27–29 Auswege *bis* empfangen] *Dieser Ausweg, der bereits am 1. Mai 1852 (Scha 15, N$\underline{o}$ 5398) vom Bezirkshauptmann Steyr vorgeschlagen worden war, wurde am 13. Mai 1852 vom bischöflichen Konsistorium gebilligt. Auch nach Einschätzung der LSchBeh vom 16. Juni 1852 (Scha 15, Z. 1313) hängt dieser Vorschlag „lediglich von der Ausführbarkeit, d. h. davon ab, daß die Kinder beider Gemeinden sich der Zahl nach nicht in zwey zu ungleiche Theile sondern". Entsprechend wird der Bezirkshauptmann beauftragt, „dem Schullehrer die Auskunft über die Zahl der Kinder aus jeder der zwey Ortschaften, nach den zwey Schulklassen abgetheilt, abzufordern u. ehestens vorzulegen". Akten über den Fortgang liegen nicht bei.*

⟨90.⟩ Besetzung des Schul- und Meßnerdienstes
zu Neukirchen am Walde

Überlieferung

H 1358 1852 X$\frac{B}{30}$ *Neukirchen (OÖLA 7/2945 l)*
  Stifters Äußerung vom 18. Juni 1852, beginnend auf der 4. Seite eines Bogens in der unteren Hälfte der linken Spalte, unterhalb von Fritschs Auftrag vom 7. Juni 1852 „zur Beurtheilung des Vorschlages u. Beifügung des ei-

⟨91.⟩

D
genen Antrages" und fortgesetzt daneben in der linken Spalte, bezieht sich die Wiedergabe des Konsistorialvorschlags (I. Gottfried Redl, II. Michael Wagner, III. Anton Ignaz Holzer) durch die LSchBeh vom 7. Juni 1852 auf den ersten 3½ Seiten in der linken Spalte. Mit Anstellungsdekret vom 19. August 1852 wird Gottfried Redl die Stelle in Neukirchen am Walde verliehen.
Fischer, Nr. 50

⟨91.⟩ Besetzung des Schul- und Meßnerdienstes in Auerbach

Überlieferung

H
1245 1852 X $\frac{B}{30}$ Auerbach (OÖLA 7/2887–2888)
Stifters Gutachten vom 21. Juni 1852 beginnt auf der 1. Seite eines Bogens nach einer „Einladung" Fritschs vom 4. Juni 1852, „den nachstehenden Vorschlag zu prüfen, u. das Gutachten darüber hier unmittelbar beizufügen", und reicht bis in die Mitte der 2. Seite, worauf unmittelbar noch auf der 2. das bis zur 3. Seite fortgesetzte Dekret vom 23. Juni 1852 an das bischöfliche Konsistorium über die Besetzung der „Lehrer- u Meßnerstelle zu Auerbach bei Mattighofen" mit Paul Strasser folgt.

D
Fischer, Nr. 55

Apparat

214,24   Janoch [mit 25 Dienstjahren] ist

⟨91 A.⟩ Kleinkinderbewahranstalt in Vöklabruk

Überlieferung

H 1378 $\frac{1850}{1852}$ X $\frac{B}{39}$ *Vöcklabruk (Scha 12)*
Stifters Äußerung vom 26. Juni 1852, abgedruckt unter den „Nachträgen" (S. 20–22) beginnt in der linken Spalte der 12. Seite von 3 ineinandergelegten und mit Bindfaden verbundenen Bogen unter Fritschs Auftrag vom 2. Juni 1862 „um Aeußerung über die in Rede stehende Schulanstalt" sowie unter Anschrift und Kurzinhalt und setzt sich in der linken Spalte der 11. Seite fort. Sie bezieht sich auf den Bericht des Bezirkshauptmanns vom 30. Mai 1852 auf den ersten 10 Seiten.

Apparat

21,5 allerdings *(Trennstrich am Zeilenende nicht zweifelsfrei zu erkennen)*
21,15 [i]⟨Im November
21,29 wo [geistl]∤ Ordensschwestern

Stellenkommentar

20,14–16 1850 *bis* gefunden] *Als sich Stifter während einer Inspektionsreise im November 1850 (S. 109,13) nach Vöcklabruck auch über die dortige Kleinkinderbewahranstalt informierte, kann er durch den Journalbeitrag „Die Wiener-Kleinkinder-Bewahranstalten" von Feuchtersleben aus dem Jahr 1835 beeinflußt gewesen sein, in welchem Feuchtersleben sich aus sozialem Engage-*

⟨91 A.⟩

ment mit Hinweis auf deren Eröffnung am 4. Mai 1830 dafür einsetzte, „daß solche Institute auch in Kreisen bekannter würden, wo vielleicht bis jetzt noch weniger davon die Rede war!" Da diese Anstalten dazu bestimmt seien, „noch nicht schulfähige Kinder von 2 bis 6 Jahren, von dürftigern, außerhalb ihrer Wohnung beschäftigten Aeltern, den Tag über aufzunehmen, um selbe vor Verwahrlosung zu schützen, und zu gleicher Zeit ihre Anlagen naturgemäß zu entwickeln, und sie durch spielartige Uebungen zur Schule vorzubereiten", haben sie nach Feuchtersleben „recht eigentlich den ehrwürdigen Nahmen einer <u>Humanitäts</u>-Anstalt verdient" (Feuchtersleben, KFA III/3, S. 13f.; hierzu auch der Kommentar, KFA III/3, S. 263ff.). Stifter setzte sich bis zum Ende seiner Dienstzeit regelmäßig für Kleinkinderverwahranstalten ein (z. B. in den Nrn. ⟨91 A.⟩; ⟨109 A.⟩, S. 20–23; s. hierzu den Stellenkommentar zu Nr.⟨587.⟩).

In Vöcklabruck war bereits 1842 durch Sebastian Schwarz (1809–1870), den Sohn des Lasberger Leinenwebermeisters und Zwirnhändlers Franz Sales Schwarz und der Theresia Schwarz (s. Nr. ⟨109 A.⟩), eine Kleinkinderbewahranstalt gegründet und laut Schreiben des Bezirkshauptmanns vom 9. Juni 1850 (Scha 12, Z. 18258) 4 Grazer Schulschwestern der 1843 von der Lehrerin Antonia Lampel gegründeten Kongregation der Franziskanerinnen von der Unbefleckten Empfängnis anvertraut worden. Schwarz wollte diesen Schulschwestern „auch ein Krankenspital und eine Mädchen Lehr und Erziehungsanstalt übergeben [...]". Mit Ministerialerlaß vom 21. Juli 1850, gez. Thun, war die beantragte Abtretung von Kirchengrund „zum Behufe der Erweiterung des Gebäudes, welches zur Kleinkinderbewahranstalt gewidmet werden will", bewilligt worden (Scha 12, Z. 18258). Laut Schreiben des Bezirkshauptmanns vom 30. Mai 1852 (Scha 12, Z. 1379) hatte „der Benefiziat Sebastian Schwarz am 17 September 1850 unter Vorlage des mitfolgenden Planes um die Bewilligung des Neubaues seines Hauses N 66 mit Erhöhung

⟨91 A.⟩

durch ein 2ᵗᵉˢ Stockwerk" gebeten, was „bewilligt wurde". Der Bezirkshauptmann zitiert Schwarz, daß er bisher „sein **Patrimonium** *pr 4000 f* **Cmz** *und die Gaben vieler Wohlthäter verwendet" habe, und ergänzt, daß Schwarz angesichts der noch fehlenden inneren Einrichtung und der geplanten Hauskapelle insgesamt 17000 Gulden Schulden habe, so daß er „Sᵉ k.k. apostolische Majestät um eine Unterstützung" gebeten habe.*

Während Stifter in seiner Äußerung zu diesem Gutachten vom 30. Mai 1852 auf die Finanzierungsprobleme und auf die Bitte um Unterstützung durch den Kaiser nicht eingeht, fühlt sich der Statthalter am 8. November 1852 (Scha 12, Z. 1379) wegen der „Opferwilligkeit" des Priesters Schwarz und durch dessen „Eifer u. die seltene Geduld u. Beharrlichkeit, womit er seinen wohlgemeinten Zweck zu erreichen bemüht ist [...] verpflichtet, dessen Gesuch mit dem ehrerbietigen Antrage zu unterstützen, daß sich das hohe kk. Ministerium geneigt finden möge, dasselbe Sᵉ kk. apost. Majestät mit der Bitte um eine a.g. [allergnädigste, Anm.] Beihilfe für den Bittsteller zu unterbreiten". Minister Thun kann am 27. März 1853 (Scha 12, Z. 914) verkünden: „Seine k. k. apostolische Majestät haben mit Ah. Entschließung vom 24. März d. J. dem Defizienten Priester Sebastian Schwarz zu Vöklabruck, Behufs der Vollendung des von ihm daselbst gegründeten Instituts der Schulschwestern, eine Unterstützung von fünfhundert Gulden /500 f:/ Cmz aus der Ah. Privatkasse ag zu bewilligen geruht".

21,13–14 Darstellung *bis* Puderers] *Entgegen dem kritischen Urteil Stifters, das dieser mit der Darstellung des Benefiziaten Puderer unterstrichen hat, vertritt der Statthalter am 8. November 1852 (Scha 12, Z. 1379, Bog. 2, S. 4) im Schreiben an den Minister eine wohlwollende Meinung: „Bestehen auch Fehler in der Methode der Anstalt, so wird es nicht schwer seyn, sie zu beseitigen, u. nach u. nach das Gute zu erreichen, dessen sie fähig ist".*

21,30–22,3 abrathen *bis* taugen] *Angesichts dessen, daß nach Auskunft der LSchBeh vom 8. November 1852 (Scha 12, Z. 1379,*

⟨91 A.⟩

Bog. 2, S. 2) die Bemühungen des Priesters Schwarz kein „bestimmtes Ziel seiner Strebungen u. Bemühungen, oder keine Gränze derselben" erkennen lassen und „sich nicht verkennen" lasse, „daß das von ihm Begonnene mit einiger Planlosigkeit u. mit großem Wagniß unternommen worden ist, u. daß Schwarz dabei seine Kräfte weit überschätzt, oder viel zu viel auf die Hilfe der Mildthätigkeit, so wie auf freywillige Beiträge gerechnet hat", fragt das Ministerium, gez. Thun, am 11. Jänner 1853 (Scha 12, Z. 192), in welcher Weise „überhaupt die von der k. k. Statthalterei beantragte gesetzliche Ordnung, ohne die persönliche Einflußnahme des edelmüthigen Stifters zum Nachtheile der guten Sache zu beschränken, geregelt werden" solle; bei der Klärung dieser Frage werde auf die „Äußerung des kk. Schulrathes Stifter vom 26. Juni 1852 Rücksicht zu nehmen sein". Laut Schreiben der LSchBeh vom 14. Februar 1854 (Scha 12, Z. 2094, Bog. 3, S. 1f.) wird „das Institut der Schulschwestern" nach Antrag des bischöflichen Konsistoriums „als eine klösterliche Anstalt unmittelbar unter das bischöfliche Ordinariat und unter die Local-Direction eines von demselben bestimmten Priesters" gestellt und vorerst das ganze „Institut auf eine Kleinkinderbewahranstalt, eine Mädchen-Privat-Arbeitschule und ein Mädchen-Pensionat" beschränkt. Am 6. Juli 1856 (DAL Schu-A/3, Scha 26, Fasz. 14/18) regt Sebastian Schwarz mit Schreiben an das bischöfliche Konsistorium an, „daß dem Schulschwestern-Institute hier die Mädchenschule anvertraut werde", was vom Konsistorium und vom Bischof selbst dringend unterstützt, von der Stadtverwaltung aber abgelehnt wird. Am 14. Dezember 1859 (DAL Schu-A/3, Scha 26, Fasz. 14/18, Z. 1034) kann die Statthalterei, gez. Bach, an das Bezirksamt in Vöcklabruck schreiben, daß sich jetzt „die Gelegenheit dem bestehenden Institute der Schulschwestern zu Vöklabruck die dortige Mädchenschule zu übergeben", biete, „nachdem zwei Schulschwestern dieses Instituts nach den zuliegenden Zeugnissen die Lehrbefähigung erlangt haben und sowohl das

⟨92.⟩

Mutterhaus zu Gratz als auch das bischöfliche Ordinariat der Ueberweisung des weiblichen Unterrichts an das gedachte Institut beistimmen". 1860 gründet Sebastian Schwarz, der 1843 in den Dritten Orden der Franzikaner eingetreten war, eine Filiale des Ordens der Grazer Schulschwestern in Ried im Innkreis (s. den Kommentar zu Nr. ⟨587.⟩).
22,2–3 Deficient] *In den Akten von 1850 und 1851, zuletzt am 19. Januar 1851 vom Ministerium wird Schwarz als „Benefiziat", also als Kleriker, der seinen Unterhalt vom Ertrag einer Pfründe (lat. Benefizium) erhält, bezeichnet. Als er sein vom Pfarrhaus unabhängiges Wohnhaus, das Benefiziatenhaus, in ein Schulhaus umbauen läßt, ändert sich am 30. Mai 1852 (Scha 12, Z. 1379) die Bezeichnung, so daß der Bezirkshauptmann jetzt vom „vormaligen Benefiziaten" und „nunmehrigen Defizienten Sebastian Schwarz" schreibt. Defizient ist er, nachdem er seine Pfründe gestiftet hat.*

⟨92.⟩ Gehaltserhöhung für den Direktor der Welser
Haupt- und Unterrealschule

Überlieferung

H   3673 1852 X $\frac{B}{12}$ *Wels (OÖLA 7/2823 l)*
Stifters Äußerung vom 29. Juni 1852, beginnend mit 5 Zeilen in der rechten Spalte der 4. Seite unterhalb von Anschrift und Kurzinhalt sowie unter dem Auftrag vom 15. Juni 1852 und fortgesetzt in der linken Spalte, bezieht sich auf das auf den beiden ersten Seiten dieses Bogens stehende Schreiben des bischöflichen Konsistoriums vom 13. Mai 1852.
D   *Fischer, Nr. 56*

⟨92.⟩

Kommentar

Fortgang von Nr. ⟨*54.*⟩.

Stellenkommentar

215,19–21 Billigkeit *bis* habe] *Obwohl der Bezirkshauptmann zu Wels es am 2. Januar 1852 „unbillig" fand, „daß der Direktor in Wels schlechter besoldet ist, als jene in Steyr u Ried", und es befürwortete, „den Gehalt pr 250 f durch Personalzulage auf 450 f zu erhöhen", da es mit dem „Gehalte des Schuldirektors in Wels, selbst mit Zugabe der Remuneration pr 100 f unmöglich ist, auch nur nothdürftig zu leben" (7/2821 l); obwohl am 13. Mai 1852 das bischöfliche Konsistorium sich für die Gehaltserhöhung aussprach, denn „nichts erscheine billiger und gerechter, als daß der Gehalt eines Directors einer Anstalt doch dem eines Lehrers derselben Antalt gleichgestellt werde" [...] (7/2819f.); und trotz Stifters Unterstützung erfolgt am 25. September 1852 eine Ablehnung durch das Ministerium, gez. Thun, mit der Begründung, daß Schimon bei der Errichtung der zweiklassigen Unterrealschule auf Grund seiner Ausbildung nicht befähigt war, den mit dieser Errichtung verbundenen erhöhten Gehalt zu beziehen, und daß er zudem „die volle Remuneration" beziehe, „welche für die Besorgung der* **Directions***-Geschäfte an derartigen Hauptschulen sistemisirt ist" (7/2818).*

⟨93.⟩

⟨93.⟩ Remuneration für den Katecheten Schauer
an der Haupt- und Unterrealschule Linz

Überlieferung

H   49/2328 1852 X $\frac{D}{2}$ (OÖLA 7/3127 l – 3126 r)
    Stifters Gutachten vom 10. Juli 1852, beginnend mit 10
    Zeilen in der rechten Spalte auf der 4. Seite eines Bogens
    unterhalb von Anschrift und Kurzinhalt sowie unter
    Fritschs Auftrag vom 6. Juni 1852 und fortgesetzt in der
    ganzen linken Spalte sowie in der Mitte der 3. Seite, sich
    hier über beide Spalten erstreckend, bezieht sich auf das
    Schreiben des bischöflichen Konsistoriums auf den ersten
    2¼ Seiten.
D   Fischer, Nr. 57

Apparat

215,25   erhellt, [XXXXX] [daß] der
215,27   Unterrealschule ist. Dem] Unterrealschule ist
         [, XXXXX.] [.] Dem
215,28   Gefertigten ist [| eben |]⌊ [auch] aus
216,1   das [XXXXX] der Fall
216,19   [Wie] [Anzuführen, wie] groß
217,11   Z. [2578] 2587

Stellenkommentar

217,8–9 Anspruch auf Vergütung] *Während der Direktor Zampieri, durch Erlaß der LSchBeh vom 22. November 1851 dazu*

⟨94.⟩

aufgefordert, am 7. Januar 1852 für die zusätzlichen wöchentlichen zwei Unterrichtsstunden des Katecheten Schauer eine Remuneration von 75 Gulden und „für die Mühe der Abhaltung der Exhorten" ebenfalls eine Remuneration von jährlichen 75 Gulden Conv. Münze, also insgesamt 150 Gulden berechnet (7/3133), und während das beschöfliche Konsistorium am 6. Mai 1852 eine jährliche Remuneration von 300 fr CM. vorgeschlagen hat (7/3126 r), Stifter jedoch keinen Betrag nennt, beantragt die LSchBeh mit Schreiben vom 16. August 1852 (7/3121f., Bog. 2, S. 1f.) an das Ministerium, „die dem Katecheten Schauer aus dem Religions Fonde zu bewilligende Remunerazion auf 100 f **CM.** *zu bemessen, u. nachdem er seine Wirksamkeit der U.R. Schule schon mit Anfang des Schuljahres 1852 an gewidmet hat, ihm von Anfange desselben an anzuweisen". Mit Ministerialerlaß, gez. Thun, vom 28. August 1852 wird die Berechnung der LSchBeh voll bestätigt und für den Katecheten Schauer eine Remuneration von 100 f CM jährlich „aus dem Ob der Enns'schen Religionsfonde" (7/3122f.) bewilligt. Der weitere Fortgang in Nr. ⟨138.⟩.*

⟨94.⟩ Besetzung des Schul- und Meßnerdienstes in Mönchdorf

Überlieferung

H 1436 1852 X $\frac{B}{30}$ Mönchdorf (OÖLA 7/2900 r)
Eingelegt in den Umschlag mit dem Bericht der LSchBeh über den Vorschlag des bischöflichen Konsistoriums steht Stifters Äußerung vom 21. Juli 1852 auf einem zweiten Bogen in der rechten Spalte unterhalb von Fritschs Auftrag vom 1. Juli 1852 „zur Begutachtung des vorliegenden Vorschlages". Mit Dekret vom 22. Juli 1852, welches auf

⟨95.⟩

D
den beiden nächsten Seiten nach Stifters Äußerung folgt, wird Hofbauer die Stelle zu Münchsdorf im Dekanate Pabneukirchen verliehen.
Fischer, Nr. 58

Apparat

217,26   denen [des] 2$^{\underline{do}}$
217,29   Seine [the]⸗ praktischen

⟨95.⟩ *Bericht über den Zustand des Lesens in den Volksschulen von Oberösterreich

Überlieferung

Stifters Bericht vom 25$^{\underline{t}}$ Juli 1852 Z. $\frac{1887}{\text{Sch}}$ über den Zustand des Lesens in den Volksschulen von Oberösterreich *wird in Nr. ⟨222.⟩, 2. Liste, Nr. 12 belegt (HKG 10,2, S. 211,7–8); an zwei Stellen wird dort der 24. Juli 1852 als Datum genannt (ebd., S. 207,26 und S. 209,14).*

Kommentar

Da der Bericht *nicht vorliegt, können über dessen möglichen Inhalt nur aus Nr. ⟨26.⟩ und Nr. ⟨222.⟩ Informationen gewonnen werden, wo Stifter den* Zustand des Lesens, *sein Konzept und Methodenvorschläge darstellt und sich dabei auf seinen* Bericht *bezieht. In Nr. ⟨98.⟩ kritisiert er* die Unzulänglichkeit der Volksschule, die

⟨95.⟩

darin besteht, daß viele Landleute ein Buch geschweige einen Brief in ihrem 40⁺ Jahre nicht lesen können *[...] (S. 233,8–12).* *Folglich entwickelte er in Nr.* ⟨26.⟩ *als Bildungsziel:* Zu den Elementen der Bildung aber rechne ich: ein flüssiges beschwerdeloses Lesen mit Verständniß des Gelesenen *[...].* Von dieser Überzeugung geleitet ließ ich in der Klasse alle Kinder lesen, u suchte ein geläufiges Lesen (wo nicht unübersteigliche Hindernisse da sind) als eines der Hauptziele der Schule darzustellen *(S. 113,10–12* und *24–27). Um Lesekompetenz zu erreichen, findet Stifter die Lautier- u Schreib-Lese-Methode sehr bewährt [...] (S. 134,24–25).*

In Nr. ⟨222.⟩ *faßt er seine Erfahrungen und Vorschläge fast wortgleich zusammen und bezieht sich dabei auf seinen* umfassenden Bericht über das Lesen *[...],* welcher dem hohen Ministerium für Cultus u öffentlichen Unterricht vorgelegt worden ist, u auf den er sich in gegenwärtigem Berichte beruft *(HKG 10,2, S. 207,25–29). In der Zusammenfassung geht es um Situationsbeschreibung, Zielsetzung und Methodik des Lesens:* Er fand hier zu Lande den Gebrauch, daß ihm die Lehrer, wenn er um das Lesen fragte, einige der besten Schüler rufen wollten. Der Gefertigte nahm aber alle Schüler vor, hielt sich den schwächeren oft bedeutend auf, half ihnen darein, zeigte ihnen, wie sie Fertigkeit erringen könnten, u machte ihnen Muth. Er ließ aus Schriften lesen, ließ aus fremden Büchern lesen, u fragte nach dem Sinne des Gelesenen *[...].* Der Gefertigte empfahl eindringlich die Lautirmethode widerlegte die gangbaren Einwürfe u zeigte sehr häufig gegen fast unglaubliche Unbeholfenheit, die ihm hierin entgegenkam, wie man die Sache sehr einfach u darum eben sehr erfolgreich machen könne *(ebd., S. 206,2–18).*

Mit Ministerialerlaß, gez. Helfert, vom 7.Dezember1855 (8/3569 r –3572 r), der sich auf Stifters Äußerung Nr. ⟨222.⟩ *vom 13. Januar 1855 bezieht, wird Stifter u. a. für den Bericht über das Lesen gelobt, „daß er es sich zur Aufgabe machte, die einzelnen Schulgegenstän-*

⟨96.⟩

de in eine nähere Betrachtung zu ziehen, und ausführliche Abhandlungen über die Art und Weise, wie sie in den Volksschulen mit Benützung der vorgeschriebenen Schul- und Hilfsbücher, mit sicherem Erfolge vorgetragen werden könne, auszuarbeiten und der k. k. Statthalterei zu überreichen. Es dürfte zur Verbreitung eines fruchtbringenden Schulunterrichtes viel beitragen, wenn diese Darstellungen des methodischen Verfahrens beim Lesen, Rechnen, Schreiben u. s. w. in Druck gelegt und den Lehrern zum Gebrauche mitgetheilt würden" (8/3571). *Das positive Urteil über den ‚Bericht über das Lesen' steht in krassem Gegensatz zur kränkenden Ablehnung des ‚Berichts über das Rechnen' in Nr.* ⟨275.⟩ *vom 10. April 1856.*

⟨96.⟩ Auflassung der Notschule Obermühl und Einschulung in die Pfarrschule Kirchberg

Überlieferung

H   2031 1852 X $\frac{B}{30}$ *Obermühl (OÖLA 7/2953 l)*
Stifters Äußerung vom 25. August 1852 zum Schreiben des Bezirkshauptmanns von Rohrbach vom 15. Juli 1852 auf den ersten 5 Seiten beginnt auf der 8. Seite von zwei ineinander gelegten und mit Faden zusammengehefteten Bogen unterhalb von Anschrift und Kurzinhalt sowie unter dem Auftrag Fritschs vom 8. August 1852 mit zwei Zeilen in der rechten Spalte und setzt sich in der linken fort.

D   Fischer, Nr. 59

⟨96.⟩

Apparat

218,21   werde, [[d]] *(gestrichener Buchstabe über dem Wort)*

Stellenkommentar

218,21 Nothschule in Obermühl] *Sie war „mit Konsistorial-Bewilligung" am 1. August 1830 eröffnet und von der Landesregierung „mit Erlaß vom 10. September 1836 [...] als solche bestättigt" worden (7/2946 r). Am 15. Juli 1852 berichtete der Bezirkshauptmann von Rohrbach, der Schuldienst zu Obermühl habe „durch Aufhören der Unterstützung von Seite der Lang'schen Familie, welche bey der Gründung der Schule am meisten Antheil nahm, ungemein gelitten" (7/2949 r). Das Einkommen des Gehilfen betrug „im Durchschnitte der letzten sechs Jahre jährlich 28 fl Conv. Münze, – wobey derselbe Kost und Wohnung abwechselnd bey den 20. Hausbesitzern bezog". Da „dieses einer Armen-Einlage ähnliche, die Achtung der Schüler und das Selbstgefühl ertödtende Verhältniß eines gebildeten Volkslehrers unwürdig ist, so kann jenes kümmerliche Einkommen selbst den bescheidensten Ansprüchen, und den beschränktesten Bedürfnißen nicht genügen". Weil deshalb keine qualifizierten Lehrer nach Obermühl gingen, „kam der Unterricht dergestalt herab, daß bey der letzten wahrhaft bedauerlichen Schulprüfung zu Obermühl, welcher ich beiwohnte, von den etwa 20. Schulkindern nur zwey nothdürftig lesen konnten" (7/2950). Nachdem der Lehrgehilfe Franz Haas am 9. Januar 1852 „an der Wassersucht gestorben" war, ließ sich „wegen Ärmlichkeit dieses Postens" (7/2947 r) kein Gehilfe finden. Und da „die Bewohner von Obermühl, welche bisher den gesetzlichen Verbindlichkeiten nicht einmal nachgekommen sind, auch für die Zukunft größere Lasten zu übernehmen und zu tragen nicht Willens"*

⟨97.⟩

(7/2950 r) waren, trug der Bezirkshauptmann Rohrbach darauf an, „die Auflaßung der Nothschule in Obermühl auszusprechen" *(7/2951 r)*. Die LSchBeh entscheidet am 8. September 1852 im Sinne Stifters, daß die Kinder „dieser kleinen nur 20 Häuser zählenden Ortschaft" in die Pfarrschule Kirchberg zurückgeschult werden *(7/2945 r)*.

⟨97.⟩ *Enthebung Karl Ehrlichs vom Lehramt an der Realschule

Überlieferung

Der Hinweis auf Stifters Gutachten und die indirekt überlieferten Passagen daraus befinden sich im Schreiben des Statthalters Bach vom 31. August 1852 an das Ministerium (AVA U-Allg., 4130/16).

Stellenkommentar

219,2–4 Enthebung *bis* Lehramte] *Der Statthalter schreibt am 31. August 1852 rückblickend, er habe bei Schulbesuchen „die Uiberzeugung gewonnen, daß der provisorisch an dieser Schule angestellte Lehrer* **Carl Ehrlich** *— zugleich Custos des hiesigen* **Museum Francisco Carolinum** *— welcher Physik und Naturgeschichte lehrt die Gabe des Lehrvortrages, dann der klaren, zusammenhängenden, dem Schüler faßlichen Darstellung, mithin eines der wesentlichsten Erfordernisse eines guten Lehrers nicht besitze, daß er ferner seinem Gegenstande, namentlich der Physik nicht gewachsen sei" (S. 1). Er erteilte deshalb an Direktor Zampieri den Auftrag, „mir mit aller Freimüthigkeit seine dieß-*

⟨97.⟩

fallsigen Wahrnehmungen zu berichten, und sich dabei über die Zulässigkeit, den substituirten Lehrer Karl Ehrlich noch ferner beizubehalten, oder die Nothwendigkeit, ihn durch ein tüchtigeres Individuum zu ersetzen, zu äußern" (S. 2), woraufhin dieser am 10. August 1852 versichert habe, „1. daß dem Lehrer Ehrlich die Gabe fehlt, die Lehrbegriffe klar und bestimmt zu entwickeln und überhaupt faßlich zu lehren; / 2. daß Ehrlichs Unfähigkeit für das Lehramt auf dem Abgange der Lehrgabe nicht allein beruht, sondern auch im Mangel an Uibersicht des Lehrgegenstandes wurzelt [...]; / 3. daß er daher die Entfernung Ehrlichs vom Lehramte für nothwendig erkennt [...]" (S. 3).

219,8–11 Ehrlich *bis* entsagen] Stifter hatte in Nr. ⟨57.⟩ Ehrlich als sehr <u>tüchtig</u> *(S. 175,16)* eingeschätzt; erst jetzt, in Nr. ⟨97.⟩, äußert er ein negatives Urteil. Selbst der Statthalter gibt zu, daß er sich bei der Ernennung Ehrlichs ebenso wie Zampieri und Stifter getäuscht habe, indem er *„hauptsächlich auf seine vielen schriftstellerischen Leistungen im Fache der Naturwissenschaften, auf die vielen von ihm beigebrachten, von bedeutenden wissenschaftlichen Autoritäten ausgegangenen Zeugnisse über sein mannigfaches Wissen, und auf seine eigene Erklärung welche er in seinem hier wieder beiliegenden Gesuche vom 22. September v. J. um eine Lehrkanzel an der genannten Realschule ablegte"*, vertraut habe *(S. 5)*. Da Ehrlich *„zum Glücke"* nur zum provisorischen Lehrer ernannt wurde, könne er von dem *„ihm vertrauten Lehramte"* enthoben werden, worauf er *„einverständlich mit dem Direktor* **Zampieri** *und dem Schulrathe* **Stifter**" anträgt *(S. 6)*. In einem undatierten Entwurf für einen Ministerialerlaß an die LSchBeh *(AVA U-Allg., 4130/16)* wird *„bewilligt, daß der provisorische Lehrer an der k.k. Realschule in Linz Karl Ehrlich vom Lehramte an dieser Realschule entfernt werde [...]"*. In Nr. ⟨101.⟩ schreibt Stifter, daß Ehrlich selber seine Entlassung eingereicht habe *(S. 239,31–32)*.

⟨98.⟩

⟨98.⟩ Umgestaltung des Präparanden-Unterrichtes
nach Abtrennung der Unterrealschule von der
Normal-Hauptschule in Linz

Überlieferung

H   *3144 $\frac{1850}{1853}$ X $\frac{4}{8}$ (OÖLA 1/309–318)*
Stifters Gutachten zum Präparandenunterricht, Nr. ⟨98.⟩
vom 1. September 1852, Nr. ⟨128.⟩ vom 11. Juni 1853 und
Nr. ⟨157.⟩ vom 15. Februar 1854, sind mit zugehörigen
Akten in den Bogen mit dem Ministerialerlaß vom 9. November 1853 (1/289 r – 294 l und 1/356 r – 359 l) eingelegt. Stifters „Begutachtung" vom 1. September 1852, zu
der Fritsch am 29. März 1852 auf einem Extrablatt den
Auftrag erteilt hat, steht auf 5 hineinander gelegten, an
drei Stellen durch Bindfaden zusammengebundenen Bogen jeweils in der rechten Spalte. Die Kopfzeile erstreckt
sich über zwei Spalten. Stifters Äußerung bezieht sich auf
das Gutachten Schierfeneders vom 4. März 1852 sowie
auf das des bischöflichen Konsistoriums vom 24. April
1852.

D   *Vollständiger Abdruck in Wilhelm Zenz, „Adalbert Stifter als Schulmann. Festgabe zur Enthüllung des Adalbert*
Stifter-Denkmals in Linz am 24. Mai 1902", S. 53–65.

Apparat

220,13   er [fast] nie
220,28   [je] [desto] genauer
221,30–31   in [ihm] bisher
222,15   die Resultat[e]

⟨98.⟩

222,23	Zweke [zu Folge], den
225,14	nicht [ganz] dieses
225,17	geregel[d]⟨ten
228,2–3	Ursache [der Unzufriedenheit auf dem Dorfe] liegt
228,14	daß d[em][en] Priester[n]
228,14	Bildungsgang [noch] [u] ihr
229,6	Gestal[l]⟨ten
229,29	ist, [bedeu]⚡ besonders
231,29	Verstandes [sind] ist
232,8	zu [fu]⚡ vierzig

Stellenkommentar

220,14 Instinktes *bis* nichts] *Diese Gedanken, die bereits in Stifters Artikel* Wirkungen der Schule *(„Der Wiener Bote", 22. Juli und 1. August 1849) stehen, daß nämlich* das Thier *[...] seinen Instinkt (HKG 8,2, S. 130,2–3) habe, daß hingegen der Mensch so hülflos geboren (ebd., S. 129,3) werde und sich Alles erwerben muß (ebd., S. 130,22), entsprechen Herders „Ideen zur Philosophie der Geschichte", wo es heißt: „Das menschliche Kind kommt schwächer auf die Welt als keins der Tiere" (Herder, SW 13, S. 143), aber dem Menschen können „Vernunft, Humanität, menschliche Lebensweise [...] angebildet" werden (ebd., S. 144).*

220,15–20 Einwirkungen *bis* Schule] *Hier steht am Rand mit Bleistift: „Was heißt das"? Stifter unterscheidet im Folgenden* Einwirkungen des Lebens *und* Einwirkungen nach einem Plane in der Schule, *worüber er im „Wiener Boten" Aufsätze über* Die Schule des Lebens *(HKG 8,2, Nr. ⟨41.⟩, S. 136–139) sowie über verschiedene Schultypen (HKG 8,2, Nr. ⟨44.⟩–⟨46.⟩, ⟨48.⟩–⟨49.⟩) veröffentlicht hat.*

220,26 Urzuständen hebt] *Stifter steht hier nicht wie mit seinen Erzählungen* Kazensilber *und* Das Haidedorf *in der Tradition*

⟨98.⟩

Rousseaus, der den Urzustand positiv einschätzte, weil er dort den Menschen im Einklang mit der Natur sah, sondern er entspricht Pestalozzi, der in „Lienhard und Gertrud" (1781–1787) die Auffassung vertrat, „daß der Mensch, so wie er von Natur ist, und wie er, wenn er sich selbst überlassen, wild aufwächst, und seiner Natur nach nothwendig werden muß, der Gesellschaft nicht nur nichts nützt, sondern ihr im höchsten Grad gefährlich und unerträglich ist. / Desnahen muß sie, wenn er für sie einigen Werth haben, oder ihr auch nur erträglich seyn soll, aus ihm etwas ganz anders machen, als er von Natur ist, und als er, wenn er sich selbst überlassen wild aufwächst, werden könnte" (Pestalozzi, SW 3, § 41, S. 331). Auch Herder entwickelte in seinen „Ideen zur Philosophie der Geschichte der Menschheit" (1784–91) eine entsprechende aufklärerische Evolutionstheorie, wonach sich die Gesellschaft vom Urzustand zum Idealzustand einer aufgeklärten und humanen Gesellschaft hin entwickelte. „Erziehung, Lehre, bleibendes Vorbild allein bildet. Daher kam's denn, daß alle Völker sehr bald auf das Mittel verfielen, einen unterrichtenden, erziehenden, aufklärenden Stand in ihren Staatskörper aufzunehmen [...]: denn wo keine dergleichen Erzieher des Volks waren, da blieb dies ewig in seiner Unwissenheit und Trägheit" (Herder, SW 14, S. 34).

221,1–222,4 Theorie bis Wichtigkeit] *Wie Stifter hat Herbart „das Verhältniss zwischen Theorie und Praxis" prinzipiell sowie bezogen auf die Schule behandelt: Praktiker pflegen „in ihren Künsten sich sehr ungern auf eigentliche, gründlich untersuchte Theorie einzulassen; sie lieben es weit mehr, das Gewicht ihrer Erfahrungen und Beobachtungen gegen jene geltend zu machen." Richtig sei jedoch, „dass blosse Praxis eigentlich nur Schlendrian, und eine höchst beschränkte, nichts entscheidende Erfahrung gebe [...]" („Zwei Vorlesungen über Pädagogik", s. zu S. 36,14, in: Herbart, SW 1, S. 284). Und bezogen auf Lehrerbildung führt er aus: „Nirgends ist philosophische Umsicht*

⟨98.⟩

durch allgemeine Ideen so nöthig, als hier, wo das tägliche Treiben und die sich so vielfach einprägende individuelle Erfahrung so mächtig den Gesichtskreis in die Enge zieht" (ebd., S. 285). Woraus er folgert: „durch Ueberlegung, durch Nachdenken, Nachforschung, durch Wissenschaft soll der Erzieher vorbereiten – nicht sowohl seine künftigen Handlungen in einzelnen Fällen, als vielmehr sich selbst, sein Gemüth, seinen Kopf und sein Herz, zum richtigen Aufnehmen, Auffassen, Empfinden und Beurtheilen der Erscheinungen, die seiner warten [...]. / Im <u>Handeln</u> nur lernt man die Kunst, erlangt man Tact, Fertigkeit, Gewandtheit, Geschicklichkeit; aber selbst im Handeln lernt die Kunst nur <u>der</u>, welcher vorher im Denken die Wissenschaft gelernt" hat (ebd., S. 286f.). Entsprechend heißt es bei Niemeyer: „<u>Erziehungskunst</u> beruht demnach auf <u>Erziehungswissenschaft</u>. [...] Je vollständiger und richtiger man folglich die <u>Theorie</u> kennt, desto geschickter sollte man auch in der <u>Kunst</u> sein" (A[ugust] H[ermann] Niemeyer, „Grundsätze der Erziehung und des Unterrichts für Eltern, Hauslehrer und Erzieher". Unveränderter Nachdruck der ersten Auflage Halle 1796, hrsg. von Hans-Hermann Groothoff und Ulrich Herrmann, Paderborn 1970, S. 78).

221,21–22 Formale Bildung] *Der korresponierende Begriff der ‚materialen Bildung' scheint hier zu fehlen. Doch faktisch ist die ‚materiale' und ihre Verbindung mit der formalen Bildung nicht ausgespart, sondern mit anderen Begriffen einbezogen, wenn Stifter schreibt, daß* ein Reales durch die Welt oder ein Formales durch den Verstand *(S. 220,32–33) gewonnen wird und daß in* der Lehre durch die strenge Ordnung des Stoffes [...] der Verstand so viel als möglich zur Einübung ordnungsgemessenen Denkens gebracht werden *(S. 223,4–11) soll.*

222,9 systematischen Bildungsgang] *In Nr. ⟨68.⟩ fordert Stifter eine mehrjährige systematische Einwirkung (S. 187,15–16) in der Lehrerbildung; in Nr. ⟨86.⟩ lobt er die* sistematische Ordnung

⟨98.⟩

(S. 210,12) in der Lehrart einiger Lehrer der Realschule und führt diesen Unterricht auf einen sistematischen Bildungsgang zurück (ebd., S. 222,9). In Nr. ⟨107.⟩ bemängelt er, daß der Lehrer Stranik keinen sistematischen u geschlossenen Bildungsgang (ebd., S. 247,15–16) habe.

222,19–20 Ried bis Concurrent] S. Nr. ⟨29.⟩.

222,21–22 Concurs bis genommen] Mit Bezug auf Gregor Magnus in Nr. ⟨51.⟩.

222,26 Wels bis Concurrenten] S. Nr. ⟨53.⟩.

223,7–8 strengste bis Form] Bezogen auf Unterrichtsorganisation hatte bereits Feuchtersleben, weniger zugespitzt als Stifter, im Erlaß vom 17. September 1848 (AVA Normalien Z. 6111) und am 23. September 1848 in der „Wiener Zeitung" (Nr. 257) zwar abgelehnt, die Gegenstände im Präparanden-Curs „in wissenschaftlicher Form zu lehren", dafür aber, wie später auch Stifter, gefordert, daß „nur das völlig Populäre, und in den Lebenskreisen, für welche diese Volksschule vorzubilden hat, practisch Anwendbare in seinem für die unmittelbare Anwendung nothwendigen Zusammenhange" zu lehren sei (Feuchtersleben, KFA III/3, S. 71). Die Forderung nach dem „nothwendigen Zusammenhange" kommt Stifters Sistematik nahe. In Nr. ⟨3.⟩ hat auch Stifter weniger zugespitzt die Meinung vertreten, es wäre gefehlt, wenn man in zu großer Ausdehnung die Lehrgegenstände erschöpfen, u mit gelehrter Gründlichkeit u Ausführlichkeit, wohl der Wissenschaft, nicht aber dem praktischen Leben dienen würde (S. 89,25–28). Entsprechend hat er in seiner Rede bei Eröffnung des Lehrerseminars am 1. Juli 1854 abgemildert für die Lehrerbildung eine geregelte, wenn auch nicht in den ganzen Umfang einer Wissenschaft passende Erlernungsweise verkündet (HKG 8,2, S. 295,30–32).

Ordnung und Systematik des Unterrichts haben die Pädagogen der Zeit durchaus, wenn auch mit verschiedener Begründung gefordert. Hinsichtlich der Ordnungsprinzipien für den fachli-

⟨98.⟩

chen und pädagogischen Aufbau des Unterrichts findet man in der „Didactica magna" von Comenius: „Die Kunst des Lehrens erfordert also nichts als eine kunstgerechte Anordnung von Zeit, Stoff und Methode" (Comenius, s. zu S. 47,24–25,13. Kap., Nr. 15, S. 77). Demnach ist es „also offensichtlich Unfug, wenn die Lehrer die Studien nicht für sich und die Schüler so verteilen, daß ständig eins dem andern folgt und jedes innerhalb einer bestimmten Zeit unbedingt erledigt wird. Wenn nämlich das Ziel und die Mittel, es zu erreichen, und eine Ordnung in diesen Mitteln nicht festgesetzt werden, so wird leicht etwas übersprungen, die Reihenfolge verkehrt, die Sache verwirrt" (ebd., S. 95). Deshalb sei es wichtig, daß der Unterricht „stufenweise fortschreitet" (ebd., S. 102). Wie bei Comenius ist bei Herbart der Begriff ‚systematische Erziehung' nicht zu finden, doch er intendiert eine Ordnung durch „Stufen des Unterrichts", also eine didaktisch begründete Ordnung (Herbart, „Allgemeine Pädagogik [...]", s. zu S. 40,28–29, in: Herbart, SW 2, S.51ff.). Unter „System" versteht er die „reiche Ordnung einer reichen Besinnung. [...] Aber kein System, keine Ordnung, kein Verhältniss, ohne Klarheit des Einzelnen" (ebd., S. 40). Milde schränkt 1811 den Aspekt der Systematik ein: „Man würde mich sehr falsch verstehen, wenn man meinte, ich wollte von jedem der angegebenen Lehrgegenstände einen <u>vollständigen</u> <u>systematischen</u> Unterricht für <u>alle</u> Kinder fordern." (ebd., S. 340) Außerdem nimmt er eine weitere Einschränkung vor: „Man würde sich sehr irren, wenn man glaubte, es gäbe kein anderes Bildungsmittel als den auf Lehrstunden und Schulen beschränkten und in systematischer Ordnung erteilten <u>Unterricht</u> über einzelne Lehrgegenstände" (Milde, s. zu S. 36, 5–8, S. 328). Aber ein „<u>Unterricht</u>" in „systematischer Ordnung" ist dennoch für ihn unbestritten, denn der „Erfolg des Unterrichtes" hängt auch „von der <u>Ordnung</u>" ab, „in der die einzelnen Gegenstände gelehrt werden" (ebd., S. 345), wobei „die Ordnung und der Zeitpunkt des Unterrichtes keines Weges willkürlich sei,

⟨98.⟩

sondern nach der <u>Natur</u> des menschlichen <u>Geistes</u> und nach der <u>Beschaffenheit</u> der <u>Lehrgegenstände</u> bestimmet werden müsse" (ebd., S. 346). Zerrenner (s. zu S. 35,17–21) definiert in seinem „Methodenbuch für Volksschullehrer" die „Erziehungslehre oder Pädagogik" als die „Wissenschaft, welche die Regeln lehrt, nach welchen wir planmäßig auf die gesammte Bildung des Menschen einwirken sollen" (S. 7). In allen diesen Konzepten und auch bei Stifter wird nur ansatzweise zwischen sachlogischer und psychologisch-didaktischer Ordnung bzw. Systematik des Unterrichts unterschieden.

223,16–18 Übung *bis* Methode] *Stifters Ablehnung der* Einübung von Methode *findet man bereits bei Rochow, welcher 1789 meinte, es sei „ein Irrtum zu glauben, daß die Seminaristen nur Methode zu lernen brauchten. Die Methode ist Form, wozu ja offenbar eine Materie erfordert wird, der man die Form gibt. Methode lehren, ohne dem künftigen Lehrer die Kenntnisse mitzuteilen, die er in Schulen verbreiten soll, ist ebenso, als wenn man einem Armen Anweisung geben wollte, seine Güter aufs beste zu verwalten. [...] /* □ *Außer dem Vorrat von gemeinnützigen Kenntnissen, die der künftige Lehrer für seine Bestimmung erwerben muß, bedarf er auch einer Anleitung zu zweckmäßiger Methode, oder wie er diese Kenntnisse auf die beste Art mitteilen soll"* (Rochow, s. zu S. 81,20, S. 31).

223,26–28 formale *bis* Bildung] *Entsprechend ist bereits bei Rochow „materieller" und „formeller Unterricht" mit „Bildung des sittlichen Charakters" verbunden worden (Rochow, S. 31–33).*

223,29–30 ganz *bis* Seele] *Stifter trifft sich hier mit Pestalozzi, nach dessen Auffassung „jede gute Menschenerziehung" die Erfassung „des Seelenzustandes" eines Kindes fordert. (Pestalozzi, SW 13, S. 7f.); vgl. den Kommentar zu Nr.* ⟨26.⟩, *dort zu S. 128,26.*

226,10–12 Schulenoberaufseher *bis* miethen] *Die Idee, für die Präparanden ein Wohnhaus einzurichten, stammte von dem Cano-*

⟨98.⟩

nicus Josef Strigl, geboren 1796 zu Obernberg, seit 1844 Schulendistriktsaufseher des Dekanates Frankenmarkt. Auf Grund des § 6 der Ministerial-Verordnung vom 3. Juni 1849, Z. 2694, war Josef Strigl, vom Statthalter Alois Fischer am 22. Juni 1850 vorgeschlagen, ebenso wie Franz Schierfeneder durch Ministerial-Erlaß vom 7. Juli 1850 zum Schulrat „außerhalb der ob der ennsischen Landesschulbehörde [...] zur Unterstüzung der Landesschulbehörde" (S/2177 r) ernannt worden. Laut „Personalstand der Geistlichkeit in der Diözese Linz" 1851 ist er „Stadt-Distrikts- und Diözesan-Schulenoberaufseher und k.k. Schulrath". 1854 wird er als „Regens des bischöflichen Priester-Seminärs und k.k. Schulrath außer der Landes-Schulbehörde", 1855 und 1856 als „emeritierter Diözesanschulen-Oberaufseher, Regens des bischöflichen Priester-Seminärs, bischöflicher Kommissär des Knabenseminärs und k.k. Schulrath außer der Landes-Schulbehörde" (S. 8) geführt.

Das bischöfliche Konsistorium faßt am 28. Mai 1854 (Scha 104, Z. 4631, S. 11) die Vorgeschichte des Präparandenwohnhauses so zusammen: „Die Schulpräparanden wohnten früher in Privathäusern, gar oft unter den ungünstigsten Verhältnissen. Der Hochwürdige Herr Domkapitular **Josef Strigl** *leitete eine Sammlung ein, um einen Fond zu Stipendien für dürftige Präparanden, eventuell zu einem Lehrer-Seminär zu gründen. Als die Beiträge die Summe von 1200 fr überstiegen, übergab er die ganze Angelegenheit, um ihr festen Bestand und Dauer zu sichern, dem bischöflichen Konsistorium, welches am 30ten November 1852 dieselbe übernahm, und durch Currende vom 3. Dezember 1852 Zahl 3527, welche, wie gewöhnlich, auch der h. k. k. Statthalterei mitgetheilt wurde, dieses bekannt machte. / □ Von den eingegangenen Beträgen kaufte das bischöfliche Konsistorium das Haus, adaptirte es, und nahm darin 18 Präparanden auf". Strigl hat auch laut Schreiben vom 20. November 1852 (Scha 104, Z. 1359) an den Statthalter aus „lauter Geschenken" eine Schulbibliothek*

⟨98.⟩

für die Präparanden zusammengetragen, die, wie er am 20. März 1854 (Scha 104, Z. 802) schreibt, 400 Bände zählt. Die LSchBeh unterstützt am 4. Oktober 1852 im Schreiben an das Ministerium den Vorschlag, in Verbindung mit der Präparanden-Lehranstalt, welche „doch nur in einer Rücksicht, nämlich der wissenschaftlichen Ausbildung unter dabei erreichbarer Beachtung der religiös-sittlichen u. der Charakter-Bildung" wirksam wird, eine „Vereinigung der Schüler dieser Anstalt in einem Seminarium oder Konvikt unter der Leitung u Verwaltung des Direktors der Anstalt" zu ermöglichen (1/344 l), und stellt den Antrag, dafür „die a. h. Genehmigung zu erwirken" (1/346). Dazu erklärt das Ministerium, gez. Thun, am 27. Dezember 1852, daß in der Regel sowieso „der Normalhauptschuldirector die Lehramtszöglinge unter seine besondere Aufsicht und Leitung zu nehmen, und alles dasjenige zu veranlassen oder einzurichten" habe, „was für ihre pädagogische Ausbildung sowohl als für ihre religiös sittliche Entwicklung als zuträglich erkannt wird". Sollte es jedoch „gelingen, ein Convict für Lehramtszöglinge in Linz zu errichten, so wird das Ministerium keinen Augenblick anstehen, dasselbe als ein wohlthätiges Institut anzuerkennen [...]" (1/321 r). Der weitere Fortgang in Nr. ⟨199.⟩.

226,16–18 Gefertigte *bis* vorlegen] *Es handelt sich um Nr. ⟨199.⟩.*

226,19–21 formale *bis* Karakter] *Comenius vertrat in der „Didactica magna" im 10. Kapitel, Nr. 6, ebenfalls eine derartige Stufung, nämlich „gelehrte Bildung, Sittlichkeit und Frömmigkeit" (Comenius, S. 59).*

226,23–25 Lehrer *bis* Erziehung] *Schon Comenius schrieb im 8. Kapitel, Nr. 6, der „Didactica magna": „Nur selten sind die Eltern selbst dazu fähig und haben die Zeit dazu, ihre Kinder zu unterrichten. Darum muß es Leute geben, die sich nur dieser Aufgabe beruflich widmen, damit so für die ganze Gemeinde gesorgt ist." Auch ist es, schreibt er in Nr. 7, „besser, der Jugend in größerem Kreise gemeinsamen Unterricht zu erteilen" (Comenius, S. 54).*

⟨98.⟩

226,25–26 Beispiel *bis* Belehrung] *Als Dreiheit kommen diese Begriffe in den Amtsakten nur hier und hier in Verbindung mit einem* religiösen sittlichen u anständigem Karakter *(S. 226, 20–21) vor, während die Einzelbegriffe von Stifter häufig benutzt werden. In Nr. ⟨93.⟩ z. B. wird ein Lehrer gelobt, weil er* durch das reinste u schönste Beispiel den Schülern vorleuchtet *[...] (S. 216,24–25). Im Zeitungsbeitrag* Kirche und Schule *führt Stifter aus:* Das Beispiel macht die Lehre lebendig, anschaulich und führt unwiderstehlich zur Nachahmung *[...] (HKG 8,2, S. 298,25–26).* Umgangsbildung *spricht Stifter in Nr. ⟨134.⟩ einem Lehrer zu (S. 300,1), in Nr. ⟨238.⟩ einem Lehrer (HKG 10,2, S. 233,12) ab. Gelegentlich werden zwei der Begriffe in Kombination gebraucht, so wenn es Stifter in Nr. ⟨392.⟩ für wichtig erachtet, durch* Belehrung und Beispiel auf das Volk *(HKG 10,3, S. 135,11–12) zu wirken.*

In der Geschichte der Pädagogik findet man eine solche Dreiheit bei Comenius, wobei jeder der drei Begriffe im 23. Kapitel der „Didactica magna" eine „Methode für die Sittenlehre" bezeichnet: „Ein leuchtendes Beispiel sei das geordnete Leben der Eltern, Wärterinnen, Lehrer und Mitschüler. Denn die Kinder sind wie junge Affen. Sie suchen alles, Gutes und Böses, auch ungeheißen nachzuahmen und lernen deshalb eher nachahmen als wissen. Ich lasse solche Vorbilder sowohl aus dem Leben als auch aus Geschichten gelten [...]" (Comenius, Nr. 15, S. 156). Zum Umgang schreibt er: „Damit nun durch unsre allgemeine Erziehung alle angehalten werden", das Vorbild „nachzuahmen, muß man Umgangsregeln aufstellen und unablässig darauf hinwirken, daß die Knaben sich mit Anstand täglich über verschiedene Dinge mit ihren Lehrern, Mitschülern, Eltern, Bediensteten und andern Leuten unterhalten" (ebd., Nr. 10, S. 155). Außerdem müsse die Jugend „belehrt" (ebd., Nr. 12, S. 156) werden. Von Herder wird der „Umgang" in einer „Schulrede" als wesentlichstes Verfahren vorgeschlagen: „Am innigsten aber wird Sprache

⟨98.⟩

und Rede durch Umgang gebildet", wobei er, wie Comenius, „Regeln" wichtig findet (Herder, SW 30, S. 223). Herbart kombiniert in der „Allgemeinen Pädagogik [...]" (s. zu S. 40,28–29) die Begriffe: „Von Natur kommt der Mensch zur Erkenntniss durch Erfahrung und zur Theilnahme durch Umgang", und zwar schon vor der Schulzeit (Herbart, SW 2, S. 46). Aber „der eigentliche Kern unseres geistigen Daseyns kann durch Erfahrung und Umgang nicht mit sicherm Erfolg gebildet werden. Tiefer in die Werkstätte der Gesinnungen dringt gewiss der Unterricht" (ebd., S. 49).

226,33 <u>Schullehrerseminarium</u>] *Stifter gebraucht hier wie Strigl und das bischöfliche Konsistorium den Begriff* Seminarium *analog zum ‚Priesterseminar' (227,24), weil er noch von einer Einheit von Lehranstalt und Wohnhaus ausgeht. Deshalb bezeichnet er* dieses Schullehrerseminarium *als* Anstalt *(S. 226,31) bzw. als* Schule *(S. 227,6). Erst nachdem eine solche Einheit nicht zustande gekommen, sondern ein von der Ausbildung in der Normalhauptschule getrenntes Wohnhaus für die Präparanden errichtet worden ist, nennt er es später konsequent* Präparandenhaus, *während das bischöfliche Konsistorium konsequent den Begriff ‚Lehrerseminar' verwendet und durchsetzt. Vgl. Nr. ⟨199.⟩*

227,4–16 <u>wenigstens</u> *bis* abweicht] *Die Forderung nach einer selbständigen Präparanden-Anstalt für die Lehrerbildung und nach einem 4jährigen Präparandenunterricht wurde nach den zu Nr. ⟨41.⟩ und ⟨68.⟩ gehörigen Akten zuerst von Schierfeneder aufgestellt und in Nr. ⟨68.⟩ von Stifter noch zaghaft unterstützt. In Nr. ⟨98.⟩ hat nun Stifter die Forderung nach einem Schullehrerseminarium, welches nach 3 Jahren Hauptschule* <u>wenigstens vier Jahre</u> *dauern soll, zu seiner eigenen gemacht. Allerdings geht dem wiederum Schierfeneders Gutachten vom 4. März 1852 „über die Errichtung eines 4jährigen selbstständigen* **Präparanden Curses**" *voraus (1/299ff.).*

Das bischöfliche Konsistorium hat seine Einstellung verändert:

⟨98.⟩

Während es am 23. Oktober 1851 (s. Kommentar zu Nr. ⟨68.⟩, dort zu S. 187,3) noch dem Vorschlag Schierfeneders entsprechend einen „vierjährigen Pädagogischen Curs" für „unumgänglich nothwendig" erklärte, hält es im neunseitigen Gutachten vom 24. April 1852 <u>„einen dreijährigen Präparanden-Curs für zureichend"</u>. Auch die Argumentation hat sich geändert, indem jetzt ein Minimalprinzip in die Argumentation einbezogen wird: „Das bischöfliche Konsistorium huldigt nicht dem Grundsatze, daß der Lehrer viel mehr wissen soll, als er die Kinder zu lehren hat, wohl aber dem, daß er seine Lehrgegenstände gründlich inne habe. Zur gründlichen Erlernung eben genannter Gegenstände haltet man <u>einen dreijährigen Präparanden-Curs für zureichend</u>; doch müßte für die Aufname eines Zöglings das Zeugniß erforderlich seyn, daß derselbe nach sechsjährigem fleißigen und mit guten Fortgange vollendeten Besuche der Wochenschule <u>wenigstens</u> Ein Jahr bei einem Lehrer oder Priester einen entsprechenden <u>Vorunterricht</u> für den Präparanden-Curs empfangen habe" (1/296 l), was auch vier Jahre ergeben würde.

Im Schreiben vom 4. Dezember 1852 an das Ministerium stimmt die LSchBeh den Vorschlägen und Argumenten Schierfeneders und Stifters voll zu: „Sie sind von solchem Gewichte, daß sie alle gegentheiligen Gründe weit überwiegen, u. keine bessere Lösung der Frage zulassen. Dabei haben sie den Vortheil, daß der künftige Lehramtsgehilfe auf seine Vorbereitung nicht mehr als die bisherigen 4 Jahre, aber statt davon 2 in der ihn seiner Bestimmung mehr abwendenden als zuführende⟨n⟩ Unter-Real-Schule, sie sämtlich in der für seine Bestimmung er- u. eingerichteten Präparanden-Anstalt verwenden muß" (1/339 r).

Mit Erlaß vom 27. Dezember 1852 „wird vorläufig eröffnet", daß das Ministerium „auf die Herstellung eines 4jährigen pädagogischen Curses und die Errichtung einer neuen mit ihr zu verbindenden Schule für jetzt nicht eingehen könne; denn abgesehen von vielen andern Umständen, die einer so ausgedehnten

⟨98.⟩

Erweiterung desselben hindernd entgegen treten, wäre der Sprung von einem 3 oder 6 monatlichen Präparandenkurse, wie derselbe noch bis zum Jahre 1849 fast in allen Ländern bestand, zu einem 4jährigen dann doch zu groß [...]". Ursprünglich seien die Musterhauptschulen dazu bestimmt gewesen, die Lehrerbildung durch bestqualifizierte Lehrer zu fördern. Daran wird festgehalten, doch sind „künftighin nur solche Lehrer anzustellen, welche als tüchtige Schulmänner bekannt sind" (1/319f.). Der weitere Fortgang in den Nrn. ⟨128.⟩, ⟨157.⟩, ⟨319.⟩.

229,2–3 / 229,25 Seelenlehre] *Vgl. den Kommentar zu Nr.* ⟨26.⟩, *dort zu S. 128,26.*

230,5 Baumgartner] *Andreas Freiherr von Baumgartner (1793–1865), seit 1823 Professor für Physik an der Wiener Hochschule, mußte diese Lehrtätigkeit 1833 wegen einer Halserkrankung aufgeben. Stifter hatte Baumgartners „Naturlehre mit Rücksicht auf die mathematische Begründung" bereits bei Koller in Kremsmünster kennengelernt (Enzinger, S. 51), und in Wien hörte er bei ihm neben seinem Jurastudium Vorlesungen zur Naturlehre, Mathematik und Physik (ebd., S. 71). Als Stifter 1833 nach seiner Bewerbung für den Lehrstuhl für Physik und angewandte Mathematik in Prag, zu der ihm Baumgartner geraten hatte, nach sehr gut bestandener schriftlicher Prüfung zur mündlichen nicht mehr antrat, war Baumgartner „auf das peinlichste bloßgestellt" (Alois Raimund Hein, „Adalbert Stifter. Sein Leben und seine Werke", s. zu S. 134,24, S. 85). Als Stifter sich jetzt auf Baumgartner beruft, ist dieser seit 1851 bis 1855 Minister für Handel, Gewerbe, öffentliche Bauten und Finanzen sowie Präsident der Akademie der Wissenschaften in Wien.*

230,9–14 angewendeten *bis* Bücher] *Stifters Begründung der Notwendigkeit von Lehrbüchern ist mit der Kritik an den vorhandenen Lehrbüchern verbunden (vgl. Nr.* ⟨42.⟩*). Ein Ministerialerlaß, gez. Thun, vom 9. November 1853 sieht das anders: „Die nöthigen Bücher für den Präparandenunterricht sind vorhanden. Für die*

⟨98.⟩

Unterrichtslehre und die Methodik sammt Schuldisciplin besteht das vorgeschriebene Methodenbuch; für den Religionsunterricht sind die eingeführten Religionsbücher und bibl. Geschichten zu gebrauchen; für das erste Sprach- und Lesebuch wurde Vernaleken's Hilfsbuch [1/294 l] empfohlen; auch kann Amberg's Anleitung zum Anschauungs- Denk- Sprach- und Rechnungsunterrichte gebraucht werden; bezüglich des Lese- und Sprachunterrichtes sammt Aufsatzlehre sind die vorhandenen Sprach- und Lesebücher mit den Lehramtskandidaten tüchtig durchzuarbeiten; dasselbe hat bezüglich des Rechnens mit den vorgeschriebenen Rechenbüchern zu geschehen. Will der Präparandenlehrer zeigen, wie der erdkundliche Unterricht in der Volksschule zu behandeln sei, so wird er hiezu an Pfarrer Görbrich's Anleitung zum erdkundlichen Unterrichte, (Wien bei Seidl 1852) in der Volksschule ein sehr brauchbares Hilfsbuch finden" (1/356 r).

230,17–18 Lehrern bis ausschließlich] *In Nr. ⟨41.⟩ hielt Stifter noch den Einsatz von Lehrern aus der Realschule im Präparandenunterricht für sinnvoll.*

232,7 Merkh bis pensionirt] *Die LSchBeh will zwar die Pensionierung sogleich einleiten, doch das hängt „von der Neugestaltung der Präparanden-Lehranstalt ab, bis zu deren Eintreten nichts übrig bleibt, als sich mit den vorhandenen Lehrkräften, trotz ihrer bedauerlichen Mangelhaftigkeit u. Unzulänglichkeit, einstweilen zu behelfen"* (1/343). *Das Ministerium, gez. Thun, kann am 27. Dezember 1852 „damit nicht einverstanden sein, indem ein Lehrer, den man seiner Unfähigkeit wegen aus der Unterrealschule entfernt, am allerwenigsten in der Lehrerbildungsanstalt am rechten Platze ist"* (1/322). *Daraufhin erteilt die LSchBeh am 2. März 1853 an das bischöfliche Konsistorium den Auftrag, „endlich wegen baldiger Entfernung des Lehrers Merkh von diesem Unterrichte das Geeignete zu verfügen [...]"* (1/325 r). *Merkh wird erst am 1. März 1856 pensioniert (vgl. den Kommentar zu Nr. ⟨200.⟩).*

⟨99.⟩

⟨99.⟩ Besetzungen der Lehrer- und der Unterlehrerstelle
in Wels

Überlieferung

H *1209 1850/52 X $\frac{B}{43}$ Wels (OÖLA 6/2294 l)*
   Stifters Gutachten vom 13. September 1852 steht auf der
   4. Seite eines Bogens, auf dessen ersten drei Seiten Fritsch
   am 23. Juni 1852 die Bewerberliste vorgelegt und Stifter
   den Auftrag „zur Prüfung der beiliegenden Konkurs-
   Elaborate u. sofortigen Erstattung Ihrer Anträge zur
   Besetzung der fraglichen Lehrerstelle" erteilt hat. Begin-
   nend unterhalb von Stifters Gutachten und fortgesetzt auf
   den folgenden 5¼ Seiten eines eingelegten Bogens und
   Blattes informiert die LSchBeh am 14. September 1852
   Alois Setzer über seine Ernennung zum zweiten Ober-
   lehrer und Friedrich Gebhard aus Brünn über die Ver-
   leihung der durch die Ernennung Setzers frei geworde-
   nen Stelle des Unterlehrers.
D Fischer, Nr. 61

Apparat

235,10   dient [er] 12 ¼

Kommentar

Fortgang von Nr. ⟨53.⟩.

⟨100.⟩ Begutachtung der Lehrer an der Unterrealschule Linz

Überlieferung

H   *2713 1852 X $\frac{D}{10}$ (OÖLA 7/3160–3159)*
Ein Bogen mit dem Ministerialerlaß vom 30. September 1852 auf der 1. Seite und dem Schreiben der LSchBeh vom 10. Februar 1853 auf der letzten Seite dient als Umschlag für zwei eingelegte Semestralberichte Zampieris, welche beide dieselbe Aktenzahl tragen. Der 1. Bericht vom 7. April 1852 (7/3154–3158) „über die bisherige Wirksamkeit der Lehrer [...] während des ersten Semesters des laufenden Schuljahres $18\frac{51}{52}$" (7/3160) steht auf den ersten 9 Seiten von drei ineinander gelegten, mit Bindfaden verbundenen Bogen, worauf auf der 12. Seite, wo in der rechten Spalte Anschrift und Kurzbericht von Zampieris Bericht steht, in der linken Spalte unter dem Auftrag Fritschs vom 10. Juni 1852 Stifters Äußerung vom 15. September 1852 (Nr. ⟨100.⟩) beginnt und sich auf der 11., schließlich auf der 10. Seite jeweils in der linken Spalte fortsetzt.

D   *Fischer, Nr. 62*

Kommentar

Über Zampieris 2. Bericht vom 25. August 1852 (7/3139–3154) zu „den beiden Semestern des am 22. d. Mts geschlossenen Schuljahres" (7/3139 r) 1851/52 auf den ersten 4 Seiten von 2 ineinander gelegten und mit Bindfaden verbundenen Bogen hat Fritsch am 18. September 1852 wiederum eine Äußerung Stifters eingefordert, die dieser am 19. September 1852 in der linken Spalte der 8. Seite unter

⟨100.⟩

dem Auftrag begonnen und auf der 7. Seite abgeschlossen hat. Dieser 2. Bericht (Nr. ⟨101.⟩) ist deshalb entstanden, weil inzwischen das in ihn eingelegte gedruckte „Programm der kaiserl. königl. vollständigen Unter-Realschule in Linz, veröffentlicht am Schlusse des Schuljahres $18\frac{51}{52}$" fertig geworden war, in welchem neben zahlreichen Tabellen zur Situation der Realschule ein „im August 1852" entstandener Aufsatz von Aprent: „Soll und kann die Realschule auch die allgemeine Bildung fördern?" (7/3141–3144) aufgenommen wurde. In der rechten Spalte der 8. Seite kennzeichnet Zampieri diesen 2. „Bericht als Einbegleitung zu den mitfolgenden Katalogen" und hebt hervor, daß er „mit einem gedruckten Programme als Beilage" versehen sei.

„Beide Berichte des Direktorats" sind dem Minister „mit den hieramtlichen Bemerkungen am 20. Septemb vJ. vorgelegt worden" (7/3161 l; s. Abb. 9). Das Ministerium, gez. Thun, hat am 30. September 1852 „mit lebhafter Befriedigung [...] den günstigen Zustand ersehen, in welchem sich die Linzer Unterrealschule im ersten Jahre ihres Bestehens befindet, und welcher eine sichere Gewähr für das Gedeihen der von Seiner kais. könig. Apostolischen Majestät Allergnädigst bewilligten Erweiterung dieser Lehranstalt zu einer Oberrealschule leistet" (7/3138 r).

Stellenkommentar

236,1–16 Zampieri bis bewirket] *Dieses positive Urteil hat Stifter in Nr. ⟨182.⟩ revidiert.*

237,4–9 Aprent bis wären] *Zampieri schrieb, er sei ein „schon eingeübter Lehrer" und überwinde „mit wahrem Geschick die Hindernisse welche ein in den früheren Schulen minder erfolgreich geführter Unterricht in der deutschen Sprache seinem Lehrfache entgegenstellen, und es läßt sich erwarten daß wenn er im zweiten Semester, wie er in seinem Programm verspricht, die prakti-*

⟨100.⟩

sche Seite seines Unterrichtes hervorheben wird, sodann derselbe von dem besten Erfolge für die sprachliche und formal-geistige Ausbildung der Schüler werden kann. Die Lehrergabe sich den jungen Schülern verständlich zu machen besitzt er im hohen Grade" (7/3157 l). Als es 1856 um die Besetzung des Direktorpostens an der Realschule geht, äußert sich Zampieri negativ über Aprent (vgl. den Kommentar zu Nr. ⟨295.⟩).

237,20–26 Netwald bis hervorzuheben] Zampieri urteilte kritischer, Netwald sei „zwar bisher an ein Unterricht für Knaben in der Altersstufe der Unterrealschüler nicht gewohnt gewesen, überwindet doch schon jetzt immer mehr und mehr die Schwierigkeiten die sich ihm anfänglich darboten, und erzielt eifrig sehr ersprießliche Resultate. [...] Uiberhaupt verspricht seine Lehrerthätigkeit eine sehr erfolgreiche zu werden" (7/3156 r).

238,12–20 Modus bis vorzulegen] Im Original befindet sich an dieser Stelle am Rand eine doppelte Markierung mit rotem senkrechtem Strich. Zampieri behauptete, die strenge Classification beruhte auf einem Beschluß des Lehrkörpers: „Obgleich sich der Lehrkörper aus pädagogischen Rücksichten vorgenommen hat, im ersten Semester bei der Beurtheilung der Leistungen der Schüler einen etwas strengeren Maßstab anzulegen, auf daß bei einer zu großen Milde die Schüler im zweiten Semester an Fleiß und Thätigkeit nicht nachlassen, so stellten sich doch unter den 115 Schülern der ersten Klasse zehn Vorzugs und neunundzwanzig erste allgemeine Zugnißklassen heraus" (7/3158 l). Stifter beurteilt die Classification als zu strenge, und bemerkt noch, daß der Lehrkörper seine Bemerkung als richtig anerkannte und beschloß einen neuen Modus für das zweite Semester vorzulegen. Im Gutachten zum Fall Zampieri vom 21. Juli 1854, Nr. ⟨182.⟩ (HKG 10,2, S. 87–92) schildert Stifter detailliert den Konflikt über die Klassifikationsnormen und korrigiert die obige Darstellung Zampieris, indem er auf der Grundlage eines Protokolls ausführt, daß der Lehrkörper die zu strenge Klassifications-

⟨101.⟩

norm" *(ebd., S. 89,19)* unter dem Druck des Direktors angenommen hatte. Auch wird festgehalten, daß daraufhin die Schulbehörde die Einleitung traf, daß für das $2^{\underline{t}}$ Semester ein neuer Modus berathen werde *[...] (ebd., S. 89,29–30).*

⟨101.⟩ Entwicklung der neu gegründeten
Unterrealschule Linz

Überlieferung

H   2713 1852 X $\frac{D}{10}$ *(OÖLA 7/3154–3153)*
       Die Beschreibung des Dokumentenbestandes erfolgte im Kommentar zu Nr. ⟨100.⟩. Die Urteile über die Lehrer entsprechen weitgehend denen in Nr. ⟨100.⟩.
D   Fischer, Nr. 63

Apparat

239,31   Besezung [eingeg]⸍ getroffen
240,19   steh[en]⸌t

⟨102.⟩

⟨102.⟩ Umwandlung der Pfarr- in eine Hauptschule und Bau eines neuen Schulhauses in Enns

Überlieferung

H   641 1852 X $\frac{B}{12}$ Enns (OÖLA 7/2816 l)
Stifters Gutachten vom 19. September 1852, beginnend in der rechten Spalte der 4. Seite eines Bogens unterhalb von Anschrift und Kurzinhalt sowie unter dem Auftrag Fritschs vom 24. Mai 1852 und fortgesetzt in der ganzen linken Spalte, bezieht sich auf das Schreiben des bischöflichen Konsistoriums vom 4. März 1852 auf den beiden ersten Seiten.

D   Fischer, Nr. 64

Apparat

241,4   Gefertigte, [a)] daß
241,6   daß [b] nach
241,29   Linz, [| L |]⟨Steyr

Kommentar

Fortgang von Nr. ⟨26.⟩, S. 136,22–23.

Stellenkommentar

241,13–15 Lehrer *bis* Privathause] *Stifter bezieht sich noch auf eine Lösung der Raumfrage, die laut Schreiben des Statthalters vom*

⟨102.⟩

19. September 1851 (Scha 54, Z. 1548) an den Bezirkshauptmann zunächst erwogen wurde, nämlich: „*Gemäß meiner mündlichen u. später untern 7 Juny d. J. Z. 1131/Sch erlassenen Verfügung sollte der nothwendige Raum noch eines Lehrzimmers an der Stadtschule zu Ens in dem Schulhause selbst durch Verwendung der Lehrerswohnung zu Lehrzimmern u. durch Herrichtung anderer Räume des Schulhauses zur Lehrerswohnung gewonnen werden.*" Doch bei der „*kommissionellen Verhandlung*" am 26. Juli 1851 haben „*die Vertreter der Schule u der Schulgemeinde sich gegen diese Adaptirungen, u. dagegen für die Miethe eines Lehrzimmers in dem Hause des Seifensieders Eichler*" erklärt, weil „*nach allseitigem Befunde die Wohnung des Lehrers zu Lehrzimmern sich nicht eigne*" (ebd., Bog. 1, S. 2). Der Statthalter hat als „*provisorische Maaßregel [...] die Miethe des fraglichen Zimmers u. zwar auf Kosten der Schulgemeinde genehmiget*" (ebd., Bog. 1, S. 4).

241,26–27 Neubau *bis* Bedenken] Das bischöfliche Konsistorium hatte am 4. März 1852, ohne eine Verbindung mit dem Schulhausbau herzustellen, erklärt, daß „*die Errichtung einer solchen Hauptschule für Enns weder nothwendig, noch weniger ausführbar*" sei (7/2812f.). Angesichts der vorgelegten Gutachten muß auch nach Meinung der LSchBeh vom 28. September 1852 „*der Gedanke hievon aufgegeben werden*" (7/2811 r). Auch künftig bleibt „*die Erweiterung des bisherigen oder die Erbauung eines neuen Schulhauses*" umstritten (7/2812 l). Der weitere Fortgang in den Nrn. ⟨150.⟩, ⟨366.⟩.

⟨103.⟩ Ausschulung der Ortschaft Außerungenach
von Ungenach und Einschulung nach Timelkam

Überlieferung

H   2773 1852 X $\frac{B}{37}$ Timelkam (OÖLA 7/3032 l)
     Stifters Äußerung vom 19. September 1852, welche auf
     der 4. Seite eines Bogens unterhalb von Anschrift und
     Kurzinhalt und unter dem Auftrag Fritschs vom 30. Juni
     1852 in der rechten Spalte mit 2 Zeilen beginnt und sich
     in der linken Spalte fortsetzt, bezieht sich auf das Gut-
     achten des Bezirkshauptmanns Vöcklabruck auf den er-
     sten 2½ Seiten.
D   Fischer, Nr. 65

Apparat

242,28   schlechterdings [| b |]⸗ gebothen

Stellenkommentar

242,27–28 Einschulung *bis* gebothen] Da der Bezirkshauptmann
Vöcklabruck, die Distriktsschulenaufsicht von Atzbach und mit
Note vom 7. Oktober 1852 auch das bischöfliche Konsistorium für
eine Einschulung der Ortschaft Außerungenach „zur viel näheren Marktschule **Timelkam**" ihre Zustimmung gaben (7/3032 r),
bewilligt die LSchBeh, dem Votum Stifters entsprechend, mit
Dekret vom 20. Oktober 1852 diese Umschulung, verordnet aber
zugleich, die Bewohner „anzuweisen, das bisher noch rückstän-
dige Schulgeld dem Schullehrer in Ungenach, Jakob Daninger,
zu bezahlen" (7/3033 r).

⟨104.⟩

⟨104.⟩ Antrag auf definitive Anstellung der Lehrer Netwald und Aprent

Überlieferung

H 2431 1852 X $\frac{D}{2}$ (OÖLA 7/3102 r – 3104 l)
   Stifters Brief vom 20. September 1852 steht auf den beiden ersten Seiten eines Bogens. Anschrift und Kurzinhalt, die sich auf der 4. Seite befinden, wurden auf S. 243,12–17 vor den Brief gestellt.
D Fischer, Nr. 66

Kommentar

Fortgang von Nr. ⟨86.⟩.

Stellenkommentar

243,22–24 Lehrer *bis* ernannt] *Mit Schreiben vom 20. September 1852, gez. Bach, an den Minister Thun wird der durch Bittgesuche Aprents und Netwalds veranlaßte Antrag Stifters „angelegendlichst" bevorwortet, u. a. weil als Remuneration (vgl. Nr.* ⟨86.⟩*) nicht die beantragten 200 Gulden, sondern nur 150 Gulden, und damit ein Gesamtgehalt von 550 Gulden bewilligt worden war. Indem „sie damit immer noch 50 f weniger empfangen, als der systemisirte volle Gehalt beträgt", ist „denselben noch keine gesicherte Existenz, u. ist ihnen der Rang noch nicht gegeben, der ihnen nach dem reichen Besitze geistiger Bildung u. dem großen Maaße ausgezeichneter Leistungen gebührt, u. der ihnen bloß darum noch nicht zugestanden wurde, weil sie*

⟨104.⟩

nicht, wie die beiden definitiven Lehrer Stockhammer u. Stranik Gelegenheit hatten, die von letzteren bestandene geringfügige Prüfung für eine Lehrerstelle an einer zweyklassigen, mit deutschen Hauptschulen verbundenen Unter-Real-Schule – sonst IV Klasse – zu machen, u. ihnen bisher die Möglichkeit noch nicht gegeben worden ist, die Prüfung für technische Lehrer [7/3110f.] des neuen Systems nach einem immer noch nicht erschienenen u. lediglich in Aussicht stehenden Gesetze, u. vor einer auch erst zu bildenden Prüfungs-Kommission abzulegen" (7/3108 r.).

Daraufhin erfolgt mit Minister Thuns Schreiben an „Euer Wohlgeboren", den Statthalter Bach persönlich, vom 18. Februar 1853 die Ernennung der provisorischen Lehrer Aprent und Netwald „mit Nachsicht der ihnen mit Erlaß vom 13 November 1851 Z. 10996 auferlegten Verpflichtung sich vorläufig einer Lehrersprüfung zu unterziehen, zu wirklichen Lehrern an der Realschule in Linz. […] Ihre Befähigung für Ertheilung des Unterrichtes in den Klassen der Oberrealschule werden dieselben jedoch durch die Lehramtsprüfung, über welche die gesetzlichen Vorschriften demnächst erscheinen werden, nachzuweisen haben, woran auch ihr Anspruch auf Erlangung des Gehaltes der höheren Kategorie von 800 f mit dem Vorrückungsrechte auf 1000 und 1200 Gulden bedingt sein wird" (7/3106 r).

244,20–21 seine bis Prüfungsberichte] *Stifter bezieht sich auf Nr. ⟨100.⟩ vom 15. September 1852 sowie auf Zampieris Gutachen vom 7. April 1852 (7/3156 l), in welchem allerdings Netwald auch kritisiert wird. Der weitere Fortgang in den Nrn. ⟨107.⟩ und ⟨113.⟩.*

⟨105.⟩ Bericht über den baulichen Zustand der Schule
in Urfahr

Überlieferung

H 2963 $\frac{1851}{1852}$ X $\frac{B}{40}$ *Urfahr (OÖLA Scha 56)*
Stifters Antrag vom 4. Oktober 1852 steht auf der Vorderseite eines Blattes, die Adresse und der Kurzinhalt, die bei der Edition an den Anfang gestellt wurden, auf dessen Rückseite.

Apparat

245,12 etwa [als] nothwendig

Kommentar

Fortgang von Nr. ⟨26.⟩, S. 33,6–8.

Stellenkommentar

245,16–18 Wohnzimmer *bis* Sprung] *Stifters Entdeckung des Sprunges in der Schullehrerwohnung in Urfahr hat Folgen hinsichtlich der ministeriellen Baugenehmigung vom 11. August 1852 (s. Kommentar zu S. 133,6–8). Als die LBauBeh am 5. Oktober 1852 auf Grund von Stifters Entdeckung eine „Lokalcomission mit Beiziehung sachverständiger Männer" anordnet, welche den Schaden zu untersuchen und „eine geeignete Vorsorge" zu treffen hat, stellt sich am 16. Oktober 1852 (Scha 56,*

⟨106.⟩

Z. 2963) heraus, „daß der Sprung der in dem Wohnzimmer des Schullehrers in dem westlichen vorspringenden Anbaue des Schulhauses wahrzunehmen u: von innen u außen sichtbar ist, dadurch veranlaßt worden seyn muß, daß die Mauer dieses Anbaues, in welchen sich zur ebenen Erde die Retirade und darneben die Senkgrube befindet, durch die aus der Senkgrube eindringende Feuchtigkeit sich erweicht und theils aus diesem Grunde, theils wegen Ausbauchung der ganzen vorderen Hauptmauer des Gebäudes gesenkt hat." Da der Schaden nicht behoben werden kann, wird vorgeschlagen, daß „der schadhafte Anbau gänzlich abgebrochen" wird, zumal auch „sowohl die vordere als rückwärtige Hauptmauer des Schulhauses selbst schon so schlecht sind, daß sie sich in der Mitte der Höhe um einige Zölle ausbauchen u daß diese Mauer daher bei einem bedeutenden Umbaue des Hauses kaum mehr werde benützt werden können". In einer mit Erlaß vom 12. Dezember 1852 einberufenen kommissionellen Lokalverhandlung vom 20. Dezember 1852 (Scha 56, Z. 208) wird deshalb laut deren „Protocoll" ein neues Baukonzept entworfen, welches „die Abbrechung des alten Lehrerhauses zur Bedingung macht". 1854 ist das neue Schulgebäude fertig.

⟨106.⟩ *Antrag auf Aufstellung eines Gehilfen an die Seite
   des alten Lehrers in St. Peter bei Linz

Überlieferung

Stifters Antrag vom 7. Oktober 1852 ist in Nr. ⟨222.⟩, 2. Liste, Nr. 14 (HKG 10,2, S. 211,11–13) belegt.

⟨106.⟩

Stellenkommentar

246,2–3 Aufstellung eines Gehilfen] *St. Peter in der Zizlau inspizierte Stifter am 19. März 1852 (Nr. ⟨222.⟩, 1. Liste, Nr. 23; HKG 10,2, S. 202,12). Am 25. Mai 1852 wohnte er mit dem Bezirkshauptmann dort den Prüfungen bei (ebd., Nr. ⟨29.⟩; S. 202,20–21), wobei er, wie die Schulendistriktsaufsicht am 7. August 1853 (DAL Schu-A/3, Scha 15, Fasz. 5/11) berichtet, mit dieser, dem Bezirkshauptmann und den Gemeindevorständen besprochen habe, daß es „wünschenswerth, ja nothwendig" wäre, dem Schullehrer Paul Wiskoczil „einen tüchtigen Provisor an die Seite zu geben". Infolge von Stifters Antrag wird das bischöfliche Konsistorium am 22. Juli 1853 von der LSchBeh „eingeladen", dafür zu sorgen, „daß an der genannten Schule ein geschickter und ernster Schulgehilfe gleichsam als Schulprovisor angestellt werde", da der Lehrer Wiskoczil „zimlich in Jahren vorgerückt, gebrechlich ohne Thatkraft, und daher auch zur guten Versehung des ihm anvertrauten Lehramtes unfähig" ist. Am 31. Juli 1853 (DAL ebd., Fasz. 5/11) schlägt das bischöfliche Konsistorium, sich auf den „Antrag des Herrn Schulrathes Adalb. Stifter" beziehend, den „Schulprovisor von Schönau Thomas Reiter" vor, welcher laut Konsistorialschreiben vom 13. August 1853 (DAL ebd., Fasz. 5/11) „gleichsam als Schulprovisor nach St. Peter bey Zizlau admittirt" wird. Der weitere Fortgang in Nr. ⟨384.⟩.*

⟨107.⟩

⟨107.⟩ Qualifikation der Lehrer für die Besetzung der Lehrerstellen an der Linzer Oberrealschule

Überlieferung

H $\frac{3222}{274} \frac{1852}{1853}$ X $\frac{D}{2}$ *(OÖLA 7/3064–3068)*
Stifters achtseitiges Gutachten vom 8. Oktober 1852 steht auf zwei hintereinander gelegten, durch Bindfaden verbundenen Bogen jeweils in der rechten Spalte, während die Kopfzeile die ganze Seitenbreite einnimmt. Den Auftrag dazu hat Fritsch auf der letzten Seite von Zampieris „Vorschlag zur Besetzung der durch Eröffnung der I. Klasse der Ober-Realschl. und durch den Austritt des prov. Lehrers R. Ehrlich an der k: k: Realschule in Linz nothwendig gewordenen Lehrerstellen" (7/3064 l) vom 29. September 1852 erteilt.
D   *Fischer, Nr. 67*

Apparat

248,27   de[r]⟨s Lehrkörpers
249,21   Institute[s]
249,33   besezenden [technischen] Fächer
251,24–25 einen [dreijährigen] Cursus

Kommentar

Fortgang von Nr. ⟨57.⟩, ⟨86.⟩ und ⟨104.⟩.

⟨107.⟩

Stellenkommentar

248,1–3 Stranik *bis* solle] *Zur Besetzung mit Stranik vgl. Nr.* ⟨*57.*⟩ *(S. 175,19–31). In Zampieris Begründung des Vorschlags vom 29. September 1852 (7/3060ff.) für "die Vertheilung der Lehrfächer" wurden Anton Stranik und Gustav Stockhammer, für die sich Stifter einsetzt, nicht erwähnt, dafür aber Martin Beisl und Anton Waldvogel. Gemäß Ministerialerlaß, gez. Koller (Entwurf ohne Datum; Expedition 8. November1852; Bog. 3, S. 4f.; AVA U-Allg., 4130/16), "ist der Direkzion der Realschule zu bedeuten, daß dem Lehrer Anton Stranik das von ihm bisher sehr gut besorgte Lehrfach des Schönschreibens und des freien Handzeichnens zu belaßen ist".*

249,14 Netwald u Aprent] *Während Netwald 1854 die Schule verläßt (s. Kommentar zu Nr.* ⟨*153.*⟩*, dort zu S. 347,6–13), erfolgt die Beförderung Aprents zum Lehrer der Oberrealschule mit Nr.* ⟨*263.*⟩*.*

250,1 Güntner *bis* Langer] *Mit obigem undatierten Ministerialerlaß werden Isidor Langer und Karl Güntner zu provisorischen Lehrern an der Realschule ernannt (Bog. 3, S. 3). Am 3. Dezember 1852 hat Langer den Diensteid abgelegt (7/3042 r). Güntner hat die Stelle nicht angetreten (vgl. den Kommentar zu Nr.* ⟨*113.*⟩*).*

251,11 Oberleithner] *Richtig Haberleithner. Er hatte sich am 22. September 1852 zum Konkurs gemeldet und um die Lehrerstelle der Geschichte, Geografie, deutschen Sprache und des Stiles beworben (7/3094 r). In seinem Gesuch heißt es, er habe "zu Salzburg die gymnasial-philosophischen und auch theologischen Studien ganz und mit gutem Erfolge absolvirt [...], sich aber hierauf dem Lehr- und Erziehungsfache zugewendet, und nachdem er sich den für Privatlehrer zur Ertheilung des Privatunterrichtes in den Lehrfächern der Gymnasial- und Humanitäts-Klassen vorgeschriebenen Prüfungen an den Lehranstalten zu Salzburg und Inspruck mit dem beßten Erfolge unterzogen*

⟨108.⟩

hatte [...], vom Juni 1845 bis Dezmbr 1848 die Stelle eines Erziehers und Lehrers im Hause des Herrn Grafen **Chorinsky**, gegenwärtigen Statthalters von **Krain**, bekleidet" (7/3093f.). Laut obigem Ministerialerlaß (S. 11) wird Joseph Haberleitner zum provisorischen Lehrer an der Realschule ernannt.

251,21 italienischen Sprache] Am 28. August 1851 hatte der Gemeinderat sich für Italienisch als 2. Fremdsprache ausgesprochen (2/755 r). Im obigen Ministerialerlaß wird erklärt: „Vor der Hand hat sonach Dr Netwald die italienischen Sprachvorträge fortzusetzen [...]". Der weitere Fortgang in Nr. ⟨134.⟩.

251,25 französische Sprache] Am 10. Oktober 1852 (Reinschrift im AVA U-Allg., 4130/16) unterbreitet die LSchBeh dem Ministerium: „Die Vorsorge für diesen Unterricht scheint aber in jetziger Zeit wo die französische Sprache gewißer Maßen Gemeingut der gebildeten Welt geworden ist, und im Umgange schwer entbehrt werden kann, gewiß wünschenswerth". Das Ministerium antwortet mit obigem Erlaß, es sei „geneigt zu bewilligen, daß nach vollständiger Aktivirung der Oberrealschule neben dem Unterricht in der italienischen Sprache, wenn für denselben [...] ein dreijähriger Lehrkurs genügt, in den übrigen drey Jahrgängen französischer Sprachunterricht ertheilt werde [...]" (Bog. 4, S. 1).

⟨108.⟩ Besetzung an der evangelischen Schule in Efferding

Überlieferung

H $\frac{1110}{414}$ $\frac{1851}{1853}$ XI $\frac{B}{7}$ *(OÖLA Scha 57)*
    Stifters Äußerung vom 8. Oktober 1852 auf der 4. Seite eines Bogens in der linken Spalte unterhalb von Fritschs Auftrag vom 7. Oktober 1852 bezieht sich auf das Schrei-

⟨109.⟩

bens der evangelischen Schuldistrikts-Aufsicht in Oberösterreich vom 4. Oktober 1852 auf den ersten 3 Seiten.

Kommentar

Fortgang von Nr. ⟨72.⟩.

Stellenkommentar

252,9–14 Zeugnisse *bis* müssen] *Nachdem der Provisor an der evangelischen Schule zu Efferding, Samuel Schenner, einen Ruf an die evangelische Schule zu Linz angenommen hatte und nachdem die Wiederbesetzung mit dem Gastwirth und Zuckerbäcker Gottlieb Steinzer nicht gebilligt werden konnte, mußte sich die evangelische Schuldistrikts-Aufsicht, da in Österreich kein Lehrgehilfe zu finden war, ins Ausland wenden. Sie legte „die Zeugniße des Schulamtskandidaten Hieronymus Sauer aus Churheßen" der LSchBeh zur Prüfung vor und fragte zu ihrer „Beruhigung" an, „ob sie diesen Ausländer als Schulprovisor an der evangelischen Schule zu Efferding anstellen dürfe". Der weitere Fortgang in Nr. ⟨115.⟩.*

⟨109.⟩ Aufstellung eines eigenen Katecheten für Haupt- und Unterrealschule zu Steyer

Überlieferung

H   1895/351 1852/53 X $\frac{B}{12}$ Steyr (OÖLA 7/2833–2834)
D   Fischer, Nr. 68

⟨109.⟩

Kommentar

Zur Frage der Anstellung eines Katecheten an der Haupt- und Unterrealschule in Steyr schrieb Stifter zwei weitgehend gleichlautende, mit derselben Aktenzahl versehene Gutachten Nr. ⟨109.⟩ vom 10. Oktober 1852 und, die Argumente detaillierter ausführend, Nr. ⟨111.⟩ vom 21. Oktober 1852; in Nr. ⟨109.⟩ argumentiert er juristisch mit Nennung des Gesetzes, in Nr. ⟨111.⟩ vom Standpunkte der Schule aus (S. 256,6). Jedes dieser beiden Gutachten steht auf den ersten drei Seiten eines Bogens in der rechten Spalte, wobei sich jeweils die gleichlautende Kopfzeile über die ganze Seite erstreckt.

Warum zwei Gutachten entstanden sind, ist unklar. Kurt Gerhard Fischer meint, es sei „nicht ersichtlich", ob die zuerst abgedruckte Äußerung „ein Entwurf Stifters war", hebt aber u. a. hervor, „zweifellos" sei „die zweite vom 21. Oktober besser stilisiert und disponiert"; auch enthalte die erste Äußerung „außer der wahrscheinlich später aufgefügten Akten-Nummer keine Vermerke", während die zweite „vor- und rückseitig nicht von Stifters Hand stammende Aktenzahlen-Angaben" habe, was jedoch nur rückseitig zutrifft („Documenta Paedagogica Austriaca. Adalbert Stifter. Zusammengestellt und mit einer Einleitung versehen von Kurt Gerhard Fischer", 2 Bde, Linz 1961, hier Bd. 1, S. 81). Dem steht entgegen, daß im Schreiben der LSchBeh vom 21. Dezember 1852 (Entwurf OÖLA 7/2842 r; Reinschrift AVA U-Allg., 4131/16) an das Ministerium auf die 1. Fassung Bezug genommen wird: „B. m. eingeholte Aeußerung des kk Schulrathes Stifter dd° 10. Oktb", und daß die 1. Fassung als Beilage 2 eingesandt worden ist.

Stellenkommentar

253,9 Religionsfonde] *Der Religionsfonds entstand, indem Joseph II. am 27. Februar 1782 ihn aus der Vermögensmasse von*

⟨109.⟩

mehr als 700 aufgehobenen Klöstern, Kirchen, Kapellen, Benefizien und Bruderschaften gründete und der Verwaltung einer staatlichen Kommission mit kirchlichen Vertretern unterstellte. Der Fond erhält öffentliche Zuschüsse und dient u.a. auch für Personalerfordernisse des Religionsunterrichts an den Schulen.
254,3–24 Kooperator *bis* Katechet] *Am 21. Juli 1852 wurde vom bischöflichen Konsistorium ein eigener Katechet für die Haupt- und Unterrealschule Steyr mit der Begründung beantragt, daß man schon „im Jahre 1827 für nothwendig" erkannte, „daß für die damahlige Hauptschule ein eigener Katechet aufgestellt werde, was auch in der Person des Herrn Karl Scheuch mit hohen Regierungsdekret vom 4. Jänner 1827" geschah. „Als aber dieser Katechet am 14. Mai 1846 starb, glaubte man mit der Anstellung eines dritten Kooperators an der Vorstadtpfarre St. Michael dieses Geschäft den Kooperatoren aufbürden zu dürfen [...]"* (7/2838 r). *Nachdem nun der „Cooperator Michael* **Würz** *an der Vorstadtpfarre St. Michael zu Steyer, der zugleich Katechet an der k. k. Haupt- und Unterealschule daselbst ist", wegen Erkrankung „um Enthebung vom katechetischen Unterrichte" angesucht hat, bemühten sich nach Anordnung der Schuldistriktsaufsicht „zwar die beiden H. H. Neben-***Cooperatoren*** Aigner und Mittermayr den erkrankten Katecheten Herrn* **Würz** *zu suppliren, dagegen aber verwahret sich der Vorstadtpfarrer vor einer längeren Zeit einer solchen Verwendung seiner Kooperatoren überhaupt, und trägt dringend an, daß für die k. k. Haupt- und Unterrealschule ein eigener Katechet wolle angestellt werden", was von der Schuldistriktsaufsicht und der Direktion der Schule als „dringliche und unabweisliche Nothwendigkeit" unterstützt wird* (7/2837 r). *Da der gegenwärtige Pfarrer Alois Himmelreich „schon 69 Jahre alt" ist und mit drei Kooperatoren in der Vorstadtpfarre eine Pfarrschule mit 300 Wochenschülern, welche von 3 Lehrern in 3 Lehrzimmern unterrichtet werden, zu betreuen hat, liege sowieso eine „Uiberbürdung" vor. Da die Haupt- und*

⟨109 A.⟩

Unterrealschule zu Steyr „für sich als solche besteht", habe sie „also auch von diesem Standpunkte aus" Anspruch auf einen eigenen Katecheten (7/2838 l). Diese Argumentation wird wie von Stifter auch von der LSchBeh im Schreiben vom 21. Dezember 1852 an das Ministerium übernommen, wobei die LSchBeh hervorhebt, daß die Unterrealschule „eine für sich bestehende Lehranstalt ist", so daß „ein eigener Katechet zu den gesetzlichen Erfordernissen gehört" (7/2846 l). Im Erlaß vom 29. Januar 1853 bezieht sich das Ministerium auf das Dekret der Studienhofkommission vom 25. August 1847 und erklärt, daß es „nach Erwägung der in der Stadt Steyer obwaltenden Verhältnisse" im Jahre 1847 ergangen sei. „In Betracht, daß seitdem keine wesentlichen Veränderungen in den Verhältnissen der Hauptschule vorgegangen sind, findet man keine zureichenden Gründe, von dem erwähnten Hofkanzleidekrete schon nach so kurzer Zeit abzusehen, und die Sistemisirung eines eigenen Katecheten unter den gegenwärtigen Schulverhältnissen zu veranlassen. / Um jedoch [...] dem zur Versehung des Religionsunterrichtes bestellten Kooperator ein angemessenes Einkommen zu gewähren, wird demselben eine Personal-Zulage von jährlichen **Einhundert Gulden Conv. Mze.** *aus dem Religionsfonde vom 1ᵗᵉⁿ November 1852 angefangen, bewilligt [...]" (7/2832f.).*

⟨109 A.⟩ Kleinkinderbewahranstalten

Überlieferung

H   2301 1852 X $\frac{B}{39}$ *Freistadt (OÖLA Scha 80)*
        Stifters Äußerung vom 19. Oktober 1852, die erst nach dem Erscheinen von HKG 10,3 gefunden wurde und un-

⟨109 A.⟩

ter den „Nachträgen" in HKG 10,4 ediert wird, beginnt auf der 4. Seite eines Bogens unter dem Auftrag vom 6. September 1852 mit zwei Zeilen in der linken Spalte und setzt sich auf der 3. Seite in der rechte Spalte fort. Auf den beiden ersten Seiten steht die Note des bischöflichen Konsistoriums vom 31. August 1852 und in der rechten Spalte der 4. Seite ein Schreiben des Bezirkshauptmanns vom 1. September 1852.

Apparat

23,18   daß ⌈man⌉ in

Stellenkommentar

23,16–18 Kleinkinderbewahranstalt *bis* Industrieschule] *Der Schulorden der armen Schulschwestern war 1833 von der Lehrerin Karolina Gerhardinger mit Unterstützung des Regensburger Bischofs Georg Michael Wittmann und des Wiener Hofkaplans Sebastian Job in Neunburg vorm Wald (Oberpfalz) gegründet worden. Das Mutterhaus wurde jedoch im ehemaligen Klarissenkloster am Anger in München errichtet. Während in Vöcklabruck Sebastian Schwarz für seine Kleinkinderbewahranstalt 1850 vier Schulschwestern aus Graz geholt hatte (s. Nr. ⟨91 A.⟩), beabsichtigten 1852 dessen Mutter Theresia und Schwester Franziska Schwarz mit ihrer Stiftung und mit finanzieller Unterstützung durch die Kaiserin Carolin Auguste die Gründung einer Freistädter Filiale der armen Schulschwestern des Münchner Mutterklosters, damit diese laut Konsistorialschreiben vom 31. August 1852 (Scha 80, Z. 2301) „daselbst die Kleinkinderbewahranstalt und eine Mädchen-Industrie-Schule" übernehmen.*

⟨109 A.⟩

Das bischöfliche Ordinariat hat „seiner Seits bereits die Zustimmung zu dieser Einführung gegeben [...]". Stifter spricht sich mit Einschränkung zustimmend aus.
Der Statthalter verweist am 10. September 1852 (Scha 80, Z. 2301) auf das Problem, daß nach einem Studienhofkommissions-Dekret vom 3. Mai 1828 „Ausländer, selbst auch provisorisch, ohne a. h. Bewilligung, ein Lehramt an einer Lehranstalt in Österreich nicht versehen dürfen", und daß deshalb eine allerhöchste Entscheidung in dieser Angelegenheit nötig sei, er findet sich aber „bestimmt, die Gestattung ihrer provisorischen Zulassung zur Leitung der fraglichen Anstalt auf mich zu nehmen". Allerdings sieht er sich veranlaßt, „dem bischöflichen Konsistorium die Bemerkungen mitzutheilen, die mir von sehr berufener Hand [nämlich in Stifters Äußerung, Anm.] bezüglich der Vorgänge in so vielen Kinderbewahranstalten u sogenannten weiblichen Industrie-Schulen gemacht worden sind, u. deren Richtigkeit sich nicht verkennen läßt". 1853 kommen vier arme Schulschwestern aus München nach Freistadt und besorgen laut Konsistorialschreiben vom 4. Juni 1853 (Scha 80, Z. 1697) „vor der Hand die Kleinkinderbewahranstalt. Sind aber ferners auch gesonnen, eine Industrieschule für Mädchen zu leiten u damit den Unterricht in der französischen Sprache zu verbinden, wo derselbe gewünscht wird [...]".
Die Finanzierung ist laut Schreiben des Bischofs Rudigier vom 7. September 1856 (Scha 80, Z. 18135), der persönlich in die Verhandlungen eingreift, dadurch gesichert, daß die Kaiserin Caroline Auguste „im August 1852 1000 f Cmz, im November desselben Jahres 3000 f in 5% Staatsschuldverschreibungen", Theresia Schwarz laut Testament vom 29. Juni 1852 ein Kapital von 3000 f Cmz beigesteuert hat, Franziska Schwarz laut Stiftungs-Entwurf vom 26. Dezember 1856 zwei Häuser in Freistadt jeweils mit Garten widmet und daß Einnahmen aus der Kleinkinderbewahranstalt und der Industrieschule hinzukommen. Der „Anspruch

auf einen öffentlichen Fond" wird grundsätzlich ausgeschlossen. Der weitere Fortgang in Nr. ⟨278.⟩.

⟨110.⟩ Ausschulung der Ortschaft Achleithen von Kematen und Einschulung nach Rohr

Überlieferung

H   2069 1852 X $\frac{B}{37}$ Rohr (OÖLA 7/3022 l)
    Stifters Äußerung vom 20. Oktober 1852, beginnend mit zwei Zeilen in der rechten Spalte der 4. Seite eines Bogens unter Anschrift und Kurzinhalt sowie unter dem Auftrag Fritschs vom 11. August 1852 und fortgesetzt in der linken Spalte, bezieht sich auf das Schreiben des bischöflichen Konsistoriums vom 7. August 1852 auf den ersten 2¼ Seiten.
D   Fischer, Nr. 69

Stellenkommentar

255,6–7 Achleithen *bis* eingeschult] *Der Bezirkshauptmann Steyr hatte am 22. Juli 1852 „die Verhandlung über das Gesuch mehrerer Bewohner von Achleiten, Halbarting und Brandstatt um Ausschulung von Kematen und Einschulung nach Rohr" überreicht (7/3020 r). Davon abweichend hatte das bischöfliche Konsistorium am 7. August 1852, wie dann auch Stifter, vorgeschlagen, „daß* **Achleithen** *von* **Kematen** *aus- und nach* **Rohr** *eingeschult werde", da „von* **Achleiten** *nach* **Rohr** *nur ¼ Stunde ist, nach* **Kematen** *aber mehr als ¾ Stunden sind", daß die Ortschaften*

⟨111.⟩

Halbarting und Brandstatt aber „mit ihrem Gesuche zurück zu weisen" wären, wobei die dann von Stifter übernommenen Argumente angeführt wurden (7/3018 r).
Von der LSchBeh wird am 20. Oktober 1852 den Bewohnern der Ortschaft Achleiten „die gewünschte Zuschreibung zur Pfarrschule in Rohr, Schulbezirk Sirning, bewilliget, jedoch zugleich dem Hrn Bezirkshauptmanne mit Rücksicht auf den Umstand, daß die zwischen Achleiten u Rohr fließende Krems manchmal austritt u. sonach die Kommunikazion zwischen beiden Orten erschwert oder unterbricht, zur Pflicht gemacht, für eine gute Brücke oder einen hoch genug gestellten Weg über dieselbe Sorge zu tragen" (7/3020 l).
255,8–9 Halbarting *bis* bleiben] *Den Bewohnern von Halbarting und Brandstatt wird mit Stifters Argumenten eröffnet, daß ihnen die Umschulung nicht gewährt werden könne.*

⟨111.⟩ Aufstellung eines eigenen Katecheten für die
      Haupt- und Unterrealschule zu Steyer

Überlieferung

H   1895/351 1852/53 X $\frac{B}{12}$ *Steyr (OÖLA 7/2835–2836)*
D   Fischer, Nr. 70

Apparat

257,25   eine[r]⟨s
258,4   Cooperators [in St. Michael] zum

⟨111.⟩

Emendation

257,8   ⁺das bei] da bei

Kommentar

Eine Beschreibung des Dokumentbestandes wurde in Nr. ⟨109.⟩ vorgenommen. Möglich wäre, daß Stifter eine 2. detailliertere Fassung quasi ‚für den Hausgebrauch' in der LSchBeh verfaßt hat, kurz bevor die 1. Fassung mit dem Schreiben der LSchBeh ans Ministerium geschickt wurde. Dafür spricht, daß auf der 1. Seite oben mittig über der Kopfzeile /Landesschulbehörde/ steht und daß in dieser 2. nicht wie in der 1. Fassung juristisch, sondern vom Standpunkte der Schule aus (S. 256,6) argumentiert wird.

Stellenkommentar

257,21–28 Haupt- bis worden] 1852 wurde in Steyr die Kreishauptschule am Michaelerplatz, die Unterrealschule im Rathaus untergebracht; vgl. den Kommentar zu Nr. ⟨26.⟩, dort zu S. 133,23–134,17. Von vier im Schreiben der LSchBeh am 6. September 1851 (Scha 12, Z. 1658) genannten möglichen Bauplätzen für ein neues Schulhaus wurde im Kommissions-Protokoll vom 9. August 1851 der Platz bei der Michaelskirche, auf dem das ‚alte Schulhaus' steht, vorgeschlagen und von der LSchBeh genehmigt, doch da der Pfarrer von St Michael und der Baubezirks-Vorsteher Einwendungen dagegen erhoben, kam er nicht in Frage. Im Schreiben vom 10. März 1852 (Scha 12, Z. 382) entschied sich deshalb die LSchBeh für den „Amongrund im Westen der Stadtpfarrkirche" als Bauplatz, obwohl er „nahe am südlichen Ende der Stadt" liegt und für die Kinder der Vorstadt Steyrdorf einen

⟨112.⟩

längeren Schulweg bedeutet. Obwohl das Ministerium am 1. Dezember 1858 (Scha 12, Z. 20397) die Statthalterei beauftragt, „dafür zu sorgen, daß der s. g. Ammonsgrund als Bauplatz für das Hauptschulgebäude für den Fall vorbehalten bleibe, als ein Neubau nothwendig werden sollte", mußte die Statthalterei am 17. Januar 1859 (Scha 12, Z. 772) an das Ministerium die „erfolgte Verwendung des [...] sogenannten Ammongrundes [...] zur Regulierung des Kirchenplatzes bei der dortigen Stadtpfarrkirche" anzeigen. Damit war auch dieser Bauplatz verloren. Der weitere Fortgang in Nr. ⟨328.⟩.

⟨112.⟩ Ausschulung einiger Häuser zu Kühnham
von Wernstein und Einschulung nach Schardenberg

Überlieferung

H 1486 1852 X $\frac{B}{37}$ Wernstein (OÖLA 7/3040 l)
 Stifters Äußerung vom 30. November 1852 nimmt die linke Spalte der 4. Seite eines Bogens ein. In der rechten Spalte befinden sich Anschrift und Kurzinhalt des auf der ersten Seite stehenden Konsistorialschreibens und darunter der Auftrag Fritschs vom 16. September 1852 zu diesem Schreiben.
D Fischer, Nr. 71

Stellenkommentar

258,28 Inspection] Laut Nr. ⟨222.⟩, 1. Liste, Nr. 7 (HKG 10,2, S. 201,14), war Stifter im April 1851 in Schardenberg.

⟨112.⟩

259,2–6 Kühnham *bis* eingeschult] *Heute Kinham, südlich von Schardenberg. Das bischöfliche Konsistorium hatte sich am 11. Juni 1852 (7/3035 r) in Übereinstimmung mit dem Antrag des Bezirkshauptmanns Scherding vom 4. Mai 1852 (7/3037 r), der den Bezirkskommissär gemeinschaftlich mit dem Herrn Schulendistriktsaufseher von Scheerding zu Münzkirchen mit Anfertigung eines „Augenscheins Kommissions-Protokolls" die Entfernungen zwischen den Orten hatte ermitteln lassen, dahingehend geäußert, daß „die betreffende k. k. Bezirkshauptmannschaft, die betreffende Schuldistriktsaufsicht, die beiden Pfarrämter Schartenberg und Wernstein, endlich die weltlichen Ortsschulaufseher und Gemeinde-Vorsteher genannter Pfarren einmütig" für die Umschulung „sich aussprechen", so daß auch das bischöfliche Konsistorium zustimmt, „daß dem Ansuchen oben genannter Eltern" von Kühnham „wolle Statt gethan werden" (7/3035 r).*

259,20–21 Entfernung Freisingers] *Das bischöfliche Konsistorium schrieb am 6. Mai 1852 (DAL Schu-A/3, Scha 37, Fasz. 22/13), daß Freisinger „eigenmächtiger, bedenklicher Züchtigungen seiner Schüler, namentlich einer Sonntagsschülerin sich zu Schulden kommen ließ, worüber er vom Schul-Districts-Aufseher Verweise mit Androhung von gesetzlichen Strafen erhielt". Außerdem „lebt der Schullehrer in beständiger Feindschaft gegen seine vorgesetzte Geistlichkeit, und die gewiß vielmaligen Ermahnungen derselben wurden für ihn immer ein neuer Grund seines Hasses". Obwohl die LSchBeh am 15. März 1852 zwar „grobe Verletzungen der Ehrerbietung", aber „noch nicht förmliche Insubordienzien" feststellte, „auf deren Fehler im § 281 die Entlassung vom Schuldienste angedroht ist", und für die Züchtigungen keinen „Beweis" vorfand, „daß sie in Mißhandlungen solcher Art, wodurch ein Schüler am Körper Schaden genommen hätte, und daher als schwere Polizei Uibertretung zu betrachten, und der Strafbehörde um Untersuchung und Aburtheilung zu*

⟨113.⟩

überweisen wären, ausgeartet seien", reagierte Freisinger am 26. März 1852 übereilt mit einer Resignation: „Der Gefertigte entsaget hiermit seinem Amte als Schullehrer und Meßner zu Wernstein [...]". Diese Resignation wird am 10. April 1852 von der LSchBeh „angenommen" und die Stelle neu ausgeschrieben.
259,29 Gesuche bis möge] Mit Erlaß vom 15. Dezember 1852 genehmigt die LSchBeh im Sinne der Antragsteller und des Schulrats Stifter die Umschulung der drei Häuser, während sich das Gesuch Spitalers dadurch, daß er „protokollarisch davon abgegangen" sei, „von selbst behebt" (7/3037 l).

⟨113.⟩ Besetzung des Freihandzeichnens an der Oberrealschule Linz

Überlieferung

H $\frac{3332}{274} \frac{1852}{1853}$ X $\frac{D}{2}$ (OÖLA 7/3076 l – 3075 r)
    Stifters Äußerung vom 4. Dezember 1852 beginnt auf der 16. Seite von 4 Bogen unterhalb von Fritschs Auftrag vom 4. Dezember 1852 in der linken Spalte, während in der rechten Spalte Anschrift und Kurzinhalt von Zampieris Gutachten stehen, und setzt sich auf der ganzen 15. Seite fort. Zampieris Schreiben vom 3. Dezember 1852 erstreckt sich über die ersten 13 Seiten.
D   Fischer, Nr. 72

Apparat

260,15   (1) stilisirt[e] (2) stilisirt [hatte,]
260,21–22 Institute [in Wien] angestellt

⟨113.⟩

Stellenkommentar

261,2–5 gegen bis ausgeschrieben] *Nachdem Güntner die Stelle nicht angetreten hatte, schlug Zampieri am 3. Dezember 1852 „den vom letzten Besetzungsvorschlage [Nr.⟨107.⟩, Anm.] bekannten Bewerber Martin* **Beisl**" *(7/3073 r) vor, der ihm „als ganz befähigt zum Unterrichte in den obgenannten zwei Lehrfächern erscheint"* (7/3074 l). *Während Stifter statt dessen für die erneute Ausscheidung der Stelle eintritt, schreibt der Statthalter, Entwurf Fritsch, am 6. Dezember 1852 dazu, er könne „bei der obwaltenden Nothwendigkeit, die noch erforderliche Lehrerstelle ohne Aufschub wenigstens provisorisch zu besetzen, [...] Stifters Antrage auf die Eröffnung eines Konkurses für die Stelle, wodurch die Besetzung jedenfalls Monate lang hinausgeschoben wird, nicht beitreten"* (7/3081). *Er schlägt zwar wie Zampieri den Kandidaten Beisl vor, jedoch wie Zampieri und Stifter „mit dem ehrerbietigen Antrage, daß, dafern er hohen Orts nicht genehm seyn sollte, das h. kk. Ministerium sich geneigt finden möchte, unmittelbar in Wien Erkundigungen über geeignete Individuen für das fragliche Lehrfach einzuziehen, u. ein solches der hiesigen Real-Schule ehestens zuzuwenden"* (7/3082ff.). *Ohne auf die Kontroverse hinsichtlich der Berufung Beisls einzugehen, wird vom Minister Thun mit Schreiben vom 25. Januar 1853 „der provisorische Zeichnungslehrer an der Akademie der bildenden Künste in Wien, Joseph* **Grandauer**", *der sich am 29. Dezember 1852 beim Ministerium um die Lehrerstelle im freien Handzeichnen an der Ober-Realschule zu Linz beworben hatte, „zum wirklichen Lehrer für das freie Handzeichnen an der k. k. Oberrealschule in Linz"* (Entwurf AVA U-Allg., 4130/16; Reinschrift OÖLA 7/3056 r) *ernannt.*

Nachdem die unabdingbaren Besetzungen der Lehrerstellen vorgenommen worden waren, konnte am 6. Dezember 1852 die Oberrealschule eröffnet werden. Die „Linzer Zeitung" berichtet

⟨114.⟩

am 7. Dezember 1852: „*Der Herr Schulrath Stifter verfügte sich mit dem Director und Lehrkörper in die neue Classe, und eröffnete dieselbe mit einer Ansprache, worin er den Schülern die Wichtigkeit der Real-, Bürger-, Gewerbschulen [...] andeutete [...]*" (HKG 8,3, S. 327f.). Der weitere Fortgang in Nr. ⟨163.⟩.

⟨114.⟩ Besetzung der Schul- und Meßnerdienststelle Arbing

Überlieferung

H 3179 1852 X $\frac{B}{30}$ Arbing (OÖLA 7/2899 l)
   Auf einem Bogen befindet sich auf den ersten 3 Seiten die Wiedergabe des konsistorialen Besetzungsvorschlags durch die LSchBeh, worauf Stifters Gutachten vom 7. Dezember 1852 auf der 4. Seite in der rechten Spalte unterhalb des Auftrags vom 4. Dezember 1852, „Hr Schulrath Stifter wollen hier Ihr Gutachten beifügen", beginnt und sich in der rechten Spalte fortsetzt. Auf eingelegtem Blatt wird mit Dekret vom 18. Dezember 1852, Entwurf Fritsch, die Lehrer- und Meßnerstelle an Wolfgang Ganglbauer verliehen.

D Fischer, Nr. 73

Apparat

263,6 hat [s]⌿ als sein
263,21 u [P]⌿ praktischen

⟨115.⟩

Stellenkommentar

262,15 Gram. Klassen] *Grammatikalklassen.*
262,15 pr cum acc. ad em.] *‚primae cum accessione ad eminentiam‛, also: ‚erste Klasse mit Annäherung an Vorzug‛. In den Gymnasien Österreichs wurde vor der Einführung der deutschen Zeugnisbemerkungen im Jahre 1848 über den Jahresfortgang als Klassifikation zwischen ‚prima classis‛ und ‚prima classis cum eminentia‛ folgende Zwischenstufe benutzt: ‚prima classis accedens ad eminentiam‛ (Albert Hübl, „Geschichte des Unterrichtes im Stifte Schotten in Wien", Wien 1907, S. 128f.). Enzinger hat ermittelt, daß „mit Hofdekret vom 13. Juli 1819 die erste Note wieder in drei Abstufungen gegliedert" wurde: „classis prima cum eminentia, accedens ad eminentiam und classis prima ohne Beisatz" (Enzinger, S. 74). Im ersten Zeugnis Stifters in Kremsmünster findet man durchgehend die Klassifikation „classi primae cum eminentia" (ebd., S. 73).*
262,25 Dekprüfung] *Dekanatsprüfung.*

⟨115.⟩ Beschwerde zum Besetzungsverfahren an der evangelischen Schule zu Efferding

Überlieferung

H $\frac{1110}{3275}$ $\frac{1851}{1853}$ XI $\frac{B}{7}$ *(OÖLA Scha 57)*
    Stifters Äußerung vom 13. Dezember 1852 in der linken Spalte auf der 8. Seite zweier hintereinander gefügter Bogen unter dem Auftrag vom 2. Dezember 1852 stehend, bezieht sich auf das Schreiben der evangelischen Schulendistriktaufsicht Goisern vom 24. November 1852 zur

⟨115.⟩

rekurrierenden Eingabe des Gottlieb Steinzer vom 13. Oktober 1852 im Besetzungsverfahren für die evangelische Schule in Efferding auf den ersten 5 Seiten.

Stellenkommentar

263,25–27 Bewerber *bis* Rekursschrift] *Noch vor Beendigung des Verfahrens, zu dem Stifter in Nr.* ⟨108.⟩ *gegutachtet hatte, war nach Darstellung der evangelischen Schulendistrikts-Aufsicht Goisern vom 24. November 1852 (Scha 57, Z. 3275) ein Konflikt, auf welchen Stifter nicht eingeht, entstanden, da die Schulendistrikts-Aufsicht dem Versuch des „alterschwachen Lehrer[s] Andreas Steinzer", welcher für die Leitung der evangelischen Schule „gar nichts mehr thun kann", entgegentrat, als dieser seinen Sohn Gottlieb „eigenmächtig anstellen wollte" und dieser den Rekurs vom 13. Oktober 1852 einlegte. In der Gemeinde entstanden zwei Parteien, wobei aber die Anhänger Gottlieb Steinzers bald von diesem abfielen: „[...] selbst der Lokalschulaufseher, fast der einzige unter den Vorständen, der seines Gevatters, Gottlieb Steinzers Wiederanstellung betrieb", zog „seine dießfallsigen Anträge" zurück; „die übrigen Vorsteher aber, die nur passiv und aus Gefälligkeit in G. Steinzers Wahl gewilligt hatten", verlangten „nun die Berufung eines Lehrindividuums aus dem Auslande". Die Schulendistrikts-Aufsicht verwahrte sich dagegen, Gottlieb Steinzer, „der vor 20 Jahren kein sehr glänzendes Gehilfenzeugniß erhalten hat, vor 11 Jahren aber um eines Ärgerniß erregenden Verhältnißes willen vom Schuldienst entfernt worden ist, der nach seinem unfreywilligen Austritte aus der Schule die Wirthin die er schon bey Lebzeiten ihres ersten Gatten frequentirte, geheirathet und dadurch – der Gemeinde zum Hohn die wider ihn erhobenen aber von ihm früher so fest zurückgewiesenen Beschuldigungen gerechtfertigt, und seit die-*

⟨115.⟩

ser Zeit als Gastwirth und Zuckerbäcker von seiner früher bewiesenen practischen Befähigung mehr eingebüßt, als dieselbe vervollkommt haben wird, der inzwischen durch Amputation eines wichtigen Gliedes seines Körpers beraubt worden ist, und der sein Versprechen, seine bisherigen Gewerbe aufgeben zu wollen auch bey dem besten Willen, seiner Familie wegen nicht halten kann, — die Leitung der evangel Schule zu Efferding [...] zu übergeben". Außerdem wurde die "Vermuthung" ausgesprochen, "Gottlieb Steinzer betrachte die Schule als einen Ruheposten für sein Alter, er werde im Fall er seine vormaligen Gewerbe wirklich aufgibt, unter dem Vorwande damit ein Opfer gebracht zu haben nach dem Tode seines Vaters den Lehrerdienst als einen schuldigen Ersatz dafür beanspruchen und dann bey einer in Folge seiner Amputation frühe eintretenden Dienstesunfähigkeit prätendiren daß ihm ebenso wie jetzt dem Vater ein zweiter Gehilfe gehalten werde". Aus diesen Gründen „hält es die gefertigte Schuldistriktsaufsicht im Interesse der guten Sache für unumgänglich nothwendig, daß Gottlieb Steinzer der Schule Efferding fern bleibe." Dieser beklagte sich in seiner Rekursschrift, „daß die Schuldistrikts-Aufsicht seiner Wiederanstellung in der Schule zu Efferding ohne stichhaltige Gründe, ohne schickliche Rücksichtnahme auf seine Person nur in ungesetzlicher Form entgegen getreten sey", was von Stifter abgewiesen wird.

Nachfolger von Andreas Steinzer wird ab 1854 Johann Karl Nadler (1831–1909), Sohn des Lehrers Leonhard Nadler aus Wallern, bisher Schulgehilfe in Roitham/Scharten („Evangelische Toleranzgemeinde Eferding", s. zu S. 191,22, S. 53).

⟨116.⟩ Errichtung einer Mittelschule zu Berg

Überlieferung

H   3182 1852 X $\frac{B}{37}$ Berg (OÖLA 7/2975 l)
      Stifters Äußerung vom 14. Dezember 1852, beginnend auf der 4. Seite eines Bogens unterhalb von Anschrift und Kurzinhalt sowie unter dem Auftrag Fritschs vom 19. November 1852 mit 6 Zeilen in der rechten und fortgesetzt in der linken Spalte, bezieht sich auf das Schreiben des bischöflichen Konsistoriums vom 11. November 1852 auf der 1. Seite.
D   Fischer, Nr. 74

Apparat

265,3   [d]⟨v. 29$\underline{t}$

Stellenkommentar

264,18 Errichtung *bis* Berg] Der Bezirkshauptmann zu Steyr hatte am 29. August 1852 als Ergebnis einer kommissionellen Verhandlung mitgeteilt, daß eine sehr große „Zahl Einwohner der Ortschaften Berg, Oberweißenberg, Haid, Moos u. Nettingstorf in der Pfarre Ansfelden, dann Schnatt [heute: Oberschnadt, Unterschnadt, Anm.] in der Pfarre Pucking um Errichtung einer Mittelschule für diese Ortschaften neben der Filialkirche zu Berg" (7/2970 r) gebeten und für die Herstellung eines zweckmäßigen Schullokals „die mit verhältnißmäßig geringen Kosten ausführbare Adaptirung des Meßnerhauses in Berg" vorgeschla-

⟨117.⟩

gen hat (7/2972 l). Die LSchBeh bewilligt am 10. Januar 1853 entsprechend Stifters Vorschlag „die Errichtung der nachgesuchten Mittelschule zu Berg im dortigen Meßnerhause" (7/2976 r) und teilt am 25. Mai 1853 (Scha 80, Z. 1072) dem Bezirkshauptmann zu Steyr mit, daß das Lehrzimmer der neu bewilligten Mittelschule nach dem Bauplan vom 13. April 1853 „in dem östlichen Theile" des Meßnerhauses „durch Aufsetzung eines Stockwerkes auf diesen Gebäudetheil" zu errichten sei. Am 3. Mai 1854 (Scha 80, Z. 1247) berichtet der Bezirkshauptmann zu Steyr, daß der Unterricht am 1. Mai 1854 „begonnen habe, auch die Wohnung des Lehrers daselbst bereits gänzlich hergestellt und von ihm vor 14 Tagen bezogen worden sey".

264,25 Intabulation] *Eintragung ins Grundbuch.*

265,7–8 Gemeinde *bis* möge] *Das Patronat der Schule wird mit Erlaß vom 10. Januar 1853 „nach den §§ 270 u 271 der Volksschulen-Verfassung dem Stifte St. Florian zuerkannt, welches gesetzlich dazu berufen ist, u. daher auch den Lehrer zu präsentiren hat" (7/2977 l). Am 5. Juni 1854 (Scha 80, Z. 9488) berichtet das bischöfliche Konsistorium, daß das Stift St. Florian am 8. Februar 1854 den Lehrer Johann Bruckner präsentiert und daß dieser am 25. April 1854 den Schuldienst angetreten hat.*

⟨117.⟩ Besetzung des Schul- und Meßnerdienstes in St. Ulrich

Überlieferung

H   *3417 1852 X $\frac{B}{30}$ Ulrich (OÖLA 7/2970 l, 2969 r, 2955 l)*
Stifters Gutachten vom 30. Januar 1853, beginnend auf der 4. Seite eines Bogens in der rechten Spalte unterhalb

⟨117.⟩

D von Fritschs Auftrag vom 15. Dezember 1852 „zur Begutachtung des vorstehenden Vorschlages" und fortgesetzt zunächst in der linken Spalte, dann in den rechten Spalten der 3. und 2. Seite, bezieht sich auf die Wiedergabe des Besetzungsvorschlags des bischöflichen Konsistoriums (I. Joseph Frosch, II. Augustin Rainer, III. Johann Haas) durch die LSchBeh auf den ersten drei Seiten. Fischer, Nr. 75

Apparat

266,33–267,1   St. Ulrich [wxgxxxx] [wegfallen dürfte],
267,19   versehen [hat] in

Emendation

267,8   ⁺empfohlen.] empfohlen *(versehentlich vergessener Punkt)*

Stellenkommentar

266,17–20 Rainer bis müssen] *Entsprechend wird Augustin Rainer mit Dekret der LSchBeh vom 1. Februar 1853 die Stelle verliehen.*
266,22–25 Überlakner bis verschlimmern] *Bereits die Schuldistriktsaufsicht Weyer hielt im Begleitschreiben vom 23. November 1852 Franz Überlackner für den besten Bewerber, fügte aber hinzu: „Allein, er dürfte in seiner Erwartung bitter enttäuscht werden, denn bey nicht Gewinnung eines bedeutenden Einkommens wird ihm das nahe Steyr wo nicht schaden wenigstens nicht viel nützen, was um so trauriger wäre, als derselbe nach seiner* **Qualification** *wahrlich einen andern, als den fraglichen mageren*

⟨117.⟩

Posten verdient" (7/2967). Dem bischöflichen Konsistorium war die Bewerbung Überlackners "nicht erklärlich, da Oberkappel 188, St. Ulrich nur 81 die Schule besuchende Schüler zählt [...]" (7/2963 l).
266,31–267,2 Brief bis Antwort] *Auf den Brief Stifters bedankte sich Überlakner überschwänglich:*

Wohlgeborner Gnädiger Herr Schulrat!

Der Schmerz ist verschwunden, **Euer Gnaden** *Huld erhebt und tiefer Dank belebt mich. Vor der Eingabe meines Bittgesuches besprach ich mich mit Herrn Redl, vorigen Schullehrer in St. Ulrich in Betreff des Einkommens, und es stellte sich ziemlich gleich mit dem hiesigen. Die Pflicht, für meine heranwachsenden Kinder, die Mittel ihrer ferneren Fortbildung zu suchen, und die Meinung, auf diesen Posten durch die Nähe von Steyr am leichtesten dafür sorgen zu können, waren die Motive, mein Bittgesuch einzureichen. Schmerzlich berührte es mich, als ich von den gemachten Vorschlägen hörte. Von einem Wegfallen von 90 f* **C M**, *ein ungeheurer Verlust für einen Schulgehalt, wodurch meine* **Existenz** *mit meiner Familie in Frage gestellt worden wäre, wußte ich natürlich gar nichts; – und noch immer kränkte ich mich. Da erscheint das* **gnädige** *Schreiben und öffnet mir die Augen, und ich sehe die so huldvoll gepflogene Sorge für mich. Welche Freude! aber auch wieder welcher Muth, aufs neue mit dem rastlosen Eifer in meiner Schule zu wirken, um eines im wahrsten Sinne des Wortes* **Gnädigen** *Gönners mich einiger Maßen würdig zu zeigen. Mein tiefgefühlter Dank drängt mich weiter als zu Worten, er gebietet mir Gebeth für meinen Wohlthäter.*

Ich erlaube mir nur noch unterthänigst beifügen zu dürfen, **Euer Gnaden** *ferneren, gütigsten Wohlwollen mich zu empfehlen und zu bemerken, daß ich unter heutigen Datum um Rückgabe meines Gesuches gehorsamst bitte.*

Mit tiefster Ehrfurcht und Dankbarkeit verharre ich
    Euer Gnaden
Oberkappel den 19 Jänner 853.   untertänigster, dankschul-
                                 digster Diener
                                 Franz Uiberlackner
                                 Musterlehrer. *(7/2956–2958)*
266,33 ob der enns. Sch.F.] *obderennsischen Schulfond.*
267,14–16 Scheibert *bis* vorzuschlagen] *S. Kommentar zu Nr. ⟨144.⟩, dort zu S. 315,20–29 mit gleicher Aktenzahl.*

⟨118.⟩ Ablehnung der Umschulung der Ortschaft Ödt aus
       St. Oswald nach Haslach

Überlieferung

H   *211 1852/53 X $\frac{B}{37}$ Oswald (OÖLA 7/3016 l)*
        Stifters Äußerung vom 13. Februar 1853, beginnend in der rechten Spalte der 4. Seite eines Bogens unter Anschrift und Kurzinhalt sowie unter dem Auftrag Fritschs vom 27. Januar 1853 und fortgesetzt in der linken Spalte, bezieht sich auf das Schreiben des bischöflichen Konsistoriums vom 19. November 1852 auf den ersten zwei Seiten.
D   *Fischer, Nr. 76*

Apparat

268,15   Die Zwischenräume legen die Vermutung nahe, daß die beiden Maßangaben 1864" und 1840" von Stifter nachträglich eingefügt wurden.

⟨118.⟩

Stellenkommentar

268,5–6 Ödt *bis* Folge] *Der Bezirkshauptmann Rohrbach hatte am 16. Dezember 1852 berichtet, daß „nach den von der Vogtey dargestellten Verhältnissen zwischen der dießseitigen Pfarre St. Oswald und der angränzenden böhmischen Pfarre Deutsch-Reichenau [...] der Schulbesuch der Kinder der Ortschaft Oedt zur Schule Deutsch-Reichenau seit einem Jahrhundert schon durch wechselseitige* **Convention** *geregelt" sei und, „wenn die Nähe der Ortschaft von der Schule als wesentlicher Beweggrund im Auge behalten wird, füglich nicht abgeändert werden" könne, „da in dieser Beziehung durch die Einschulung nach Haslach nichts oder wenig gewonnen, dagegen das Verhältniß der Schule St. Oswald wesentlich gestört würde. – / Unbezweifelt ist die Absicht der Bittsteller dahin gerichtet, um sich dem Baubeitrage zur Schule St. Oswald zu entziehen, welcher gegen die Konkurrenz zur Schule Haslach allerdings fast fünffach höher angenommen werden kann" (7/3013f.). Die Argumente des Bezirkshauptmanns übernehmend, sprach sich das bischöfliche Konsistorium am 19. Januar 1853 „dahin aus, daß die gegenwärtigen Schulverhältnisse der Ortschaft als die zweckmäßigsten aufrecht gehalten werden" (7/3012 l). Am 1. März 1853 beauftragt die LSchBeh im Sinne Stifters den Bezirkshauptmann, „die Bittsteller im hieramtlichen Namen abzuweisen" (7/3013 l).*

⟨119.⟩ Beschaffung von Lehrgegenständen für die Realschule
durch die Stadt Linz

Überlieferung

H *775 1853 X $\frac{D}{7}$ (OÖLA Scha 108)*
Auf zwei ineinander gefügten Bogen und einem angehängten Blatt, die durch Bindfaden verbunden sind, folgen auf einen neunseitigen Bericht des Bürgermeisters Reinhold Körner vom 19. Januar 1853 auf der 10. Seite in der rechten Spalte die Anschrift und der Kurzinhalt dieses Schreibens sowie darunter der Auftrag Fritschs vom 10. Februar 1853 „um Aeußerung in Betreff der dringend nothwendigen, dann der in der Anschaffung noch verschieblichen Apparate, so wie hinsichtlich der Zuläßlichkeit der vorgeschlagenen Lehrbücher u. Kartenwerke". Stifters Äußerung vom 2. März 1853 in der linken Spalte der 10. Seite bezieht sich zwar formal auf das davor befindliche Schreiben des Bürgermeisters, inhaltlich jedoch auf die am 2. Dezember 1852 (Scha 108, Z. 180) von Direktor Zampieri eingereichten fünf Verzeichnisse über den Bedarf an Lehrmitteln an der Oberrealschule, die von der LSchBeh am 27. November 1852 angefordert und am 15. Dezember 1852 zur Anschaffung an den Gemeinderat weitergeleitet worden waren.

Apparat

269,16   [a]⟩⟨A⟩ngeführte

Stellenkommentar

269,2–3 Verasche Seilmaschine] *Sie beruht auf einer von dem französischen Postbeamten M. Vera Ende des 18. Jahrhunderts erfundenen Mechanik zum Wasserschöpfen. Im Studium kann Stifter in Baumgartners Vorlesung zur „Naturlehre" gelernt haben: „[...] Vera's Seilmaschine zum Wasserheben [...] besteht aus einem oder mehreren Stricken ohne Ende, die um zwei über einander befindliche Wellen gehen. Die untere Welle befindet sich in dem Wasserbehälter, die obere an der Stelle, wohin das Wasser gehoben werden soll. Letztere läßt sich mittelst einer Kurbel um ihre Axe drehen und nimmt bei der Bewegung die Stricke mit sich fort. Wird schnell genug gedreht, so erscheint der ganze aufsteigende Arm des Strickes mit Wasser umgeben, welches beim Wenden desselben in einem eigenen Behälter gesammelt werden kann" (Baumgartner, s. zu S. 59,25–26, S. 112).*

269,3 Feldstecher von Plößl] *Dieser war Stifter aus der Vorlesung von Baumgartner bekannt: Man kann ein Fernrohr „nur dann zu stärkerer (10–30maliger) Vergrößerung brauchen, wenn alles in hohem Grade vollkommen construirt worden, wie dieses bei Plößl's sogenannten Feldstechern der Fall ist" (Baumgartner, S. 417).*

269,4 Psichrometer] *Bei Zampieri steht im „Verzeichniss der nachzuschaffenden physikalischen Apparate" unter Nr. 27: „Psychrometer zu genauen meteorologischen Beobachtungen". Bei Baumgartner hat Stifter Luftfeuchtigkeitsmesser unter dem Begriff „Hygrometer" kennengelernt (Baumgartner, S. 171–177).*

269,7–8 Luftpumpe *bis* Recipienten] *In Zampieris „Verzeichniss der nachzuschaffenden chemischen Apparate" steht unter Nr. 11: „Eine Ventil-Luftpumpe mit zwei gläsernen Stiefeln und* **Babinet**'*schen Hahn mit drei Tellern zum Wechseln drei Recipienten und Barometerprobe". Der Rezipient ist eine starkwandige Glasglocke mit plangeschliffenem unteren Rand, die auf den Teller der Vakuumpumpe gestellt und ausgewechselt wurde.*

⟨120.⟩

269,11 N° 3 u 4] *In Zampieris „Verzeichniss der nachzuschaffenden Lehrmittel für den Unterricht im Zeichnen" steht: „3. Große Studien in zwei Kreiden von* **Leybold**, *bei* **Baldi** *in Linz / 4. Julien's Zeichnungsschule, bei* **Neumann** *in Wien" (Scha 108, Z. 180).*

269,13–15 Bibliothek *bis* sind] *Hinsichtlich „des verlangten jährlichen fixen Beitrages von 200 f Cm zur Herstellung einer Bibliothek" (Scha 108, Z. 775, S. 5) hatte die Gemeinde im Schreiben vom 19. Januar 1853 (Scha 108) Bedenken angemeldet und diesbezüglich „zwischen einer Bibliothek für die Lehrer und einer Bibliothek für die Schüler" unterschieden. „Nur die letztere scheint unter die Lehrmittel, die erstere aber unter die Lehrquellen zu gehören. [...] Es dürfte daher bezweifelt werden, ob die Gemeinde überhaupt verpflichtet sey, für eine Bibliothek für die Lehrer etwas beizutragen" (ebd., S. 6). Von dem Beitrag für die Bibliothek, meint der Gemeinderat, solle gegenwärtig „Umgang genommen und dieser Gegenstand in einer spätteren Zeit wieder aufgenommen werden [...]" (ebd., S. 8). Am 29. März 1853 (Scha 108, Z. 775) schreibt dazu die LSchBeh im Sinne Stifters: „Von der Anschaffung der Bibliothek, so wünschenswerth deren Bestand für den Lehrkörper auch ist, wird* vorläufig *noch Umgang genommen".*

⟨120.⟩ Besetzung der technischen Unterlehrerstelle an der unvollständigen Unterrealschule Wels

Überlieferung

H 349 1853 X $\frac{B}{12}$ *Wels (OÖLA 7/3208, 3210–3211) Stifters Äußerung vom 21. März 1853 beginnt auf einem Bogen nach der Kandidatenliste der LSchBeh und unter-*

⟨121.⟩

D
halb des Auftrags „zur Begutachtung der vorstehenden zwey Elaborate u. sofortigen Entwerfung des Besetzungsvorschlages" vom 1. März 1853 im unteren Drittel der 2. Seite und erstreckt sich in der linken Spalte bis auf das obere Drittel der 4. Seite, worauf im unteren Zweidrittel der rechten Spalte das Dekret der LSchBeh folgt und sich auf einem eingelegten Bogen fortsetzt.
Fischer, Nr. 78

Apparat

270,11   einschließ[en]⟨t
270,13–14 Ausarbeitung [durchschnittlich] denen

Stellenkommentar

270,23 Philipp bis vorgeht] Mit dem Dekret der LSchBeh wird Karl Philipp die Stelle verliehen.

⟨121.⟩ Auszeichnung für den Schullehrer Thomas Reidinger in Laakirchen

Überlieferung

H   1731 1853 X$\frac{B}{17}$ (OÖLA 7/3221 l)
Stifters Äußerung vom 8. April 1853, die sich auf das lobende Gutachten des Bezirkshauptmanns von Gmunden vom 11. März 1853 auf der 1. Seite eines Bogens bezieht,

⟨121.⟩

      folgt auf der 4. Seite in der linken Spalte, während in der rechten Spalte die Anschrift des Bezirkshauptmanns und darunter der Auftrag Fritschs vom 23. März 1853 „um Aeußerung" stehen.
D   Fischer, Nr. 79

Apparat

271,16   dar[thun]⌡⌠stellen⌡
271,21   u ⌠andererseits⌡ zur

Kommentar

Die LSchBeh hat am 11. Mai 1853 mit Bezug auf Stifter „die a. h. Verleihung des silbernen Verdienstkreuzes mit der Krone" (Scha 104; Z. 718) angeregt, indem sie u.a. darauf verweist, daß Resch „ein hochbetagter, dennoch aber rüstiger, noch in voller eifriger Wirksamkeit stehender Greis von 81 Jahren" sei. Ein Ministerialerlaß vom 20. Juni 1853 antwortet: „Seine k.k. apostolische Majestät haben mit Allerhöchster Entschließung vom 16. Juni 1853 dem Lehrer Thomas Reidinger [...] das Silberne Verdienstkreuz mit der Krone allergnädigst zu verleihen geruht" (7/3211 r).

⟨122.⟩

⟨122.⟩ Remuneration für den Lehrer Isidor Langer
an der Realschule Linz

Überlieferung

H $\frac{776}{2255}$ *1853 X $\frac{D}{2}$ (OÖLA Scha 108)*
Stifters Äußerung vom 18. April 1853, beginnend auf der 8. Seite von zwei ineinander gelegten Bogen in der linken Spalte unterhalb von Fritschs Auftrag vom 28. März 1853 und fortgesetzt auf der 7. Seite in der rechten Spalte, bezieht sich auf das Schreiben Zampieris auf den ersten 5 Seiten.

Apparat

272,8   Klarheit u Übersichtlichkeit (u *möglicherweise nachträglich eingefügt*)

Kommentar

Fortgang von Nr. ⟨107.⟩ (S. 249,21–251,4).

Stellenkommentar

272,21–23   Langer *bis* ernennen] *Isidor Langer hatte im Schreiben vom 19. März 1853 (Scha 108) „um die definitive Anstellung" an der Realschule gebeten und sich auf den Präzedenzfall berufen, daß auch Aprent und Netwald angestellt worden seien, obwohl ihnen die entsprechende Prüfung noch gefehlt habe. Zampieri erweiterte in seinem Schreiben vom 21. März 1853 den*

Antrag dahin, entweder Langer eine Remuneration von 150 Gulden C. M. zu bewilligen oder ihn „zum definitiven Lehrer" zu ernennen, was von Stifter und am 2. August 1853 (AVA U-Allg., 4130/16) von der LSchBeh unterstützt wird.
272,32 Zulage *bis* bewilligen] *Das Ministerium lehnt am 18. August 1853 (Entwurf AVA U-Allg., 4130/16; Reinschrift OÖLA Scha 108, Z. 2255) die „ausnahmsweise definitive Anstellung des provisorischen Lehrers" Langer ab, da „die Vorschrift über die Prüfungen der Kandidaten des Lehramtes an vollständigen Realschulen bereits erschienen, und auch bereits eine Prüfungskommißion zu diesem Ende in Wien aufgestellt worden, somit den Bewerbern um solche Stellen die Möglichkeit gebothen ist, sich nach dieser Vorschrift die Eignung zu den fraglichen Lehrerstellen zu erwerben", gewährt aber für das ganze Schuljahr eine Remuneration von 150 Gulden CMz. Der weitere Fortgang in Nr. ⟨161.⟩.*

⟨123.⟩ Auszeichnung für den Lehrer Raimund Resch zu Waldkirchen

Überlieferung

H   1731 1853 X$\frac{B}{17}$ (OÖLA 7/3214 l)
     Auf der 4. Seite eines Bogens in der linken Spalte, wo in der rechten Spalte die Anschrift des Bezirkshauptmanns und darunter der Auftrag vom 16. März 1853 stehen, hat Stifter seine Äußerung vom 23. April 1853 in der linken Spalte eingefügt, die sich auf das Gutachten des Bezirkshauptmanns in Schärding vom 13. März 1853 auf den ersten drei Seiten bezieht.
D   Fischer, Nr. 80

⟨123.⟩

Stellenkommentar

273,17–23 politische *bis* dürfte] *Das bischöfliche Konsistorium war am 10. Februar 1853 der „Uiberzeugung", „daß es kaum eine größere Verdienstlichkeit von Seite eines Schulmannes geben könne" (7/3218 r), und der Bezirkshauptmann Scheerding hatte am 13. März 1853 vor allem Reschs „politische Haltung und Denkart besonders in den letzten Jahren" hervorgehoben: „Die Gemeindevorstehung schildert ihn bezüglich der Vorgänge des Jahres 1848 und 1849 als einen Mann, der sich entsetzt, wenn etwas geschieht, was unrecht ist" (7/3212 r). Nachdem die LSchBeh im Schreiben vom 11. Mai 1853 an das Ministerium, Stifter folgend, das silberne Verdienstkreuz mit der Krone beantragt hat (Scha 104), wird dieses laut Ministerialerlaß vom 20. Juni 1853 „mit Allerhöchster Entschließung vom 16. Juni 1853" dem Lehrer Resch verliehen (7/3211 r).*

273,24–29 Tadelhaftigkeit *bis* sei] *Hinsichtlich der Kindererziehung Reschs hatte das bischöfliche Konsistorium am 10. Februar 1853 geschrieben, er „zeichnete sich nicht blos als Lehrer aus; sondern auch als Familien-Vater durch eine sehr gute Erziehung seiner Kinder. Nebst seinen ehrenvoll versorgten Töchtern hat er drei Söhne: Alexander, Eduard und Franz" (7/3219). Diesem Urteil wurde vom Bezirkshauptmann am 13. März 1853 widersprochen: „Mann kann nicht sagen, daß Raimund Resch alle seine Kinder gut erzogen habe. / Er hat 4 Söhne: Heinrich, Alexander, Franz u Edmund. Der Sohn <u>Heinrich</u> ist nicht viel werth; er ist ohne eigentliche Beschäftigung; er war schon bei der Finanzwache, ist aber wahrscheinlich wegen eines Vergehens, entlaßen worden, und ist derzeit zu Hause und hilft in der Bauernarbeit. / <u>Alexander</u> war schon in strafrichterlicher Untersuchung, weil er zum Zorne gereizt einen Andern das Messer in den Bauch gestossen hat, der jedoch wieder geheilt worden ist. [...] Daran soll jedoch die Mutter schuld sein, welche auf die Kinder zu gut*

⟨124.⟩

ist. / Uibrigens bin ich der Meinung, daß Gebrechen in der Kindererziehung, welche nicht dem Manne zur Last fallen, auch demselben an seinem Verdienste als Schulmann keinen Abbruch thun sollen, und muß dem Antrage der Schuldistrikts Aufsicht auf Ertheilung einer Auszeichnung beitretten, da seine Verdienste als Schulmann anerkannt sind [...]" (7/3212f.).

⟨124.⟩ Besetzung der Oberlehrerstelle an der Mädchenschule in Steyr

Überlieferung

H 1152 1853 X$\frac{B}{12}$ Steyr (OÖLA 7/3204 l, 3206 r – 3207 l)
   Auf einem Bogen, auf dessen 1. und der halben 2. Seite Fritsch jeweils in der linken Spalte den Besetzungsvorschlag des bischöflichen Konsistoriums (I. Ferdinand Manhardt, II. Philipp Zitterl, III. Anton Pleninger) dargestellt hat, beginnt, ebenfalls in der linken Spalte auf der 2. Seite unterhalb von Fritschs Auftrag vom 7. Mai 1853 Stifters Gutachten vom 10. Mai 1853 und setzt sich auf der 3. und mit wenigen Zeilen auf der 4. Seite fort. Danach wird in der rechten Spalte der „Erlaß" vom 22. Mai 1853 entworfen, mit welchem die LSchBeh, gez. Bach, „die durch das Ableben des Johann Halbmayr erledigte Stelle" an der Mädchenschule Steyr Johann Zitterl verleiht (DAL Schu-A/3, Scha 35, Fasz. 20/24).
D Fischer, Nr. 81

⟨125.⟩

Apparat

274,27   in [We]⸌Steyr
274,28   mit 3[9]⸍6
275,10   Lehrgehilfe[n]
275,10–11 Stadtpfarr-Musterschule ⌈in Linz⌉ als

Stellenkommentar

275,5–12 geeignet *bis* müsse] *Daß Stifter im ersten Absatz so ausführlich den Zusammenhang zwischen dem Anciennitätsprinzip und der Ausbildungsqualität auf der einen bzw. der Qualität der Erfahrungen auf der anderen Seite darstellt, begründet seine Entscheidung für Zitterl nach dem Anciennitätsprinzip, das sonst vom Konsistorium bevorzugt wird (vgl. Nr. ⟨5.⟩), während das Konsistorium Zitterl hier trotz seines höheren Alters an die 2. Stelle gesetzt hatte.*

⟨125.⟩ Besetzung der Schul- und Meßnerstelle in Windhag

Überlieferung

H   617 1853 X $\frac{B}{30}$ *Windhaag (OÖLA 7/3266 r)*
     Stifters Gutachten vom 12. Mai 1853, beginnend auf der 3. Seite eines Bogens in der rechten Spalte unterhalb von Fritschs Auftrag vom 8. April 1853 „zur Prüfung des vorliegenden u. sofortigen Beifügung Ihres Vorschlages" und fortgesetzt in der linken Spalte, bezieht sich auf die Wiedergabe des Konsistorialvorschlags durch die

⟨126.⟩

D   LSchBeh auf den beiden ersten Seiten; auf der 4. Seite folgt das Dekret vom 21. Mai 1853, mit welchem die Lehrer- und Meßnerstelle an Dominik Holzhey verliehen wird. Fischer, Nr. 82

Apparat

276,22   [auf]⫽ in Hinsicht
277,1   sehr gut u [s]⫽ gut

⟨126.⟩ Ablehnung der Bitte des blinden Daniel Haider, eine Töchterschule für Sehende zu errichten

Überlieferung

H   ad $\frac{128}{697}$ 1853 X $\frac{C}{28}$ *(OÖLA Scha 107)*
Stifters Äußerung vom 23. Mai 1853, beginnend auf der 4. Seite in der rechten Spalte eines Bogens unterhalb von Anschrift und Kurzinhalt des Konsistorialschreibens und unter dem Auftrag Fritschs vom 14. März 1853 und fortgesetzt in der halben linken Spalte, bezieht sich auf die Note des bischöflichen Konsistoriums vom 10. März 1853 auf den beiden ersten Seiten.

Stellenkommentar

277,24–26   Bittsteller *bis* kann] *Der blinde Lehrer Daniel Hayder vom Linzer Blindeninstitut hatte am 15. Januar 1853 den Antrag*

⟨127.⟩

gestellt, „mit Beginn des nächsten Schuljahres eine den Anforderungen der Zeit und den Wünschen des Publikums entsprechende sogenannte Töchterschule zu errichten [...]". Am 10. März 1853 hatte sich jedoch das bischöfliche Konsistorium, obwohl „von der vorzüglichen Lehrtüchtigkeit des Daniel **Hayder**" *überzeugt, wegen Hayders Blindheit dagegen ausgesprochen.*
278,2 abschlägig zu bescheiden] *Sowohl das schon vom Konsistorium vorgebrachte Argument der Blindheit als auch das von Stifter hinzugefügte juristische Argument aufgreifend, schreibt die LSchBeh am 4. Oktober 1853 an das bischöfliche Konsistorium, daß sie „dem Gesuche" Daniel Hayders „ungeachtet seiner Kenntnisse u. Verdienstlichkeit nicht willfahren" könne.*

⟨127.⟩ Besetzung des Schul- und Meßnerdienstes
zu Mörschwang

Überlieferung

H   586 1853 X$\frac{B}{30}$ *Mörschwang (OÖLA 7/3247–3248)*
Auf einem als Umschlag dienenden Bogen enthält das Schreiben der LSchBeh neben der Rekapitulation des Konsistorialvorschlags den Hinweis auf ein eingefügtes Bittgesuch der Gemeindevorstehung Mörschwang „mit der Bitte um Verleihung dieser Stelle an den Anton Pleminger Schulrevisor in Mörschwang", worauf Stifter nicht eingeht. In der rechten Spalte der 1. Seite eines eingelegten 2. Bogens erfolgt Fritschs „Einladung" vom 12. April 1853, „hierunten das Gutachten über die Besetzung des Mörschwanger Schuldienstes beizufügen" und darunter Stifters Gutachten vom 24. Mai 1853, das sich

⟨127.⟩

über 2 Seiten erstreckt. Auf den folgenden beiden Seiten wird mit Dekret der LSchBeh vom 8. Juni 1853 die Lehrer- und Meßnerstelle zu Mörschwang an Franz Tahedl verliehen.

D   Fischer, Nr. 83

Stellenkommentar

278,14–15 1846 bis ersichtlich] *Akten im DAL (Schu-A/3, Scha 37, Fasz. 22/8) belegen, daß Tahedl von Franz Teufelsberger mit Schreiben vom 15. Juni 1848, das auch vom Ortsschulaufseher unterschrieben wurde, wegen „Mißhandlung seiner Tochter" angezeigt worden war, denn er hatte dem Mädchen „wegen eines unbedeutenden Fehlers im Schreiben eine solche Ohrfeige" gegeben, „daß sie beynahe zusammen gefallen ist", und er ließ sie „von zwey bis drey Stunden auf den harten Boden knieen, weil sie im Lesen nicht sogleich fortfahren konnte". Diesbezüglich schrieb das bischöfliche Konsistorium am 17. Juni 1848 an die Schuldistriktsaufsicht Scheerding zu Münzkirchen: „Es wäre dem Lehrgehilfen Franz* **Tahedl** *anzurathen, daß er sich mit dem Kläger gütlich ausgleiche, so daß dieser von seiner Klage abstehe. Denn die im §. 243 der polit. Schulv. angedrohte Strafe wird ihn wohl treffen; ihm aber bey einer Beförderung sehr hinderlich seyn. Eine Versetzung wäre ihm zuträglicher". Laut Konsistorialscheiben vom 12. August 1848 wurde Tahedl bereits von Schardenberg „nach Diersbach versetzt, so behebt sich die Klage des Franz Teufelberger, Krämers zu Schardenberg".*

⟨128.⟩

⟨128.⟩ Vierjähriger Präparandenunterricht und Seminar zur Unterbringung der Präparanden

Überlieferung

H $3144 \frac{1850}{1853} X \frac{4}{8}$ *(OÖLA 1/352–354)*
Stifters Äußerung vom 11. Juni 1853 füllt 4 Seiten eines Bogens, wobei sich sowohl die Kopfzeile als auch der Text über die gesamte Seitenbreite erstrecken.
D   *Vancsa IX, S. 61–64*

Apparat

280,15   wichtig [dünk]⸗ erscheinende
283,2   d[i]⟨en 2$^{\underline{t}}$ Jahrgang

Stellenkommentar

279,18–24 4jährigen *bis* zubringen] *Nachdem das Ministerium mit Erlaß vom 27. Dezember 1852 einen 4jährigen Präparandenkurs abgelehnt und statt dessen den gerade erst eingeführten 2jährigen Präparandenkurs als verbindlich festgeschrieben hat, wird Stifter von der LSchBeh zu einem Gutachten über diese neue Situation aufgefordert. Stifter verteidigt zwar seine frühere Position von Nr.* ⟨98.⟩ *(S. 227,4), stellt sich aber auf die neue Situation ein, wobei die Regelung eines 2jährigen Präparandenkurses nach zwei Realschuljahrgängen auch 4 Jahre ausmacht.*
280,11 mechanisches Vorgehen] *Kant hatte in der Vorlesung „Über Pädagogik" scharf kritisiert: „In Österreich gab es meistens nur Normalschulen, die nach einem Plan errichtet waren, [...] dem man besonders blinden Mechanismus vorwerfen konnte"*

⟨128.⟩

(Kant, Werke 10, S. 708). Dem entgegen forderte er: „Der Mechanismus in der Erziehungskunst muß in Wissenschaft verwandelt werden, sonst wird sie nie ein zusammenhängendes Bestreben werden [...]" (ebd., S. 704). Allerdings hat nach Rochow, wie er in seinem Aufsatz „Geschichte meiner Schulen" (1795) schreibt, auch in den Landschulen Preußens „der gröbste Mechanismus" (in: Rochow, s. zu S. 81,20, S. 40) geherrscht, so daß er sich 1779 im Aufsatz „Vom Nationalcharakter durch Volksschulen" intensiv für ein Lehrerseminar einsetzte und für die Seminaristen „einen praktischen Unterricht über alles" forderte, „was zum richtigen Denken, Urteilen und Handeln gehört [...]" (ebd., S. 11). Auch Adolph Diesterweg, von 1832 bis 1847 in Berlin tätig, hat den „Schlendrianismus und Mechanismus" (Diesterweg, s. zu S. 81,20, S. 21) bekämpft und sich für eine „intellectuelle Lehrerbildung" (ebd., S. 14) eingesetzt. Feuchtersleben, der in einem Beitrag für die „Wiener Zeitung" vom 23. September 1848 über Diesterweg schrieb, daß man in seinem Werke „Wegweiser zur Bildung für Deutsche Lehrer" – er spricht hier von der 3. Auflage 1844 – „einen reichen Schatz von Belehrungen" finden könne (Feuchtersleben, KFA III/3, S. 72), hat dessen Buch sogar im Ministerialerlaß vom 17. September 1848 für die Verwendung im Präparandenkurs vorgeschlagen (AVA Normalien Z. 6111).
280,14 Seminariums] *Vgl. Nr. ⟨98.⟩ vom 1. September 1852 (S. 226,33).*
281,12 technischen Lehrers] *An der Bestellung eines technischen Lehrers für die Präparandenanstalt hält Stifter fest, weil eine Übernahme des Lehrers Merkh in den Präparandenunterricht wegen dessen Unfähigkeit nicht möglich sei. Die LSchBeh argumentiert am 12. August 1853, daß durch Erlaß vom 27. Dezember 1852 die mit Erlaß vom 17. September 1848 „eingeführten sogenannten technischen Fächer nebst Geographie u. Geschichte, darin das Nothwendigste der Anthropologie u Psychologie aus den Gegenständen des Präparanden Unterrichtes nicht ausgeschieden wurden, u. diese Wissenszweige wenigstens in ihren*

⟨128.⟩

Grundzügen, Elementar-Bestandtheilen u. – was Geschichte u. Geographie betrifft, – in ihren wesentlichsten Stufen bezüglich des österreichischen Vaterlandes aber etwas umfangreicher selbst für das Amt u. die Stellung eines Volksschullehrers erforderlich, ja mehr oder weniger Bedürfniß sind" (1/331). *Da sich „keine Kräfte an der Normal-Schule zur Ertheilung des Unterrichts in den oben aufgezählten Lehrfächern" finden, ergibt sich nach Auffassung der LSchBeh „die Nothwendigkeit der Anstellung eines besondern Präparanden-Lehrers. [...] Nur wenn mit Rücksicht auf den Umstand, daß die Schulamts-Kandidaten vor der Zulassung zum Präparanden Unterrichte nach der obigen Verord. vom 17 Septb 1848 zwey Jahrgänge einer Unter-Real Schule mit gutem Erfolge zurückgelegt folglich in den fraglichen techn. Lehrgegenständen bereits ein gewisses Maaß von Elementar-Unterricht genossen haben, eine weitere Unterweisung derselben in diesen Fächern für entbehrlich erklärt würde, wäre es zuläßig, den technischen Lehrer zu ersparen"* (1/332 r – 333 l). *Diesen Punkt greift das Ministerium, gez. Thun, im Erlaß vom 9. November 1853 auf und nimmt die Streichung dieser Fächer vor (1/292f.), da sie in den 2 Jahren, welche die Präparanden die Realschule besuchen müssen, dort gelehrt werden. Daraufhin ist ein technischer Lehrer überflüssig.*

282,1 vierte Klasse] *Um Wiedereinführung von Hauptschulen mit 4 Klassen geht es in Nr. ⟨185.⟩.*

282,29–30 neuen H. Direktor Lucht] *Das Ministerium für Kultus und Unterricht hatte sich laut Schreiben der LSchBeh vom 16. November 1852 (DAL Schu-A/3, Scha 11, Fasz. 3/1) am 8. Oktober 1852 „bestimmt gefunden", dem „Katecheten an der Welser Haupt und Unterrealschule, Mathias Lucht die erledigte Direktorsstelle an der hiesigen Normalhauptschule zu verleihen".*

283,10 Diurnisten] *Tagelöhner, Lohnschreiber.*

⟨129.⟩ ⟨130.⟩

⟨129.⟩ *Zum geringen Einfluß der Bezirkshauptmannschaft Rohrbach auf das Schulwesen im dortigen Bezirke

Überlieferung

Die Äußerung Stifters wurde am 22. Juni 1853 im Protokollbuch HS 368, Nr. 1675, eingetragen.

Stellenkommentar

283,16 geringen *bis* Rohrbach] *Inwiefern der Einfluß der Bezirkshauptmannschaft im Bezirk Rohrbach gering war, bleibt offen, da diesbezügliche Akten nicht gefunden wurden. In Nr. ⟨317.⟩ vom 24. November 1856 steht, daß seit einer Besprechung 1855 mit dem Schulbezirksaufseher* im ganzen Dekanate [...] nichts Ordnungswidriges vorgefallen *(HKG 10,2, S. 374,32–33) sei.*

⟨130.⟩ *Besetzung von Lehrerstellen für deutsche Sprache und Arithmetik und für italienische Sprache an der Linzer Realschule

Überlieferung

H   *1699 1853 X $\frac{D}{2}$ (OÖLA Scha 108)*
      Der Hinweis auf ein Gutachten Stifters vom 13. Juli 1853 zur Besetzung der beiden Lehrerstellen befindet sich im Schreiben der LSchBeh vom 22. Juli 1853 an das Ministerium.

Stellenkommentar

283,25 Vertheilung] *Die von Direktor Zampieri entworfene Verteilung der Lehrstunden und Lehrfächer war wegen der bevorstehenden Eröffnung der 5. Klasse im Schuljahr 1853/54 notwendig geworden. Dabei stellte sich heraus, daß zwei Lehrer, einer für deutsche Sprache und Arithmetik in den ersten 2 Klassen der Unter-Realschule und ein Nebenlehrer für den Unterricht in der italienischen Sprache in den untersten 3 Klassen mit wöchentlich 9 Lehrstunden gebraucht wurden.*
283,26 Kompetenz-Eröffnung] *Die LSchBeh konnte, wie sie am 22. Juli 1853 (Scha 108) an das Ministerium schreibt, „dem Vorschlage des Direktors und dem weiteren Antrage des Schulrathes Stifter ihre Zustimmung nicht versagen [...]". Sie hat daher die Kompetenz für die Einstellung der zwei Lehrer eröffnet und die Ausschreibung mit dem Ersuchen an die Landesschulbehörden zu Prag, Brünn, Wien, Gratz, Triest, Innsbruck und Salzburg geschickt. Der weitere Fortgang in Nr.* ⟨*134.*⟩*.*

⟨131.⟩ Taubstummeninstitut in Linz

Überlieferung

H   18937 $\frac{1853}{1854}$ X $\frac{B}{21}$ *(OÖLA 7/3226 r – 3227)*
Stifters Äußerung vom 17. August 1853 zum Bericht des bischöflichen Konsistoriums vom 30. Dezember 1852 über den Zustand des Taubstummeninstituts im Schuljahr 1852, von anderer Hand geschrieben, von Stifter lediglich gezeichnet und mit Amtsbezeichnung versehen, erstreckt

⟨132.⟩

sich über zwei Seiten eines Bogens. Die Aktenzahl ist dieselbe wie bei Nr. ⟨132.⟩.

D   Fischer, Nr. 85

Stellenkommentar

285,13–15 Einverständnisse bis überzeugt] Das bischöfliche Konsistorium hatte geschrieben: „Da die Erfahrung lehrt, daß Taubstumme fast für alle bürgerlichen Beschäftigungen sich qualifiziren lassen, ja selbst für höhere künstlerische Gegenstände, so ist es klar, daß diesen Instituten alle Aufmerksamkeit zu schenken, und jede mögliche Nachhilfe zu leisten sey. / □ Bei dem traurigen Umstande, daß noch 89 taubstumme Kinder im Kronlande sich befinden, die ohne diesen Unterricht aus Mangel an Lehrern und Platz in der Anstalt bleiben müssen, wäre dem fast jährlich gestellten Antrage der Direktion wegen Vergrößerung der Anstalt und Anstellung eines fünften Lehrers Statt zu thun" (7/3225 r).

⟨132.⟩ Privatblindeninstitut in Linz

Überlieferung

H $18937 \frac{1853}{1854} X \frac{B}{21}$ (OÖLA 7/3230 r – 3232 l)
Stifters Äußerung vom 17. August 1853 zum Bericht des bischöflichen Konsistoriums vom 17. Januar 1853 „über den Zustand des hiesigen Privat-Blinden-Institutes im Schuljahre 1852" (7/3229 r), von anderer Hand geschrieben, von Stifter nur unterzeichnet und mit Dienstbezeich-

⟨132.⟩

　　　　nung versehen, steht ganzseitig auf drei Seiten eines Doppelbogens. Die Aktenzahl ist dieselbe wie bei Nr. ⟨131.⟩.
D　　　Fischer, Nr. 86

Stellenkommentar

285,26–27 Uebereinstimmung bis Konsistorium] *Stifter äußerte sich erstmals in Nr. ⟨26.⟩ vom 4. April 1851 zum Blindeninstitut. In Zukunft sollen* alljährlich *(HKG 10,3, S. 308,9) entsprechende Äußerungen zu den vom bischöflichen Konsistorium vorgelegten Berichten entstehen, doch Jahresberichte zu den Schuljahren 1854 bis 1857 sowie 1859 wurden im OÖLA Linz nicht gefunden. Das erklärt sich teilweise aus einem Antwortschreiben des bischöflichen Konsistoriums vom 21. August 1859 auf eine Nachfrage der Statthalterei vom 4. August 1859 „wegen unterbliebener Vorlage der für die Jahre 1855, 1856 und 1857 aushaftenden Berichte über den Zustand des hiesigen Blinden Institutes [...]". Das Konsistorium antwortet, „daß für das Jahr 1855 der diesbezügliche Bericht von dem bischöflichen Konsistorium unterm 6 November 1855 Z. 913/Sch. in duplo bei der* **Hochlöblichen k. k. Statthalterei** *eingereicht wurde. Wenn die Eingabe* **pro** *1856 und 1857 unterblieben ist, so dürfte dies im Jahre 1856 wegen der Kranklichkeit des damaligen am 6. Jänner 1857 verstorbenen Direktors Joh. Babt.* **Reisinger** *und im Jahre 1857 bei dem eingetretenen* **Provisorium** *aus Versehen geschehen sein" (10/5246f.).*

286,10–11 sillabiren] *Syllabisch = silbenweise; bei der Buchstabiermethode werden Silben erst nach vorheriger Nennung der Buchstabennamen ausgesprochen, wobei bei mehrsilbigen Wörtern jede Silbe so behandelt wird. Bei der Lautiermethode werden den Buchstabenzeichen ohne Nennung der Buchstabennamen die Laute zugeordnet und eingeübt, damit beim Syllabieren sogleich die Silben lautiert werden können.*

390

⟨132.⟩

286,19 Kettensäze] *Der Kettensatz wurde gebraucht, wenn in einer Aufgabe mehrere Münzen (fl CW und fl W.W., wobei 1 fl = 60 kr), Längenmaße (1 Klafter = 6 Fuß = 72 Zoll) und Gewichte (1 Pfund = 32 Loth = 128 Quentchen) in einer Aufgabe umgerechnet werden mußten. Die Blinden lernten Aufgaben zu rechnen wie z. B.: Wieviel fl CW kostet eine bestimmte Menge in Quentchen, wenn eine vorgegebene Menge in Pfund einen bestimmten Preis in fl W.W. kostet. Dafür wurden entweder zusammengesetzte Dreisätze oder der Kettensatz benötigt, der die Anwendung mehrerer Regeldetri (zusammengesetzter Dreisätze) formalisiert; vgl. den Kommentar zu Nr. ⟨275.⟩ (HKG 10,5, zu S. 290,27).*

286,20 4 Species] *Gemeint sind die Grundrechnungsarten: Addition, Subtraktion, Multiplikation, Division.*

287,1–3 Gemüth *bis* Verschönerung] *Stifter verbindet hier die Begriffe* Reiz, Schönheit *und* Gemüth *miteinander, die sonst bei ihm in den höchsten Ebenen der Kunst im Zusammenhang stehen. So bezeichnet er im* Nachsommer *die Dichter als* Priester des Schönen, insofern sie das ewig Dauernde in uns [...] im Gewande des Reizes *vermitteln (HKG 4,2, S. 39,11–15). Sepp Domandl hat in „Wiederholte Spiegelungen. Von Kant und Goethe zu Stifter. Ein Beitrag zur österreichischen Geistesgeschichte" (Linz 1982, Schriftenreihe des Adalbert-Stifter-Instituts, Folge 32, S. 89) darauf hingewiesen, daß Stifters Äußerung in seinem Brief an Gottlob Christian Friedrich Richter vom 21. Juni 1866 –* [...] das Schöne sei nichts anderes als das Göttliche in dem Kleide des Reizes dargestellt [...] *(PRA 21, S. 236) –, die sich auch in seinem Aufsatz* Über Beziehung des Theaters zum Volke *–* Und so entstand die Kunst. Sie war überall und ist überall die Darstellung des Göttlichen im Gewande des Reizes *(HKG 8,1, S. 119,8–9) – findet, sich auf Goethes Aufsatz „Der Sammler und die Seinigen" zurückführen läßt, wo es im „Sechsten Brief" heißt:* Die Schönheit „gibt dem Wissenschaftlichen erst Leben und Wärme, und indem sie das Bedeutende, Hohe mildert und himmli-

schen Reiz darüber ausgießt, bringt sie es uns wieder näher" (Goethe, MA 6.2, S. 109f.). *Der Begriff des Reizes, der im Nachsommer und bei Goethe in einer Sphäre des Idealen mit der Schönheit und dem Göttlichen in Verbindung steht, wird in der Schulakte, infolge der Begeisterung Stifters über die Prüfungsergebnisse, mit dem Unterricht für Blinde und derem späteren Leben in Zusammenhang gebracht. Dieser hervorragende Unterricht bewirkt nach Stifter eine* Verschönerung ihres künftigen einsamen Lebens *(S. 287,3–4), auch wenn ihnen nicht wie bei Goethe die „höchsten Kunstwerke" („Über Laokoon"; Goethe, MA 4.2, S. 74) vermittelt werden. Während Goethe in „Der Sammler und die Seinigen" meinte, daß beim Begreifen von Kunst nicht nur der „Verstand", sondern auch das „Gemüt" (Goethe, MA 6.2, S. 108) beteiligt sei, werden nach Stifter umgekehrt* das Gemüth und der Verstand *der Blinden durch den Unterricht erst* gebildet.

287,24 größte Lob] *Mit Ministerialerlaß vom 13. November1855 wird Haider „die hierortige Anerkennung" ausgesprochen" (7/3224 r).*

⟨133.⟩ Versetzungtausch der Lehrer von Neustift und Heiligenberg

Überlieferung

H $\frac{2862}{1003}\frac{1852}{1853}$ X $\frac{B}{30}$ *Neustift (OÖLA 7/2910 r — 2911 l) Stifters zwei Schreiben vom 26. August 1853 stehen eins im unteren Viertel der 3. Seite, das andere in der linken Spalte der 4. Seite eines Bogens, auf dessen ersten 2¼ Seiten eine Äußerung der Privinzial-Staats-Buchhaltung*

⟨133.⟩

      am 26. August 1853 das „Diensterträgniß mehrerer Schulstationen" nachweist. Unter der Adresse dieses Schreibens in der rechten Spalte der 4. Seite beauftragte Fritsch den Schulrat Stifter am 23. August 1853 „nachträglich zu N 1603 um Aeußerung, auf welche Stazion der Schullehrer zu Neustift, Watzl, falls es sich um seine Versetzung handeln sollte, versetzt werden könnte".

D   Fischer, Nr. 87

Apparat

288,15   da [die] in

Stellenkommentar

288,14–15 Zerwürfnissen in Neustift] *Sie bestanden darin, daß der im Juli 1846 angestellte Johann Watzl, der laut Konsistorialschreiben vom 6. April 1846 (Schu-A/3, Scha 32, Fasz. 20/16, Z. 93) vorher Lehrer an der Mittelschule zu Kleinreifling im Traunkreise war, laut Eingabe mehrerer Unterzeichneter vom 13. Juli 1852 (Schu-A/3, Scha 32, Fasz. 20/16) bereits 1847 „wegen seinen rohen und unhöflichen Benehmen gegen den dortigen Herrn Katecheten und Kooperator" einen Verweis erhielt und wegen Vernachlässigung des Meßnerdienstes gerügt wurde und daß er, wie die Schuldistriktsaufsicht Steyer am 10. Dezember 1850 (ebd., Z. 783) berichtete, seit 1849 „mündlich und schriftlich ermahnt worden" sei, „daß er sich sein Amt und die Erfüllung seiner Pflichten als Lehrer eifriger angelegen seyn lasse". In Schul-Visitationen sei festgestellt worden, daß „die Kinder beider Klassen in den vorgeschriebenen Lehrgegenständen sehr schwach und mangelhaft unterrichtet befunden worden sind".*

⟨133.⟩

Auf die Bitte hin, daß ihm „im kommenden Frühjahre ein tüchtiger und wohlabgerichteter Lehrgehilf beigegeben werde, welcher diese vernachläßigte Schule wieder etwas in Ordnung bringt", wurde am 12. März 1851, wie die Schuldistriktsaufsicht Weyer am 24. März 1851 (ebd., Z. 190) dem Konsistorium mitteilte, der Unterlehrer Franz Peßl für kurze Zeit nach Neustift „beordert". Laut Schreiben des bischöflichen Konsistoriums vom 7. Juli 1852 (Schu A/3, Scha 35, Fasz. 20/24, Z. 497) hat die Schuldistriktsaufsicht Steyer in Folge einer entsprechenden Bitte der Schulgemeinde Neustift am 25. Juni 1852 die Versetzung Watzls „auf den offenen Schuldienst St. Ulrich bey Steyer" beantragt, was vom Statthalter Bach am 13. September 1852 (Schu-A/3, Scha 32, Fasz. 20/16, Z. 694) zurückgewiesen wurde.

288,23 zur Strafe versetzt] *Die Formulierung vom „straffälligen" Schullehrer Watzl taucht erstmals im Schreiben der Schuldistriktsaufsicht am 20. Juli 1852 (Schu-A/3, Scha 32, Fasz. 20/16) auf. Diesbezüglich schrieb der Statthalter Bach am 13. September 1852 (ebd., Z. 694) an das bischöfliche Konsistorium, „daß zur Entscheidung der Frage, ob er nicht einer strengen Strafbehandlung unterliegen müße, eine nähere Untersuchung nothwendig wird", und verlangte, daß das bischöfliche Konsistorium den Schulenbezirksaufseher beauftrage, „die protokollarischen Erhebungen über die dem letzteren zur Last gelegten verschiedenen Fehler" vorzunehmen, „namentlich aber über dessen Hang zum Trinken über das Maaß dieses Hanges, über die verschiedenen Fälle zur Beurtheilung dieses Maaßes über das Verhalten Watzels im Zustande der Trunkenheit, dann über die ihm dießfalls sowohl als auch wegen seiner Trägheit, seiner Pflichtwidrigkeiten im Meßnerdienste und wegen seiner anderen Fehler gemachten Vorstellungen, gegebenen Ermahnungen und Drohungen zu dem Zweke zu pflegen, um die Größe eines jeden seiner Fehler und das Maaß seiner Schuldbarkeit genau beurtheilen zu können". Die am 26. September 1852 durchgeführte Untersuchung*

⟨133.⟩

habe, wie der Statthalter Bach am 24. März 1853 (ebd., Z. 309) dem bischöflichen Konsistorium schrieb, der „gehegten Voraussetzung, durch dieselbe eine feste Grundlage für Watzls weitere Behandlung zu erlangen, bei Weitem nicht entsprochen. […] / „So erscheint also auch das Erforderniß des §. 281 der pol.Sch.V. aus den vorliegenden Akten gegen Watzl nicht als erwiesen, da in allen Angaben der Begriff ‚eingewurzelte Trunkenheit' nicht liegt. / ▢ Andere als die angeführten §.§. erscheinen in der Klage gegen Watzl nicht als anwendbar. Die Versetzung auf einen anderen Schulposten kann bei Watzl daher nicht eintreten, weil er nicht als Lehrer amtirt, sondern einen Provisor hat". Die am 7. Juni 1853 durchgeführte detailliertere Untersuchung bringt weitgehend eine Wiederholung der Vorwürfe gegen Watzl, nur daß jetzt auch Beschwerden gegen seine Frau und seine 15jährige Tochter hinzukommen. „In Anbetracht aller dieser Vorfälle stellt die Pfarrgemeinde die dringenste Bitte, daß die Watzliche Familie baldigst von Neustift entfernt werde". In dieser Situation entsteht Stifters Äußerung.

288,26 Watzl nach Heiligenberg] *Die LSchBeh übernimmt im Schreiben vom 28. August 1852 (Schu-A/3, Scha 32, Fasz. 20/16) an das bischöfliche Konsistorium Stifters Vorschlag. „So wenig Watzl aber Schonung verdient", so hält die LSchBeh auch die Gemeinde „um so mehr schuldig, als ihre Glieder an der Zwietracht mit dem Lehrer Watzl nicht ganz schuldlos seien und sie durch Verweigerung und Vorenthaltung der ihm gebührenden Naturalien, sowie durch Zurückhaltung von Schulgelde an ihn in seinem Unmuthe und Verdruße immer weiter, und zu stets wachsenden Schmähungen getrieben, dadurch aber nicht wenig zu der Vernachlässigung des Schul- und Meßnerdienstes, der er sich hingegeben hat, beigetragen haben" (ebd., S. 8). Stifters Vorschlag erweist sich jedoch als nicht realisierbar, da der Lehrer Wick in Heiligenberg ein „Aerztliches Zeugnis" vorlegt, „daß er mit einem chronischen Halsleiden u mit Brustbeschwerden*

⟨134.⟩

behaftet ist, und daß ihm der Aufenthalt in einer rauhen Gebirgsgegend u der Gebrauch harten Trinkwassers für seine Gesundheit nachtheilig wirken würde" (7/2925 r). Das bischöfliche Konsistorium bestätigt am 29. September 1853, daß sein Halsleiden als "sehr nahe der Luftröhrenschwindsucht" einzuschätzen sei (7/2922 r). Aus diesem Grund verfügt die LSchBeh am 3. Oktober 1853, daß der Lehrer Watzl "vorläufig [...] noch in Neustift zu verweilen habe" (7/2923 r). Die Lage spitzt sich jedoch zu, da Watzl "bereits seine Einrichtung verkauft" hat und sich deshalb "in einer sehr traurigen Lage" befindet (7/2920 r). Der weitere Fortgang in Nr. ⟨144.⟩.

⟨134.⟩ Besetzung der Stellen für deutsche Sprache u Arithmetik und für italienische Sprache an der Realschule Linz

Überlieferung

H   3314 1853 X $\frac{D}{2}$ *(AVA U-Allg., 4130/16)*
Stifters Äußerung vom 11. September 1853 steht auf vier ineinander gefügten Bogen, welche mit einem Bindfaden verbunden sind.

Apparat

291,19	Lehrergehalte (600 fl) *(Angabe in Klammern am Zeilenende stehend, möglicherweise nachträglich eingefügt)*
295,17	vorhandene[r][n] Kräfte
299,3	Ben[n]ennungen *(Streichung des fälschlicherweise über dem ersten n gesetzten Geminationsstriches)*
299,19	Italiener [sei]⫽ ist

⟨134.⟩

300,24   Rossi [für]∤ seine
300,28–31 ihn. *bis* zufrieden] ihn. [Der Gefertigte *bis* zufrieden.]
300,30   [M]∤ Privatmädchenschule

Kommentar

Fortgang von Nr. ⟨130.⟩.

Stellenkommentar

290,31 Rubrum] *Die einem Schriftstück vorangestellte Betreffzeile.*
291,22 Diurnist] *Taglöhner, Lohnschreiber.*
292,14 Schreib-Lehrmethode] *Richtig wäre: Schreib-Lesemethode; vgl. den Kommentar zu Nr.* ⟨26.⟩, *dort zu S. 134,25.*
293,5 Staatsbuchhaltungsacessist] *Ein Accessist ist ein interimistisch angestellter Beamter.*
295,29–32 Lehrfächer *bis* Lehrer] *Bereits Direktor Zampieri erklärte laut Schreiben der LSchBeh vom 25. September /13. Oktober 1853 (Scha 108, Z. 2242, Bog. 2, S. 1) an das Ministerium den Bewerber Philipp Elgart „als den tüchtigsten u. in jeder Beziehung vorzugsweise für das fragliche Lehrfach geeignet". Entsprechend bringt die LSchBeh in Übereinstimmung mit Zampieri und Stifter „I⁰ loco den* Philipp Elgart *zum Substituten oder provisorischen Lehrer der Arithmetik u. der deutschen Sprache in Vorschlag" (ebd., Bog. 2, S. 3). Mit Ministerialerlaß vom 27. November 1853 (AVA U-Allg., 4130/16, Bog. 4, S. 3) wird Philipp Elgart zum provisorischen Lehrer an der k. k. Oberrealschule in Linz ernannt.*
297,9–18 / 298,9–299,18 Rossi *bis* geschrieben] *Rossi war im Konkursverfahren 1851 (s. Kommentar zu Nr.* ⟨57.⟩, *dort zu S. 175,1)*

⟨134.⟩

nicht zum Zuge gekommen (1/129 r). Damals fiel die Wahl auf Netwald für Chemie und italienische Sprache (2/0662 r). Es war vor allem Direktor Zampieri, der laut Schreiben der LSchBeh vom 25. September /13. Oktober 1853 (Scha 108, Z. 2242, Bog. 4, S. 1) „dem August **Rossi** *den Vorzug" gegeben hat, „indem er alles Gewicht auf den Umstand legt, daß Rossi geborner Italiener (Toskaner) ist, also im Besitze der reinen Aussprache sey, daß er an der oberösterreichschen ständischen Lehranstalt für italienische u französ. Sprache seit längeren Jahren als ordentlicher Lehrer des Italienischen angestellt u. an dem Linzer Gymnasium als Nebenlehrer für eben diese Sprache zugelassen ist, also mit den Erfordernißen des vielen Schülern gemeinschaftlichen Sprachunterrichtes vertraut sey, endlich daß er eine italienische Sprachlehre für deutsche u. einige italienische Werke geschrieben hat".*

299,19–23 Wessetzky bis günstig] *„Wider* **Wessetzky***" hat Zampieri laut Schreiben der LSchBeh (ebd., Bog. 4, S. 4) vorgebracht, „daß er als nicht geborner Italiener keine hinreichende Bürgschaft für die Richtigkeit der Aussprache gewähre, u. noch nicht gemeinschaftlichen Unterricht für viele Schüler gegeben habe, folglich die Methode des öffentlichen Unterrichtes nicht zu kennen scheine".*

300,6–301,2 Wessetzky bis Rossi] *Hinsichtlich der Beurteilung der Bewerber Rossi und Wessetzky gehen, wie die LSchBeh, Entwurf Fritsch, am 25. September, geändert in 13. Oktober 1853, schreibt, „die Anträge des Direktors der Real-Schule u. des Schulrathes Stifter auseinander" (ebd., Bog. 4, S. 1). Fritsch schließt sich den Argumenten Stifters an und schreibt: „Aus diesen Gründen muß auch die Landes-Schulbehörde dem Vorschlage des Schulrathes Stifter beipflichten, u. mit ihm*
I<u>o</u> **loco** *den Ferd.* **Wessetzky** *stellen,*
II° **loco** *aber den August* **Rossi***." (ebd., Bog. 5, S. 3).*
 Dieser Entwurf von Fritsch war am 25. September 1853 bereits fertig, als Statthalter Bach selbst eingegriffen, auf Bog. 5, S. 3 den

⟨134.⟩

*Passus, daß „die Landes-Schulbehörde dem Vorschlage des Schulrates Stifter beipflichten" müsse, gestrichen und am Rand hinzugefügt hat: „Um bei diesen widerstrebenden Äußerungen des Directors der Realschule Dr. Zampieri und des Schulrathes Stifter über die Qualifikation der vorgenannten zwei Competenten und wer von ihnen vorzuziehen sei, sich aussprechen zu können, hat die L.Sch.Behörde nochmals den Director Zampieri, der der italienischen Sprache vollkommen mächtig ist, zur genauesten Prüfung der Qualifikation beider, namentlich durch persönliche Überprüfung hierüber aufgefordert" (s. Abb. 13), wodurch er den Schulrat Stifter aus dem weiteren Verfahren ausgeschlossen hat. Zampieri hat daraufhin nach seiner Visitation Rossis ein zusätzliches, nicht beiliegendes Gutachten angefertigt, in dem laut Zusammenfassung im Ministerial-Vortrag vom 27. November 1853 (AVA U-Allg., 4130/16, Bog. 3, S. 1f.) steht, daß Rossi im Unterricht „nach seiner allerdings höchst fehlerhaften Sprachlehre vorgehe u sonach eine Methode verfolgt, welche bei Realschülern umso ungestandener sey als Rossi bei seiner Lehre die Kenntniß der lateinischen u mitunter der französischen Sprache vorausseze u sich wenig kümmere, ob ihn die Schüler gut auffaßten. / Dennoch mußte er ihn l **loco** in Vorschlag bringen, weil er im Besitz einer reinen italienischen Aussprache sey, durch seine vielfachen wenn auch mangelhaften schriftstellerischen Leistung die vollkommene Kenntniß der italienischen Sprache beurkunde u weil er, wie sich Direktor Zampieri im Gespräche überzeugte, auch ganz fähig wäre, nach einer passenderen Methode zu lehren; nur wäre er vom Direktor zu kontrollieren u ihm ausdrücklich der Gebrauch seiner Sprachlehre zu verbiethen. / Was Wessetzki betreffe, so schöpfte **Zampieri** aus einem Gespräche die Überzeugung, daß derselbe allerdings der italienischen Sprache wenigstens insoferne mächtig sey, um in reiner Mundart u mit guter Aussprache ein gewöhnliches Gespräch führen zu können, nur betone er einzelne Worte zu wenig verständlich; seine von* *ihm entwickelte Lehrmethode sey praktisch u für Realschulen passend; dennoch biethe er geringere Garantie einer gediegenen Sprachkenntniß wie Rossi."*

Der Statthalter urteilt auf Grund von Zampieris Schreiben: „Mit Rücksicht auf diese Äußerung des Directors Zampieri glaubt die L.Sch.B. für die Nebenlehrerstelle der italienischen Sprache an der hiesigen Realschule den für dieses Fach bereits an dem hiesigen Gymnasium angestellten Lehrer Rossi I^{mo} loco *vorschlagen zu sollen, weil er geborener Italiener u daher im Besitz einer reinen Aussprache ist, die italienische Sprache vollkommen inne hat". Was den „Fehler einer mangelhaften, zu wenig auf praktische Einübung gehenden Methode" betreffe, so falle er weg, „wenn ihm aufgetragen werde nach einer mehr praktischen Methode zu lehren u wenn er hierin vom Direktor der hiezu vollkommen befähigt ist, überwacht wird. / 2do* loco *wird Wessetsky in Vorschlag gebracht" (ebd., Bog. 5, S. 3). Diese Veränderung der Entscheidung machte auch eine Änderung des Datums erforderlich, so daß am Ende des Schreibens statt 25. September jetzt das neue Datum 13. Oktober eingetragen wurde.*

Der Minister Thun bestimmt mit Erlaß vom 27. November 1853 (AVA U-Allg., 4130/16, Bog. 4, S. 1f.) an den Statthalter: „Der Unterricht in der italienischen Sprache an dieser Schule wird vorläufig dem Joseph August Rossi als Nebenlehrer gegen eine am Schluße des Schuljahres zu bestimmende Remuneration übertragen. Die Direkzion ist anzuweisen mit Ende des Schuljahres auf Grund der Verwendung Rossis u der Erfolge des ertheilten Sprachunterrichtes einen begründeten Antrag über die zu bemessende Remuneration zu stellen". Allerdings sei ihm „der Gebrauch seiner laut Äußerung der Realschuldirekzion eine für Realschüler gänzlich unpaßende Lehrmethode einhaltenden Sprachlehre strenge zu untersagen u es ist dem Direktor zur besonderen Pflicht zu machen, auf die Lehrvorträge Rossi fortwährend ein genaues Augenmerk zu richten u vorkommende Gebrechen alsogleich abzu-

⟨135.⟩

*stellen oder noethigenfalls zur Kenntnis Euer Ehren zu bringen".
Der weitere Fortgang in den Nrn. ⟨172.⟩, ⟨191.⟩.*

⟨135.⟩ *Gutachten zum Lektionsplan der Oberrealschule Linz 1854/55

Überlieferung

H   16039 1854 10 $\frac{D}{I}$ *(OÖLA 2/0829 r)*
Der Hinweis auf Stifters Gutachten zum Lektionsplan der Oberrealschule für das Schuljahr 1854/55 steht im Statthaltereischreiben vom 11. Oktober 1854. Der Lektionsplan wurde mit Bericht vom 16. September 1854 (2/1024 r) eingereicht, so daß Stifters Gutachten danach entstanden sein muß.

Stellenkommentar

301,8 Lektionsplan] Stifter hatte das von ihm und Aprent herausgegebene Lesebuch aufnehmen lassen. Mit Ministerialerlaß vom 4. Oktober 1854 wurde der Lektionsplan „mit folgenden **Modificationen** genehmigt:/ **Beckers Leitfaden** für den ersten Unterricht in der deutschen Sprache ist für Gymnasien außer Gebrauch gesetzt worden; über **Stifters und Aprents Lesebuch** ist die Verhandlung im Zuge. Es kann daher ausdrücklich nur unter der Voraussetzung, daß sich diese Bücher bereits in den Händen der betreffenden Schüler befinden sollten, über deren Gebrauch für das Schuljahr 18$\frac{54}{55}$ hinausgegangen werden. Im Gegentheile wird für die genannten Fächer auf **Kehrein** kleine deutsche Schulgramatik, Leipzig, **Wigand** 1852, und auf die Lehrbücher von **Scheinpflug** 1. und 2. Band und von **Vernalecken** hingewiesen, welche letztere mit den h. Ministerial-Erlässen Z. 6113 de 1853, 13958 **de** 1854 und 14569 **de** 1854 als zulässig erklärt wurden" (2/1024 r). Zu Stifters Lesebuch siehe Nr. ⟨167.⟩.

⟨136.⟩ Errichtung von Sonntags- und Abendschulen
an der Realschule Linz

Überlieferung

H   10925 $\frac{1853}{1854}$ X $\frac{D}{13}$ *(OÖLA Scha 108)*
     Stifters Äußerung vom 15. September 1853 steht auf zweieinhalb Seiten eines Bogens. Der Auftrag Fritschs an Stifter „um Gutachten" erging am 22. Juli 1853 (ebd., Z. 1838) auf der letzten Seite von Zampieris Schreiben.

Apparat

302,32   sollen [die] Lehrer

Stellenkommentar

301,12 Sonntags- u Abendschulen] *Vgl. den Kommentar zu Nr. ⟨72.⟩.*
301,20–302,2 Errichtung *bis* geben] *Die Frage der Errichtung der Sonntags- und Abendschule für Gewerbetreibende wird auf Grund von Anfragen der Handels- und Gewerbekammer Linz*

⟨136.⟩

zwischen mehreren Ministerien verhandelt: Nachdem „von Handelsministerium im Wege des Finanzministerium" über das Justizministerium der „Jahresbericht der Linzer Handels u Gewerbekammer pro 851" mit dem Ersuchen, eine Sonntags- und Abendschule für Gewerbetreibende zu errichten, eingelangt war, wurde am 9. Februar 1853 (AVA U-Allg., 4130/16) vom Kultusministerium darauf hingewiesen, daß bereits „drey zweyklaßige Unterrealschulen zu Steier, Ried u Wels und eine vollständige Oberrealschule in Linz [...] [ebd., Bog. 1, S. 3] für den gewerblichen Unterricht in Oberösterreich vor der Hand genügende Vorsorge" treffen. „Handwerkerschulen für Lehrlinge u Gesellen, an welchen der Unterricht an den Abenden der Wochentage u Sonntags ertheilt wird, werden nach Möglichkeit mit allen selbstständigen Realschulen [ebd., Bog. 1, S. 4] verbunden werden u bestehen bereits an einigen Orten u anderwärts ist ihre Einführung im Zuge [...]. Man wird auch, sobald die Aktivirung der Oberrealschule in Linz weiter fortgeschritten seyn wird, sogleich dafür sorgen, daß mit derselben der fragliche Abend- u Sonntagsunterricht verbunden werde" (ebd., Bog. 2, S. 1).

Am 7. Juli 1853 (Scha 108, Z. 1838) hatte Zampieri im Begleitschreiben zum „Entwurf zur Einrichtung einer Abend- und Sonntags-Schule in Linz" unterbreitet, die Abend- und Sonntags-Schule solle „den Gewerbsleuten und Handlungsdienern Gelegenheit darbieten, sich jene Kenntnisse und Fertigkeiten zu erwerben, deren Abgang denselben in der Ausübung ihres Geschäftes fühlbar ist", was Stifter unterstützt. Nachdem die Linzer Handels- und Gewerbekammer am 3. Oktober 1853 im Jahresbericht pro 1852 erneut den „Wunsch ausgesprochen" hat, daß „Handwerker und Sonntagsschulen eröffnet werden sollen", wird mit Ministerialerlaß vom 15. Oktober 1853 (Scha 108, Z. 1838) der Auftrag erteilt, „auf das Zustandekommen" einer Sonntags- und Abendschule in Linz, die „von S^{r.} kk. apostolischen Majestät mit der A. h. Entschließung ⟨vom⟩ 2. März 1851"

⟨137.⟩

genehmigt worden sei, „thätigst" einzuwirken. Der weitere Fortgang in den Nrn. ⟨*159.*⟩*,* ⟨*194.*⟩*,* ⟨*297.*⟩*.*

⟨137.⟩ *Zustand des Lehramts-Präparanden-Unterrichtes
im Jahre 1852

Überlieferung

H   *528 1854 10 $\frac{B}{15}$ (OÖLA Scha 104)
Der Hinweis auf Stifters Äußerung vom 15. September
1853 befindet sich im Betreff des Schreibens der LSchBeh
vom 31. März 1854.*

Stellenkommentar

303,7–9 Bericht *bis* 1852] *Die Note der LSchBeh vom 31. März
1854 an das bischöfliche Konsistorium bezieht sich laut Betreffzeilen auf den am 11. Februar 1853 vom bischöflichen Konsistorium überreichten Bericht der Normalschuldirektion „über den
Zustand des Lehramts-Präparanden-Unterrichtes im J 1852",
auf Stifters dazu entstandene Äußerung vom 15. September 1853
und auf den vom bischöflichen Konsistorium am 16. Februar 1854
überreichten Bericht der Direktion „über obigen Unterricht im
J 1853", wozu keine Äußerung Stifters genannt wird. Bevor die
LSchBeh die Ausführungen zum Präparandenunterricht im Jahre 1852 „in Behandlung" nehmen konnte, traf am 9. November
1853 eine „Erledigung" des Ministeriums „über die künftige
Gestaltung des Präparanden Unterrichtes an der Linzer Normal-Hauptschule hier ein".*

⟨138.⟩

Auf Grund der Berichte über den Zustand des Präparandenunterrichts 1852 und 1853 wird das bischöfliche Konsistorium mit dem Schreiben der LSchBeh vom 31. März 1854 „eingeladen, jenen Lehrern, welche gleich beim Eintritte der Erkrankung des nun verstorbenen Schuldirektors Georg Schierfeneder, im Januar 1852 es dem Aushilf-Katecheten u. zeitweiligen Führer der Direkzions-Geschäfte Hrn Jos. Angermayr, durch Uebernahme eines Theiles der von Schierfeneder besorgten Lehrvorträge u. durch Eifer in ihrem Lehramte möglich machten, den Präparanden-Lehrkurs in dem genannten Schuljahr zu einem größten Theils gedeihlichen Ziele zu führen", ebenso wie dem gegenwärtigen Direktor Mathias Lucht, welcher die Leitung dieser Anstalt 1853 geführt hat, „die dankbare hieramtliche Anerkennung sowohl für das J 1852 wie für 1853 eröffnen zu lassen [...]". Auch das Unternehmen „des Hrn Domkapitulars Jos. Strigl, zur allmäligen Gründung eines Schulamts-Präparanden-Seminars" sei „der größten Anerkennung u. des wärmsten Lobes würdig".

Äußerungen Stifters über Jahresberichte zum Präparandenunterricht sind für die Jahre 1852 (Nr. ⟨137.⟩) 1854 (Nr. ⟨231.⟩), 1855 (Nr. ⟨262.⟩), 1856 (Nr. ⟨319.⟩), 1857 (Nr. ⟨370.⟩), 1859 (Nr. ⟨447.⟩), 1860 (Nr. ⟨497.⟩), 1861 (Nr. ⟨525.⟩) und 1863 (Nr. ⟨591.⟩) erhalten oder belegt.

⟨138.⟩ Bestellung eines Supplenten für den erkrankten Katecheten Georg Schauer

Überlieferung

H   2539 1853 X $\frac{D}{2}$ *(OÖLA Scha 108)*
Stifters Äußerung vom 26. September 1853 zum Schreiben

⟨138.⟩

des bischöflichen Konsistoriums vom 15. September 1853 auf den ersten 3 Seiten steht auf der 4. Seite eines Bogens in der linken Spalte. In der rechten Spalte erfolgte am 18. September 1853 unter Anschrift und Kurzinhalt Fritschs Auftrag an Stifter „um Aeußerung".

Stellenkommentar

303,18–304,2 Supplenten *bis* getroffen] *Als die LSchBeh laut Schreiben von Direktor Lucht vom 11. September 1853 (Scha 108, Z. 2539) am 31. Juli 1853 beantragte, daß, da Georg Schauer „mit Beginn des nächsten Schuljahres zwei Unterrichtsstunden an der hiesigen Ober-Realschule zuwachsen, dafür ihm aber eben so viele Unterrichtsstunden an der k. k. Normal-Hauptschule abzunehmen, und dem Nebenkatecheten, Herrn Josef Angermayr, zuzutheilen seien", erklärte Lucht, daß er „mit diesem Antrage nicht einverstanden sein könne", da die sich nach seiner Berechnung ergebende „Gesammtzahl von 32 Unterrichtsstunden" für die beiden Katecheten zu groß werden würde, und er zog daraus die Folgerung, „daß die Anstellung eines eigenen Katecheten für die Ober-Realschule um so mehr als eine Nothwendigkeit erscheinen dürfte", da Schauer wegen seiner Gichtkrankheit Urlaub brauche. Das bischöfliche Konsistorium schloß sich am 15. September 1853 dieser Ansicht an und ersuchte die LSchBeh, „Georg* **Schauer** *der Normal-Hauptschule ganz zu belassen, und für die vollständige Realschule dafür einstweilen einen anderen Supplenten für die Religionslehre, und in der Folge einen eigenen Religionslehrer ernennen zu wollen".*

Gemäß Stifters Vorschlag beauftragt die LSchBeh am 27. September 1853 (ebd., Z. 2539) das bischöfliche Konsistorium, einen Supplenten für den Katecheten Schauer „gegen eine von dem h. Ministerium zu bestimmende Remunerazion" zu benennen,

⟨139.⟩

und dieses schlägt am 3. Oktober 1853 „Mathias **Mayrhofer,** *Spitalbenefiziaten im Kloster der Elisabethinerinen", vor. Am 7. Oktober 1853 (ebd., Z. 2732) genehmigt die LSchBeh die Bestellung Mayrhofers als Supplenten für das ganze Schuljahr 1853/54, „da die Anstellung eines eigenen, der Real-Schule ganz angehörigen Religions Lehrers erst mit dem Anfang des Schuljahres* $185\frac{4}{5}$ *in Wirksamkeit treten kann [...]". Der weitere Fortgang in Nr.* ⟨197.⟩.

⟨139.⟩ Bezug des Zubaus der Realschule Linz und Verteilung der Klassen und Schüler

Überlieferung

H   2642 1853 X $\frac{D}{5}$ *(OÖLA Scha 108)*
     Stifters Äußerung vom 29. September 1853 steht auf den 4 Seiten eines Bogens in der rechten Spalte, während die Kopfzeile sich über die ganze Seitenbreite erstreckt. Den Auftrag dazu erhielt er von Fritsch am 27. September 1853 unterhalb von Anschrift und Kurzinhalt des Bürgermeister-Schreibens vom 26. September 1853: „B. m. Herrn Schulrathe Stifter um Gutachten über die Zeit zur Eröffnung der Vorlesungen pro $185\frac{3}{4}$ *und die Art u. Weise der Vertheilung der Klassen u. Schüler in die vorhandenen älteren Lokalitäten".*

Apparat

306,9   Schuljahres 1853 *(*1853 *am Zeilenende mit hoher Wahrscheinlichkeit nachträglich eingefügt und zugleich eingeklammert: ob diese — wiederum mit einer Streichung*

⟨139.⟩

versehenen – Klammern von Stifters Hand stammen, ist nicht zu klären)
306,9   zu[| gl |]⁊ *(vgl. hierzu das Corrigendum)*
307,18   [Zimmer]⁊ Cabinet

Kommentar

Fortgang von Nr. ⟨34.⟩.

Stellenkommentar

304,14–15 Eröffnung der Vorlesungen] *Nachdem gemäß Ministerialschreiben vom 16. November 1851 (2/704) „mit der Allerhöchsten Entschließung vom 11. November d. J. Allergnädigst" ein Bauzuschuß von 6500 Gulden „aus dem ob der ensischen ständischen Domestikalfonde" bewilligt worden war, informierte die LSchBeh am 19. November 1851 (2/710 l) das vereinigte Landes Kollegium und den Bürgermeister, daß „das Kostenerforderniß zur unmittelbaren Aufsetzung eines zweyten Stockwerkes auf den im Werke begriffenen Zubau des östlichen Flügels Behufs der Unterbringung auch der Ober-Real-Schule gedeckt ist, u. somit der Bau gleich zwey Stockwerke hoch aufgeführt werden kann". Daraufhin stellte die LSchBeh mit Schreiben vom 27. Februar 1852 (Entwurf 1/055 l; Reinschrift AVA U-Allg., 4130/16, S. 15) an das Ministerium einen detailliert begründeten offiziellen „Antrag auf baldigste hohe Bewilligung" einer Oberrealschule in Linz. Nachdem die Minister des Handels und der Finanzen zugestimmt hatten, erfolgte am 21. August 1852 nach Vortrag des Ministers Thun die Bewilligung durch Kaiser Franz Joseph und am 28. August 1852 (AVA U-Allg., 4130/16) die Aufforderung an den Statthalter, „die a. h. bewilligte Erweiterung*

⟨139.⟩

ins Werk zu sezen und den I Jahrgang der Oberrealschule mit dem bevorstehenden Schuljahre zu eröffnen". Am 24. September 1853 (Scha 108, Z. 2630) erging ein Auftrag der LSchBeh an den Bürgermeister von Linz, durch eine Kommission klären zu lassen, *"welche Bestandtheile des Baues etwa jetzt schon, oder bis wann ohne wesentliche Gefährdung der Gesundheit sowohl der Lehrer als der Schüler" verwendet werden können.* Im Protokoll des Gemeinderathes vom 26. September 1853 (Scha 108, Z. 2642) steht, *"daß die sämtlichen neugebauten Lokalitäten sowohl zu ebener Erde als auch im 1. u 2. Stocke noch derart naß seyen, daß von einer Benützung derselben im heurigen Jahre durchaus keine Rede sein könne",* so daß sie *"mit Ausnahme der Hausmeisterwohnung, erst zu Georgi [23. April, Anm.] k. J. in Benützung kommen, bis wohin dieselben durch gehörige Lüftung hinlänglich u. ohne Gefahr für die Gesundheit ausgetroknet sein werden".* Weil diese Verzögerung die Eröffnung der neuen V. Klasse der Realschule behindert, wird von der LSchBeh, wie aus deren Schreiben vom 29. September 1853 (Scha 108, Z. 2642) hervorgeht, *"das Gutachten des Hrn Schulrathes Stifter als Inspektors derselben in disziplinarer u. didaktischer Beziehung über die Art u Weise eingeholt, wie mit einstweiliger zweckmäßiger Benützung der alten verwendbaren Lokalitäten diesen nachtheiligen Folgen ausgewichen werden könne"* (s. Abb. 14). In der *"Linzer Zeitung"* vom 17. Jänner 1854 wird berichtet, daß der *"weitläufige Zubau zur Linzer Ober-Realschule im Werthe von 14000 fl. [...] auf Kosten des ständischen Domesticalfonds geführt wurde [...]".*

306,26 Fünfte Klasse] *Daß 1853 5 Klassen vorhanden sind, erklärt sich daher, daß bereits 1849 eine unselbständige Unterrealschule mit 2 Jahrgängen errichtet worden war, die 1851 in die neu gegründete selbständige Unterrealschule mit 3 Jahrgängen übergeführt wurde; vgl. den Kommentar zu Nr.* ⟨3.⟩, *dort zu S. 47,11.*

307,27–31 Hinsicht *bis* können] Am 29. September 1853 (Scha 108, Z. 2642) wird Direktor Zampieri von der LSchBeh *"angewiesen",*

⟨140.⟩

die von Stifter erarbeiteten „Modalitäten in Ausführung zu bringen", zugleich aber „für sorgfältige Lüftung in warmen oder trockenen windigen Stunden, im Erfordernißfalle mit abwechselnder Bezeizung derselben zu sorgen", damit „die neuen Lokalitäten die gehörige Trockenheit erhalten, um im April k. J. u. wo möglich schon früher in Benützung gezogen werden zu können".

⟨140.⟩ Amtsreise vom 27. August bis 5. September 1853

Überlieferung

H 2793 1853 X $\frac{B}{28}$ *(OÖLA Schb 5/1980 r – 1981 l, 1982 r)* Stifters Bericht vom 9. Oktober 1853 über die Amtsreise vom 27. August bis 5. September 1853, der auch in Nr. ⟨222.⟩, 1. Liste, Nr. 50 (HKG 10,2, S. 203,19–21), belegt ist, steht auf 3 Seiten eines Bogens in der rechten Spalte; auf der 4. Seite folgen Anschrift und Kurzinhalt, die in der Edition vor den Brief gestellt wurden.

D Vancsa X, S. 64–66

Apparat

309,6   Am [29]⟨[30]⟩

Emendation

308,21   ich ⁺in Gmunden] ich Gmunden

⟨140.⟩

Stellenkommentar

308,20 abgesonderten Antrag] *S. Nr.* ⟨*141.*⟩*.*
308,25–26 Lehrer *bis* entsprechen] *Der von Stifter kritisierte Lehrer in Ohlstorf ist Franz Peyer, welcher mit einem durch das bischöfliche Konsistorium am 19. Mai 1848 genehmigten Vertrag vom 15. Dezember 1847 (Schu-A/3, Scha 29, Fasz. 17/15, Z. 240) durch „Abtretung" den Schul- und Meßnerdienst in Ohlstorf von seinem Vater übernommen hatte. Laut Schreiben des bischöflichen Konsistoriums vom 19. Januar 1852 ist gegenwärtig „zu Ohlstorf wirklich ein Gehilfe, Johann Ilg, angestellt" (ebd., Z. 45). Den Bericht Stifters über den Lehrer und Gehilfen vollständig zitierend, hat der Statthalter am 5. April 1854 das bischöfliche Konsistorium „eingeladen", über den „Zustand der Ohlstorfer Schule" zu berichten (Entwurf 5/1981 r; Reinschrift, gez. Bach, Schu-A/3, Scha 29, Fasz. 17/15, Z. 257), woraufhin das Konsistorium am 15. April 1854 eine entsprechende Auskunft von der Schuldistrikts-Aufsicht des Dekanates Gmunden zu Altmünster angefordert hat. Erst am 17. Oktober 1856 (ebd., Z. 889) berichtet die Schuldistriktsaufsicht Gmunden zu Ebensee: „Der Schullehrer zu Ohlstorf Franz Peyer hat anfänglich mündlich, dann die Gemeindevorstehung letzthin schriftlich anher das Ansuchen gestellt, in der Person des dortigen Lehrgehilfen eine Veränderung eintretten, und für den gegenwärtigen Unterlehrer* **Johann Ilg** *den zu Atzbach* **supernumerären** *[überzähligen, Anm.] Alois Denk dahin versetzen zu wollen". Johann Ilg wird als Schulprovisor zu Taufkirchen im Dekanate Gaspoltshofen angestellt, Alois Denk tritt am 10. November 1856 den Gehilfen-Posten in Ohlstorf an.*
309,6–11 Ebensee *bis* unzulänglich] *Ohne auf die unzulänglichen Räume einzugehen, lobt die LSchBeh im Schreiben vom 5. April 1854 an das bischöfliche Konsistorium, daß „Schulrath Stifter die Schule zu Ebensee besucht, und dieselbe in einem sehr guten Zu-*

411

⟨140.⟩

stande gefunden" habe (5/1981 r). Am 11. November 1856 (Scha 181, Z. 18801) stellt die Statthalterei jedoch fest, daß die Schule zu Ebensee mit 4 Lehrzimmern für „bedeutend" mehr als 500 Schüler zu klein sei und „daher die Nothwendigkeit der Vermehrung der Lehrzimmer u. somit auch des Lehrpersonals" bestehe. Für die Zeit bis 1859 liegen in Scha 181 keine Akten. Danach tauchen Pläne auf, durch Gründung einer „Mädchenschule und Kinderbewahranstalt" (Scha 181, Z. 18291, Bog. 4, S. 1) das Raumproblem zu lösen, ohne daß bis 1862 ein Ergebnis erzielt wird.

309,26–30 katholischen *bis* können] *Die Initiative für den Bau eines neuen Schulhauses der katholischen Schule in Hallstadt ging am 13. Juli 1851 (Scha 55, Z. 1389 r) vom Statthalter Bach mit Auftrag an den Bezirkshauptmann Gmunden aus, eine kommissionelle Verhandlung zu pflegen. Im Schreiben vom 3. Mai 1852 (Scha 55, Z. 1062) an das Ministerium stellt er die Situation so dar: „Ich habe gelegenheitlich einer amtlichen Bereisung das Schulhaus der Katholiken zu Hallstadt in dem beklagenswerthesten Zustande gefunden. / □ Auf einem felsigen Abhange gelegen, dessen Ueber- u. Seihwaßer das Mauerwerk durchdringt, die Wohnbestandtheile des Lehrers ganz feucht macht, u. zur Zeit von Regenwetter durch dieselben rinnt, feuergefährlich u. höchst baufällig, ist es sogar viel zu klein, um den Schülern der beiden Schulklaßen den nothdürftigsten Raum zu gewähren. Es enthält nur ein Lehrzimmer, welches in seinem Flächenraume weit hinter dem Bedürfniße der darin unterrichteten Klasse zurück bleibt, u. außerdem sehr niedrig, daher ungesund ist; für die andere Klasse ist ein Lehrzimmer gemiethet, das ebenfalls nicht den erforderlichen Raum gewährt, u. der Schule leicht gekündet werden kann". Laut den bis 1853 erhaltenen Akten wird der Erwerb eines neues Bauplatzes erreicht, ein Bauprojekt für das neue Schulhaus ausgearbeitet und genehmigt und vom Kultusministerium mit Schreiben vom 7. Juli 1853 mitgeteilt, daß die Mitfi-*

⟨140.⟩

nanzierung des Schulhauses aus dem Ärar der Salinen- und Forstgesellschaft durch das Finanzministerium gestattet worden sei. In der „Linzer Zeitung" vom 17. Januar 1854 steht Hallstadt in der Rubrik der im Bau begriffenen neuen Schulhäuser (Abb. 1). Akten über den Fortgang liegen nicht bei.

310,3–5 Ramsau *bis* Auflassung] *Der Bezirkshauptmann zu Gmunden, Friedrich Freiherr von Haan, berichtet am 15. Juni 1853 (Scha 83, Z. 1745) folgende Vorgeschichte: Die LSchBeh hatte am 25. Mai 1852 gestattet, „daß mit Rücksicht auf die Mittellosigkeit der Schulgemeinde Ramsau bei Goisern die miethweise Unterbringung der Schule und des Lehrers auf die bisherige Art und Weise bis zum Jahre 1858 sichergestellt werde, und zugleich befohlen, daß bei der genannten Schulgemeinde vom Jahre 1853 an durch jährliche Gemeinde-Umlagen ein Fond für die Dekung des größten Theiles der sie treffenden Baukosten für die Herstellung eines eigenen Schulhauses gesammelt, und inzwischen fruchtbringend gemacht, spätestens aber im Jahre 1856 die Verhandlung über den Bau eines Schulhauses für Ramsau wieder aufgenommen" werde. Da die Gemeinde Ramsau, wie aus einem Erlaß vom 26. Juli 1858 hervorgeht, keine genauen Erhebungen über alle für den Schulbau nötigen Daten vorgenommen hat und laut Statthaltereischreiben vom 6. Juli 1861 (Scha 83, Z. 11706) auch der Ankauf eines Hauses für die Adaptierung gescheitert ist, kommt der Schulhausbau nicht zustande, und es wird „unter einstweiliger Aufrechthaltung des Halbtagunterrichts" die „fortgesetzte Miethe dieses Hauses zum Behufe der Unterbringung der Schule und des Lehrers" genehmigt.*

310,6–12 protestantische *bis* bringen] *In Goisern befand sich eine evangelische Schule „seit 1785 mit 189 Kindern neben dem Bethhause" (Benedikt Pillwein, „Geschichte, Geographie und Statistik des Erzherzogthums Oesterreich ob der Enns und des Herzogthums Salzburg. Zweyter Theil: Der Traunkreis", Linz 1828, S. 467f.). Im Schreiben vom 5. April 1854 (5/1982 l) an die Schu-*

⟨140.⟩

lendistriktsaufsicht der evangelischen oberösterreichischen Schulen zu Goisern bei Ischl zitiert die LSchBeh wörtlich aus Stifters Bericht und „bemerkt, daß es nothwendig seyn dürfte, auf Unterstützung des alten Lehrers zu Goisern durch Beigebung einer jungen u. zugleich tüchtigen Lehrkraft vorzusorgen, u. daß ein wochentlich öfter wiederholtes Einwirken des Hrn Pastors u. zugleich Distrikts-Aufsehers auf die dortige Schule vor dem Eintreten einer tüchtigen Aushilfe allein im Stande seyn dürfte, dieselbe vor Verkommenheit zu bewahren". Unklar ist, wieso die LSchBeh die „Beigebung einer [...] Lehrkraft" vorschlägt, obwohl Stifter bereits seine Hoffnung auf den beigegebenen Gehilfen Pernkopf setzt. In „Der Oberösterreicher" 1860 (S. 237) wird Leopold Pernkopf als Schulprovisor bezeichnet. Der weitere Fortgang in Nr. ⟨190.⟩.

310,13 St. Agatha] St. Agatha hatte seit 1787 neben Goisern „die zweyte" evangelische Schule „mit 198 Kindern" (Pillwein, s. zu 310,6–12, S. 468).

310,29–31 Schmidhammer bis Normalhauptschule] Vgl. Nr. ⟨142.⟩.

311,1–3 St. Wolfgang bis Neubau] Bei seiner „amtlichen Reise durch den Bezirk Gmunden" hatte der Statthalter, wie er am 12. Juli 1851 (Scha 57, Z. 1385) an den Bezirkshauptmann Gmunden schrieb, die Schule in St. Wolfgang „in dem schlechtesten Zustande gefunden. [...] Was das Schulhaus betrifft, welches nur ein einziges, für 120 Schulkinder noch dazu viel zu kleines Schulzimmer enthält, u. dem Lehrer eine äußerst enge Wohnung mit feuergefährlicher Küche darbietet; so ist es Pflicht der kk Bezirkshauptmannschaft sogleich die nothwendigen Einleitungen [...] zu treffen, also die nöthige kommissionelle Lokal-Verhandlung [...] ehestens vorzunehmen". Mehrere Bauprojekte wurden verworfen, weil sie entweder unzweckmäßig oder zu teuer waren, auch wurde nicht, wie von Stifter angenommen, ein Neubau errichtet, sondern am 13. Mai 1853 (Scha 57, Z. 1255) von der LSchBeh ein am 10. Mai 1853 eingereichtes Projekt der Landesbaudirektion über-

⟨141.⟩

nommen, wonach "an dem alten Schulhause ein Zubau geführt, und in demselben nebst den Retiraden zwey Lehrzimmer in der erforderlichen Größe angebracht werden. / Im Erdgeschoße des alten Traktes wird sonach, da dasselbe tief und feucht ist, nur die Holzlage und eine Requisitenkammer bestehen, im ersten Stocke aber die Lehrerswohnung mit 2 Zimmern, einer Küche und Kammer, dann das Gehilfenzimmer, so wie auch eine Stiege angebracht seyn, welche auch für den Zubau verwendbar ist". Am 7. November 1855 (Scha 57, Z. 19266) berichtet die Landesbaudirektion, daß "die Adaptirung und Erweiterung des Schulhauses [...] laut dem Befund-Zertifikate vom 12. Juny 855 vollkommen entsprechend ausgeführt worden sind [...]".

⟨141.⟩ *Erweiterung des Schulhauses in Weyer bei Gmunden

Überlieferung

H $1190\,\frac{1851}{1854}\,X\,\frac{B}{40}\,$Weyer (OÖLA Scha 56)
Die Antragsüberreichung vom 10$^{\underline{e}}$ October 1853 *ist in Nr. ⟨222.⟩, 2. Liste, Nr. 16 (HKG 10,2, S. 211,16) belegt. Die indirekte Überlieferung eines Segments dieser "Anzeige" erfolgte im Statthaltereischreiben vom 21. Juli 1854.*

Stellenkommentar

311,17–20 Anzeige *bis* erscheine] *In Weyer bei Gmunden war Stifter bereits im November 1850 (Nr. ⟨222.⟩, 1. Liste, Nr. 2). Im Reisebericht Nr. ⟨26.⟩ (S. 135,26–27) geht er mit keinem Wort auf*

⟨141.⟩

Raumprobleme ein. Die Inspektion am 28. August 1853, worüber er in Nr. ⟨141.⟩ berichtet, hat er in Folge einer frühern Besprechung mit dem dortigen weltlichen Ortsschulaufseher, der eine Erweiterung des Schulraumes für nothwendig erachtet (S. 308,17–19), unternommen, worauf er die Antragsüberreichung vom 10ᵗᵉⁿ October 1853 verfaßte.

Laut Statthaltereischreiben vom 21. Juli 1854 (Scha 56, Z. 1190, Bog. 1, S. 2 – Bog. 2, S. 4) an das Ministerium ergaben kommissionelle Erhebungen vom 7. November 1853 auf Grund von Stifters „Anzeige", „daß die erste Klasse von 145 Kindern besucht wird, welche Anzahl sich bis Ostern auf 165 steigern dürfte, und daß alle 3 Abtheilungen, in welche diese Klasse zerfällt, gleichzeitig den Unterricht erhalten. In dem Zimmer, in welchem sich diese Klasse befindet, und das 6° 4' [6 Klafter ~ 11,38 m; 4 Fuß ~ 1,3 m; gesamt ~ 12,68 m, Anm.] lang und 3° 3' [3 Klafter ~ 5,69 m; 3 Fuß ~ 0,9 m; gesamt ~ 6,59 m, Anm.] breit ist, sitzen die Kinder äußerst gedrängt, so daß in der I Abtheilung sogar 8 Kinder auf 6' Schuh [~ 2,2 m, Anm.] langen Bänken zu sitzen kommen, welche sich kaum rühren, viel weniger aber schreiben können". Da diese Situation, daß „227 schulbesuchende Kinder [...] von 2 Lehrern in 2 Zimmern Unterricht erhalten", gegen den §. 345. der pol.Sch.Verf. von 1833 verstößt, wird in der Kommission vom 7. November 1853 der Antrag gestellt, ein 3. Lehrzimmer und ein weiteres Gehilfenzimmer „in dem linkseitigen Flügel des Waisenstiftes herzurichten", doch der „Abgeordnete der k. k. Salinen- und Forst-Direktion zu Gmunden" erklärt, „daß im Interesse der Stiftung keine Lokalitäten in dem Stiftgebäude, sey es unter was immer für Bedingungen oder Gegenleistungen, zu dem Zwecke der Weyrer Trivialschule überlassen werden können, weil für die schon jezt vorhandene Zahl von 6 Waisenknaben durch die Benützung zweyer grosser Zimmer für die Schule die Räumlichkeiten schon sehr beschränkt seyen [...]". Da alle Vorschläge und Argumente der LSchBeh vom 15. April 1854 auf

⟨142.⟩

entschiedene „Ablehnung" der „Salinen und Forst Direktion Gmunden" stoßen, ergeht mit Schreiben vom 21. Juli 1854 der Antrag an das Kultusministerium, sich beim Finanzministerium dafür zu verwenden, daß die bereits am 9. Mai 1848 zugestandene Überlassung der Lokalitäten im Waisenstiftsgebäude „zu dem Zweke der Erstellung eines III Lehr- und eines Gehilfen-Zimmers [...] von Seite der k. k. Forst und Salinen Direktion Gmunden erfolge [...]" (ebd., Bog. 6, S. 2-3). Trotz dringender Bitten am 6. Oktober 1855 und am 11. Februar 1857 „um geneigte Einwirkung zu baldigster Beendigung dieser höchst dringenden Angelegenheit" reagiert das Ministerium erst am 13. September 1858 (Scha 56, Z. 15859) und fordert u. a. detaillierte Auskünfte über Zahl der Schulkinder sowie mögliche Verteilung auf andere benachbarte Schulen. Der weitere Fortgang in Nr. ⟨566.⟩.

Zum Zeilenzähler in HKG 10,1 vgl. das Corrigendum auf S. 17.

⟨142.⟩ Pensionierung des erkrankten Georg Pammer
und Bestellung eines Supplenten

Überlieferung

H $\frac{497}{2257} \frac{1850}{1853}$ X $\frac{B}{12}$ *Linz (OÖLA Scha 12)*
Stifters Äußerung vom 11. Oktober 1853, beginnend auf der 4. Seite eines Bogens in der rechten Spalte unterhalb von Anschrift und Kurzinhalt des Konsistorialschreibens sowie unter dem Auftrag Fritschs vom 31. August 1853 und fortgesetzt in der linken Spalte, bezieht sich auf das Konsistorialschreiben vom 26. August 1853 auf den beiden ersten Seiten.

⟨142.⟩

Apparat

311,22   345 [der pol.Sch.Verf.] auf

Kommentar

Fortgang von Nr. ⟨12.⟩.

Stellenkommentar

312,11–14 Consistoriums *bis* Schmidhammer] *Am 26. August 1853 (Scha 12, Z. 497) überreichte das bischöfliche Konsistorium ein Gesuch der „Normal-HauptSchul-Direktion", „daß die zweite Classe, die der Lehrgehilfe Prohaska allein bediente, in zwei Abtheilungen aufgelöst, und statt des dienstunfähigen Lehrers Pammer ein Supplent aufgestellt werde. / ▫ Für diese Stelle eines Supplenten wird Jakob Schmidhammer d.z. Lehrer an der Kleinkinderbewahranstalt zu Ischl in Vorschlag gebracht [...]". Nachdem das Ministerium laut Schreiben der LSchBeh vom 29. September 1853 (Scha 12, Z. 2243) „den Antrag zur Pensionierung des Lehrers, Georg Pammer, an der hiesigen Normal-Hauptschule" genehmigt und nachdem Stifter sich für Schmidhammer ausgesprochen hat, wird durch die LSchBeh am 12. Oktober 1853 (Scha 12, Z. 2357) Schmidhammer als Supplent für Pammer bestätigt. Laut Schreiben der LSchBeh vom 20. März 1854 (Scha 12) hat Pammer mit Majestätsgesuch „um gnädige Belassung in dem Genuße seines vollen Gehaltes pr 400 f CM in seinem Ruhestande" (Scha 12, Z. 493) gebeten. Mit Ministerialerlaß vom 5. Mai 1854 (Scha 12, Z. 1286) wird verkündet: „Seine k. k. apostolische Majestät haben mittelst Allerhöchster Entschliessung vom 3.* Mai *d. J. aus besonderer Gnade dem pensionirten Lehrer*

⟨143.⟩

der Linzer Normalhauptschule, Georg **Pammer**, *den ganzen zuletzt bezogenen Gehalt [...] zu bewilligen geruht". Als Nachfolger für Pammer wird am 19. März 1854 (Schu-A/3, Scha 11, Fasz. 3/1, Z. 990/Sch.) vom bischöflichen Konsistorium primo loco Florian Sattlegger, secundo loco Kajetan Prohaska vorgeschlagen. Die Äußerung Stifters und Entscheidung der LSchBeh dazu wurden nicht gefunden. In Nr. ⟨200.⟩ wird Sattlegger als* Klassenlehrer *(HKG 10,2, S. 155,22), Prohaska als* Unterlehrer *(ebd., S. 156,3–6) bezeichnet.*

⟨143.⟩ Amtsreise vom 17. bis 19. Oktober 1853

Überlieferung

H   *2929 1853 X$\frac{B}{28}$ (OÖLA 5/1983 r – 1984)*
        Stifters Reisebericht vom 24. Oktober 1853 steht auf den ersten 2½ Seiten eines Bogens in der rechten Spalte. Die Anrede ist zentriert. Auf der 4. Seite folgen in der rechten Spalte Anschrift und Kurzinhalt, die in der Edition an den Anfang gestellt wurden.
D   *Vancsa XI, S. 66–68*

Apparat

313,17   [profanen] [weltlichen] Gegenständen
314,24   leicht [ein] Zusammentreffen

⟨143.⟩

Emendation

314,15 die ⁺Zustände] die Zustande

Stellenkommentar

314,1–9 Lehrer *bis* Provisor] *Fritsch hat am 26. März 1854 hinter Stifters Bericht auf der 4. Seite einen Entwurf (5/1985 l) für ein Schreiben an das bischöfliche Konsistorium verfaßt, das am selben Tag, gez. Bach, in Reinschrift (Schu A/3, Scha 334, Fasz. 20/20) abgeschickt wurde. Darin wird das bischöfliche Konsistorium aufgefordert, „den Hrn Dechant u Schulenbezirks Aufseher zu veranlassen, daß er, wenn in der von dem Schullehrer selbst besorgten Klasse am Schluße des laufenden Schuljahrs die gewünschte Beßerung ungeachtet sorgfältigen Einwirkens des Hrn Dechants u Pfarrers nicht eingetreten seyn sollte, sogleich das Nöthige zur Beigebung eines dritten Lehrgehilfen u. zur Enthebung des Lehrers vom Unterrichte verfügen" möge (5/1985 l). Der „Lehrerschematismus 1850" verzeichnet für den in Sierning tätigen Lehrer Paul Huber als Geburtsdatum das Jahr 1779, so daß er 1854 im Alter von 74 Jahren mit dem Gehilfen Josef Albrecht tätig ist. Da im „Lehrerschematismus 1856" außer dem Lehrer Paul Huber, inzwischen 77 Jahre alt, drei Gehilfen genannt werden, nämlich Josef Albrecht (s. Nr. ⟨433.⟩), Franz Sandberger (s. Nr. ⟨313.⟩) und Ignaz Schmid, hat man dem Lehrer statt eines Provisors einen dritten Gehilfen beigegeben. In „Der Oberösterreicher 1862" (S. 181) wird Paul Huber, 83 Jahre alt, noch als Lehrer genannt. Laut „Lehrerschematismus 1864" ist die Lehrerstelle in Sierning „vacat", während ein Schulprovisor Oswald Jenne und zwei Gehilfen Moriz Jenne und Johann Helfer aufgeführt werden.*
314,11–12 Gehilfe *bis* Lehrern] *Dem Lehrgehilfen Albrecht läßt die LSchBeh eröffnen, „daß bei der obigen Prüfung nach des Hrn*

⟨143.⟩

Schulrathes Urtheile die von ihm unterrichtete Klasse vollkommen entsprochen hat, u. mit der Note ‚sehr gut' zu bezeichnen war, hierüber aber ihm das hieramtliche Wohlgefallen bekannt zu geben" sei (5/1985 l).

314,14–22 Kremsmünster *bis* Aborte] *Fortgang von Nr. ⟨87.⟩. Als die LSchBeh auf Grund von Stifters Antrag anordnet, die Trennung der Aborte durchzuführen, entsteht, wie Abt Thomas von der Abtei Kremsmünster am 6. Jänner 1854 (Scha 11, Z. 529) in einem „Vortrag an die Vorstände der Gemeinden Markt Kremsmünster, Burgfried Kremsmünster, Satledt und Kremseck" berichtet, ein Eklat, da im Rahmen einer Verunglimpfungskampagne dem Stiftsabt unterstellt wird, „daß ein Theil" der für das Schulhaus „eingezalten Gelder zur Zalung der neuen Kirchenstühle verwendet werde", und da „der durch die hohe Statthalterei anbefohlene Bau eines zweiten Abtrittes" dem Abt „in die Schuhe geschoben wird [...]". Da ihm bisherige Wohltaten „mit schwarzem Undanke" vergolten werden und da gegen ihn „Lügenhaftes erdacht und erfunden" und „in den meisten hiesigen Gasthäusern" verbreitet werde, habe er beschlossen, daß er „den von der hiesigen Schulgemeinde für den Adaptirungsbau der Hauptschullokalitäten verwendeten und eingezalten Baukostenbetrag pr. 4798 f 42 kr an die Schulgemeinde zurückzalen", „das adaptirte Schulgebäude nur bis zum Schluße des gegenwärtigen Schuljahres zum Schulzwecke" bereitstellen und die Hauptschule in eine Trivialschule umwandeln werde. Im Schreiben vom 28. Januar 1854 (Scha 11, Z. 529) protestiert er dagegen, daß „die kk. Bezirkshauptmannschaft Steyer das Stift zu den nachträglich beantragten zur Absonderung der Geschlechter noch erforderlichen zwei Aborte zur Zalung [...] verpflichten will". Die LSchBeh schreitet am 3. Februar 1854 (Scha 11, Z. 294) gegen die „Verleumdung" ein und stellt klar, daß die „Herstellung noch zweyer Abtritte bei diesem Schul-Lokale [...] in den Erlässen der L.Sch.Beh. vom 4. Septb u. 30. Dezemb 1853 Z.Z. 2410 u. 3505*

⟨143.⟩

angeordnet worden" sei. Er beruhigt den Abt zugleich durch die Information über den Auftrag an den Bezirkshauptmann, die „verläumderischen Gerüchte u. Schmähungen durch förmliche Erhebungen sorgfältig nachzuforschen u. die gefundenen Resultate dem einschlägigen staatsanwaltschaftlichen Organe zur Veranlassung der geeigneten strafgerichtlichen Amtshandlung zuzusenden". Schließlich bemerkt der Statthalter noch zu der Aufforderung des Bezirkshauptmanns an das Stift, daß die Baukosten für die Abtritte von der Schulgemeinde zu bestreiten seien.
314,25–26 Kematen *bis* Bauakt] *Die Schule in Kematen inspizierte Stifter am 19. Oktober 1853 (Nr. ⟨222.⟩, 1. Liste, Nr. 53; HKG 10,2, S. 203,26). Die Initiative für den Erweiterungsbau in Kematen ging also vom Statthalter aus, welcher am 8. August 1852 (Scha 82, Z. 2057) an den Bezirkshauptmann schrieb: „Die Schule zu Kematen, worin ganztägiger Unterricht gegeben wird, zählt fast 300 Werktagschüler, u. hat nur 2 Lehrzimmer. / ☐ Nach § 347 der Volksschulenverfass. sollte sie drey Zimmer, einen Lehrer u 2 Gehilfen enthalten. / ☐ Der Raum zur Herstellung des 3. Lehrzimmers ist nach der von mir jüngsthin durch eigenen Augenschein gewonnenen Ansicht vorhanden, nachdem ein Theil des Dachbodens durch geeignete Bauführung in ein Zimmer umgestaltet werden kann". Entgegen dem ersten Bauplan mußten, wie das Kreisbauamt am 28. März 1858 (Scha 82, Z. 12172) berichtet, zusätzlich im Keller, im Erdgeschoß und im 1. Stock mehrere Mauern wegen ihres schlechten Zustandes abgetragen und neu aufgeführt werden. Auch waren die Dippelböden „größtentheils verfault, u mußten deßhalb durch neue ersetzt werden". Da sich das Gebäude auf einem Hügel befindet, mußte „eine Stützmauer hergestellt werden". Wegen Glatteisgefahr im Winter wurde „über Auftrag Sr Excellenz" eine Aufgangsstiege hergestellt. Dadurch erhöhten die am 26.April 1855 genehmigten Baukosten von 3985 auf 7807 Gulden. Die Baumaßnahmen erstrecken sich bis ins Jahr 1857.*

⟨144.⟩

314,28–32 Neuhofen *bis* Fußboden] *An den Bezirkshauptmann zu Steyr ergeht mit Dekret vom 26. März 1854 (5/1984f.) der Auftrag, Erkundigungen einzuziehen, „ob die Arbeiten an dem in Neuhofen zur Herrichtung für ein Schulhaus angekauften Gebäude vollendet sind, [...] u. wenn sie wider Erwarten noch nicht beendet wären, zu bewirken, daß sie noch im künftigen Monate ihrem Ende zugeführt werden. / □ Da nach Aeußerung des kk Volksschulen-Inspektor, Hrn Schulrathes Stifter, der das Haus im Spätherbst v. J. besehen u. noch unvollendet gefunden hat, das Vorhaus des I Stockes wegen Mangels eines Fensters ganz finster ist; so wollen Sie durch das Bezirksbauamt sogleich erheben u. begutachten lassen, ob u. wie, dann ob vielleicht durch Umwandlung der Eingangsthüren in die beiden Lehrzimmer in helle Glasthüren diesem großen Uebelstande abgeholfen werden könne?" In der „Linzer Zeitung" vom 17. Januar 1854 steht Neuhofen in der Rubrik: „Gebäude wurden erworben u zu Schulhäusern eingerichtet" (Abb. 1).*

⟨144.⟩ Versetzungtausch der Lehrer von Neustift und Abtstorf

Überlieferung

H   2862 $\frac{1852}{1853}$ X $\frac{B}{30}$ *Neustift (OÖLA 7/2916–2917)*
         Stifters Äußerung vom 28. Oktober 53 steht auf den ersten 3 Seiten eines Bogens in der rechten Spalte; die Überschrift erstreckt sich über die ganze Seitenbreite. Der Auftrag an Stifter erfolgte am 20. Oktober 1853 auf der 4. Seite des Konsistorialschreibens vom 18. Oktober 1853.
D   Fischer, Nr. 90

⟨144.⟩

Apparat

316,18 Diöcesanschulenoberaufseher [Strigl] zu

Kommentar

Fortgang von Nr. ⟨133.⟩ mit gleicher Aktenzahl.

Stellenkommentar

315,20–29 Scheibert *bis* zulässig] *Michael Scheibert, laut „Lehrerschematismus 1838" im Jahr 1794 geboren, 1815 erstmals als Lehrer angestellt, war laut Erlaß vom 21. Januar 1841 (Schu-A/2, Scha 16, Fasz 18/5, Z. 51.840) an das bischöfliche Konsistorium aus dem Schuldienste zu Aschach bei Steyr entlassen worden, weil er „sowohl in Ansehung seiner Obliegenheiten im Schul- und Meßner-Dienste, als auch in Ansehung seines Lebenswandels und Benehmens gegen die Gemeinde und gegen seine Vorgesetzten der im § 278 bis 281 dann 284 pol. Schulv. angedeuteten Uibertretungen überwiesen erscheint" und weil die „von der Distr. Schulenaufsicht angeordneten mündlichen Ermahnungen bey seinem aus den Verhandlungen sich darstellenden störrischen und leidenschaftlichen Charakter fruchtlos geblieben sind". Die Studienhofkommission bestätigte am 8. Oktober 1841 (Schu-A/2, Scha 16, Fasz 18/5, Z. 476) dem bischöflichen Konsistorium, daß Scheibert „unbedingt und ohne Verzug des Dienstes zu entlaßen" sei, „hat jedoch der Regierung die weitere Verhandlung anheimgestellt, ob und inwieferne derselbe nach der Hand etwa doch bei ernstlicher Beßerung bei einem andern Lehrdienste mit Nutzen, allenfalls provisorisch, zu verwenden wäre". Daraufhin erhielt er 1841 eine Stelle in Heinrichsberg.*

⟨144.⟩

*Laut Schreiben der Schulendistriktsaufsicht Sarleinsbach zu Rohrbach vom 23. März 1847 (Schu A/3, Scha 20, Fasz. 10/4, Z. 193) erfolgte die „Beförderung" Scheiberts von der schlecht dotierten Stelle in Heinrichsberg auf die provisorische Stelle in Stroheim, und zwar wegen seines auch vom Pfarrer in Kollerschlag mehrfach gelobten Fleißes, seiner Geschicklichkeit und ordentlichen Behandlung der Kinder sowie wegen seines und seiner Familie angemessenen Betragens. Als ihn die Schuldistriktsaufsicht Peuerbach am 17. April 1849 (Schu-A/3, Scha 24, Fasz. 12/25) zu „*definitiver *Anstellung" empfahl, weil er „diesen seinen Dienst in Stroheim in so vorzüglicher und lobenswerther Weise versehen" habe, erklärte das bischöfliche Konsistorium am 7. Juli 1849 (Schu-A/3, Scha 24, Fasz. 12/25), es könne diesen Antrag „nicht unterstützen, weil die provisorische Anstellung demselben nicht direkt nachtheilig, den Behörden aber in Beziehung auf die früheren Vorgänge wichtig ist". Am 4. Juni 1849 (Schu-A/3, Scha 24, Fasz. 12/25) reichte der Pfarrer Rebhahn von Stroheim eine „Sittenschilderung" ein, daß über Scheibert „ein keineswegs schönes Gerede im Umlauf sey". Im Schreiben des bischöflichen Konsistoriums vom 7. November 1849 (ebd., Z. 673) an die Schul-Distrikts-Aufsicht zu Peuerbach wird wiedergegeben: „Der Hr Pfarrer Georg Rebhahn beschuldiget den Schullehrer Scheibert des Ehebruches unter erschwerenden Umständen" mit einer verheirateten Frau. Da der Pfarrer diese Beschuldigung mit Eifer wiederholte, mahnte ihn das bischöfliche Konsistorium am 29. Dezember 1849 (ebd., Z. 817), „in den Eingaben eine größere Mäßigung u. Ruhe" anzustreben, weil die Anschuldigungen schwer beweisbar seien. Die Schuldistriktsaufsicht Peuerbach berichtete am 27. Oktober 1849 (Schu-A/3, Scha 24, Fasz. 12/25), daß Scheibert bei einer Schulvisitation in Stroheim am 24. Mai 1849 „alles ableugnete und hoch und theuer versicherte ganz unschuldig zu seyn", doch die Beschuldigun-*

⟨144.⟩

gen dauerten an, und das bischöfliche Konsistorium sprach sich am 4. Dezember 1852 (7/2963f.) gegen Scheibert aus, weil er sich "leider auch in neuerer Zeit einer groben Unsittlichkeit, eines unerlaubten Umganges mit einem fremden Weibe verdächtig gemacht" habe. Am 28. September 1853 bat Scheibert laut Protokollbuch HS 368, Nr. 2672, um "Versetzung auf den Schul u Meßnerdienst Neustift mittels Tausch". Das bischöfliche Konsistorium hat am 18. Oktober 1853 (7/2908 l) keinen Einwand gegen diesen Tausch vorgebracht, da "Scheibert selbst um diese Versetzung bittet, und ohnehin wegen früherer Vergehungen nur provisorisch angestellt ist, und leider bisher noch nicht verdiente, definitiv angestellt zu werden". Die LSchBeh übernimmt jedoch am 29. Oktober 1853 (7/2903 r) Stifters detaillierte Argumentation gegen eine Versetzung Watzls von Neustift nach Stroheim und Scheiberts nach Neustift, da Watzl durch diese "Versetzung gegenüber seinem jetzigen Einkommen gar zu viel verlieren" würde. Statt dessen wird Michael Scheibert 1854 nach Schönering versetzt. Zum weiteren Fortgang s. Kommentar zu Nr. ⟨148.⟩, dort zu S. 324,17–19.

316,1–9 Versetzung *bis* gefährlich] *Wie Stifter lehnt auch die LSchBeh am 29. Oktober 1853 den Vorschlag des bischöflichen Konsistoriums, den Tausch Watzls mit dem Lehrer Paul Bloßl zu Loibichl durchzuführen, ab, da "Loibichl nur eine Mittelschule u. von ihrem Pfarrorte Mondsee über 1 Stunde entfernt ist", so daß ein "Lehrer, der aus Strafe versetzt wird, u. einer sorgfältigen Ueberwachung bedarf", dort "ziemlich ohne, oder wenigstens unter sehr entfernter u. spärlicher Aufsicht sich finden würde" (7/2919 r).*

316,25–32 mündliche *bis* Tausche] *Die LSchBeh übernimmt Stifters persönlich ausgehandelten Vorschlag, Watzl nach Abtsdorf und Stöttinger von dort nach Neustift zu versetzen, zumal bereits brieflich Stöttingers Zusage vorliegt, daß er bereit sei, "gegen billige Vergütung der bey seinem gegenwärtig äußerst geringen*

⟨145.⟩

Einkommen fast unerschwinglichen Umsiedlungskosten den Schuldienst zu Neustift anzutreten" (7/2915 r). Am 3. Dezember 1853 (Schu-A/3, Scha 28, Fasz. 16/1, Z. 955) berichtet das bischöfliche Konsistorium der LSchBeh, daß Watzl am 23. November 1853 den Schuldienst zu Abtstorf angetreten und „am darauf folgenden Tage [...] der bisherige Lehrer zu Abtstorf, Michael Stöttinger, nach Neustift abgegangen" sei. Noch der „Lehrerschematismus 1864", S. 59, führt in Abtstorf den Oberlehrer Johann Watzl.

⟨145.⟩ Zulage für den Katecheten Angermayr an der Normalhauptschule Linz

Überlieferung

H 1205 $\frac{1853}{1854}$ 10 $\frac{B}{12}$ Linz (OÖLA Schb 7/3317f., 3320 r)
   Stifters Äußerung vom 16. November 1853 steht auf 3 Seiten eines Bogens.
D Fischer, Nr. 91

Apparat

318,13–14 Katecheten [wer-]⌿ Angermayr werden

Stellenkommentar

318,10 <u>Zulage von 200 fl</u>] *Das erneute Gesuch Angermayrs war nötig geworden, weil die mit Ministerialerlaß vom 15. März 1852*

⟨146.⟩

gewährte Zulage von 200 Gulden nur für das Jahr 1852 zugestanden worden war (s. Kommentar zu Nr. ⟨60.⟩). Der erneute Antrag Angermayrs wird am 12. Oktober 1853 vom bischöflichen Konsistorium mit der Aussage unterstützt, „daß eine Remuneration von nur jährlichen 300 fm CM. *fast einer Kränkung ähnlich sieht" (7/3318 r). Doch mit Ministerialerlaß vom 14. April 1854 wird Angermayr nur die bereits bewilligte Zulage von 200 Gulden auch für 1853 belassen (7/3313 r).*

⟨146.⟩ Beendigung der Privatschule Kasten und Einschulung der Kinder nach Hollerberg

Überlieferung

H   1626 1851/53 X$\frac{B}{30}$ Hollerberg (OÖLA 6/2565f., 2579f.) *Stifters Äußerung vom 20. November 1853 beginnt auf der 1. Seite eines Bogens, in dessen linker Spalte Bezug auf 3 andere Schreiben genommen wird, in der rechten Spalte unterhalb von Fritschs Auftrag vom 1. Oktober 1853 „zur Aeußerung über diesen Gegenstand" mit 8 Zeilen und setzt sich in der rechten Spalte der beiden folgenden Seiten sowie auf der 4. Seite mit 9 Zeilen fort. Darunter beginnt der Entwurf Fritschs für zwei Schreiben an das bischöfliche Konsistorium und den Bezirkshauptmann zu Rohrbach, der auf den 4 Seiten eines 2. eingelegten Bogens fortgesetzt wird.*

D   Fischer, Nr. 92

⟨146.⟩

Stellenkommentar

319,3 Privatschule in Kasten] *Die Errichtung dieser Privatschule war vom Mühlkreisamt zu Linz mit einer Note vom 21. November 1849 angeregt worden, nachdem die Gemeinde Kasten laut Konsistorialschreiben vom 1. Dezember 1849 (Scha 13, Z. 11124) entgegen einem Bescheid des Kreisamtes vom 18. Juni 1846 ihre Kinder nicht in die Schule nach Hollaberg geschickt hatte. Die Gemeinde hatte „sich ferner zu dem ungesetzlichen Schritte verleiten lassen, daß sie ihre Schule als eine ordentlich bestehende ansah, und eigenmächtig einen Lehrer aufnahm, welcher noch dazu des Lehrerzeugnisses ermangelt. Das bischöfliche Konsistorium hat daher in dem Erlasse an die Schul-Districts-Aufsicht* **St. Johann** *vom 20. December [...] diese Aufnahme des Lehrers für ungesetzlich erklärt", aber in einem mit der Gemeinde am 8. Juni 1848 aufgenommenen Protokoll die Angelegenheit dadurch zu bereinigen versucht, daß der Gemeinde Kasten „die Erlaubniß ertheilt" wurde, „ihre Kinder in der vorhandenen Schule unterrichten zu lassen", jedoch mit der Auflage, daß die vorgelegten gesetzlichen Vorschriften eingehalten werden. Die LSchBeh hatte am 6. Mai 1850 (Scha 13, Z. 11124) der Gemeinde Kasten, nachdem diese sich am 15. April 1850 „zu Allem verpflichtet hat, was der polit. Schulverfassung gemäß von ihr gefordert werden muß, um ihre eigene Schule halten zu dürfen", die „Bewilligung ertheilt". Nachdem der Privatlehrer Scheiber, dem die Schulendistriktsaufsicht von St. Johann am 29. August 1852 die Qualifikation für diesen Posten bescheinigt hatte, schon im folgenden Jahr „diesen Posten freiwillig verlassen, und nach Böhmisch-Reichenau sich begeben" hatte, woher er gekommen war, stellte die Schuldistriktsaufsicht am 27. Mai 1853 „den Antrag, daß benannter Schulort nicht mehr besetzt, sondern darauf gedrungen werde, daß sämtliche Kinder, die bisher die Privatschule Kasten besuchen, die Mittelschule Hollaberg besuchen*

⟨146.⟩

müssen [...]". Diesem Antrag trat das bischöfliche Konsistorium am 27. Mai 1853 bei (6/2570 r). Von der LSchBeh aufgefordert zu ermitteln, ob die Gemeinde Kasten „geneigt" sei, die „für die fernere Gestattung einer Privatschule gestellten Bedingungen zu erfüllen" (6/2572 l), gingen mit Datum 16. Juni 1853 drei Schreiben ein: Der Bezirkshauptmann zu Rohrbach teilte mit, daß „sich die Gemeinde zur Vollziehung jeder Anordnung bereit erklärt" habe (6/2568f.). Das bischöfliche Konsistorium machte keinen Vorschlag (6/2570f.). Der Pfarrer von St. Peter wies in dem Protokoll mehrere Unwahrheiten sowie Verfehlungen der Gemeinde und Mängel des Unterrichts nach. Zu diesen drei Schreiben äußert sich Stifter (6/2573f.).

319,24–25 Fehlern *bis* Beilage] *Das Schreiben des Lehrers Scheiber vom 14. Juni 1853 mit seinen vielen Fehlern lautet:*

„I^{tens} Der Schulbesuch in Kasten war im ganz geringen Zustande wie die Kataloge, welche in der Schule Hollerberg aufbewahrt sind, die Ueberzeigung vorhanden ist.

II. Ich hieng von Kastner Insassen ab, wie konnte ich selbe in eine Strafe geben, ein unabhängiger kann solches thun; ich selbst wekte die Kinder oftmals auf in den Religionsunterricht zu gehen, mehr konnte ich nicht thun, warum schickten es die nach meinen Gutachten nicht.

III. Meine Besoldung bestand aus 60 fl C.M.*, wie man mit 60 fl leben kann ist zu denken, wenn man jede Kleinigkeit und jedes Stückl wie die vergangenen Jahre waren, sich alles anschaffen und verkösten muß, wo alles sehr theuer war [...]" (6/2572 r).*

321,4 Kastner-Schule aufgelöset] *Die LSchBeh teilt am 21. Dezember 1853 dem bischöflichen Konsistorium und dem Bezirkshauptmann zu Rohrbach mit, „daß die Wiedererrichtung dieser Nothschule [...] nicht mehr Statt finden darf" (6/2580 l). Die Gemeinde Kasten wird verpflichtet, ihre schulpflichtigen Kinder nach Hollerberg senden (6/2567f.).*

⟨147.⟩

⟨147.⟩ *Aufstellung eines Provisors in Friedburg

Überlieferung

Dieser Antrag vom 25. November 1853, welchen Stifter in Nr. ⟨148.⟩ angekündigt hat, lautet im Protokollbuch HS 368 (1853/54), Nr. 3264, ausführlicher: „Schulrath Stifter $\frac{25}{11}$ beantragt die Aufstellung eines Provisors u die Erweiterung der Lehrzimer in der Schule Friedburg."

Kommentar

Fortgang von Nr. ⟨62.⟩.

Stifters Antrag vom 25. November 1853, der auf einer Inspektion der Schule in Friedburg zwischen dem 2. November und 10. November 1853 beruht (Nr. ⟨222.⟩, 1. Liste, Nr. 54; HKG 10,2, S. 203,31), ist entstanden, nachdem der Statthalter Bach am 25. Januar 1853 (Schu A/3, Scha 42, Fasz. 28/7, Z. 124) „von der angeordneten Aufstellung eines 2. Lehrgehilfen zu Friedburg wieder Umgang genommen" hat. Infolge von Stifters Antrag schreibt der Statthalter am 29. November 1853 (ebd., Z. 949.972.980) an das bischöfliche Konsistorium:

„In dem hier angebogenen Berichte begutachtet der k. k. Herr Volksschulen-Inspektor, Schulrath Adalb. Stifter in Folge der vorgenommenen Untersuchung der Schulzustände zu Friedburg im Dekanate Pischelsdorf.
1. die Erweiterung der Lehrzimmer,
2. die Aufstellung eines Provisors, statt des ungeeigneten Lehrers Waldeck, und
3. die Übertragung der Christenlehre für die Sonntagsschüler aus der Pfarrkirche Lengau in den Schulort Friedburg,

⟨147.⟩

4. sowie 4. die Erörterung der Frage, ob daselbst die Einführung des ganztägigen statt des bisherigen halbtägigen Unterrichtes nicht angezeigt und haltbar sei?
Bezüglich des ersten Punktes ergeht gleichzeitig an die k. k. Bezirkshauptmannschaft Braunau der Auftrag, sogleich nach Vorschrift des § 397 der V.Schulenverfassung eine kommissionelle Lokal-Verhandlung unter Beiziehung des Herrn Schulenbezirks-Aufsehers und eines Baubeamten vorzunehmen, und in Ansehung des 4⁺ Punktes den Beisatz, bei dieser Verhandlung auch die Frage des ganz oder halbtägigen Unterrichts mit Rücksicht auf die etwa in früherer Zeit schon bestandene Einrichtung, welche bei dem Umstande, daß dem Schullehrer ein Beitrag für den Lehrgehilfen aus dem Schulenfonde angeblich zukomt, auf ganztägigen Unterricht schließen läßt, auf die Zahl der Schüler, auf die Entfernung der eingeschulten Ortschaften von Friedburg, auf deren Lage und klimatischen Verhältnisse, so wie der Wege oder Zugänglichkeit Friedburgs von diesen Ortschaften aus, in sorgfältige Erörterung zu ziehen."

Die Bestellung eines Provisors betreffend wird vom Statthalter am 22. Mai 1854, nachdem sich das bischöfliche Konsistorium am 9. Dezember 1853 (ebd., Z. 359) für den Lehrer Engelbert Waldek eingesetzt hat, „von dem Vorschlage, dem genannten Lehrer einen Gehilfen als Provisor beizugeben, vorläufig und mit dem Vorbehalte Umgang genommen, die fernere Wirksamkeit Waldeks durch den genannten Herrn Volksschulen Inspektor einer genauen Uiberwachung zu unterziehen, und von deren Ergebnissen die etwa erforderlichen weiteren Maßregeln abhängig zu machen". Am 18. August 1860 (Schu-A/4, Scha 57, Fasz. 28/7, Z. 783) beantragt das bischöfliche Konsistorium, daß „wegen physischer, geistiger und sonstiger Gebrechlichkeiten" dem 72 Jahre alten Lehrer Waldeck „der in jeder Beziehung ausgezeichnete Lehrgehilfe Frauenberger in Friedburg als <u>Schulprovisor</u> beigegeben werden soll". Ohne daß eine Äußerung Stifters zu diesem Antrag zu finden ist,

⟨148.⟩

erklärt die Statthalterei am 17. Februar 1861 (ebd., Z. 201), daß Frauenberger als Provisor ernannt werden, Waldeck jedoch „fortan den Meßnerdienst" verrichten solle. Den Orgeldienst leisten Waldecks Sohn und der Lehrer Scheringer von Heiligenstadt. Diese Regelung dauert bis zum Tode Waldecks im Jahre 1865.

⟨148.⟩ Amtsreise vom 2. bis 10. November 1853

Überlieferung

H   *3325 1853 X$\frac{B}{28}$ (OÖLA 5/1986 r – 1996 l)*
Stifters Reisebericht vom 1. Dezember 1853 steht auf 19¼ Seiten von 5 hintereinander gelegten Bogen in der rechten Spalte; die Anrede auf der 1. Seite ist zentriert.
D   *Vancsa XII, S. 68–78*

Apparat

323,9   drei ⌈mittelst einer Papierhülse⌉ entblößt
323,27   aber ⌈auch⌉ zur
325,24   Gr[ä][e]nze
326,15   [A]⌋⌈a⌉bgesonderten Antrag
327,20   lassen ⌈muß⌉ an
327,24   mich [d]⌿ mit den
329,17–18 geziemende[s]⌋⌈n⌉ Benehmens
331,9   Frühling [xx]⌿ zu
331,12–13 werde [im Früh]⌿ zu
333,24–25 ist [halbtägig] ⌈troz des nur einzigen Lehrzimmers ganztägig⌉.

⟨148.⟩

Stellenkommentar

323,6–12 Tabellen *bis* gelautet] *Dieses Verfahren des Aufdeckens von verdeckten Buchstaben auf einem Täfelchen, so daß Silben und Wörter von den Elementen her aufgebaut und lautiert werden können, findet man bereits bei Heinrich Stephani, „Ausführliche Beschreibung meiner einfachen Lese-Methode", Erlangen, bei Johann Jakob Palm, 1814, S. 63.*

324,9–10 Schulgebäude in Peuerbach] *Der Bau eines neuen Schul- und Meßnerhauses, für welches laut Schreiben der Landesbaudirektion vom 24. März 1852 (Scha 56, Z. 1428) bereits am 15. März 1844 ein genehmigter Plan vorlag, war laut Schreiben des Bezirkshauptmanns vom 21. November 1851 (Scha 56) durch das Ministerium des öffentlichen Unterrichtes bereits am 23. Juni 1848 bewilligt worden, doch es wurde am 30. April 1849 beschlossen, diesen Bau zu „sistiren". 1851 nahm der Bezirkshauptmann diesen „Gegenstand wieder in Angrif [...], weil der Bau höchst nothwendig" war. Der Neubau wurde 1853 fertig.*

324,12 üblen Geruch] *Die LSchBeh fordert am 23. Mai 1854 den „kk. Herrn Vorsteher des politischen Bezirkes Scheerding zu Scheerding" auf, er wolle „das Scheerdinger kk Bez Bauamt veranlassen, [...] den Gegenstand genau zu untersuchen, u. die Mittel zur Abhilfe gegen den erwähnten Uebelstand in sorgfältige Erwägung zu ziehen, dabei auf die erwähnte Ventilazion, welche in dem dahier in Linz vor 4 Jahren erbauten Schulhause der St. Josephspfarre mit gutem Erfolge besteht, Rücksicht zu nehmen" und entsprechende Anträge „mit Beschleunigung vorzulegen" (4/1873f.).*

324,17–19 Schönering *bis* Stroheim] *Fortgang von Kommentar zu Nr. ⟨144.⟩ (S. 315,20–29). Der Lehrertausch Joh. Michael Scheiberts von Stroheim nach Schönering und Matthäus Wollners von Schönering nach Stroheim findet laut Bericht der Schuldistriktsaufsicht Peuerbach vom 9. April 1854 am 23. März 1854 statt*

⟨148.⟩

(Schu-A/3, Scha 24, Fasz. 12/24). Im Schreiben der LSchBeh vom 17. Februar 1854 (Scha 104, Z. 3059) steht, daß Scheibert „bereits selbst eine Versetzung auf eine andere Lehrer- u. Meßner-Stelle hierorts nachgesucht hat, daß er laut seiner dem Hrn Volksschulen-Inspektor u Schulrathe Stifter mündlich gegebenen Versicherung mit jeder Versetzung, selbst auf einen etwas kleineren Posten einverstanden, u. daß er ein sehr guter Lehrer ist, welcher die unter Wollner etwas herab gekommene Schule zu Schönering wieder empor zu heben vermag [...]". Scheibert bleibt ein Problemfall. Am 22. April 1855 (Schu-A/3, Scha 24, Fasz 12/24, Z. 747) geht die Klage des Pfarramts Schönering ein, er begehe Ehebruch und habe „eine gewisse Elisabeth Handlos [...] als Wirthschäfterinn mit ihrem beyläufig fünfjährigen Kinde Maria seit längerer Zeit bey sich [...]". Als ihm am 18. Juli 1856 (ebd., Z. 374) das bischöfliche Konsistorium deshalb die „Entsetzung vom Schul- und Meßnerdienste" androht, findet er sich „veranlaßt, seinen Dienst als Lehrer und Meßner zu Schönering zu resigniren", um, wie die Schulendistriktsaufsicht am 12. Oktober 1856 (ebd., Z. 878) berichtet, „auf seinem angekauften Gasthause in Priesching" mit Elisabeth Handlos die „Bewirthschaftung gänzlich zu übernehmen".

Der Lehrer Matthäus Wollner in Schönering wird laut Schreiben der LSchBeh vom 17. Februar 1854 (Scha 104, Z. 3059) „wegen unzüchtiger Handlungen, welche derselbe sich vor ungefähr 6 oder 7 Jahren an zwey Schulmädchen erlaubt haben soll", nach Stroheim versetzt. Seit damals herrschte nämlich „Unzufriedenheit bei verschiedenen Gliedern der Schulgemeinde Schönering", da die früheren „Unzüchtigkeiten geringerer Art [...] bloß mit einem ernsten mündlichen Verweise u. mit Bedrohung Wollners mit der Dienstentsetzung im Falle von Wiederholunge abgethan, u. zu einer strengeren Behandlung nicht für geeignet erachtet" wurden.

⟨148.⟩

324,22 Versetzung *bis* Watzl] *Die Versetzung Watzls von Neustift nach Abtstorf hat stattgefunden; vgl. den Kommentar zu Nr.* ⟨*144.*⟩*, dort zu S. 316,1–9.*

325,30–31 Taiskirchen *bis* Ridau] *In Schreiben der LSchBeh vom 23. Mai 1854 (4/1874ff.) und der Statthalterei vom 11. April 1857 (Scha 137) wird das so dargestellt, daß in einer Lokalverhandlung bereits 1840 und später vor allem vom Hausruck-Kreisamt „beharrlich auf die Einschulung der besagten Häuser u Ortschaften nach Riedau angetragen wurde"* (4/1877 l), *weil man laut Statthaltereischreiben vom 11. April 1857 die Konkurrenz für den Bau eines Schulhauses zu Riedau „durch Einschulung dieser Ortschaften erweitern wollte"* (Scha 137, Z. 5817), *daß aber „die geistlichen u. weltlichen Lokal-Behörden der zwey Pfarrbezirke Taiskirchen u. Zell" wegen der Beteiligung an den Kosten „gegen die Einschulung <u>nachträglich</u> erst" Einwände erhoben haben (4/1874ff.). Diesem Antrage auf Einschulung war laut Dekret vom 5. Februar 1841 „aus Rücksicht auf die erwähnten hartnäckigen Einsprüche nicht willfahrt worden, u. somit der Besuch der Riedauer Schule aus den in Frage stehenden Ortschaften u Häusern auf die Freywilligkeit ihrer Bewohner beschränkt geblieben"* (4/1877 l). *Der weitere Fortgang in Nr.* ⟨*255.*⟩*.*

326,33–327,7 Schulgebäude *bis* Neubau] *Das Schulhaus in Taiskirchen hatte Statthalter Bach laut Schreiben vom 23. Oktober 1852* (Scha 83, Z. 2908) *„kürzlich in einem so schlechten Zustande gefunden, daß eine radikale Abhilfe dringend notwendig, aber auch nur durch einen Neubau erreichbar ist. Es ist ganz von Holz, hat nur 2 Schulzimmer für 214 Werktagschüler […] u. für alle Klassen nur einen einzigen Abtritt". Die angeordneten Verhandlungen erbrachten kein Ergebnis. Am 17. Oktober 1857* (Scha 83, Z. 18020) *informiert ein Ministerialerlaß die LSchBeh über ein Gutachten des Handelsministeriums für Hochbauten, daß das Schulhaus, „wenn die bei demselben erforderlichen Adaptirungen ausgeführt werden, noch für eine längere Zeit benützt werden*

⟨148.⟩

kann". Zwar erlaubt sich am 13. Februar 1859 (Scha 83, Z. 3022) die Kreisbehörde Ried die „bittliche Anfrage", ob wegen der „sehr schlechte[n] Beschaffenheit des dermahligen Schulhauses [...] nicht für ein Provisorium Vorsorge getroffen werden solle", doch trotz dieses und anderer Mängelberichte entscheidet die Statthalterei am 27. Januar 1860 (Scha 83, Z. 21727) im Sinne des Ministeriums, daß, da „das Gebäude nicht baufällig" ist, „die nothwendigsten Adaptirungsarbeiten vorgenommen werden" sollen.

327,25–27 Andrichsfurth *bis* Zuge] *In der „Linzer Zeitung" vom 17. Januar 1854 (Abb. 1) steht Andrichsfurth in der Rubrik der „in amtlicher Verhandlung" stehenden größeren Um- und Zubauten. Zu Andrichsfurth wurden im OÖLA in keiner Schachtel Akten gefunden.*

327,28–29 Tumeltsham *bis* Zuge] Laut Schreiben vom 21. Oktober 1855 (Scha 83, Z. 17276) wird die Erbauung eines neuen Schulhauses „bei den wiederholten kommissionellen Verhandlungen als ein dringendes Bedürfniß anerkannt", weil, wie es am 8. Oktober 1858 (Scha 83, Z. 15914) heißt, Erhebungen ergeben haben, daß das „alte Schulhaus an und für sich im hohen Grade feuergefährlich ist, daß dasselbe überdies auf einer Seite mit dem gleichfalls aus Holz erbauten Schneiderbauernhause ganz zusammenstößt und von den hölzernen Wirtschaftsgebäuden des Pfarrhofes nur 10 Schritte entfernt ist, so daß bei einem in dem alten Schulhause entstehenden Brande sowohl der Pfarrhof als auch die benachbarte Kirche der äußersten Feuergefahr ausgesetzt wären". 1860 ist ein einstöckiges Schulhaus fertig.

328,23 Berichte *bis* Rechnen] *Siehe Nr. ⟨275.⟩.*

328,31 vermorschten Dippelhölzer] *Zu St. Martin im Innkreis wurden im OÖLA in keiner Schachtel Akten gefunden. Auch im Bereich der „Linzer Zeitung" (Abb. 1) kommt es nicht vor.*

328,33–330,18 Mayrhofer *bis* Ermahnung] *In Ort war 1849 ein Schulhaus mit zwei Lehrzimmern und einem Gehilfenzimmer erbaut worden, um ganztägigen Unterricht einzuführen. Obwohl*

⟨148.⟩

alle Instanzen von der lokalen Schulaufsicht über die Schuldistriktaufsicht und das bischöfliche Konsistorium bis zur Regierung diesen ganztägigen Unterricht durchsetzen wollten und auch ein Gehilfe bestellt war, verweigerte der Lehrer Mayrhofer diesen Unterricht, versperrte dem Gehilfen das Gehilfenzimmer, stellte ihm ein Bett in das nicht benutzte Lehrzimmer und verweigerte ihm die vorgeschriebene Kost und Dotation. Laut Schreiben des Statthalters Bach vom 14. September 1853 (Schu-A/3, Scha 40, Fasz. 25/14) wurden ihm ferner „I. Entschiedene und beharrliche Insubordination gegen seine Vorgesetzten" (S. 1), „II. Mißhandlungen von Schulkindern [...]" (S. 12), „III. Zeitweiliges Entfernen [...] aus der Schule während der Unterrichtsstunden und namentlich während der Religionsstunde des Katecheten" (S. 13) vorgeworfen, so daß eine Kommission seine Entfernung aus dem Schuldienst beantragte, doch „aus Gnade" (S. 19) und weil man mit der Schule zufrieden war, wurde Mayrhofer unter strengen Auflagen im Amt belassen. Um die Situation zu entspannen, wurde der Gehilfe Karl Duscher durch einen anderen Gehilfen ersetzt. Als sich später herausstellt, daß Mayrhofer sich „abermals des Ungehorsams und der Wiedersetzlichkeit gegen seine Vorgesetzten", „der Mißhandlung der Schulkinder" und „der Vernachlässigung des Chor- und Meßnerdienstes schuldig gemacht hat", wird er mit Schreiben des Statthalters Bach vom 26. März 1858 (ebd., Z. 432) aus dem Schuldienst entlassen. Seinem Ministerialrekurs gegen diese Entlassung wird laut Statthaltereischreiben vom 6. April 1859 (ebd., Z. 299) vom Ministerium „keine Folge" gegeben.

329,30 Stift Reichersberg] *Der Abt des Stiftes Reichersberg ist „Patron der Schule und Kirche Ort" (Schu-A/3, Scha 40, Fasz. 25/14, Schreiben vom 14. September 1853, S. 22).*

330,29–32 Pfarrschule *bis* Marktschule] *Das Problem, ob die Schulbezirke Altheim und St. Laurenz für sich bestehen oder zusammengelegt werden sollen und ob ein Schulhaus in Altheim gebaut*

⟨148.⟩

werden soll, zieht sich Jahre hin. In einer Statthaltereiratssitzung vom 3. Oktober 1855 (Scha 105, Z. 14110, 8 Bogen) faßt der Referent in seinem Vortrag zusammen, daß das Schulhaus in Altheim „zu wenig Raum darbietet" (Bog. 1, S. 4) nämlich im 1. Stock für 133 schulpflichtige Kinder ein Zimmer für 70–72 und ein zweites „bloß für 25–30 Kinder" enthalte (Bog. 1, S. 3), daß aber im Erdgeschoße die Zimmer „ganz naß u. dumpf, also unwohnbar sind, weßhalb der Schullehrer in dem rückwärtigen an die Ortskirche gränzenden Benefiziaten-Hause in einer ebenfalls feuchten, kleinen, nur aus zwey düsteren Zimmern, Küche, u 2 kleinen Kammern bestehenden Wohnung sich untergebracht findet" (Bog. 1, S. 4). Auch das Schulhaus in St. Lorenz enthält „nur ein einziges, [...] für 80–85 Kinder geräumiges, somit für eine Zahl von 141 Schulkinder nur bei halbtägigem Unterrichte u. ziemlich gleicher Klassentheilung genügendes" Schulzimmer. „Es ist sehr feucht, weil sein Fußboden um $2\frac{1}{2}'$ [~ 79 cm, Anm.] tiefer als die Linie des außen anstoßenden Friedhofes liegt, u. sein Mauerwerk zeigt hin u her Risse" (Bog. 2, S. 1). In mehreren kommissionellen Lokal-Verhandlungen seit 1853 wird von der Schulgemeinde Altheim, der weltlichen Schulvogtei Altheim, der Kreisbehörde Ried und dem Bezirksamt Mauerkirchen vertreten, daß „beide Schulen zu <u>Einer</u> verschmolzen u. für sie ein gemeinschaftliches Schulhaus zu <u>Altheim</u> erbaut werden möchte" (Bog. 1, S. 2) und „daß der ganztägige Unterricht im Markte Altheim, der daselbst eben wegen Mangels hinreichend großer Lehrzimmer nicht besteht, der dringende Wunsch u. ein Bedürfniß der Gemeinde ist" (Bog. 3, S. 1). Die Schulgemeinde St. Lorenz jedoch erklärt sich „dagegen, weil sie die Einführung des ganztägigen Unterrichtes für ihre Kinder für überflüßig u. bei der ¼ Stunde weiten Entfernung mancher derselben von der Schule für unmöglich, das vorhandene Schulzimmer aber für groß genug hält" (Bog. 2, S. 2). Obwohl auch das bischöfliche Konsistorium „die Entfernung der St. Laurenzer Schule von

⟨148.⟩

ihrem jetzigen Standorte" ablehnt (Bog. 4, S. 1), beschließt der Statthaltereirat, die beiden „Schulbezirke Altheim u. St. Lorenz zu vereinigen, u. für sie ein neues gemeinschaftliches Schulhaus im Bereiche der Marktgemeinde Altheim herzustellen" (Bog. 6, S. 2). Der weitere Fortgang in den Nrn. ⟨490.⟩ *und* ⟨556.⟩.

331,11–12 Braunau *bis* inspicirt] *In Braunau war Stifter laut Nr.* ⟨222.⟩, *1. Liste, Nr. 18 (HKG 10,2, S. 202,4) im Dezember 1851. Darauf, daß Stifter in seinem Rückblick* Aus meinem Amtsleben *(HKG 8,2, S. 315,18) Braunau als Negativbeispiel aufführt und das dortige Gebäude* in bedeutendem Maße unzureichend *(ebd., S. 315,16–17) fand, geht er in Nr.* ⟨148.⟩ *nicht ein. Was er dem Statthalter nach seiner Inspektion im Dezember 1851 berichtet haben könnte, läßt sich nicht erschließen, da Akten zu Braunau in keiner Schachtel im OÖLA gefunden wurden. In der „Linzer Zeitung" vom 17. Januar 1854 (Abb. 1 und 2) kommt Braunau nicht vor.*

331,17–18 Mittheilungen *bis* Bezirksverwesers] *Diese Mittheilungen über Orte, die Stifter nicht selbst besucht hat, sind, wie sich aus korrigierenden Randnotizen in anderer Schrift und aus dem Vergleich mit anderen Akten ergibt, sehr ungenau.*

331,20 Schulgebäude in St. Veit] *Aus einem bezirkshauptmannschaftlichen Protokoll vom 21. Mai 1852 war laut LSchBeh vom 7. Januar 1853 (Scha 84, Z. 3410) „die überzeugende Nothwendigkeit der Erbauung eines neuen Schulhauses" hervorgegangen, denn „das alte, ganz von Holz aufgeführte, ist baufällig u. viel zu klein, um in seinem Lehrzimmer von nur 240 Quadrat-Fuß [∼ 24 m², Anm.], u. der geringen Höhe von nur 7' 4" [7 Schuh ∼ 2,21 m / 4 Zoll ∼ 10,5 cm = ∼ 2,31 m, Anm.] eine Zahl von 58 Schülern einen einträglichen, vielweniger den gesetzlichen Raum zu gewähren". Da in dieser „kleinen, nur aus wenig Häusern bestehenden Ortschaft St. Veit [...] aber eine andere Unterkunft für die Schule nicht vorhanden" ist, genehmigt die LSchBeh entsprechend einer Verhandlung der Gemeinde „ein der geringeren Bevölkerung der Schulgemeinde mit 393 Seelen genügendes*

⟨148.⟩

Lehrzimmer von 495 □Fuß [das entspricht etwa 49,5 m²; Anm.], eine anständige Lehrerwohnung u. ein Zimmerchen für einen zur Aushilfe für einen erkrankten oder sonst dienstunfähigen Lehrer zeitweilig etwa nothwendigen Gehilfen", nachdem die Gemeinde „sich bereit erklärt hat, allein [d.h. ohne Beteiligung der Kirche, Anm.] die sämtlichen Kosten des Neubaues zu bestreiten, u. sie sich nur vorbehalten hat, um einen angemessenen Beitrag von Seite des Relig Fonds oder des Kameral-Ärars bittlich einzuschreiten", wenn einmal der Kostenaufwand bekannt sein wird. Das wird vom Statthalter zugestanden und die Gemeinde hat laut Schreiben der LSchBeh vom 21. März 1854 (Scha 84, Z. 773) einen Patronatsbeitrag von 1200 f „zur Vollendung des schon weit vorgeschrittenen Schulbaues" angesucht. Obwohl eine Randnotiz auf Stifters Dokument bekundet, daß das Schulgebäude Ende 1853 „fast ganz fertig" (5/1994 r) sei, zieht sich das Bauvorhaben bis 1856 hin. Der Weiterbau wird nach Auszahlung des Patronatsbeitrags im Mai 1854 möglich, doch bei der Kollaudierung, also der Feststellung der Plan- und Gesetzmäßigkeit, wird laut Schreiben des Kreisbauamts Ried vom 19. März 1858 (Scha 84, Z. 15373) am 16. September 1854 festgestellt, „daß mehrere Herstellungen nicht ordnungsgemäß, andere noch gar nicht vollführt waren" (S. 4). Erst „laut des kreisbauämtlichen Befundzertifikates vom 17. Oktober 1856 sind nunmehr sowohl Hauptbau, als auch Nachtragsherstellungen ordnungsmässig und anstandlos ausgeführt" (Z. 15373, S. 5f.).

331,21–22 Munderfing bis erledigt] *In einer Randnotiz mit anderer Schrift steht statt dessen: „Der Bau im Gange" (5/1994 r). Da eine kommissionelle Lokal-Verhandlung am 28. November 1851 festgestellt hatte, daß „das gegenwärtige Schulhaus noch auf einige Jahre Dauer verspricht", hatte die LSchBeh am 9. August 1852 (Scha 15, Z. 1917) „die Frage des Neubaues noch der Zukunft überwiesen […]". Nachdem daraufhin eine „comissionelle Lokalverhandlung" am 4. Januar 1853 beschloß, „ein Schul-*

⟨148.⟩

haus mit 2 Lehrzimmern und einem Gehilfen-Zimmer nebst der Wohnung des Lehrers, aufzuführen", genehmigte die LSchBeh am 3. Juli 1853 (Scha 15, Z. 1515) den Bauantrag. 1854 war zwar der Schulhausbau laut **"Collaudirungs Protocoll"** *vom 27. September 1859 (Scha 15, S. 5) "fast gänzlich" vollendet. Da jedoch der Statthalter Bach laut Schreiben vom 20. Oktober 1856 (Scha 15, Z. 18778) sich "gelegentlich einer Bereisung persönlich überzeugte", daß bei dem neuen Schulhaus "noch immer der alte Übelstand" besteht, "daß die Senkgrube, welche zwischen dem Keller u dem Brunnen angebracht ist, wegen nicht gehöriger Ausfütterung, das Durchsickern des Unraths nicht verhindern, u somit die Aborte nicht benützt werden können, so daß 2 hölzerne Aborte, die über den Hof im Freyen angelegt sind, von den Schülern u den Hausbewohnern benützt werden müssen", wird die Kreisbehörde "angewiesen, diesem Übelstande [...] sogleich abzuhelfen [...]". Laut* **"Collaudirungs Protocoll"** *vom 27. September 1859 waren bei der Untersuchung "des schon im Jahre 1854 fast gänzlich vollendeten Schulhausbaues" noch Mängel festgestellt worden, doch erst gemäß "Schluß-Abrechnung" vom 10. August 1858 waren auch die "Mehrherstellungen" als "entsprechend ausgeführt" bescheinigt worden. Die Baukosten betrugen laut Schreiben vom 20. Oktober 1859 (Scha 15, Z. 20721) "10212 f 8 kr* **Con Mnz***".*

331,23 Ranshofen] *Randnotiz: "Bau fast vollendet" (5/1994 r). Die Initiative ging vom Statthalter aus, der nach seiner "jüngsten Landesbereisung" die Schule am 30. Oktober 1851 (Scha 56, Z. 2365) "sehr beengt", als ein "lang gestrecktes Gewölbe mit geringer Breite" sowie die "zwei Schulzimmer [...] dämmrig und feucht" befunden hatte, so daß er die Bezirkshauptmannschaft Braunau aufforderte, durch eine "kommissionelle Lokal-Verhandlung die Art u Weise der erforderlichen Abhilfe zu ermitteln [...]" (s. Abb. 16). Dieses Schreiben wurde Stifter "zur Einsicht" vorgelegt und von diesem am 8. November 1851 als gesehen abgezeichnet, worauf er im Dezember 1851 Ranshofen*

⟨148.⟩

inspizierte (Nr. ⟨222.⟩, 1. Liste, Nr. 18; HKG 10,2, S. 202,4). Am 24. Januar 1853 (Scha 56, Z. 3532) ordnet die LSchBeh nach Prüfung des Bauprojekts die Bauführung an: Die Um- und Zubauten am bestehenden Schulhaus sollen bis 31. August 1853 beendet sein, „damit die Schule mit dem Anfange des Schuljahres 185¾ schon bezogen werden könne".

331,25 Geretsberg] *Randnotiz: „Bau im Gange" (5/1994 r). Zwar war schon 1845 vom Ingenieur zu Ried festgestellt worden, „daß die gesamten Wände dieses hölzernen Schulhauses vom Wurmstiche befallen u. an mehreren Theilen morsch seyen", doch erst eine Notiz des Statthalters, der laut Schreiben vom 1. November 1851 (Scha 54, Z. 2367) bei seiner „jüngsten Bereisung des politischen Bezirkes Braunau das alte Haus dem Zerfallen nahe gefunden" hatte, brachte die Maßnahmen für einen Neubau auf den Weg. Obwohl „bis zum Jahre 1844 in Geretsberg ganztägiger Unterricht bestanden, aber eben wegen Mangels von Raum dann aufgehört" hatte, auch weil laut Schreiben der LSchBeh vom 19. Oktober 1852 (Scha 54, Z. 2794) die „Zahl der schulfähigen u. schulbesuchenden Werktagschüler [...] nur 95" beträgt, läßt man es jetzt bei halbtägigem Unterricht bewenden, projektiert jedoch laut Schreiben der LSchBeh vom 25. März 1852 (Scha 54, Z. 560, Bog. 2, S. 1) ein neues Schulhaus, wobei der „vorgelegte Bauplan für 2 Lehrzimmer u. nebst Wohnung für den Schullehrer auch auf ein Gehilfenzimmer berechnet" ist, um künftigen ganztägigen Unterricht zu ermöglichen. Am 10. Dezember 1855 (Scha 54, Z. 20477) kann die LSchBeh berichten, „daß der Bau bereits vollendet" ist.*

331,27 Henhart] *Randnotiz: „fertig" (5/1994 r). In der „Linzer Zeitung" vom 17. Januar 1854 (Abb. 1) steht, daß in Henhart größere Um- und Zubauten „im Baue begriffen" seien. Im OÖLA wurden in keiner Schachtel Akten zu Henhart gefunden.*

331,28 Moosbach *bis* Vollendung] *Stifters Vermutung beruht auf einem Irrtum, wie schon die Randnotiz belegt: „Neue kommis-*

⟨148.⟩

sionelle Erhebg wegen Bauplatz am 26. April mit N 368 angeordnet" (5/1994 r). Die Initiative für diesen Schulhausbau ging von einer Notiz des Statthalters aus, der bei seiner „jüngsten Bereisung des politischen Bezirkes Braunau [...] das Schulhaus zu Moosbach in einem sehr mangelhaften Zustande getroffen" und am 8. Dezember 1852 (Scha 82, Z. 3291) eine „kommissionelle Lokal-Verhandlung" angeordnet hatte. Laut diesem und dem Schreiben vom 12. Juni 1856 (Scha 82, Z. 7214) hatte das alte Schulhaus „nur ein Lehrzimmer im gemauerten Erdgeschoße" (S. 1), welches „für die Anzahl von 84 Schülern [...] viel zu klein" (Z 3291, S. 1) war. „Das Schulzimmer ist feucht, weil das Schulgebäude an der Nordseite ungefähr 1 Klaft. unter dem **Niveau** des anstoßenden Kirchhofes liegt" (Z. 7214, Bog. 1, S. 2). Der 1. Stock mit der Schullehrerwohnung einschließlich der Stiege besteht aus Holz, wobei eine Wand „sehr schadhaft, wurmstichig u an vielen Stellen ganz vermorscht" (Z. 7214, Bog. 2, S. 3; s. Abb. 17) ist. Die Zimmer sind „feucht u. modrig, klein u. dunkel" (Z. 3291, S. 1). Das Haus ist zwar „nicht im baufälligen Zustande", doch wegen der „Feuergefährlichkeit des ganzen Hauses" kann „nur auf einen Neubau angetragen werden" (Z. 7214, Bog. 1, S. 4). Erst nach langwierigen Verhandlungen, wobei das Ministerium, gez. Helfert, am 17. Oktober 1856 (Z. 19139) den „Schulhausbau auf dem beantragten ungünstigen Bauterrain des bestehenden Schulhauses" zunächst nicht bewilligt, sondern erst am 15. Februar 1859 nach der Ermittlung eines neuen Bauplatzes die Genehmigung erteilt hat (Z. 3492), ist das neue Schulhaus am 16. September 1860 (Z. 18320) „bereits unter Dach gebracht worden".

331,30 Adaptirung in Roßbach] *Die von Stifter erwähnte* Adaptirung *des hölzernen Schulhauses war auf Grund einer Mängelliste im Kommissionsprotokoll vom 13. April 1853 beantragt worden, worauf das Bezirksbauamt Braunau am 21. Juli 1853 ein Bauprojekt anfertigte und die LSchBeh mit Erlaß vom 8. Mai*

⟨148.⟩

1854 (Scha 106, Z. 2158) u. a. folgende Adaptierungsarbeiten anordnet: „[...] die westliche hölzerne vermorschte Wand des Schulhauses" muß „neu hergestellt werden"; außerdem sind laut Schreiben vom 9. Juni 1861 (Scha 106, Z. 7211) sämtliche „Fußboden der Vermorschung unterlegen u. die Thürstöcke vermodert"; gefordert wird zudem am 2. August 1857 (Scha 106, Z. 12008, Bog. 1, S. 2) die „Verlegung des zu ebener Erde befindlichen dunklen Lehrzimmers in den ersten Stok u die hiedurch bedingte Neuherstellung des schlechten Fußbodens in dem nunmehr dem Lehrer als Wohnbestandtheil zu überweisenden Lehrzimmer [...]"; ferner (Z. 12008, Bog. 1, S. 3) die „Hebung u theilweise Ausbesserung des Daches, [...] Verlegung der Aborte in die dermalige Tenne". Da jedoch das Bezirksamt Mauerkirchen die Ansicht vertritt, „daß bei der großen Feuergefährlichkeit des Hauses ein Neubau zweckmäßiger sei" (Z. 12008, Bog. 1, S. 4), zumal die „Herstellungen, die sich auch auf die vollständige Umänderung des Dachstuhles u des an das Schulhaus anstoßenden hölzernen feuergefährlichen Ökonomiegebäudes erstreken müßten", den „Auslagen für einen Neubau fast gleichkommen" würden (Z. 12008, Bog. 2, S. 1) und da andere Instanzen sich diesem Vorschlag anschließen, beantragt die Statthalterei am 2. August 1857 (Scha 106, Z. 12008, Bog. 3, S. 3f.) und am 26. Dezember 1857 (Scha 106, Z. 7211, Bog. 8, S. 4) beim Ministerium einen Neubau. Da das Ministerium beide Male ablehnt, werden laut Statthaltereibericht vom 9. Juni 1861 (Scha 106, Z. 7211) die Adaptierungsarbeiten 1860 durchgeführt.

331,31 Treubach] *Im Kommissionsprotokoll vom 14. April 1853 steht laut „Vortrag" des Referenten in der Ratssitzung vom 6. September 1854 (Scha 106, Z. 14563, S.1f.), daß sich nach dem „technischen Befunde [...] das ganz hölzerne Schulgebäude zu Treubach in einem so elenden und baufälligen Zustande" befindet, „daß jede Reparatur nur eine unnütze Verschwendung wäre, und die Erbauung eines neuen Schulhauses eine unabweisbare*

⟨148.⟩

Nothwendigkeit ist". Das Lehrzimmer habe eine „ganz zweckwidrige Gestalt", indem es nicht halb so breit wie lang ist; die „Lehrerwohnung ist feucht und ungesund, und die südliche Wand des Hauses ist bedeutend geneigt und mit Sprüngen durchzogen. / Mit Ausnahme der Gemeinde-Vorstehung Treubach, die zur Schonung der äußerst beschränkten Mittel ihrer kleinen nur 666 Seelen zählenden Gemeinde einen Adaptirungsbau vorzieht, sprechen sich alle Kommissions-Mitglieder [...] für einen Neubau aus [...]". Der weitere Fortgang in Nr. ⟨273.⟩

331,32 Überakern] *Die LSchBeh informiert am 23. Mai 1854 (4/1875 l) den Bezirksverweser zu Braunau darüber, daß laut einer Mitteilung des Schulrats Stifter „von dem Hrn Amtsverweser wegen Erbauung eines andern Schulhauses zu Ueberackern eine kommissionelle Lokal-Verhandlung beabsichtigt gewesen seyn" soll. Der Bezirksverweser wird „aufgefordert, zu berichten, ob dieß richtig u. das jetzige Schulhaus in solchem Zustande ist, daß ein Neubau geführt werden muß". Im OÖLA ist keine diesbezügliche Faszikel vorhanden. Im Bericht der „Linzer Zeitung" (Abb. 1 und 2) kommt Überackern nicht vor. In der Gemeindechronik von Überackern ist überliefert, daß das Mesnerhaus, das 1719/1720 erbaut wurde, seit 1784 „für Schulzwecke verwendbar gemacht" worden sei. 1820 bis 1822 wurde es umgebaut. „Ein eigenes Schulhaus erhielt Überackern 1872."*

332,2–3 Petershofer *bis* Arreststrafe] *Randnotiz: „hier erledigt sub N^o $\frac{3026}{Sch}$ $\frac{11}{12}$ 853"; Akten zu Lochen wurden weder im OÖLA noch im DAL gefunden. Als Lehrer in Lochen wird im Lehrerschematismus 1850 (S. 94) und noch 1864 (S. 104) Anton Petersdorfer (bei Stifter: Petershofer), geb. 1792 zu Handenberg, geführt.*

332,8–13 St. Georgen *bis* Vergehen] *Der „Schullehrer und Bürgermeister in Geboltskirchen Michael Umbauer" war laut „Note" des Bezirkshauptmanns zu Ried vom 19. März 1852 (Schu-A/3, Scha 26, Fasz. 14/9, Z. 258) „wegen ihm zur Last fallender Uibertrettung gegen öffentliche Anstalten nach § 72 II Th. St.G.B.*

⟨148.⟩

durch wörtliche Beleidigung des in einer Amtshandlung begriffen gewesenen kk. Bezirkskommißärs Josef Brosik mittelst des von dem k. k. Bezirksgerichte Haag untern 20 September 1851 gefällten Urtheiles zu <u>achttägiger Arrest</u>strafe verurtheilt" worden. Dieses Urteil wurde „unter Zurückweisung der von Michael Umbauer dagegen eingebrachten Berufung von dem k k. Landesgerichte in Linz" am 25. November 1851 „bestättiget". Obwohl das bischöfliche Konsistorium sich „am 21 Mai d J Z 388 einverständlich mit der Schulenbezirksaufsicht Athbach zu Schwannenstadt und dem Herrn Ortspfarrer von Geboltskirchen gegen den Antrag des Bezirkshauptmanns zu Ried und somit gegen die Versetzung des Geboltskirchner Schullehrers Michael Umbauer erklärt" hat, wurde dieser vom Statthalter mit Erlaß vom 20. Dezember 1852 (ebd., Z. 996) von Geboltskirchen nach St. Georgen an der Mattig versetzt.

332,21–333,3 Schulgebäude bis geschlagen] *Die Initiative für die Erneuerung des Schulhauses in St. Georgen an der Mattig stammt von der Schulvogtei, die laut Statthaltereischreiben vom 24. August 1855 am 22. März 1852 eine Anzeige über die Mängel im Schulhause eingereicht hatte. Laut Schreiben der LSchBeh vom 12. Dezember 1853 (Scha 105, Z. 3493) war der Zustand des Schulhauses „bei der gänzlichen Durchnässung der Wohnung des Lehrers, bei der finsteren Beschaffenheit der Küche, der geringen Breite der nur hölzernen Stiege zum 1. Stockwerke, der zu geringen Höhe (nur 9') [~ 2,84 m, Anm.] u. der unzulänglichen Größe des daselbst befindlichen Lehrzimmers, u bei dem Mangel eines Gehilfenzimmers (weßhalb der Gehilfe gegen Gesetz u. Schicklichkeit sein Bett im Schulzimmer hat) von so schlechter Art", daß nur ein Neubau „sich als zweckmäßiger u. vortheilhaft darstellt". In einer kommissionellen Verhandlung wird deshalb ein Neubau beantragt und der „Standort des neuen Schulhauses" nach Burgkirchen verlegt. Da diese Bauplatzverlegung eine Auflassung der Schule in St. Georgen zur Folge hat, reichten Bewoh-*

⟨148.⟩

ner von St. Georgen einen Ministerial-Rekurs ein, der jedoch am 31. August 1855 (Scha 105, Z. 14099) vom Ministerium zurückgewiesen wurde. Das neue Schulhaus ist laut Statthaltereischreiben vom 21. September 1858 (Scha 105, Z 14992) „nun mehr vollständig und ordnungsgemäß ausgeführt".

333,6–11 Mattighofen *bis* Gehilfen] Ob Stifter nach seiner Inspektion im Dezember 1851 (HKG 10,2, S. 202,4) ein 4. Lehrzimmer vorgeschlagen hat, läßt sich nicht ermitteln, da er zu dieser Zeit dem Statthalter mündlich berichtet hat. *Am 14. Mai 1853 (Scha 15, Z. 1182) ordnete die LSchBeh jedenfalls die „Eröffnung eines 4 Lehrzimmers, wozu das Schulhaus noch Gelegenheit darbietet", und die Einstellung eines 3. Lehrgehilfen an, um den „Mangel an Raum", der für mehr als 300 Kinder „ein beengtes Sitzen der Kinder so wie eine lästige Hitze zur Folge" hatte, zu überwinden und den ganztägigen Unterricht zu erhalten. Die Schulgemeinde wollte hingegen den „Uibelständen [...] durch Einführung eines halbtägigen Schulbesuches für die unterste Klasse begegnen; wornach eine Abtheilung der Schüler dieser Klasse, Vormittags, die andere Nachmittags den Unterricht zu erhalten hätte". Ein Ministerial-Rekurs der Schulgemeinde gegen die Anordnung der LSchBeh wurde vom Ministerium am 23. Juli 1853 (Scha 15, Z. 2005) „in allen Punkten" zurückgewiesen und die Herstellung eines 4. Lehrzimmers sowie die Aufstellung eines 3. Lehrgehilfen zugestanden.* Der Lehrer Leopold Oberngruber, der laut Lehrerschematismus 1850 (S. 96) mit zwei Gehilfen Simon Öttl und Paul Straßer tätig war, soll laut Stifters Bitte bei der Aufstellung eines 3. Lehrgehilfen in seinem Einkommen geschont werden. Stifter hat zwar das neue Lehrzimmer *[...] fertig vorgefunden,* doch ein 3. Lehrgehilfe ist zunächst nicht nachweisbar, denn im „Lehrerschematismus" 1857 wird Oberngruber mit den Gehilfen Öttl und Friedrich Büchl angegeben. Nach dem Selbstmord des Lehrers Oberngruber wird Öttl laut Bericht des bischöflichen Konsistoriums vom 26. August 1858

⟨148.⟩

(Schu-A/3, Scha 43, Fasz. 28/14) „in Anbetracht seiner guten Qualifikation" als Schulprovisor aufgestellt. Als Öttl 1859 die Lehrerstelle in Mattighofen nicht bekommt, erklärt er laut Schreiben des bischöflichen Konsistoriums vom 28. Oktober 1859 und der Schulendistriktsaufsicht vom 10. November 1859 (Schu-A/3, Scha 43) „an demselben Tage", an welchem der ihm vorgezogene Jakob Hrubesch den Schuldienst zu Mattighofen angetreten hat (vgl. Nr. ⟨434.⟩), „daß er vom Schuldienste austrette, indem er den einträglichen Organisten und Meßnerdienst zu Mattighofen erhalten, und die hinterlassene Wittwe [Oberngrubers, Anm.] ehelicht". Laut Schreiben der Schuldistriktsaufsicht vom 17. April 1862 (Schu-A/4, Scha 58, Fasz. 28/14, Z. 370) wird Jakob Hrubesch der Schul und Meßnerdienst in Thaiskirchen verliehen. Mit Dekret des bischöflichen Konsistoriums vom 18. Januar 1863 (ebd., Z. 44) wird Franz Sücka als Schullehrer zu Mattighofen angestellt. Im „Lehrerschematismus" 1864, S. 105, wird der Lehrer Franz Süka mit nur einem Gehilfen, Karl Matulka, genannt. Der weitere Fortgang in Nr. ⟨527.⟩.

333,25–29 Schulhaus bis sein] Anders als Stifter urteilt laut Bericht der Kreisbehörde vom 26. Juli 1856 (Scha 14) eine Lokalkommission am 19. Mai 1856 angesichts der Mangelhaftigkeit des hölzernen Schulhauses, „daß eine radikale Abhülfe nur durch die Erbauung einer ganz neuen Schule bewirkt werden könne". Am 24. August 1857 (Scha 14, Z. 11955, Bog. 3, S. 3) erfährt man aus einem Schreiben der Statthalterei, daß „die Schullehrerwohnung, welche zu niedrig ist, überaus kleine Fenster u keine ordentlichen Oberböden hat, u nicht einmal mit einer ordentlichen Küche versehen ist", und am 28. April 1860 (Scha 14, Z. 6617, Bog. 1, S. 4) vom „Zustand der theilweise von der Fäulniß angegriffenen Holzwände, dann der Baufälligkeit des Kuhstalls". Gegen den Widerstand der Gemeinde „glaubt die Statthalterei" im Schreiben vom 24. August 1857 an das Ministerium „unbedingt auf den Neubau antragen zu sollen", woraufhin das Mini-

⟨148.⟩

sterium am 27. November 1858 (Scha 14, Z. 20271) einem vorliegenden Bauprojekt „die Genehmigung ertheilt". Da jedoch die Gemeindevorstehung zu Auerbach einen Ministerialrekurs einlegt und da das Bezirksbauamt „das Objekt zwar als mit mehrfachen Mängeln behaftet, jedoch vermöge seiner Beschaffenheit nicht als baufällig und unter Vornahme der nöthigen Reparaturen und mit Umgehung einiger nicht zu behebender Uibelstände immerhin noch für eine mehrjährige Dauer als benützbar" schildert, geht die Statthalterei im Schreiben vom 28. April 1860 (Scha 14, Z. 6617) an das Ministerium auf den Wunsch der Gemeinde ein und akzeptiert, daß der genehmigte „Neubau eines Schulhauses in Auerbach *einstweilen verschoben und nur der komissionell angetragene Adaptirungsbau" ausgeführt wird, obwohl sie „auch dermal noch der Ansicht ist, daß dem Bedürfnisse eines vollkommen zweckmäßigen Schulhauses nur durch einen Neubau entsprochen werden könnte [...]".*

333,30–31 Friedburg *bis* unzulänglich] *Im Erlaß vom 15. März 1861 (Scha 81, Z. 5332) wird aus dem Kollaudirungsprotokoll (Protokoll der Benutzungsbewilligung) zitiert, daß „die sämmtlichen Fußböden, Thürstöcke und Verkleidungen zur ebenen Erde dieses Schulgebäudes größtentheils der Fäulniß unterliegen und verdorben sind, u. daß diesem Gebrechen hauptsächlich der Umstand zu Grunde liegt, daß der Schullehrer", welcher sein eigenes Haus „bewohne, die Benützung der ihm zustehenden Lehrerswohnung ohne Genehmigung [...] an verschiedene Partheien überlassen hat, welche durch Vernachlässigung der Reinhaltung u. der zeitgemäßen Lüftung der Räumlichkeiten das frühzeitige Verderben der genannten Baubestandtheile herbeigeführt haben". Diese einseitige Schuldzuweisung wird vom Bezirksamt Mattighofen am 10. Mai 1861 (Scha 81, Z. 10309) durch den Hinweis eingeschränkt, „daß vielmehr die Lage und Umgebung des Hauses die erste veranlassende Ursache seien. Von den nächsten Anhöhen sammelte sich das Wasser in der Umgebung*

⟨148.⟩

des Schulhauses, und mußte wegen Mangel eines Abflußes daselbst versitzen, dadurch wurden die Mauern und der Grund, auf welchem das Gebäude steht feucht, erzeugte den fliegenden Schwamm und das Verderben alles Holzwerkes. [...] Erst im vorigen Jahre, nachdem aber schon alles verdorben war, hat die Vogtei rings um das Gebäude Gräben gezogen und nunmehr hat das Wasser seinen Abzug. Das Erdreich war daher auch jetzt bei der Untersuchung im Innern des Wohngebäudes troken [...]". Laut Statthaltereischreiben vom 6. Dezember 1861 (Scha 81, Z. 23196) wurden „Bauherstellungen am Schulhause zu Friedburg" im Jahre 1855 begonnen und im Jahre 1861 vollendet.

334,6–10 Schulgebäude *bis* Wasser] *Die „Erbauung eines neuen Schulhauses" in Hecken war laut Schreiben des Kreisvorstehers zu Ried vom 13. Juli 1857 (Scha 81, Z. 1771) am 5. August 1823 bewilligt worden. Nachdem am 7. August 1824 der Baugrund angekauft worden war, entstand das Schulhaus. Infolge von Stifters Mängelbeschreibung verlangt die LSchBeh am 23. Mai 1854 vom Bezirksverweser zu Braunau einen Bericht, ob die mit Erlasse vom 11. November 1853 „bewilligten u. angeordneten bedeutenden Reparaturen am Schulhause zu Hecken u. dessen Wirtschaftgebäude bereits bewirkt, oder wenigstens in Angriff genommen worden sind" und „ob die großen Löcher im Vorhauspflaster u. dem Fußboden des Lehrzimmers [...] [4/1875 r] wirklich nicht mehr bestehen. / □ In einem Reiseberichte des erwähnten Hrn Schulrathes war wenigstens noch im November v. J. der Fußboden einer Ausbesserung bedürftig, u. es entsteht daraus der Zweifel, ob u. in wie weit die fragliche Reparatur erfolgt ist" (4/1876 l). Am 10. August 1857 (Scha 81, Z. 12313) „bewilligt die Statthalterei die dringend nöthige Ausführung der bei der kreisämtlichen Lokalkommission vom 12ten September 856 erhobenen Gebrechen", und verpflichtet die Kreisbehörde, die Mängelbeseitigung „noch im heurigen Jahre [...] zu bedingen [...]". Über die Jahre 1858 bis 1860 liegen keine Akten bei. Aus*

⟨148.⟩

dem Schreiben des Bezirksamts vom 18. Januar 1861 (Scha 81, Z. 7438) kann entnommen werden, daß „mehrere bedeutendere Herstellungen und **Reparaturen**" in Folge der Genehmigung „auch in Ausführung gebracht" werden, woraufhin allerdings Nachtragsherstellungen nötig sind. Diese werden laut Statthaltereischreiben vom 12. April 1861 (Scha 81, Z. 7438) am 18. Januar 1860 im Kostenanschlag angezeigt und danach „in Ausführung" gebracht.

334,11–12 Pöndorf *bis* Ausbesserungen] Diesbezüglich wurde von Strobach in der Statthaltereiratssitzung vom 30. Juni 1860 (Scha 181, Z. 14062) vorgetragen, daß mit Erlaß vom 9. März 1857 „einige nothwendige Herstellungen im Schulhause zu Pöndorf bewilligt" worden waren. Wie eine Kommission feststellte, ging es um „die Herstellung der schadhaften Mauer im Gehilfenzimmer und eines nothwendigen Ofens dortselbst" sowie um „die Stukatorung, Weissigung und Ausbesserung sämtlicher Wohn-Lokalitäten des Schullehrers, in denen der Mörtel und die Rohrdecke [Schilfmatten als Putzträger, Anm.] größtentheils abgelöst war, die Thüren und Fenster zerbrochen und unbrauchbar, die Ofen ruinirt und die Ziegelpflaster ausgetreten waren. / Diese sämtlichen Herstellungen [Bog. 2, S. 1] waren unumgänglich nothwendig u konnten nicht länger verschoben werden, ohne das ganze Schulgebäude in Gefahr zu bringen, und die Wohnungs-Lokalitäten gänzlich unbrauchbar zu machen" (Bog. 2, S. 2). Da das Kollegiatstift Mattsee den Patronatsbeitrag verweigert, hat die Gemeinde Pöndorf bereits „die für Profeßionistenarbeiten entfallenden Auslagen vorschußweise" bestritten (Bog. 1, S. 2), hat jedoch laut Ministerialerlaß vom 7. Dezember 1860 keinen Anspruch auf Rückerstattung vom Stift Mattsee.

335,4 Adaptirungen im Zuge] In der „Linzer Zeitung" vom 17. Januar 1854 steht Gunskirchen in der Rubrik: „C. Größere Um- und Zubauten", „c. Zum Baue bewilligt", mit dem Nachsatz: „Kom-

⟨149.⟩

men sämmtlich im heurigen Jahre zur Ausführung" (Abb. 1). *Zum Fortgang wurden im OÖLA keine Akten gefunden.*

⟨149.⟩ Besetzung des Schul- und Meßnerdienstes zu Helfenberg

Überlieferung

H 3249 1853 X$\frac{B}{30}$ Helfenberg *(OÖLA 7/3242–3244) Der Auftrag vom 29. November 1853 an Stifter „zur Würdigung des vorstehenden Vorschlages u. unmittelbaren Beisezung des Gutachtens" erfolgt in der Mitte der 5. Seite zweier ineinander gelegter Bogen nach dem Bericht der LSchBeh über den Vorschlag des Konsistoriums: I. Johann Festl, II. Paul Merzinger, III. Johann Pönner. Stifters Äußerung vom 14. Dezember 1853 steht auf den 4 Seiten eines eingelegten Bogens in der rechten Spalte, während die Kopfzeile die ganze Seitenbreite umfaßt. Mit Dekret vom 29. Dezember 1853 wird Johann Festl die Lehrer- und Meßnerstelle zu Helfenberg verliehen.*

D Fischer, Nr. 94

Apparat

336,21   Helfenberg [fast] in
336,28   Lage [als] eines
336,31–32 Consistoriums *(1)* eingehen [zu m]↯ *(2)* ein[zu]gehen
338,8   lebt, [zu] einer

⟨149 A.⟩

⟨149 A.⟩ *Äußerung über das [verschollene] Lehrerkonferenzprotokoll N⁰ 1 und zum diesbezüglichen Schreiben des Direktors Zampieri

Überlieferung

Stifters Äußerung zum Lehrerkonferenzprotokoll N⁰ 1 *über die am 11. Dezember 1853 „für 18$^{53}_{54}$ abgehaltene erste Lehrer Konferenz" und zu der dazu angefertigten Einbegleitungsschrift Zampieris ist wie die Einbegleitungsschrift auch verschollen, aber in Nr. ⟨182.⟩ in den Passagen HKG 10,2, S. 94,10–22 und ebd., S. 20,9– 21,12 durch Stifter selbst belegt. Aus diesen Segmenten wurde Nr. ⟨149 A.⟩ hergestellt. Da Stifter einen direkten Bezug zu Zampieris Einbegleitungsschrift vom 3. Januar 1854 hergestellt hat, ist anzunehmen, daß der Auftrag zur Äußerung auf diesem Einbegleitungsschreiben oder auf Extrablatt dazu notiert worden und Stifters Äußerung unmittelbar nach dem 3. Januar 1854 entstanden ist. Nr. ⟨149 A.⟩ wurde abgedruckt in „Nachträge" (S. 24f.).*

Stellenkommnentar

S. 24,20–23 Geist *bis* Lehrkörpers] *Dieser Vorwurf des Direktors Zampieri gegen das Kollegium führte zu einer schweren Schulkrise, die schließlich Zampieri seine Stelle als Direktor und Stifter seine Stelle als Inspektor der Realschule kostete. Im Vortrag des Referenten in der Statthaltereiratssitzung vom 11. August 1854 wird genauer geklärt, daß in jener Lehrerkonferenz „die Frage über die Vertheilung der Lehrfächer der deutschen Sprache u. der Arithmetik unter die beiden Lehrer Aprent u Elgart [2/992 r] umständlich verhandelt worden" sei, woraufhin Zampieri in seiner Einbegleitungsschrift „die Behauptung aufgestellt" habe, „daß der Lehrer*

⟨149 A.⟩

Aprent sich geweigert habe, die in jener Konferenz von dem Direktor ihm zugedachten Lehrgegenstände der deutschen Sprache in den 2 Klassen der Ober- u. der Arithmet. in der 2 Kl. der Unter-R. Schule, im Ganzen mit 15 Lehrstunden wöchentlich, zu übernehmen, u. beigesetzt, ‚daß der Geist des Widerspruches gegen die Ansichten u. Verfügungen der Direktion in Folge des seit längerer Zeit lockenden Beispieles weniger, bereits die meisten Mitglieder des Lehrkörpers ergriffen habe'" (2/993 l).
    Mit einem Bericht vom 7. Februar 1854 hatte die LSchBeh die „Vorlagen der Direktion der k k Ober-Realschule" (2/1093 r), wozu laut Schreiben der LSchBeh vom 2. April 1854 auch der Bericht des Direktorats der Realschule vom 26. Januar 1854 (2/1083 r) gehörte, sowie Stifters Äußerung zum Lehrerkonferenzprotokoll Nr. 1, dem Ministerium vorgelegt. Daß Stifters Äußerung beilag, geht daraus hervor, daß das Ministerium, gez. Thun, am 21. März 1854 sich direkt darauf bezieht, daß Stifter die milde Erledigungsform mit der *Bildung des H. Direktors u des Lehrkörpers (vgl. HKG 10,2, S. 20,19-22) begründet habe, indem es im Gegensatz dazu vertritt, daß die Worte – nämlich „Geist des Widerspruches" – „dieser Beschwerde zu inhaltsschwer" seien, „um davon im Vertrauen auf die Bildung der Betheiligten, welche der Erfahrung zu Folge nur zu oft durch anderweitige Ursachen getrübt wird, vorläufig absehen zu können [...]" (2/1095 l). Infolgedessen erklärt das Ministerium nach einer ausführlichen Rechtsbelehrung über „Befugniß und Pflicht des Direktors" und über Rechte der Lehrer: „Das Benehmen des Lehrers* **Aprent**, *der wiederholt und entschieden die Uibernahme der ihm von dem Direktor zugewiesenen Lehrstunden verweigerte, kann diesen Vorschriften entgegengehalten nur als ein ganz pflichtwidriges erklärt werden, und ist demselben ernstlich zu verweisen." Am Rand wird dazu in der LSchBeh mit Bleistift notiert: „Das Protokoll enthält nicht ein Wort, von solchen Weigerungen sondern nur Aprents motivirte Vorstellungen gegen die fraglichen Zutheilungen" (2/1094 l). Aus dieser Randnotiz geht hervor, daß*

⟨149 A.⟩

sich das Ministerium mit seiner scharfen Rüge gegen Aprent ohne Anhörung des Betroffenen ausschließlich auf Zampieris Beschwerdebrief bezogen hat.

Nach weiteren Rechtsbelehrungen darüber, wie eine Konferenz dem Gesetz nach zu leiten sei, erklärt das Ministerium, es werde auch dem Direktor „sein vorschriftwidriges Benehmen, die Vertheilungsfrage zum Gegenstande einer Diskußion gemacht, ja sogar zur Abstimmung gebracht zu haben, zu rügen und demselben, so wie auch dem Lehrkörper in Erinnerung zu bringen sein, sich mit den ihnen zukommenden Rechten und Verpflichtungen näher vertraut zu machen, als dieß gegenwärtig der Fall zu sein scheint. / Da der Direktor sich in seinem Einbegleitungsberichte mit dem von dem Lehrkörper unbefugt gefaßten Beschlusse über die Vertheilung der Lehrfächer nicht einverstanden erklärt, so werden **Eure Wohlgeboren** *denselben zur ungesäumten Vorlage eines gehörig motivirten Entwurfes über die Vertheilung der fraglichen Fächer für das 2 Semester l. J. auffordern, und darüber das Amt handeln"* (2/1095 l).

Die LSchBeh teilt an das Direktorat der Realschule mit Schreiben vom 2. April 1854 die Rechtsbelehrungen und Rügen des Ministeriums mit und fügt hinzu: „Indem diese Rügen dem Hrn Direktor hiemit ertheilt werden, ergeht an denselben zugleich der Auftrag, von vorstehenden die <u>Konferenz selbst</u> *betreffenden Bemerkungen des h. Ministeriums mit Ausnahme der die Rüge für den Hrn Direktor u. den Lehrer Aprent enthaltenden zwey Stellen den Lehrkörper in einer besonderen Versammlung in Kenntniß zu setzen, u zu sorgen, daß bei den künftigen Konferenzen die darauf, so wie auf die Stellung u. wechselseitigen Rechte des Direktors u. der Lehrer bezüglichen Anordnungen des Organisaz-Entwurfes für Gymnasien u Real-Schulen genau beobachtet werden, u. dieser Entwurf immer bei der Versammlung zum etwa nothwendigen Nachschlagen unmittelbar zur Hand sey"* (2/1084 l). *In einem gesonderten Schreiben an Aprent wird auch diesem nebst Rechtsbelehrungen*

⟨150.⟩

*die Rüge des Ministeriums wortwörtlich mitgeteilt (2/1085 l).
Ohne ahnen zu können, daß sich der Konflikt laut Nr.* ⟨155.⟩
zuspitzt, erklärt Minister Thun am Ende der Erlasses vom 21. März 1854, er müsse den Statthalter Bach, „Eure Wohlgeboren *ersuchen auf die Gründe dieser Beschwerde [Zampieris, Anm.] genau einzugehen und sie zum Gegenstande eines abgesonderten mir zuversichtlich längstens bis 15ᵗ April zu erstattenden Berichtes zu machen, damit diesem das Gedeihen der Lehranstalt bedrohenden Uebel rechtzeitlich und gründlich abgeholfen werden kann."* (2/1095f.)
Der weitere Fortgang in HKG 10,2, Nr. ⟨182.⟩.

⟨150.⟩ Schulhausbau der Pfarrschule in Enns

Überlieferung

H   11584 $\frac{1851}{1854}$ X $\frac{B}{40}$ *Enns (OÖLA 6/2693–2694)*
         Stifters Äußerung vom 4. Januar 1854 steht auf 2½ Seiten eines Bogens in der rechten Spalte, während die Kopfzeile über die ganze Seitenbreite reicht.
D   *Fischer, Nr. 95*

Apparat

339,4   nach [der] Einrichtung
339,20   Laufe [des] [ihres]
339,28–29 gegenseitiger [Abwechslung]ℓ Erleichterung
340,26   Plane [nicht] für

⟨150.⟩

Kommentar

Fortgang von Nr. ⟨102.⟩.

Stellenkommentar

340,19–21 sechs *bis* müßte] *Auf der Grundlage von Stifters Gutachten, das sich auf die durch die Bezirkshauptmannschaft vorgelegten Tabellen über die Schülerzahlen "in den 10 Jahren von 1844–1853" bezieht, beauftragt der Statthalter am 14. Januar 1854 "unter Hinweisung auf Hochdessen eigene Kenntnißnahme dieses Zustands" (6/2688 r) die Hauptmannschaft zu Steyr, "über die Frage eines Erweiterungs- oder eines gänzlichen Neubaues eine kommissionelle Lokal-Versammlung" abzuhalten. Auf dieser Versammlung vereinigen sich am 11. März 1854 "mit Ausnahme der Landgemeinde St Laurenz, welche für einen Theil ihrer Ortschaften die Ausschulung nach dem näher gelegenen Asten in Anspruch" nimmt (6/2695 r), "alle übrigen Kommissions-Glieder in dem Ausspruche der Nothwendigkeit eines Neubaues u. der Herstellung eines Schulhauses mit 5 Lehrzimmern" (6/2696 l). Der von der Baudirektion am 23. März 1854 vorgelegte Bauplan projektiert 5 Lehrzimmer, 1 Prüfungssaal, 2 sehr große Gehilfenzimmer und "die angemessene Wohnung des Lehrers" (6/2692 l). Am 6. Juni 1854 (Scha 54, Z. 864) fordert die Statthalterei den Bezirkshauptmann von Steyr auf, "mehr Daten" über die Schülerzahlen erheben zu lassen, um die Grundlage für die Entscheidung, ob 5 oder, wie Stifter für erforderlich hält,* gesezlich 7. Lehrzimmer *eingerichtet werden sollen (S. 340,7–8). Der weitere Fortgang in den Nrn. ⟨217.⟩, ⟨366.⟩.*

⟨151.⟩

⟨151.⟩ *Gutachten über die Beschaffenheit der neuen
Jahrestabellen zum Zustandsbericht der Volksschulen

Überlieferung

H $\frac{2502}{3029}$ *1853 X $\frac{B}{28}$ (OÖLA 4/1920 r)*
Der Hinweis auf ein Gutachten Stifters – nach dem
29. August 1853, vor dem 6. Januar 1854 – zu den neuen
Jahrestabellen über den Zustand der Volksschulen befin-
det sich im Schreiben der LSchBeh vom 6. Januar 1854.

Stellenkommentar

341,2–4 Gutachten *bis* Volksschulen] *Laut Grundl hat Krombholz*
„*die Abfassung der mit der Politischen Schulverfassung einge-*
führten jährlichen Zustandsberichte auf übersichtlichen, ausführ-
lichen Ausweisen" eingeführt (Grundl, S. 66). Neue Tabellen für
die Schulzustandsberichte waren nach einem Erlaß des Ministe-
riums, gez. Helfert, vom 29. August 1853 (4/1950f. und 4/1952 r)
dadurch nötig geworden, „*daß die Tabellen, welche bei den jähr-*
lich abzugebenden Berichten über den Zustand der Volksschulen
gebraucht werden, weder den Verhältnissen der Schulen, noch
den gegenwärtig bestehenden Einrichtungen im erwünschlichen
Grade entsprechen, und nicht selten zu unrichtigen Auffassungen
Anlaß geben; daß sie viele Rubriken, die nothwendiger sind, nicht
enthalten, dagegen wieder mehrere andere verzeichnen, welche
zu keinem Gebrauche sind, und daher schon der Raumersparung
wegen wegbleiben können. / □ Man hat daher neue Formulare
für die gedachten Tabellen entworfen. In dieselben wurden meh-
rere Rubricken, unter andern über die verschiedenen Gattungen
der Volksschulen aufgenommen, dagegen wurden die Rubricken

⟨151.⟩

über das Schuleinkommen der Katecheten, Lehrer, Gehilfen und Industriallehrerinen, ferner für jene Länder, in welchen alle Ortschaften eingeschult sind, die Rubricken über die nicht eingeschulten Ortschaften weggelassen. Eben so blieben jene Rubriken weg, in welchen die Kirche oder die Religionsgesellschaft einzuzeichnen ist, welcher die einzelnen Schulen angehören, da von nun an eigene Tabellen über lateinisch-katholische, gr. katholische, evangelische, gr. nicht unirte, jüdische, u. a. Volksschulen einzubringen sind, was sogleich auf dem Titelblatte anzusetzen sein wird" (4/1950 r). *Die neu verfaßten Formulare wurden der LSchBeh zur Begutachtung zugesandt* (4/1951 l).

Den Akten liegen die (herkömmlichen) Tabellen der Staatsbuchhaltung vom 28. April 1852 über den Zustand der Volksschulen im Jahre 1851 (4/1903 r – 1910 l), ferner der an das Ministerium adressierte Bericht der LSchBeh vom 27. Juli 1853 zu der von der Staatsbuchhaltung überreichten summarischen Übersicht über den Zustand der Volksschulen im Jahre 1852 (4/1895 r – 1903 l) sowie das Ministerialschreiben vom 8. August 1853 zum Zustandsbericht der Volksschulen 1852 (4/1912 r – 1915) bei.

Über die Formulare der neuen Jahrestabellen hat die LSchBeh am 29. August 1853 vom bischöflichen Konsistorium ein Gutachten eingeholt und dieses am 6. Januar 1854 „samt dem auf deren Rückseite enthaltenen Gutachten des kk Volksschulen-Inspektors, Schulrathes Stifter", an das Ministerium geschickt (4/1920 r). Aus dem Schreiben der LSchBeh geht hervor, daß Stifter dem Vorschlag des bischöflichen Konsistoriums zugestimmt hat, „die beiden Kolonnen ‚böhmisch', dann ‚deutsch u. böhmisch'" im Schulbericht für Oberösterreich „ganz wegzulassen, [...] da in diesem ganz deutschen Lande keine Schule mit anderer Unterrichtssprache als der deutschen besteht. / □ Eben so muß die Schulbehörde dem Antrage beider auf Hinweglassung der Namen der eingeschulten Ortschaften (Kolonne 7) in Tabelle A n 2 sich beigesellen, weil es in Oberösterreich eine Unzahl kleiner

⟨152.⟩

selbständig konskribirter Ortschaften von einer sehr geringen Häuserzahl gibt, so daß mancher Schulbezirk 15 — 20 — 30 u. zuweilen noch mehr Ortschaften enthält, folglich bei Aufzählung aller einzelnen Ortschaften die Tabelle jedes Schulenbezirks ein voluminoser Körper werden müßte. / □ Dazu kommt, daß die Namen all dieser kleinen Weiler für die Beurtheilung des Zustandes der Schulen ganz gleichgiltig u. einflußlos sind. / □ Daß die Fächer 17 — 18 — 19 u 20 in Tab. B. n. 2 nicht weggelassen werden können, hat Schulrath Stifter schon gezeigt" (4/1921). *Mit Ministerialerlaß, gez. Thun, vom 13. Dezember 1854 wird informiert, daß die neuen Formulare für das Schuljahr 1853/54 „mit Nächstem" erscheinen werden* (4/1926 r).

⟨152.⟩ #Protokoll einer Kommissionssitzung über die Errichtung von Bildungskursen für Lehrer an den mit Hauptschulen verbundenen Unterrealschulen

Überlieferung

H $\frac{121}{18572}$ 1854 10 $\frac{D}{1}$ *(OÖLA 1/007–012)*
  Das Protokoll vom 12. Januar 1854 steht auf drei hintereinander gelegten Bogen, die mit versiegelter Schnur (zwei Siegel) verbunden sind.
D *Fischer, Nr. 141*

⟨152.⟩

Stellenkommentar

341,20–23 Errichtung *bis* zusammenberufen] „*Um die mit Hauptschulen in Verbindung stehenden Unterrealschulen, deren Zahl mit jedem Jahre zunimmt, mit tüchtigen Lehrern zu versehen*", hatte sich das Ministerium am 29. August 1853 bestimmt gefunden, „*eigene Bildungskurse an vollständigen Realschulen zu diesem Zwecke zu errichten, und die k k. Landesschulbehörden zur kräftigen Mitwirkung bei dieser wichtigen Angelegenheit aufzufordern.*" Entsprechend wurde der LSchBeh ein Exemplar der provisorischen Bestimmungen mit den drei, im Protokoll übernommenen, Fragen zur Beratung zugesandt (1/017 r). Die Einladungen zur „*Berathung*" wurden von der LSchBeh am 2. Januar 1854 an den Diözesan-Schulen-Oberaufseher und Linzer Domkapitular, Joseph Vogl, und an Direktor Zampieri geschickt. Der Entwurf für diese Einladungen wurde Stifter „*zur Einsicht u. Theilnahme an der unten angeordneten Berathung*" vorgelegt und von diesem abgezeichnet (1/018 r).

345,16–17 Ministerialerlaßes] Im gedruckten Ministerialerlaß vom 26. August 1853 hieß es: „*Bei der sehr vermehrten Anzahl der mit Hauptschulen in Verbindung stehenden Unterrealschulen treten häufige Besetzungsfälle erledigter Lehrerstellen, und in Folge dessen öftere Concursprüfungen ein, welche, abgesehen von den Unkosten, die sie den Bewerbern verursachen, viele Störungen im Unterrichte an den mit diesen Prüfungen beauftragten Schulen herbeiführen, und für diese Anstalten eine harte Belästigung bilden. Das k.k. Ministerium für Cultus und Unterricht findet sich daher bestimmt, diese vereinzelten Concursprüfungen aufzuheben, und an deren Stelle allgemeine, in bestimmten Zeiträumen wiederkehrende Prüfungen für alle jene Candidaten und Lehr-Individuen, welche sich mit dem zur Bewerbung um erledigte Lehrerstellen an Unterrealschulen erforderlichen Befähi-*

⟨153.⟩

gungszeugnisse versehen wollen, treten zu lassen" (1/024 r). Der weiter Fortgang in Nr. ⟨224.⟩.

346,4 Conzeptsadjunct] *Gehilfe eines Beamten für das Verfassen von Konzepten.*

346,5 Aktuar] *Öffentlicher Schreiber, Protokollant.*

⟨153.⟩ Besetzung der Lehrerstelle der Chemie
an der Oberrealschule

Überlieferung

H   *161 1854 X $\frac{D}{2}$ (OÖLA 1/606 r – 607 r)*
Stifters Äußerung vom 20. Januar 1854 steht auf 3 Seiten eines Bogens in der rechten Spalte, während sich die Kopfzeile über die ganze Seitenbreite erstreckt.

D   *Fischer, Nr. 96*

Apparat

346,17 vorhanden [sind]⌇[sein] können
346,18 einer Lehrerstelle[n]
347,7–8 Ministerium [z]⌇des
347,21–22 Lehrer [der Ge]⌇[der Naturgeschichte] am

Stellenkommentar

347,6–13 Antrag *bis* ziehen] *Da Netwald nach seiner Kündigung „nur bis zum Schluße des ersten Semesters dieses Schuljahres in*

⟨153.⟩

seinem bisherigen Amte als Lehrer an der hiesigen Realschule verbleiben soll", da sich wegen des Semesterschlusses die Besetzung der *"erledigten Lehrerstelle bis längstens zu Anfang des Monats April d. J. [1854, Anm.] als dringend nothwendig"* (1/608 r) herausstelle und da bei einem Konkursverfahren die Besetzung zu spät erfolgen würde, hatte Zampieri am 18. Januar 1854 den Vorschlag gemacht, sich an das Unterrichtsministerium zu wenden, *"auf daß Hochdasselbe von Wien aus, wo schon wegen der dort bestehenden chemischen Institute mit Grund vorauszusetzen ist daß sich mehrere für das Lehramt der Chemie befähigte Candidaten vorfinden, [...] ein für das Lehrfach der Chemie geeignetes Individuum für die hiesige Realschule unmittelbar hersende, wobei [...] mit Hinblick auf die im nächsten Schuljahre zu eröffnenden letzten Klasse der Ober-Realschule als sehr wünschenswerth erscheint, daß das betreffende Individuum auch in der Naturgeschichte und zwar wenigstens in einem Hauptzweige derselben zu unterrichten befähigt sey"* (1/610).

347,30–33 Naturgeschichte *bis* möge] *In der im Gegensatz zu Zampieris Vorschlag vorgenommenen "Kompetenz-Eröffnung" (1/605 r) vom 21. Januar 1854 orientiert sich die LSchBeh an Stifters Vorschlag, als "wünschenswerth" anzugeben, "daß der künftige Lehrer der Chemie an derselben [1/606 r] auch die Befähigung für das Lehrfach der Naturgeschichte besitze [...]" (1/620 r). Der weitere Fortgang in Nr. ⟨164.⟩.*

⟨154.⟩

⟨154.⟩ Äußerung zum Schlußbericht der Oberrealschule
für das Schuljahr 1852/53

Überlieferung

H 9933 1854 X $\frac{D}{10}$ (OÖLA 2/968 r – 972 l)
   Stifters Äußerung vom 10. Januar 1854 zum Schlußbericht der ORS 18$\frac{52}{53}$ steht auf 6 Seiten zweier hintereinander gelegter Bogen jeweils in der rechten Spalte; die Kopfzeile erstreckt sich über die ganze Seitenbreite.
D Vancsa XIII, S. 78–82

Apparat

348,20–21 Organisationsentwurfe vor- [genommenen]⸌ geschriebenen Plane
349,1–2 Organisationsentwurfe ⌈gegebenen Gränze⌉ auf
351,18 etwa vorzuschlagende[n] Abänderungen
351,26 u zweitens *(Unterstreichung von* zweitens *durchgestrichen)*
352,29 (1) D[er] Abst[a]nd w[i]rd
       (2) D[ie] Abst⌈ände⌉ w⌈e⌉r⌈den⌉

Stellenkommentar

348,6–8 Schlußbericht *bis* 18$\frac{52}{53}$] *Am 7. April 1852 und 25. August 1852 hatte Direktor Zampieri je einen Semestralbericht pro 1851/52 eingereicht, zu denen sich Stifter mit Nr.* ⟨100.⟩ *vom 15. September 1852 und Nr.* ⟨101.⟩ *vom 19. September 1852 äußerte. Ein Ministerialerlaß vom 30. Oktober 1852 (Scha 85, Z. 2868 1852 X D/1) verpflichtete die Realschulen damals im*

465

⟨154.⟩

Rahmen einer zunehmenden Bürokratisierung, „am Schluß eines jeden Schuljahres die Jahresberichte über den Zustand der Realschulen vorzulegen und es haben bei der Abfaßung dieser Berichte die Vorschriften des Organisations-Entwurfes § 112/3 und Anhang XV A/3 zur strengen Richtschnur zu dienen, so daß einerseits eine vollständige Darstellung des äußeren und inneren Zustandes dieser Schulen geliefert, andererseits aber jede nicht gebothene Weitläufigkeit unterlassen werde." Am 5. Januar 1854 stellte das Ministerium fest, daß dieser „Vorgang von den übrigen Landes-Schulbehörden ordentlich eingehalten wird", während aus Linz „bis jetzt noch kein einziges Sitzungsprotokoll der benannten Realschule hieher gelangt" sei; folglich wird dem Statthalter dieser „Auftrag in Erinnerung" gebracht (2/966 r). Um dem Schlußbericht 1852/53 die Konferenzprotokolle beilegen zu können, muß die LSchBeh am 21. Januar 1854 den Direktor Zampieri ermahnen, weil dieser, obwohl er mit Erlaß vom 9. Juli 1853 die Anweisung erhalten hatte, sie „regelmäßig vorzulegen", seitdem „kein Konferenz-Protokoll mehr zur Vorlage" gebracht hat. „Es ist dieß in hohem Grade auffallend. / □ Das Direktorat wird daher angewiesen, die Protokolle für July u. August binnen 24 Stunden, jene für Oktober, November u. Dezember 1853 aber binnen 3 Tagen zu überreichen, die folgenden aber sogleich nach Abhaltung der Konferenz Monat für Monat einzureichen" (2/968 l). Hinsichtlich des Schlußberichts schreibt Helfert im Erlaß vom 22. Juni 1854, er habe „mit Beruhigung ersehen, daß sich" die Oberrealschule „in einem geregelten Gange zur Lösung ihrer wichtigen Aufgabe befindet [...]" (1/589 r). Vgl. die Nrn. ⟨189.⟩ (für 1854/55), ⟨210.⟩ (für 1853/54), ⟨242.⟩ (für 1855/56).

348,18–19 vergangenen bis Oberrealschule] *In Linz war eine unselbständige, mit der Hauptschule verbundene Unterrealschule bereits im Oktober 1849 eröffnet worden, so daß Schüler, die 1849 begonnen hatten, am 1. Dezember 1851, als die selbständige*

⟨154.⟩

Unterrealschule eröffnet wurde, am Beginn des 3. Jahrgangs standen. Vgl. den Kommentar zu Nr. ⟨3.⟩, dort zu S. 47,11–12. Für Schüler dieses 3. Jahrgangs mußte demnach am 1. Oktober 1852 mit dem Schuljahr 1852/53 die 1. Klasse der Oberrealschule beginnen.

348,25–26 Ernennung zweier Lehrer] *Vgl. die Nrn. ⟨107.⟩ und ⟨113.⟩.*

349,31 größerer *bis* urtheile] *Laut Nr. ⟨100.⟩ lösten die strengen Klassifikationsnormen einen Konflikt aus. Am 5. Februar 1854 (Scha 108; Z. 3008) schreibt die LSchBeh diesbezüglich an das Ministerium: Was der Schulrat Stifter „über das Maaß der vom Lehrkörper angewendeten Klassifikazion mehr andeutet, als trocken ausspricht, führt zu dem Schluße, daß er die Klassifikazion eher für streng als mild erachtet [...]."*

351,10–11 Gebäude *bis* berichten] *Vgl. Nr. ⟨210.⟩, HKG 10,2, S. 181,22–31.*

351,24–29 erstens *bis* müsse] *Diesbezügliche Unterrichtsprinzipien vertritt Helfert im Erlaß vom 22. Juni 1854: „[...] ich kann nicht umhin, die Lehrer daran zu erinnern daß wenn die Realschulen ihren Zweck erreichen sollen, es sich bei der Behandlung der Lehrgegenstände nicht um den kathedermässigen Vortrag derselben, sondern um den nach pädagogisch-didactischen Grundsätzen fortschreitenden Unterricht mit Rücksicht auf die Bedürfnisse des gewerblichen Lebens handelt; weshalb einerseits der Lehrer nie zu neuen Lehren übergehen, bis er das Gelehrte zum Verständnisse der Mehrzahl seiner Schüler gebracht hat, und andererseits die Anwendung des Vorgetragenen auf das praktische Leben stets anschaulich machen wird" (1/589f.).*

352,4 Turnen] *Obwohl das Fach Turnen im Lehrplan für die Realschule nicht vorkommt, hatte bereits am 2. August 1850 das Komité für die Gründung der Realschule in Linz laut einem gedruckten, von Schierfeneder verfaßten „Bericht über die Berathungen wegen Errichtung einer vollständigen Unter- und*

⟨155.⟩

Oberrealschule zu Linz" eine „eigene mit der Realschule verbundene Turnanstalt" für „nöthig" befunden: „Uebrigens geht das Komité von der Ansicht aus, daß das Ziel der Turnanstalt nebst Erzielung von Gesundheit, Kraft und Gewandtheit auch noch vorzüglich dieß sein müsse, daß die Zöglinge von dem Erlernten auch im Leben einen nützlichen Gebrauch machen können, daher die Anstalt nach Art gut eingerichteter Militär-Institute alle zwecklosen oder sittlich nachtheiligen Uebungen weglassen, vorzüglich folgende Uebungen vornehmen soll: Schwimmen und Schifffahren, wozu sich zum eigenen und fremden Besten so häufig Veranlassung findet, Laufen und Springen mit und ohne Springstange, Voltigiren, Klettern an der Stange und am Seile, Exerziren und Gebrauch der verschiedenen Waffen, Gehen auf schmalen Stegen, ebenen und runden Balken, die über Bäche oder Untiefen u. dgl. führen" (1/221 r).

⟨155.⟩ Auskunftserstattung zur Eingabe des Lehrers Netwald gegen den Direktor Zampieri

Überlieferung

H $\frac{1005}{1414}$ *1854 X $\frac{D}{1}$ (OÖLA 2/986 r – 992 l)*
       Stifters Gutachten vom 3. Februar 1854 zur Beschwerde Netwalds steht auf 11 Seiten von drei ineinander gelegten Bogen in der rechten Spalte, während sich die Kopfzeile über die ganze Seitenbreite erstreckt. Der Auftrag des Statthalters Bach vom 9. Januar 1854 erfolgte auf der letzten Seite, linke Spalte, von Netwalds Schreiben: „B.m. an Herrn Schulrath zu vertraulicher Erhebung des hierin nicht angegebenen Vorfalles u. sofortiger Behebung

⟨155.⟩

         beziehweise Ausgleichung der Sache, hiernach aber zu weiterer Auskunfterstattung" (1/604 l).
D   *Vancsa XIV, S. 83–89*

Apparat

354,24–25	<u>Note</u> bis Stifter.] *Diese Bemerkung in der freien linken Spalte auf Höhe des Eintrags* b. *(S. 254,11–14)*
355,16–17	<u>Note</u> bis beigefügt] *Diese Bemerkung in der freien linken Spalte auf Höhe des Eintrags* d. *(S. 255,1–3)*
355,5	vorgelesen [hat], u [welches]
355,6–7	Vorzimmer [der Kanzlei] des
356,8–9	ihm [in dieser Angelegenheit] maßgebend.
357,3	Schüler [zu] leihen
357,8	des [H] Directors *(H wahrscheinlich nachträglich eingefügt)*
357,12	einen [eisernen] [messingenen] Ring
357,25–26	seine[s]⟨r Anordnung
358,4	habe [er es]⧸ H D. Netwald es
358,27	dem [z]⧸ Schuldiener
359,3	des [Amts][Schul]dieners
359,33	Weihnachtsferien [gab d]⧸ blos
360,22–23	Namensunterschrift [nicht]⧸ der Vernommenen

Emendation

355,31–32 ⁺sagen."] sagen._

⟨155.⟩

Kommentar

Fortgang von Nr.⟨149 A.⟩.

Stellenkommentar

353,12 9ᵗᵉ d. M.] *Versehen Stifters: es muß 9ᵗᵉ v. M., also 9. Januar 1854 (2/986) heißen.*
353,13 4ᵗᵉ d. M.] *Versehen Stifters: es muß 4ᵗᵉ v. M., also 4. Januar 1854 heißen.*
353,14–15 Klage *bis* erheben] *Netwald schrieb am 4. Januar 1854 an die LSchBeh, er sei „heute zur Kenntniß eines Vorgehens, des Hrn D^r* Zampieri*" gekommen, „welches ihn aufs Tiefste empörte". Er halte „es nun weniger um seiner eigenen, voraussichtlich kurzen ferneren Lehrthätigkeit willen, als um seine Kollegen für die Folge vor einer ähnlichen Behandlung sicherzustellen und in der innigen Überzeugung, daß bei Fortdauer solchen Gebahrens der Direction nicht nur das Gedeihen, sondern selbst der Bestand der mit so großen Opfern ins Leben gerufenen Lehranstalt in Frage gestellt wird, für unabweisliche Pflicht, eine hohe ob der ennsische Landes-Schulbehörde um ämtliche Untersuchung dieser Übelstände und um Vernehmung der Lehrer gehorsamst zu bitten" (1/604 r). Die Kündigung Netwalds, die den Akten nicht beiliegt, muß kurz vor dem 18. Januar 1854 erfolgt sein, denn unter diesem Datum machte Zampieri den Vorschlag, einen Nachfolger aus Wien zu besorgen. In Nr. ⟨153.⟩ vom 20. Januar 1854 geht es bereits um die Ausschreibung der Nachfolge für Netwald.*
359,23–25 Bestürzung *bis* Angriffes] *S. Kommentar zu Nr. ⟨161.⟩, dort zu S. 372,19–23.*
360,24–26 freundliche *bis* möge] *Stifters Beschwichtigungsversuch hat keinen Erfolg, da Zampieri am 3. Januar 1854 mit seinem*

⟨156.⟩

(den Akten nicht beiliegenden) Brief, worin er behauptete, „daß der Geist des Widerspruches gegen die Ansichten u. Verfügungen der Direktion in Folge des seit längerer Zeit lockenden Beispieles <u>weniger</u>, bereits die <u>meisten</u> Mitglieder des Lehrkörpers ergriffen habe" (2/993 l), im Ministerium eine heftige Reaktion ausgelöst hat (s. Kommentar zu Nr. ⟨149 A.⟩. Der weitere Fortgang in Nr. ⟨182.⟩ (HKG 10,2) und dem dazugehörigen Kommentar (HKG 10,5).

⟨156.⟩ Trennung der Geschlechter beim Wiederholungsunterricht am Sonntag

Überlieferung

H $\frac{3239}{3371}$ *1853 X $\frac{B}{1}$ (OÖLA 7/3192 l)*
Stifters Gutachten vom 13. Februar 1854, beginnend auf der 4. Seite eines Bogens im unteren Drittel der rechten Spalte unterhalb von Absender und Adresse und fortgesetzt in der oberen Häfte der rechten Spalte, bezieht sich auf die Äußerung des bischöflichen Konsistoriums vom 4. Dezember 1852 auf den beiden ersten Seiten. Darunter folgt ein Schreiben der LSchBeh, Entwurf Fritsch, vom 18. Februar 1854 an das bischöfliche Konsistorium, das auf der 3. Seite fortgesetzt wird.
D   *Fischer, Nr. 99*

Apparat

361,16   derselbe [Tag] gemeint

Stellenkommentar

361,11–13 § 311 bis verstehen] Durch den Statthalter Bach angeregt, der auf seiner „jüngsten amtlichen Reise" nach Weibern in der dortigen Schule in einem Lehrzimmer Mädchen und Knaben „bei dem gemeinschaftlichen Wiederholungs-Unterrichte in einem u. demselben Zimmer getroffen" hatte, was „ausdrücklich durch § 311 der Volksschulen-Verf. verboten" sei, wurde das bischöfliche Konsistorium mit Schreiben der LSchBeh vom 24. November 1853 dazu „eingeladen" (7/3190 r), durch die Schulenbezirks-Aufsichten dafür sorgen zu lassen, daß der Wiederholungsunterricht „nach den Geschlechtern u. nach der Zeit gesondert [...] ertheilt werde" (7/3191 l). Da bereits das bischöfliche Konsistorium am 4. Dezember 1853 vorschlug, daß der Wiederholungsunterricht „an einem Sonntage Nachmittag den Knaben, und am darauffolgenden Sonntage, den Mädchen ertheilt wird" (7/3190 l), und Stifter zustimmte, wird das bischöfliche Konsistorium am 18. Februar 1854 angewiesen, „hiernach das Erforderliche an die Schulenbezirks Aufseher zu erlassen [...]" (7/3191 r).

⟨157.⟩ Einrichtung des Präparandenkurses

Überlieferung

H   *3144 1854 X $\frac{4}{8}$ (OÖLA 1/354 r – 356 l)*
Stifters Gutachten vom 15. Februar 1854 steht auf 3¼ Seiten eines Bogens in der rechten Spalte, während die Kopfzeile die ganze Seitenbreite einnimmt. Der Auftrag Fritschs vom 11. Februar 1854 an Stifter auf der 1. Seite

⟨157.⟩

eines anderen Bogens in der rechten Spalte „um schleunige Begutachtung der zu treffenden Verfügungen überhaupt, insbesondere über die Frage, ob über die Zulänglichkeit oder Unzulänglichkeit der dermaligen Lehrkräfte der Linzer Normal-Schule zur zweckmäßigen Ertheilung des Lehramts-Präparanden-Unterrichtes nach den in obigem Erlasse des h. Unterrichts-Ministeriums noch Erhebung zu pflegen seyen, oder nach den vorliegenden Daten und hieramts bekannten Lehrkräften dieser Schule die Frage schon von hieraus entschieden werden kann" (1/348 r), bezieht sich auf die Betreffzeilen: „Ministerial Erledigung N⁰ 8445 des hieramtlichen Berichtes vom 12. August 1853 Z. 949 über den Stand des Lehramts-Präparanden-Unterrichtes u. die Mittel zu dessen Verbesserung", die in der linken Spalte oben stehen.

D Vancsa XV, S. 89–91

Apparat

362,30   auf [die] oben
363,12   werden [als] über

Emendation

362,19   ⁺Gegenstände] Gegenstande

Stellenkommentar

362,4–15 Erlaß bis wegzulassen] Mit Erlaß vom 9. November 1853, gez. Thun, hatte das Ministerium die bisherigen Gutachten und

⟨157.⟩

Vorschläge des Direktors, des bischöflichen Konsistoriums, des Schulrats Stifter und der LSchBeh (Nr. ⟨98.⟩ und ⟨128.⟩) zur Strukturierung des Präparandenkurses einer scharfen Kritik unterzogen, da sie „sich nicht auf einen bestimmten Gegenstand beschränkt, sondern sich fortwährend in mehreren Gegenständen bewegt" haben, so daß das Ministerium „weder bezüglich des einen noch des andern mit Erfolg" habe vorgehen können. Es habe bereits mit Erlaß vom 26. Februar 1852 „ausdrücklich die Anstellung eines eigenen Präparandenlehrers an der k. k. Musterhauptschule in Linz als die Angelegenheit bezeichnet, um deren Durchführung es sich für jetzt handle [...]" (1/289 r). Der LSchBeh wird vorgeworfen, „daß das Ministerium theils durch die Unzulänglichkeit, theils durch die Zweckwidrigkeit der Vorlagen gehindert wird, die in Rede stehende Angelegenheit mit dem beabsichtigten Erfolge durchzuführen" (1/290 r). Zu allererst sei deshalb zu klären, „ob die Anstellung eines eigenen Präparandenlehrers nothwendig sei oder nicht" (1/291 l). Das Ministerium nahm nun, nachdem die von Stifter aufgeführten Fächer im Lehrplan gestrichen worden waren, eine eigene Berechnung vor und kam zu dem Schluß, daß die bei der Normalhauptschule vorhandenen Lehrkräfte genügen, „die übrigen Lehrgegenstände des Präparandenunterrichtes bei einer zweckmäßigen Vertheilung derselben vollständig zu behandeln, ohne daß auch nur ein Lehrer mit Unterrichtsstunden überbürdet werden müßte" (1/292 l).

362,17–18 Seelenlehre bis Unterrichtslehre] *Die pol.Sch.Verf. 1833 berief sich in §. 39. auf die „Psychologie" (pol.Sch.Verf., S. 18) und damit auf „die übereinstimmende Bildung aller Seelenkräfte", traute jedoch „den meisten Schullehrern der Trivialschulen die auszeichnenden Fähigkeiten" (ebd., §. 42, S. 19) noch nicht zu, um nach den Erkenntnissen der Psychologie zu unterrichten. Mit „Schreiben des provisorischen Ministers des Unterrichts vom 13. Juli 1849" wurde im Rahmen der Erweiterung der Lehrer-*

⟨157.⟩

bildung auf zwei Jahre die „Körper- und Seelenlehre" sowie „die specielle Methodik" in den zweiten Jahrgang aufgenommen (RGBl 1849, Nr. 324, S. 523). Zur Seelenlehre vgl. den Kommentar zu Nr. ⟨26.⟩, dort zu S. 128,26–129,1.

362,26–28 Schmidhamer *bis* gekommen] *Das Ministerium schrieb dazu: „Wird der kranke Lehrer Pammer pensionirt, und ein neuer ganz tauglicher Lehrer angestellt, so sind mehr als zureichende Lehrkräfte vorhanden, und es leuchtet ein, daß sämmtliche Lehrer und Unterlehrer ohne eine Überlastung und einen Nachtheil für den Hauptschulunterricht sich an dem Präparandenunterricht betheiligen können." (1/291) Vgl. den Kommentar zu S. 312,11–44.*

363,10 Besoldungserhöhung] *Da die Anstellung eines eigenen Präparandenlehrers nicht nötig sei, erklärte das Ministerium am 9. November 1853, sei „für jetzt die Erhöhung der Besoldungen des Lehrpersonales an der Linzer Normalhauptschule, welche die Landes-Schulbehörde in ihrem vorliegenden Berichte als eine unerläßliche Bedingung der bessern Gestaltung des Präparandenunterrichtes nicht minder als des Unterrichtes an der Hauptschule selbst darstellt, zum Gegenstande der weitern Verhandlung zu machen" (1/293). Wie von Stifter vorgeschlagen, beauftragt die LSchBeh am 24. Februar 1854 das Konsistorium und über dieses den Direktor, die nötigen „Behelfe über Umfang u. Bedeutung der Obliegenheiten dieses Personals" einzubringen und die Anträge „über die Größe der Gehaltserhöhungen" zu stellen (1/350). Zur Besoldungserhöhung s. Kommentar zu Nr. ⟨200.⟩.*

363,21 Übungen im Zeichnen] *Zur Verlegung mehrerer Fächer in die Ausbildungszeit der Präparanden an der Realschule vgl. den Kommentar zu Nr. ⟨128.⟩, dort zu S. 281,12. Entsprechend war im Ministerialerlaß vom 9. November 1853 erklärt worden, „daß die Übungen im Zeichnen bei der Realschule stattfinden können" (1/291 r). Am 24. Februar 1854 erteilt die LSchBeh an den*

⟨158.⟩

Direktor der Realschule den Auftrag, sich zu äußern, in welcher Weise die Präparanden das Zeichnen an der Realschule üben können (1/350f.). Der weitere Fortgang in den Nrn. ⟨173.⟩ und ⟨206.⟩.
363,24 Vorlesungen über Landwirthschaft] *Die LSchBeh beauftragt am 24. Februar 1854 das bischöfliche Konsistorium und direkt den „Professor der Naturgeschichte am Linzer Gymnas. u. den Landwirthschaftslehrer" Columbus, „sich zu äußern, in welcher Weise u. zu welchen Stunden der Woche" die Präparanden an seinen „Vorlesungen Theil nehmen könnten" (1/351 l); vgl. Nr. ⟨181.⟩.*
364,5 Präparanden-Unterrichtes] *Die Eröffnung fand am 1. Juni 1854 statt, und zwar mit einer „Rede. / Vorgetragen von <u>Adalbert Stifter</u>, k. k. Schulrathe und Volks-Schulen-Inspector, bei der Gelegenheit der feierlichen Eröffnung des Schullehrer-Seminärs in Linz", die im Juni 1854 in „Die deutsche Volksschule", Nr. 7, abgedruckt wurde (HKG 8,2, Nr. ⟨80.⟩, S. 294–296).*

⟨158.⟩ Errichtung einer unvollständigen Unterrealschule zu Freistadt in Verbindung mit der Piaristen-Hauptschule

Überlieferung

H $\frac{2991}{535}$ $\frac{1852}{1853}$ X $\frac{B}{23}$ *(OÖLA Schb 7/2875 r – 2876)r*
   Stifters Äußerung vom 15. Februar 1854 steht auf den ersten 3 Seiten eines Bogens in der rechten Spalte; die Kopfzeile reicht über die ganze Seitenbreite.
D *Fischer, Nr. 101*

⟨158.⟩

Apparat

364,17   de[r]⟨s⟟obern

Kommentar

Fortgang von Nr. ⟨76.⟩

Stellenkommentar

364,21–22 Realschule in Budweis] *Den* Profeßor Fränkel *von der im Jahre 1849 errichteten Realschule [Unterrealschule; Anm.] zu Budweis hat Stifter im Brief vom 26. März 1850 an Franz Exner empfohlen, da er* durch die Gespräche, die wir über Schuleinrichtungen und wissenschaftlichen Gegenstände hielten, einen günstigeren Eindruk auf mich machte, als die andern Lehrkräfte dieser Art, die sich in unsern nächsten Kreisen vorfinden *(PRA 18, S. 44f.).*

365,5–10 Übelstandes *bis* Pfarrschule] *Auf Grund des Hinweises der Staatsbuchhaltung vom 26. November 1852, daß die Schülerzahl an der Piaristen-Hauptschule „sich von Jahr zu Jahr eher vermindert als vermehrt" (7/2882 l), hatte die LSchBeh am 6. Februar 1853 beim Dechanten und Stadtpfarrer Bauer von Freistadt eine Überprüfung dieser Hinweise und eine Feststellung der Ursachen eingeholt (7/2880 r; s. Abb. 18). Johann Nep. Bauer wollte das Absinken der Schülerzahlen zwar nicht bestätigen, gab im Schreiben vom 18. Februar 1853 aber zu, daß „der fast alljährliche Wechsel der Lehrindividuen in der I u II Kl. sehr nachtheilig"* wirke, *und zwar weil wegen des dauernden Ortswechsels „immer nur erst eingetrettene Kleriker als Kandidaten herkommen, um ihre ersten unsicheren Schritte im Lehrfache, vielleicht*

⟨158.⟩

oft ohne eigene gehörige Vorbildung oder auch Leitung zu beginnen". Seiner Meinung nach dürfte sich „eine Besserung des Schulzustandes schwerlich erwarten lassen" (7/2873f.). Auf der 4. Seite dieses Schreibens erteilte Fritsch am 2. Dezember 1853 an Stifter den Auftrag „um Aeußerung".

365,11–13 Erbschaft *bis* P. Piaristen] *1597 in Rom als Schulorden gegründet, kamen Piaristen 1761 nach Freistadt, wo ihnen die „drey Schifferischen Schwestern zu Freystadt"* (2. Mai 1854, Scha 135, Z. 1229) – *„Maria Regina Ragallerin Wittis geborne Schifferin, Maria Klara Schifferin und Maria Rosina Schifferin"* – *mit einem am 6. Juni 1783 ratifizierten Stiftbrief* (Scha 135, Z. 20432) *„ihr sämtliches bewegliches und unbewegliches Vermögen [...] zu dem Zwecke vermachten, daß nach* Punkt 1 *dieses Stiftbriefes die Jugend der Stadt Freistadt nicht nur im Lesen, Schreiben und Rechnen, sondern auch vermög eines allerhöchsten Hofdekretes dt° 18. Oktober 766 in der lateinischen Sprache, hauptsächlich aber in den guten Sitten u. Gründen des katholischen Glaubens unterrichtet" werden* (7/2881f.). *Die Finanzierung der Hauptschule und des Klosters wurde bald zu einem großen Problem, da das Stiftkapital dafür nicht ausreichte. So ging am 30. Oktober 1852 ein Schreiben des Direktors der Piaristen-Hauptschule bei der Schulbehörde ein, worin dieser wegen eigener Arbeitsüberlastung für die II. Klasse einen weltlichen Lehrer für das Schuljahr 1852/53 und für diesen eine Remuneration von 25 Gulden monatlich beantragte* (7/2879 l). *Am 6. Februar 1853 erklärte die LSchBeh, daß diesem Antrag „nicht Statt gegeben werden" könne, „nachdem es Obliegenheit des Ordens ist", gemäß dem Stiftsbrief von 1783 „den Unterricht durch seine Ordens-Glieder gehörig zu bestellen [...]"* (7/2880 l; s. Abb. 18).

365,20–31 Modification *bis* hätte] *Stifter bezieht sich auf den vom Dechanten Bauer am 18. Februar 1853 vorgeschlagenen „Ausweg", nämlich „der Piaristenschule die I u II ganz entziehen, u dieselben der Stadtschule, wo Lokale u Lehrer noch hinreichen,*

⟨158.⟩

zuweisen, den Piaristen, wenn von denselben nicht eine Unter-Realschule mit geeigneten Lehrern hergehalten werden kann, zu der III Klasse noch die Errichtung einer IV anzuordnen, u selbe, wo sie hier Ein Lehrindividuum ersparen, mit tüchtigen Lehrern zu versehen anweisen" (7/2877 r). Die Statthalterei bestimmt am 1. Juli 1854, daß die vom Stadtpfarrer vorgeschlagene Verteilung der Klassen „aus den vom Schulrathe Stifter angeführten Gründen und mit Hinblick auf die Bestimmungen des Stiftbriefes nicht durchgeführt werden" könne (7/2868).

366,12–16 Stiftungsurkunde bis entspräche] In der Ratssitzung am 26. Juni 1854 wird auf der Grundlage des Stiftbriefes festgestellt, „1. daß dem Piaristen Kollegium die Schule nicht genommen und 2. daß dasselbe nicht verhalten werden kann technischen Lehrunterricht zu ertheilen" (7/2868 l). Deshalb könne es auch nicht „zur Errichtung einer Unterrealschule" (7/2868 r) verhalten werden. Eine Überprüfung des geringen Stammvermögens und der Einkünfte ergibt, daß die Statthalterei „bei diesen Verhältnißen" von einem „Antrag auf Errichtung einer Unterrealschule in Freystadt" abstehen „und es der Stadtgemeinde überlassen" muß, „das Bedürfniß einer Realschule, dessen Vorhandenseyn sie doch zunächst empfinden u. von ihr daher auch zuerst zur Sprache gebracht u. nachgewiesen werden müßte unter Anerbiethung der erforderlichen Mittel zur Befriedigung desselben geltend zu machen [...]" (7/2870 r). Der weitere Fortgang in den Nrn. ⟨278.⟩ und ⟨387.⟩.

⟨159.⟩

⟨159.⟩ Errichtung einer Abend-Sonntagsschule für
Gewerbetreibende an der Oberrealschule Linz

Überlieferung

H 10925 $\frac{1853}{1854}$ X $\frac{D}{13}$ *(OÖLA Scha 108)*
*Stifters Äußerung vom 17. Februar 1854 steht auf 3¼
Seiten eines Bogens in der rechten Spalte; die Kopfzeile
erstreckt sich über die ganze Seitenbreite. Der Auftrag
an Stifter ist am 9. Februar 1854 auf der letzten Seite des
Konsistorialschreibens vom 3. Februar 1854 ergangen.*

Apparat

368,17–18 jeden [liegen] ohnehin
368,24 Beiwohnung [bei] eine[1]⟨m

Kommentar

Fortgang von Nr. ⟨136.⟩.

Stellenkommentar

367,2–3 Sonntags u Abendschule] *Stifter klärt die durch Begriffs-
gleichheit entstandene Verwirrung durch den Hinweis auf, daß
die hier projektierte* Sonntags u Abendschule an der Realschule *streng zu unterscheiden ist von der* Sonntagsschule (Wiederholungsschule), *insofern gemäß §. 311. der pol.Sch.Verf. 1833 die
Jugend, da* „die vorgeschriebenen Schuljahre allerdings nicht
hinreichen, [...] an Sonn- und Feyertagen einen Wiederhohlungsunterricht" *(pol.Sch.Verf., S. 138) erhält, der* „für Knaben sowohl,

⟨159.⟩

als auch für Mädchen, welche der Elementar-Schule entwachsen sind, nähmlich von dem Anfange des dreyzehnten bis zur Vollendung des fünfzehnten Jahres" (ebd., S. 139), *also auch für Lehrlinge verbindlich ist. „Der nachmittägige Gottesdienst und die Christenlehre", heißt es dort, „dürfen aber deßwegen nicht unterbleiben"* (ebd., S. 138f.).

367,22–26 Lehrlinge *bis* eintreten] *Zampieri hatte im Begleitschreiben vom 7. Juli 1853 (Scha 108; Z. 1838) neben Gewerbsleuten, „darunter auch Meister", und Kleinhändlern auch die Aufnahme von Lehrlingen vorgeschlagen, was am 3. Februar 1854 (Scha 108; Z. 10925) vom bischöflichen Konsistorium und von Stifter in Nr.* ⟨159.⟩ *übernommen wurde. Im Gegensatz dazu übermittelt der Ministerialerlaß vom 21. März 1854 (AVA U-Allg., 4130/16) ein Gutachten des Sektionsraths Krombholz, welches scharf kritisiert, daß Zampieri, dessen Vorschlag er „ein wohlgemeintes, zugleich aber auch ein noch sehr unreifes Projekt" bezeichnet, auch Lehrlinge berücksichtigt: „Ein Hauptmißgriff liegt gleich im §. 1. Knaben und Männer, Lehrlinge, Gesellen und Meister können nicht zu einem* gemeinschaftlichen *Unterrichte versammelt werden. Dazu kömmt, daß Lehrlinge zum Besuche der Wiederholungs- und Fortbildungsschule* verpflichtet sind, *während hier eine Schule gegründet werden soll, zu deren Besuch niemand verhalten werden kann. Lehrlinge stehen bezüglich des sonntägigen Schulbesuches unter einer gesetzlichen Aufsicht, und es kann dem Charakter der Realschule nicht zustehen, Lehrknaben ohne Vorwissen und Zustimmung der betreffenden Schulvorsteher in die neu zu errichtende Abend- u Sonntagsschule aufzunehmen"* (Bog. 2, S. 2f.). *Deshalb stellt Krombholz u. a. den Antrag: „Der projektirte Unterricht soll wenigstens anfänglich bloß für Gesellen und solche Gewerbtreibende u Hilfsarbeiter, die eine weitere Ausbildung für ihr Gewerbe* u *ihre Beschäftigung anstreben, mit Ausschluß der Lehrlinge bestimmt seyn"* (Bog. 2, S. 3).

⟨159.⟩

368,6–8 Religionslehre *bis* verneinen] *Ein Konflikt war deshalb entstanden, weil das bischöfliche Konsistorium, von der LSchBeh am 15. Januar 1854 zu einer Stellungnahme zum Entwurf Zampieris aufgefordert, die geplante „Abend- und Sonntagsschule" für Gewerbetreibende mit der Sonntags- und Fortbildungsschule gemäß pol.Sch.Verf. 1833 verwechselt hat, die nach §. 311. mit der Christenlehre verbunden sein muß. Das Konsistorium hatte am 3. Februar 1854 (Scha 108, Z. 10925) mißbilligt, „daß in dem mitgetheilten Entwurfe der kirchliche Einfluß gar nicht beachtet wurde, und der religiöse Unterricht ganz und gar wegbleibt, da doch das religiöse Element die Grundlage alles Unterrichts seyn soll". Stifter spricht sich vorsichtig gegen die Forderung des bischöflichen Konsistoriums aus, daß die Sonntags- und Abendschule mit dem Religionsunterricht verbunden werden müsse. Im Schreiben vom 6. März 1854 an das Ministerium (Entwurf Scha 108, Z.399, D/13; Reinschrift AVA U-Allg., 4130/16) erklärt der Statthalter: „Da das Konsistorium offenbar den Zweck u. die eigentliche Natur der vom rein technischen Interesse geforderten Abend- u. Sonntagschulen für den Handwerker- u. Handelsstand bei der Beurtheilung des Entwurfes verkannt, u. auch die Kollision nicht wahrgenommen hat, in die es bei seinen Vorschlägen mit schon bestehenden kirchlichen Anordnungen u. Vorschriften der Volksschulenverfass. geräth, wodurch die von ihm beabsichtigten religiösen Zwecke überhaupt schon erreicht werden müssen; so kann ich eben so wenig als Schulrath Stifter die Aufnahme der Anträge des Konsistoriums in den Entwurf bevorworten [...]". Mit Ministerialerlaß vom 5. Juli 1854 (AVA U-Allg., 4130/16) wird die Position Stifters und der Statthalterei bestätigt und die Einführung des Abend- und Sonntags-Unterrichtes genehmigt. Der weitere Fortgang in Nr. ⟨194.⟩.*

⟨160.⟩ ⟨161.⟩

⟨160.⟩ Besetzung des Schul- und Meßnerdienstes in Christkindl

Überlieferung

H   *3543 1853 X $\frac{B}{30}$ Christkindl (OÖLA 7/3237)*
Das achtseitige Gutachten des Konsistoriums vom 22. Dezember 1853 mit dem Besetzungsvorschlag: 1. Joseph Frosch, 2. Johann Haas, 3. Karl Überlackner dient als Umschlag für einen Bogen, auf dessen ersten 3 Seiten Fritsch den Konsistorialvorschlag referiert und auf dessen 4. Seite in der rechten Spalte Stifters Gutachten vom 18. Februar 1854, in der linken das Dekret der LSchBeh vom 19. Februar 1854 steht, mit welchem nach den einstimmigen Voten der Schul- und Meßnerdienst in Christkindl an Joseph Frosch verliehen wird.

D   *Fischer, Nr. 102*

⟨161.⟩ Äußerung zum Bericht der Realschule über späten Schluß des 1. Semesters

Überlieferung

H   *846 1854 10 D/8 (OÖLA 2/972–974)*
Stifters Äußerung vom 20. Februar 1854 steht auf 3 ¼ Seiten eines Bogens in der rechten Spalte, während die Kopfzeilen sich über die ganze Seitenbreite erstrecken. Der Auftrag an Stifter vom 13. Februar 1854 erging auf der letzten Seite von Zampieris Schreiben vom 9. Februar

⟨161.⟩

D
1854: „B. m. an Hrn Schulrath Stifter sowohl zur Aeuße-
rung" über Zampieris Bericht als auch „über das Lehrer-
Konferenzprotokoll vom Jänner d. J., welches unter
N^{ro} 291 eingelangt ist" (2/1092 l).
Vancsa XVI, S. 91–93

Apparat

370,24 welche[r] ihm
371,9–10 zufrieden[e] stellende
371,13–14 Semesters [zu]ϟ allein zu
372,9 welchem Tage [Tage] die

Stellenkommentar

371,31–372,2 Anfrage *bis* zukomme] *Am 21. Februar 1854 schreibt dazu die LSchBeh an das Ministerium:* „Bezüglich der mit seinem Gutachten verbundenen Anfrage des Schulrathes, ob die Bestimmung der Zeit für den Schluß der Semester Verwaltungs- oder pädagogische Angelegenheit, also dem Direktor oder der Lehrer-Konferenz zuständig sey, findet die LSchBeh nicht das mindeste Bedenken, die Frage für eine pädagogische also dem Lehrkörper zur Beurtheilung zuständige zu betrachten, da die längere oder kürzere Dauer eines Semesters von großem Einfluße auf die geistigen Erwerbnisse, so wie die Energie oder Abspannung der Schüler, in den letzten 2 Beziehungen aber auch der Lehrer ist" *(2/1082 l). Vom Ministerium wird am 20. März 1854 der* „beantragte Schluß des ersten Semesters mit dem 8. April l. J. ausnahmsweise und im Hinblicke auf die besonderen diesen späten Schluß motivirenden Gründe genehmigt" *und hinzugefügt:* „In der Regel wird die Direktion der Lehranstalt dahin

⟨161.⟩

zu wirken haben, daß die Dauer eines jeden Semesters nahe gleich bleibt und es liegt in dem Wirkungskreise der Direktion eine geringe Abweichung davon, nach, mit dem Lehrköper gepflogener Rücksprache, eintreten zu lassen; sollte aber diese Abweichung einen größeren Zeitraum umfaßen, so ist der Direktor verpflichtet, seine motivirten Anträge nach eingeholten Gutachten des Lehrkörpers, sammt dem hierüber abgefaßten Konferenzprotokolle der Landesschulbehörde zur Schlußfaßung rechtzeitig vorzulegen" (2/1082 r).

372,3–6 Zeitpunktes bis werde] Wie Zampieri am 9. Februar 1854 berichtete, hatte die LSchBeh mit Erlaß vom 14. Januar 1854 festgelegt, daß Netwald „mit Schluß des ersten Semesters aus seinem Amte austreten" soll: „[...] zur Besetzung der so erledigten Lehrerstelle ist laut Kundmachung im Amtsblatte der Linzer Zeitung vom 25. Jänner d. J. № 21 der Competenztermin auf den 18. d. M Fb festgesetzt. Es ist also vorauszusehen, daß selbst bei sich sehr günstig herausstellenden Umständen die Besetzung der besagten Lehrerstelle erst bis gegen Mitte April erfolgen kann." Zampieri meint, daß, wenn „das erste Semester am 8. April geschlossen und das zweite am 24. begonnen wird, die größte Wahrscheinlichkeit vorhanden ist, daß bis dorthin die erledigte Lehrerstelle der Chemie besetzt seyn dürfte" (2/1087). Der weitere Fortgang in Nr. ⟨164.⟩.

372,19–23 Langer bis Gutachten] Langer war am 9. Dezember 1853 „von Soldaten räuberisch angefallen u durch einen Meßerstich in der Gegend der Schläfe derart verwundet worden, daß er [...] undienstfähig ist" (2/938 l). Das gemäß Stifters Antrag eingeholte ärztliche Zeugnis vom 22. September 1854 besagt, daß Langer infolge eines Blutergusses im Gehirn „an periodisch wiederkehrenden den epileptischen ähnlichen heftigen Krampfanfällen" leide (2/943 r). Am 3. Januar 1856 reagiert die Statthalterei mit dem „Antrage, dem Patienten einen bis zur Herstellung seiner Gesundheit dauernden Urlaub bewilligen" zu wollen (2/939 l), was mit Ministerialerlaß vom 28. Januar 1856 „bis Ende des gegenwärtigen Schuljahres 185$\frac{5}{6}$" bewilligt wird (2/933 r). Der wiederholt verlängerte Urlaub wird „über Auftrag des genannten Ministeriums mit Ende November 1860 eingestellt [...]" (2/897 l). Das Ministerium findet sich jedoch am 16. April 1862 „bestimmt, dem Bittsteller eine gnadenweise Unterstützung im Betrage von **Einhundert** (100 f) Gulden österr. Währ. zu bewilligen, welche aus dem Studienfonde flüssig zu machen ist" (2/899 r).

373,9 Supplementconferenz] Zusätzliche Konferenz.

⟨162.⟩ Besetzung des Schul- und Meßnerdienstes in Molln

Überlieferung

H   140 1854 10 $\frac{B}{30}$ Molln (OÖLA Schb 7/3409–3410)
Auf einem Bogen als Umschlag, in den hintereinander 2 Bogen und 1 Blatt eingelegt sind, wurde auf 10½ Seiten jeweils in der linken Spalte von der LSchBeh der Konsistorialvorschlag – I. Anton Lanz, II. Thomas Ohlzinger, III. Mathias Daninger – referiert. Im Anschluß daran wurde Stifter am 14. Februar 1854, fälschlich 1853 datiert, in der Mitte der rechten Spalte „zur Begutachtung des vorstehenden Konsistorial-Vorschlages" aufgefordert, worauf Stifters Gutachten unterhalb des Auftrags beginnt und sich in der linken Spalte der 11. Seite fortsetzt. Durch Dekret vom 24. Februar 1854, das daneben in der rechten Spalte unten mit 3 Zeilen und in der rechten Spalte der 12. Seite steht, wird die Lehrer- und Meßnerstelle zu Molln mit Anton Lantz besetzt.

D   Fischer, Nr. 77

⟨163.⟩

Apparat

374,19 Möglichkeit [zur Amtsführung] nicht

Emendation

374,23 ⁺1854 *(von Stifters Hand versehentlich* 1853*)*

Stellenkommentar

374,7–11 Freisinger *bis* sein] S. hierzu den Kommentar zu Nr. ⟨112.⟩, dort zu S. 259,20–21.
374,23 ⁺1854] Im Original steht fälschlich 1853.

⟨163.⟩ Gehaltserhöhung für den Lehrer Grandauer an der Oberrealschule Linz

Überlieferung

H 126 1854 X $\frac{D}{2}$ *(OÖLA Schb 1/435 l)*
Stifters Äußerung vom 2. März 1854 steht auf der 8. Seite zweier ineinander gelegter Bogen, auf deren ersten 5 Seiten Zampieris ausschließlich lobendes Gutachten vom 5. Februar 1854 Grandauers „Vorrückung in die für einen Lehrer der Ober-Realschule systemisirte Gehaltsstufe" (1/431 r) bejaht.
D Fischer, Nr. 104

⟨164.⟩

Stellenkommentar

375,17–18 Grandauer *bis* verleihen] *Sich Zampieri und Stifter anschließend, rät auch die LSchBeh, gez. Bach, am 21. März 1854 (AVA U-Allg., 4130/16) „auf die Gewährung des Grandauerischen Gesuches", das am 14. Januar 1854 eingegangen war, „angelegenst" ein. Mit Ministerialerlaß vom 16. April 1854 wird Grandauer genehmigt, daß er „in den Bezug der für vollständige sechsklassige Realschulen systemisirten höhere Gehaltsstuffen von Achthundert Gulden mit dem Vorrückungsrechte in die Gehaltsstuffen von 1000 und 1200 f nach je zehnjähriger Dienstleistung in dieser Eigenschaft trete" (1/429 r).*

⟨164.⟩ *Gutachten zur Besetzung der Chemie an der Realschule Linz

Überlieferung

H   667 1854 10 $\frac{D}{2}$
        Sowohl die Kopfzeile als auch das Segment S. 375,26–376,9 stammen aus dem Schreiben der LSchBeh vom 17. März 1854 an das Ministerium (1/465 l, 1/452 r), das Segment S. 376,10–17 aus dem Ministerialvortrag vom 18. April 1854 (AVA U-Allg., 4130/16, Bog. 1, S. 3).

Kommentar

Fortgang von Nr. ⟨153.⟩.

⟨164.⟩

Stellenkommentar

376,4 Heinrich Weger] *Weger, früherer Lehrer an der Königlichen Landwirtschafts- und Gewerbs-Schule 1ter Klasse zu Kempten, von Zampieri und Stifter primo loco gesetzt, verliert seine Anstellungsberechtigung, als die Königlich Bayerische Regierung von Schwaben und Neuburg am 12. März 1854 (1/556) über ihn berichtet, daß er in seiner früheren Stelle „zwar in politischer Beziehung durch sein Benehmen keinen Anlaß zu irgend einer Klage gegeben hat, wegen eines trotz wiederholter dringender Verwarnungen fortgesetzten, seine Stellung als Lehrer in hohem Grade compromittirenden unsittlichen Verhältnisses zu einer Ehefrau eines Unterbeamten aber durch höchste Entschließung des Königl Staats Ministeriums des Handels und der öffentlichen Arbeiten vom 14$^{\underline{ten}}$ April 1853 von der Unterrichts-Ertheilung suspendirt, und dessen Lehrstelle inzwischen auch wieder besetzt worden ist".*

376,10 Schreinzer *bis* Vorzug] *Nachdem Zampieri bereits am 4. März 1854 seinen Besetzungsvorschlag eingereicht und Franz Jakob an die 2. Stelle gestellt hatte, ging ein Schreiben des Dekanats der philosophischen Fakultät in Wien vom 3. März 1854 (1/420 r) an die LSchBeh ein, welches das Bewerbungsschreiben Schreinzers vom 1. März 1854 (1/557f.) unterstützte. Die LSchBeh gibt am 17. März 1854 (1/453 r) mit denselben Argumenten wie Stifter Schreinzer den Vorzug. Mit Ministerialerlaß vom 18. April 1854, gez. Thun (AVA U-Allg., 4130/16; Reinschrift 1/551f.), wird Schreinzer, da er am 12. April 1854 das Zeugnis „über die mit gutem Erfolge bestandene Prüfung für Lehramtskandidaten an selbstständigen Realschulen" abgelegt hat, „mit Nachsicht des Probejahres, wobei jedoch die Vorschriften wegen des Probetrienniums in voller Wirksamkeit verbleiben, hiemit zum ordentlichen Lehrer an der k. k. Oberrealschule in Linz" ernannt. Der weitere Fortgang in Nr.* ⟨259.⟩*.*

⟨165.⟩

⟨165.⟩ Klassenzuteilung an die Lehrer der Haupt- und Unterrealschule zu Ried

Überlieferung

H $1399 \frac{1853}{1854} X \frac{B}{12}$ *Ried (OÖLA 7/3196–3200)*
Stifters Äußerung vom 22. März 1854 steht auf 7½ Seiten zweier hintereinander gelegter Bogen jeweils in der rechten Spalte, während die Kopfzeile sich über die ganze Seitenbreite erstreckt.

D   *Vollständiger Abdruck in Wilhelm Zenz, „Adalbert Stifter als Schulmann. Festgabe zur Enthüllung des Adalbert Stifter-Denkmals in Linz am 24. Mai 1902", S. 66–70 (ebenso: Fischer, Nr. 105)*

Apparat

377,8–9   führte[n] u noch führt[e]
380,14   während [jetzt] mancher
380,16   nachfolgenden [s]⁄
381,6   daß er [d]⁄ von
382,1   Klasse, [die] [deren Schüler] er

Emendation

381,13   ⁺einer geringen] einr geringen

Stellenkommentar

376,23–28 Vilfort *bis* möge] *Im Schreiben der LSchBeh, Entwurf Fritsch, vom 3. Mai 1854 (Scha 104, Z. 2) an das Ministerium*

⟨165.⟩

wird der Konflikt in der Haupt- und Unterrealschule Ried im Innkreis folgendermaßen dargestellt: „Ueber den Wunsch einiger Lehrer der k.k. Hauptschule zu Ried um Gestattung des Aufsteigens mit den Schülern ihrer Klasse bis in die höchste Klasse hat die Direktion derselben mit Genehmigung der Schulenbezirksaufsicht des Dekanats Ried zu Waldzell am 25. Septb 1852 die Einrichtung getroffen, daß an dieser Schule der Unterricht unter deren Lehrern nach Lehrfächern vertheilt seyn sollte, bis von dem h. kk. Unterrichts-Ministerium das Aufsteigen der Lehrer mit den Schülern ihrer Klassen angeordnet werden wird. / ▫ Nach Verlaufe des Schuljahres 1853 änderte die Direktion mit Genehmigung der Schulenbezirks Aufsicht am 24. Septb 1853 diese Einrichtung auf Vorstellung einiger anderen Lehrer wieder ab, u. führte wieder das Klassensystem mit Belassung jedes Lehrers in der ihm zugetheilten Klasse ohne Aufsteigen desselben mit den Schülern ein. / ▫ Gegen diese Abänderung hat einer der Lehrer der genannten Schule, Joh. **Vilfort,** *hieramts eine Vorstellung mit der Bitte um Abänderung der letzterwähnten Verfügung eingebracht [...]. Die Schulenbezirks Aufs. u. das Konsistorium sind der Ansicht, daß es vorläufig bei der Bestimmung des Klassensystems verblieben solle, u. geben ihm den Vorzug vor jenem des fachweisen Unterrichtes u. in der Regel auch vor jenem des Aufsteigens der Lehrer mit den Schülern", wogegen sich Stifter wendet und „für das System des Aufsteigens" ausspricht.*

381,18–27 Vorschlag bis Genehmigung] *Mit Bezug auf Stifters Vorschlag schreibt die LSchBeh am 3. Mai 1854 (Scha 104, Z. 2) an das Ministerium, sie glaube „diesem Antrage nicht entgegentreten, u. daher auch die Erledigung der Vorstellung des Lehrers Vilfort bis zum Einlangen der h. Entscheidung über den Vorschlag des Schulrathes Stifters um so mehr verschieben zu dürfen, als im Laufe des gegenwärtigen Schuljahres eine Änderung in der von dem Direktor der Rieder Hauptschule am 24 Septb 1853 getroffenen Verfügung aus pädagogischen Gründen nicht zulässig erscheint"*.

381,23–28 Erlaß bis werden] *Auf Grund der von Stifter angeregten Anfrage hat das Ministerium mit Erlaß vom 23. Mai 1854, gez. Thun, „nachstehende Bestimmungen zur Beachtung bekannt gegeben:*
[...]
2. Das Aufsteigen der Lehrer mit den Schülern durch einige Schulklassen wird zur Behebung des allzu häufigen Lehrerwechsels als nützlich erkannt, und ist an jenen Hauptschulen, wo es nach der individuellen Befähigung der Lehrer und den übrigen Verhältnißen der Schule als wahrhaft förderlich für die Zwecke der Schule erscheint, einzuführen.
3. Es ist nicht nothwendig, und bei einzelnen Schulen auch nicht zulässig, daß die Lehrer mit ihren Schülern von der untersten bis in die oberste d. i. bis in die dritte Klasse aufsteigen; es wird insbesondere anfänglich bloß das Aufsteigen durch einige Klassen, etwa bloß aus der Anfangs- oder Elementar-Klasse in die erste Klasse einzuleiten sein.
4. Das Aufsteigen hat die Hauptschuldirection jederzeit auf Grund der richtig anerkannten Bedürfnisse der Schule und der genau erforschten Verwendbarkeit des Lehrpersonals mit Vorwissen und Zustimmung der Schuldistrikts-Aufsicht einzuleiten. Sollte die Schuldirection bemerken, daß ihre für das Aufsteigen der Lehrer vorgetragenen Gründe von Seite der Schuldistrikts-Aufsicht nicht gehörig gewürdigt werden, so hat sie sich mit ihrem Antrage an das bischöfliche Konsistorium oder an die kk Statthalterei zu wenden" (7/3192f.).

Nach der Einrichtung der vierklassigen Hauptschule „mit Beginn des Schuljahres $18\tfrac{55}{56}$*"* *im § 1 der* „**Verordnung des k.k. Ministers für Cultus und Unterricht vom 23. März 1855,** *[...] womit die Zahl der Klassen an den Hauptschulen bestimmt, und der in denselben zu ertheilende Unterricht geregelt wird"* (7/3173–

⟨166.⟩

3178), heißt es im § 17 endgültig: "Das <u>Aufsteigen der Lehrer</u> mit ihren Schülern durch alle oder doch durch einige Klassen, ist überall einzuführen, wo dasselbe nach der individuellen Eignung der Lehrer, und nach den übrigen Verhältnißen der Schule, als wahrhaft förderlich für den Schulzweck erscheint. Da hiernach die Verwendung der Lehrer in den einzelnen Schulklassen sich nur nach der individuellen Befähigung derselben zu richten hat, so sollen auch in Zukunft, wo nicht besondere Umstände eine Ausnahme erheischen, die Lehrer nicht mehr für bestimmte Schulklassen, sondern für die betreffende Hauptschule angestellt werden" (7/3177 l).

⟨166.⟩ Antrag auf Lehramtsprüfung nach altem Recht

Überlieferung

H   *531 1854 X $\frac{B}{16}$ (OÖLA Schb 7/3331)*
        Stifters Äußerung vom 28. März 1854, beginnend auf der 2. Seite eines Blattes in der rechten Spalte unterhalb der Anschrift sowie der Aufforderung vom 23. Februar 1854 zur Äußerung und fortgesetzt im oberen Drittel der linken Spalte, bezieht sich auf das Konsistorialschreiben vom 16. Februar 1854 auf der 1. Seite.
D   *Fischer, Nr. 106*

Stellenkommentar

382,23–29 Bittsteller *bis* dürfe] *Während das bischöfliche Konsistorium die "vorliegende Bitte" des Lehrgehilfen Martin Pöll an*

⟨167.⟩

der Mittelschule zu Weyer „um die Bewilligung, die Prüfung für Hauptschulen nach dem früheren Curse an der k. k. Normal-Hauptschule dahier machen zu dürfen", zur Gewährung empfohlen hat, ist die LSchBeh am 31. März 1854 mit den von Stifter vorgetragenen Argumenten dagegen; es wird ihm jedoch bewilligt, „die Prüfung für das Lehramt für Hauptschulen nach dem für dieselben gegenwärtig angeordneten Kurse abzulegen" (7/3329f.).

⟨167.⟩ Lesebuch zur Förderung humaner Bildung in Realschulen...– Vorrede

Kommentar

Die Vorrede *des* Lesebuchs zur Förderung humaner Bildung in Realschulen *wurde im März 1854 mit* Die Verfasser, *also durch Stifter und Aprent gemeinsam, unterzeichnet. 1947 wurde das Lesebuch in Bayern mit einer an die derzeitigen Regeln angepaßten Rechtschreibung „für den Gebrauch in Schulen durch Education and Religious Affairs Branch, Office of Military Government for Germany (US)" genehmigt und „im Bayerischen Schulbuch-Verlag am Bayerischen Staatsministerium für Unterricht und Kultus" verlegt.*

Stellenkommentar

383,6 Lesebuch] *Zwar hat Sektionsrat Krombholz, Referent des Volksschulwesens im Ministerium des Unterrichts, wie Stifter am 7. April 1853 (PRA 18, S. 162) an Heckenast schreibt, ihn aufgefordert, ein Lesebuch für Volksschulen herauszugeben, und Stif-*

⟨167.⟩

ter hat im Brief vom 4. Mai 1853 an Heckenast zugesagt, er werde darüber mit Krombholz sprechen *(ebd., S. 165), doch Vorrang hatte für Stifter ein Lesebuch für die Oberrealschule, wo er auch am besten seine Idee verwirklichen konnte, ein literarisches Arbeitsbuch herzustellen und nur* die reinsten Stüke unserer Litteratur *(ebd., S. 165) aufzunehmen. In einem Volksschullesebuch, wie es seit Rochows „Der Kinderfreund" üblich war und auch von Vernaleken in seinem „Ersten Sprach- und Lesebuch für die erste Klasse" realisiert wurde, hätte er die moralischen Beispielgeschichten für die Erziehung der Kinder kaum umgehen können. Über das „Lesebuch für Realschulen" wollte Stifter* mit Ministerialrath Koller *verhandeln, der Referent und mein persönlicher Freund ist (ebd., S. 165).*

Der Titel ist nach Herders „Briefe zu Beförderung der Humanität" benannt (Herder SW 17). Am 22. März 1853 schreibt Stifter an Heckenast: Der hiesige Profeßor an der Realschule Joh. Aprent ein ausgezeichneter und durch und durch genialer Mann will im Vereine mit mir ein Lesebuch für die Oberrealschulen heraus geben. [...] Ich werde dabei [...] die Auswahl und Anordnung der Stüke leiten *(ebd., S. 155). Am 12. Mai 1853 heißt es:* Im Laufe unsers Unternehmens stellt sich heraus, daß mein Antheil weit größer sein muß, als ich Anfangs dachte. Ich hätte wohl das Buch ganz gut allein machen können; aber Aprent hat mich angeregt, ich habe zugesagt, und thue nun alles, um die Sache so gut zu machen, als ich kann *(ebd., S. 168).*

Nach Domandl zerfällt die Vorrede deutlich in zwei Teile; die beiden letzten Abschnitte enthalten vor allem methodische Hinweise, die sicherlich von Aprent stammen. Die ersten sieben Abschnitte unterscheiden sich aber deutlich vom Schluß; an ihrem Inhalt und ihrer Sprache erkennen wir, daß Stifter selbst sie verfaßt hat" (Domandl 1976, S. 43). Dem steht entgegen, daß seit 1852 erschienene Publikationen von Aprent teilweise wörtliche

Übereinstimmungen mit dem ersten Teil der Vorrede *aufweisen. Daß Aprent wesentliche Teile der* Vorrede *konzipiert hat, wird auch dadurch belegt, daß Stifter – so im Brief an Heckenast vom 7. April 1853 –* Anfangs Aprent nur meinen Rath und erst *später* meine Mitwirkung zum Lesebuche versprach *(PRA 18, S. 161).* Den Leitfaden *und das* „Handbuch für Lehrer" *sollte nach der frühen Planung noch* Aprent allein *machen (ebd., S. 161).*

383,16–20 Gesichtspunkt *bis* Sachlichen] *Die Verbindung* allgemein menschlicher Bildung, (Humanismus) *mit der* Kenntnis des Sachlichen *entspricht Stifters* Ansprache bei Eröffnung der Unterrealschule in Linz *vom 4. Dezember 1851, worin er* humanistische menschliche Studien *wie auch* realistische Studien, Sachstudien *(HKG 8,2, S. 261,10–13) in enger Anlehnung an Feuchterslebens Vortrag* „Über die Frage vom Humanismus und Realismus als Bildungsprincipe" *(Feuchtersleben, KFA III/3, S. 93–110) als Aufgaben der Realschule behandelt hat. In Stifters Amtsakten und in den Publikationen Aprents kommt der Begriff* „Humanismus", *der aus Humboldts Bildungsidee und von Feuchtersleben stammt, sonst nicht vor. Doch auch in Aprents Aufsatz* „Soll und kann die Realschule auch die allgemeine Bildung fördern?" *(1852) werden* „reale Kenntnisse" *mit der* „allgemeinen, humanen Bildung" *verbunden, und dort wird Wilhelm von Humboldt direkt zitiert (7/3142 r).*

383,17–384,2 Gesichtspunkt *bis* Zeit] „Allgemeine Bildung" *versteht Aprent, dessen* litterarisches Wissen so wie *[...]* ästhetische Ausbildung *(Nr. ⟨263.⟩, HKG 10,2, S. 264,25–26) von Stifter hoch eingeschätzt wurde, in seinem Aufsatz (s. vorangegangenes Lemma) als* „die harmonische Entwickelung aller dem Menschen inwohnenden Vermögen" *(S. VI, 7, 3143 l). Wilhelm von Humboldt und Herders* „Schulreden" *(vgl. Kommentar zu 56,18) zitierend (S. V), entwickelt Aprent seine Gedanken fast in derselben Reihenfolge wie in der* Vorrede:

⟨167.⟩

Vorrede	Aprent (7/3141–3144)
allgemein menschlicher Bildung *(383,17)*	*„allgemeine Bildung"* (S. V)
Kenntnis des Sachlichen *(383,20)*	*„Reale Kenntnisse"* (ebd.)
Denkens und Fühlens *(383,23)*	*„Denkvermögen"* / *„reges Gefühl für das Schöne"* (ebd.)
nur sittlich Schönes *(383,27–28)*	*„Betragen"* / *„Schönheitssinn"* (S. VI)
d. h. künstlerisch Gebildetes *(383,28–29)*	*„alle Schönheit liegt in der Form."* (S. VII)
Welt der Griechen und Römer *[...]*, aus alter und neuer Zeit deutscher dichtender und denkender Kunst Beiträge *(384,1–2)*	*„[...] die Jugend mit dem Geiste unserer klassischen Schriftsteller bekannt zu machen."* (S. VIII)
Sprache *[...]* als ein Gewordenes *(384,22)*	*„Sprache, als das Medium"* (S. VI)
Denken *[...]* Wollen *[...]* die That erzeugt *(385,5–8)*	*„durch das Denken zur Thätigkeit"* (S. VII)

Eine *„Uebersicht über die Hauptepochen der Literaturgeschichte"* von *„der klassischen Mythologie"* über *„charakteristische Abschnitte aus klassischen Dichtern und Prosaikern, namentlich des Alterthums"* und *„eine Auswahl des Bedeutendsten aus der älteren Literatur der Muttersprache"* bis zur *„neueren Literatur der Muttersprache"* wird durch §. 42 im *„Entwurf der Organisation der Gymnasien und Realschulen in Oesterreich. Vom Ministerium des Cultus und Unterrichts"* (Wien 1849) vorgeschrieben (S. 245), so daß das Lesebuch diesem Anspruch gerecht wird.

383,28 Schönes bis Verstandesgemäßes] *Das entspricht dem Konzept Stifters, der im Brief vom 6. April 1854 an Heckenast als*

⟨167.⟩

Auswahlprinzip formuliert hat, daß nur das Schönste Verstandesgemäßeste und zugleich pädagogisch Brauchbarste *aufgenommen werden sollte, während* Fantasterei Verstandeswidrigkeit *sowie* das Seichte und Schillernde *ausgeschlossen bleiben; daher meine Strenge in der Wahl, die Aprent oft zur Verzweiflung brachte [...] (PRA 18, S. 218). Doch auch Aprent war von einer entsprechenden Kunstauffassung geleitet: „Ein Kunstwerk ist das Höchste, was der Mensch hervorzubringen vermag, weil durch dasselbe sein Geist in <u>dieser</u> Form zum vollkommenen Ausdruck gelangt" (Johannes Aprent, „Gedanken über Erziehung und Unterricht" Leipzig 1874, S. 63). In seinem Aufsatz von 1852 würdigt er entsprechend das „Kunstwerk [...] in seiner höchsten Vollendung" (S. VII), doch seiner Meinung nach „eignen sich auch Prosaiker, die durch Erhabenheit der Gesinnung, Innigkeit des Gefühls oder Unmittelbarkeit der Anschauung ihren Gegenstand der gemeinen Auffassung zu entrücken und in eine höhere Sphäre zu versetzen wissen [...]" (S. VIII).*

384,7 Lehre *bis* gelaßen] *Diesbezüglich stand das* Lesebuch *im Gegensatz zum „Organisationsentwurf" 1849, wonach das Lesebuch laut §. 11 „nicht nur zur Uebung in richtiger Aussprache und Betonung [...], sondern zugleich zur Erweiterung und Belebung des Gedankenkreises der Schüler" (Organisationsentwurf, S. 227) zu verwenden ist. Nach §. 22 „ist in der Auswahl der Lesestücke für das Lesebuch ein grösseres Gewicht darauf zu legen, dass mit der Lectüre sprachlich mustergiltiger Stücke die Schüler zugleich eine Erweiterung ihrer Kenntnisse in Geschichte, besonders vaterländischer, Geographie, Naturgeschichte und Physik gewinnen" (ebd., S. 237f.).*

384,15 noch schwer Faßbares] *Das hier von Stifter vertretene Prinzip der Verfrühung, das bereits von Comenius diskutiert wurde (vgl. hierzu Wolfgang Kramp, „Die Pädagogik des J. A. Comenius und das Problem der Verfrühung", Diss. Göttingen 1957), findet man hinsichtlich des Umgangs mit Literatur besonders in*

⟨167.⟩

Goethes Plan eines „Lyrischen Volksbuches", wo Goethe außer dem Unteren und Mittleren auch „ein <u>Obersten</u>" aufnehmen wollte, „das vielleicht die Fassungskraft der Menge überstiege. Sie soll daran ihr Ideenvermögen, ihre Ahndungsfähigkeit üben. Sie soll verehren und achten lernen; etwas Unerreichbares über sich sehen; wodurch wenigstens eine Anzahl Individuen auf die höhern Stufen der Kultur herangelockt würden" (Goethe, MA 9, S. 616; vgl. hierzu Walter Seifert, „Literaturidee und Literaturdidaktik bei Adalbert Stifter". In: Hartmut Laufhütte / Karl Möseneder (Hrsg.), „Adalbert Stifter. Dichter und Maler, Denkmalpfleger und Schulmann", Tübingen 1996, S. 171f.). Ein solches Konzept widersprach dem „Organisationsentwurf", wo nach §. 42 die Gegenstände „dem eigenen Erfahrungs- und Gedankenkreise der Schüler angehören" (Organisationsentwurf, S. 245) sollen und nach §. 22 die „Bildung des Geschmackes und Erhebung des Herzens [...] nur in geringerem Umfange" (ebd., S. 238) anzustreben ist.

384,20 noch *bis* Schule] *Demnach hat Stifter nicht bloß ein Schullesebuch, sondern zugleich ein Volksbuch intendiert. Entsprechend schrieb er am 6. April 1852 an Heckenast, daß es* kein Schulbuch im strengen Sinne *(PRA 18, S. 219) sei, daß es* auf einem höheren Standpunkte als der sogenannte Schulschlendrian *stehe, daß es* für die Schule und Menschheit Nuzen zu stiften *beabsichtige (ebd., S. 218). Die Zwitterhaftigkeit als Lesebuch und Volksbuch hat Stifter nach der Ablehnung durch das Ministerium auch im Brief vom 2. Januar 1855 an Heckenast eingeräumt:* Das Buch ist nun wenigstens ein halbverfehltes. Es war zu viel für die Schule berechnet, und da diese es nicht nehmen darf, so hat es anderer Seits für das große Publicum zu wenig *(ebd., S. 247).*

384,30 alle Gattungen] *Das entspricht dem „Lehrplan für Realschulen" von 1851, §. 24, wonach in der Ober-Realschule „die Hauptarten der Darstellung und die bedeutendsten Dichter und Prosaiker möglichst berücksichtiget werden" sollen (1/170).*

⟨167.⟩

384,33 Außen *bis* Innen] *Domandl (Domandl 1976, S. 43) geht davon aus, daß diese Richtung des Bildungsprozesses als geistige Entwicklung (385,2) von Stifter stamme, was er nicht mit Zitaten aus Aufsätzen oder Briefen Stifters, sondern mit der Analyse literarischer Werke Stifters belegt. Die hier entwickelten erkenntnistheoretischen, psychologischen und gattungstheoretischen Gedanken kommen jedoch bei Stifter in Amtsakten oder Aufsätzen sonst nicht vor. Ferner ist zur Kenntnis zu nehmen, daß zwar die Bewegung „Von Außen – nach Innen" den Aufbau des Lesebuchs bestimmt, daß aber weiter unten das thätige Innere sich wieder der Außenwelt zuwendet [...] (S. 385,7–8). Diese reziproke Bewegung findet man statt bei Stifter bei Aprent in dessen Buch „Gedanken über Erziehung und Unterricht" (1874) breit ausgeführt. Wie in der* Vorrede *die geistige Entwicklung mit dem* Beschauen des Gegenstandes *(S. 385,2–3) anfängt, beginnt bei Aprent die „geistige Entwicklung" (ebd., S. 8 und 14) mit dem „Wahrnehmen" der Dinge; dies führte er 1865 in seinem Aufsatz „Versuch auf genetischem Wege zu dem Begriffe der Bildung zu gelangen" aus: „Das Wahrnehmen ist eine* Thätigkeit *des Wahrnehmenden. [...] Die Richtung dieser Thätigkeit geht von aussen nach innen; durch sie wird ein äusseres zu einem inneren, und wir können sie die auffassende Thätigkeit nennen. /* □ *Unsere Thätigkeit kann aber auch die Richtung von innen nach aussen annehmen; dann wird durch sie etwas hervorgebracht, was nur ausser uns ein Dasein hat, und wir können sie daher die* hervorbringende *Thätigkeit nennen" (in: „Zeitschrift für die Österreichischen Gymnasien", 1865, S. 524). Das entspricht dem Gedanken in der* Vorrede, *daß das thätige Innere sich wieder der Außenwelt zuwendet und die That erzeugt, die den Kreis an seinem Anfangspunkte abschließt (S. 385,7–9). Mit einem Zwischenschritt der Bewußtseinsbildung führt Aprent in seinem Aufsatz von 1865 weiter aus: „Damit wir ein Wissen von* uns *erlangen, muss das hervorgebrachte von uns* aufgefasst *werden.*

⟨167.⟩

Die hervorbringende Thätigkeit geht also hier wieder über in die auffassende, mit der die Thätigkeit überhaupt begonnen hat. Wir können uns demnach den Gang der Thätigkeit als eine Kreislinie denken, die mit der Erzeugung <u>eines Wissens von uns selbst</u> wieder zu ihrem Anfangspuncte zurückkehrt. Das Leben umfasst eine grössere oder kleinere Zahl solcher Lebenskreise" (S. 536). Der „Kreislinie" und dem „Lebenskreise" bei Aprent entspricht in der Vorrede der Kreis (S. 385,8). In seinem Buch von 1874 faßt Aprent den Zusammenhang beider Wege als „ununterbrochene Wechselbeziehung zwischen uns und der Außenwelt" (S. 36), als „zweifache Thätigkeit" auf, als „einathmen und ausathmen" (S. 37), womit er zur Erläuterung Goethes Vorstellung von Systole und Diastole heranzieht, wie dieser sie im „Didaktischen Teil" seiner „Farbenlehre" (1810) entwickelt: „Das Geeinte zu entzweien, das Entzweite zu einigen, ist das Leben der Natur; dies ist die ewige Systole und Diastole, die ewige Synkrisis und Diakrisis, das Ein- und Ausatmen der Welt, in der wie leben, weben und sind" (Nr. 739; Goethe, MA 10, S. 222). Es spricht alles dafür, daß Aprent das Konzept entworfen und Stifter es überarbeitet hat.

385,5–6 Denken bis (Reflexion)] Zusätzlich zur traditionellen Gattungstrias wird von Stifter noch die Reflexion berücksichtigt und im Lesebuch durch „Aussprüche" (S. 56ff.) belegt, von denen ein Beispiel – „Gegner glauben uns zu widerlegen [...]" – aus Goethes Aphoristik, den seit Max Heckers Sammlung (1907) so genannten „Maximen und Reflexionen" (Goethe, MA 17, S. 873, Nr. 885) stammt.

385,7–9 Wollen bis Drama] In Stifters Zeitungsartikeln Zur dramatischen Kunst (HKG 8,1, Nr. ⟨14.⟩) und Theater in Linz (ebd., Nr. ⟨18.⟩) kommen die Begriffe Wollen und That nicht vor, doch in dem Artikel Über Beziehung des Theaters zum Volke (Nr. ⟨22.⟩) heißt es: Das Theater kann eine Schule der Sitte und Bildung sein, kann aber auch eine Schule der Unsitte und Rohheit werden *(ebd., S. 122,12–14)*. *So kann es auf die* Thaten *der* Jugend, die Alles feurig aufnimmt, *Einfluß nehmen (ebd., S. 121,13)*. *Aus der Dramatik wird mit Goethes „Iphigenie" ein Humanitätsdrama als Lektüre vorgeschlagen, wohl um die* Thaten *der Jugend positiv zu beeinflussen.*

385,20–24 Vermittlung *bis* Handbuch] *Diese Formulierung* Vermittlung des Lehrers *scheint die* Selbstthätigkeit *(HKG 10,3, S. 166,11) der Schüler auszuschließen, obwohl Aprent in seinem Aufsatz „Soll und kann die Realschule auch die allgemeine Bildung fördern?" gerade die „Selbstthätigkeit" (7/3141 r) betont und auch Stifter sie in Nr. ⟨417.⟩ vertritt (HKG 10,3, S. 165,10–13). Um eine angemessene Methodik anzuregen, war nach Stifters Schreiben vom 13. Januar 1854 an Heckenast ein Mit einem vom* Lesebuch *getrennten* Handbuche *für Lehrer wollte Stifter, wie er am 13. Januar 1854 an Heckenast schrieb, dafür sorgen, daß* das Urtheil der Schüler nicht vorn herein gefangen genommen werde, und das Lesebuch nicht in ein Lehrbuch übergehe *(PRA 18, S. 198).*

Bereits am 4. Mai 1853 hatte Stifter, wie er an Heckenast schreibt, die Arbeit am Leitfaden, *und zwar zu jedem Stüke eine ästhetische und kunstgeschichtliche Würdigung übernommen, während Aprent den formalen Theil ihres Schulgebrauches schreiben (ebd., S. 165) sollte. Im Brief vom 6. April 1854 an Hekkenast präzisierte er:* Ich werde 6 Bogen des neuen Buches schreiben, welche über das Schöne und die Dichtkunst im Allgemeinen sprechen, dann besonders die im Lesebuch enthaltenen Männer abhandeln, und endlich die aufgenommenen Stüke, ihrer Bedeutung und ihrer Gattung nach. Der Aufsaz wird meinen Namen tragen. [...] Aprent wird die Behandlung der Stüke als Schulgegenstand angeben *(ebd., S. 218f.).*

385,32–386,1 Unterscheidung *bis* Grammatik] *Stifter beruft sich auf die* historische Grammatik, *die auf Jacob Grimms 1819 erschienenen 1. Band der „Deutschen Grammatik" zurückgeht.*

⟨167.⟩

Neue Regeln wurden dort auf etymologischer Grundlage formuliert, wobei das von Grimm aufgewertete ß die Grundlage bildete. Grimm hat diejenigen „grammatiker" kritisiert, die „den falschen satz erfunden" haben, „daß nach kurzem voc. der inlaut ß zu ss werde [...]" („Deutsche Grammatik von D' Jacob Grimm [...], Erster Theil; Zweite Ausgabe", Göttingen 1822, S. 527). Ruprecht („Die deutsche Rechtschreibung vom Standpunkte der historischen Grammatik beleuchtet von Ludwig Ruprecht [...]", Göttingen 1854, S. 4), der die Regeln der ss-ß-Schreibung im Sinne der historischen Grammatik etymologisch begründete, hat sich dabei auf Wackernagel (Philipp Wackernagel, „Deutsches Lesebuch. Der Unterricht in der Muttersprache. Vierter Teil, für Lehrer", Stuttgart 1842) berufen, der diese Schreibung – wißen („Neue durchgesehene Auflage" 1851, S. 61), beßer (S. 69), überflüßig (S. 71) – bereits 1842 in seinem „Deutschen Lesebuch" eingeführt hatte.

In der Vorrede *zum* Lesebuch *herrscht gemäß der* historischen Grammatik *die ß-Schreibung vor, im Wortinnern nicht nur nach langem, sondern auch nach kurzem Vokal: Verfaßer, Wißenschaft, gelaßen, müßen, laßen, angemeßen. Nur einmal findet man in der* Vorrede *das ss nach kurzem Vokal, und zwar bei* Klasse *(S. 385,18), was durchaus dem neuesten Stand entspricht, denn Weinhold vertrat in seinem für Österreich wichtigen Buch „Ueber deutsche Rechtschreibung" (Wien 1852) die Auffassung, daß zwar nach kurzem Vokal ß zu schreiben ist, daß aber bei Wörtern aus „fremden Sprachen" wie hissen, pressen, Glosse und eben „Klasse" ss stehen soll (Weinhold, 1852, S. 26).*

Stichproben belegen die Anwendung der Regel im Lesebuch, *nach kurzem Vokal ß zu schreiben: Waßer, Fäßer, Schüßel, wißen laßen, vergeßen, beßere; doch es gibt auch Ungereimtheiten, z. B. bei Fremdwörtern: so heißt es im* Lesebuch *etwa* Possen *(S. 137), aber* Prozeßion *(S. 131), oder auch* vergessen *(S. 130). Die Schreibung* Erkenntnis *(S. 128),* Bedürfnis *(S. 214),* Bündnis

⟨167.⟩

– Bündnisse *(S. 215)*, Bedrängnisse *(S. 107) läßt sich mit Ruprecht belegen, der wie Wackernagel, dessen Lehr- und Lesebücher im Unterricht gewirkt haben (vgl. Wackernagel, 1851, S. 70:* Kenntnis – Kenntnisse*), vorschlägt, „unsre Verbeßerung beschränke sich" auf die Endsilbe -nis:* Gefängnis – Gefängnisse *(Ruprecht, s. o., S. 33).*

Vergleicht man mit der Rechtschreibung in Stifters Amtsakten, so stellt man fest, daß dort nicht nur die Regeln der „historischen Grammatik" angewendet werden. Vor Grimm wurden von Heyse und von Adelung („Vollständige Anweisung zur deutschen Orthographie [...]", 3. Aufl. Leipzig 1812, S. 66f.) die Regeln aufgestellt, daß im Wortinnern nach kurzem Vokal ein ss stehen soll; nach kurzem Vokal am Wortende, vor einer Wortfuge oder vor dem Konsonanten t sollte nach Adelung ß, nach Heyse ss geschrieben werden. Obwohl Stifter in der Vorrede *meinte, daß die* Regel der historischen Grammatik *zur Schreibung der ss-ß-Laute einfach und einer vollständigen Anwendung fähig ist (S. 386,1–2), wechselte er selbst in seinen Amtsakten nach kurzem Vokal im Wortinnern durchgehend* Klaße *oder* Klasse, Bedürfniße *oder* Bedürfnisse, *teilweise sogar in einem Dokument, etwa in Nr. ⟨26.⟩, wo es in unmittelbarer Nachbarschaft* Hinderniße *und* Hindernisse *(S. 117,28–29) heißt; nach kurzem Vokal am Wortende findet man u. a.* Kenntniß *oder* Kenntnis, Zeugniß *oder* Zeugnis, Verzeichniß *oder* Verzeichnis, *aber niemals, wie von Heyse vorgeschlagen: -niss. Vgl. den Kommentar zu Nr. ⟨42.⟩, dort zu S. 153,5.*

Am 10. Juni 1854 (Scha 135; Z. 8728, B/25) überreicht die Statthalterei das Gesuch Stifters und Aprents „um Zulassung des von ihnen zusammengestellten Lesebuches zur Förderung humaner Bildung" an das Ministerium und fügt im Begleitschreiben hinzu: „Die Herausgeber dieses Buches glauben damit einem längst gefühlten Bedürfniße begegnet, und für die genannten Zweke ein Lesebuch geliefert zu haben, in welchem die einseiti-

⟨167.⟩

ge Richtung fast aller bestehenden Lehrbücher vermieden wird. Da für die Realschulen ein derart zusammengestelltes Lesebuch nicht besteht, und die Namen der Herausgeber für den Werth und die geistvolle Zusammenstellung dieses Lehrbuches bürgen; so erlaubt sich die k. k. Statthalterei das Eingangs erwähnte Gesuch der Bittsteller im Interesse humanistischer Bildung auf das Wärmste zu unterstützen". Das Ministerium, gez. Thun, antwortet am 3. Dezember 1854 (Scha 135; Z. 19288, B/25), daß das „vorgelegte Lesebuch einer mehrfachen Prüfung unterzogen" worden sei und das „einstimmige Ergebniß derselben" darin bestehe, „daß es zwar bedeutende Vorzüge besitzt, allein von dem vorgeschriebenen Lehrplane für Realschulen (§. 24) so weit absteht und so wesentlich abweicht, daß eine Approbation desselben für Realschulen nicht thunlich erscheint". Ein Vergleich zeigt jedoch, daß das Lesebuch, *was die Textauswahl betrifft, keineswegs vom §. 24 des Lehrplans 1854 abweicht. Stifter schreibt dazu am 2. Januar 1855 an Heckenast: Daß* es dem Lehrplane nicht entspricht [...] ist unwahr oder wahr, je nachdem man den Geist oder den Wortlaut des Lehrplanes ins Auge faßt *(PRA 18, S. 245). Es stehe* über dem Gesichtskreise unserer Profeßoren, und vorzüglich derer, die bisher für unsere Schulen solche Bücher gemacht haben. *Stifter sieht seinen* Fehler *darin, daß* mir gewissermassen vorgeschwebt hat, man werde doch das Buch nicht denen zur Begutachtung geben, zu deren Widerlegung es zusammengestellt ist *(ebd., S. 246). Mit den* Profeßoren *könnte auch Vernaleken gemeint sein, der „im Ministerium für Lesebuchfragen und besonders für die Neuorganisation der Realschulen tätig" war (Domandl 1976, S. 20). Stifter hatte dessen Volksschullesebuch für die 1. Klasse in Nr.* ⟨42.⟩ *scharf kritisiert. Vernaleken war Stifters Konkurrent, denn er hat unmittelbar vor Stifters Lesebuch sein Schulbuch „Deutsche Lesestücke, ein Lesebuch für die höheren Klassen der österreichischen Oberrealschule"* (1. Aufl. nach Domandl 1851, 2. Aufl. 1854) *und nach*

⟨167.⟩

Stifters Lesebuch sein dreibändiges Lesebuchwerk für die Oberrealschule herausgebracht (Domandl 1976, S. 22–29).

Ein Hauptgrund für die verweigerte Approbation scheint gewesen zu sein, daß das Lesebuch *ausschließlich der* humanen Bildung *dienen sollte und nicht bloß den* untergeordneten Rüksichten *der Stilbildung oder Kenntnis der Gattungen. Stifter war gegenüber Heckenast am 2. Januar 1855 nämlich der Auffassung,* daß man einsehen werde, daß alle untergeordneten Rüksichten Bildung des Stiles Geläufigkeit im Ausdruke Kennenlernen der Dichtungsarten **etc** mit Ausnahme der Litteraturgeschichte (deren Kenntniß für Jünglinge ohnehin unmöglich ist, und deren Foderung ein Widerspruch in sich) ohnehin in dem höheren Zweke liegen; allein man fodert die niederen Zweke in einem ausgedehnten Maße, weil man die höhern nicht zu sehen vermochte *[…] (PRA 18, S. 246). Domandl sieht eine gewichtige Ursache für die Ablehnung darin, daß Helfert 1853 in seiner Schrift „Über Nationalgeschichte und den gegenwärtigen Stand ihrer Pflege in Österreich" ein dynastisches Denken (Domandl 1976, S. 86) sowie eine „eindeutige patriotische Ausrichtung" (ebd., S. 87) des Schulwesens forderte; entsprechend sollen, so Helfert, neben dem religiösen „das <u>vaterländische</u> Element durch alle Stufen der Schulbildung" (zit. nach Domandl 1976, S. 87) den Lehrstoff beherrschen. Den „Zusammenstellern von Lesebüchern" hat Helfert „wiederholt die Weisung" gegeben, „daß mindestens die Hälfte des geschichtlichen und erdkundlichen Lesestoffes dem Vaterlande angehören müsse" (ebd., S. 87). Nach Domandl ist anzunehmen, daß die Begutachter nach diesem Kriterium das* Lesebuch *ablehnten. Im Gegensatz zu Stifter trete „bei Vernaleken eine eindeutige deutschnationale Gesinnung zutage" (ebd., S. 26), so daß dessen Lesebücher den Forderungen Helferts voll entsprachen.*

Nach der Ablehnung des Lesebuchs *durch das Ministerium entscheidet Stifter am 2. Januar 1855 im Brief an Heckenast,* kein Buch mehr zu machen, als zu dem als Begutachter das deutsche

Volk berufen wird, *so daß der* versprochene Leitfaden *nicht* gedruckt werden solle *(PRA 18, S. 247)*.

⟨168.⟩ *Bericht vom 4. April 1854 über eine Amtsreise

Überlieferung

Der Beleg für diesen Bericht vom 4. April 1854, der sich auf die Inspektionsreise vom 13.–17. März 1854 „zu den Prüfungen der Unterrealschule u Mädchenschule in Wels so wie zur Inspektion nach Thalheim" (HKG 10,2, S. 204,3) bezieht, befindet sich in Nr. ⟨222.⟩ *(ebd., S. 211,26).*

⟨169.⟩ Bestellung eines Supplenten für geometrisches Zeichnen an Oberrealschule Linz

Überlieferung

H 728 1854 10 $\frac{D}{2}$ *(OÖLA 1/543 l)*
   Auf 5 ineinander gelegten Bogen, die mit einem Faden verbunden sind, steht auf den ersten 17 Seiten Zampieris Schreiben vom 12. März 1854, worauf auf der 20. Seite in der rechten Spalte Anschrift und Kurzinhalt von Zampieris Schreiben und in der linken Spalte unter dem Auftrag Fritschs vom 3. April 1854 Stifters Äußerung vom 6. April 1854 folgt.
D Fischer, Nr. 107

⟨169.⟩

Stellenkommentar

386,18–20 Erlasses *bis* Zeichnen] *Der Ministerial-Erlaß vom 15. Januar 1854 hatte „als Ergänzung zu dem bestehenden Lehrplane" verfügt: „In der zweiten Klasse ist mit der Geometrie das geometrische Zeichnen (mit Zirkel und Lineal) und in der dritten Klasse das Bauzeichnen mit der Baukunst zu verbinden. Für das geometrische Zeichnen in der zweiten Klaße werden zwei, und für das Bauzeichnen in der dritten Klasse eine Stunde wochentlich bestimmt, so daß die Geometrie mit dem geometrischen Zeichnen verbunden in der zweiten Klaße durch 4 wochentliche Stunden im ersten und ebenfalls durch 4 wochentliche Stunden im zweiten Semester, und in der dritten Klasse die Baukunst mit dem Bauzeichnen durch drei Stunden wöchentlich zu lehren sein wird" (1/406f.). „Die Zahl der sowohl im Elementar- und geometrischen, als auch im Freihandzeichnen von einen Lehrer zu unterrichtenden Schüler wird in jeder Klasse auf* **fünfzig (50)** *festgesetzt. Bei einer größeren Schülerzahl ist zeitweilig ein Assistent zu bestellen und unter gleichzeitiger Angabe der Schülerzahl ein motivirter Antrag über die diesem zeitweiligen Assistenten anzuweisende Remuneration hierher vorzulegen" (1/411 l).*

Da nun „die erste Klasse der hiesigen Unter-Realschule achtundsiebzig {78} Schüler" zählt, ist nach Zampieri „für das elementare geometrische Zeichnen in dieser Klasse die Aufstellung eines Assistenten nothwendig". Und da auch für diese Stelle in Linz kein geeignetes Individuum zu finden ist, könnte nach Meinung Zampieris „der für das geometrische Zeichnen in den zwei Klassen der Ober-Realschule zu bestellende Supplent zugleich die besagte Assistentenstelle versehen und als solcher die zweite Abtheilung der Schüler der ersten Klasse der Unter-Realschule im elementaren geometrischen Zeichnen unterrichten [...]" (1/536f.). Der weitere Fortgang in den Nrn. ⟨176.⟩, ⟨187.⟩, ⟨206.⟩.

⟨170.⟩ ⟨171.⟩

⟨170.⟩ Zum Taubstummeninstitut in Linz

Überlieferung

H   7343 1857 10 $\frac{B}{21}$ *(OÖLA Scha 203)*
Stifters Äußerung vom 9. April 1854 zum Jahresbericht des Taubstummeninstituts für das Schuljahr 1853 beginnt auf der 4. Seite eines Bogens in der rechten Spalte unterhalb von Anschrift und Kurzinhalt sowie unter dem Auftrag Fritschs vom 29. Januar 1854 und setzt sich in der linken Spalte fort. Auf den beiden ersten Seiten hebt das Schreiben des bischöflichen Konsistoriums vom 30. Dezember 1853 hervor, „daß sich diese Anstalt in jeder Beziehung im besten Zustande befindet" und die am 22. Juli 1853 abgehaltene Schulprüfung „die erfreulichsten, und sehr anerkennungswerthe Resultate" lieferte.

⟨171.⟩ Zum Privatblindeninstitut in Linz

Überlieferung

H   7343 1857 10 $\frac{B}{21}$ *(OÖLA Scha 203/VI, 6849 l)*
Stifters Äußerung vom 11. April 1854 zum Jahresbericht des Blindeninstituts vom Schuljahr 1853, beginnend auf der 4. Seite eines Bogens in der rechten Spalte unterhalb von Anschrift und Kurzinhalt sowie unter dem Auftrag Fritschs vom 29. Januar 1854 und fortgesetzt in der linken Spalte, bezieht sich auf das Schreiben des bischöflichen Konsistoriums vom 18. Januar 1854 auf den beiden ersten Seiten.

⟨172.⟩

Stellenkommentar

388,21 Gedeihen der Anstalt] „*Als besonders wünschenswerth für das Gedeihen dieser Anstalt*" *hatte das bischöfliche Konsistorium am 18. Januar 1854 (Scha 203, Z. 7343) vorgeschlagen:*
„*1. die Erhebung dieser Privatanstalt zu einer öffentlichen;*
2. eine definitiv festgesetzte jährliche Besoldung des Lehrpersonals aus der Landes-Konkurrenz, statt der bisherigen prekären Remunerationen;
3. die Errichtung mehrerer Stiftungsplätze;
4. die Festsetzung bestimmter Verpflegsbeiträge von Seite der Gemeinden für ihre Blinden;
5. die Privatmildthätigkeit der Vermöglichen".
Der drei Jahre später eingegangene Ministerialerlaß vom 27. April 1857 (Scha 203, Z. 7343) hat zwar „*den andauernden, als vortrefflich geschilderten Leistungen*" *seine* „*volle hierortige Anerkennung*" *(VI, 6847 r) gezollt, ohne jedoch auf die Vorschläge des bischöflichen Konsistoriums einzugehen. Der weitere Fortgang in den Nrn.* ⟨*410.*⟩*,* ⟨*541.*⟩*,* ⟨*568.*⟩*,* ⟨*598.*⟩*.*

⟨172.⟩ Antrag des Italienischlehrers Rossi auf Remuneration

Überlieferung

H   *731 1854 10 $\frac{D}{2}$ (OÖLA 1/550 l)*
     Stifters Äußerung vom 12. April 1854, unterhalb von Fritschs Auftrag vom 21. März 1854 in der rechten Spalte der 4. Seite eines Bogens stehend, bezieht sich auf Zampieris Schreiben vom 11. März 1854 auf den ersten drei Seiten.
D   *Fischer, Nr. 108*

⟨172.⟩

Apparat

389,2   aus [zu] sprechen [zu können].

Kommentar

Fortgang von Nr. ⟨134.⟩.

Stellenkommentar

389,1–5 Lehrfähigkeit *bis* ermahnen] *Rossi hatte bald nach seiner Anstellung vom 2. Dezember 1853 in einer „Bittschrift" (1/548 r) um „Festsetzung eines bestimmten jährlichen Bezuges für diesen Unterricht" (1/547 r; s. Abb. 19) gebeten. Zampieri am 11. März 1854 sowie Stifter in Nr. ⟨172.⟩ sahen sich noch nicht in der Lage, „sich über die Wirksamkeit des Jos. Aug. Rossi an der hiesigen Realschule gründlich äußern zu können", wobei Zampieri noch Hoffnung ausdrückte, „daß Rossi bei länger dauernder Praxis im öffentlichen Unterrichte vieler Schüler sich eine bessere Methode aneignen und, was besonders wünschenswerth erscheint, die Disziplin besser handhaben werde" (1/549).*
389,6–10 Ministerialerlaß *bis* bescheiden] *Entsprechend entscheidet die LSchBeh am 28. Mai 1854 mit Hinweis auf den Ministerialerlaß vom 27. November 1853, daß „der Betrag der ihm darin im Allgemeinen zugesicherten Remunerazion erst am Schluße des Schuljahres auf Grund seiner Verwendung u. des Erfolges seines Unterrichtes, in Vorschlag gebracht werden darf, u. erst hierauf vom h. Ministerium bemessen werden wird […]" (1/547f.; s. Abb. 19 und 20). Der weitere Fortgang in Nr. ⟨191.⟩.*

⟨173.⟩

⟨173.⟩ *Verminderung des Deutschunterrichts zugunsten der Vermehrung der Lehrstunden im Freihandzeichnen

Überlieferung

H   223/552. 1854 10 D/1 (OÖLA 1/407f.)
Der Hinweis „B. m. eingeholtes Gutachten des Schulrathes Stifter dt° 16./. April 1854" und der indirekt überlieferte Text aus Stifters Gutachten stehen im Schreiben der LSchBeh vom 17. Mai 1854.

Stellenkommentar

389,23–25 Lehrfache *bis* sollten] Das Ministerium hatte am 15. Januar 1854 nicht nur für das geometrische Zeichnen (s. Kommentar zu Nr. ⟨169.⟩), sondern auch für das Freihandzeichnen eine „Ergänzung zu dem bestehenden Lehrplane" (1/406 r) verfügt: „Das Freihandzeichnen in der zweiten und dritten Klasse der Unterrealschule ist von dem geometrischen und Bauzeichnen jedenfalls zu trennen und einem eigenen Lehrer zu übergeben, welcher in der zweiten Klasse durch sechs Stunden, und in der dritten Klasse durch sieben Stunden wochentlich zu unterrichten hat" (1/407 l). „An der Oberrealschule ist ebenfalls das geometrische und das Freihandzeichnen zu trennen, und zwei verschiedenen Lehrern zu übergeben" (1/410 r). Vom Ministerium am 15. Januar 1854 beauftragt, „längstens bis Ende Februar 1854 ein gründliches Gutachten zu erstatten, wie eine Vermehrung der Stunden für den Zeichenunterricht in der Oberrealschule ohne Vermehrung der Stundenzahl des Gesammtunterichtes bewerkstelliget, beziehungsweise welcher andere Gegenstand ohne wesentlichen Nachtheil etwas beschränkt werden könnte" (1/411 l),

⟨174.⟩

forderte die LSchBeh am 7. Februar den Direktor Zampieri auf, diesbezüglich „längstens bis 25. Februar 1854 ein gründliches Gutachten hieher zu erstatten" (1/409 l). Im Schreiben vom 17. Mai 1854 an das Ministerium stimmt die LSchBeh dem Vorschlag des Direktors Zampieri wie auch Stifters zu, da die Vermehrung der Stundenzahl für Freihandzeichnen „in dem h. Erlasse als Nothwendigkeit ausgesprochen worden" ist (1/408 l).

⟨174.⟩ Besetzung des Schul- und Meßnerdienstes in Baumgartenberg

Überlieferung

H 933 1854 X $\frac{B}{30}$ *Baumgartenberg (OÖLA 7/3363)*
Auf einem äußeren Bogen referierte Fritsch den Vorschlag des Konsistoriums (I. Ignaz Kandler, II. Ferdinand Reimann, III. Joseph Gerl); auf dem inneren steht auf der 1. Seite in der rechten Spalte unterhalb von Fritschs Auftrag vom 12. April 1854 auf „Prüfung des vorstehenden Vorschlages u. unmittelbarer Beifügung des dießfallsigen Gutachtens" Stifters Gutachten vom 6. Mai 1854. Auf der 2. Seite wird mit Erlaß der LSchBeh vom 25. Mai 1854 der Schul- und Meßnerdienst zu Baumgartenberg an <u>Ignaz Kandler</u> *verliehen.*
D *Fischer, Nr. 109*

Apparat

390,15   pol.Sch.Verf. [denselben] für

⟨175.⟩ *Antrag auf Allerhöchste Auszeichnung
für Josef Böheim zu Wenig

Überlieferung

H $982\frac{1853}{1854}X\frac{B}{17}$ *Böheim (OÖLA Scha 104; Z. 982, B/17)*
Der Hinweis auf die Äußerung Stifters vom 11. Mai 1854
steht im Schreiben der Statthalterei vom 11. Juni 1854.

Stellenkommentar

390,21 Antrag] *Der Antrag, „daß für den Schullehrer Josef* **Böheim** *zu Weng um die allerhöchste Auszeichnung mit dem silbernen Verdienstkreutz mit der Krone bei S<u>r.</u> k. k. apostolischen Majestät unterthänigst eingeschritten werden möge", war am 11. Juni 1854 „auf Einschreiten der Schuldistriktsaufsicht Aspach von dem bischöflichen Konsistorium in Linz" gestellt worden. „Diesem von der Bezirkshauptmanschaft unterstützten Antrage, ist auch der hierländische k. k. Volksschulen Inspektor Schulrath Adalbert* **Stifter** *in seinem darüber abgegebenen hier beigeschlossenen Gutachten beigetreten. / In diesem Gutachten, so wie in dem Berichte der Bezirkshauptmannschaft sind die Gründe ausführlich auseinandergesetzt, aus denen die Schuldistrikts Aufsicht Aspach und das bischöfliche Konsistorium den genannten Schullehrer der beantragten a. h. Auszeichnung würdig erachten". Die Statthalterei regt beim Ministerium an, wegen der Auszeichnung „bei S<u>r.</u> k. k. apostolischen Majestät einzuschreiten [...]". Da kein Ministerial-Erlaß beiliegt, ist der Ausgang ungeklärt.*

⟨176.⟩

⟨176.⟩ Supplent für den kranken Isidor Langer
an der Realschule Linz

Überlieferung

H $\frac{1391}{10677}$ *1854 10 $\frac{D}{2}$ (OÖLA 2/856 l)*
Stifters Gutachten vom 26. Mai 1854 steht auf der 8. Seite zweier ineinandergelegter Bogen in der linken Spalte, in deren rechter Spalte sich Anschrift und Kurzinhalt von Zampieris Schreiben vom 22. Mai 1854 befinden, das die ersten 6 Seiten einnimmt.
D *Fischer, Nr. 110*

Apparat

391,2   Gottfried[| t |]⫽ Beil

Kommentar

Fortgang von Nr. ⟨169.⟩.

Stellenkommentar

391,2 Gottfried Beil] *Zampieri hatte gemäß dem Auftrag der LSchBeh vom 6. April 1854, für die „vom erkrankten und noch dermalen nicht ganz hergestellten Lehrer Isidor* **Langer** *an der hiesigen Realschule besorgten Lehrfächer" einen Supplenten zu gewinnen (2/850 r), den Lehrer Gottfried Beil vorgeschlagen. Von der LSchBeh wird die vom Direktorate mit Bericht vom*

⟨177.⟩

24. Mai 1854 angezeigte Berufung Gottfried Beils am 28. Mai 1854 bestätigt.
391,28 Substitutionsgebühr *bis* 400 fl] *Von der Staatsbuchhaltung wird am 2. Juni 1854 gemäß dem Substitutionsnormale vom 3. Juni 1839 § VI P.7 jedoch nur ein Anspruch „auf 60 Perzent aus 600 fr als dem geringst sistemisirten Gehalte der Realschullehrer, somit auf jährlich 360 fr* CM. *Substitutionsgebühr vom Eidestage den 30.* Mai *1854 aus dem Studienfonde" bescheinigt (2/853 l). Da der von Stifter vorgeschlagene Betrag von 400 f die gesetzliche Supplenten-Gebühr um 40 f übersteigt, und es nicht in der Macht der Statthalterey gelegen ist, einen die „gesetzliche Höhe übersteigenden Betrag zu bewilligen", so erstattet die Statthalterei am 19. Juni 1854 darüber Bericht an das Ministerium, verabfolgt dem Supplenten Beil aber vorerst eine Supplentengebühr von 60 % aus 600 f. Mit Ministerialerlaß, gez. Helfert, vom 3. Juli 1854 wird Gottfried Beil eine Substitutionsgebühr von 400 Gulden „ausnahmsweise" bewilligt (2/948 r). Der weitere Fortgang in Nr.* ⟨301.⟩*.*

⟨177.⟩ *Aufstellung von zwei Reihen kurzer Bänke in der Schule zu Gunzkirchen statt einer Reihe langer Bänke

Überlieferung

Dieser Antrag vom 3. Juni 1854 ist in Nr. ⟨222.⟩, *2. Liste, Nr. 21 (HKG 10,2 S. 211,27–29) belegt. Ende Mai 1854 war Stifter nach der 1. Liste, Nr. 57 in Gunskirchen zur Prüfung" (ebd., S. 204,5).*

⟨178.⟩

Kommentar

Die Art der Bänke wird durch die §§. 355. und 356. der pol.Sch.Verf. festgelegt. Nach §. 355. sollen die Schulzimmer „mit Bänken versehen seyn. Diese sollen zum Sitzen nicht zu enge und nicht zu hoch seyn [...]." §. 356. regelt die genaue Größe der Bänke für 3, 5 und 6 Schüler: „Der Gang zwischen zwey Reihen Bänke soll 2 Schuh 6 bis 8 Zoll [ca. 79 bis 84 cm, Anm.] ausmessen" (S. 161).

⟨178.⟩ Selbsteinschätzung der Lehrer für die Erteilung
von Unterricht an der Oberrealschule Linz

Überlieferung

H   *8367 1854 10 $\frac{D}{2}$ 10.06.54 (OÖLA 2/873 l)*
        Stifters Äußerung vom 10. Juni 1854, beginnend unter Anschrift und Kurzinhalt sowie dem darunter stehenden Auftrag Fritschs vom 3. Juni 1854 auf der 32. Seite von 8 ineinander gelegten, mit Faden verbundenen Bogen und fortgesetzt in der linken Spalte, bezieht sich auf Zampieris Schreiben auf den ersten 27 Seiten.
D   *Fischer, Nr. 111*

Apparat

392,7   eröffnet [ist] [wird] (wird *über dem nicht eigens gestrichenen* ist *eingefügt, möglicherweise nicht von Stifters Hand*)

⟨179.⟩

Stellenkommentar

392,6 Beginn *bis* Schuljahres] *Schuljahresbeginn ist der 1. Oktober 1854.*

392,21–26 Erklärung *bis* abzulegen] *Zampieri hatte am 1. Juni 1854 in einer Übersicht über die mögliche Stundenverteilung die notwendige Bestellung neuer Lehrkräfte vorgeschlagen. Stifter geht darauf nicht ein, sondern fordert umgekehrt, daß die Lehrer sich erklären sollen, für welche Fächer sie sich geeignet halten. Die Statthalterei fordert daraufhin, „in vorläufiger Erledigung des Berichtes" vom 1. Juni 1854, „aus welchem die allseitige genaue Einsicht in die Art und Verwendbarkeit der vorhandenen Lehrkräfte nicht vollständig hervorgeht", den Direktor am 10. Juni 1854 im Sinne Stifters auf, „nachträglich noch und zwar mit aller Beschleunigung" die Erklärung der Lehrer einzuholen und vorzulegen (2/857 r). Der weitere Fortgang in Nr. ⟨180.⟩.*

⟨179.⟩ *Unterrichtszustände in Niederneukirchen

Überlieferung

Der Bericht vom 12. Juni 1854 über die Unterrichtszustände in Niederneukirchen ist in Nr. ⟨222.⟩, 2. Liste, Nr. 22 belegt (HKG 10,2, S. 211,30–31). Alle Akten zu diesem Platzhalter befinden sich im DAL Schu-A/3, Scha 36, Fasz. 21/17.

⟨179.⟩

Stellenkommentar

393,5 Unterrichtszustände] *Bereits 1852 gab es in Niederneukirchen einen Skandal, über den Stifter dem Statthalter allenfalls mündlich berichtet hat, als er am 18. Oktober 1852 (Nr. ⟨222.⟩, 1. Liste, Nr. 39; HKG 10,2, S. 203,2) die dortige Schule inspizierte. Am 6. November 1852 überreichte das bischöfliche Konsistorium eine Anzeige der Schuldistriktsaufsicht Enns zu Niederneukirchen, wonach der am 17. August 1851 angestellte „Lehrgehilfe Joh. Paul Weiß bey der Schule Niederneukirchen der Verführung mehrer Schulmädchen zur Unzucht sich schuldig gemacht" habe. Das mit dem Fall befaßte Bezirks-Collegial-Gericht Steyr kritisierte am 9. November 1852, daß es von dem Fall erst am 2. November 1852 verspätet durch die Gendarmerie Kenntnis erhielt, „nachdem Weiß bereits am 28 Oktober d.J. die Flucht ergriffen hatte". Statthalter Bach verordnete am 17. November 1852 (Fasz. 21/17, Z.891), daß Weiß „in Anwendung des § 282 der Volksschulenverfassung zum öffentlichen und Privat Unterrichte der Jugend für unfähig erklärt" wird; außerdem „werden dessen Prüfungs- und Dienstzeugnisse kassirt".*

Am 9. Juni 1854 (Nr. ⟨222.⟩, 1. Liste, Nr. 58, HKG 10,2, S. 204,7) inspizierte Stifter erneut die Schule in Niederneukirchen. Über die in seinem diesbezüglichen Bericht vom 12. Juni 1854 dargestellten Unterrichtszustände *informiert die Statthalterei, gez. Bach, am 10. Juli 1854 (Fasz. 21/17, Z.467) das bischöfliche Konsistorium: „Der k. k. Schulrath Adalbert* **Stifter** *hat am 9. v. M. die Pfarrschule in Niederneukirchen bei St. Florian inspizirt und gefunden, daß die Kinder im Vergleiche mit andern ländlichen Pfarrschulen auf allen Stufen der Schule weniger unterrichtet und geübt sind, als sie es sein sollten. / □ Die Gründe des unbefriedigenden Zustandes dieser Schule liegen nach der Ansicht des k. k. Schulrathes darin, daß der Lehrer Johann* **Petritz** *zugleich das Amt eines Gemeindevorstandes versieht, und daß die dortigen*

⟨179.⟩

Lehrgehilfen im fortwährenden Wechsel begriffen sind. / □ Der Lehrer Johann **Petritz** *ist seit mehreren Jahren schon Gemeindevorstand und hat bis auf die jüngste Zeit selber nicht Schule gehalten, sondern den Unterricht durch zwei Gehilfen besorgen lassen, deren einer Oswald Jenne die Schule in einem befriedigenden Stande erhielt. / □ Mit dessen vor nicht ganz 2 Jahren erfolgten Entfernung verfiel die Schule, obwohl der Lehrer selber wieder an der Stelle des abgegangenen Jenne Unterricht ertheilte. / □ Der jetzige Gehilfe* **Ozelsberger** *ist ein Anfänger, der im vorigen Juli erst aus der Präparanden Anstalt getreten ist, und ist im Begriffe von Niederneukirchen weg zu gehen. / □ Der häufige Wechsel der Gehilfen mag in der schlechten Kost, die ihnen der Lehrer reichen soll, und in ihrem kargen Gehalte seinen Grund haben". Entsprechend hatte der Schulgehilfe Karl Otzelsberger für die „Aufkündung des Dienstes" als wesentlichen Grund „die Kost, welche wirklich zu schlecht ist", angegeben, „indem die süßen Rüben den Tisch am öftesten deckten und zwar Abends allein nach der Suppe", was seiner „Gesundheit nicht zuträglich" sei.*

Um „die Schule in Niederneukirchen aus ihrem vernachläßigten Zustande herauszubringen", fordert die Statthalterei, „daß sich der Lehrer **Petritz** *mit größerem Eifer des Unterrichts annehme, und zu diesem Ende das Amt eines Gemeindevorstandes niederlege", woraufhin dieser am 12. August 1854 die „Ablegung seines Amtes als Bürgermeister" bekannt gibt.*

Außerdem „hat der k. k. Schulrath Stifter bereits im kurzen Wege von dem hochwürdigen Diöcesan-Schulenoberaufseher die Zusicherung erhalten, daß dem Lehrer Petritz ein sehr tüchtiger Gehilfe an die Seite gegeben werde", was die Statthalterei in ihren Maßnahmenkatalog aufnimmt. „Damit aber ein tauglicher Gehilfe mit Lust und Freude durch längere Zeit an dieser Schule arbeite", fordert die Statthalterei, „daß seine Existenz eine

⟨180.⟩

*bessere werde, als die seiner Vorgänger gewesen zu sein scheint".
Allerdings hatte das bischöfliche Konsistorium bereits am 9. Juni
1854 erklärt, die Stelle in Niederneukirchen könne nach der Versetzung des Lehrgehilfen Karl Ozelberger nach Ischl „bei dem
gegenwärtig großen Mangel an Lehrgehilfen jedoch erst nach
beendigtem pädagogischen Curse dieses Schul-Semesters durch
einen absolvirten Pädagogen wiederbesetzt werden. Es hat sonach
bis zum Eintritt desselben einstweilen der Schullehrer allein den
halbtägigen Unterricht an der Pfarrschule Niederneukirchen zu
versehen". Im Mai 1856 muß der verstorbene Unterlehrer Franz
Kühnmüller durch Johann Georg Hasenrader ersetzt werden,
und am 6. Dezember 1859 wird Hasenrader für den verstorbenen
Lehrer Johann Petritz als Schulprovisor eingesetzt. Der weitere
Fortgang in Nr. ⟨477.⟩.*

⟨180.⟩ *Gutachten über neu einzurichtende Lehrerstellen
für geometrisch-konstruktives Zeichnen und Maschinenlehre
an der Oberrealschule und für Freihandzeichnen
an der Realschule

Überlieferung

H   9248 1854 10 $\frac{D}{2}$ (OÖLA 2/771f.)
Die indirekt überlieferten Passagen aus Stifters Gutachten stehen im Statthaltereischreiben vom 26. Juni 1854 an das Ministerium.

⟨180.⟩

Kommentar

Fortgang von Nr. ⟨178.⟩.

Stellenkommentar

393,12–21 Ausschreibung *bis* U.R.Sch.] *Die Ausschreibung der 2 Lehrstellen wurde in der Statthaltereiratssitzung vom 26. Juni 1854 beschlossen (2/776ff.). Der weitere Fortgang in Nr. ⟨187.⟩.*

394,12–13 Meynung *bis* Religions Lehrer] *Entsprechend Stifters Meinungsäußerung trägt Fritsch in der Sitzung am 26. Juni 1854 „auf die Einleitung zur Anstellung eines eigenen Religions Lehrers an", doch „die Ausschreibung des Konkurses für diese Lehrerstelle" müsse „nach der Verord. des K. u. Unt.Ministeriums vom 28. Juny 1850 [...] dem bischöflichen Ordinariate überlassen werden [...]" (2/773f.). Im Schreiben an das Ministerium vom 26. Juni 1854 (Entwurf 2/768 r und 784 l; Reinschrift AVA U-Allg., 4130/16) gesteht die Statthalterei, daß sie sich, da hinsichtlich der komplizierten Situation bei der Anstellung eines eigenen selbständigen Religionslehrers „ein gesetzlicher Ausspruch" fehle, nicht getraue, „deren Lösung auf sich zu nehmen, [...] sondern erachtet es für angezeigt, vor der Einleitung zur Ausschreibung des Konkurses für die fragliche Lehrerstelle das h. kk. Ministerium um maaßgebenden Ausspruch über die beiden Punkte zu bitten" (2/782 l). Der weitere Fortgang in Nr. ⟨195.⟩.*

⟨181.⟩ #Protokoll einer Kommissionssitzung zur Klärung,
ob Prof. Columbus vom Gymnasium Landwirtschaftslehre
für Lehramtspräparanden geben soll

Überlieferung

H   11160 $\frac{1850}{1854}$ X $\frac{4}{8}$ (OÖLA 4/1791 r – 1797 l)
Das Protokoll vom 11. Juli 1854 steht auf 3 hintereinander gelegten Bogen, welche mit Bindfaden zusammengebunden und auf der letzten Seite versiegelt sind.

Stellenkommentar

396,1 Desselben Äußerung] *Infolge der „Äußerung" von Prof. Columbus vom 3. März 1854 (4/1841f.) hatte die Statthalterei am 8. Juli 1854 zu einer Beratung unter Vorsitz des Unterrichtsreferenten Fritsch eingeladen. Das Einladungsschreiben wurde „Dem k. k. Hrn Schulrath Stifter zur Einsicht wegen Beiwesung bei dieser Sizung" vorgelegt und von diesem abgezeichnet.*
397,13–19 Sattlegger bis anzuführen] *Im Schreiben vom 18. Januar 1855 an das bischöfliche Konsistorium schließt sich die Statthalterei der Mehrheit in der Kommission an und erklärt, daß der Unterricht „von dem Normal-Lehrer Sattlegger" gehalten werden könne (4/1797 r). Das Ministerium lehnt diesen Vorschlag mit Erlaß vom 2. November 1855, gez. Helfert, ab und verordnet den Professor Columbus (4/1648 l).*
400,24 DiS.OA.] *Richtig: D.Sch.O.A. = Diözesan-Schulenoberaufseher.*
400,25 MDr] *Medicinae Dr.*

ABBILDUNGEN

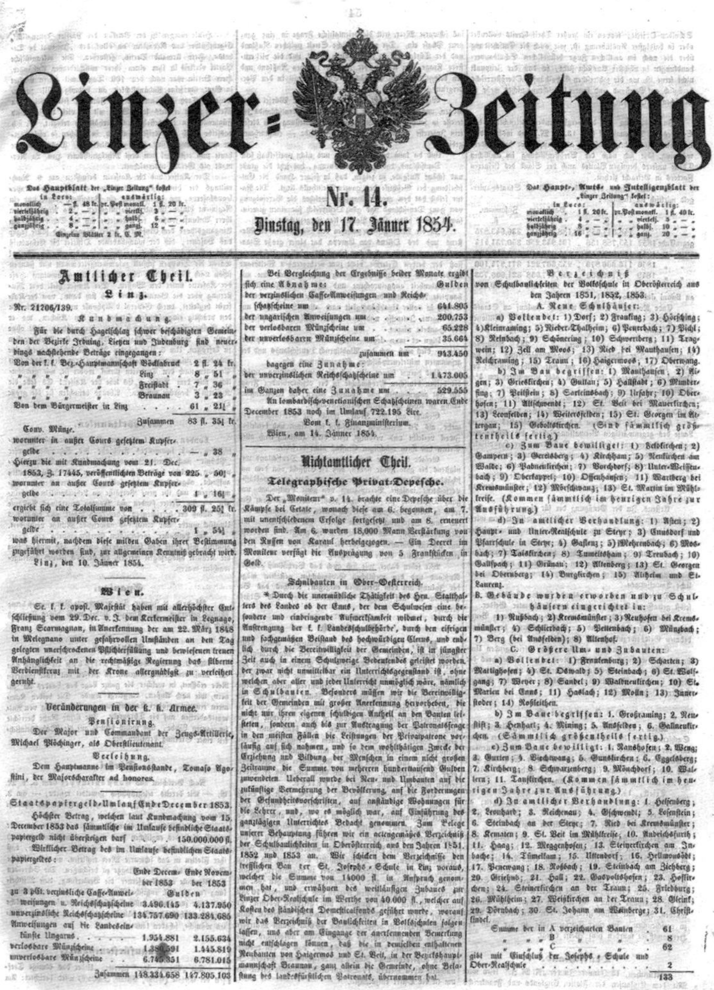

Linzer-Zeitung

Das Hauptblatt der „Linzer Zeitung" kostet

in Loco:		auswärtig:	
monatlich	— fl. 48 kr.	pr. Post monatl.	1 fl. 20 kr.
vierteljährig	2 „ — „	„ „ viertelj.	3 „ — „
halbjährig	4 „ — „	„ „ halbj.	6 „ — „
ganzjährig	8 „ — „	„ „ ganzj.	12 „ — „

Einzelne Blätter 2 kr. C. M.

Nr. 14.

Dinstag, den 17. Jänner 1854.

Das Haupt-, Amts- und Intelligenzblatt der „Linzer Zeitung" kostet:

in Loco:		auswärtig:	
monatlich	1 fl. 20 kr.	pr. Post monatl.	1 fl. 40 kr.
vierteljährig	4 „ — „	„ „ viertelj.	5 „ — „
halbjährig	8 „ — „	„ „ halbj.	10 „ — „
ganzjährig	16 „ — „	„ „ ganzj.	20 „ — „

Amtlicher Theil.

Linz.

Nr. 21706/139.

Kundmachung.

Für die durch Hagelschlag schwer beschädigten Gemeinden der Bezirke Irdning, Lietzen und Judenburg sind neuerdings nachstehende Beträge eingegangen:

Von der k. k. Bez.-Hauptmannschaft Böcklabruck		2 fl. 24 kr.
„ „ „ „	Linz	8 „ 51 „
„ „ „ „	Freistadt	7 „ 36 „
„ „ „ „	Braunau	3 „ 23 „
Von dem Bürgermeister in Linz		61 „ 21¼ „
	Zusammen	83 fl. 35¼ kr.

Conv. Münze.

worunter in außer Cours gesetztem Kupfergelde	— „ 38 „
Hierzu die mit Kundmachung vom 21. Dec. 1853, Z. 17445, veröffentlichten Beträge von	225 „ 50¼ „
worunter an außer Cours gesetztem Kupfergelde	1 „ 16¼ „
ergiebt sich eine Totalsumme von	309 fl. 25¼ kr.
worunter an außer Cours gesetztem Kupfergelde	1 „ 54¼ „

was hiermit, nachdem diese milden Gaben ihrer Bestimmung zugeführt worden sind, zur allgemeinen Kenntniß gebracht wird.

Linz, den 10. Jänner 1854.

Wien.

Se. k. k. apost. Majestät haben mit allerhöchster Entschließung vom 29. Dec. v. J. dem Kerkermeister in Legnago, Franz Scarmagnan, in Anerkennung der am 22. März 1848 in Melegnano unter gefahrvollen Umständen an den Tag gelegten unerschrockenen Pflichterfüllung und bewiesenen treuen Anhänglichkeit an die rechtmäßige Regierung das silberne Verdienstkreuz mit der Krone allergnädigst zu verleihen geruht.

Veränderungen in der k. k. Armee.

Pensionirung.

Der Major und Commandant der Zeugs-Artillerie, Michael Plöchinger, als Oberstlieutenant.

Verleihung.

Dem Hauptmanne im Pensionsstande, Tomaso Agostini, der Majorscharakter ad honores.

Staatspapiergeld-Umlauf Ende December 1853.

Höchster Betrag, welchen laut Kundmachung vom 15. December 1853 das sämmtliche im Umlaufe befindliche Staatspapiergeld nicht übersteigen darf . . . 150.000.000 fl.

Wirklicher Betrag des im Umlaufe befindlichen Staatspapiergeldes:

	Ende December 1853	Ende November 1853
	Gulden	
zu 3 pCt. verzinsliche Casse-Anweisungen u. Reichsschatzscheine	3.496.145	4.137.950
unverzinsliche Reichsschatzscheine	134.757.690	133.284.685
Anweisungen auf die Landeseinkünfte Ungarns	1.954.881	2.155.634
verlosbare Münzscheine	1.380.591	1.445.819
unverlosbare Münzscheine	6.745.351	6.781.015
Zusammen	148.334.658	147.805.103

Bei Vergleichung der Ergebnisse beider Monate ergibt sich eine Abnahme:

	Gulden
der verzinslichen Casse-Anweisungen und Reichsschatzscheine um	641.805
der ungarischen Anweisungen um	200.753
der verlosbaren Münzscheine um	65.228
der unverlosbaren Münzscheine um	35.664
zusammen um	943.450
dagegen eine Zunahme:	
der unverzinslichen Reichsschatzscheine um	1.473.005
im Ganzen daher eine Zunahme um	529.555

An lombardisch-venetianischen Schatzscheinen waren Ende December 1853 noch im Umlauf 722.195 Lire.

Vom k. k. Finanzministerium.

Wien, am 14. Jänner 1854.

Nichtamtlicher Theil.

Telegraphische Privat-Depesche.

Der „Moniteur" v. 14. brachte eine Depesche über die Kämpfe bei Cetate, wonach diese am 6. begonnen, am 7. mit unentschiedenem Erfolge fortgesetzt und am 8. erneuert worden sind. Am 6. wurden 18,000 Mann Verstärkung von den Russen von Karaul herbeigezogen. — Ein Decret im Moniteur verfügt die Ausprägung von 5 Frankstücken in Gold.

Schulbauten in Ober-Oesterreich.

* Durch die unermüdliche Thätigkeit des Hrn. Statthalters des Landes ob der Enns, der dem Schulwesen eine besondere und eindringende Aufmerksamkeit widmet, durch die Anstrengung der k. k. Landesschulbehörde, durch den eifrigen und sachgemäßen Beistand des hochwürdigen Clerus, und endlich durch die Bereitwilligkeit der Gemeinden, ist in jüngster Zeit auch in einem Schulzweige Bedeutendes geleistet worden, der zwar nicht unmittelbar ein Unterrichtsgegenstand ist, ohne welchen aber aller und jeder Unterricht unmöglich wäre, nämlich in Schulbauten. Besonders müssen wir die Bereitwilligkeit der Gemeinden mit großer Anerkennung hervorheben, die nicht nur ihren eigenen schuldigen Antheil an den Bauten leisteten, sondern auch bis zur Austragung der Patronatsfrage in den meisten Fällen die Leistungen der Privatpatrone vorläufig auf sich nahmen, und so dem wohlthätigen Zwecke der Erziehung und Bildung der Menschen in einem nicht großen Zeitraume die Summe von mehreren hunderttausend Gulden zuwendeten. Ueberall wurde bei Neu- und Umbauten auf die zukünftige Vermehrung der Bevölkerung, auf die Forderungen der Gesundheitsvorschriften, auf anständige Wohnungen für die Lehrer, und, wo es möglich war, auf Einführung des ganztägigen Unterrichtes Bedacht genommen. Zum Belege unserer Behauptung führen wir ein actengemäßes Verzeichniß der Schulbaulichkeiten in Oberösterreich aus den Jahren 1851, 1852 und 1853 an. Wir schicken dem Verzeichnisse den trefflichen Bau der St. Josephs-Schule in Linz voraus, welcher die Summe von 14000 fl. in Anspruch genommen hat, und erwähnen des weitläufigen Zubaues zur Linzer Ober-Realschule im Werthe von 40.000 fl., welcher auf Kosten des ständischen Domesticalfonds geführt wurde, worauf wir das Verzeichniß der Baulichkeiten in Volksschulen folgen lassen, uns aber am Eingange der anerkennenden Bemerkung nicht entschlagen können, daß die in demselben enthaltenen Neubauten von Haigermos und St. Veit, in der Bezirkshauptmannschaft Braunau, ganz allein die Gemeinde, ohne Belastung des landesfürstlichen Patronats, übernommen hat.

Verzeichniß

von Schulbaulichkeiten der Volksschule in Oberösterreich aus den Jahren 1851, 1852, 1853.

A. Neue Schulhäuser:

a) Vollendet: 1) Dorf; 2) Frauking; 3) Hörsching; 4) Kleinraming; 5) Nieder-Thalheim; 6) Peuerbach; 7) Pichl; 8) Reinbach; 9) Schönering; 10) Schwertberg; 11) Tragwein; 12) Zell am Moos; 13) Ried bei Mauthausen; 14) Reichraming; 15) Traun; 16) Haigermoos; 17) Oberwang.

b) Im Bau begriffen: 1) Mauthausen; 2) Aigen; 3) Grieskirchen; 4) Gutau; 5) Hallstadt; 6) Munderfing; 7) Peilstein; 8) Sarleinsbach; 9) Urfahr; 10) Oberhofen; 11) Altschwendt; 12) St. Veit bei Mauerkirchen; 13) Leonfelden; 14) Weitersfelden; 15) St. Georgen im Attergau; 15) Geboltskirchen. (Sind sämmtlich größtentheils fertig.)

c) Zum Baue bewilliget: 1) Feldkirchen; 2) Gampern; 3) Gerelsberg; 4) Kirchham; 5) Neukirchen am Walde; 6) Pabneukirchen; 7) Vorchdorf; 8) Unter-Weissenbach; 9) Oberkappel; 10) Offenhausen; 11) Wartberg bei Kremsmünster; 12) Mörschwang; 13) St. Martin im Mühlkreise. (Kommen sämmtlich im heurigen Jahre zur Ausführung.)

d) In amtlicher Verhandlung: 1) Asten; 2) Haupt- und Unter-Realschule zu Steyr; 3) Ennsdorf und Pfarrschule in Steyr; 4) Gaflenz; 5) Mehrenbach; 6) Mosbach; 7) Taiskirchen; 8) Tumeltsham; 9) Treubach; 10) Gallspach; 11) Grünau; 12) Altenberg; 13) St. Georgen bei Obernberg; 14) Burgkirchen; 15) Aistheim und St. Laurenz.

B. Gebäude wurden erworben und zu Schulhäusern eingerichtet in:

1) Nußbach; 2) Kremsmünster; 3) Neuhofen bei Kremsmünster; 4) Schlierbach; 5) Pettenbach; 6) Müngbach; 7) Berg (bei Ansfelden); 8) Altenhof.

C. Größere Um- und Zubauten:

a) Vollendet: 1) Frankenburg; 2) Scharten; 3) Mattighofen; 4) St. Oswald; 5) Steinbach; 6) St. Wolfgang; 7) Weyer; 8) Sandel; 9) Waldneukirchen; 10) St. Marien bei Enns; 11) Haslach; 12) Molln; 13) Innerstoder; 14) Roßleithen.

b) Im Baue begriffen: 1. Großraming; 2. Neustift; 3. Henhart; 4. Mining; 5. Ansfelden; 6. Gallneukirchen. (Sämmtlich größentheils fertig.)

c) Zum Baue bewilligt: 1. Ranshofen; 2. Weng; 3. Gurten; 4. Viechtwang; 5. Gunskirchen; 6. Eggelsberg; 7. Kirchberg; 8. Schwarzenberg; 9. Mönchdorf; 10. Wallern; 11. Tauskirchen. (Kommen sämmtlich im heurigen Jahre zur Ausführung.)

d) In amtlicher Verhandlung: 1. Helfenberg; 2. Leonhard; 3. Reichenau; 4. Gschwendt; 5. Losenstein; 6. Steinbach an der Steyr; 7. Ried bei Kremsmünster; 8. Kematen; 9. St. Veit im Mühlkreise; 10. Andrichsfurth; 11. Haag; 12. Meggenhofen; 13. Steinerkirchen am Inbache; 14. Tümelkam; 15. Uttendorf; 16. Hellmonsödt; 17. Penewang; 18. Roßbach; 19. Steinbach am Ziehberg; 20. Griesbach; 21. Hall; 22. Gaspoltshofen; 23. Hofkirchen; 24. Steinerkirchen an der Traun; 25. Friedburg; 26. Mühlheim; 27. Weißkirchen an der Traun; 28. Gleink; 29. Dörnbach; 30. St. Johann am Weinberge; 31. Christkindel.

Summe der in A verzeichneten Bauten	61
„ „ „ B „ „	8
„ „ „ C „ „	62
gibt mit Einschluß der Josephs-Schule und Ober-Realschule	2
	133

Abb. 1: „Linzer Zeitung" vom 17. Januar 1854 (vgl. Einleitung, S. 49); s. dazu das transkribierte Verzeichnis auf den S. 528 und 529.

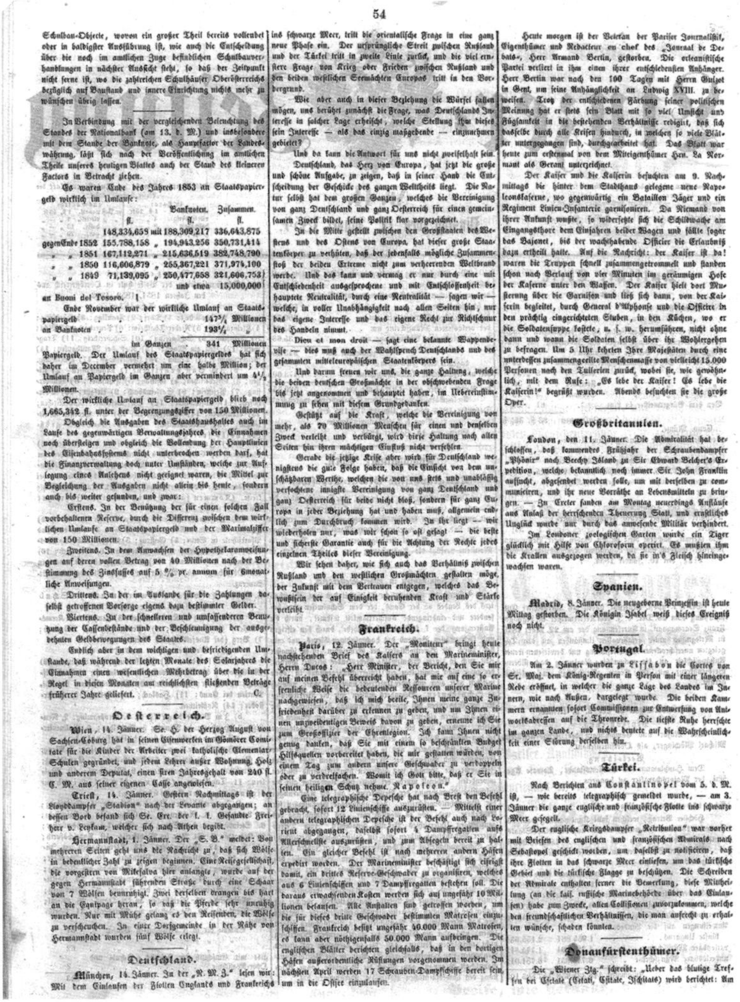

54

Schulbau-Objecte, wovon ein großer Theil bereits vollendet oder in baldigster Ausführung ist, wie auch die Entscheidung über die noch im amtlichen Zuge befindlichen Schulbauverhandlungen in nächster Aussicht steht, so daß der Zeitpunkt nicht ferne ist, wo die zahlreichen Schulhäuser Oberösterreichs bezüglich auf Baustand und innere Einrichtung nichts mehr zu wünschen übrig lassen.

In Verbindung mit der vergleichenden Beleuchtung des Standes der Nationalbank (am 13. d. M.) und insbesondere mit dem Stande der Banknote, als Hauptfactor der Landeswährung, läßt sich nach der Veröffentlichung im amtlichen Theile unseres heutigen Blattes auch der Stand des kleineren Factors in Betracht ziehen.

Es waren Ende des Jahres 1853 an Staatspapiergeld wirklich im Umlaufe:

			Banknoten.	Zusammen.
	fl.		fl.	fl.
	148,334,658	mit	188,309,217	336,643,875
gegen Ende 1852	155,788,158	„	194,943,256	350,731,414
„ „ 1851	167,112,271	„	215,636,519	382,748,790
„ „ 1850	116,606,879	„	255,367,221	371,974,100
„ „ 1849	71,139,095	„	250,477,658	321,606,753
			und etwa	15,000,000

an Buoni del Tesoro.

Ende November war der wirkliche Umlauf an Staatspapiergeld . . . . 147¾ Millionen
an Banknoten . . . . 193¼ „
im Ganzen . 341 Millionen

Papiergeld. Der Umlauf des Staatspapiergeldes hat sich daher im December vermehrt um eine halbe Million; der Umlauf an Papiergeld im Ganzen aber vermindert um 4½ Millionen.

Der wirkliche Umlauf an Staatspapiergeld blieb noch 1,665,342 fl. unter der Begrenzungsziffer von 150 Millionen.

Obgleich die Ausgaben des Staatshaushaltes auch im Laufe des gegenwärtigen Verwaltungsjahres die Einnahmen noch übersteigen und obgleich die Vollendung der Hauptlinien des Eisenbahnsystems nicht unterbrochen werden darf, hat die Finanzverwaltung doch unter Umständen, welche zur Auflegung eines Anlehens nicht geeignet waren, die Mittel zur Begleichung der Ausgaben nicht allein bis heute, sondern auch bis weiter gefunden, und zwar:

Erstens. In der Benützung der für einen solchen Fall vorbehaltenen Reserve, durch die Differenz zwischen dem wirklichen Umlaufe an Staatspapiergeld und der Maximalziffer von 150 Millionen.

Zweitens. In dem Anwachsen der Hypothekaranweisungen auf deren vollen Betrag von 40 Millionen nach der Bestimmung des Zinsfußes auf 5 % pr. annum für 6monatliche Anweisungen.

Drittens. In der im Auslande für die Zahlungen daselbst getroffenen Vorsorge eigens dazu bestimmter Gelder.

Viertens. In der schnelleren und umfassenderen Benützung der Cassenbestände und der Beschleunigung der ausgedehnten Geldbewegungen des Staates.

Endlich aber in dem wichtigen und befriedigenden Umstande, daß während der letzten Monate des Solarjahres die Einnahmen einen wesentlichen Mehrbetrag über die in der Regel in diesen Monaten am reichlichsten fließenden Beträge früherer Jahre geliefert. C.

Oesterreich.

Wien, 14. Jänner. Se. H. der Herzog August von Sachsen-Coburg hat in seinen Eisenwerken im Gömörer Comitate für die Kinder der Arbeiter zwei katholische Elementar-Schulen gegründet, und jedem Lehrer außer Wohnung, Holz und anderem Deputat, einen fixen Jahresgehalt von 240 fl. C. M. aus seiner eigenen Casse angewiesen.

Triest, 14. Jänner. Gestern Nachmittags ist der Lloyddampfer „Stadion“ nach der Levante abgegangen; an dessen Bord befand sich Se. Exc. der k. k. Gesandte Freiherr v. Leykam, welcher sich nach Athen begibt.

Hermannstadt, 1. Jänner. Der „S. B.“ meldet: Von mehreren Seiten geht uns die Nachricht zu, daß sich Wölfe in bedenklicher Zahl zu zeigen beginnen. Eine Reisegesellschaft, die vorgestern von Mikesalva hier anlangte, wurde auf der gegen Hermannstadt führenden Straße durch eine Schaar von 7 Wölfen beunruhigt. Zwei derselben drangen bis hart an die Equipage heran, so daß die Pferde sehr unruhig wurden. Nur mit Mühe gelang es den Reisenden, die Wölfe zu verscheuchen. In einer Dorfgemeinde in der Nähe von Hermannstadt wurden fünf Wölfe erlegt.

Deutschland.

München, 14. Jänner. In der „N. M. Z.“ lesen wir: Mit dem Einlaufen der Flotten Englands und Frankreichs ins schwarze Meer, tritt die orientalische Frage in eine ganz neue Phase ein. Der ursprüngliche Streit zwischen Rußland und der Türkei tritt in zweite Linie zurück, und die viel ernstere Frage von Krieg oder Frieden zwischen Rußland und den beiden westlichen Seemächten Europas tritt in den Vordergrund.

Wie aber auch in dieser Beziehung die Würfel fallen mögen, uns berührt zunächst die Frage, was Deutschlands Interesse in solcher Lage erheischt, welche Stellung ihm dieses sein Interesse — als das einzig maßgebende — einzunehmen gebietet?

Und da kann die Antwort für uns nicht zweifelhaft sein.

Deutschland, das Herz von Europa, hat jetzt die große und schöne Aufgabe, zu zeigen, daß in seiner Hand die Entscheidung der Geschicke des ganzen Welttheils liegt. Die Natur selbst hat dem großen Ganzen, welches die Vereinigung von ganz Deutschland und ganz Oesterreich für einen gemeinsamen Zweck bildet, seine Politik klar vorgezeichnet.

In die Mitte gestellt zwischen den Großstaaten des Westens und des Ostens von Europa, hat dieser große Staatenkörper zu verhüten, daß der jedenfalls mögliche Zusammenstoß der beiden Extreme nicht zum verheerenden Weltbrand werde. Und das kann und vermag er nur durch eine mit Entschiedenheit ausgesprochene und mit Entschlossenheit behauptete Neutralität, durch eine Neutralität — sagen wir — welche, in voller Unabhängigkeit nach allen Seiten hin, nur das eigene Interesse und das eigene Recht zur Richtschnur des Handeln nimmt.

Dieu et mon droit — sagt eine bekannte Wappendevise — dies muß auch der Wahlspruch Deutschlands und des gesammten mitteleuropäischen Staatenkörpers sein.

Und darum freuen wir uns, die ganze Haltung, welche die beiden deutschen Großmächte in der obschwebenden Frage bis jetzt angenommen und behauptet haben, im Uebereinstimmung zu sehen mit diesem Grundgedanken.

Gestützt auf die Kraft, welche die Vereinigung von mehr, als 70 Millionen Menschen für einen und denselben Zweck verleiht und verbürgt, wird diese Haltung nach allen Seiten hin ihren mächtigen Einfluß nicht verfehlen.

Gerade die jetzige Krise aber wird für Deutschland wenigstens die gute Folge haben, daß die Einsicht von dem unschätzbaren Werthe, welchen die von uns stets und unablässig verfochtene innigste Vereinigung von ganz Deutschland und ganz Oesterreich für beide nicht bloß, sondern für ganz Europa in jeder Beziehung hat und haben muß, allgemein endlich zum Durchbruch kommen wird. In ihr liegt — wir wiederholen nur, was wir schon so oft gesagt — die beste und sicherste Garantie auch für die Achtung der Rechte jedes einzelnen Theiles dieser Vereinigung.

Wir sehen daher, wie sich auch das Verhältniß zwischen Rußland und den westlichen Großmächten gestalten möge, der Zukunft mit dem Vertrauen entgegen, welches das Bewußtsein der auf Einigkeit beruhenden Kraft und Stärke verleiht.

Frankreich.

Paris, 12. Jänner. Der „Moniteur“ bringt heute nachstehenden Brief des Kaisers an den Marineminister, Herrn Ducos: „Herr Minister, der Bericht, den Sie mir auf meinen Befehl überreicht haben, hat mir auf eine so erfreuliche Weise die bedeutenden Ressourcen unserer Marine nachgewiesen, daß ich mich beeile, Ihnen meine ganze Zufriedenheit darüber zu erkennen zu geben, und um Ihnen einen unzweideutigen Beweis davon zu geben, ernenne ich Sie zum Großoffizier der Ehrenlegion. Ich kann Ihnen nicht genug danken, daß Sie mit einem so beschränkten Budget Hilfsquellen vorbereitet haben, die mir gestatten würden, von einem Tag zum andern unsere Geschwader zu verdoppeln oder zu verdreifachen. Womit ich Gott bitte, daß er Sie in seinen heiligen Schutz nehme. Napoleon.“

Eine telegraphische Depesche hat nach Brest den Befehl gebracht, sofort 12 Linienschiffe auszurüsten. — Mittelst einer andern telegraphischen Depesche ist der Befehl auch nach Lorient abgegangen, daselbst sofort 4 Dampffregatten aufs Allerschnellste auszurüsten, und zum Absegeln bereit zu halten. Ein gleicher Befehl ist nach mehreren andern Häfen expedirt worden. Der Marineminister beschäftigt sich eifrigst damit, ein drittes Reserve-Geschwader zu organisiren, welches aus 6 Linienschiffen und 7 Dampffregatten bestehen soll. Die daraus erwachsenden Kosten werden sich auf ungefähr 10 Millionen belaufen. Alle Anstalten sind getroffen worden, um die für dieses dritte Geschwader bestimmten Matrosen einzuschiffen. Frankreich besitzt ungefähr 40.000 Mann Matrosen, es kann aber nöthigenfalls 50.000 Mann aufbringen. Die englischen Blätter berichten gleichfalls, daß in den dortigen Häfen außerordentliche Rüstungen vorgenommen werden. Im nächsten April werden 17 Schrauben-Dampfschiffe bereit sein, um in die Ostsee einzulaufen.

Heute morgen ist der Veteran der Pariser Journalistik, Eigenthümer und Redacteur en chef des „Journal de Debats“, Herr Armand Bertin, gestorben. Die orleanistische Partei verliert in ihm einen ihrer entschiedensten Anhänger. Herr Bertin war nach den 100 Tagen mit Herrn Guizot in Gent, um seine Anhänglichkeit an Ludwig XVIII. zu beweisen. Trotz der entschiedenen Färbung seiner politischen Meinung hat er stets sein Blatt mit so viel Umsicht und Fügsamkeit in die bestehenden Verhältnisse redigirt, daß sich dasselbe durch alle Krisen hindurch, in welchen so viele Blätter untergegangen sind, durchgearbeitet hat. Das Blatt war heute zum erstenmal von dem Miteigenthümer Hrn. La Normant als Gerant unterzeichnet.

Der Kaiser und die Kaiserin besuchten am 9. Nachmittags die hinter dem Stadthaus gelegene neue Napoleonskaserne, wo gegenwärtig ein Bataillon Jäger und ein Regiment Linien-Infanterie garnisoniren. Da Niemand von ihrer Ankunft wußte, so widersetzte sich die Schildwache am Eingangsthore dem Einfahren beider Wagen und fällte sogar das Bajonet, bis der wachthabende Officier die Erlaubniß dazu ertheilt hatte. Auf die Nachricht: der Kaiser ist da! waren die Truppen schnell zusammengetrommelt und standen schon nach Verlauf von vier Minuten im geräumigen Hofe der Kaserne unter den Waffen. Der Kaiser hielt dort Musterung über die Garnison und ließ sich dann, von der Kaiserin begleitet, durch General d'Alphonse und die Officiere in den prächtig eingerichteten Stuben, in den Küchen, wo er die Soldatensuppe kostete, u. s. w. herumführen, nicht ohne dann und wann die Soldaten selbst über ihr Wohlergehen zu befragen. Um 5 Uhr kehrten Ihre Majestäten durch eine unterdessen zusammengeeilte Menschenmasse von vielleicht 15.000 Personen nach den Tuilerien zurück, wobei sie, wie gewöhnlich, mit dem Rufe: „Es lebe der Kaiser! Es lebe die Kaiserin!“ begrüßt wurden. Abends besuchten sie die große Oper.

Großbritannien.

London, den 11. Jänner. Die Admiralität hat beschlossen, daß kommendes Frühjahr der Schraubendampfer „Phönix“ nach Beechy Island zu Sir Edward Belcher's Expedition, welche bekanntlich noch immer Sir John Franklin aufsucht, abgesendet werden solle, um mit derselben zu communiciren, und ihr neue Vorräthe an Lebensmitteln zu bringen. — Zu Exeter fanden am Montag neuerdings Aufläufe aus Anlaß der herrschenden Theuerung Statt, und ernstliches Unglück wurde nur durch das anwesende Militär verhindert.

Im Londoner zoologischen Garten wurde ein Tiger glücklich mit Hilfe von Chloroform operirt. Es mußten ihm die Krallen ausgezogen werden, da sie in's Fleisch hineingewachsen waren.

Spanien.

Madrid, 8. Jänner. Die neugeborne Prinzessin ist heute Mittag gestorben. Die Königin Isabel weiß dieses Ereigniß noch nicht.

Portugal.

Am 2. Jänner wurden zu Lissabon die Cortes von Sr. Maj. dem König-Regenten in Person mit einer längeren Rede eröffnet, in welcher die ganze Lage des Landes im Innern, wie nach Außen, dargelegt wurde. Die beiden Kammern ernannten sofort Commissionen zur Entwerfung von Antwortsadressen auf die Thronrede. Die tiefste Ruhe herrschte im ganzen Lande, und nichts deutete auf die Wahrscheinlichkeit einer Störung derselben hin.

Türkei.

Nach Berichten aus Constantinopel vom 5. d. M. ist, — wie bereits telegraphisch gemeldet wurde, — am 3. Jänner die ganze englische und französische Flotte ins schwarze Meer gesegelt.

Der englische Kriegsdampfer „Retribution“ war vorher mit Briefen des englischen und französischen Admirals nach Sebastopol geschickt worden, um daselbst zu notificiren, daß ihre Flotten in das schwarze Meer einliefen, um das türkische Gebiet und die türkische Flagge zu beschützen. Die Schreiben der Admirale enthalten ferner die Bemerkung, diese Mittheilung (an die kais. russische Marinebehörde über das Einlaufen) habe zum Zwecke, allen Collisionen zuvorzukommen, welche den freundschaftlichen Verhältnissen, die man aufrecht zu erhalten wünsche, schaden könnten.

Donaufürstenthümer.

Die „Wiener Ztg.“ schreibt: „Ueber das blutige Treffen bei Csetate (Cetati, Csitate, Tschitats) wird berichtet: Am

Abb. 2: „Linzer Zeitung“ vom 17. Januar 1854 (vgl. Einleitung, S. 49).

Verzeichniß
von Schulbaulichkeiten der Volksschule in Oberösterreich aus den Jahren 1851, 1852 u 1853.

A. Neue Schulhäuser:

a) <u>Vollendet</u>: 1) Dorf; 2) Franking; 3) Hörsching; 4) Kleinraming; 5) Nieder-Thalheim; 6) Peuerbach; 7) Pichl; 8) Reinbach; 9) Schönering; 10) Schwertberg; 11) Tragwein; 12) Zell am Moos; 13) Ried bei Mauthausen; 14) Reichraming; 15) Traun; 16) Haigermoos; 17) Oberwang.

b) <u>Im Bau begriffen</u>: 1) Mauthausen; 2) Aigen; 3) Grieskirchen; 4) Guttau; 5) Hallstadt; 6) Munderfing; 7) Peilstein; 8) Sarleinsbach; 9) Urfahr; 10) Oberhofen; 11) Altschwendt; 12) St. Veit bei Mauerkirchen; 13) Leonfelden; 14) Weitersfelden; 15) St. Georgen im Attergau; 15) Geboltskirchen (Sind sämmtlich größtentheils fertig.)

c) <u>Zum Baue bewilliget</u>: 1) Feldkirchen; 2) Gampern; 3) Geretsberg; 4) Kirchham; 5) Neukirchen am Walde; 6) Pabneukirchen; 7) Vorchdorf; 8) Unter-Weissenbach; 9) Oberkappl; 10) Offenhausen; 11) Wartberg bei Kremsmünster; 12) Mörschwang; 13) St. Martin im Mühlkreise. (Kommen sämmtlich im heurigen Jahre zur Ausführung.)

d) <u>In amtlicher Verhandlung</u>: 1) Asten; 2) Haupt- u Unter-Realschule zu Steyr; 3) Ennsdorf u Pfarrschule in Steyr; 4) Gaflenz; 5) Mehrenbach; 6) Mosbach; 7) Taiskirchen; 8) Tumeltsham; 9) Treubach; 10) Gallspach; 11) Grünau; 12) Altenberg; 13) St. Georgen bei Obernberg; 14) Burgkirchen; 15) Altheim u St. Laurenz.

B. Gebäude wurden erworben u zu Schulhäusern eingerichtet in:
1) Nußbach; 2) Kremsmünster; 3) Neuhofen bei Kremsmünster; 4) Schlierbach; 5) Pettenbach; 6) Münzbach; 7) Berg (bei Ansfelden); 8) Altenhof.

C. Größere Um- u Zubauten:
a) Vollendet: 1) Frankenburg; 2) Scharten; 3) Mattighofen; 4) St. Oswald; 5) Steinbach; 6) St. Wolfgang; 7) Weyer; 8) Sandel; 9) Waldneukirchen; 10) St. Marien bei Enns; 11) Haslach; 12) Molln; 13) Innerstoder; 14) Roßleithen.

b) Im Baue begriffen: 1. Großraming; 2. Neustift; 3. Henhart; 4. Mining; 5. Ansfelden; 6. Gallneukirchen. (Sämmtlich größtentheils fertig.)

c) Zum Baue bewilligt: 1. Ranshofen; 2. Wenig; 3. Gurten; 4. Viechtwang; 5. Gunskirchen; 6. Eggelsberg; 7. Kirchberg; 8. Schwarzenberg; 9. Mönchdorf; 10. Wallern; 11. Taufkirchen. (Kommen sämmtlich im heurigen Jahre zur Ausführung.)

d) In amtlicher Verhandlung: 1. Helfenberg; 2. Leonhard; 3. Reichenau; 4. Geschwendt; 5. Losenstein; 6. Steinbach an der Steyr; 7. Ried bei Kremsmünster; 8. Kematen; 9. St. Veit im Mühlkreise; 10. Andrichsfurth; 11. Haag; 12. Meggenhofen; 13. Steinerkirchen am Inbache; 14. Tümelkam; 15. Uttendorf; 16. Hellmonsödt; 17. Penewang; 18. Roßbach; 19. Steinbach am Ziehberg; 20. Griehub; 21. Hall; 22. Gaspoltshofen; 23. Hofkirchen; 24. Steinerkirchen an der Traun; 25. Friedburg; 26. Mühlheim; 27. Weißkirchen an der Traun; 28. Gleink; 29. Dörnbach; 30. St. Johann am Weinberge; 31. Christkindel.

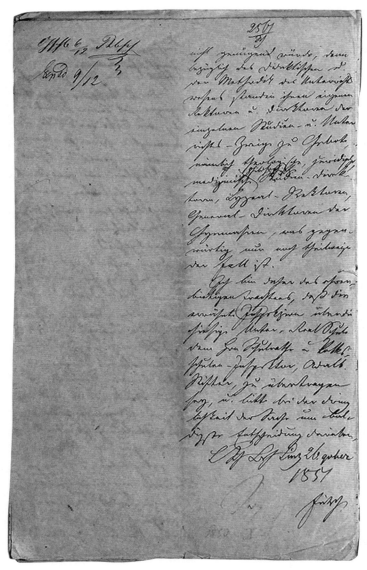

Abb. 3:. Antrag der LSchBeh, Stifter die Inspektion über die Unterreal-schule Linz zu übertragen (vgl. Einleitung, S. 44 und 59).

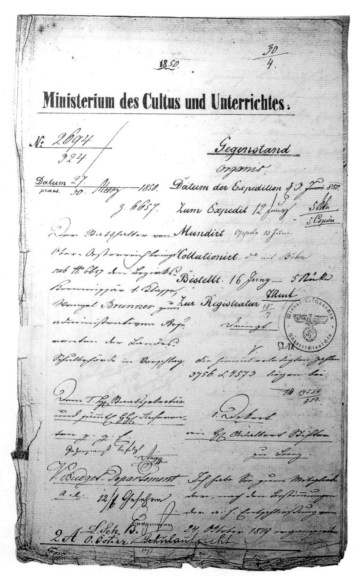

Abb. 4: Ministerialdektret vom 3. Juni 1850 mit der Ernennung Stifters zum Schulrat (vgl. Einleitung, S. 43).

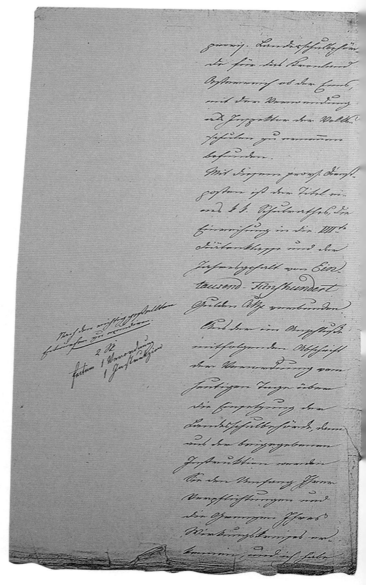

Abb. 5: Ministerialdektret vom 3. Juni 1850 (S. 2 und 3) mit

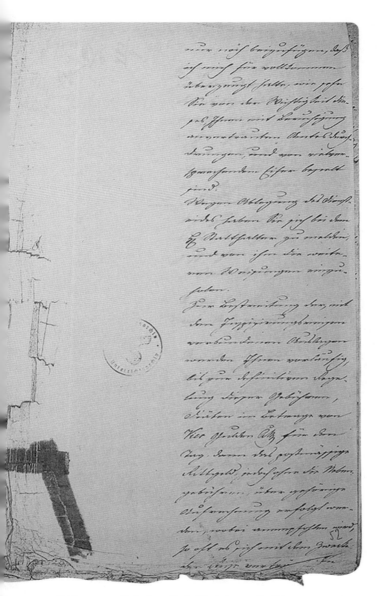

...nennung Stifters zum Schulrat (vgl. Einleitung, S. 43).

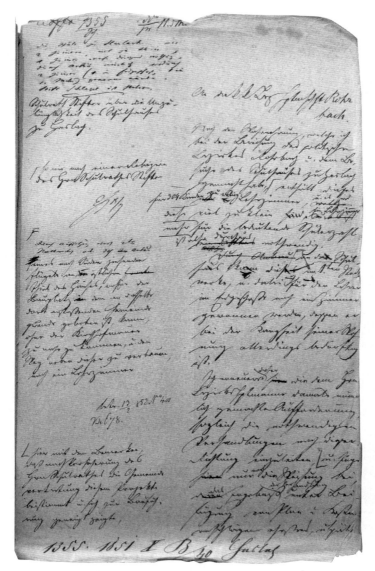

Abb. 6: Zu Nr. ⟨36.⟩, dort zu S. 199–200; Schulhauszustände in Haslach (Vorderseite des Dokuments).

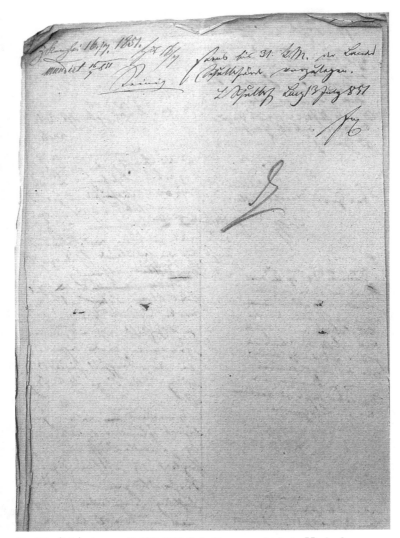

Zu Nr. ⟨36.⟩, dort zu S. 199–200; Schulhauszustände in Haslach
(Rückseite des Dokuments).

— 158 —

§. 99. **i, ie, ü.** Es gefiel ihm — das Gefühl; das Gericht — ein Gerücht verbreiten; der Rock hat einen Riß — der Riese; sie braten, brieten eine Gans — die Gänse brüten ihre Eier aus; rathen — er rieth mir — er ritt schnell; der Vogel fliegt — der Bauer pflügt — es ist deine Pflicht. Am Dienstage. Ich gebe, du gibst, er gibt. Er schläft auf einem weichen Kopfküssen.

§. 100. **e, ä, ö.** Die Wand — die Wände — ich wende mich an ihn. Alt — älter — die Ältern oder Eltern. die Änte (Ante) oder Ente. Rath — räthlich (rathsam) — Rede — redlich, roth — röthlich; die Ärnte oder Ernte. Die Bären — Beeren, Halten — er hält — ein Held.

§. 101. **h.** Der Schuh, das Stroh, rauh, das Vieh, leihen, ein roher Mensch. Nähen, die Naht.

f, v. Rudolf, Adolf, Wolfgang. Viele Völker — er fiel auf die Erde. Fliegen, der Flug — pflügen, der Pflug.

§. 102. **d, t.** Band, Bund — bunte Bänder. Das Gemählde, — die Geduld, der Herd, das Brot. Er ist tot — der Tod. Gesandt (gesendet).

Das Schwert. Handtuch. Der Montag. ich trete, du trittst, er tritt, er trat, hat getreten, der Tritt. — Der Wirt — er wird mit mir gehen.

§. 103. **f, s.** Das Haus, die Häuser, das Häuschen. Blasen, er bläst, blies, hat geblasen. Ich lese, du liesest, er lieset oder liest, er las. deswegen, weshalb, dasselbe.

Regel: **s** (Schluß-s) schließt die Silbe, mit **f** beginnt sie.

§. 104. **Mis:** misfallen, misverstehen, Missethat. **—nis:** die Finsternis — die Finsternisse.

§. 105. **f, ß.** Er ist heiser — ein heißer Tag. Lies weiter! Er ließ ihn gehen. Er reiset, — er reißt es entzwei. Müßen (besser als müssen), er muß, er mußte.

Abb. 7: Theodor Vernaleken: „Erstes Sprach- und Lesebuch. Für die erste Klasse der österreichischen Volksschulen" (Wien 1851), S. 158. Nr. ⟨42.⟩, zu S. 153,5.

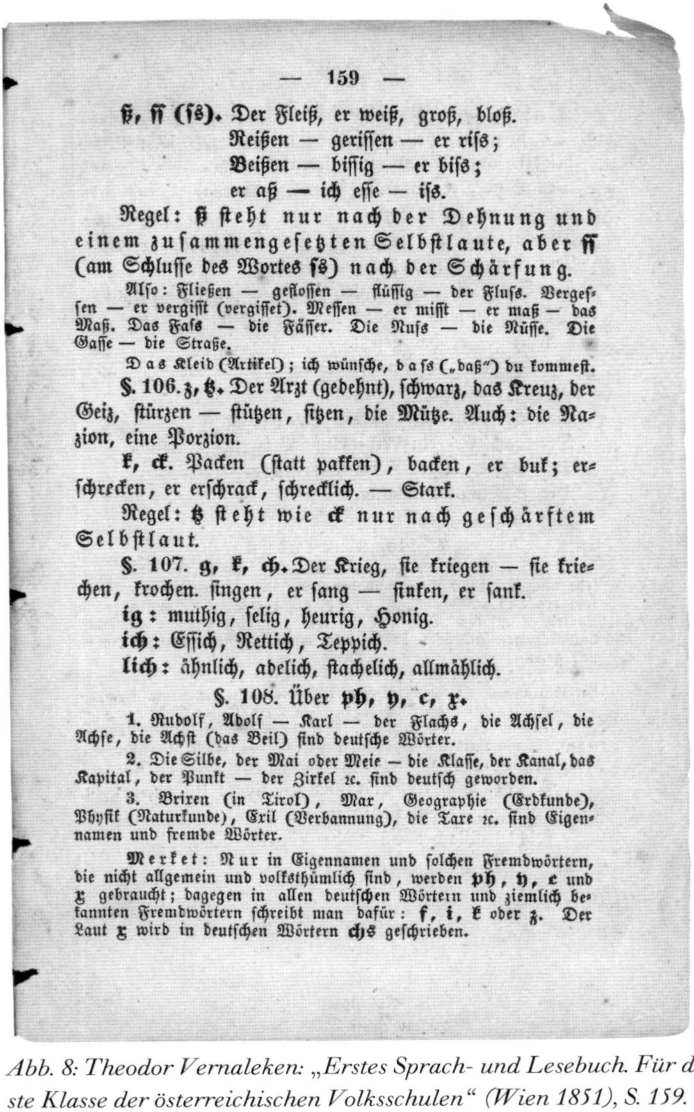

— 159 —

ß, ff (fs). Der Fleiß, er weiß, groß, bloß.
Reißen — gerissen — er riss;
Beißen — bissig — er biss;
er aß — ich esse — iss.

Regel: **ß** steht nur nach der Dehnung und einem zusammengesetzten Selbstlaute, aber **ff** (am Schlusse des Wortes **fs**) nach der Schärfung.

Also: Fließen — geflossen — flüssig — der Fluss. Vergessen — er vergisst (vergisset). Messen — er misst — er maß — das Maß. Das Fass — die Fässer. Die Nuss — die Nüsse. Die Gasse — die Straße.

Das Kleid (Artikel); ich wünsche, dass ("dass") du kommest.

§. 106. z, tz. Der Arzt (gedehnt), schwarz, das Kreuz, der Geiz, stürzen — stützen, sitzen, die Mütze. Auch: die Nazion, eine Porzion.

k, ck. Packen (statt pakken), backen, er buk; erschrecken, er erschrak, schrecklich. — Stark.

Regel: **tz** steht wie **ck** nur nach geschärftem Selbstlaut.

§. 107. g, k, ch. Der Krieg, sie kriegen — sie kriechen, krochen. singen, er sang — sinken, er sank.

ig: muthig, selig, heurig, Honig.
ich: Essich, Rettich, Teppich.
lich: ähnlich, adelich, stachelich, allmählich.

§. 108. Über **ph, y, c, x.**

1. Rudolf, Adolf — Karl — der Flachs, die Achsel, die Achse, die Achst (das Beil) sind deutsche Wörter.
2. Die Silbe, der Mai oder Meie — die Klasse, der Kanal, das Kapital, der Punkt — der Zirkel ꝛc. sind deutsch geworden.
3. Brixen (in Tirol), Max, Geographie (Erdkunde), Physik (Naturkunde), Exil (Verbannung), die Taxe ꝛc. sind Eigennamen und fremde Wörter.

Merket: Nur in Eigennamen und solchen Fremdwörtern, die nicht allgemein und volksthümlich sind, werden **ph, y, c** und **x** gebraucht; dagegen in allen deutschen Wörtern und ziemlich bekannten Fremdwörtern schreibt man dafür: **f, i, k** oder **z**. Der Laut **x** wird in deutschen Wörtern **chs** geschrieben.

Abb. 8: Theodor Vernaleken: „Erstes Sprach- und Lesebuch. Für die erste Klasse der österreichischen Volksschulen" (Wien 1851), S. 159. Nr. ⟨42.⟩, zu S. 153,5.

ABBILDUNGEN

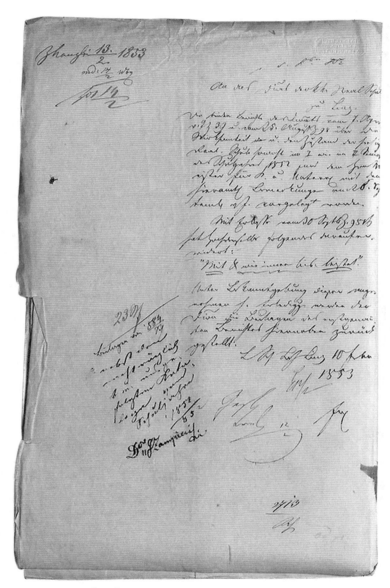

Abb. 9: Zu Nr. ⟨100.⟩, dort zum Kommentar.

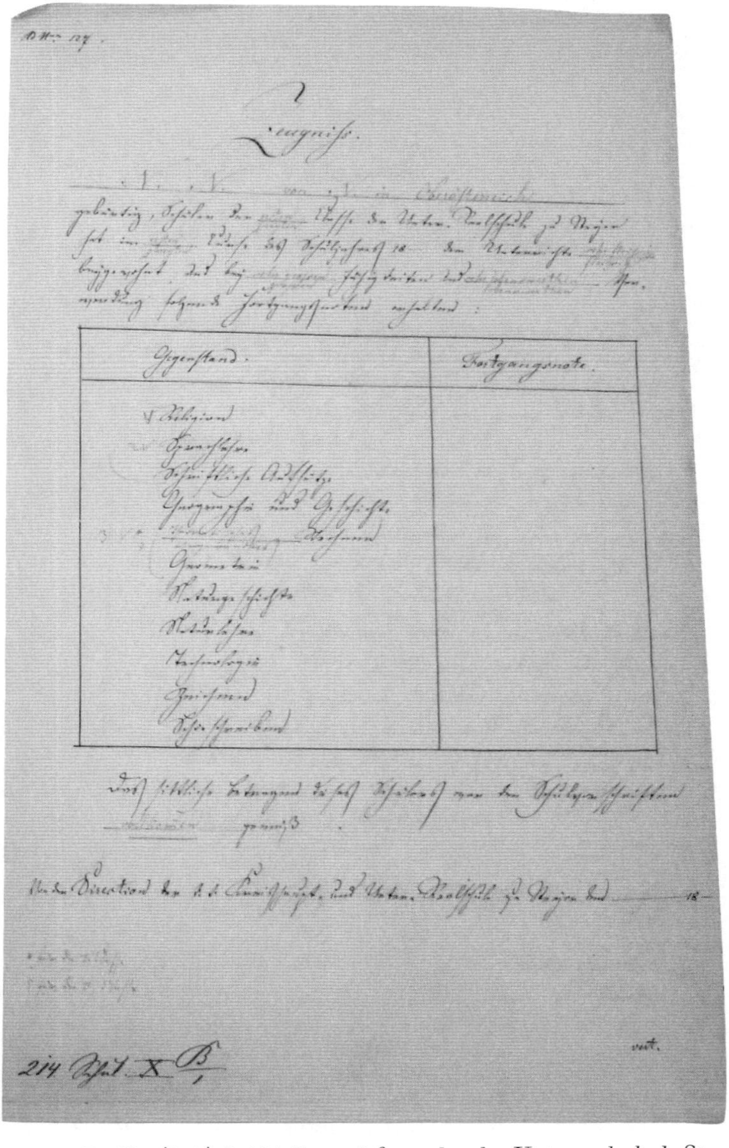

ABBILDUNGEN

Abb. 10: Zu Nr. ⟨3 A.⟩, S. 104; Zeugnisformular der Unterrealschule Steyr.

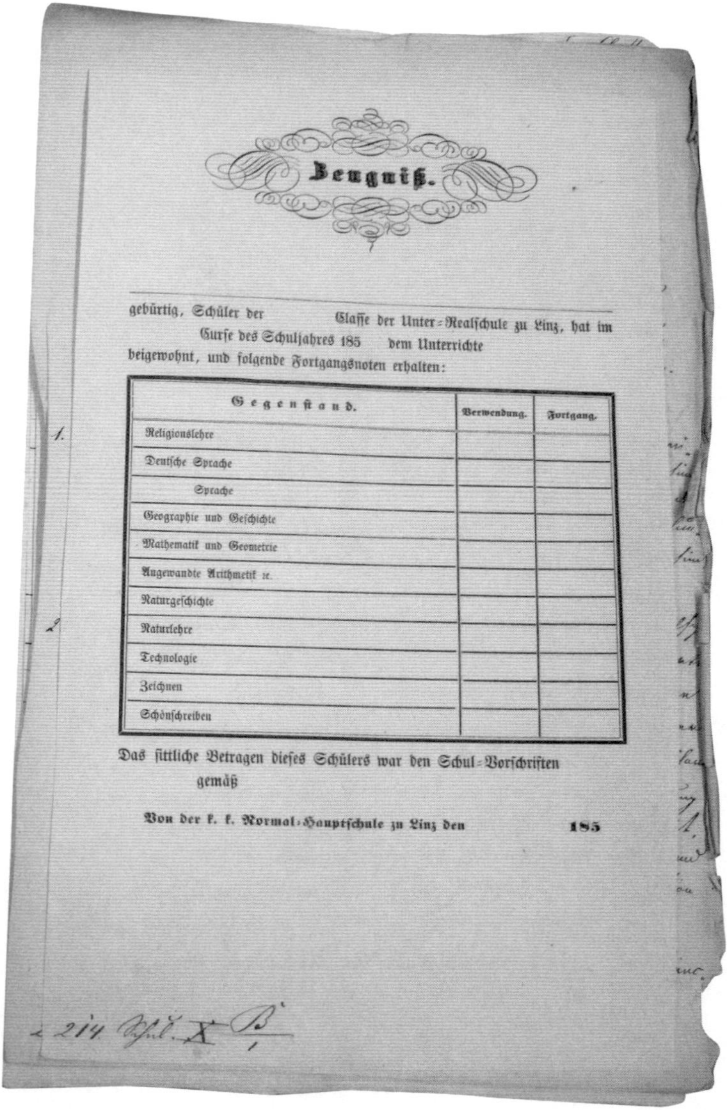

Zeugniß.

gebürtig, Schüler der Classe der Unter-Realschule zu Linz, hat im Curse des Schuljahres 185 dem Unterrichte beigewohnt, und folgende Fortgangsnoten erhalten:

Gegenstand.	Verwendung.	Fortgang.
Religionslehre		
Deutsche Sprache		
Sprache		
Geographie und Geschichte		
Mathematik und Geometrie		
Angewandte Arithmetik ꝛc.		
Naturgeschichte		
Naturlehre		
Technologie		
Zeichnen		
Schönschreiben		

Das sittliche Betragen dieses Schülers war den Schul-Vorschriften gemäß

Von der k. k. Normal-Hauptschule zu Linz den 185

Abb. 11: Zu Nr. ⟨3 A.⟩, S. 104; Zeugnisformular der Normalhauptschule Linz.

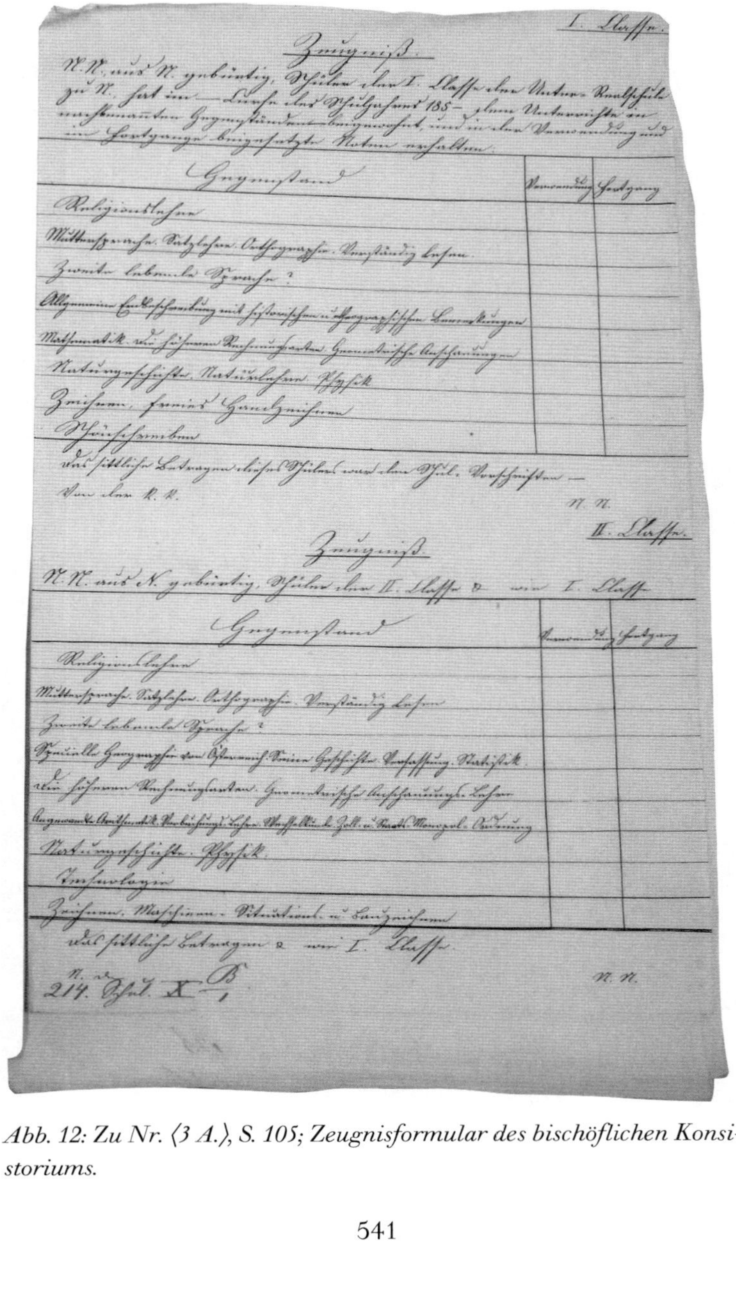
I. Classe.

Zeugniß.

N.N. aus N. gebürtig, Schüler der I. Classe der Unter-Realschule zu N. hat im — Curse des Schuljahres 185– dem Unterrichte in nachbenannten Gegenständen beigewohnt, und in der Verwendung und im Fortgange beigesetzte Noten erhalten.

Gegenstand	Verwendung	Fortgang
Religionslehre		
Muttersprache. Satzlehre. Orthographie. Verständig lesen		
Zweite lebende Sprache?		
Allgemeine Erdbeschreibung mit historischen u. biographischen Bemerkungen		
Mathematik. die höheren Rechnungsarten. Geometrische Anschauungen		
Naturgeschichte. Naturlehre. Physik		
Zeichnen, ferner Handzeichnen		
Schönschreiben		

Das sittliche Betragen dieses Schülers war den Schul-Vorschriften — Den N. N.

N. N.

II. Classe.

Zeugniß.

N.N. aus N. gebürtig, Schüler der II. Classe &c. wie I. Classe

Gegenstand	Verwendung	Fortgang
Religionslehre		
Muttersprache. Satzlehre. Orthographie. Verständig lesen		
Zweite lebende Sprache?		
Spezielle Geographie des Österreich. Kaiser-Staates. Verfassung. Statistik		
die höheren Rechnungsarten. Geometrische Anschauungslehre		
Angewandte Arithmetik. Verhältnißlehre. Wechselkunde. Zoll- u. Münz-Wesen. Rechnung		
Naturgeschichte. Physik		
Mineralogie		
Zeichnen. Maschinen- Situations- u. Bauzeichnen		

Das sittliche Betragen &c. wie I. Classe

N. N.

N. d. 214. Schul. X B/1

Abb. 12: Zu Nr. ⟨3 A.⟩, S. 105; Zeugnisformular des bischöflichen Konsistoriums.

ABBILDUNGEN

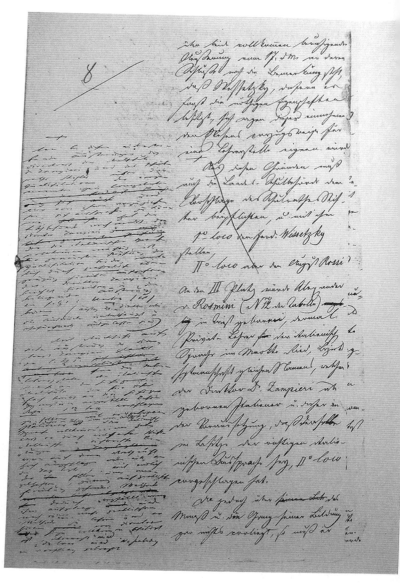

Abb. 13: Zu Nr. ⟨134.⟩, dort zu S. 300,6–30

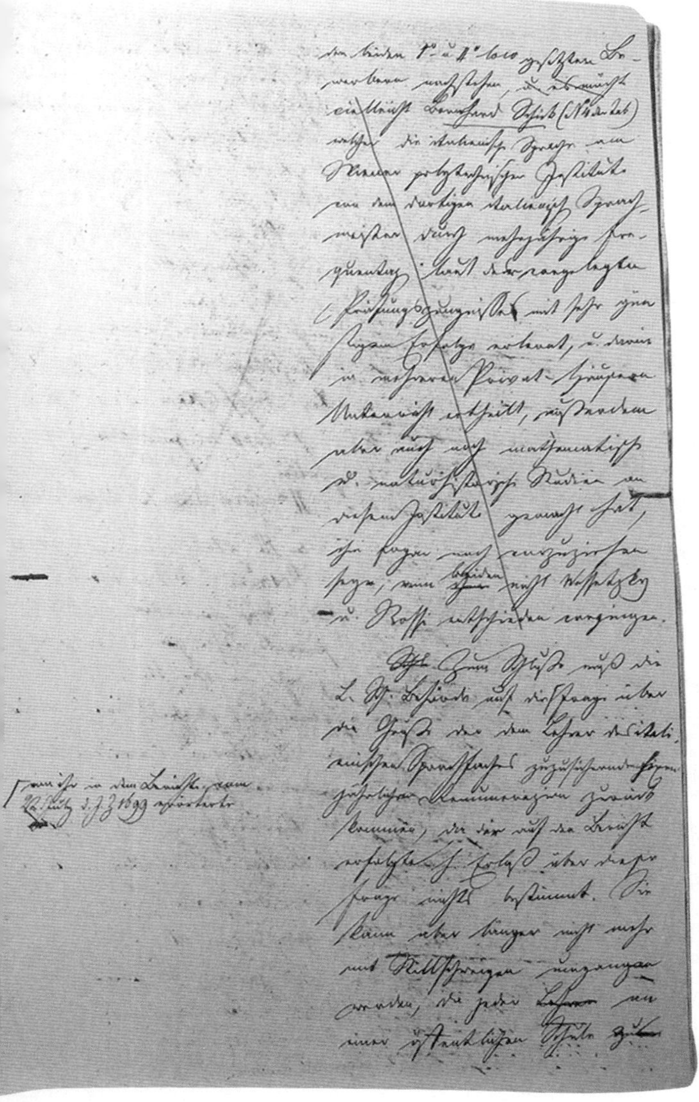

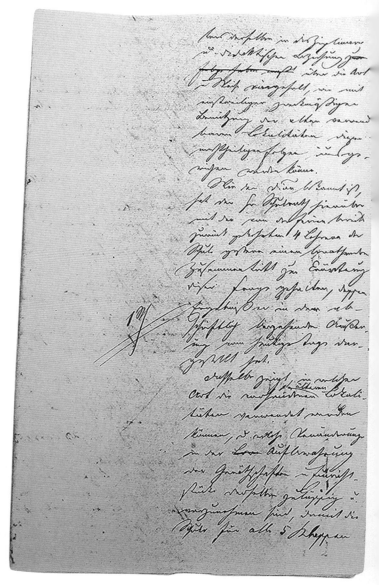

Abb. 14: Zu Nr. ⟨139.⟩, dort zu S. 304,14–

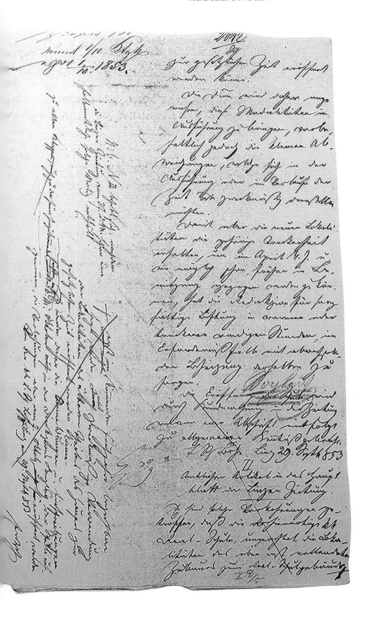

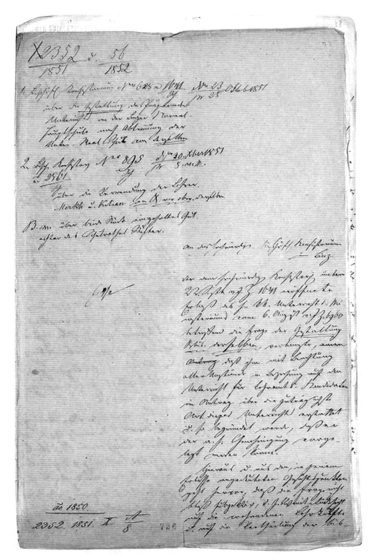

Abb. 15: Hinweis auf zwei Konsistorialschreiben in den Betreffzeilen und darunter der Auftrag an Stifter, dazu Gutachten zu schreiben (vgl. Einleitung, S. 47).

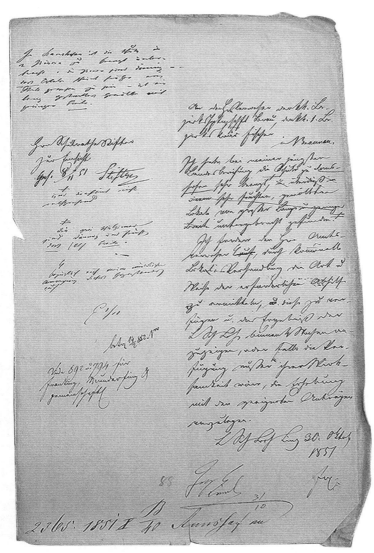

Abb. 16: Zu Nr. ⟨148.⟩, dort zu S. 331,23.

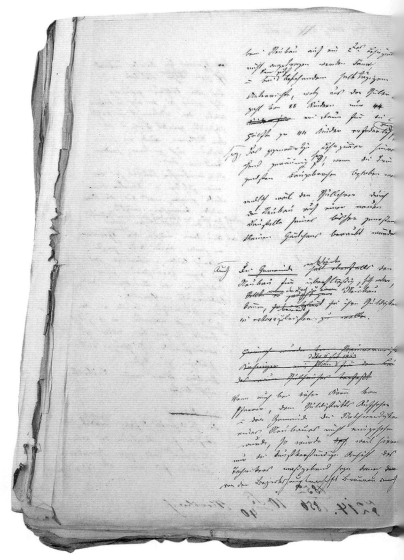

*Abb. 17: Linke, gleich 2. Seite des 2. gefalteten Bogens des Schreibe[ns]
vom 12. Juni 1856. Zu Nr. ⟨148.⟩, dort zu S. 331,2*

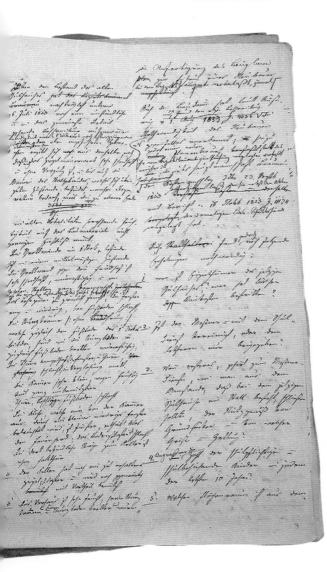

echte Seite 3 desselben Bogens, worauf das Schulgebäude in Moosbach beschrieben wird. Zu Nr. ⟨148.⟩, dort zu S. 331,28.

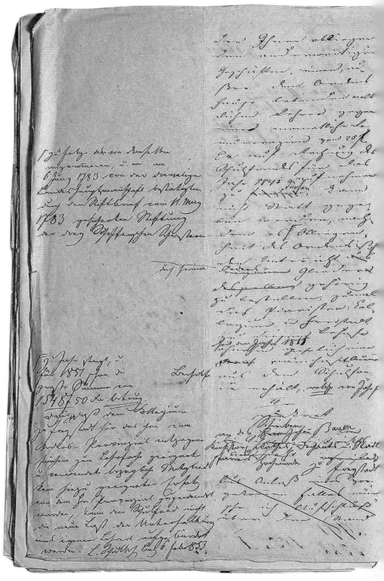

Abb. 18: Zu Nr. ⟨158.⟩, dort zu S. 365,5–10 und 365,11–1.

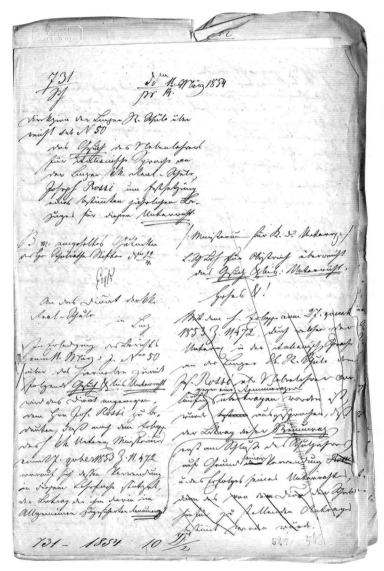

Abb. 19: *Schreiben der LSchBeh vom 28. Mai 1854, Vorderseite.*
Zu Nr. ⟨172.⟩, dort zu S. 389,1–5 und 389,6–10.

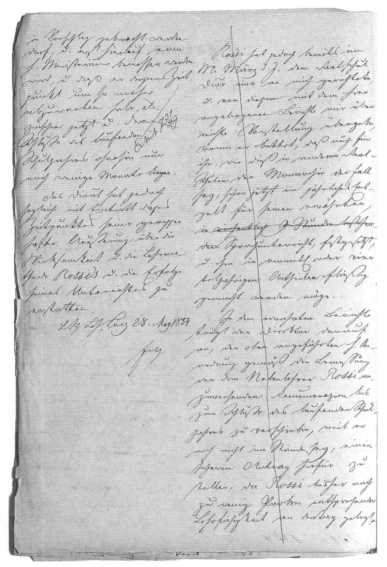

Abb. 20: Schreiben der LSchBeh vom 28. Mai 1854, Rückseite.
Zu Nr. ⟨172.⟩, dort zu S. 389,6–10.

ABBILDUNGEN

Der Abdruck der Abbildungen 3–6 und 9–20 erfolgt mit freundlicher Genehmigung des Oberösterreichischen Landesarchivs in Linz.

ABKÜRZUNGEN

ARCHIVE

OÖLA   Oberösterreichisches Landesarchiv Linz

StA   Stifter-Archiv der Staats- und Universitätsbibliothek Prag (Národni Knihovna České Republiky)

AVA   Allgemeines Verwaltungsarchiv im Österreichischen Staatsarchiv Wien, Unterricht allgemein

DAL   Diözesan-Archiv Linz

INSTITUTIONEN

LSchBeh   Landesschulbehörde

RGBl   Reichsgesetzblatt für das Kaiserthum Oesterreich (die Jahrgänge 1849–1918 abrufbar unter http://alex.onb.ac.at/tab_rgb.htm)

ABGEKÜRZT ZITIERTE LITERATUR

ABGB   *Allgemeines bürgerliches Gesetzbuch für die gesammten deutschen Erbländer der Oesterreichischen Monarchie, Wien 1811*

Allgemeine Schulordnung   Die allgemeine Schulordnung der Kaiserin Maria Theresia und J. J. Felbigers Foderungen an Schulmeister und Lehrer. Herausgegeben von Anton Weiss, Übungsschullehrer am Wiener Pädagogium, Leipzig 1896

Aprent   Johannes Aprent, „Gedanken über Erziehung und Unterricht", Leipzig 1874

Barth-Scalmani   Gunda Barth-Scalmani, „Geschlecht: weiblich, Stand: ledig, Beruf: Lehrerin. Grundzüge der Professionalisierung des weiblichen Lehrberufs im Primarschulbereich in Österreich bis zum Ersten Weltkrieg", in: Brigitte Mazohl-Wallnig (Hrsg.), „Bürgerliche Frauenkultur im 19. Jahrhundert", Wien, Köln, Weimar 1995, S. 343–400

Baumgartner   „Die Naturlehre nach ihrem gegenwärtigen Zustande, mit Rücksicht auf mathematische Begründung. Dargestellt von D^r. Andreas Baumgartner [...]", Vierte, umgearbeitete und vermehrte Aufl. Wien 1832

Comenius   Johann Amos Comenius, „Große Didaktik". In neuer Übersetzung herausgegeben von Andreas Flitner, Düsseldorf und München 1954

Diesterweg   Wegweiser zur Bildung für deutsche Lehrer. In Gemeinschaft mit Vormann, Hentschel, Hill, Knebel, Knie, Lüben, Mager, Mädler und Prange bearbeitet und herausgegeben von Dr. F[riedrich] A[dolph] W[ilhelm] Diesterweg [...]. Neue Auflage in zwei Bänden, Essen 1838

Domandl 1976   Sepp Domandl, „Adalbert Stifters Lesebuch und die geistigen Strömungen zur Jahrhundertmitte", Linz 1976 (Schriftenreihe des Adalbert Stifter-Institutes des Landes Oberösterreich, Folge 29)

Enzinger   Moriz Enzinger, „Adalbert Stifters Studienjahre (1818–1830)", Innsbruck 1950

Feuchtersleben, KFA   Ernst Freiherr von Feuchtersleben, Sämtliche Werke und Briefe. Kritische Ausgabe. Hrsg. von Hedwig Heger und Hermann Blume, 6 Bde. Wien: Verlag der Österreichischen Akademie der *Wissenschaften 1987 ff. – Darin Bd. III,3: Pädagogische und politische Schriften und Reden. Text. Apparat. Bearbeitet von Horst Pfeiffle. 2006 (= Österreichische Akademie der Wissenschaften. Philosophisch-Historische Klasse. Sitzungsberichte, 751. Bd.; Veröffentlichungen zur Literaturwissenschaft Nr. 26)*

Fischer — *Documenta Paedagogica Austriaca. Adalbert Stifter. Zusammengestellt und mit einer Einleitung versehen von Kurt Gerhard Fischer. 2 Bände, Linz 1961 (Schriftenreihe des Adalbert Stifter-Institutes des Landes Oberösterreich, Folge 15)*

Fischer, Amtsleben — *„Aus meinem Amtsleben. Von Dr. Alois Fischer, pens. kaiserl. königl. Statthalter von Oberösterreich", Augsburg 1860*

Goethe, MA — *Johann Wolfgang Goethe, Sämtliche Werke nach Epochen seines Schaffens. Münchner Ausgabe. 20 in 32 Bänden und ein Registerband, hrsg. von Karl Richter u. a. München 1985ff.*

Grundl — *Anton Krombholz 1790–1869. Ein deutscher Priester und Schulorganisator aus Böhmen. Von Dr. Alfred Grundl, Prag 1937 (Sudetendeutsches Historisches Archiv, Bd. 3)*

ABGEKÜRZT ZITIERTE LITERATUR

Herbart, SW	*Joh[ann] Fr[iedrich] Herbart's Sämtliche Werke. In chronologischer Reihenfolge herausgegeben von Karl Kehrbach. Langensalza 1887–1912. Die beiden in diesem Kommentar zitierten Bände 1 und 2 jeweils Langensalza 1887.*
Herder, SW	*[Johann Gottfried] Herders sämmtliche Werke. Hrsg. Bernhard Suphan, Berlin 1877ff.*
HKG	*Adalbert Stifter, Historisch-Kritische Gesamtausgabe (die vorliegende Edition)*
Jean Paul, HKA	*Jean Pauls sämtliche Werke. Historisch-kritische Ausgabe. Hrsg. von der Preußischen Akademie der Wissenschaften in Verbindung mit der Akademie zur wissenschaftlichen Erforschung und zur Pflege des Deutschtums, Weimar 1927ff.*
Kant, Werke	*Immanuel Kant, Werke in 10 Bänden. Hrsg. Wilhelm Weischedel, Darmstadt 1975 (4. erneut überprüfter reprografischer Nachdruck der Ausgabe Darmstadt 1960)*
Methodenbuch	*Methodenbuch oder Anleitung zur zweckmäßigen Führung des Lehramtes für Lehrer in Trivial- und Hauptschulen, Wien 1848*

ABGEKÜRZT ZITIERTE LITERATUR

Milde	*Vincenz Eduard Milde, Lehrbuch der allgemeinen Erziehungskunde zum Gebrauche der öffentlichen Vorlesungen. Erster Theil Wien 1811; Zweyter Theil Wien 1813. Zit. nach: I. und II. Teil in einem Band. Besorgt von K[urt] G[erhard] Fischer, Paderborn 1965*
Ohler	*Aloys Karl Ohler, Lehrbuch der Erziehung und des Unterrichtes. Eine systematische Darstellung des gesammten katholischen Volksschulwesens für Geistliche und Lehrer, Mainz 1861*
Organisationsentwurf	*Entwurf der Organisation der Gymnasien und Realschulen in Oesterreich. Vom Ministerium des Cultus und Unterrichts, Wien 1849*
Pestalozzi, SW	*Pestalozzi, Heinrich Johann, Sämtliche Werke. Kritische Ausgabe, begr. von Arthur Buchenau, Eduard Spranger und Hans Stettbacher, 31 Bde., Berlin und Zürich 1927–1996*
Pillwein 1837	*Neuester Wegweiser durch Linz und seine nächste Umgebung in historischer, topographischer, statistischer, commerzieller, industriöser und artistischer Beziehung. Nach eigenen Forschungen und den bewährtesten Quellen für Einheimische und Fremde ganz neu bearbeitet von Benedikt Pillwein, Official der k. k. Provinzial-Staatsbuchhaltung in Linz, Linz 1837*

ABGEKÜRZT ZITIERTE LITERATUR

pol.Sch.Verf. — Politische Verfassung der deutschen Schulen in den kaiserl. königl. deutschen Erbstaaten, Siebente Auflage Wien 1833 (verabschiedet am 11. August 1805, zuerst veröffentlicht als: Politische Verfassung der deutschen Schulen in den k., auch k. k. deutschen Erbstaaten, Wien 1806)

PRA — Adalbert Stifter, Sämtliche Werke. Begründet und hrsg. von August Sauer, fortgeführt von Franz Hüller, Gustav Wilhelm u. a.; Prag 1904ff. (seit 1927: Reichenberg; seit 1958: Graz). Photomech. Nachdruck aller Bde. nach der jeweils letzten Auflage: Hildesheim 1972 (Prag-Reichenberger Ausgabe)

Rochow — „Schriften zur Volksschule von Friedrich Eberhard von Rochow", hrsg. von Rudolf Lochner, Bad Heilbrunn 1962

Vancsa — Die Schulakten Adalbert Stifters. Mit einem Anhang (Personalakten, Organisations-Entwurf der Linzer Realschule) herausgegeben von Kurt Vancsa. Graz – Wien 1955 (Schriftenreihe des Adalbert Stifter-Institutes des Landes Oberösterreich, Folge 8)

VASILO — Vierteljahresschrift des Adalbert-Stifter-Instituts des Landes Oberösterreich

Der Herausgeber dankt Günter Merz (Wissenschaftlicher Leiter des Evangelischen Museums Oberösterreich in Rutzenmoos, Archivar der Evangelischen Pfarrgemeinde Linz Innere Stadt), Josef Weichenberger für die Übergabe eines unveröffentlichten Aufsatzes zu Schulproblemen in Brunnbach, Univ.-Prof. Oswald Miedl für die Überlassung wichtiger Schriften zum österreichischen Schulwesen, Ingrid Hoefler für die Suche und Bereitstellung von Schulbüchern in der Schulbuch- und Schulschriftensammlung des Bundesministeriums für Unterricht, Kunst und Kultur in Wien sowie auf verbindlichste Weise dem Direktor des Oberösterreichischen Landesarchivs in Linz, Dr. Gerhart Marckhgott, der Digitalisate des Aktenbestandes des Archivs großzügig zur Verfügung gestellt hat: dieser Dank schließt auch die Mitarbeiterinnen und Mitarbeiter des OÖLA ein, die bei allen Problemen bereitwillig und schnell Hilfe geleistet haben. Dies gilt gleichfalls für die Mitarbeiterinnen und Mitarbeiter im Allgemeinen Verwaltungsarchiv in Wien, wo Photokopien, und im Diözesan-Archiv Linz, wo ebenfalls großzügig Digitalisate aus dem Aktenbestand zur Verfügung gestellt wurden.

W. S.

Der Redaktor bedankt sich bei Mag. Georg Hofer (Adalbert-Stifter-Institut des Landes Oberösterreich, Linz) für seine stets zuverlässige Assistenz bei der Beschaffung schwer zugänglicher Literatur sowie auch diesmal ganz herzlich bei Dr. Walter Hettche (München) für die mittlerweile jahrzehntelang bewährte Hilfe bei editorischen Detailproblemen.

Der Dank an das Oberösterreichische Landesarchiv und dessen Direktor Dr. Gerhart Marckhgott für die überaus hilfreiche Digitalisierung der Stifter- und Statthaltereiakten, die den Entstehungsprozeß der mittlerweile vier Bände der 10. Abteilung ganz wesentlich beschleunigt hat, sei an dieser Stelle gerne wiederholt!

München im Juli 2015 *J. J.*

Das Vorhaben der Historisch-Kritischen Ausgabe
der Werke und Briefe Adalbert Stifters
wurde von der Fritz Thyssen Stiftung
und vom Freistaat Bayern
sowie von
der Österreichischen Akademie der Wissenschaften,
der Oberösterreichischen Landesregierung und dem
Adalbert-Stifter-Institut des Landes Oberösterreich
gefördert.

Alle Rechte vorbehalten
© 2015 W. Kohlhammer GmbH, Stuttgart
Gesamtherstellung:
W. Kohlhammer GmbH, Stuttgart
Printed in Germany.
ISBN 978-3-17-021285-5